SABERES DE LA

SABERES DE LA CONVERSIÓN

JESUITAS, INDÍGENAS E IMPERIOS COLONIALES EN LAS FRONTERAS DE LA CRISTIANDAD

Guillermo Wilde
(Compilación, introducción y edición)

Con artículos de:

Bartomeu Melià
Pierre Antoine Fabre
Antonella Romano
Alexander Gauvin Bailey
Artur Barcelos
Charlotte de Castelnau-L'Estoile
Regina Celestino de Almeida
Michela Catto
Emanuele Colombo
Andrea Daher
Fabian Fechner
Christophe Giudicelli

Martín Morales
Frank Kennedy
Eduardo Neumann
Yoshimi Orii
Carlos Paz
Sabine Anagnostou
Ronaldo Vainfas
Jaime Valenzuela Márquez
Ana Hosne
Marcos Holler
Soledad Justo
Leonardo Waisman
Ines Zupanov

sb

Saberes de la conversión : jesuitas, indígenas e imperios coloniales en las fronteras de la cristiandad / Guillermo Wilde ... [et.al.] ; dirigido por Guillermo Wilde. - 1a ed. - Buenos Aires : SB, 2011.
288 p. ; 23x16 cm. - (Paradigma indicial. Historia / Guillermo Wilde; 20)

ISBN 978-987-1256-93-8

1. Historia de la Iglesia. I. Wilde, Guillermo II. Wilde, Guillermo, dir.
CDD 270.09

Título de la obra: *Saberes de la conversión*

Compilación, introducción y edición: Guillermo Wilde

© 2011, Editorial Sb
ISBN: 978-987-1256-93-8
1º edición, Buenos Aires,

Director editorial: Andrés C. Telesca
Director de la colección: Guillermo Wilde

Traducciones: Ana Couchonnal y Guillermo Wilde
Edición de notas: Lorena Halberstadt

Queda hecho el depósito que marca la Ley 11.723.
Libro de edición argentina - Impreso en Argentina - Made in Argentina

No se permite la reproducción parcial o total, el almacenamiento, el alquiler, la transmisión o la transformación de este libro, en cualquier forma o por cualquier medio, sea electrónico o mecánico, mediante fotocopia, digitalización u otros medios, sin el permiso previo y escrito del editor. Su infracción está penada por las leyes 11.723 y 25.446.

Grupo Editorial Sb
Yapeyú 283 - C1202ACE - Ciudad Autónoma de Buenos Aires
Tel/Fax: (54-11) 4981-1912 y líneas rotativas
E-mail: ventas@editorialsb.com.ar
www.editorialsb.com.ar
Empresa asociada a la Cámara Argentina del Libro

Esta edición se terminó de imprimir en el mes de febrero de 2012
en Bibliográfika de Voros S. A., Bucarelli 1160, Buenos Aires.
www.bibliografika.com

*Dedicado al Dr. Ernesto Maeder,
pilar de la historiografía de las misiones en Argentina.*

ÍNDICE

INTRODUCCIÓN: TRAZOS DE ALTERIDAD 15
GUILLERMO WILDE

ESCRITURAS Y LENGUAS MISIONALES

LA RESPIRACIÓN DE AUSENTES.
ITINERARIO POR LA ESCRITURA JESUÍTICA 31
MARTÍN MORALES

DE LOS INTÉRPRETES A LOS ESPECIALISTAS:
EL USO DE LAS LENGUAS GENERALES DE AMÉRICA
EN LOS SIGLOS XVI Y XVII 61
ANDREA DAHER

LA LENGUA TRANSFORMADA:
EL GUARANÍ EN LAS MISIONES JESUÍTICAS 81
BARTOMEU MELIÁ

RAZÓN GRÁFICA Y ESCRITURA INDÍGENA
EN LAS REDUCCIONES GUARANÍTICAS 99
EDUARDO NEUMANN

"CIENCIAS" DE LA CONVERSIÓN

LA EXPERIENCIA DE LA MISIÓN Y EL MAPA EUROPEO
DE LOS SABERES SOBRE EL MUNDO EN EL RENACIMIENTO:
ANTONIO POSSEVINO Y JOSÉ DE ACOSTA 133
Antonella Romano

PARAGUAY Y LOS DEBATES JESUÍTICOS SOBRE
LA INFERIORIDAD DE LA NATURALEZA AMERICANA 155
María de la Soledad Justo

HISTORIA NATURAL Y FARMACIA MISIONERA
ENTRE LOS JESUITAS DEL PARAGUAY 175
Sabine Anagnostou y Fabian Fechner

EL SABER CARTOGRÁFICO INDÍGENA ENTRE
LOS GUARANÍES DE LAS MISIONES JESUÍTICAS 191
Artur Barcelos

SACRAMENTOS, RELIQUIAS Y OBJETOS SAGRADOS

RELIQUIAS ROMANAS EN MÉXICO.
HISTORIA DE UNA MIGRACIÓN 205
Pierre-Antoine Fabre

COMPARTIR LAS RELIQUIAS. INDIOS TUPÍES Y JESUITAS
FRENTE A LOS HUESOS DE UN MISIONERO CHAMÁN
EN EL BRASIL DE INICIOS DEL SIGLO XVII 225
Charlotte de Castelnau-L'Estoile

MISIONES JESUITAS ENTRE INDIOS "REBELDES":
LÍMITES Y TRANSACCIONES EN LA CRISTIANIZACIÓN
MAPUCHE DE CHILE MERIDIONAL (SIGLO XVII) 251
Jaime Valenzuela

ARTES Y "ESTILOS" EN LA MISIÓN

LA CONTRIBUCIÓN JESUITA AL BARROCO ANDINO HÍBRIDO   275
ALEXANDER GAUVIN BAILEY

LOS JESUITAS Y LA MÚSICA. ENTRE LA PERIFERIA
Y EL CENTRO, ENTRE LA CIUDAD Y LA SELVA 293
FRANK KENNEDY

PRESENCIA DE LOS JESUITAS EN LA MÚSICA
EN EL BRASIL COLONIAL 307
MARCOS HOLLER

"MÚSICA DEL BARROCO MISIONAL":
¿UN CONCEPTO O UN ESLOGAN? 333
LEONARDO WAISMAN

GEOPOLÍTICA Y GOBIERNO DE LA DIFERENCIA

LAS TIJERAS DE SAN IGNACIO: MISIÓN
Y CLASIFICACIÓN EN LOS CONFINES COLONIALES 347
CHRISTOPHE GIUDICELLI

EL DISCURSO JESUITA SOBRE LOS NATIVOS
EN EL GRAN CHACO ORIENTAL (SIGLO XVIII) 373
CARLOS PAZ

MESTIZAJES CULTURALES Y ÉTNICOS EN LAS ALDEAS
MISIONERAS DEL RÍO DE JANEIRO COLONIAL 389
MARÍA REGINA CELESTINO DE ALMEIDA

UN JESUITA RENEGADO DE LA ORDEN EN LA
EVANGELIZACIÓN CALVINISTA DEL BRASIL HOLANDÉS 399
RONALDO VAINFAS

ENTRE EL CONFLICTO Y EL DIÁLOGO CULTURAL

JESUITAS Y MUSULMANES EN LA EUROPA DEL SIGLO XVII ... 415
EMANUELE COLOMBO

UNA CRUZADA CONTRA LA CHINA. EL DIÁLOGO
ENTRE ANTONIO SÁNCHEZ Y JOSÉ DE ACOSTA EN TORNO
A UNA GUERRA JUSTA AL CELESTE IMPERIO (1587) 441
MICHELA CATTO

LOS LETRADOS CONFUCIANOS Y LA CONSUMACIÓN
DE LA REPÚBLICA PLATÓNICA. MATEO RICCI EN LA MISIÓN
JESUÍTICA EN LA CHINA 465
ANA CAROLINA HOSNE

INTERACCIÓN DOGMÁTICA:
LIBROS ESPIRITUALES TRADUCIDOS DEL ESPAÑOL
AL JAPONÉS EN EL SIGLO IBÉRICO DE JAPÓN 489
YOSHIMI ORII

EL REPLIEGUE DE LO RELIGIOSO:
MISIONEROS JESUITAS EN LA INDIA DEL SIGLO XVII,
ENTRE LA TEOLOGÍA CRISTIANA Y LA ÉTICA PAGANA 505
INES G. ŽUPANOV

ABREVIATURAS 533

BIBLIOGRAFÍA Y FUENTES 537

INFORMACIÓN SOBRE LOS AUTORES 589

AGRADECIMIENTOS

Saberes de la conversión propone una aproximación global a la historia de las misiones jesuíticas. Aunque no es el primer libro sobre el tema, ni ciertamente será el último, tiene la particularidad de acercar a nuestro medio una serie de discusiones que, por diversas razones, han permanecido inaccesibles. Desde hace por lo menos una década se vienen realizando encuentros relacionados con la problemática jesuítica misional, algunos de los cuales han resultado en sendas compilaciones. Esta serie de producciones ha abonado el interés por la dimensión mundial de la empresa jesuítica. Concientes de este movimiento es que, en sucesivas reuniones de trabajo realizadas en los últimos años acordamos, con los colegas de Brasil y de Francia, expandir geográfica y conceptualmente lo que hasta entonces había sido el núcleo central de atención de los estudios misionales del Cono Sur, el espacio guaraní-jesuítico. Parecía razonable que el antiguo Paraguay, lejos de constituir un limitante, se convirtiera en una puerta de entrada a otros hemisferios y regiones misionales de la época moderna, con los que, por otro lado, mantenía ocultas resonancias. *Saberes de la conversión* propone entonces explorar dichas resonancias por medio de una dislocación de la mirada, partiendo del supuesto de que la difusión del cristianismo presentó dilemas similares (y simultáneos) a misioneros actuando en diferentes lugares del mundo. Más allá de las distancias geográficas que separaron a un Manuel de Nóbrega en el Brasil, un Ruiz de Montoya en el Paraguay, un José de Acosta en el Perú, un Matteo Ricci en la China o un Roberto de Nobili en la India, cabe preguntarse si en el plano práctico, es decir en el nivel de las interacciones cotidianas, no enfrentaron todos ellos dilemas parecidos de traducción cultural y religiosa.

Una parte de los trabajos incluidos en este libro fueron conferencias leídas en las *XII Jornadas Internacionales sobre las Misiones Jesuíticas: "Interacciones y Sentidos de la Conversión"*, celebradas en Buenos Aires, entre el 24 y el 26 de septiembre de 2008. Ese conjunto seminal de textos fue ampliado considerablemente con la contribución de otros autores, convocados con la intención de dar forma a un ambicioso volumen sobre la "historia global de la misión", cuya preparación llevó alrededor de 3 años. Varios de los textos que lo componen fueron originalmente escritos en portugués, inglés, francés e italiano, lo que exigió agregar al trabajo de edición, el de traducción y corrección, en su mayor parte realizado por Ana Couchonnal. El primer agradecimiento va dirigido a ella.

El libro incluye contribuciones de especialistas de diferentes procedencias (Argentina, Brasil, España, Estados Unidos, Francia, Italia, Paraguay, México, Chile, Reino Unido y Japón), y propone diversas perspectivas de análisis de la cuestión misional (desde la historia, la antropología, la filosofía, la musicología, la lingüística, la arqueología, y el análisis del discurso). Las secciones que organizan el libro tienen por objeto establecer un recorrido tentativo, abierto a múltiples puentes, pasarelas y junturas. Precisamente, la integración de nuevos artículos al núcleo original respondió al propósito de dar fuerza a la orientación general que proponía el volumen, multidisciplinaria y transcontinental. En este sentido merecen un reconocimiento especial algunos colegas que, por diversos motivos, no llegaron a enviarnos sus textos, como John Monteiro, Darko Sustersic, Eugenio Menegon, Victor Rondón, Cristina Pompa, Michelle Molina, Bernardo Illari, Arno Alvarez Kern y Ernesto Maeder. Como compensación, otros autores generosamente enriquecieron el libro enviándonos contribuciones originales, como Frank Kennedy, Christophe Giudicelli, Emanuele Colombo, Fabian Fechner, Sabine Anagnostou, Charlotte de Castelnau, Ines Županov y Michela Catto.

Agradezco a quienes colaboraron cercanamente en la organización de las Jornadas de 2008, comenzando por sus cabezas más visibles, el Dr. Ernesto Maeder (a quien va dedicado este libro), el padre Bartomeu Melià y el Dr. Arno Alvarez Kern, pioneros y fundadores de una generación de estudios misionales en el Cono Sur. Del comité organizador agradezco especialmente a los colegas Carlos Paz, Eduardo Neumann, Artur Barcelos, Norberto Levinton, Ignacio Telesca, Ana Hosne y Mercedes Avellaneda. La Agencia Nacional de Promoción Científica y el Consejo Nacional de Investigaciones Científicas y Técnicas (CONICET), el Centro Franco Argentino de la Universidad de Buenos Aires, el Colegio e Iglesia del Salvador, la Manzana de las Luces, el Convento Mercedario, la

Fundación Victoria Jean Navajas, la Fundación Calouste Gulbenkian, la Secretaría de Cultura de la Nación (a través de Américo Castilla) y el Instituto de Altos Estudios Sociales de la Universidad Nacional de San Martín, dieron apoyos fundamentales, acompañando el esfuerzo de las diversas universidades de los invitados. Agradezco a los coordinadores y comentadores de los Simposios, que recibieron más de 200 ponencias de diversos países, todas ellas publicadas en el CD de Actas de las Jornadas. En especial a Graciela Chamorro, quien aceptó organizar las *XIII Jornadas* en Brasil (2010), Eliane Deckman Fleck, Maria Cristina dos Santos, Fernando Gil, Regina Gadelha, María Elena Imolesi, Lía Quarleri, Dalton Sala, Jorge Rodrigues, María Laura Salinas, Daniel Schavelzon, Carlos Page, Ana Gorosito Kramer, Capucine Boidin y Elisa F. Garcia.

En la fase final de elaboración de este libro tuve el privilegio de intensificar mi diálogo con Pierre-Antoine Fabre, director del Centre de Anthropologie Religieuse Européen (Ecole des Hautes Études en Sciences Sociales), e Ines Županov, coordinadora del proyecto sobre historia global de la misión (CNRS). Estos colegas y amigos gentilmente me invitaron a participar de actividades de sus equipos de investigación en Francia, donde tuve oportunidad de establecer nuevos vínculos y reforzar los antiguos. La generosa Evelyn Hu-Dehart, aceptó recibirme en Brown University en el invierno de 2010, con una estancia co-financiada por la Comisión Fulbright y el CONICET, que resultó crucial en la preparación del libro.

INTRODUCCIÓN:
TRAZOS DE ALTERIDAD

GUILLERMO WILDE

"...venid á una nación idólatra que extiende los brazos".
Jesuita misionero en la China (siglo XVIII),
citado por un jesuita en el Paraguay

Como quiera que sea, los jesuitas fundamentalmente escriben. En su tarea apostólica, las cartas son los "hilos que unen el gobierno de la cabeza con el cuerpo"; poseen una "existencia liminar entre la oralidad y la escritura", entre la presencia y la ausencia, escribe Martín Morales en el ensayo que abre este libro. Parece lógico pensar que la separación espacial que produce la misión, en el mediano plazo, acaba produciendo un distanciamiento subjetivo, inspirador de escrituras múltiples. Aunque la tarea está claramente destinada al apostolado, el *corpus* presenta matices: junto a las ficciones étnicas y lingüísticas ordenadoras y a la literatura edificante coexisten otros registros de escritura más subjetivos, destinados a fijar la experiencia del borde y, en última instancia, a producir una reflexión que conduce la transformación subjetiva de los mismos misioneros, a partir de la experiencia de la interacción con un otro radical.

Desde temprano, el discurso de los misioneros jesuitas caracteriza la conversión de los indios como una verdadera transformación, profunda e irreversible, en la naturaleza de la persona nativa. El jesuita Anton Sepp escribe a principios del siglo XVIII que los indios se veían atraídos por la fe y la manera de vivir cristiana. Los "pobres" niños que "antes andaban desnudos o solamente vestidos de una piel de tigre o ciervo, bailan ahora como cristianos en hermosos vestidos y con mucho primor delante de los misioneros y del Santísimo Sacramento". Aquellos "de poca apariencia o feos se convertían de un momento al otro en pajes encantadores o en verdaderos ángeles".[1] La imposición de una idea de civilidad parece inseparable de la acción evangelizadora en los trópicos sudamericanos, ya que los indígenas son considerados faltos de verdadera política, justicia y religión. Era con la imposición de la religión cristiana que se instituía en las florestas americanas un orden civil en el más pleno sentido del término.

Pero ¿qué representan estas caracterizaciones de la alteridad"? ¿Testimonios de las costumbres indígenas? ¿Evaluaciones sobre los efectos "benéficos" de la acción misionera en el carácter nativo? ¿Lecturas fragmentarias y mediatizadas de la experiencia indígena del contacto y de las negociaciones envueltas en su "ingreso" a la fe cristiana?

La valoración positiva de las "adquisiciones bien temperadas" mencionadas por Sepp contrastaba con la antipatía que, algunas décadas antes, el jesuita Ruiz de Montoya había manifestado con respecto a ciertos rituales cristianos que los nativos reproducían, irónicamente, en contra de la acción misional. Con mucho disgusto escribía este jesuita en su *Conquista Espiritual* que el sedicioso Miguel Artiguaye, "cacique principal" de la reducción de San Ignacio, se fingía sacerdote vistiéndose con un alba y adornándose con plumas para decir la misa, mientras ponía sobre una mesa una torta de mandioca y un vaso con vino de maíz, "y hablando entre dientes hacía muchas ceremonias, mostraba la torta y el vino al modo que los sacerdotes, y al fin se lo comía y bebía todo".[2]

Al final de su vida y a la distancia, el mismo jesuita Ruiz de Montoya deberá reconocer las enseñanzas que ha aprendido de algunos indios. Entre sueños, visiones y milagros, revelará a sus superiores el haber recibido la inspiración de un indio guaraní, Ignacio Piraycí, para escribir su última obra conocida, el *Silex del Divino Amor*. Del tal Piraycí solamente sabemos que era un indio devoto que se había aplicado a la "ley divina" y había "decorado" el catecismo; "Oía misa todos los días antes de salir a su trabajo, y por la tarde antes de volver a su casa visitaba la de Dios, y con viva fe reverenciaba a Cristo Sacramentado".[3] La noti-

1 Sepp [1709] 1973: 263.
2 Ruiz de Montoya ([1939] 1989: 82-83).
3 Furlong (1964: 145).

cia de la existencia de otro "teólogo indígena" llegará a nosotros a través de algo más que una mención pasajera: la imprenta misional del Paraguay, dirigida por el jesuita italiano Paulo Restivo, publica a principios del siglo XVIII un libro de sermones y una explicación del catecismo en lengua guaraní del indio Nicolás Yapuguay, algunos de cuyos ejemplares se conservan todavía hoy en bibliotecas del mundo.

Estos últimos casos, junto con otros, dan indicios de una lógica circular operante en la transmisión del saber doctrinal dentro de la misión, la cual parece haber consistido en una reapropiación jesuítica de la experiencia de la liturgia cristiana, previamente apropiada por el indígena. Resulta difícil –y probablemente estéril– determinar si estamos frente a una "indianización" del discurso cristiano o una "cristianización" del discurso indígena.[4] Lo que parece evidente es que ciertos jesuitas, y ciertos indígenas, experimentan entre sí relaciones cotidianas marcadas por un intenso tráfico de saberes, y elaboran matices dentro del marco permitido por el canon, en un espacio –la misión–, generalmente alejado del centro.

En el territorio de la misión, las fronteras trazadas con la alteridad cultural frecuentemente se hacen ambiguas. A veces, ciertos jesuitas expresan un claro quiebre con la mirada distante que domina las crónicas de la época, desplegando una actitud adaptativa que, más allá de su carácter instrumental, habilita una mirada reflexiva sobre las ajenas costumbres nativas y la transformación que implica para los misioneros el contacto directo con ellas.

Dicha actitud adaptativa es mirada con desconfianza a ambos lados del Atlántico y, cuando adquiere demasiada visibilidad, es directamente denunciada por las autoridades eclesiásticas. En una acusación dirigida contra Roberto de Nobili en la India portuguesa se informa que dicho jesuita bendecía el sándalo el domingo antes de comenzar la misa y luego lo distribuía, ya que los fieles no asistían sin ser previamente "lavados y adornados con el sándalo". El denunciante agregaba que ésta era "una costumbre usual para los paganos". Y añadía: "La vestimenta del padre es la misma que aquella utilizada por los *Saneazes* paganos [...] El servicio y la alimentación son las mismas que con los brahmanes, es decir todo lo

---

[4] Sobre la cuestión de los libros doctrinales indígenas y el fenómeno de la indianización reflexionamos en dos presentaciones recientes a Simposios que aparecerán publicadas en los próximos meses (Wilde 2010a y 2010b).

que no sea carne, pescado o huevo". Finalmente aclaraba que ni él ni sus sirvientes, ni los portugueses, ni los cristianos iban a esa iglesia ni a la misión de Nobili.[5]

En lo que parece un claro desafío a las autoridades, otro misionero jesuita actuando entre los indios de la región de Chiquitos, se anima a justificar su participación en los bailes y cantos nativos como parte inextricable de su condición de misionero. "Vivo y gozo de una salud buena y estable –escribe el jesuita Martin Schmid–; llevo una vida alegre y hasta alborozada, pues canto [...] y bailo también en rueda". Y agrega: "[...] 'Si soy misionero, es porque canto, bailo y toco música`."[6] El jesuita entiende que no hay nada de dañino y reprobable en dicha costumbre. Ella no conlleva un dilema de orden moral pues no viola el derecho natural ni la religión. Se trata de una costumbre divertida y regocijante. Por qué reprimir entonces, se pregunta el jesuita, el inocuo placer que produce.

En este tipo de reflexiones, generadas en el ámbito mismo de la misión, se sitúa el núcleo de la separación entre religión y costumbre presente en muchos escritos jesuíticos, los cuales derivan en la formulación de un método singular de conversión basado en el principio de *accomodatio*. Éste fue promovido incluso por la cúpula de la Compañía de Jesús en las misiones de ultramar, tanto para las lenguas como para las costumbres. La relación entre ambas resulta altamente significativa en el discurso jesuita, en la medida que señala la particularidad y aptitud de cada grupo para la conversión; frecuentemente, el éxito en la "producción de lenguas generales", en tanto elemento de las descripciones culturales, era "la condición de la convertibilidad de los indios" (ver Daher en este libro).

En principio los jesuitas propusieron adaptaciones conceptuales, generalmente polémicas, de los vocablos nativos al discurso cristiano. La búsqueda de analogías formaba parte de la operación de "gramaticalización" de las lenguas indígenas (lo que Melià ha llamado "reducción" de la lengua) y la creación de lenguas generales. Tal actitud adaptativa frente a las "lenguas de la tierra" desató oposiciones dentro de la misma iglesia. Batallas similares se libraron en el plano de los llamados "ritos" indígenas, a veces equiparados a los sacramentos cristianos en un intento analógico por traducir y hacer aceptables las prácticas nativas. Aunque en algu-

---

5 Citas tomadas del artículo de Ines Županov, en este libro.
6 Hoffman 1981: 141-142.

nos casos se percibe un cierto grado de ambigüedad, en las Américas, la presencia de una distinción entre lo civil y lo religioso nunca tuvo las derivaciones de una "querella de los ritos". Más bien se debatió subterráneamente la propiedad de ciertos ritos nativos, buscando soluciones en el ejercicio cotidiano de la acción misional.

Para los jesuitas actuando en las tierras sudamericanas durante los siglos XVII y XVIII, el orden civil que han construido entre los indios de las selvas es propiamente el orden de la religión cristiana. La situación contrasta notablemente con la caracterización que los misioneros jesuitas hacen de las sociedades de Oriente, donde claramente pueden distinguir una esfera de la costumbre (civil) de una de la religión (idolátrica). En Oriente, los jesuitas no podían cuestionar la existencia de un orden civil equivalente e incluso superior al europeo, aunque la religión fuera considerada idolátrica. De allí que la prédica jesuítica en esos hemisferios estuviera fundamentalmente volcada a transformar los valores religiosos y morales (por ejemplo, buscando afinidades entre el cristianismo y el confucianismo a la Ricci), sin cuestionar la organización cívico-política. Más aún, para lograr la transformación debían adoptar algunos hábitos fundantes de la organización preestablecida (convertirse a la cultura nativa para lograr la conversión nativa a la religión cristiana). Esto era posible porque, en su "modo de proceder", reconocían una separación clara entre el poder civil y el poder espiritual, la Iglesia y el Estado, la soberanía real y la gestión de "las cosas indiferentes" (las leyes humanas, la ética, las costumbres). En todo caso estamos frente a lo que Ines Županov ha considerado, a partir del caso de Nobili, como un desplazamiento inesperado de la reflexión sobre la conversión del campo teológico "al campo sociológico, e incluso etnográfico". Ya que el jesuita italiano sienta las bases para una descripción, en terreno, de la naturaleza de "las costumbres, ceremonias, creencias y prácticas brahmanes" (ver Županov, en este libro).[7]

---

[7] Los jesuitas se embarcan en una controversia de gran visibilidad en el mundo europeo que tendrá consecuencias imprevistas, y generalmente negativas, para la orden, pero cruciales en el desarrollo de un pensamiento secular. En un exhaustivo análisis de la discusión sobre la noción de adaptación cultural, Rubiès argumenta sobre las consecuencias imprevistas del debate instalado por los jesuitas cuyos efectos fueron paradójicos: "[...] the Jesuits assisted in the process of secularisation of European culture that led to the Enlightenment." (2005: 244). "[...] many of the efforts inspired by their peculiar ´missionary spirituality` acted as a catalyst for secularisation" (2005: 244). En este sentido comparte la opinión de Ines Zupanov sobre que, por ejemplo, el jesuita Nobili "no era seguramente cons-

Pero el límite entre un terreno y otro era altamente controvertido. La prolongadísima controversia sobre los ritos chinos y malabares manifiesta claramente este dilema.

Puentes

Los jesuitas producen ordenamientos globales (pensemos en las cartografías y árboles de culturas del mundo) y, a la vez desenvuelven adaptaciones locales. Estos dos niveles y sus múltiples mediaciones, tienen implicancias evidentes en el plano de la producción de saberes y escrituras de la alteridad: los misioneros, como antropólogos *avant la lettre*, desarrollan simultáneamente etnologías comparativas y descripciones etnográficas. Las actitudes que adoptan frente a las tradicionales culturales locales están lejos de ser unívocas. Más bien se construyen en el transcurso mismo de la acción misional, en las escrituras que resultan de ella y el tipo de teorías que elaboran *a posteriori*.

Esas escrituras, y sus posibles lecturas, forman parte del campo de los dilemas de la conversión o, mejor, señalan a la conversión como dilema, como práctica con muchos sentidos posibles derivados de la interacción. Esto añade otras escrituras (y lecturas), que buscan englobar a las anteriores, circunscribiendo las dos propuestas generales de este libro: a) pensar el proceso de conversión en relación con la producción de saberes globales en la época moderna, y b) reflexionar sobre la problemática del diálogo cultural y religioso. Ambas cuestiones tienen una notoria relevancia contemporánea y mantienen una enorme continuidad en el tiempo y el espacio.

La estancia prolongada en el campo permitía a los jesuitas acceder a las lenguas, los ritos y las costumbres nativas, los cuales describen guiados por una necesidad de ordenamiento y jerarquización (y, claro está, de

---

ciente que al constreñir la esfera de lo religioso, contribuía a la erosión de la jurisdicción eclesial como lugar de autoridad sobre los pueblos no europeos, y que sus descripciones e interpretaciones etnológicas del brahmanismo, alimentaban diferentes campos europeos, opuestos no solamente a los jesuitas sino también a la Iglesia Católica o la misma institución de la religión cristiana" (Županov, en este libro).

conversión). En ello siguen los estereotipos de la infidelidad importados de la Península Ibérica (el moro, el judío), frente a los cuales elaborarán, en el terreno práctico una serie de estrategias y matices, inspirados en las nociones de razón, voluntad y libertad (ver Colombo). También apelan a ideas sobre una supuesta difusión temprana del cristianismo en el mundo, a partir de la cual, las culturas paganas habrían podido figurar sus propias nociones de la divinidad.

Las sociedades locales, sostienen algunos escritos, poseen historias "naturales y morales" susceptibles de ser narradas. Es esa la tarea monumental que encara un Acosta, en América, pero también un Possevino, en el centro del saber europeo. No obstante, el terreno compartido entre "lo natural" y "lo moral" gradualmente irá cediendo a la gran división contemporánea entre ciencias de la naturaleza y ciencias del espíritu –como lo muestra Antonella Romano–, instalada de manera definitiva a finales del siglo XVIII. En este sentido resulta revelador el cambio de paradigma entre un Acosta, imbuido en una visión renacentista de la humanidad, y un Sánchez Labrador, que escribe una historia natural depurada de referencias morales.

Dichas modulaciones acompañan la emergencia del pensamiento ilustrado y lo que, a grandes rasgos, ha dado en llamarse proceso de "secularización" o "modernización". Después de la expulsión, los jesuitas exiliados producen una mirada distante de sus experiencias misioneras en diálogo con intelectuales de la ilustración (tales como Montesquieu y Voltaire, entre otros) reelaborando la perspectiva sobre los espacios misionales de ultramar. Es decir que toman distancia del testimonio inmediato para producir versiones ordenadas de la realidad misional, recuperando la idea del buen gobierno y la homogeneidad cultural. Inspirado en Platón, pero muy probablemente pensando en sus lectores ilustrados, el jesuita Peramás escribió en el exilio europeo que los guaraníes eran "un solo tipo de gente" que hablaba "una sola lengua, que estuvo vigente y aún lo está hasta hoy en la mayor parte de la América Meridional".[8] La orientación de este discurso ya había sido trazada dos siglos antes por el jesuita Barzana, en su camino de los Andes al Paraguay, pero

---

8 Peramás [1793] 2004: 37. Para un recorrido exhaustivo de las referencias al Paraguay en el pensamiento de la ilustración ver el libro de Girolamo Imbruglia (1987, próximo a reeditarse).

nunca había sido formalizada de manera tan eficaz. Aunque por otros registros de los mismos jesuitas sabemos que la realidad era mucho más compleja y matizada, en el nivel del discurso oficial la idea de un espacio misional ordenado y homogéneo tendía a predominar. Los jesuitas no dudaron en cristalizar dicha imagen con el objeto de resaltar la eficacia de su labor, especialmente durante su exilio europeo.

Pasarelas

La misión implicaba necesariamente algún tipo de interacción, cuyos resultados hacían de la "conversión" un acontecimiento cargado de ambigüedades y contradicciones. Parece necesaria una exploración de los múltiples sentidos en juego, lo que permite someter a prueba numerosos conceptos ensayados en los últimos años para explicar los resultados de la acción misional, tales como *"mission culture"*, *"middle ground"*, "traducción", "mediación cultural", "etnogénesis", "mestizaje", "sincretismo", "hibridez", y el rol que tuvieron los nativos como actores.[9]

Cada uno de los espacios jesuíticos (misiones, colegios, residencias, etc.) enfrenta para la investigación actual problemas de definición. Un vocablo como "misión" puede estar aludiendo simultáneamente a muchas situaciones diferentes: al grupo de religiosos o la acción de predicar a los indios fieles o gentiles (el "ministerio" de los indios o la "misión viva") de manera permanente o transitoria, al poblado propiamente dicho de los indios y los misioneros (es decir la unidad residencial), a la predicación intensiva en parroquias de españoles o de indios ya cristianos.[10] Por esto, una primera tarea del análisis parece ser descifrar, en los diversos contextos, un importante grado de polisemia discursiva.

[9] Para una discusión teórica sobre el problema de la conversión ver el clásico de Hefner (1993) y el más reciente de Montero (2006). Viveiros de Castro (2002b) y Carlos Fausto (2005) proponen una interesante discusión sobre la conversión en contextos indígenas en términos estructuralistas, Robin Wright, por su parte, discute el tema en sus volúmenes colectivos *Transformando os Deuses* (ver especialmente 1999) y en su reciente compilación con Vilaça (Vilaça & Wright 2009). Para contextos misionales específicos o coloniales en general ver Block (1994) y White (1991).

[10] Ibot León, citado por Mires (2007: 193). Frecuentemente, "misión, conversión o reducción son términos que se utilizan como sinónimos para designar temporal y espacialmente la fase inicial del adoctrinamiento", por contraste con "doctrina", término empleado pa-

Si bien cada una de las áreas de acción misional poseía una lógica propia, vinculada con problemáticas específicas, producía también debates comunes, asociados a una red de conexiones interregionales y continentales en el plano del conocimiento, basada en la fluida circulación de personas, objetos y textos.[11] A la producción historiográfica aún le está faltando, primero, conectar las escalas de análisis local y global, segundo, comparar conjuntos misionales similares (o disímiles), y tercero, articular aspectos doctrinales y prácticas concretas. Es razonable pensar que el avance en cada uno de estos aspectos está en buena medida influido por el tipo de fuentes con el que se trabaja (más o menos institucionales, más o menos locales, más o menos accesibles, etc.).

En concordancia con las discusiones actuales, ha tendido a predominar un enfoque etnohistórico en los estudios referidos a las áreas misionales específicas. Estos enfatizan, por un lado, los aspectos de la "vida cotidiana" y la acción indígena en la misión, por otro lado, la problemática de las fronteras de los Imperios Ibéricos y sus influencias sobre la interacción entre las poblaciones incorporadas al régimen colonial y los grupos no sometidos.[12] A propósito de esta problemática adquirió relevancia el tratamiento de las redes entre los jesuitas y las sociedades locales (especialmente sus elites), muchas veces atravesadas por intereses y disputas por el control de la población indígena.

---

ra referir a "una unidad territorial institucionalizada por mandato monárquico". "Las misiones (o conversiones o reducciones) podían llegar a convertirse en doctrinas mediante decretos o cédula real. La doctrina es pues un concepto jurídico-administrativo-civil" (Mires 2007: 193).

11 Concretamente en espacios como el Paraguay, es posible distinguir dos tipos de conexiones muy claras. Por un lado, las que vinculaban los colegios y residencias de diferentes ciudades entre sí, tales como Buenos Aires, Córdoba, Asunción y Santiago de Chile. Por otro lado, las conexiones atlánticas, a través de viajes efectuados por los procuradores de las diferentes provincias jesuíticas a ciudades europeas como Madrid, Lisboa y Roma y de misioneros provenientes de la península ibérica y Europa Central hacia América. Todos estos espacios reflejaban una intensa interacción entre personas de diferentes orígenes, motivando la producción de conocimientos en diferentes formas (textos, mapas, iconografía, etc.). En este proceso, no solo se promovían y adaptaban modelos misionales aplicados previamente en otras regiones, sino también descripciones y clasificaciones de las sociedades locales, en términos culturales y lingüísticos, que contribuían a cristalizar sus límites de manera estable, facilitando su administración a nivel global. Para una aproximación a la problemática de la historia global y las *connected histories* ver Gruzinski 2004 y Subrahmanyam 1997.

12 Para una compulsa bibliográfica exhaustiva me permito remitir a Wilde 2009.

En términos generales, la historia de la Compañía de Jesús y sus misiones de Ultramar puede ser considerada como un índice de cambios más globales de la cultura y la política modernas.[13] Pero la orden jesuítica no fue homogénea, y durante ciertos períodos estuvo marcada por las crisis interna. Al respecto es importante tener en cuenta la incidencia de la figura de ciertos generales, que cumplieron un rol esencial en la unificación, expansión y consolidación de la orden, como Claudio Acquaviva (1581-1615). Durante su generalato se impuso la *Ratio Studiorum*, se hicieron las primeras misiones en la China y Paraguay, se publicaron obras y se definió un modelo historiográfico. La gestión de Aqcuaviva fue crucial en un momento en el que, como señala Pavone, "las incomprensiones y las aspiraciones de autonomía manifestadas por las distintas provincias se combinaron con las reivindicaciones de los nacientes Estados nacionales, hondamente afectados por el carácter internacional de la Compañía".[14] Dicha tensión –nacional/internacional– acompañará a la orden hasta su misma supresión, en 1773.

Junturas

Aunque todavía estamos lejos de subsanar las limitaciones señaladas, la investigación actual parece orientarse firmemente hacia una perspectiva global de la misión, articulada de manera compleja con las interacciones y sentidos locales de la conversión. Es ese el objetivo de este libro tomado en su conjunto. Las seis secciones que lo componen estable-

---

[13] Entre la enorme cantidad de contribuciones recientes remito a las compilaciones esenciales de O´Malley et al. 1999 y 2006; Millones Figueroa y Lezama 2005; Marzal y Bacigalupo 2007; Vincent y Fabre 2007; Kohut y Torales 2008; Kawamura y Veliath 2009; Corsi 2008; Broggio et al. 2007; Catto et al. 2010; y a los trabajos de Alden 1996; Rubiès 2005; Clossey 2008. Específicamente sobre las artes visuales y sonoras ver Bailey 1999 y Holler 2010. Para el contexto sudamericano cabe mencionar la compilación de Gadelha (1999) y las Actas de las sucesivas *Jornadas Internacionales sobre las Misiones Jesuíticas* (entre los últimos publicadas en formato impreso ver Page 2005 y las recientemente publicadas por Graciela Chamorro, de la XIII edición). Excluyo la producción reciente sobre los jesuitas expulsos, la cual requeriría un listado aparte. Pero sería injusto dejar de mencionar las contribuciones del equipo de investigación de la Universidad de Alicante.
[14] Pavone (2007: 46); ver también Broggio et al. 2007.

cen un recorrido tentativo de la historia de la misión en múltiples escalas. Las dos primeras, dedicadas a las "escrituras y lenguas misionales" y las "ciencias de la conversión", podrían ser incluidas en una sección más amplia sobre la producción de regímenes de memoria social, elaboradas en la metrópoli, pero también en el contacto cotidiano entre tradiciones culturales diferentes. La sección "sacramentos, reliquias y objetos sagrados" puede ser leída en términos de transacciones culturales locales que no solo ponen a prueba la "eficacia simbólica" de los objetos y prácticas religiosos, sino que en su contexto de uso disuelven sus divisiones marcantes (europeo-americano, católico-infiel).

La sección siguiente, "artes y estilos de la misión", introduce el dilema metodológico de la interpretación del fenómeno "artístico" dentro de la misión y el modo como podría ser caracterizado desde aquí y desde ahora. La sección indirectamente motiva una reflexión sobre la "autenticidad", la agencia indígena y la interacción cultural en la producción de figuraciones visuales y sonoras. Las dos últimas secciones, "geopolítica y gobierno de la diferencia", y "entre la guerra y el diálogo cultural" introducen la problemática del territorio, la etnogénesis misional y la discusión sobre los límites entre religión y civilidad en el proceso de elaboración de métodos misionales. Los trabajos de esas secciones discuten sobre la política clasificatoria de la empresa misional, las tensiones entre Portugal y España reflejadas en la política misional local, y la formulación del polémico método de adaptación, promovido por los jesuitas en la misión de Oriente.

Varios artículos del libro ponen en evidencia una paradoja de la acción misional. La misión define nuevas formas de organización social que, más tarde o más temprano, se desprenden de sus precursores, los sacerdotes jesuitas, para ser plenamente adoptadas por las mismas poblaciones locales, a veces en contra de sus promotores iniciales. Las producciones culturales específicas de la interacción (textos, objetos, rituales, etc.) sedimentan, en la larga duración, nuevas tradiciones o regímenes de memoria que ganan autonomía. Así puede entenderse las reutilizaciones oficiales de géneros como los "diálogos", introducidos por los jesuitas en el Japón del siglo XVI (también difundidos en Brasil), en contra de la acción desenvuelta por los sacerdotes, después de que son expulsados. O los usos estratégicos de la escritura y la cartografía en contextos de tradición oral como el guaraní. Allí, la "razón gráfica" impuesta adquiere autonomía una vez que es adoptada por los indígenas, quienes comienzan a utilizarla más allá del control de los sacerdotes. Después de la expulsión de los jesuitas se mantienen en numerosas regiones de acción misional las antiguas prácticas culturales, ahora enteramente desenvueltas y constantemente recreadas por los indígenas.[15] Es en este período que en ciertas regiones, como Moxos, Chiquitos y Guaraníes, la administración de los documentos (y el control pleno de la escritura) pasa a las manos indígenas, y la necesidad de contar historias locales, de fijar memorias colectivas e individuales, se acrecienta, a la par del contacto con la sociedad no-indígena. Se constata que esta dimensión de autonomía indígena va acompañada de un proceso de creciente individuación en las prácticas musicales, artísticas y rituales.[16]

Es este último campo el terreno privilegiado para una serie de transacciones y condensaciones simbólicas entre indios y sacerdotes, entre pasado y presente histórico. El culto a las reliquias importado al Brasil de la costa se imbrica con la práctica de conservación de los huesos de los muertos realizada por los nativos. Las reliquias exportadas al mundo desde las catacumbas romanas entran en diálogo con las osamentas obtenidas en el México colonial en el momento de pasear por las calles de la ciudad, operando como bisagra simbólica entre lo antiguo y lo nuevo: "¿cómo hacer aparecer lo antiguo en lo nuevo, o más precisamente, cómo transfigurar lo antiguo en lo nuevo, de manera tal que lo antiguo sea para lo nuevo un origen, un suelo temporal?", se plantea Fabre. De modo parecido, la reelaboración de antiguos dramas parece servir de instrumento a los jesuitas para escenificar el encuentro real entre culturas. La dimensión global aparece sistemáticamente en las interacciones locales,

---

15 Algunas investigaciones recientes precisamente enfatizan la formación de misiones como un proceso de etnogénesis que deja huellas después de la expulsión de los jesuitas. Ver especialmente Wilde 2009, para la región guaraní, Tomichá Chorupá (2002), para la chiquitana, y Saito (2009), para la moxeña. El análisis de la etnogénesis ha ido acompañado por el abordaje de fenómenos de "etnificación" o de producción de categorías énticas de clasificación, propios del proceso de formación de misiones y de instituciones coloniales en general. Sobre el tema ver los recientes libros de Giudicelli (2010) y Araya Espinosa y Valenzuela Márquez (2010). También puede consultarse el clásico de Pacheco de Oliveira (1998), sobre los indios del nordeste de Brasil, involucrados en sucesivos procesos de "territorialización".

16 Para el caso de Moxos ver Saito 2005 y Waisman 2004b. Lo mismo se constata en las misiones de guaraníes después de la expulsión (Wilde 2009).

sea por la afinidad que presentan ciertos espacios que forman parte del mismo imperio, como en el caso paradigmático del "mundo portugués", donde se debate el uso de elementos de tradiciones locales, sea a través de la circulación de determinados *"passeurs"* que conectan, a nivel práctico, el mundo protestante y el mundo católico, o diversos espacios dentro del mundo católico.[17]

Los jesuitas impulsaron una empresa mundial del saber que contribuyó a la creación de nuevas culturas (nuevos saberes) locales; formas nuevas de ordenamiento del espacio, el tiempo y el poder, resultado del contacto sostenido y prolongado. La escritura fue un instrumento fundamental en este proceso. Dichos trazos acompañan la formulación de métodos concretos de acción misional, adaptados a circunstancias particulares de interacción, que son respondidos por las poblaciones nativas bajo la influencia de tradiciones locales.

El recorrido de este libro recupera, a mi entender, esos dos niveles y dilemas de la práctica, que constantemente sitúan a la actividad misional en el espacio liminar entre la experiencia antropológica y la reconstrucción historiográfica, entre la cercanía y el extrañamiento. Devuelven a la historia el sentido que tan lúcidamente caracterizó De Certeau, como combinación entre "ciencia" y "ficción", enturbiando "la ruptura que instauró la historiografía moderna como relación entre un ´presente` y un ´pasado` distintos, uno ´sujeto` y otro ´objeto` de un saber, uno productor del discurso y el otro representado".[18]

---

[17] En este sentido conviene citar el reciente libro de Alexandre Coello de la Rosa, quien reconstruye magistralmente la trayectoria del jesuita Diego Martínez (Coello de la Rosa 2010).
[18] De Certeau (1997: 16).

ESCRITURAS
Y LENGUAS MISIONALES

LA RESPIRACIÓN DE AUSENTES.
ITINERARIO POR LA ESCRITURA JESUÍTICA

Martín M. Morales

> *Un texte n'est un texte que s'il cache au premier regard, au premier venu, la loi de sa composition et la règle de son jeu. Un texte reste d'ailleurs toujours imperceptible. La loi et la règle ne s'abritent pas dans l'inaccessible d'un secret, simplement elles ne se livrent jamais, au présent, à rien qu'on puisse rigoureusement nommer une perception.*
>
> Jacques Derrida, 1972

Muchos de nosotros, en el oficio de dar cuerpo a nuestras historias, en nuestras peregrinaciones por los cuerpos documentales, en ese afán de dar voz a los muertos, olvidamos reflexionar acerca de los materiales constitutivos del trabajo del historiador: el tiempo y la escritura. De buena gana dejamos que los filósofos desenmarañen esos conceptos para nosotros poder dedicarnos a nuestro trabajo de reconstrucción. Se me perdonará que dude seriamente de la ingenuidad aparente de esta posición y de la calidad de los frutos que podría dar una investigación que se presentara revestida con la arrogancia de una simplicidad que pretende evitar complicaciones.

Dicho de otra manera, en cada una de nuestras historiografías, lo queramos o no, hay marcos interpretativos que autorizan nuestra escritura. Quizá, deberíamos pensar que la página blanca sobe la que nos disponemos escribir no está tan blanca e impoluta como creemos. En la conclusión de mi trabajo sugeriré una actitud que pueda ponernos en guardia de ser habitados por Simplicio, que como nos recuerda Galileo Galilei sabe metamorfosearse en mil maneras. Pareciera que los días felices del positivismo aún no han terminado, la magia del documento pareciera seguir encandilando para no dejar ver su relación con el lugar del sujeto.

Como si toda escritura no se hubiera realizado, y lo mismo vale para el así llamado historiador presente, desde un lugar social determinado, desde un aparato conceptual o institucional preciso.

No nos faltan iluminadoras concepciones acerca del tiempo, desde los fundamentales trabajos de Henri Bergson acerca del tiempo y su relación con la conciencia, la *durée réelle*, el tiempo concreto y sus diferencias con el tiempo científico. Asimismo cabe recordar en el ámbito historiográfico las distinciones de Fernand Braudel, *L'Ordre du temps*, de Krzysztof Pomian, o de Reinhardt Kosselleck y su *Futur Passé*, ineludibles las reflexiones de Paul Ricoeur en *Tiempo y Narración* y más recientemente los trabajos de François Hartog (*Régimes d'historicité*). Respecto a la escritura y sus implicaciones habrá que volver una y otra vez sobre las páginas de Jacques Derrida y en modo particular a la *Escritura de la historia* de Michel de Certeau. Dejando para otra oportunidad las consideraciones del tiempo, quisiera hoy reflexionar con ustedes acerca de algunos aspectos de la escritura de la modernidad en general y de la jesuítica en particular.

En un celebre pasaje del *Fedro* se nos recuerda la ambivalencia de la escritura en cuanto *pharmakón*: medicina y veneno para la memoria. En la relectura que Jacques Derrida ha hecho de este texto hemos aprendido a reflexionar para no sucumbir identificando el *eidolon*, la imagen que la escritura es, con la verdad.

Si bien no puede establecerse una oposición entre voz y escritura, deberíamos cuidarnos y reconocer que existen escrituras, que en su afán de poseer, tratan de matar el último hilo de voz que queda. La escritura siempre denunciará una ausencia que escapa, que renuncia a ser convocada y poseída. La búsqueda de la *joya perdida* es la garantía de que ninguna pretendida posesión podrá arrogarse el derecho a declarar *lo dicho* o *lo que pasó*. Esta tensión entre ausencia y fruición de la presencia aparece como el *fil rouge* en la narración bíblica del *Cantar de los Cantares*. La relación entre el amado y la amada se mantiene viva a través de una ausencia lacerante y el encuentro postergado acrecienta el deseo y la esperanza. Si la capacidad de diferir es esencial a toda escritura, se acentúa aún más en las cartas.

Las cartas de los jesuitas. Cuántas veces nos hemos asombrado de su cantidad abrumadora, cuántas veces hemos considerado esa trama que parece unir tiempos y espacios. No nos cansamos de aprender y de distinguir, mientras hundimos nuestras cabezas en la documentación, las diferencias que toda escritura establece entre el orden del discurso y el pretendido orden factual. El texto, el documento, se resiste siempre a decirnos lo que pasó. Si no sentimos esa resistencia es porque mucho antes de poner esa pregunta en los acervos ya la habíamos respondido en nuestras cabezas y por tanto nuestra visita al archivo es simplemente para confirmar lo que ya sabemos o creemos de saber. El texto es siempre texto de alguien, concebido en un determinado contexto, y recibido por otro en un contexto dado. Por tanto, a lo que la escritura nos invita es, por una parte, a analizar la construcción retórica de la realidad que hilando la textualidad, presenta un tejido según la etimología de *textus*, y por otra, a tener en cuenta, de forma ineludible, al receptor del mismo, que es siempre la parte determinante en el proceso de intelección y de comunicación.

Las cartas: respiración de ausentes

Las reflexiones en torno a la epistolografía de los siglos XVI al XVIII para muchos de nosotros podría partir de una constatación personal. Las cartas que yacen en los archivos son nuestro material de trabajo. Pero esos restos del pasado los leemos en nuestra temporalidad, la que según François Hartog podría está caracterizada por el *presentismo* que implica desorientación, convivencia de regímenes diversos u opuestos de temporalidad, dificultad para imaginar un futuro, imposición de operaciones de memoria, *presentificación* casi sistemática de los recuerdos. En este ambiente se hace ardua la tarea de valorar la epístola que se ha tejido precisamente con los materiales contrarios: mirada hacia el futuro, necesidad de la ausencia, común experiencia de la temporalidad.

Las epístolas suponían una confianza en el futuro. La escritura estaba lanzada al futuro. Así lo recuerda Nebrija: *La causa de la invención de las letras primeramente fue para nuestra memoria, y después para que por ellas pudiésemos hablar con los ausentes y los que están por venir.* Nosotros somos escritores de correos electrónicos, huéspedes en salas virtuales de *chats*, en las que se piensa y se escribe a ritmo de teclado. Destilamos a menudo una escritura toda volcada al presente, de consumo inmediato, sin pretensión ninguna de perdurar.

La correspondencia de los siglos XVI al XVIII, en cambio, revela una escritura destilada en un tiempo largo. Es verdad que la percepción del tiempo cambia con el devenir personal y está ligada al paradigma de su época, pero este largo tiempo —marcado por el ritmo del flujo y del resultado de la navegación— creaba también un tiempo largo interior. Para acercarse a esta experiencia tendremos que hacer un esfuerzo, pues lentamente nos estamos apartando de la escritura de cartas, se nos hace cada vez más extraña la actitud de ponernos delante del papel en blanco y esforzarnos por encontrar la forma y el contenido del pensamiento a través de la palabra escrita. La inmediatez que nos ha impuesto la tecnoescritura ha acelerado de tal modo el flujo epistolar que a veces nos parece haber perdido un espacio interior donde saborear la respuesta, donde decantar o exaltar las pasiones o para ejercitar el discernimiento.

La exigencia por la respuesta ante la inmediatez y ante la cantidad de mensajes que recibimos parece habernos quitado la facultad de no responder o al menos de dilatar la réplica. La escritura suponía, necesitaba, de largos tiempos de espera, de substanciosos espacios de silencio, allí crecía y allí comenzaba la redacción de la epístola. La escritura, antes de llegar al papel crecía en el tiempo y en la incertidumbre. El silencio era parte, por esos siglos, del arte de callar, y tal como recuerda su autor el abad Joseph Dinouart (o mejor habría que decir el jesuita Jacques du Rosel[1]): se habla bien solo cuando se debe decir algo que vale más que el silencio, más aún, el silencio era escuela de escritura con sentido: *nunca aprenderemos a escribir bien si antes no hemos logrado frenar la pluma*.

La prontitud con la que hoy somos impulsados a leer y a responder no solo altera nuestra capacidad de escritura y de lectura reflexiva, cargada de tiempo y de sentido, pone también en peligro la posibilidad de esa otra forma de comunicación que es el silencio. La escritura crece en la espera y en la incertidumbre. A partir de ese tiempo largo, por ejemplo, los jesuitas que se dispersaron en misión tuvieron que concebir ritmos distintos para la obediencia, para el discernimiento, para la toma de decisiones, para el ejercicio de las responsabilidades personales.

---

1 El P. du Rosel había publicado de forma anónima *Conduite pour se taire et pour parler, principalement en matière de religion* (Paris, 1696). Joseph Antoine Toussaint Dinouart (1716-1786), en *L'art de se taire, principalement en matière de religion* (Paris, 1771), reconoció que no era él autor del *arte*: *Un auteur du siècle précédent, et dont je n'ai pu découvrir le nom, a donné dans une lettre très courte, des règles pour parler ; j'en ai adopté les principes, et j'ai développé ses idées.*

En los años de formación al novicio o al estudiante jesuitas se le imponía el dejar la *letra comenzada*.[2] Esta orden perentoria implicaba colocar el acento del aprendizaje del discipulado en el *euzeos* evangélico, en su acepción de realizar enseguida, de obedecer *inmediatamente*, más que en el significado de *decididamente*. Las cartas, que surgen en el espacio de la diseminación apostólica, hilos que unen el gobierno de la cabeza con el cuerpo, a menudo exhortan a poner el acento no en la rapidez de la ejecución sino en una aguda atención a captar la oportunidad de los diversos lugares, tiempos y personas.

Eran estas las ventajas del estar dilatados. Esparcidos, la obediencia se alejaba cada vez más de su imperfección militar, para dar un mayor espacio a la toma personal de decisiones, a la responsabilidad personal, permitiendo que el tribunal de la conciencia opere con creciente autonomía. Esta escritura dilatada en el tiempo y en el espacio era repetir, de alguna manera, la experiencia ignaciana del único maestro.[3] Este tiempo largo implicaba otra relación entre los compañeros, otras relaciones de confianza entre los superiores y súbditos, otro entendimiento y otras confidencias. Podría distinguirse un estilo epistolar entre los primeros compañeros e Ignacio que con el crecer de la institución y con el pasar del tiempo se irá lentamente modificando, aunque si conservará algunas de sus características esenciales.

> La carta manuscrita, y en parte la carta impresa, se coloca en el amplio espacio delimitado por los polos extremos de la inmediatez y la distancia comunicativa. Entre la oralidad y la *escrituralidad*, o sea el conjunto de fenómenos lingüísticos que acompañan al lenguaje escrito y que no se reducen a lo que queda circunscrito en los límites del papel, la carta teje el continuo conceptual que quedaría constituido por toda la producción lingüística entre los polos extremos de la informalidad, o inmediatez comunicativa, y el

---

2 [Constituciones] 4:435, 9. "Ayudará para todo el concierto del tiempo en studiar, orar, Missas, lecciones, comer y dormir y lo demás, dándose señal a horas concertadas [I]; la qual entendida todos acudan luego dexando la letra comenzada. Y quando estas horas se deban mudar según los tiempos y otras causas extraordinarias, mire en ello el Rector o quien presidirá, y hágase lo que él ordenare".
3 "En este tiempo le trataba Dios de la misma manera que trata un maestro de escuela a un niño, enseñándole; y ora esto fuese por su rudeza y grueso ingenio, o porque no tenía quien le enseñase, o por la firme voluntad que el mismo Dios le había dado para servirle, claramente él juzgaba y siempre ha juzgado que Dios le trataba desta manera..." (Loyola 1977, I: Autobiografía, n. 27).

de la formalidad, o distancia comunicativa. La carta tiene, en este sentido, una existencia liminar entre la oralidad y la escritura. Francisco Porras de la Cámara en su *Jornada Lisboeta* (1592) nos ha dejado una muestra de aquella oralidad que parece invadir el texto de la epístola. Esta irrupción oral en el texto es debida, no pocas veces, a mujeres despechadas que gritan a los escribanos del baratillo sus quejas y sinsabores a causa del amor ausente. Así recuerda Porras de la Cámara a una sevillana furiosa que le gritaba a su escribano: [...] dígale, dígale a ese traidor malvado las azquas que abrasan mi corazón y las llamas vivas que queman mi alma, y desónrremelo, que es un perro sin ley, sin rey, ni sin Dios pues dexa a una muger como yo sola en tierra ajena y tan llena de ocasiones. Y dígale, dígale la onrra con que vivo y he vivido" –y era esta la primera vez que en su vida la vía el buen escribiente.[4]

Es necesario una y otra vez reflexionar sobre esta evocación de presencia que producen las cartas, analizar esa ilusión de inmediatez. Las cartas *presentifican* al que no está pero a la vez, y a través de la representación que construyen, nos presentan. Para Antonio de Capmany y de Montpalau[5] (Barcelona, 1742-Cádiz, 1813) las cartas eran espejos de su autor, dicen mucho más de lo que él ha querido dejar en el signo premeditado de la escritura.

A lo largo del viaje del corazón al papel se destilarán junto con la palabra querida y precisa, símbolos, grafemas y trazos. Toda una vasta grafía tratará de dar tono y cuerpo a la ausencia. La escritura acompañará los esfuerzos de la elocuencia por representar a quien no está.

Al principio la escritura fue una *scriptio continua*. Fueron luego apareciendo una serie de signos para puntuar la frase. La puntuación debe entendérsela, sin duda, como una necesidad de mayor claridad sintáctica, gracias a la *distinctiones o positurae*, y disminuir la inevitable ambigüedad, pero también como huella de la oralidad, de aquella voz para siempre perdida. La puntuación es respiro. Así lo recuerda Isidoro de Sevilla: *El perío-*

---

[4] Bouza Álvarez 2001.
[5] Filósofo, historiador, militar, político y economista, fue uno de los primeros participantes en las Cortes de Cádiz, siendo diputado por Cataluña en éstas. Capmany manda imprimir por vez primera su *Filosofía de la elocuencia* en 1777. Colaborador de Pablo de Olavide, contrario en más de una ocasión a Jovellanos y Campomanes y una de las referencias obligadas de la renovación intelectual del movimiento autonomista catalán, la obra de Antonio de Capmany y de Montpalau es uno de los hitos del pensamiento español del XVIII.

do no debe ser más largo de lo que permite una sola expiración. Las palabras del remitente encontrarán voz en el destinatario de la misiva.

La presencia que intenta reconstruir la carta no se limita sólo a representar a los ausentes sino que el mismo escribiente se hace presente a sí mismo en el acto de escribir, es esta la primera presencia que se evoca. Como lo recuerda Antonio de Guevara, la carta testimonia el estado de ánimo de quien escribe y se hace presente en el papel, gracias al volar de la pluma y a la huella de la tinta:

> [...] si yo estoy contento y de gana, a borbollones se me offresce quanto quiero dezir, y si acaso estoy desgraciado, no querría aun la pluma en las manos tomar. Vezes ay que tengo el juyzio tan acendrado y tan delicado, que a mi parescer barrenería un grano de trigo y hendería por medio un cabello, y otras vezes le tengo tan boto y tan remontado, que ni acierto en la yunque con el martillo ni aun sé labrar de maço y escoplo.[6]

Las cartas recorrieron un largo camino desde la antigüedad a la modernidad. La primera edición de las *Letras de Fernando del Pulgar* incluidas en la *Glosa a las coplas de Mingo Revulgo* y más tarde en los *Claros varones de Castilla* son una muestra clara del interés por el género epistolar. Este interés no se generó en el siglo XV sino que proviene de la antigüedad y se había hecho evidente en las epístolas familiares ciceronianas. La herencia ciceroniana encontró en los *artes dictaminis* medievales la sistematización del desarrollo del género. La perceptiva medieval acercaba la carta, en su forma de dictámenes y pareceres, a las demás piezas oratorias y disolvía las diferencias propias de los ámbitos privados o públicos así como se encontrarán en la modernidad.

El largo camino de la afirmación del *yo* no fue ni unívoco ni constante. La afirmación de la individualidad, desde la anonimia de la antigüedad a la más reciente alienación freudiana, en la que el *yo* ya no se siente dueño de sí, conoció diversos estadios. La carta renacentista ayudó a que cada vez con mayor fuerza y claridad a que el *yo* de la poesía medieval se presentara en el horizonte literario para nombrar e identificar a un *tu*. Con Petrarca (1345) las familiares ciceronianas fueron vehículo para manifestar los sentimientos propios de la amistad y de la individualidad incipiente.

6 Guevara 2006.

La publicidad de la que gozó la carta desde los siglos XV al XVIII, aún la privada, que a menudo era leída no sólo a un tú, sino que normalmente contaba con la necesidad de un escribiente o secretario y por la ausencia de un seguro sistema de correos, se aleja notablemente del secretismo e intimidad que tendrán las misivas de los siglos XIX y siguientes.

Ya hemos citado algunos textos del siglo XVI que presentan a la epístola como evocación de la presencia. En este sentido, el texto de *Las Partidas* de Alfonso el Sabio dejó sentado el principio de la personificación del rey a través de su sello que lleva su imagen, de sus armas, de su moneda y de su carta en la que se: "emienta su nombre, que todas estas cosas deven ser mucho onrradas, porque son en su remembrança do él non está".[7]

Esta concepción de la carta como remedio para el mal de ausencia llevó a Isabel de Villena a poner en boca de santa Ana la súplica amorosa a la Virgen en el momento dramático de su huída a Egipto: "Si pensàs [...] que poguéssem haver sovint lletres vostres, que és la major consolació de les persones cares qui separades se troben açò seria a mi algun conhort".[8]

La carta puso de manifiesto su poder de recrear la presencia con ocasión de los grandes viajes continentales. La escritura surcará el mar uniendo orillas. Cuando los afectos no pueden celebrarse en lo cotidiano ni en la cercanía sino en el recuerdo y en la esperanza de volverse a ver, la carta se convierte en *respiración de ausentes*, según el decir de Antonio Pérez.[9] *Si de allá no se puede escribir, ni gozar desta respiración de ausentes, acá no hay pena por estos actos naturales*, le escribía a su mujer doña Juana Coello, que se encontraba en las cárceles de Madrid junto con sus siete hijos. El consuelo de la escritura en la cárcel, sin embargo, no será posible para todos los reos. El superior general de la Compañía, P. Miguel Angel Tamburini, sintiendo que debía morigerar el exceso de algunos

---

[7] Los pasos de esta historia pueden seguirse en Gurevic 1996; Taylor 1989.
[8] Alfonso X (1844: *Partida* II, tit, XIII, ley XVIII).
[9] Isabel de Villena, *Vita Christi de la Reverent Abbadessa de la Trinitat*, f. 91v. Edición electrónica de la Biblioteca Virtual Joan Luis Vives (http://www.cervantesvirtual.com/servlet/SirveObras/12698301924585940210435/index.htm [26.01.2008]) que reproduce la edición de Lope de Roca de 1497.

superiores respecto al régimen carcelario al que estaban sometidos los jesuitas culpados de graves delitos escribió una carta circular a los provinciales de España y América. En las cárceles de la Orden los reos jesuitas podrán recibir la comunión, sino tienen impedimento para ello, podrán recibir visitas, podrán tener algunos libros y lumbre para leerlos en las noches. Una sola cosa se prohibía terminantemente: *no tengan recado para escribir.*[10]

La escritura de los Fundadores

En el siglo de Ignacio de Loyola la palabra escrita adquiere un mayor valor y necesidad. La escritura se pretende como remedio para la ausencia en un siglo en que el viaje y la separación se harán sentir con una fuerza hasta entonces inusual.

Ignacio de Loyola, que aprendió a peregrinar por cartas, vivió como un carácter subsidiario el escribir *Constituciones*, ya que según él los jesuitas se deberían regir por la interior ley de la caridad, escritura interior e indeleble. Es por obediencia al papa y a la tradición de la Iglesia que la ley interior tratará de plasmarse en ley exterior. La escritura que tanto utilizó fue vivida por él, en cierto sentido, como un defecto, como una carencia de la *primera navegación* representada por la palabra dicha.

> La suma sapiencia y bondad de Dios nuestro Criador y Señor es la que ha de conservar y regir y llevar adelante en su santo servicio esta mínima Compañía de Jesús, como se dignó comenzarla, y de nuestra parte, más que ninguna exterior constitución, la interior ley de la caridad y amor que el Espíritu Santo escribe e imprime en los corazones ha de ayudar para ello...[11]

La *segunda navegación* llamó Juan Crisóstomo[12] al decir de la escritura, al mundo de las letras. La *primera navegación*, para siempre perdida, fue cuando Dios podía comunicar directamente a través de la

---

10 Secretario de Felipe II.
11 *Miguel A. Tamburini a los PP. Provinciales. Roma, 1 de agosto de 1711. Colección de cartas de PP. Generales, Archivo de la Provincia Argentina de la Compañía de Jesús*. Buenos Aires, Argentina.
12 [Constituciones]: Proemio, 134.

voz interior lo que suponía al decir de Crisóstomo, el alma limpia, dicho de otra manera poseer corazones de carne en los que se podía escribir con espíritu. Como consecuencia de la falta primigenia que tendrá como resultado, entre otros, la ruptura de la comunicación en cuanto comunión, al convertirse el corazón de carne en piedra, la alternativa fue surcar el papel con la tinta.

El lenguaje de la voz interior, que no necesita de letras, es el que irá creciendo en Ignacio de Loyola y se conoció en el lenguaje místico con el término de *loquela*. En la medida que ese balbuceo pre-lingüístico, enunciación afásica, signo infraverbal junto con las lágrimas, voz propia de la posesión del Otro, aumenta, en Ignacio disminuye la escritura, la cual, como notara Roland Barthes en el caso de los *Ejercicios Espirituales*: *todo es laborioso, literariamente pobre*.[13] Más que de pobreza debería hablarse de extrema concisión y parsimonia, rasgo no privativo de lo ignaciano y común a buena parte de la preceptiva para los secretarios del siglo XVI, que en el caso de Ignacio responde, sobre todo, al lento imponerse de la voz interior. A menudo su escribir es torturado, corrige, retoca, no cierra. Ignacio siente que la escritura como remedio para la ausencia no hace sino diferir la presencia y agudizar aún más al ausente. La escritura podrá consolar pero no satisface, no llena, no acaba. Su primer biógrafo Pedro de Ribadeneyra nota su ir y volver por el trazo:

> En el escribir cartas especialmente a personas principales o de cosas de importancia, era tan mirado, que gastaba mucho tiempo en considerar lo que escribía, y mirar y remirar las cartas escritas, y examinar cada palabra, borrando y enmendado lo que parecía, y haciendo copiar la carta algunas veces, teniendo por bien empleado todo el tiempo y trabajo que era menester en esto.[14]

La fatiga de la escritura se hizo presente en dictar la historia de su vida, en el momento de cerrar las *Constituciones*, en los tachones, enmiendas y titubeos de su diario espiritual. En 1541 destinó al fuego una cantidad de cartas que recibe de su tierra natal, la misma suerte tendrán una gran cantidad de visiones y escritos espirituales. En otra oportunidad me detuve a reflexionar en este *hacerse tierra* de Ignacio de Loyola[15], de

---

13 Crisóstomo (1955: Homilía 1, proemio).
14 Barthes 1997: 54-55.
15 [MI] 1945-1963, IV: 437.

esta voluntad de convertirse en ceniza, imagen célebre de la marca *derridiana* que resiente la escritura de Ignacio.[16] La figura del secretario de la Compañía, que las reglas de 1547 definirán como *memoria y manos del general*, es la que permitirá realizar su desaparición.

¿Qué es entonces de la abundante correspondencia ignaciana, de las casi 7.000 cartas editadas en los 11 volúmenes de *Monumenta Ignaciana*? Pues la mayoría pertenecen al secretario. De esas miles de epístolas sólo unas pocas están escritas directamente por Ignacio, lo que queda en todas ellas es su firma. La firma está confesando una no presencia-actual. La firma declara que estuvo presente en un pasado y llegará hasta un futuro. Es lo que Derrida denomina *forma trascendental del mantenimiento*,[17] prendida en la puntualidad del presente. Ese signo mínimo que une y representa fue también objeto de particular atención por parte de Francisco Javier, lejano él también y ausente.

También Javier reconstruye presencias a través de las cartas. Más aún, de ellas ha recortado cuidadosamente las firmas de sus compañeros y las lleva colgadas en su cuello:

> Y para que yo no me olvide ya nunca más de vosotros, sea mediante un asiduo y particular recuerdo, sea por mi gran consolación, os hago saber, queridísimos hermanos, que de las cartas que me habéis escrito he recortado vuestros nombres, escritos por vuestra propia mano y, junto al voto que hice de mi profesión, los llevo siempre conmigo por las consolaciones que recibo.[18]

Javier también, como Ignacio, ha aprendido que la ausencia que permite la escritura, no es sólo una presencia dilatada, diferida. El destinatario no se encuentra sólo ausente del campo de la percepción del emisor. La ausencia que siente Javier, estando distante, es ausencia que no se colma con la presencia física e inmediata del otro: "En esta vida nos veremos solo por carta y, en cambio, en la otra, "cara a cara" y con muchos abrazos; no nos queda otra cosa que vernos por medio de frecuentes cartas durante el poco tiempo que nos queda en esta vida…".[19]

---

16 Morales 2007.
17 Derrida 1999.
18 Francisco Xavier a los compañeros en Europa. Amboino, 10 de mayo de 1546 ([MXav] 1899-1900, I: 55, 10, p. 404).
19 Idem: 5, 1.

En su concepción, es propio de la *visio beatifica* el verse "cara a cara" y poderse abrazar; en esta vida la presencia será siempre fragmentada e intuida.

No podemos dudar de la abundancia de escritura jesuítica. La institución ha utilizado la escritura para tratar de mantener la unidad en la dispersión, para ejercer el control sobre el cuerpo una y otra vez fragmentado, para la enseñanza, para narrar su historia, para darse un rostro, para atacar y para defenderse. Pero es precisamente teniendo en cuenta esta abundancia que nos asombramos de la reticencia del Fundador por el signo escrito, para dejar cada vez más espacio al lenguaje alterado por el Otro.

¿Por qué nos cuesta seguir en los sucesores del Fundador y en el ámbito institucional esta obra *literaria pobre*, por qué a esta resistencia de Ignacio en trazar el signo corresponde todo lo contrario, esto es, un edificio, una torre, un baluarte de tinta y papel que una y otra vez tiende a definir con lineamientos cada vez más precisos, el origen, el pasado y la identidad, aparentemente la misma e inmóvil, de la institución y de sus miembros?

Ignacio en ese paulatino retiramiento nos regala una página donde se nos relata la violencia del decir y del no decir, entre escritura e inmediatez oral, que de alguna manera va a marcar la historia de la escritura jesuítica. Ignacio de Loyola en carta a Pedro Fabro (1542)[20] delineó los rasgos de las primeras escrituras jesuíticas y junto con ello nos deja una experiencia personal. Ignacio distingue entre una *carta principal* y las *hijuelas*. La carta principal, que contenía las cosas que *muestran edificación*, la escribía de una vez. Luego *mirando y corrigiendo haciendo cuenta que todos la han de ver* la volvía a escribir. Siguiendo los principios de Pedro de Navarra, explica el por qué de tanto cuidado: porque la escritura queda y da siempre testimonio. Para conceder, en la misma advertencia, un elogio a la palabra que se *suelda*[21] y se *glosa* mejor que el escrito. La carta principal debía poder mostrarse a cualquier persona. Entre ellos, siguiendo la instrucción de Ignacio, están aquellos que no son aficionados a la Compañía y *que desean ver nuestras cartas*.

---

20 [MI] 1964-1968, II: 236-8.
21 Derrida 1998.

Todo surge de una experiencia personal: el encuentro del mismo Ignacio quien, reunido con dos cardenales, tuvo que hacer malabarismos (*mostrar en parte y encubrir en parte*) para enseñar unas cartas de jesuitas en las que se hablaba de cosas *impertinentes y sin orden y no para mostrarse*. Debemos meditar situándonos en el límite (limes) de lo mostrable y lo no mostrable. *Limes* sutil, movible, construido y deconstruido una y otra vez. La escritura no mostrable, la que se vuelca en las *hijuelas*, son palabras *escritas aprisa, concertadas o sin concierto, ex abundantia cordis*.[22] La alocución evangélica, vale la pena recordarlo, hace referencia a la oralidad (*ex abundantia cordis os loquitur*). Es como si lo no mostrable, lo que sale directamente del corazón, una vez más rechazara la violencia del signo escrito.

Polanco previó un nivel de secreto aún mayor en la correspondencia. Ante la posibilidad de que la carta privada fuese leída por una autoridad civil o religiosa de la cual se hablase en la *hijuela*, debería mantenerse siempre un estilo en que las cosas se digan sin pasión, de manera que si fueran interceptadas el interesado no se desedifique. Pero si de todas maneras, se debieran escribir cosas graves se podría *usar algún modo de entender una cosa escribiendo otra*, o como lo decía la primera redacción de esta instrucción, corregida luego por el mismo Polanco, *podríanse usar algunas cifras o señas que delante se imbiassen*.

Sería imprudente, siguiendo esta división entre lo no mostrable y lo mostrable, o entre cartas de generales y cartas anuas, establecer sin más una determinada línea entre secreto y público. Aunque si la idea de material secreto puede excitar nuestra mente de investigadores creo que no debemos olvidar que toda escritura, de alguna manera, es secreta, porque el otro siempre guardará sus pliegues secretos que no encontrarán forma plena en la escritura. En el caso de la escritura jesuítica, con el crecimiento complejo de la institución, con la ausencia de los fundadores, irá creciendo la necesidad de representarse a través de la escritura. Es obvio que las fuentes documentales que alimentarán la imagen pertenecerán, de forma preponderante, al material mostrable.

¿Cómo sobrevivir ante la ausencia de quien nos dio el ser? ¿Cómo sobrevivir con una paternidad que se retira? Cómo organizar una institu-

---

22 En el *Diccionario de la Real Academia Española* además de unir significa: componer, enmendar, disculpar.

ción si en el origen hay un vacío? A estas preguntas ya de por sí complejas que buscan un origen que legitime el presente, la Compañía de Jesús, a causa de su extraordinario crecimiento y viéndose pronto expuesta a una serie de crisis internas y externas necesitará de una fuerte representación de sí que le otorgue cohesión. Podrían multiplicarse los ejemplos para establecer una proporcionalidad entre los momentos de ruptura, discontinuidad y heterogeneidad con el aparecer de una representación institucional homogénea y estable. Lo que se advierte como vacío y amenaza querrá ser colmado por la frágil contundencia de un relato.

Ante el embate crítico de los *Monita Secreta* se generó una doble escritura. Por un lado, se responderá con la polémica[23], escritura débil y al servicio de la tesis principal de los *Monita* que en su prólogo ya anunciaban que la "verdad" de las "acusaciones" serían las defensas de los jesuitas. Más adelante se tendrá ocasión de considerar una vez más los efectos de esta lógica recursiva. Pero por debajo de esta escritura propagandística corrió el río subterráneo de una escritura interna, no sólo porque de uso interno, sino porque era fruto de una mirada interior capaz de romper el cerco de la polémica que obliga a mirar sólo fuera. En este sentido se expresó Vitelleschi hacia todo el cuerpo de la Compañía después de la primera edición de los *Monita*:

> Las acusaciones más frecuentes son que somos soberbios, que queremos gobernarlo todo y que todo depende de nosotros, que siempre creemos saberlo todo, que estimamos poco a los demás, que queremos estar siempre cómodos, que somos ávidos e interesados, que somos hombres más políticos y prudentes que verdaderamente espirituales. Ahora bien, reflexionemos sobre estas acusaciones. No nos resintamos, sino callemos pacientemente y con la guía de nuestras santas reglas mejoremos... ¿Si huimos de las reyertas, si tenemos un modo de tratar veraz, fiel, sin remilgos y sutilezas, si somos fieles a nuestras palabras y promesas... quién nos podrá acusar de ser interesados?[24]

---

23 "En las cuales hijuelas puede cada uno escribir ex abundantia cordis, concertado o sin concierto; mas en la principal no se sufre si no va con algún estudio distinto y edificativo, para poderse mostrar e edificar".
24 Uno de los encargados por el P. general Mutio Vitelleschi de responder a las "acusaciones" de los Monita fue el jesuita Jacob Gretser quien escribió *De modo agendi Jesuitarum* (1617).

Pero no había aún llegado el tiempo para que el flujo de esta escritura emergiera para poder ser cruzada y comparada para establecer el tejido complejo. La historia era concebida, y lo será por mucho tiempo y sobre todo en ámbitos eclesiásticos, como una actividad retórica. La finalidad de la historia en cuanto instrumento retórico era la de educar moralmente. Por tanto, si la percepción institucional es la de una crisis de impulso vital o de sentido, el relato oficial deberá aumentar su fuerza moralizante. Como lo recuerda Francis Yates el objetivo de la historia era ético:

> [...] aprender de los "ejemplos" de los personajes históricos cómo evitar el vicio y seguir la virtud, cómo llevar una vida moral. La exactitud factual, el uso de fuentes documentales, el análisis de las conexiones causales entre acontecimientos, todo esto eran cosas subsidiarias de la meta principal de una "historia verdadera": enseñar la ética por medio de "ejemplos".[25]

Esta ejemplaridad atraviesa también la historiografía jesuítica de los siglos XVI al XVIII. El objetivo de Francesco Sacchini de escribir una *historia simpliciter*, opuesta a lo que él mismo indicaba como *historia selecta* en la que se eliminarán de la escritura aquellas cosas consideradas "inconvenientes", es una confirmación de la capacidad magisterial de la historia.[26] A decir verdad el deseo de Sacchini de introducir en la operación historiográfica aquellas cosas que superaban el contenido *mostrable*, umbral siempre móvil y cambiante, no fluyó por las plumas de los historiadores de la Compañía, imponiéndose más bien la historia selecta que él consideraba como la muerte de la historia misma.

Habrá que esperar recién el final del siglo XIX y los principios del XX para encontrar esta concepción de Sacchini en las indicaciones que dará Luis Martín[27], primero como provincial y luego como superior general de la Compañía, al P. Antonio Astraín para que escribiese una historia que pudiera ser leída principalmente en los noviciados y en los

---

25 [*Epistolae Praepositorum*] 1909.
26 Yates 1991.
27 Estos conceptos de Sacchini en una carta, escrita el 6 de marzo de 1616, a un jesuita portugués anónimo, que se había lamentado por algunos detalles referidos por Sacchini en su *Historia Societatis Iesu, pars tertia sive Borgia* (Roma, 1649). Véase [MI] 1945-1963, *Scripta de S. Ignatio*, I: 701-707.

refectorios de la Orden. Luego como general expresará el deseo de que la redacción de la historia se haga con las *luces y las sombras*, para aprender a través de ellas. El P. Wernz, en 1911 dio un paso más, reconociendo la necesidad de escribir con una conciencia crítica mayor. Esta será una de las últimas indicaciones que hará un superior general a los historiadores de la Orden acerca de la manera de escribir la historia:

> [...] en primer lugar se liberen de todos los preconceptos de las opiniones y afectos de partido y mucho más de esa inclinación o pereza mental, de la cual nace aquella difusa credulidad por la cual nos inclinamos, sin un examen profundo, a una serie de lugares comunes provenientes de personas con cierta autoridad o simplemente temerarias. Por lo tanto, no cesen de dudar de este tipo de afirmaciones sino se comprueban con argumentos ciertos.[28]

El historiador institucional es invitado a reconocerse como lugar desde el cual se produce la operación historiográfica, no se trata de una mano aséptica que se halla entre sus lectores y la masa documental, sino que escribe sus páginas en una relación de urgencia con su tiempo y con las necesidades institucionales. En la exhortación de Wernz el historiador se insinúa ya no más como el erudito que reproduce archivos y que mueve testigos de un estante silencioso y polvoriento para colocarlos en un conjunto de bibliotecas o colecciones tan inaccesibles como las primeras. Sabe que algo se le escapa y resiste, sabe que los vacíos pueden ser colmados por prejuicios, por lugares comunes. El historiador puede ser amenazado por la propia pereza o por una pereza institucional que induce a la ilusión de una historia segura y cerrada que asegure una identidad abroquelada.

De la escritura como evocación de ausencia al soliloquio de la persecución: la escritura obsidional

El *Diccionario Histórico de la Compañía de Jesús* no recuerda mucho del P. Cristóbal Gómez de la antigua provincia del Paraguay. Malagueño, nacido en 1610. Llegó a Buenos Aires en 1640 y enseñó en Cór-

---

28 Eguillor; Revuelta; Saenz de Diego (1988, 2, II: 804 y ss). En cuanto provincial Martín había encargado a Astrain de escribir una historia de la Compañía, esta empresa se limitó luego a la redacción por parte de Astrain de una historia de la asistencia de España.

doba a lo largo de 16 años. Fue Provincial (1672-1676) del Paraguay. El *Diccionario Histórico de la Compañía de Jesús* recuerda que Gómez fue quien ordenó el uso de las campanas para ritmar las distintas distribuciones del día en las reducciones: liturgia, trabajo, descanso. Esta institución de la campana fue evocada por el jesuita José Cardiel en al menos dos de sus obras: "*Un indio viejo y ejemplar, gobernándose por un reloj, toca a levantar en invierno a las cinco y en verano a las cuatro.*[29] [...] *Por la tarde tocan una de las campanas de la torre que ellos llaman Tain Tain, a venir a la iglesia*".[30]

Cardiel, y no será el único, se esforzó en sus narraciones en presentar los pueblos de indios como la conjugación de la naturalidad aborigen con la gracia del evangelio que daría como resultado la arcadia misionera. En este sentido las Reducciones no fueron concebidas como utopía en cuanto espacio creado a partir de un proyecto, sino que son representadas como el espacio intacto y primitivo, dispuesto naturalmente a la recepción del anuncio del evangelio. Simbolizan el espacio ahistórico y monacal, y como éste último ritmado por los tiempos de la liturgia y del trabajo. Modelo perdido en la Europa ilustrada que ha extraviado el norte de la teología y ha preferido una *filosofía atea*, ejemplo claro de la cristiandad medieval y anticipo e imagen de la república celeste.[31]

Las Reducciones son un ejemplo preciso de un cruce redaccional[32] de la historia jesuítica. La encrucijada se constituye por la conjunción de diversas escrituras, mostrables y no mostrables, por aquellas afectadas por distintos niveles de secreto o destinadas a la común edificación. La consideración del cruce redaccional podrá ser realizada sólo si se aplica, a la trabazón de escrituras, una observación de segundo orden que no se focaliza en el *qué* sino que centra su atención en el *cómo* de la observación de primer orden. El resultado de esta observación compleja permitirá distinguir y poner en relieve aquello que era latente en el observa-

---

29 Wernz 1911.
30 *Carta y relación de las misiones de la Provincia del Paraguay. Buenos Aires, 20 de diciembre de 1747.* Fue editada por Furlong (1953: 134).
31 *Breve relación de las misiones del Paraguay (Faenza, 1771).* Editada en Hernández 1913: 124.
32 Una versión de este proyecto de cristiandad se encuentra en la obra de J. M. Peramás *De administratione Guaranica comparate ad Republicam Platonis commentarius* (Faenza, 1793).

dor de primer orden, hayan sido emisores o destinatarios directos implicados en el sistema redaccional, y devolverá las distinciones del códice del sistema, que si en un primer momento aparecían como obvias y absolutas, ahora podrán ser devueltas a su ser contingente.[33] Sólo de la consideración de este cruce redaccional podrá percibirse una nueva textualidad, la trama de lo que se calla, de lo que no se puede decir pero que no deja de insinuarse en la textualidad, a lo largo del tejido de la narración.[34]

Aparentemente opuestas, estas escrituras se necesitan mutuamente para sobrevivir, para mantener su fuerza expresiva y su coherencia. El sentido de esta convivencia será determinado desde dentro del sistema u organización que produce esta variedad de lenguajes y los mantendrá dentro de los límites aceptables de complejidad. El límite de posibilidad será la concepción moralizante de la historia que no se fundaba sobre el sistema binario *verdadero/falso* sino sobre la necesidad de la edificación mutua pero al mismo tiempo no podía evitar corregir lo que el sistema consideraba como un comportamiento desviado. La denuncia de la falta, su corrección y castigo, estarán latentes y alimentarán la construcción retórica de la historia institucional.

Cuando, a partir del siglo XIX, la concepción de la historia haga su giro hacia un lenguaje orientado por categorías científicas se hará cada vez más insoportable este doble flujo. Será insostenible aún dentro de la organización que había generado el nudo redaccional. La historia institucional, de carácter moralizante, perderá, poco a poco, su fuerza aglutinadora al ser sometida a un códice (*verdad/falsedad*) para el cual no había sido concebida.

La historia de la escritura jesuítica muestra con abundancia la existencia del cruce redaccional. Si se coloca en el ápice de la escritura pública a las cartas anuales que desde las provincias jesuíticas se enviaban a Roma podríamos entrelazarlas con la documentación que pone de manifiesto las perplejidades que las *Litterae annuae* suscitaron en distintos momentos de la historia de la Compañía. Entre los testimonios más significativos se encuentra el de San Roberto Bellarmino quien, en un parecer a la Vª Congregación General (nov. 1593-en. 1594), puso en discusión la utilidad de es-

---

[33] En el proceso de la composición de las palabras puede definirse cruce o contaminación la influencia de una palabra en otra dando origen a un nuevo vocablo. Así de *pedales* [de la medida de un pie] y *pedaneus* se obtiene *pedilaneus*, "peldaño". Cfr. Cortés (2002: 448).
[34] Esta concepción pertenece al constructivismo operativo desarrollado por Niklas Luhmann en su teoría de los sistemas sociales.

te instrumento y planteó una reforma respecto a la redacción de las *annuae* visto su carácter preponderantemente encomiástico: *Nullius fere sunt utilitatis, cum sola fere contineant encomia.*[35] Por debajo del elogio se insinúan las críticas. Elogios y críticas responden a una inquietud transversal que se extendía, por aquellos años, en el cuerpo jesuítico.

Al final del siglo XVI una serie de tensiones generarán, por una parte, una literatura de la cohesión y del elogio, pero al mismo tiempo se abrirán una serie de canales que puedan testimoniar todo el descontento y desorientación y a la vez proponer soluciones. Son los años en los que Juan de Maldonado, visitador de la Compañía en Francia, no duda de manifestar sus "justos llantos por la Compañía que se pierde". En 1594 los jesuitas serán expulsados de Perías, Dijon y Rouen. El espíritu de desunión agudiza aún en la sede misma del gobierno central como lo testimonian los escritos preocupados del asistente para Alemania, P. Hoffé, quien consideraba que eran tiempos de *confusio babilonica*; son los años de la difícil conjugación de "obras" y "espíritu" por lo que se buscarán soluciones en la encuesta *Ad detrimenta* (1606).[36]

Por tanto, por una proporcionalidad sistémica del sistema de escritura jesuítica la crítica a la redacción de las *annuae* no sólo tiende a corregir una *forma scribendi* sino que es síntoma a su vez de una tribulación del cuerpo. De hecho, la admonición de Bellarmino no sólo no corrigió sino que implicó un implícito refuerzo de la literatura encomiástica a la vez que un decaimiento de las cartas anuales. El P. General Vincenzo Carrafa, siguiendo las indicaciones de la VIIª Congregación General, exhortó (1646) a que se reanudara la escritura de las *Littreae Annuae* so pena de poner la respectiva penitencia a los consultores o rectores que no escriban en los tiempos oportunos. Pero al mismo tiempo exigió que la redacción de las mismas fuera la más auténtica posible, sin sospechas de exageraciones y con las noticias bien fundadas.[37]

---

[35] Cabe recordar la aserción de Jacques Derrida: *Incluso sin pensar en el secreto arrancado mediante la tortura física o psíquica, ciertas manifestaciones incontroladas, directas o simbólicas, somáticas o trópicas, pueden dejar en reserva la traición posible o la confesión. No que todo se manifieste. Simplemente la no manifestación no está asegurada jamás* (Derrida 1997: 24 y ss).
[36] ARSI, *Instit. 186 a*, 248r.
[37] Una síntesis magistral de estos años es la realizada por Michel de Certeau (2007: 169 y ss). ARSI, *Instit. 186 a*, 281r.

La pluma de Cardiel estuvo en diversas ocasiones al servicio de la historia moralizante;[38] su producción coincide con los momentos más álgidos y conflictivos de las misiones del Paraguay que se desencadenaron a partir de mediados del siglo XVIII con motivo de las insurgencias comuneras en la Asunción, que tuvieron entre otras consecuencias la expulsión temporánea de los jesuitas de dicha ciudad y la aplicación del Tratado de Límites de 1750 que originó la *Guerra Guaranítica*. La intención que lo movió a presentar una versión de la vida de los pueblos era responder a los *libelos infamatorios* que circulaban en Europa contra los jesuitas y su "reino paraguayo". Esta escritura apologética podría ser cruzada, para entender el alcance de su mensaje, con otras de tipo normativo y, por lo tanto, reservadas sólo a los jesuitas. Sígase, por ejemplo, la encrucijada de la documentación en lo que respecta al tema de los castigos en los pueblos de guaraníes. El exceso y la tipología de los castigos a los indios fue un tema recurrente en las instrucciones reservadas y secretas de los padres generales y de los provinciales del Paraguay a partir de mediados del siglo XVII.

Cardiel, por su parte, reconstruye una escena de castigo en la que el reo guaraní transforma la punición en don y la violencia de los azotes son una llave que abre a la comprensión del mal realizado, ahora aborrecido: "El delincuente se va con mucha humildad a que le den los azotes, sin mostrar jamás resistencia: y luego viene a besar la mano del Padre, diciendo: *Aguyebete, cheruba, chemboara chera haguera rehe*: Dios te lo pague, Padre, porque me has dado entendimiento".[39]

---

38 *Carta y relación de las misiones de la Provincia del Paraguay. Buenos Aires, 20 de diciembre de 1747*, fue editada por Furlong (1953). *Declaración de la verdad contra un libelo infamatorio impreso en portugués con los PP. Jesuitas misioneros del Paraguay y Marañón. San Borja, 14 de septiembre de 1758*, escrito editado por Hernández (1913) como *Declaración de la verdad, obra inédita del P. José Cardiel religioso de la Compañía de Jesús, publicada con una introducción por el P. Pablo Hernández de la misma Compañía* (Buenos Aires, 1900). *Breve relación de las misiones del Paraguay* (Faenza, 1771), editada por Hernández (1913). *Costumbres de los Guaraníes por el P. J.* [José Cardiel], editada en *Historia del Paraguay desde 1747 hasta 1767 obra latina del P. Domingo Muriel de la Compañía de Jesús. Traducida al castellano por el P. Pablo Hernández de la misma Compañía* (ver Muriel 1918). *Compendio de la historia del Paraguay sacada de todos los escritos que de ella tratan y de la experiencia del autor en cuarenta años que habitó en aquellas partes.* (Faenza, 1780), editado por Mariluz Urquijo 1984.
39 Furlong (1953: 146-147).

Por su parte Cristóbal Gómez, en cuanto provincial del Paraguay, escribe diversas instrucciones reservadas para moderar el castigo aplicado a los indios. En numerosas ocasiones el régimen de castigo se aleja de cualquier instancia pedagógica y pierde su dimensión correccional. Cabe recordar que esta escritura de Gómez es en parte el resultado de una serie de informes recibidos por jesuitas que se lamentan de lo que consideran un exceso de rigor por parte de algunos misioneros, además de su conocimiento directo de los pueblos gracias a las dos visitas canónicas que realizara en los años 1673 y 1675. Así como la escritura de Cardiel no es solitaria sino que obedece a una necesidad institucional, también la de Gómez no refleja una sensibilidad o criterios personales sino que recoge la inquietud de otros jesuitas que se mostraron en desacuerdo con las prácticas punitivas de sus compañeros.

> [...] para vestirnos estas entrañas de misericordia con estos pobres es necesario haya gran templanza en los castigos y estos serán y no otros los que están entablados por los ordenes que actualmente se guardan y están aprobados de Roma y estimo como es razón el haberse quitado algunos rollos que había por ser mas conforme a la voluntad de nuestro Padre General presente, que ordena se traten estos pobres indios con benignidad no con rigor, que con aquella red de blandura se pescan mejor estos pobres y mas si son infieles o a poco que lo fueron como advirtió bien S. Ambrosio en los Apóstoles y sus Redes [...]. Las redes cogen y recogen, pues no los matan ni lastiman y así la red de la blandura y benignidad paternal es mas propia de los Varones Apostólicos y con ella se hecha mejor lance en estos pobres pescándolos para Dios que con la del rigor demasiado para corregir sus yerros [...][40]

A pesar de estas recomendaciones, dos años más tarde, deberá repetir el orden impartido. Han desaparecido en estos textos el sentimiento agradecido y la aceptación de la corrección. En esta ocasión es el jesuita riguroso el que no se ha enmendado y con su actitud poco paternal ha sembrado vergüenza y humillación:

> Sobre la demasía de rigores en los Castigos que aunque lo propuse en la común de la visita pasada, y con palabras de Nuestro Padre. General no habido la total enmienda que se deseaba debiendo acordarse los que caminan por es-

---

[40] *Carta para Los PP. Missioneros del P. Provincial Cristóbal Gómez en la visita del año de 1673.* Libro de Órdenes. BNM, Ms. 6976, f. 84-85.

te camino del rigor demasiado de lo que dice S. Gregorio del que gobierna: Mater Pietate, Pater disciplina, que a de ser madre amorosa en la Piedad, y padre en el rigor y castigo de sus hijos; y así encargo a V.R.s lo sean en el de estos pobres así hombres como mujeres y ordeno que a estas no se le corten los cabellos; porque si son casadas las aborrecen sus maridos y si solteras pierden casamiento. Otros castigos hay mas proporcionados para mujeres a quienes así mismo no se les castigara por el hilado con azotes, cepo, ni grillos, que desdice mucho por la materia, y sonara, muy mal en los oídos [...][41]

A partir de una lectura sinóptica de los textos de Cardiel y de Gómez se obtiene una percepción del cruce redaccional. Pero en el caso de Cristóbal Gómez puede observarse las dos escrituras salir de la misma mano.

Gómez, unos diez años antes de ser nombrado provincial de la antigua provincia del Paraguay, nos ofrece un ejemplo de lo que podría llamarse una literatura histórica obsidional. Se trata del *Elogia Societatis Iesu sive Propugnaculum Pontificum, Conciliorum, Cardinalium, Antistitum, nec non Imperatorum, Regum, Principum, et aliorum Virtute, Religione omniq Literatura illustrium (etiam Hereticorum) Testimoniis. Quà expressis verbo, quà scripto consignatis. Constructum et in tres partes divisum.*[42] La redacción de la obra será concluida en 1665 y editada recién en 1677, una vez finalizado su gobierno provincial.

En el prólogo de la obra se avisa que el libro se dirige a amigos y a enemigos. El lector amigo encontrará en estas páginas un baluarte para defenderse de los ataques de los enemigos, defensa constituida por los elogios, que son escudos que a la vez adornan y protegen. El lector enemigo, en cambio, debe saber que ningún ataque quedará sin castigo. A los que habitan el baluarte o se cobijan bajo su sombra pertenece la victoria, para los enemigos la infamia. El baluarte, prosigue el autor, fue concebido en la provincia jesuítica del Paraguay, pero es móvil, ya que se trata de un *baluarte-libro*, de la *escritura-baluarte*, y podrá ser transportado a otros campos de batallas, porque a los jesuitas, concluye, jamás le faltarán enemigos ni ocasión de ejercitar el arte de la guerra.

Es probable que la idea de concebir una obra de este tipo fuese consecuencia de las reacciones contra los jesuitas que despertó el conflic-

---

41 *Carta comúnn a todas las Doctrinas del Padre Cristóbal Gómez provincial de esta Provincia, su fecha de esta doctrina de Santiago, 4 de Junio de 1673. Libro de Órdenes.* BNM, Ms. 6976, f. 94-95.
42 Editado por Jacob van Meurs, Amberes, 1677.

ELOGIA
SOCIETATIS IESV
SIVE
PROPVGNACVLVM
Pontificum, Conciliorum,
Cardinalium, Antistitum,
nec non
Imperatorum, Regum, Principum
& aliorum Virtute, Religione,
omniq. Literatura illustrium
(etiam Hæreticorum)

TESTIMONIIS
Quà expressis verbo,
quà scripto consignatis
Constructum:
ET
In Tres Partes divisum.
A P. CHRISTOPHORO GOMEZ
Eiusdem Societatis.

ANTVERPIÆ, APVD IACOBVM MEVRSIVM ANNO M.DC.LXXVII.

to (1644-1651) con el obispo de Asunción Bernardino de Cárdenas que quedará como un flanco abierto por el cual se podrá golpear la integralidad de la institución respecto a la obediencia eclesiástica y poner de manifiesto sus ansias de poder. A la discusión sobre la legitimidad de la consagración del obispo Cárdenas se agregaron una serie de cuestiones polémicas tales como la tenencia de minas por parte de los jesuitas, y se puso en discusión su ortodoxia respecto al catecismo que usaban para adoctrinar a los guaraníes. Esta última acusación motivó una real cédula (1654) al Arzobispo de La Plata para que averiguase la consistencia de la denuncia.

La obra de Cristóbal Gómez pertenece al género de la escritura obsidional. Lo obsidional (*obsidere*) es lo propio del asediado, normalmente se habla de "moneda obsidional", de "línea obsidional" o de "corona obsidional" que era la que se le daba al libertador del sitio y se confeccionaba con la hierba de la plaza sitiada. Cabe recordar que la obsesión no depende del dato externo, de la amenaza o del peligro que acecha, sino de qué manera se vive la amenaza o el peligro. Si no se coincide en esta afirmación habrá que dar razón a todos los paranoicos y a nuestras propias paranoias. La persecución se alimenta desde dentro transformando con una alquimia destructiva todo lo que acontece a cada paso.

Rousseau es un ejemplo claro de la fiebre obsidional. Cuando exhausto de sentirse perseguido por amigos y enemigos Jean-Jacques Rousseau concibió su última estrategia defensiva: Dios será su abogado, Él debe conocer en su causa, velar por su inocencia. Un día se dirige decidido llevando entre sus manos un escrito que contiene su propia autodefensa: *Rousseau, Juge de Jean-Jacques*. Su intención es depositarlo en el altar de Notre Dame de París. Pero en el apéndice a sus *Dialogues* cuenta lo que fue el paroxismo de su fiebre. Una vez que ha penetrado en las sombras del templo se encuentra con que una cancela cerrada e infranqueable lo separa irremediablemente del altar mayor. La desesperación se apodera de él, con un doble movimiento de vértigo y de parálisis, piensa que hasta Dios ha entrado a formar parte en el complot universal que se ha urdido en su contra.[43]

---

43 « Je voulus entrer par une des portes latérales par laquelle je comptois pénétrer dans le Choeur. Surpris de la trouver fermée, j'allai passer plus bas par l'autre porte latérale qui donne dans la nef. En entrant, mes yeux furent frappes d'une grille que je n'avois jamais

Si en el caso de Rousseau podría parecer evidente que se trata de una conducta patológica, y debería considerarse el *desde dónde* de esta afirmación, puede ser menos evidente en el caso en un sistema de escritura tal como el *Propugnaculum*.

El *Propugnaculum* recoge, como se anticipa en el título, una serie de elogios a la Compañía de Jesús. Los encomios se dividen en tres partes. La primera reúne los testimonios de pontífices, concilios, cardenales, obispos, inquisidores y religiosos. Entre los obispos se encuentra Fray Melchor Maldonado de Saavedra.[44] En las narraciones que construyen su figura y sus relaciones con los jesuitas de la antigua provincia del Paraguay intervienen una serie de piezas documentales que corren por debajo de las alabanzas que aparecen en el baluarte de Gómez. Así por ejemplo, una carta del superior general Muzio Vitelleschi recoge el ánimo del provincial, P. Vázquez Trujillo, y de otros jesuitas sobre el obispo Maldonado quien había tenido una serie de roces con los jesuitas que se hallaban en el seminario de la ciudad de Santiago del Estero:

> Siento que el nuevo obispo a que a venido sea tan ocasionado a pleitos. Dios nos de paciencia con tantos como estos años se han padecido en esa Provincia. No hay sino con humildad, razón, y cortesía obligarle y si apretase sobre

---

remarquée et qui separoit de la nef la partie des bas-cotes [446] qui entoure le Choeur. Les portes de cette grille étoient fermées, de sorte que cette partie des bas-cotes dont je viens de parler étoit vuide et qu'il m'étoit impossible d'y pénétrer. Au moment ou j'apperçus cette grille je fus saisi d'un vertige comme un homme qui tombe en apoplexie, et ce vertige sut suivi d'un boulversement dans tout mon être, tel que je ne me souviens pas d'en avoir éprouve jamais un pareil. L'Eglise me parut avoir tellement change de face que doutant si j'étois bien dans Notre-Dame, je cherchois avec effort à me reconnoître et à mieux discerner ce que je voyois. Depuis trente-six ans que je suis à Paris, j'étois venu sort souvent et en divers tems à Notre-Dame; j'avois toujours vu le passage autour du Choeur ouvert et libre, et je n'y avois même jamais remarque ni grille ni porte autant qu'il put m'en souvenir. D'autant plus frappe de cet obstacle imprévu que je n'avois dit mon projet à personne, je crus dans mon premier transport voir concourir le Ciel même à l'oeuvre d'iniquité des hommes et le murmure d'indignation qui m'échappa ne peut être conçu que par celui qui sauroit se mettre à ma place, ni excuse que par celui qui sait lire au fond des cœurs » (Rousseau 1775: 446).

44 Fray Melchor Maldonado de Saavedra, de la orden de los Ermitaños de San Agustín, sucedió en el gobierno de la diócesis del Tucumán a fray Tomás de Torres. Fue provisto por Urbano VIII el 8 de marzo de 1632 y llegó a su diócesis a mediados del 1634. Falleció el 11 de julio de 1661.

lo del seminario pienso que lo mejor seria dejarle, pues en vez de gracias, no granjeamos sino pesadumbres.[45]

En los cimientos del *Propugnaculum* se depositan otros documentos que implican la fuerza de su construcción retórica. Allí podrían colocarse las acusaciones de los jesuitas Lope de Mendoza y Francisco de Córdoba que inculpan, en 1634, a Maldonado de Saavedra ante el Tribunal de la Inquisición de Lima de *codicioso* y *aseglarado*. Cuatro años más tarde, Francisco de Córdoba hizo acusaciones aún más graves contra el obispo: entre otras, sospechoso de herejía y violación del sigilo sacramental. Acusaciones cruzadas que hacen pensar en venganzas. Por su parte, el P. Francisco de Córdoba recibió graves denuncias a causa de su relación con diversas mujeres, lo mismo que Lope de Mendoza.[46] Pero en el *Propugnaculum* la voz del obispo Maldonado aparece clara y quien fuera para algunos jesuitas y para otros clérigos de la diócesis, pleitero, cargado de perfume y de poco recato, aparece entre aquellos que tejen los elogios mejores a la orden de Ignacio de Loyola[47] y uno de sus más decididos defensores a pesar de haber ordenado al obispo Cárdenas en modo ilícito.

La segunda parte presenta las declaraciones de emperadores, reyes y príncipes. Esta segunda sección de elogios se cierra con las confesiones de los herejes anticipo del diálogo o citación final que cerrará definitiva y dramáticamente las puertas del baluarte. En este punto álgido se revelará toda la construcción del baluarte, ladrillo por ladrillo, o mejor dicho citación por citación. ¿Cuál es el motivo que pueda justificar el conceder la palabra al *hereje* que, como el mismo autor lo recuerda, está desposeído de toda virtud? La única fuerza que se le concede a su afirmación es la de provenir del enemigo. El odio del enemigo herético se convierte en testimonio de eficacia de la acción apostólica de la Compañía de Jesús, las maldiciones que lanza contra el cuerpo jesuítico confiesan, de modo aún más inequívoco del que pudiera pudiera hacer el amigo o el propio jesuita sobre quienes caería la duda de un juicio parcial y movido por el afecto o la pertenencia. El enemigo aparece como otro pero dice lo mismo que los demás con una inusitada fuerza. Esta circularidad de la

---

45 Carta de Muzio Vitelleschi a Francisco Vázquez Trujillo, 1 de noviembre de 1636 (Morales 2005: 530).
46 Morales (2005: 528, 536, 792 y 848).
47 Detalles sobre la vida del obispo Maldonado en Bruno (1968, III: 251 y ss).

argumentación demostrará toda su fuerza cuando deje oir su voz, entre los testigos selectos, el demonio mismo.

El texto del *Propugnaculum* presenta la figura de Anna: virgen y *hereje* de antiguo linaje, hechicera y bajo el imperio del demonio. No contenta con su estado decidió ofrecer a una sobrina suya a Satanás. Esta joven endemoniada se convertirá ella misma en un baluarte asediado, su cuerpo deforme será el lugar donde habitará *Legión*. En la escena teatral del exorcismo, el exorcista es el que da nombre a esa alteridad desbordada, o mejor dicho, a la alteración del discurso. La alteridad a la que se enfrentará el exorcista no es un discurso de un *otro* que se deberá reconstruir, en realidad el *otro* no habla y el discurso será siempre el mismo. Como lo recuerda Michel de Certeau un paso esencial en la práctica del exorcismo, y lo será también del médico, es ejercitar la *denominación*. La inquietante extraneidad que produce el discurso del otro provocará, de manera proporcional, un esfuerzo por homologar lo que se dice, por darle nombre, por poseerlo, por darle forma conocida. La cuestión del nombre reviste también una importancia clave para la argumentación del autor del *Propugnaculum*.

A la denominación bíblica de *Legión*, se le agrega otra que es de cuño ignaciano. La presencia múltiple que habita el cuerpo de la anónima joven, simplemente llamada durante toda la narración: *puella*, es invasión del *antiguo enemigo de natura humana*. Esta designación evoca el texto de los *Ejercicios Espirituales* de Ignacio de Loyola [7,2; 10,2; 135,5; 136,1; 325,7; 326,4; 327,3; 334,1] que a su vez recuerda la expresión de Hugo de Balma († 1305): *enemigo del linaje humanal*. El exorcismo que se representa en el texto de Gómez evoca la batalla antigua que se manifestó en el episodio del evangelio de Lucas donde *Legión* habitó el cuerpo del hombre de Gerasa, que exiliado de su ciudad vivía por los sepulcros. Jesús le hizo confesar su nombre, el endemoniado, por su parte, dejará oír la voz de su huésped quien confiesa y no reconoce: *¿Qué hay entre tú y yo, Jesús, hijo del Altísimo?*

Serán los jesuitas de Viena, los que llevan el nombre de Jesús, los que se deberán ocupar de realizar el exorcismo sobre el cuerpo de la joven. Si en los comienzos del rito liberatorio son pocos los que asisten poco a poco el templo se llena de una multitud que asiste colmando la escena. La poseída es un cuerpo fragmentado y dividido bajo el imperio de *Legión*. Este cuerpo dividido, anuncio de la derrota, se deberá afrontar al cuerpo uno de la Compañía. Los demonios ocupan la joven como si fuera un bastión asediado (*Hinc vehemens orta suspicio puellam daemonis obsidione teneri* ...). La víctima obsidional pierde la razón cuando los demonios ocupan su cabeza, arden de fuego sus ojos o su boca se deforma en la medida que *Legión* ocupa y domina.

La joven del cuerpo silencioso y ocupado por tantos abre su boca para dejar salir sonidos que no le pertenecen, al principio alaridos descompuestos (*nam daemonum ululatibus et inconditis vocibus*), luego se dejan oír los gruñidos de puercos, croar de ranas y mugidos de terneros. El poder del exorcismo logrará que el sonido irreconocible se haga palabra y se construirá el concepto. Quien por un momento había logrado escapar al sistema y al contrato lingüístico emitirá los primeros insultos, que no serán otra cosa que elogios para los jesuitas: *cabezas de rata, negros carneros*. Bajo la sombra del *Baluarte* se produce la última gran alquimia del libro de Gómez: la voz del *padre de la mentira*, de quien no puede provenir nada de bueno, es transformada, por el poder del exorcismo, en una verdad muda a la cual sólo el exorcista podrá dar sentido. Y el deseo maldito de *Legión* se convierte en el último encomio para la *Compañía* que cerrará las puertas del *Propugnaculum*: *Nada me sería más grato* –confiesa el Enemigo– *que contemplar a todos los jesuitas colgados en un patíbulo*. La única escritura posible, en la plaza asediada, será la que generen los asediados, ella como la moneda obsidional, será lo único que hará posible la comunicación; el resto será palabra ininteligible. A la vez, el augurio maléfico encierra algo de profecía apocalíptica, el fin de la *Legión de Loyola* implicaría la disolución del *katejón*, último umbral capaz de contener las fuerzas del anticristo, y deja entrever la autoconciencia que el mismo cuerpo jesuítico había generado hacia la mitad del siglo XVII.

La escritura obsidional se manifiesta con fuerza ejemplar en estas páginas y en particular llega a su clímax en el momento del exorcismo y en la maldición demoníaca que se convierte en el último elogio. Pero la lección de Gómez es vasta y cabe preguntarse por la *intentio operis*. La historia de la cual se ha servido para concluir el *Propugnaculum* fue escrita en 1583 en los *Annales Societatis Iesu* de la provincia jesuítica de Austria. ¿Cómo es posible que sea aún propuesta un siglo más tarde? ¿Cuál es su condición de posibilidad? ¿Qué concepción y vivencia de tiempo le permite comunicar? El exorcismo que se *re-presenta* en el Baluarte, será un dramático esfuerzo por reconducir todo el lenguaje, aún el blasfemo y demoníaco, a una legibilidad que el tiempo de la modernidad no permite y que ha hecho inaccesible la prosa del mundo. La opacidad entre las cosas y las palabras hará que la *verdad* sea un lugar inestable.

Pero todo acto de escritura corre el riesgo de *alterar* el discurso del *otro*. No se deberá olvidar este carácter interpretativo del oficio de historiar para estar dispuesto a visitar una y otra vez nuestros discursos sobre los otros, para que lejos de constituirse en baluartes inexpugnables dejen siempre abierta la puerta para poder evocar al ausente.

DE LOS INTÉRPRETES A LOS ESPECIALISTAS: EL USO DE LAS LENGUAS GENERALES DE AMÉRICA EN LOS SIGLOS XVI Y XVII[*]

Andrea Daher

Nada más elocuente que la máxima "la lengua compañera del Imperio" transmitida en la *Gramática Castellana* de Antonio Nebrija, de 1492. El *topos* fue parte de los debates de los letrados hasta el Siglo de Oro, exaltando los méritos expresivos del romance y su prestigio frente al latín, así como la legitimidad de su imposición a los pueblos conquistados, principalmente a través de Bernardo de Aldrete (1606) y Juan Solórzano y Pereira (1639).

Sin embargo, la máxima de Nebrija fue tomada de inmediato como clave para comprender las teorías lingüísticas en la Península Ibérica de los tiempos modernos.[1] Es cierto que los términos de Nebrija se dirigían a la alta cultura letrada y eran incompatibles con las actitudes lingüísticas de las prácticas evangelizadoras en la América hispánica: de hecho, sólo dos siglos más tarde, en 1680, se dio la introducción compulsiva del español en la América hispana, así como el portugués en la colonia lusa, decretado en 1758 no sólo el idioma oficial hablado sino el único idioma.

Eugênio Ascencio demostró que el *topos* afortunado de Nebrija, "la lengua compañera del Imperio", derivaba de Lorenzo Valla, habiendo sido apropiado por el jurista aragonés Gonzalo García de Santa María, antes de Nebrija.[2] De lugar-común en la colección de *Elegantiae* de Valla

---

[*] Investigación realizada bajo el auspicio del Conselho Nacional de Pesquisas Científicas (CNPq, Brasil).
1 Nebrija 1492.
2 Ascencio (1960: 399-413).

pasó al significado del objetivo de unificación de Aragón en la Corte de Micer Gonzalo, hasta asumir la función de integración nacional desde el punto de vista de Andalucía de Nebrija.

El *topos* fue apropiado menos de cincuenta años más tarde, en Portugal, en el mismo registro discursivo de Nebrija, la gramática. En la *Gramática da linguagem portuguesa* de Fernão de Oliveira (1536), el lenguaje aparece como una especie de "producto natural de la personalidad nacional" que debe ser "alejada de los riesgos de la cultura extranjerizada", según Ascensio, y convertida en un instrumento político de la cohesión del imperio.

En el mismo movimiento, la *Gramática* y la *Cartinha* de João de Barros, publicadas en 1540, atribuían al portugués la tarea providencial de difundir el cristianismo.[3] En este sentido, desde el siglo XVI, en Portugal, el portugués ya había sido glorificado como propiciador de un "diálogo final e interminable entre los pueblos de la Tierra". Para Maria Leonor Carvalhão Buescu, "la gran proeza filológica y lingüística de Fernando de Oliveira (1536) y João de Barros (1540) fue dotar al idioma portugués del estatus de idioma digno y capaz de todas las aventuras de la comunicación y de la expresión, como legado noble del latín".[4]

La vocación ecuménica del portugués fue anunciada por João de Barros, contrariamente a la ofensiva lingüística resultante de la práctica apostólica en las colonias. El estatuto superior atribuido a la lengua portuguesa como herencia directa del latín deberá transparentar el esfuerzo de gramaticalización de los idiomas "exóticos",[5] como puede verse en el *Arte Malabar* de Henrique Henriques: "*Para comprender más fácilmente este arte es menester tener conocimiento de la técnica del arte latino y los que no saben latín deben leer por la gramática del portugués de João de Barros*".[6] Del trabajo de gramaticalización y diccionarización de las lenguas indígenas resultaría así su integración, al pie de la jerarquía de las lenguas vernáculas, dispersas en el mundo desde el episodio de Babel.

Los jesuitas trabajaron duro en los primeros años de ministerio en Brasil para aprender las diferentes lenguas de los indios, decididos a vivir en

---

3 Barros [1540] 1971.
4 Buescu (1995: 23).
5 Tomamos el término de Maria Leonor Carvalhão Buescu (1983) para designar las lenguas amerindias y orientales.
6 Buescu (1995: 28).

aldeas donde adoctrinaban mientras forjaban los instrumentos necesarios para la eficacia del trabajo apostólico. En ese sentido, contaban con la ayuda de intérpretes, llamados *lenguas*, que, viviendo desde muy temprano entre los indios, eran hombres enteramente integrados a la vida silvestre, como el caso de aquel *lengua* sobre el cual el Padre Nóbrega decía que necesitaba para poner en Tupi "las oraciones y prácticas de nuestro Señor", y que estaba por el momento "muy ocupado en lo que el gobernador le encargaba".[7]

Los misioneros intentaban apropiarse de las lenguas indígenas –se supone que en Brasil eran entonces alrededor de 340– aprovechando la presencia de intérpretes y de los niños mestizos, muchos de ellos hijos de madres indias y padres portugueses. Durante mucho tiempo, a lo largo de la década del 50 del siglo XVI, sólo el sacerdote Navarro confesó sin intérprete.

En 1552, el Superior de la Compañía de Jesús en el Brasil envió una carta al Reverendo Padre Simón para consultarle sobre algunas cuestiones que serían materia de disputa en el Colegio de Coimbra para los "grandes letrados de la Universidad". Ocurría que con la visita del Obispo al Brasil, se habían planteado algunas dudas que oportunamente serían presentadas para su dictamen. La primera de ellas versaba sobre la posibilidad de que la gente de la tierra se confesara a través de un intérprete, "porque parece cosa nueva –señalaba Nóbrega– y que no se utiliza en la Cristiandad".[8]

El Padre Visitador Pero Sardinha, opositor del Superior de la Compañía de Jesús, trató de erradicar la práctica, incluyendo el rechazo de los argumentos de teólogos importantes, como Navarro y Cajetano, en los cuales se basaba Nóbrega. Sardinha preveía, únicamente en casos extremos, la utilización de intérpretes prudentes, pero no de "mamelucos de la tierra" que, sin embargo, debían ser elegidos por los penitentes y no por los confesores.

Incluso sin un posicionamiento preciso por parte de las autoridades romanas, la formalización de la enseñanza del idioma tupi sólo comenzó en los años 1560, cuando se inauguró el primer curso en el Colegio de Bahía. Las Congregaciones Provinciales de 1568 y 1575 reafirmaron el uso de tupi en la catequesis, aunque manifestaban el problema de

---

7 Nóbrega (1998: 73).
8 Ídem: 41).

la falta de sacerdotes que conocieran el idioma. Sólo en 1580, la posición romana sobre la cuestión se hizo más clara. En 1583, el Padre Visitador Cristóvão Gouveia llegó a Brasil con la orden emitida por el General de los jesuitas, Claudio Acquaviva, para hacer obligatorio el aprendizaje de las lenguas indígenas que, según Serafim Leite, era una orden dirigida, en realidad, a México.[9] A pesar de algunas concesiones hechas a los misioneros –especialmente a los que no tenían la "vocación de Brasil", según Gouveia– la obligación de aprender el tupi se introdujo en la regulación de los jesuitas y fue confirmada por decreto de la Congregación General en 1594, bajo el generalato de Claudio Aquaviva.

En el año siguiente, en 1595, Acquaviva firmó el permiso para la publicación de la gramática y catecismos de Anchieta, que circulaban desde los años 50 en forma manuscrita. Fue en el contexto de incentivo por parte del Padre General Mercuriano al uso de las lenguas indígenas en la catequesis que, a pedido del Superior de la Compañía de Jesús en Brasil, el Padre José de Anchieta había compuesto por escrito el *Arte de la gramática* tupi. Una copia habría sido entregada a Nóbrega en 1555, quien la llevó consigo a Bahía, a fin de que los misioneros recién llegados fuesen instruidos en lengua indígena. Desde 1556, es decir, treinta y nueve años antes de su publicación, la gramática ya servía –como afirma Drummond en la introducción del *Arte de gramática* del padre Anchieta– como "texto para la enseñanza de Tupi en la Universidad de Bahia y en 1560, el Padre Luis da Grã hizo obligatorio su estudio, siendo él mismo profesor".[10] Junto a la gramática, Anchieta concibió también un catecismo en tupi, y obtuvo la licencia para la publicación de ambos. Sin embargo, de ambas obras, sólo el Arte fue impresa en 1595.

Muchos libritos de catecismo, como el de Anchieta, circulaban desde hacía años, sin siquiera haber sido impresos. Destinados a un uso restringido, esos pequeños folletos no tuvieron la oportunidad –costosa, en tiempos de una imprenta aún incipiente– de ser publicados. Resulta significativo que el *Arte de gramática* de José de Anchieta, incluya en el título la mención explícita del idioma más utilizado en la costa de Brasil, como marca de la "reducción" de la diversidad lingüística a la unidad de la lengua general.

9 Leite (1965: 63)
10 Anchieta (1990: 9).

Solamente a partir del siglo XVIII serían implementadas estrategias para la erradicación de la lengua general, en pro del portugués, en Brasil, bajo las directrices de Pombal. Estas estrategias se insertaron en un proyecto de civilización destinado a instaurar la obediencia al Príncipe y transformar a los indios en "vasallos útiles y leales súbditos de Su Majestad Fidelísima y, por tanto, armoniosamente integrados en la sociedad colonial luso-brasilera".[11] El nuevo "papel político" del idioma portugués se expresará luego en el *Directorio que deben observarse en las aldeas de los indios de Pará y Maranhao* –licencia con fuerza de ley, del 7 de junio de 1755, publicado en Lisboa en 1758– que intentaba la cancelación de determinadas representaciones y prácticas, o la extirpación de "lastimosos principios y perniciosos abusos" cometidos por sacerdotes jesuitas, de los cuales los indios fueron, según la misma licencia, las infelices víctimas.

En la América Hispana también eran claras las directrices de los Concilios Provinciales en el sentido de la aplicación de la doctrina en las lenguas generales, de modo que la imposición del español sólo se ha hecho, de esta forma, en vísperas del siglo XVIII. El uso de las lenguas indígenas en la enseñanza –en particular las lenguas aymará y quechua– se determinó en los Concilios de Lima de 1552, 1557, y especialmente en el III Concilio de Lima, en 1582. Las resoluciones de los Concilios desentonaban frontalmente con lo que se encontraba en la legislación imperial: desde 1515, una serie de cédulas reales expresaban el temor de que las lenguas indígenas no fueran los mejores vehículos para la erradicación de idolatrías y expresión de las verdades de la fe.[12]

El predicador jesuita en el Perú, José de Acosta, en su *De Procuranda Indorum Salute*, escrito en 1576, poco más de diez años después de la celebración del Concilio de Trento (1545-1563), y también pocos años antes del inicio de los trabajos del III Concilio Provincial de Lima (1582), declaró sobre el uso de intérpretes que "[a]unque los teólogos están bastante de acuerdo en que se puede hacer y recibir la confesión incluso por intérprete, también lo están en que no hay ley divina ni humana que obligue a los hombres a esta modalidad de confesión". Sin embargo, afirma, no era lícito "oír a los indios que quieran espontáneamente confesarse por intérprete, sobretodo en caso de enfermedad grave, cuando escasean los sacer-

---

11 Domingues (2000: 70).
12 Konetzke (1953).

dotes que saben la lengua indiana, y procuran por este medio su salvación".[13] En el mismo capítulo, asegura el autor que no podrían ser párrocos los que no fueran "capaces de escuchar directamente". Sostiene también que si desempeñaran la función "de buena fe", por más que no entendieran muy bien lo que decía el penitente, y siendo "medianamente capaz de darles el consejo oportuno", no debían ser separados de su ministerio.

De este modo, el dominio de la lengua tenía como presupuesto la buena fe, siempre dudoso por parte de los infieles. Si el uso generalizado del español en el Perú podía asegurar la mejor expresión de la doctrina, como tendían a creer los representantes de la monarquía española, no podía en modo alguno ser garantía de la buena fe de todos los hablantes. En términos más generales, las políticas lingüísticas de las órdenes misioneras en América sólo podrían, por lo tanto, presuponer la adquisición de las lenguas generales de los misioneros con buena fe, antes incluso que la vocación para los idiomas.

La obligación formal de aprendizaje de las lenguas indígenas por los jesuitas, incluida en el III Concilio de Lima, fue sostenida por la posterior publicación, en 1584, de la *Doctrina Christiana*, catecismo trilingüe cuya organización general y escritura final se encomendó a Acosta. El sexto capítulo de las actas del mencionado Concilio es completamente explícito sobre la obligación de predicar la doctrina en la lengua general, cuando concluye: "no se obligue a ningún indio a aprender las oraciones o el catecismo en latín, porque basta y es mucho mejor que los diga en su idioma y, si alguno quisiere, podrá agregar también el español que ya dominan muchos de ellos. Exigir de los indios alguna otra lengua que no sea ésta es superfluo".[14]

José de Acosta clasificó la recepción de la doctrina por el catecismo, sugiriendo, por parte de los misioneros, tanto la adecuación necesaria del uso del "idioma indiano" a la "costumbre y el temperamento de los indios" como también la ciencia "de las clases de idolatrías, torpezas y otros pecados", por experiencia o por referencia a otros: "nuestros Padres han escrito unos confesionarios en las lenguas comunes de estas regiones, quechua e aymará, que pueden ser de gran ayuda a los rudos y principiantes".

Tanto el texto de las actas del III Concilio Limense como el del concilio tridentino son claros sobre la necesidad de aprender y memori-

---

13 Acosta ([1588] 1984: 431).
14 Lisi (1990: 129).

zar el catecismo, "de acuerdo con la capacidad del pueblo que lo recibe". En 1584, la *Doctrina christiana y catecismo* vehiculizaría un *Catecismo breve para los rudos y ocupados* con un abecedario, seguido de un *Catecismo Mayor para los que son mas capaces*, visiblemente dedicado a diferentes categorías de catecúmenos, es decir, adaptados "al ingenio de los indios", conforme a lo previsto por Acosta.[15]

Los catecismos breves, tal como figura en esta *Doctrina* de 1584, se limitaban al resumen de la doctrina, con el uso de lugares-comunes. No son una invención americana, como algunos dijeron, y tienen como modelo un "catecismo de Castilla", según lo refieren escritos de la época.[16] En 1585, se publicó un *Confesionario para los curas de indios*, en el que están desplegadas las preguntas que debían ser dirigidas a "caciques y curacas", incluso "alcaides y fiscales". Si la adaptación al público destinatario es el principio apostólico por excelencia, ella nunca deja de presuponer el estatus diferenciado de aquellos a los que se debe adaptar, cuyos criterios están fuertemente representados en el propio esfuerzo lingüístico de aproximación.[17]

El desfase entre las prácticas que dieron lugar a la gramaticalización y la diccionarización masiva de las lenguas de América en favor de la labor catequística y las teorías de los letrados ibéricos, enaltecedoras de las cualidades conceptuales y expresivas de las lenguas española y portuguesa (alineadas con las orientaciones expresadas por la monarquía española) no pueden, en absoluto, explicarse, como piensa Lucia Binotti, por una "apatía" o una "tolerancia" de los conquistadores ibéricos que "permitían que las lenguas indígenas sobrevivieran impunemente".[18]

Antes que eso, para comprender las razones de lo que normalmente se llama la "supervivencia" de las lenguas indígenas (en forma de lenguas generales) deben ser cuidadosamente establecidas los fundamentos teológico-políticos que sustentaban el trabajo catequístico de las órdenes religiosas y reforzaban la impresión de las obras en las cuales las lenguas indígenas eran ampliamente inscritas, hasta el siglo XVIII.

---

15 Ídem: 80.
16 Ídem: 237.
17 Ciertamente, en una perspectiva imperial, la evangelización en lengua quechua, y sobre todo el bilingüismo, eran vistos como situaciones transitorias que debían substituirse progresivamente por la castellanización general (Ricard 1960: 281-296).
18 Binotti (2000: 280).

El presupuesto teológico de la conversión en la lengua del catecúmeno

En general, la historiografía sustenta el argumento del pequeño número de misioneros frente al gran número de almas que deseaba convertir para justificar el uso de las lenguas indígenas en la evangelización de América.[19] Sin embargo, la elección de la prédica en lenguas indígenas no es dictada principalmente por las necesidades de comunicación: el *topos* de la "falta de obreros" recurrente en los textos misioneros, nunca introdujo el argumento de la necesidad de predicar en las lenguas indígenas. Esta no es una cuestión de pragmática de las órdenes misioneras, como se piensa, y sí de exégesis, por lo tanto, de teología y política.

En este sentido son evidentes, primero, la relación entre idioma y convertibilidad y, segundo, la relación entre el don de las lenguas y el ideal misionero, basada en la exégesis bíblica y consagrada en el principio apostólico de *acomodatio*, tal como se define en los documentos normativos de la Compañía de Jesús.

Lengua y convertibilidad

Uno de los aspectos que sustenta, principalmente, el presupuesto teológico-político de la conversión a las lenguas indígenas es el hecho de que para los misioneros el estado de la lengua, en una perspectiva escolástica, podría ser definidor de la convertibilidad de los indios. Más aún, el éxito de la labor general de la producción de lenguas generales es la condición de la convertibilidad de los indios. En este sentido, son importantes tanto la naturaleza gráfica de las lenguas de Perú como la naturaleza ágrafa de la lengua de los indios de Brasil. Las representaciones gráficas de la primera serían sustituibles, en el diseño de los padres, por las letras occidentales. El capítulo 37 de las actas del III Concilio de Lima, en 1583, se refiere precisamente a la necesidad de erradicar estos signos, considerados como prueba de las antiguas supersticiones de los peruanos.

En Brasil, los portugueses encontraron lenguas de gente "bárbara y barbarísima, de unas gentes donde nunca hubo quién supiera leer ni

---

19 Milhou (1993: 24).

escribir" y cuya obra de "reducción gramatical" parecía sorprendente, como decía el padre Antônio Vieira.[20] Los jesuitas portugueses concebían la lengua de los indios de Brasil como una lengua faltante. El *topos* de la falta de F, L y R –signo de falta de fe, ley y rey en la lengua tupi, ampliamente apoyada por cronistas y misioneros portugueses en el siglo XVI– puede definirse precisamente como una marca de la ilegibilidad de la lengua y, más aún, de una verdadera falta.

En efecto, el pensamiento analógico no reconoce el otro de la diferencia cultural, postulado por los estudios de inspiración semiótica. La analogía hace que la otredad se convierta en un grado de la similitud (más o menos lejano). Es en ese sentido que los *topoï* de la falta de letras de la lengua de los indios en Brasil significaban una efectiva falta. "Como la naturaleza, el sonido es efecto de la causa primera, por lo tanto, es signo o letra: después de Babel, como el sonido se ha dispersado en todo el mundo, perdió la similitud de la letra, manteniendo en él la imagen distante de la lengua adámica. La misma imagen sigue siendo legible en algunos idiomas –como en portugués– y en otros es ilegible –como en la lengua del gentío–".[21] Esta concepción resonó a lo largo del siglo XVII, hasta las primeras décadas del siglo XVIII.

En cualquier caso, los jesuitas han seguido durante largo tiempo los argumentos de los teólogos Francisco de Vitoria y Francisco Suárez, afirmados en el Concilio de Trento, según los cuales "el indio no conoce la Revelación, pero no es excluido de la ley natural, por lo cual es humano, sin embargo, en un grado muy distante de la buena humanidad católica".[22] Del mismo modo, su lenguaje es faltante, olvidado, lejos de la buena proporción del verbo divino. No cabe duda de que era posible, en la concepción jesuita, reescribir o recordar en el alma indígena las categorías necesarias para que el idioma tupi, con otras lenguas generales, se asemejaran a las lenguas vernáculas más próximas proporcionalmente a la lengua adámica originaria. Es por ello que, teológicamente, el indio no habla –y no puede hablar–, incluso en la primera persona, en los escritos de los jesuitas portugueses: su lengua es faltante. Y como lengua muda, carente de categorías, también es ilegible, ágrafa.

---

20 Vieira (2001: 417).
21 Hansen (1993: 53).
22 Ibídem.

En términos generales, la lógica editorial misma de las obras dedicadas a la catequesis en las lenguas generales también puede ser indicativa del estatus atribuido a las lenguas reducidas, de acuerdo con el principio de adaptación al público, lo que resultó en la fabricación de distintos catecismos. No es difícil notar que hay un número mucho mayor de libros impresos en quechua, por ejemplo, que obras en tupí. En este sentido, es significativa la imposibilidad de imprimir libros en Brasil.

Don de lenguas y exégesis bíblica

El tema bíblico del Pentecostés aparece en numerosas obras de misiología de los siglos XVI, XVII y XVIII. Al aprender nuevas lenguas, el misionero es heredero directo de los Apóstoles, recibiendo el don de lenguas el día de Pentecostés para anunciar la palabra de Cristo a las personas víctimas de la diversidad lingüística, desde el episodio de Babel. Para San Pablo, el don de lenguas era un carisma del Espíritu Santo, en virtud del cual los favorecidos adquirían el poder sobrenatural de expresarse en un lenguaje que desconocían. En la interpretación de los Actos de los Apóstoles hay una concepción no muy diferente del don de lenguas de Pablo. El término *loqui variis linguis* (Actos II, 4) también marca un don del Espíritu Santo: los Apóstoles presentes con Cristo en el Cenáculo realmente hablaban los idiomas de diferentes naciones representadas entonces en Jerusalén.

Es importante recordar que el objeto de este lenguaje no es la predicación del Evangelio sino la alabanza a Dios, bajo el impulso del Espíritu Santo. De acuerdo con los Actos, los auditores han entendido en sus idiomas maternos lo que han dicho quienes hablaban en lenguas. De este modo, movidos por el Espíritu Santo, los apóstoles y los discípulos hablaban varios idiomas y, según los exegetas, entre los judíos habitantes de Jerusalén, los árabes entendían el idioma árabe, los romanos la lengua latina, los griegos la lengua griega. Pero no se sabe si los griegos entendían el árabe, los árabes el latín, etc.

Puesto que la tarea de conversión de las almas "requiere más alto estado de perfección que ningún otro", una de las competencias básicas del evangelizador es, según Manoel da Nóbrega, la maestría de la lengua, fruto de la gracia con que cada misionero es dotado, así como de la fe que le permite confiarse a Dios y sospechar de sí mismo, y de la virtud para hacer milagros.[23]

Las biografías espirituales –en particular las escritas en vista de los procesos de canonización– son instrumentos importantes para evaluar la dimensión del don de lenguas bajo la perspectiva apostólica. La configuración de diferentes casos de milagro en opiniones, testimonios y escritos apologéticos, a menudo remite a estas figuras derivadas de la interpretación del texto bíblico, en lo que se refiere al fenómeno de glosolalia.

Es probable que las políticas lingüísticas de las órdenes misioneras en América, venidas en general desde Roma, tuvieran en cuenta el testimonio del carácter apostólico –y, en particular, milagroso– de la maestría de las lenguas indígenas por los misioneros, y en el extremo opuesto, las confesiones de los que mostraban una incapacidad para aprender estos idiomas.

Don de lenguas y principio apostólico de acomodatio

El Padre Francisco de Borgia, elegido General de los jesuitas entre 1565 y 1572, fue el primero en alentar el esfuerzo lingüístico misionero, aconsejando la enseñanza de las lenguas más importantes en el Colegio de Goa y el envío a Portugal de vocabularios y "métodos" para la formación de nuevos misioneros. Con el Padre Everardo Mercuriano (1573-1580) comenzó una ofensiva lingüística, basada en el principio de *acomodatio*, lo cual exigía la adaptación del misionero, prácticamente imposible sin el conocimiento de idiomas. Mercuriano, en una carta de 1577, dirigida a los jesuitas de las Indias Orientales y Occidentales, hace del aprendizaje de idiomas una gracia divina. Algunos años más tarde, en 1594, un decreto oficializaba la importancia atribuida a su aprendizaje, que marca el valor espiritual de los conocimientos de idiomas como atributo esencial del misionero.

El presupuesto apostólico de la predicación en la lengua del catecúmeno se basaba en la política de la teología escolástica –especialmente cuando es reanudada, en el siglo XVI, por teólogos como el jesuita Francisco Suárez– y se hacía eco de las directrices tridentinas y documentos

---

23 Nóbrega (1954: 340).

normativos de las órdenes misioneras, sobre todo en las *Constituciones* de la Compañía de Jesús.

En los escritos de Ignacio de Loyola en relación a la doctrina que debía ser aprendida al interior de la Compañía, es expresa la norma de sumisión al objetivo de "ayudar con el divino favor las ánimas suyas y de sus próximos", según la cual se decidirían, en general y en particular, las materias que deberían estudiarse y "hasta dónde en ellas deben passar [los estudiantes]".[24]

En general, el lugar de la gramática y la retórica –llamadas "humanidades"– en los estudios jesuíticos es irrefutable. Loyola es claro al decir que "ayudan las Letras de Humanidad de diversas lenguas", al lado de la lógica, la filosofía moral y natural, la metafísica y la teología escolástica y positiva, y la Sagrada Escritura, materias que deben estudiarse en las escuelas.[25] Cabe destacar el carácter de "ayuda" atribuido a las lenguas antiguas, como el latín, el griego y el hebreo. El aprendizaje de éstas dentro de los estudios de retórica –el latín ocupando el primer puesto– fue apoyado por Loyola, que lo relacionaba a los "tiempos delicados" que se vivían entonces.

El 21 de mayo de 1549, el Secretario Juan Polanco escribe una carta al Padre Diego Lainez, que contiene comentarios sobre la posición del General con respecto a la enseñanza de las humanidades, precisamente lo que llama "letras humanas". Lainez había dicho que "el cebarse demasiadamente en cosas de humanidad suele hacer los ingenios tan delicados y regalados, que no saben después ni quieren ahondar en las cosas, mayormente, si han de buscar en autores que tragan lenocinio [atractivo] de lengua".[26] El comentario que Polanco hace a esta declaración de Lainez, se orienta a afirmar la necesidad de dedicación a las "letras humanas", en particular las lenguas, "en sujetos capaces por edad e ingenio", enumerando los motivos del argumento.[27]

Entre las razones genéricas situadas al final de la serie, la primera sin duda refuerza la idea de la aptitud necesaria para estudiar "las lenguas de las humanidades", visiblemente extensible a las condiciones del aprendizaje de idiomas en general. Según Polanco:

---

24 Loyola (1977: 522).
25 Loyola (1977: 522).
26 Ídem: 728.
27 Ídem: 729.

> [...] si hombre crece en edad y se le va hinchando la cabeza de impresiones mayores, como son de las cosas, difícilmente vendrá a tomar bien las lenguas; como me parece muestra la experiencia y razón, que no lo está la memoria como en la menor edad, vacía para que se impriman las fantasías de cosas, aun pequeñas, ni se pueden así aplicar a mirar conjugaciones y otras cosas bajas, como los que no tienen uso de cosas mayores, con las cuales parece se desdeña un entendimiento, habituado a grandes y nobles operaciones, abatirse a las ínfimas; como uno que tuviese uso de menear y gobernar las cosas de un reino, si se ocupase en las de una aldea.[28]

Adelante, en la misma carta, resuelve el problema derivado de la creciente tensión entre *cognitio verborum* y *cognitio rerum*, propuesto en principio por Lainez, objetando que dedicarse al estudio de las letras humanas no introduce necesariamente a todos el inconveniente de no querer profundizar "las cosas": "Y aunque moral probabilidad haya que la disposición dicha haga a muchos perezosos para facultades mayores, una buena voluntad puede vencer tal inclinación", dice Polanco.[29] El conocimiento de las lenguas de las humanidades no podría, por supuesto, superar el conocimiento de las cosas, en la jerarquía la de los saberes.

Polanco dilata el debate, tal como permite la forma epistolar, a las condiciones contemporáneas del conocimiento de los idiomas y su relación con el conocimiento de las "cosas":

> [...] las lenguas son sin duda útiles para la inteligencia de la Escritura; y así el tiempo que a ellas se da hasta poseerlas, será útilmente empleado.
> [...] estamos ahora en tiempos tan delicados en esta parte, que, como todos quieren saber lenguas, así parece tendrá poca autoridad para con ellos quien no las supiere.
> [...] en nuestra Compañía parece ser especialmente necesaria esta doctrina, así por el conversar con gentes de diversas lenguas en hablas o cartas, como por tener con qué satisfacer en el predicar y conversar a personas comunes, a quienes es más proporcionado esta de la humanidad; así ayuda para con ellos.[30]

En resumen, la "ayuda" que resulta del estudio de las letras clásicas reposaría, primero, en la "utilidad" para la inteligencia de las Escrituras y,

---

28 Ídem: 730.
29 Ídem: 731.
30 Ídem: 730-731.

en segundo lugar, en la autoridad adquirida. Esta sería aún más valiosa ayuda para "conversar con gentes de diversas lenguas"[31] –como "la vocación del Brasil", considerada necesaria por el Padre Visitador Cristóvão Gouveia en relación con el aprendizaje de tupí por misioneros jesuitas.

En el argumento de Polanco, se destacan dos afirmaciones acerca de la adquisición de las "letras humanas": el deseo de toda persona por conocer los idiomas y las ventajas ofrecidas por ellas en el tratamiento, tanto oral como escrito, de la gente sencilla de diferentes idiomas. El primer argumento sustentaría la relación entre ideal misionero y don de lenguas, concretizado en el carácter carismático y milagroso de la maestría de las lenguas, en los tiempos apostólicos modernos. En el segundo, dentro del principio general de *acomodatio*, estarían pautadas las prácticas de catequesis de América, en particular el estatus atribuido a las lenguas que deberían ser sometidas a la autoridad del especialista, que es "sólo mayor servicio de Dios y ayuda de los prójimos".[32]

Especialistas de las lenguas generales

En el contexto de las negociaciones entre las posiciones de la administración monárquica y las órdenes religiosas, el arribo de información a Roma y la relación de los misioneros con el ambiente colonial en general, las prácticas "lingüísticas" –emprendidas en América por los jesuitas en particular y por las órdenes misioneras en general–, estaban atravesadas, también, por la lógica de la producción editorial, la escritura y la recepción de catecismos, gramáticas, vocabularios, cartillas y una amplia variedad de géneros y formas textuales en que las lenguas indígenas se inscribieron, al lado del latín, el español y el portugués.

Una amplia variedad de textos –escritos o traducidos a las lenguas generales, presentando a veces trechos multilingües o la inscripción puntual de términos de estas lenguas– ha sido producida por los misioneros para fines explícita o implícitamente catequéticos: catecismo romano (incluida la doctrina cristiana), cartillas y oraciones, sermones y homilías, confesionarios, ejercicios espirituales cotidianos, santorales, psalmodia

---

31 Ídem: 731.
32 Ídem: 732.

cristiana y canciones religiosas, biografías de indios piadosos, traducciones de las Epístolas, los Evangelios y bulas papales, biografías de los santos, obras sobre la vida de Cristo, manuales de los sacramentos, autos y poemas religiosos, sumados a vocabularios y gramáticas de lenguas indígenas. Todos estos textos contienen representaciones que debían funcionar como los principales instrumentos de la pastoral llamada, *a posteriori*, barroca.

Desde el punto de vista teológico-político, como se ha visto, la normatividad de la predicación es análoga a la de la lengua, lo que confirma el carácter de co-extensividad de gramáticas y catecismos, en los siglos XVI y XVII, cuando se publicaban en un solo y mismo volumen. La analogía entre la conversión religiosa y la conversión lingüística, sin embargo, no es exclusiva de la producción americana, siendo la gramática del portugués João de Barros, de 1540, un ejemplo irrefutable. En el mismo volumen de la gramática, hay dos diálogos: uno, el *Diálogo de la viciosa vergüenza*, calcado de la interpretación cristiana de la ética aristotélica, se dedica a "los muchachos salidos de las letras, que es la leche de su creación, cuando comienzan a militar en costumbres", es decir, al público portugués discreto y no al gentío bruto de Brasil. Pero, sin embargo, es la sustancia misma de las letras la condición de la salvación de todas las almas.

En cuanto a los catecismos americanos es claro el alineamiento más riguroso de los peruanos, como la *Doctrina Christiana*, de 1584, a las directrices tridentinas, en particular el *catecismo ad parachus*, producido por Trento con propósito normativo. La *Doctrina* peruana contiene, por ejemplo, la publicación de los *"privilegios y poderes concedidos a Indias de varios Sumos Pontífices"*, determinada por el III Concilio de Lima para la ciencia de los curas y de las personas a las cuales tocan.

La *Doctrina* se inscribe así en un primer nivel de normatividad, adecuada a los preceptos conciliares de Trento y de los Concilios Provinciales de Lima relativos a la formulación de estrategias para el trabajo "lingüístico", incluidas las estrategias editoriales. Fueron esas estrategias las que condicionaron su propia fabricación, encomendada al Padre Acosta, así como su impresión en 1584.[33]

---

[33] Entre 1560 - cuando fueron publicados la gramática y el léxico del dominicano Domingo de Santo Tomás - y 1583, no hubo publicaciones de obras en lenguas peruanas - mientras cerca de 40 fueron impresas en lenguas mexicanas, en ese mismo lapso de tiempo.

El segundo nivel de normatividad en el cual funciona la *Doctrina Christiana*, corolario del primero, es el de la práctica de catequesis. Precisamente por su carácter modelar, la *Doctrina* sobrepasa los objetivos más bien localizados de los catecismos en general, opúsculos pequeños y manejables que tenían por objetivo una o dos "zonas lingüísticas" misioneras, atendiendo a las necesidades inmediatas de predicación. Esto incluye el catecismo bilingüe, que contiene las lenguas generales del Perú, aymará y quechua, dispuestas en columnas paralelas.

Su arquitectura narrativa sugiere, en primer lugar, los fines de difundir el trabajo apostólico a través de las lenguas, extrapolando, como se ha señalado, su propósito generalmente localizado; y, en segundo lugar, sugiere una concepción "lingüística" más claramente universalista, una vez más dentro de los criterios estrictamente tridentinos de predicación.[34]

La *Doctrina Christiana* se divide en tres partes principales. Al final de la primera, el Catecismo, se puede leer "*Anotaciones o escolios sobre la traducción de la Doctrina cristiana y catecismo en las lenguas quechua y aymará. Con la declaración de las frases y vocablos que tienen alguna dificultad...*", finalizadas con un breve vocabulario. La segunda parte, el Confesionario, es intermediada de las descripciones de "*Los errores y supersticiones de los indios, sacadas del segundo Concilio Provincial de Lima, que se celebró el año de setenta y siete*". La tercera parte, el Sermonario, contiene un tablero "*de las materias y cosas notables que se contienen en los sermones*". Sin dejar de contemplar su función normativa, es en esta tercera parte de la *Doctrina* que se encuentra la trascripción de una "*Provisión para que en estos reinos no se use de otro catecismo ni confesionario*".

En comparación con la producción de textos con propósito catequístico de los jesuitas en Brasil, como los *Diálogos* de Anchieta, la estructura narrativa de la *Doctrina* de Perú se inserta visiblemente en un programa más efectivo, o tal vez más divulgado, de relación entre las posiciones tridentinas y la acción misionera en América, sistematizada en los concilios provinciales.

A lo largo del volumen de *Arte de gramática* de Anchieta, impreso en 1595, no están publicados los diálogos previstos en la licencia para

---

34 Comparable al *Manuale seu rituale* del franciscano L. G. de Oré (colaborador de Acosta en la confección de la *Doctrina*) que presenta, a veces, en una sola y misma hoja, cinco lenguas distintas: las lenguas indígenas (quechua, aymara, puquina, mochica, guarani e brasílica ou tupi) dividen el espacio con el romance y el latín.

la publicación. Los *Diálogos* de Anchieta sólo serían publicados en 1618, en el *Catecismo da língua brasílica* del Padre Antonio de Araujo, impresos, a su vez, "costeados por los padres de Brasil", como puede leerse en la portada del libro.

Los diálogos de Anchieta son de suma importancia en la instrucción religiosa, Dos diálogos de los mandantes del *Diálogo de fe*, más los artículos del credo o Suma de la fe, están obligados a preparar al comulgante. Establecido, de modo contingente, como una especie de modelo único de catecismos editados hasta el siglo XVIII en Brasil, los *Diálogos* de Anchieta contienen poco de comparable a la estructura narrativa –doblemente normativa– de la *Doctrina* peruana.

Pero la conversión por las letras no debe entenderse únicamente según los materiales utilizados en la catequesis –como los catecismos y sus corolarios lingüísticos y teológicos, por así decirlo, los vocabularios, los diccionarios y las gramáticas. Un anacronismo clasificador y de contenido apologético, hizo que se disociaran las prácticas letradas de su función expresamente salvífica en el momento de su producción y consumo, y que los rastros de ellas fueron comprendidas en la clave romántica e iluminística que gobierna los cánones literarios contemporáneos.

Un cuaderno, hoy conservado en el Archivo Romano de la Compañía de Jesús, compuesto por textos de diversos géneros, en varios idiomas (latín, tupí, portugués y español) y varias grafías, lo que indica que han sido copiados o compuestos por más de una mano, tuvo la inequívoca autoría atribuida a José de Anchieta.[35] El libro no dejó de estar expuesto a examen, en el siglo XVIII, en el proceso de beatificación del jesuita, y ahora, en el siglo XX, se sumó a la "Monumenta Anchietana", que contiene, finalmente, la poesía y el teatro en volúmenes separados.

Es cierto que la producción de una unidad autoral y formal son incompatibles, por ejemplo, con las circunstancias de producción y de realización de los "autos", más relacionables a su heterogeneidad discursiva. El desprecio del carácter heteróclito del cuaderno y la consiguiente formación de un *corpus* teatral anchietano apartado lograron que se aproximaran el "auto" y la "pieza teatral", ésta representada en palco italiano y dividida en actos y escenas, o padronizada, como en el caso portugués,

---

35 Sobre el "Cuaderno de Anchieta", ver la introducción histórico-literaria del Padre Armando Cardoso a Anchieta (Anchieta 1977: 25-36).

según la composición del tipo vicentina.³⁶ El "auto" tenía una función catequética evidente, representado en Brasil en ocasiones festivas como la Navidad, en ocasión de la visita de un sacerdote o la recepción de reliquias, o incluso en tiempos de confesión y de comunión.³⁷

En cualquier caso, la heterogeneidad del "cuaderno de Anchieta" se refiere a la heterogeneidad del género "auto", que se caracteriza por la variedad de idiomas y personajes, por el uso del lenguaje a veces bajo, a veces sublime; y por la escenificación en diferentes circunstancias festivas. La unidad teológico-retórico-política de los "autos" no se expresa, por tanto, en una unidad de lugar, de tiempo o de acción.

La polifonía y la poliglotía contenidas en los autos corresponden, en ese sentido, al propósito salvífico de esas prácticas letradas de la catequesis. Al lado de géneros como el auto, o la poesía, se encuentran las gramáticas y catecismos en lenguas indígenas, que concretan fuertemente la aplicación de una lógica letrada a un gentío de lengua faltante.

La historiografía, concentrada en lo que es considerado anacrónicamente como el *corpus* "literario" jesuítico del siglo XVI, descuidó de la función teológico-política de estos textos y, por tanto, relegó lo que era a la vez pragmático y exegético a un mero requisito de la comunicación: gramáticas y catecismos, así como los distintos géneros y formas textuales, donde las lenguas generales se inscriben, impulsaron la conversión por las letras, fundando la proporción necesaria para que las lenguas generales participaran de la lengua original adámica.

La lengua en la conducción de los indios al cuerpo místico imperial

La *auctoritas* de José de Acosta no reside sólo en su conocimiento de la lengua quechua: era Provincial de los jesuitas en Perú antes de la convocatoria de los Concilios de Lima y la supuesta autoría del texto de la *Doctrina Christiana*, lo imponían como un especialista capaz de autenti-

---

36 El Padre Armando Cardoso no puede dejar de señalar la "influencia" de Gil Vicente y de su escuela en Anchieta, que habría conocido el género en Coimbra, donde eran representadas las piezas.
37 El jesuita Quirício Caxa cuenta la historia de la "[representación devota] que se hizo en muchas partes de la costa, con mucho fruto de los escuchantes que en esa ocasión se confesaban y comulgaban" (Caxa 1988: 18-19).

car la copia de la primera edición –conocida como el ejemplar de Cuenca– y velar por su concordancia con el manuscrito. Provisto de esta indiscutible autoridad, hizo fabricar diferentes modelos de catecismos, para "rudos y ocupados" y "para los que son más capaces", "y muy acomodado(s) al ingenio de los indios".

La lucha contra "los errores contrarios que los Infieles tienen" se inscribe en el propio trabajo lingüístico, especialmente a través de la acción de los "buenos lenguas", ya que no se puede luchar contra el error por el error, como dice el proemio del confesionario de la *Doctrina Christiana*:

> [...] debían todos los predicadores y maestros de doctrina christiana (especialmente los que son buenos lenguas y tienen talento para esto), todas las vez que se les ofrece tratar los mysterios de nuestra fe, reprobar y deshacer los errores y supersticiones que los Indios tienen en contrario: y aun buscar ocasión para declararlles cuanto sin fundamento son sus ceremonias, y lo que sus antepasados les enseñaron: guardando en esto tal moderación que no se les enseñen mas errores de los que ellos ya tienen y usan.[38]

La amenaza de la superstición no es equivalente a la precariedad de policía de los tupinambá de Brasil, considerada como un legado de la maldición de Cam, como dice el superior de la Compañía de Jesús en Brasil, Manoel da Nóbrega en el *Diálogo sobre la conversión de gentío*.[39]

Para resolver el problema de la desigualdad de entendimiento que separaba a los Tupinambá de los idólatras –griegos, romanos, moros y judíos–, decía Nóbrega, su apariencia equívoca era resultado de la disimilitud de las creaciones. Sin embargo, el entendimiento natural se extiende a toda la humanidad, lo que hace accesible la gracia, incluso al gentío de Brasil. La principal dificultad de los Tupinambá para recibir la fe no era resultado de una entendimiento defectuoso –a pesar de su falta de policía y su ignorancia–, sino de una escasez que podría resolverse, en el sentido de hacerlos cristianos, educándolos en las buenas costumbres.

El mayor obstáculo para la conversión de los indios de Brasil no fue, por tanto, la "presencia de una doctrina enemiga", como dice Nóbrega, sino fundamentalmente las costumbres bárbaras y contra la naturaleza a las que siempre retornaban. Así se tornaba central el problema de su

---

38 Acosta [1588] 1952: 269-270.
39 Nóbrega 1954.

inconstancia, puesto que no bastaba instruirlos en la doctrina y enseñarles las letras, si terminaban volviendo, como lo hacían, "al vómito de las antiguas costumbres".[40] La conversión de los Tupinambá dependía, aún según Nóbrega, de la capacidad de "deshacer" sus malos hábitos. Esta es la dirección que Antônio de Araújo define para su *Catecismo en lingoa brasilica*, de 1618, que agrupa a los "Diálogo de fe" y "Doctrina Cristiana" de Anchieta, atribuyendo al especialista, por la maestría oral y escrita de la lengua, la ciencia necesaria para la reducción "lingüística y religiosa".[41]

Fue posible, así, por un lado, erradicar los errores e idolatrías y, por otro lado, colmar la falta de fe, de ley y de rey, inscribiendo en las almas indígenas los signos de la "Revelación de la verdadera iglesia visible [...] y el Orden de la racionalidad jerárquica de las órdenes en el cuerpo místico del Imperio".[41] Así, los dispositivos letrados de "reducción" de las lenguas de América, hicieron que las lenguas generales –proporcionalmente más próximas de la palabra divina y del verdadero bien de sus hablantes– pudieran servir como vehículos para la conducción de los indios al cuerpo místico imperial.

En todos los casos, las operaciones de gramaticalización y dicionarización (así como las de traducción o metrificación) dieron lugar a la producción de una memoria y de una conciencia del pecado para los indios, idólatras o paganos. Esto significa que el éxito de la labor general de producción de las lenguas generales era la condición de la convertibilidad de los indios americanos. En ese sentido, el carácter gráfico de las lenguas de los indios de Perú, análogo a la presencia de supersticiones e idolatrías, y el ágrafo de las lenguas de los indios en Brasil, análogo a la ignorancia como un signo de la empresa del diablo, encontrarán término en la traducibilidad de sus lenguas, como condición para volver a lo mismo, en la homogeneidad de los signos católicos.

---

40 Anchieta (1984: 398).
41 Araújo 1952.

EL GUARANÍ Y SUS TRANSFORMACIONES: GUARANÍ INDÍGENA, GUARANÍ CRIOLLO Y GUARANÍ JESUÍTICO

Bartomeu Melià

Aparte de los graves hechos de destrucción, especialmente cultural, que comportan los procesos coloniales, hay otros más sutiles y mitigados que son los hechos de sustitución y transformación. El Paraguay es una zona privilegiada de análisis por la simultaneidad de procesos diferenciados que crean la ilusión de que diacronía y sincronía, pero también tiempos fríos y calientes, se entreveran. ¿Qué ha ocurrido con la lengua guaraní en la larga colonialidad que vive el Paraguay hasta hoy?

Si miramos el retablo de las lenguas guaraníes en el Paraguay al final del siglo XVI y en este inicio del siglo XXI, nos encontramos con la existencia de un cuadro de bultos muy semejantes: están las lenguas propias de pueblos guaraníes diferenciados en vida social, cultura, religión, y está el guaraní criollo que hoy llamamos paraguayo. Es cierto que entre el siglo XVI y el XX cada una de esas lenguas ha sufrido notables cambios, pero estos se han dado dentro de matrices y con matices analógicos bien caracterizados. Hay lenguas guaraníes pero sigue habiendo una lengua guaraní.

Sin embargo, si observamos la Provincia del Paraguay en el siglo XVII o primera mitad del siglo XVIII, el teatro de las lenguas presenta no dos sino tres escenarios: siguen las lenguas indígenas propias, sigue el guaraní criollo y ha aparecido el guaraní jesuítico, que para alguien como don León Cadogan –uno de los pocos que realmente conoció las diversas lenguas guaraníes del Paraguay– es el guaraní clásico.

Las lenguas guaraníes del Paraguay

A medida que subían ese río que supieron que se llamaba Paraguay, los españoles encontraron diversos grupos de personas, que tenían numerosos rasgos en común, y en especial un mismo tipo de lengua. Se dio el nombre genérico de Guaraní a ellos y a su lengua, a partir de los Guaraníes de las Islas, encontrados en los primeros contactos en el Río de la Plata. Pero no todos se llamaban a sí mismos Guaraníes. Aparecieron los Chandules, los Carios, los Tobatines, los Guarambarenses, los Itatines, y después los habitantes del Guairá, del Paraná, del Uruguay y del Tape, si bien algunas de esas "naciones" guaraníes muy pronto desaparecieron del mapa arrasados en la inclemente vida colonial primera.

Las diferencias entre esos Guaraníes no era sólo de localización, sino de modo de ser y de lengua. Y estas son anteriores a la llegada de los españoles y del proceso colonial. No tenemos documentos en los que podamos verificar el estado de esas lenguas precoloniales. Debían ser diferentes como lo atestiguan las cuatro que se han conservado hasta la actualidad y cuyas características propias no pueden ser atribuidas al proceso colonial; son pueblos que en gran parte se vieron libres de ese proceso. La arqueología y la documentación histórica evidencian que hubo varias y sucesivas migraciones y que las diferencias y eventuales transformaciones, si se postula la existencia de un proto-guaraní inicial –lo que también está por ser demostrado– se habrían dado antes del siglo XV. Durante los siglos XVI, XVII, XVIII y XIX y gran parte del siglo XX una parte de los Guaraníes permanecieron escondidos e invisibles para la sociedad paraguaya, prácticamente sin contacto y por lo tanto libres en sus montes; se sabía de su existencia pero no de su diferencia, y eran tratados genéricamente como "monteses" o *kaynguá*.

Los cambios que eventualmente se dieron en el contacto colonial poco repercutieron en esas hablas, que todavía escuchamos hoy cuando estamos viviendo en una comunidad indígena de nuestros días, sobre todo si participamos de sus cantos religiosos, relatos míticos y discursos políticos.

Hay en realidad una lengua *pãi*, una lengua *avá*, una lengua *mbyá* y una lengua *aché*, que los indígenas distinguen y por la que se distinguen. Aparte de la corta estrofa de un canto indio que recogió Martín Barco de Centenera (1602),[1] está la respuesta de los Guaraníes de Mbara-

---

1 Melià (1992: 26).

cayú, de 1630, el primer texto en el que se plasma lo dicho en una asamblea –de protesta–.[2] En el siglo XX se hicieron registros altamente fieles y fidedignos que permiten escuchar textualmente la lengua de los Avá –Nimuendajjú y Müller–, de los Mbyá –Cadogan–, de los Pãi –Samaniego, Cadogan, Melià, Grünberg– y de los Aché –Cadogan y Münzel–, para citar los *corpus* más significativos de que disponemos en la actualidad. El Proyecto Kuatiañe'ê, de la Universidad Evangélica del Paraguay, ha recogido un corpus del lengua Avá-guaraní que consta de 26 volúmenes (más de 2.500 páginas), otro de Mbyá con sus 6 volúmenes y de Aché, con 2 volúmenes. Los dos Diccionarios trilingües Avá –o Mbyá–, guaraní y castellano permiten entrever las distancias que el guaraní paraguayo ha recorrido al alejarse de la sociedad indígena.

Me atrevería a decir que los cambios poco han alcanzado a esas lenguas en sí mismas. Pero hay que ser conscientes de que la manipulación que de ellas hace la escritura en tiempos recientes las hace vulnerables a tratamientos exógenos. Es un trabajo de análisis que está por ser abierto.

El examen del hecho es relevante porque fue sobre esas lenguas donde actuó la lingüística jesuítica, como veremos. Son esas lenguas indígenas las que nos retrotraen a formas de lengua escuchadas por los primeros gramáticos y diccionaristas del siglo XVI. Es de esas lenguas de donde derivaron las transformaciones coloniales, que a su vez se diferenciaron tanto entre sí en un jardín donde los senderos se bifurcan.

La lengua propia de los actuales Pãi, de los Avá-Guaraní, de los Mbyá, y hasta de los Aché(-Guayakí), que de hecho siguen ocupando sus territorios tradicionales, aunque contraídos y discontinuos, son una referencia confiable de las transformaciones que sufrieron las lenguas guaraníes. Es como reencontrar una selva primordial donde los árboles no son ya los mismos, pero donde la selva sí es la misma.

La nación guaraní no se hizo patente de un solo golpe al mundo europeo. El conocimiento de los Guaraníes se prolongó durante siglos y hasta hoy no se puede dar por terminado; la documentación histórica sobre los Guaraníes acusa profundamente este hecho. Cada época y tipo de relación entablada entre europeos y Guaraníes fue inventando un rostro nuevo para esos pueblos. La literatura etnológica relativa a los Guaraníes

---

2 [MCDA] (1951-1970, I: 352-356).

está marcada por la relación colonial, hoy todavía no superada. Hay que pasar del Guaraní de la historia a la historia del Guaraní.

La historia colonial del Guaraní, que tendrá consecuencias definitivas en la conservación y la aparición de nuevos dialectos, puede ser esquematizada en varios períodos. Los Guaraníes, en la época de sus primeros contactos con los europeos, eran, según una hipótesis plausible, una población de entre 1.500.000 y 2.000.000 de personas.[3] El descenso demográfico de los Guaraníes durante todo el proceso colonial fue un fenómeno que alarmó a gobernantes y misioneros. "La mayor parte de esta gente se ha muerto de pestilencia, malos tratamientos y guerras..." observaba el padre Alonso Barzana en 1594.[4] Guerras, malos tratos, epidemias y cautiverios fueron los cuatro jinetes de aquel apocalipsis colonial.[5]

Los Guaraníes vieron a los recién llegados, en la época de la fundación de Asunción, en torno a 1537, como amigos y aliados, como *karai*, a la manera de sus chamanes andariegos, y como posibles cuñados; pero los mismos Guaraníes pronto se rebelaron contra esos *karai*, ahora señores y patronos, que bajo la ley de encomienda aplicada en el Paraguay en 1556, los hacían trabajar sin descanso y los sacaban de sus aldeas y hábitat tradicional, "desnaturalizándolos".

Algunos Guaraníes se transformaron desde el siglo XVI en vasallos de la corona española; y desde el primer cuarto del siglo XIX en súbditos de los nuevos Estados americanos. Esta historia dejó marcas en las lenguas guaraníes. El cuadro lingüístico que se iba configurando ya no podía, en el siglo XVIII, superponerse al presentado a principios del siglo XVI, como tampoco el actual al de fines del siglo XVIII.

De todos modos, a pesar de historias dispares, hay entre los mismos Guaraníes conciencia de una gran unidad lingüística. De los antiguos pueblos guaraníes muchos fueron destruidos y otros fueron asimilados o se integraron, si bien en pequeña proporción, a la sociedad criolla que se afirmaba como sociedad española de habla guaraní o formaron parte de los pueblos de indios reducidos. Dejémoslos de momento.

---

3 Melià (1988: 46-89).
4 [MP] (1970, V: 590-91).
5 Melià (1988: 89).

El guaraní criollo o paraguayo

Está difundida la idea de que "el guaraní paraguayo es el producto natural de cinco siglos de historia de transformaciones del guaraní karió, el dialecto que fuera de los indígenas asuncenos, los que 'pactaron la alianza' e iniciaron el mestizaje".

Un documento que se aduce de 1541, en el que se da cuenta de la muerte en la horca de los cacique Lambaré, Paraguá y Tamandaré, mechado con frases y párrafos en guaraní "asunceño", del que se dice que se encuentra en el Archivo de Simancas (vol. 1024, Sección Historia, fol. 122 y vta.) y lo transcribe Roberto A. Romero, es una burda patraña y falsificación; el documento auténtico no existe.[6]

Está, es cierto, el catecismo de Bolaños que fue traducido o acabado de revisar en Asunción y estaba terminado en 1586. En él intervinieron muchas personas, no todas de Asunción. Ahora bien, no se transparenta en él nada de lo que sería un dialecto karió específico, pues sus términos no se diferencian de lo que era una lengua guaraní común. Por su parte, los vocablos del español que en él se incluyen, tampoco tienen nada que ver con un fenómeno de mestizaje, a no ser que se tome esta palabra como metáfora cultural.

Asunción fue desde sus inicios un lugar donde confluyeron indios y mujeres indígenas de alejadas procedencias. Las "rancheadas", que consistían en entrar en aldeas y ranchos guaraníes para de ahí traer cautivas a las mujeres, no se circunscribían al área de Asunción ni de sus cercanías.

Mucho más problemático es el origen mestizo del guaraní paraguayo. "En la lengua no hay genes", hay que repetir una y otra vez. "Se ha confundido cierto tipo de racismo lingüístico que constituye la verdadera maldición de Babel", como dijera Einar Haugen.[7]

Los primeros bilingües del Paraguay no fueron mestizos, y no sólo los mestizos fueron bilingües. Más aún, los mestizos poco a poco no hablarán dos lenguas, sino sólo una: el guaraní. La lengua propia de los mestizos es el guaraní, su guaraní, y el bilingüismo no les es nada propio.

Del guaraní hablado por una sociedad que se decía española, pero que hablaba casi exclusivamente guaraní, dice el padre José Cardiel hacia 1758:

---

6 Romero (1992: 48-50).
7 Melià (1975:34).

> El lenguaje o jerigonza que a los principios sabían no es otra cosa que un agregado de solecismos y barbarismos de la lengua guaraní y castellano, como se usa en toda la gobernación del Paraguay y en la jurisdicción de las Corrientes. En una y otra ciudad, los más saben castellano, pero en las villas y en todas las poblaciones del campo, chacras y estancias no se habla ni se sabe por lo común, especialmente entre las mujeres, más que esta lengua tan corrupta...[8]

El guaraní de los paraguayos es lengua no escrita ni literaria, no formal ni oficial, pero general, usual y coloquial. Los colonos paraguayos, dice, "nunca escriben cosa alguna en la lengua del indio, aun los que saben escribir, como ni nunca rezan en ella, sino en castellano".[9]

Para caracterizar las peculiares y curiosas formas de ese guaraní el jesuita Martín Dobrizhoffer habla de una "tercera lengua" en el Paraguay, concepto que hoy está todavía en discusión.

> Todo el vulgo, aun las mujeres de rango, niños y niñas, hablan guaraní como su lengua natal, aunque los más hablen bastante bien el español. A decir verdad, mezclan ambas lenguas y no entienden bien ninguna... Así nació una tercera o sea la que usan hoy en día.[10]

La situación que recordaba el padre José Manuel Peramàs, en 1793, ha caracterizado al guaraní de la sociedad española.

> La lengua guaraní es de uso común entre los españoles de la ciudad de Corrientes y de los habitantes de las colonias españolas de Villarrica y Curuguaty. Es más; en la misma ciudad de Asunción (sede del gobernador y ciudad principal de toda la Provincia), el padre Roque Rivas, muerto en Faenza el año 1790, los misterios de la religión y los deberes morales los explicaba en guaraní, desde el púlpito, con gran aplauso y provecho de los ciudadanos, quienes, aunque saben hablar español, prefieren que se les hable en su lengua guaraní, a la que están acostumbrados desde pequeños y conversan entre sí en el campo y en la casa.[11]

Es claro que la condición sociolingüística de los paraguayos es contrastada por los jesuitas con su guaraní "misionero"; sin referencia al guaraní de los indígenas del monte que caen fuera de consideración.

8 Cardiel (1900: 392).
9 Ídem: 389.
10 Dobrizhoffer ([1783-1784] 1968, I: 149-150).
11 Peramàs ([1793] 2004: 78).

La transformación que sufrió el guaraní hablado por comunidades que no se consideraban guaraníes es bastante difícil de documentar ya que apenas tenemos documentos lingüísticos que ilustren su uso literario. En las cartas y proclamas que había enviado el Gral. Belgrano en 1810 a autoridades y ejército del Paraguay, se nota la mano de los secretarios de las ya extintas Misiones jesuíticas. Se supone que esa lengua puede ser todavía entendida, pero no era ya la común.

Las primeras muestras escritas del guaraní paraguayo hay que buscarlas en la correspondencia salida de varios pueblos de indígenas de fines del siglo XVIII y en el siglo XIX, del que no faltan testimonios en los Archivos Nacionales de Buenos Aires y de Asunción.[12] En los tiempos de la guerra del Paraguay los periódicos *El Centinela, Cabichuí* y *Cacique Lambaré*, entre 1867 y 1869 fueron el vehículo privilegiado de lo que podemos llamar literatura guaraní paraguaya, en prosa y en verso.[13]

Los caminos por donde anduvo el guaraní paraguayo en cierta manera están figurados en los hispanismos que recogió Marcos Morínigo, antes de 1931. La agrupación de las palabras por temas o aspectos culturales muestra la amplitud del fenómeno incluso en campos semánticos que se suponen más firmes y estabilizados en cualquier lengua como serían las partes del cuerpo humano, las cualidades y accidentes de las cosas, la flora y la fauna. Otros, en cambio, se hacen más previsibles por la nueva cultura introducida, como son los capítulos de vestimenta, construcción de la casa, mobiliario, pesos y medidas, así como el campo de lo político y de la actividad escolar, para citar sólo algunos.

Un aspecto difícil de registrar en su detalle, porque requiere mucho tiempo y criterio afinado, de los que no se ha dispuesto, es la pérdida léxica y gramatical que experimenta el guaraní originario, sea el que haya sido. Se puede proceder a su examen tomando como base los diccionarios de Montoya (1639-1640) en los cuales se registran palabras de varios grupos étnicos, aunque no se los distingue expresamente. El fenómeno tuvo lugar también en los mismos pueblos misioneros, pero en grado mucho mayor en el ámbito de las ciudades españolas.

---

[12] ANA, Catálogo de *Documentos en guaraní (1770-1850)*, Asunción 2004.
[13] Melià (1992: 197-200); Lustig (2006: 241-258).

El guaraní de los jesuitas

Los primeros jesuitas que llegaron al Paraguay en 1588 procedían del Brasil –uno era portugués, otro catalán, y el tercero irlandés– y hablaban el tupí de la costa. Sus entradas por diversos lugares del Paraguay les pusieron en contacto con Guaraníes de diversos grupos muy distantes de Asunción. "La lengua que habla toda esta nación, extendida tan a la larga, es una sola, que aunque la que hablan en el Brasil, que llaman Tupí, es algo distinta, es muy poca la distinción y que no impide nada; lo cual ha sido de mucho efecto para la conversión de esta nación", había notado ya el que fuera notable políglota, el padre Alonso Barzana, en 1594.[14]

Los padres ya en el mismo colegio de Asunción estudian el guaraní, aun antes de 1607, cuando se iniciaba de hecho la Provincia jesuítica del Paraguay. Un paraguayo, hijo de la tierra, Roque González de Santa Cruz, jesuita desde 1609, habla bien la lengua de la comunidad asunceña y se señalará después como traductor de textos cristianos. Es común, por otra parte, entre los jesuitas de la época una cierta pasión por aprender lenguas y hacer gramáticas. Entre los primeros gramáticos hay que recordar a los padres Marciel de Lorenzana y Francisco de San Martín, que se valieron de algunas notas gramaticales de fray Luis Bolaños, al padre Alonso D'Aragona, que estuvo en misión con el padre Roque González, cuya gramática edité en 1979, y al limeño, padre Antonio Ruiz de Montoya.

Todos trabajan una legua que consideran común. Y esta idea de unidad la exponen varios misioneros. Antonio Ruiz de Montoya trabaja con esta hipótesis.

> Tan universal, que domina ambos mares, el del Sur por todo el Brasil, y ciñendo todo el Perú, con los dos más grandiosos ríos que conoce el orbe, que son el de la Plata... y el gran Marañón, a él inferior en nada... ofreciendo... paso a los Apostólicos varones, convidándolos a la conversión de innumerables gentiles de esta lengua.[15]

Cuando se trató de "reducir a arte" el guaraní, a lo que los misioneros dedicaron repetidos esfuerzos, consideraron que podían trabajar presuponiendo un sistema unitario de lengua. Sin embargo, como vere-

---

14 [MP] (1970, V: 589).
15 Ruiz de Montoya ([1639] 1876: ff. prelim.).

mos, son los mismos jesuitas quienes dan cuenta de la diversidad dialectal. La unidad de la lengua guaraní, aprehendida como sistema de lenguaje que permitía la comprensión mutua de varios grupos indígenas entre sí, fue tomada como principio de otro tipo de unidad: esto es, como norma que podía ser promovida entre los hablantes de los varios dialectos guaraníes. La elaboración de gramáticas y la divulgación de escritos fueron dos mecanismos de los que se sirvieron los jesuitas de los siglos XVII y XVIII en vistas a la creación, por así decir, de una "lengua general", que fue la más representativa del período colonial y a la que se ha aplicado, un tanto exageradamente, el epíteto de "clásica".

Esta fue tal vez la mayor transformación "impuesta" a la lengua guaraní dentro de una perspectiva colonial, aunque hay también otra colonialidad que se aplica, en sentido contrario, a mostrar las diferencias para insistir en la fragmentación y evitar unidades socio-políticas más compactas y fuertes. ¿No percibieron los de la primera hora las diferencias dialectales? De hecho los jesuitas se encontraban con lenguas no tocadas por el español y en las que la dialectización provenía de transformaciones anteriores al contacto colonial.

No se han conservado las notas gramaticales elaboradas por Bolaños, que trabajó de un modo especial, aunque no exclusivo, en el área de Asunción, si bien hay una muestra de esta lengua en la versión del *Catecismo* que tradicionalmente se le atribuye. Tampoco hay registros del dialecto de los Guaraníes del Paraná, ya que están también perdidos los apuntes que de ella hicieron los padres Marciel de Lorenzana, Francisco de San Martín y Roque González de Santa Cruz, quien en los tiempos de su paradero en San Ignacio estaba traduciendo al guaraní los *Sermones* del gran catecismo de Lima.[16]

La primera gramática guaraní, inédita hasta hace poco, es la del padre Alonso d'Aragona (1629?/1979) y debería reflejar el guaraní de las márgenes del río Uruguay, donde el autor vivió los últimos 7 años de su vida. Por su parte, el *Arte*, de Montoya (1640) tuvo como base el modo de hablar de los indios del Guairá, aunque su pretensión normativa y generalizante en vistas de una lengua "nacional" no le hace insistir en lo particular. Montoya, que llegó a conocer varios grupos guaraníes, desde el Guayrá hasta el Tape, tenía conciencia del carácter fragmentario y "dia-

---

16 Melià (2003: 73, 168-69).

lectal" de su obra: "Algunos vocablos serán más usados en unas partes que en otras: pónense todos los que hemos podido alcanzar, porque no se haga nuevo al que oye en una parte el vocablo que en otra no oyó".[17]

El texto que mejor muestra el dialecto del Guairá es el acta de una asamblea guaraní de 1630, en la que los propios indios denuncian los trabajos a los que les someten los patronos en el laboreo de la yerba mate, "hierba del diablo", según Montoya, por la sangre humana que entraba en la producción de ese "oro verde".[18] Otro dialecto importante era el de los Tapes, ocupando el centro del actual Río Grande do Sul, en el Brasil. A su manera, las Reducciones jesuíticas, con su historia de obligados movimientos de éxodo, desplazamientos y reubicación de sus gentes se volvió un *"melting pot"* intraguaraní en el que se entreveraron grupos de procedencia diversa. En la Mesopotamia entre el Paraná y el Uruguay los pueblos de Loreto y San Ignacio Miní recogían a gentes venidas del Guairá; Santa María la Mayor se había formado inicialmente con Guaraníes de las cercanías de las cataratas del Yguasú, mientras otros pueblos eran el resultado de la transmigración impuesta a los Tapes por los "bandeirantes", hacia 1638.

El padre Pablo Restivo, en la introducción a un manuscrito hasta hoy inédito, que tituló *Phrases selectas,* y que es la reactualización del *Tesoro* de Montoya, da una verdadera lección de dialectología.

> Algunos vocablos y modos de hablar, que aunque en la realidad son vocablos y términos propios de los naturales, pero ya per non usum, se han anticuado y hecho casi ininteligibles... el Venerable Padre después de mucho examen, puso todos los términos y vocablos que en su tiempo se usaban; y como bien advierte en su Tesoro, hay términos que se usan en unos pueblos, que no son usados en otros. No digo esto (benévolo lector) sin alguna experiencia, porque en San Javier se usan modos de hablar tan particulares, que valiéndome yo de ellos en Santa María y en otros pueblos, no me entendían [...] Aconsejado de algunos Padres, que me lo pidieron, me determiné sacarle en limpio escogiendo los términos más usados, y dejando los vocablos que por no tales no se entienden.[19]

---

17 Ruiz de Montoya ([1639] 1876: f. 1 v).
18 [MCDA] (1951-1970, I: 352-356).
19 Restivo, *Phrases selectas y modos de hablar escogidos y usados en la lengua guaraní* (MM, Ms: ff. prelim.). De Restivo ver también ([1724] 1892)

Para completar el cuadro de dialectos, habría que estudiar los textos que salieron de los pueblos de indios regentados por clérigos y de los pueblos franciscanos. La lengua guaraní en estos pueblos, ¿habría también evolucionado hacia un guaraní *standard* propio, diferente de los dialectos que puedan haber entrado en su composición? Menos "gramaticalizado" que el guaraní jesuítico, ¿estaría más cercano a los dialectos de origen? Hay que tener en cuenta que también ahí tuvo lugar una reacomodación de pueblos de regiones más distantes hacia las cercanías de la ciudad de la Asunción: las gentes de Guarambaré, de Tobatí, de Ypane, en su traslado hacia los lugares que actualmente ocupan, debieron traer consigo sus dialectos, mientras que los pueblos de Ita, Yaguarón, Altos, de antigua formación colonial y más estables, pueden haber dado la pauta del guaraní indígena colonial, no guaraní paraguayo. Hay que recordar que algunos de estos pueblos de indios, aunque fundados por franciscanos, pronto pasaron a manos de clérigos seculares.[20] Un estudio comparativo entre este guaraní y el de las Misiones jesuíticas está también todavía por hacerse.

Pero lo que interesa con respecto al tema de las "interacciones y sentidos de la conversión", son las transformaciones que se operaron al entrar los diversos dialectos en una especie de único modo de conversión y creación de una nueva lengua guaraní, documentada textualmente, pero sobre cuyo uso en la comunidad lingüística subsisten muchas dudas. ¿Los pueblos reducciones, cuando en algunos casos se recogieron indios guaraníes de diversas procedencias, llegaron a una verdadera amalgama y a una lengua estándar, o así como mantenían agrupaciones internas según los caciques a los que se adscribían, formando incluso como barrios, retuvieron formas de hablar propias y distintas?

La predicación en la iglesia, los textos catequéticos y los libros de sermones que han llegado hasta nosotros, ¿alcanzaron a extender la normativa gramatical y lexical a la comunidad lingüística? En otros términos, los textos, ¿reflejan un habla y usos de la comunidad lingüística, o se proyectan como transformación? Estas y otras cuestiones, que no afectan solamente la lengua, sino al plan mismo de reducción socio-cultural en que estaban todos empeñados, dan idea de lo mucho que falta por investigar.

20 Necker (1990: 110).

Montoya escucha la lengua. En esa lengua encuentra el reflejo etnográfico de la cultura. En repetidos trabajos he vuelto insistentemente sobre este modo de investigación, a propósito de varios temas.[21] El nombre de la cosa en guaraní es puerta que introduce a un espacio de vida –el patio de la aldea y lo intrincado de la selva– donde se despliega la complejidad de la vida y la sabiduría de sus hombres y mujeres.[22]

De todos modos el carácter bilingüe de toda la obra lingüística de Montoya muestra que sus destinatarios son ante todo los misioneros que necesitan ser "evangelizados" antes que evangelizar. Lo serán por la lengua. Es una obra de traducción y de interpretación que sirve al mismo tiempo de puerta para adentrarse en un nuevo mundo, del cual las palabras son cifra y símbolo. En realidad no se trata de niveles de lengua, sino de representación cultural.

El ejercicio de reagrupación temática de ciertas palabras de la lengua que conforman diversos mosaicos culturales, se puede extender indefinidamente hasta cubrir un paisaje que en cierta manera se confunde con el modo de ser propio y auténtico del guaraní del principios del siglo XVII. En ese espejo se refleja gran parte –casi toda– la vida y cultura guaraní.

Ahora bien en esa lengua hay que hacer entrar otros mensajes; hay que convertirla. Esto fue la colonialidad religiosa.

a. La creación de un lenguaje cristiano

Dos caminos principales se abren. El de los neologismos y el de los hispanismos. El *Tesoro de la lengua guaraní* es el lugar donde tiene lugar la

---

[21] Esos temas son la tan debatida y compleja problemática de la tierra sin mal (Melià 1989); la cuestión del trabajo en sus diversas actividades, sus formas y campos de ejecución (Melià 1996); pequeños esbozos sobre organización social y poder (Melià 1993; 1994d), e incluso pesquisas sobre las concepciones guaraníes de vida y muerte, y la dramática cuestión de los suicidios (Melià 1994b; 1994c; 1995a), se apoyaron firmemente sobre la información lingüística de Montoya. A partir del léxico entramos también a formas y categorías de tiempo que se manifiestan diferentes (Melià 2000). Como curiosidad descubrimos el juego del fútbol ya practicado por los guaraníes antes de los tiempos coloniales (Melià 1999) y con ellos he observado el estremecedor eclipse de sol en noviembre de 1994, fenómeno del cual diera ya cuenta Montoya (Melià 1994e). El léxico de Montoya permite asomarnos a situaciones coloniales como el empobrecimiento (Melià 1994a) y la desintegración de la autoridad chamánica en contacto con los colonos (Melià 1997).

[22] Lo mismo han hecho posteriormente, con gran dedicación y aún con más detalle y esmero otros colegas como Francisco Silva Noelli (1993; 1994), Graciela Cándida Chamorro (1995; 1998) y Angélica Otazú (2006).

gran metamorfosis o transformación, que inventa algo nuevo a partir de lo que ya se sabe, se repite lo escuchado y se inventa lo que se quiere hacer escuchar. Con las palabras de siempre se dice lo nunca escuchado antes.

El *Tesoro* se convierte así en tesoro de neologismos que son propuestos y son utilizados en una obra neologista por antonomasia, pues es conversión y creación, mediante palabras, de nueva religión y nuevo modo de vida. La lengua guaraní es un tesoro realmente del cual se sacan piedras preciosas con la que se confeccionaran las más hermosas joyas profanas y religiosas. En un tiempo en que la lengua guaraní del Paraguay se está transformando el diccionario que da cuenta del fenómeno es también historia.

Pero el texto donde se pone en práctica el nuevo discurso creado es sobre todo el *Catecismo* de Montoya, de 1640, y aquellos *Catecismos varios y exposiciones de la doctrina cristiana en lengua guaraní*, recogidos en el pueblo de San Nicolás en 1716, así como los de Nicolás Yapuguay —que son también del humilde Restivo— *Explicación del catecismo* (1724) y *Sermones y Exemplos* (1727). Son los materiales que se han salvado de la quema, cuando usados como papel para liar cigarros, si no para necesidades más prosaicas, como les ocurrió a una parte de las partituras de música de las Misiones de Chiquitos.

En el recientemente reeditado *Catecismo* (2008), presenté una serie de consideraciones sobre lo que me parece haber sido la práctica lingüística de Montoya, en quien se manifiesta acrisolada una corriente de pensamiento común a muchos jesuitas de la época. Los padres Alonso D'Aragona y Roque González de Santa Cruz, en lugares muy distantes, muestran una gran afinidad con sus enfoques lingüísticos.

b. Escuchar la lengua

Montoya llevaba en la fecha de publicación de su catecismo (1640) casi treinta años de práctica de la lengua, había escuchado mucho, hablaba la lengua ordinariamente y había trabajado su texto con los mismos guaraníes. De dos de ellos se acordará todavía años después: eran Ticú Yeguariyá y Juan Cumbá.[23] Estos dos indios han sido para él lo que más tarde habrían de ser para Restivo un Nicolás Yapuguay y un Ignacio. Se sabe que mientras estuvo en el antiguo Guairá tuvo consigo también al

---

23 Furlong (1964:156).

capitán Bartolomé (Francisco?) de Escobar, quien ya había sido consultor lingüístico de Bolaños en tiempos pasados.[24]

He tenido por intérpretes a los naturales, que para esto se aprovechó el Doctor de la gentes, de Tito en Grecia, y hallándose sin él en Tróade (como escribe san Jerónimo) lo fue a buscar a Macedonia. Y el príncipe de los Apóstoles se ayudó de san Marcos, y habiéndole enviado a Alejandría, tomó en su lugar a Glusias por intérprete, según san Ireneo[25]

Montoya tiene conciencia del oficio de traductor. El Catecismo es, diríamos hoy, una forma y tarea de interculturalidad. "La dificultad que he tenido en templar la armonía de voces de esta lengua, veralo el que en una sola partícula viere sentidos varios y aun contrarios (al parecer) algunos; pero calado bien el nativo, descubre no mal su afinidad en sus alegorías".[26]

Es curioso, pero normal y lógico, que estas indicaciones sobre la traducción del *Catecismo* estén en el prólogo del *Tesoro*. Todo indica que los "tres cuerpos impresos": *Arte y Vocabulario*, *Tesoro*, y *Catecismo*, forman un todo, que quedaría completo con los *Sermones de las Domínicas del año y Fiestas de los Indios*, que por desgracia no llegaron a publicarse.

Lo que Montoya dice a nivel de gramático y de diccionarista se aplica especialmente al texto del Catecismo.

> Toda esta lengua está llena de figuras y metáforas, que los muy versados en ella se ven muchas veces atajados por no caer fácilmente en la traslación o metáfora, y así se ha procurado todo lo posible poner el uso de ellas. De donde saldrá no juzgar fácilmente como no lengua o por no usado el vocablo que no se entiende.[27]

"*Claridad, propiedad y ajustamiento al texto*" son los principios que se impone a sí mismo Montoya en la traducción.

c. La interpretación

De manera muy precisa, Montoya define también su actividad de traductor como una interpretación en la cual, en la medida de lo posible, se concilia y armoniza la lengua indígena con las exigencias propias del

---

24 Meliá (2003:118-19)
25 Ruiz de Montoya ([1639-1640] 1876, *Tesoro*: ff. prelim.).
26 Ibídem.
27 Ibídem.

texto castellano. "En cuya interpretación he procurado cuanto he podido ajustar a la propiedad del texto, el idioma Índico".[28]

Esta preocupación es la que le hace hacer algunas "correcciones" al texto de las oraciones de Bolaños. Cada palabra está como plantada en una ecología que asegura su vigor y fuerza, su sentido; trasladarla y trasplantarla es posible, pero requiere cuidados.

El arte y traza estarán precisamente en emplear el recurso adecuado, que podemos suponer triple: a) usar las palabras de la lengua que corresponden por analogía al concepto o noción del nuevo texto que se está creando; b) cuando éstas no se hallan, se crearán neologismos, lo que requiere un conocimiento profundo de los elementos de la lengua que entran en juego, ya que se intenta hacerle decir lo que en ella nunca se había dicho, y c) por último adoptar palabras de la otra lengua, que se supone arraigarán, una vez aceptadas, en el nuevo lenguaje, y se convertirán en propia lengua. Tanto en el *Catecismo* de Bolaños, como en el de Montoya encontramos soluciones de los tres tipos.

Un minucioso estudio presentado recientemente detalla con ejemplos los nuevos términos usados y creados en los catecismos de Bolaños y Montoya.[29] Si el concepto de "padre" o de "hijo", por ejemplo, parece encontrar correspondencias inmediatas en todas las lenguas, no ocurre lo mismo con el "Espíritu Santo", que obliga a recurrir necesariamente al neologismo o al hispanismo. Con palabras como "cristiano" la historia sigue rumbos diversos entre sí; Bolaños se somete a la adopción de una palabra ya tradicional que asimilaba "cristiano" a "español": *karai*, pero Montoya rechaza tal sinonimia y prefiere el término "cristiano", para diferenciarlo claramente de español. Estos casos son frecuentes y ordinarios en un texto que por su esencia es novedad de creencia y de conducta para los hablantes de la lengua.

Tupã, ese dios del trueno, es ahora otro Dios en Trinidad de personas, que tiene un Padre, que Dios y es al mismo tiempo hombre como nosotros –*aváramo oñemoñava'e*–, crucificado en la cruz –*cruz pype ikutupyramo ijukapyramo*: "punzado en una cruz, matado"–. Al cual rezamos un Padre Nuestro, y ahora sí lo llamaremos *Ore Ru*, invocación no del todo nueva, pues está presente en la religión guaraní, de la cual se eli-

---

28 Ruiz de Montoya ([1640] 2008: f prel., al lector).
29 Otazú 2004.

mina, sin embargo, un reino intempestivo y extraño, para desear, eso sí, que venga "un modo de ser bueno y honrado" –*teko marãngatu*–.

Hay que tener presente que un Catecismo es siempre un texto colonial, que no ha sido engendrado en la tradición cultural guaraní, sino que depende de otra cultura y religión. No hay, pues, solamente una distancia lingüística entre el original de referencia y el texto producido, sino distancia cultural, que algunos podrían considerar irreductible

En el caso de Montoya, sin embargo, aunque la conversión de la lengua guaraní tiene todos los visos de una conquista por medios pacíficos, aunque firme y decidida, hay indicios de que la lengua guaraní también somete el castellano a cambios. El traductor se ve obligado a volver sus pasos sobre la propia lengua, a detenerse en ella y entenderla mejor: al traducir ¿qué quiero decir en realidad? ¿Es el interlocutor el que debe pasar el puente hacia mi orilla, o me traslado yo hacia su campo y pueblo? ¿Es posible el diálogo de las lenguas?

En un manuscrito, editado solamente hace pocos años, Montoya da cuenta de su forma de proceder –ya que se le acusaba de malo y pérfido traductor, que se aprovecha de la lengua para introducir herejías–, y lo hace de forma tal que esa su *Apología* es en realidad una de las mayores obras de teoría y pragmática lingüística del siglo XVII.[30]

Traducir un texto es crear nuevos sentidos. Las palabras más usuales pueden transformarse extraordinariamente cuando entran en un nuevo sistema cultural y en otra visión del mundo.

El catecismo de Montoya es el primer libro bilingüe en la historia del Paraguay, y tal vez el único de la época colonial. Frente al guaraní está el texto castellano de suerte que los indios, puedan llevar a cabo el aprendizaje de la lengua española. En las escuelas, el Catecismo de Montoya podría servir de *cartilla* escolar. Recuérdese que las *cartillas* eran métodos para aprender a leer donde, a continuación del abecedario, se encontraba un texto más o menos extenso de la *doctrina*. El texto de Montoya debía cumplir las mismas funciones.

> Ayudado de limosnas, imprimió en esta Corte tres libros de aquella generalísima lengua, muy importantes para aprenderla, para predicar y para que los

---

[30] Ruiz de Montoya ([1651] 1996).

indios aprendan la Doctrina cristiana y juntamente el idioma castellano, como tiene mandado V. M.: de que sacó mil y cuatrocientos cuerpos, que ya encuadernados tiene para llevar a su provincia.[31]

Cabe preguntarse si pensaba Montoya seriamente en la "castellanización" de los indios guaraníes; o presentaba simplemente el catecismo en edición bilingüe para satisfacer a la corte de Madrid, en la que no faltarían voces que reclamaban la pronta enseñanza de la lengua del "imperio", aunque sin la insistencia todavía que se sentirá en tiempo de la monarquía borbónica.

De hecho toda la obra lingüística de Montoya está destinada a un lector que sabe castellano, pero que en realidad pretende alcanzar el guaraní como segunda lengua; los misioneros, en primer lugar. Sólo el catecismo declara la intención inversa de que sean los indios quienes aprendan castellano.

La lengua propia del Paraguay fue y siguió siendo el guaraní. El *Catecismo* de Montoya, elaborado con tanta dedicación e inteligencia, editado a grandes costos, transportado al Paraguay con dificultades, quedó probablemente más como obra de consulta en la biblioteca del misionero, que instrumento de enseñanza general para los indios de las Reducciones.

Montoya, aun admirado y venerado entre los jesuitas como gramático y diccionarista, no consiguió, por algunas de las circunstancias ya señaladas, que el *Catecismo* fuera adoptado de forma amplia y general. Su misma ausencia del Paraguay habrá conspirado para ello.[32]

El estudio del proceso de transformación de la lengua guaraní continuó en el interior de las Reducciones y puesto que a través de un siglo y medio la lengua iba cambiando, aparecían también nuevas gramáticas y nuevos diccionarios. También la música, el arte plástico y la arquitectura se transformaban en sus estilos y sus gustos, y no solamente por impulso exterior, esto es, de jesuitas llegados al Paraguay. Los Guaraníes creaban cambios e historia.

---

31 Hernández (1912: 79-80).
32 La práctica y semántica de nueva lengua creada ha sido estudiada en la tesis reciente de Angélica Otazú (2006); y quien se ha especializado en este análisis, si bien privilegiando el registro etnográfico, que ya había comenzado (Melià 1982), es Graciela Chamorro (1995; 1996).

De todo ello da testimonio la literatura reduccional que no es sólo misional, sino social y política. De ahí el gran valor que hay que conceder a los escritos políticos de los Guaraníes, sobre todo en el siglo XVIII.

Lo que no alcanzo a saber es cuáles fueron las transformaciones no estandarizadas que pueden haberse dado, por caminos que se bifurcan, en cada una de las Reducciones o Pueblos misioneros. La salida de los jesuitas fue demasiado traumática y dio lugar a una dispersión y al mismo tiempo a una homogeneización del todo incontroladas en cursos de agua que recibieron los más diversos afluentes.

RAZÓN GRÁFICA Y ESCRITURA INDÍGENA EN LAS REDUCCIONES GUARANÍTICAS*

Eduardo Neumann

El uso de la escritura en las reducciones administradas por la Compañía de Jesús en la Provincia del Paraguay, no se restringió únicamente a los padres evangelizadores. Los indígenas reducidos por los jesuitas en esta provincia, contra lo que generalmente se pensaba, sabían escribir, en guaraní, español y algunos inclusive en latín. La escritura introducida por los misioneros permitió gradualmente la construcción de formas de expresión otrora inexistentes en el mundo oral de los guaraníes. Los resultados obtenidos fueron bastante notorios, lo que hizo posible una rápida difusión de la "razón gráfica" entre estos indígenas.[1]

De hecho, la escritura indígena se volcó inicialmente a la reproducción del canon religioso. La práctica de la "reescritura cristiana" por medio de la traducción, adaptación y copia de los textos religiosos, inició a los guaraníes en la reinvención y recreación sistemática de su lengua.[2] En algunas oportunidades, inclusive, elaboraron obras de carácter devocional[3]– libros

---

* Traducción del portugués: Guillermo Wilde.
1 La "razón gráfica" es una expresión acuñada por el antropólogo inglés Jack Goody, que dedicó su atención a los efectos producidos por la introducción de la escritura alfabética en las sociedades tradicionales. La escritura es considerada como una herramienta para el desarrollo del intelecto, una experiencia individual que transforma los procesos cognitivos, resultando en la "domesticacióin del pensamiento salvaje" (Goody 1987a, 1988).
2 Melià 1969 ; Villagra-Batoux 2002.
3 En el siglo XVII, el jesuita Francisco Jarque compiló informaciones de otros religiosos en las cuales registró que un cacique de la reducción de Loreto había escrito *Pláticas y Sermones en su lengua* y, una vez concluida la redacción de los sermones ofreció a los padres sus textos (Jarque 1687: 361).

en su mayoría con una finalidad litúrgica o catequética–, participando directamente en la confección de vocabularios, catecismos y gramáticas.[4]

Sin embargo, a pesar de la relevancia otorgada por los guaraníes a la escritura en las reducciones no hay estudios dedicados a las apropiaciones efectuadas en su conquista del alfabeto.[5] Aún debe hacerse mucho en el campo de la historia con respecto al análisis del impacto ocasionado por la práctica de la escritura en la organización social de las reducciones. Los esfuerzos en la alfabetización indígena fueron consecuencia de la pretendida evangelización, y su aprendizaje permitió a los guaraníes alcanzar una notable destreza práctica en la escritura.[6]

La historia de la alfabetización de los guaraníes presupone considerar las relaciones inherentes a la oralidad y la escritura. La convivencia con la lengua escrita en las reducciones no relegó de ninguna manera la oralidad a un lugar inferior. A través de las prácticas letradas de los guaraníes es posible identificar elementos de una cultura que conciliaba la adquisición de la escritura con su expresión oralizada. Las modalidades de evangelización practicadas por los jesuitas permiten comprender la rápida difusión y aceptación de lo escrito, frente a la situación de oralidad primaria de la sociedad guaraní.[7] Al considerar el impacto de la alfabetización en la organización social de las reducciones ni la oralidad ni la "razón gráfica" –la expresión de la "domesticación del pensamiento salvaje"– pueden ser entendidas sin contemplar sus relaciones e influencias mutuas. Entre estas dos formas de expresión comunicativa existió una tensión creativa recíproca, que a su vez comportó una dimensión histórica.[8]

---

[4] Las primeras producciones textuales se orientaban a la catequesis, sirviendo de instrumento para la conversión. En los siglos XVI y XVII, había una co-extensividad entre dos formas textuales, los catecismos y las gramáticas. Las gramáticas establecían nuevas categorías y proporcionaban a la lengua indígena un estatuto semejante al de las lenguas vernáculas (Daher 1999).
[5] La noción de "apropiación" es concebida a partir de los usos diferenciales de los objetos culturales, o sea, de las operaciones realizadas por grupos o individuos – considerados "sometidos"– como capacidades inventivas (Certeau 1994).
[6] En la última década, posiblemente estimulado por el contacto con un documento excepcional –un diario escrito por un indio en ocasión del segundo sitio y toma de Colonia de Sacramento, entre los años 1704 y 1705-, Bartomeu Melià redireccionó su atención a los documentos escritos en guaraní, ahora como fuentes para la historia misionera y paraguaya (Melià 1999, 2000, 2005).
[7] Orué Pozzo 2002.
[8] Las sociedades occidentales, poseedoras de un sistema de escritura, estuvieron permeadas, durante siglos, por diversos tipos de oralidades. Para una aproximación a este tema ver Goddy 1987; Zumthor 1993; Havelock 1996; Frenk 1997; Masera 2001.

Los documentos redactados en lengua guaraní y posteriormente en español, permiten examinar la difusión del alfabeto y analizar los aspectos socioculturales relacionados con las prácticas letradas. La escritura indígena, registrada en diferentes soportes y con finalidades diversas, nos obliga a revisar en gran medida las evaluaciones simplistas que consideraban la actividad "escrituraria" de los guaraníes como un factor menor o mismo restringido a la producción de textos canónicos en las reducciones.[9]

La elite letrada indígena

Sin duda, la escritura es una habilidad que puede alterar los modos de pensamiento y cognición, y por eso, es considerada como un instrumento de la transformación cultural, una tecnología profundamente interiorizada.[10] Con todo, atribuir la explicación a una única causa constituye una visión equivocada, ya que no puede afirmarse que la introducción de la escritura altere, por sí sola ni obligatoriamente, los patrones sociales de una cultura. Lo que debe ser priorizado es lo que las personas hacen con la escritura y no solo las implicaciones de su presencia en una sociedad. La instrucción alfabética promovida en las reducciones, inicialmente volcada a los caciques, proporcionaba las condiciones para que los guaraníes elaborasen nuevas formas de expresión escrita. A partir de situaciones diferenciadas de contacto con el "universo letrado" la escritura fue gradualmente valorizada y utilizada en el espacio reduccional, principalmente entre aquellos que formaban parte de la elite indígena.

Los progresos en el aprendizaje de las letras, indisociables de la catequesis, fueron rápidos, a juzgar por el tono optimista y confiado de un jesuita. En una Carta Anua, datada en 1612, el religioso relata cómo "[…] niños como niñas muy expertos en la doctrina y catecismo y los niños van leyendo y escribiendo, ayudan a la misa y cantan ya en ella".[11] La gran asistencia a las escuelas en los primeros tiempos de catequesis fue

---

9 Neumann 2005.
10 Ong 1988.
11 Misiones de los jesuitas en América en el año de 1612. De las dos misiones y reducciones de Nuestra Sra de Loreto y de Nuestro Padre Santo Ignacio, BNM, Sala Cervantes. Mss. 1050: 19.

reduciéndose en las décadas siguientes a medida que la instrucción se tornaba cada vez más selectiva. En este sentido, los jesuitas procuraban concentrar sus atenciones en la formación de una elite, lo que resulta evidente en las tentativas de cooptación de los caciques y sus descendientes directos.

A pesar de esto, es importante mencionar que no todos los integrantes de este sector social eran alfabetizados. Los miembros de la elite indígena en las reducciones no se presentaban de manera homogénea, especialmente si se considera el hecho de la invención de linajes guaraníes con el establecimiento de las reducciones.[12] De manera general, podemos indicar una división del sector de la elite en tres niveles, en base a una tipología definida por criterios de "reclutamiento".[13] El primer grupo se refería a un segmento nativo, hereditario, donde estaban los caciques y sus descendientes. La nobleza nativa presentó un papel destacado en los años iniciales de la vida en reducción, recibiendo el título de *Don*. El segundo grupo fue escogido por los jesuitas, quienes supieron valorizar a los indígenas de talento para las tareas preferentemente administrativas. Al lado de estos dos grupos figuraba otro establecido a partir del mérito religioso y el empeño devocional. Fervor religioso y devoción servían de criterio para elegir a aquellos que podrían actuar junto a las congregaciones, espacios volcados al perfeccionamiento de la fe cristiana y la disciplina religiosa. El hecho de participar de una congregación también era sinónimo de habilidad con algún instrumento musical. En general, estos segmentos presentaban cruzamientos, siendo común que un indígena estuviera inserto en más de uno.

Así, a través de la educación básica se preparaba a la elite indígena, diferenciándola culturalmente de la población en general. En las reducciones jesuíticas, de hecho, hubo un fuerte dirigismo, y los padres seleccionaban a los guaraníes más aptos para las escuelas misioneras, inicialmente reclutando a su alumnado de entre los hijos de los caciques.[14] Des-

---

12 Wilde 2006, 2009.
13 Para una descripción del perfil de los integrantes de la elite misionera y las tareas desempeñadas ver Haubert (1990: 223-232).
14 Según Hernández, los jesuitas "[...] no se empeñaron en enseñar á todos á leer [...]" (1913, 1: 96), demostrando preferencia por los "[...] niños que descubrían buenas capacidad, y muy especial a los hijos de personas con cargos en el pueblo, eran elegidos para la escuela de leer y escribir" (Hernández 1913, 1: 93).

de la infancia, los jesuitas elegían y orientaban a los más capaces para el ejercicio de alguna actividad especializada. Por medio de la enseñanza administrada en las escuelas de "leer, escribir y contar", los jesuitas acompañaban el desempeño de los guaraníes iniciados en las *artes y oficios*, ocasión en la cual aprovechaban para despertar en los más habilidosos el gusto por la música.

La instrucción alfabética también era competencia de los *maestros de capilla*, sujetos encargados de la orientación musical. Las actividades de escritura solían ser conjugadas con las artes musicales, integrando las *artes y oficios* administrados en las reducciones. El canto y la música, manifestaciones artísticas bastante valorizadas entre los guaraníes, fueron aprovechados por los misioneros como instrumentos para evaluar el grado de saber religioso indígena, revelando cómo el uso del alfabeto, de la escritura fonética, fue la vía más inmediata para la evangelización pretendida.

La necesidad social de la escritura fue inclusive una realidad pronunciada abiertamente, determinando que la capacidad alfabética disfrutase de prestigio y confiriera distinción a la elite letrada indígena. Por ese motivo, la razón gráfica fue más recurrente entre los ocupantes de cargos en los cabildos misioneros, modalidad de "consejo municipal" adoptado en la administración de las reducciones a partir de la aplicación de la legislación hispánica. Entre los integrantes de los cabildos, todos conocidos como *cabildoiguara* (cabildantes), hay numerosas pruebas de la familiaridad con el manejo de la pluma.

La delegación de las prácticas letradas en las reducciones

La delegación de la lectura y la escritura está asociada a las necesidades y a los usos que los guaraníes manifestaron frente a las prácticas letradas en las reducciones. Por cierto que la lectura y la escritura son procedimientos muy presentes en las actividades cotidianas actualmente, concebidas como habilidades conjugadas. No obstante, en el mundo colonial tales modalidades de trasmisión y circulación de informaciones no siempre disfrutaron de la misma aceptación. Recomponer tales prácticas demanda la construcción de una tipología de la delegación, establecida a partir de una correlación con las modalidades de uso de lo escrito en las reducciones. O sea, explorar las maneras de leer que ya no ocurren más, rescatándose las "actitudes antiguas", en que las apropiaciones de la lectura escapan a las previsiones y expectativas del entendimiento escrito del texto, privilegiando, de esa forma, una arqueología de las prácticas desaparecidas.[15] La propia habilidad individual de descifrar caracteres graficados se relaciona con las prácticas de alfabetización de que las órdenes misionales echaron mano en el siglo XVII, en el ámbito de sus estrategias de catequesis. Lo que importaba en esas estrategias era expandir un uso de la lectura (y solo de la lectura). Estimulando la habilidad de decodificación de los símbolos escritos para facultar el reconocimiento de un texto ya conocido, cuando no ya memorizado, por el recuerdo de lecturas en voz alta realizadas por lectores debidamente autorizados en ceremonias religiosas o en la sala de aula. De esa manera, la lectura desempeñaba el papel de auxilio mnemónico en prácticas de recitación.

Al invertir esfuerzos en una pedagogía amparada preferentemente en la difusión de la capacidad de lectura y no obligatoriamente en la capacidad de escritura, los misioneros procuraban limitar y controlar los posibles usos indeseados de la alfabetización. Pese a esto, cuando algún guaraní tenía necesidad de escribir un documento sin poseer la habilidad requerida, recurría al trabajo de un individuo alfabetizado que actuaba como delegado, escribiendo por los demás.[16] En las reducciones, generalmente, esta función podía ser realizada por el *quatiapohara* (secretario) cuando los cabildos presentaban su formación completa, o podía ser atribuida al maestro de escuela.

En una declaración de octubre de 1699 prestada por el corregidor de la reducción de San Francisco Xavier, Tomás Potira, verificamos la delegación de la escritura por parte de los indios principales, lo que también ilustra la heterogeneidad cultural de la elite misionera en el siglo XVII. Al final de su declaración, el corregidor Potira informaba que "[...] por no saber escribir pedí al maestro de escuela desta Dotrina llamado

---

[15] La categoría "apropiación" presenta especial interés en estudios volcados a las prácticas letradas anteriores al siglo XVIII iluminista, que llegaron a la posteridad en la forma de residuo archivistico (Hansen y Carvalho 1996).
[16] La "delegación de la escritura" es un concepto desarrollado por Armando Petrucci, y se refiere a un fenómeno muy difundido, principalmente en sociedades imperfectamente alfabetizadas (Petrucci 1999: 105-116).

Juan Pai [...] hiciese en mi nombre como lo hizo. D. Thomas Potira".[17] El corregidor delega la escritura al maestro de escuela, lo que parece indicar que fue en función de afinidades pues optó por alguien con quien poseía mayores contactos, para ser el mediador entre su voz y la escritura. Por otro lado, los documentos consultados no indican práctica de delegación de la escritura en esos términos por parte de los secretarios.

La elite indígena letrada fue preparada por los misioneros, entonces, para mantener contactos con la sociedad colonial. No obstante, aún cuando algunos indios hablaran e incluso leyeran en español, la difusión de la escritura en esa lengua fue limitada.[18] En efecto, el aprendizaje del español, y principalmente del latín, por parte de algunos guaraníes constituía una excepción. La enseñanza de esas lenguas se orientaba a instrumentalizar a los catecúmenos para la lectura de la recitación sin mayor profundidad. El testimonio de Antonio Sepp no deja dudas sobre la cuestión:

> Nuestros jóvenes aprenden solamente a leer y escribir textos en lengua castellana o latina, no para que lleguen a hablar o entender el castellano o el latín, sino para que sepan cantar en coro canciones en estos idiomas y para que los niños que nos sirven puedan leernos lecturas españolas o latinas en alta voz, durante las comidas en el refectorio.[19]

Con todo, tal hecho no impedía el uso de esa habilidad para otras finalidades, considerando que los indios inventaban nuevas funciones para los modelos culturales compartidos. En las sociedades hegemonizadas por los recursos de la oralidad, el grado de familiaridad con la escritura nunca fue constante. En realidad, los individuos presentan niveles diferentes de dominio de la práctica de escritura. Sin duda, fueron los guaraníes iniciados en las "artes y oficios" los que recibieron la mayor instrucción letrada. Entre estos figuraba el secretario de cabildo, sujeto responsable de la redacción de los acuerdos y despachos, principal lector de los documentos recibidos y repasador de las órdenes enviadas a las reducciones. Otros indígenas también presentaban aptitud para la escritura, como los corregidores, administradores, alcaldes, *maestros de capilla* y ciertos

---

17 [MCDA] (1951-1970, IV: 347-348).
18 "*Ensigner l'espagnol supposait une certaine forme d'elitisme ou en tout cas une adhésion au projet colonial du gouvernement d'Asunción, ce qui n'était pas dans les intentions des Jesuites*" (Duviols 1993: 277).
19 Sepp ([1714] 1974: 196).

caciques. En fin, la delegación de las prácticas letradas fue un recurso accionado por los indígenas de las reducciones como parte de los valores inherentes a la "cultura de lo escrito".

Los innumerables textos escritos en el siglo XVIII por los propios guaraníes, a partir de las reglas gramaticales establecidas por los evangelizadores, confirió al idioma compartido en las reducciones un *status* diferenciado en relación al guaraní hablado en las demás regiones del Paraguay y, principalmente, a las formas dialectales de los grupos que permanecieron en la selva.

La escritofilia guarani

La escritofilia indígena –el apego manifiesto de los guaraníes a la escritura– se verifica en los eventos desencadenados con la celebración del Tratado de Madrid, en 1750, por los monarcas ibéricos. Ese Tratado establecía la permuta de siete reducciones localizadas en la "Banda Oriental del río Uruguay" –de un total de treinta– pertenecientes a España, a favor de Portugal, que entregaba a cambio Colonia de Sacramento. Para la ejecución de ese Tratado fueron enviados a la región funcionarios encargados de la demarcación.[20] Aproximadamente 30 mil guaraníes deberían abandonar sus reducciones y transmigrar hacia otras tierras.

Por cierto, la decisión repercutió de forma explosiva entre los indios de las reducciones, hecho que estimuló la comunicación epistolar indígena, a partir de una expresión gráfica autónoma. Sin el control otrora ejercido por los misioneros. Según las anotaciones de dos jesuitas, Bernardo Nusdorffer[21] y Thadeo Henis,[22] en esa época, para cualquier noticia que recién

---

[20] El trabajo de las comisiones demarcadoras, encargadas de establecer la nueva línea de frontera entre las posesiones ibéricas en América del Sur, acabó por transformarse en una impresionante aventura. Fueron desplazados a la región geógrafos, astrónomos, matemáticos, dibujantes e ingenieros. Con respecto a los antecedentes y circunstancias que pautaron las negociaciones que resultaron en ese tratado ver Cortesão (2001). Para un análisis del trabajo desenvuelto por los técnicos y la producción de una cartografía de la región ver Ferreira (2001).

[21] "XV- Relação do padre Bernardo Nusdorffer sobre o plano de mudança dos 7 povos desde 1750 até fins de 1755" ([MCDA] 1951-1970, VII: 139-300).

[22] "Diário histórico de la rebelión y guerra de los pueblos guaraníes, situados en la costa oriental del río Uruguay, del año de 1754" (Henis [1754] 1970: 447-563).

llegaba a las reducciones *volaban correos por los pueblos*. De esos papeles que volaban, muchos eran billetes y cartas escritos por los guaraníes, destinados a sus parientes, a los jesuitas o a las autoridades coloniales.

Además de las cartas y billetes, los indios letrados redactaban otros textos, esgrimiendo argumentos contrarios a la ejecución de los trabajos de demarcación de los nuevos límites, provocando una rebelión indígena conocida en la historiografía como Guerra Guaranítica (1754-1756).[23] El rompimiento de la alianza con los jesuitas marcó la emancipación indígena, cuando la escritura pasó a servir a los intereses de los guaraníes durante la demarcación de límites.[24]

Los testimonios de la reacción escrita indígena son tanto los papeles capturados por las comisiones demarcadoras como los demás textos que hoy existen en algunos archivos sudamericanos o europeos (o sea, documentos dispersos y sin ninguna indexación previa); además de las noticias e informes presentes en la correspondencia de jesuitas que actuaban en la región. La documentación compulsada también señala una discusión poco referida por la historiografía dedicada al tema, como es la existencia de la defensa por escrito de aquel que sería el punto de vista de los indígenas.

Hasta hace poco solamente había noticia de las siete cartas elaboradas por los cabildantes de las reducciones rebeldes.[25] Las siete cartas fueron redactadas en julio de 1753 y enviadas al gobernador de Buenos Aires, José de Andonaegui. Este conjunto de documentos escritos por los guaraníes es un ejemplo del nivel de articulación política indígena y de la percepción del momento en que estaban viviendo.

Actualmente los textos escritos por indios, e incluso sus traducciones, han despertado atención a partir de los aportes de la historia social de la cultura escrita y de la nueva historia indígena. Las interpretaciones históricas orientadas por esta perspectiva teórico-metodológica, con eminente vocación interdisciplinaria, han privilegiado el análisis de los usos,

---

23 Para una aproximación a la temática ver Golim 1998; Quevedo 2000; Ganson 2003; Quarleri 2005, 2009.
24 Neumann 2008.
25 En 1949, el padre Francisco Mateos localizó estas cartas en el Archivo Histórico Nacional de Madrid (AHN) y publicó una traducción al español del contenido de las mismas (Mateos 1949). Los originales, en guaraní y sus traducciones al español, pueden ser consultados en el AHN (Clero- Jesuítas, Legajo 120, documentos: 31, 32, 33, 34, 36, 37, 38).

SABERES DE LA CONVERSIÓN

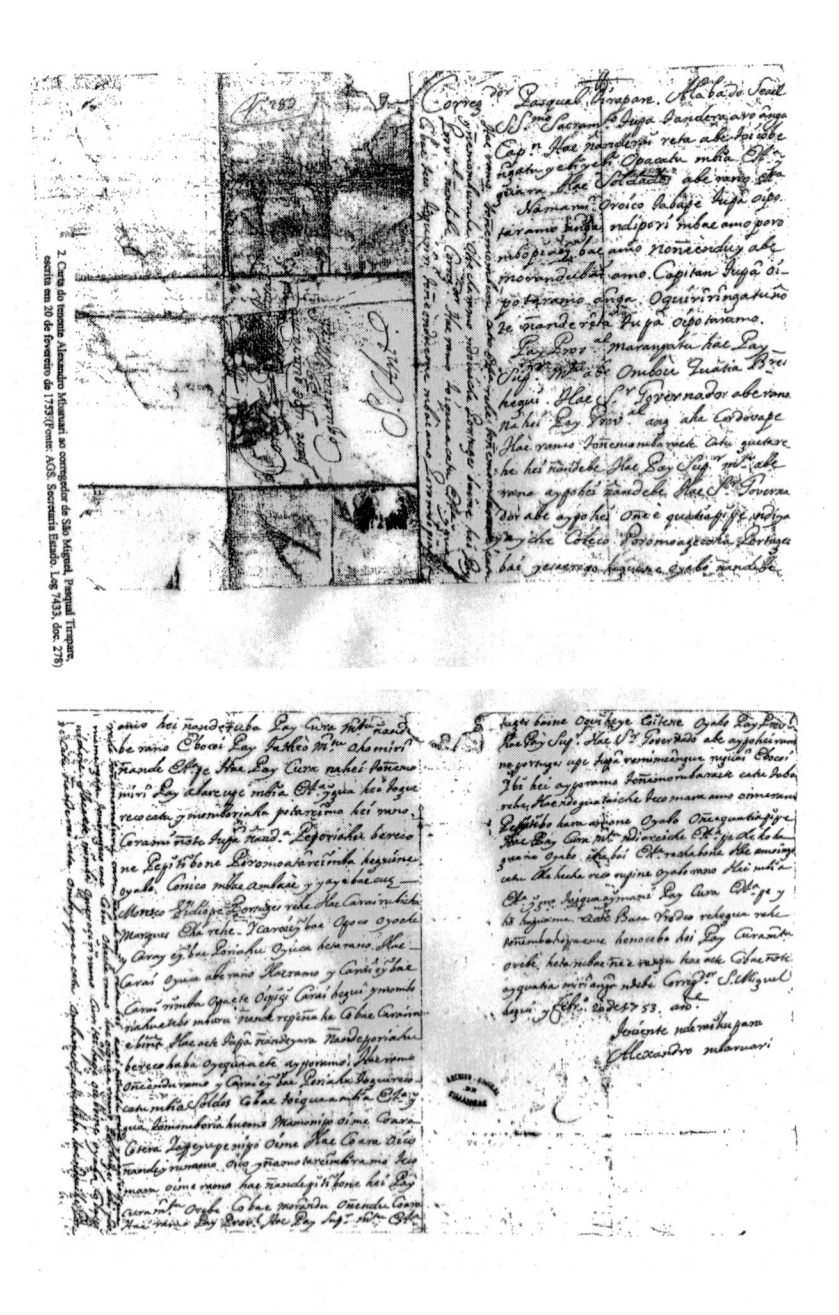

Figura 1 y 2: Correspondencia entre los indígenas de la reducción de San Miguel, Teniente Alejandro Mbaruari y el Corregedor Pasqual Tirapare. La carta, en guaraní, datada el 20 de febrero de 1753, revela la preocupación de los líderes de la reducción de San Miguel ante la llegada de la primera partida demarcatoria de tierras. Fuente: AGS, Secretaria de Estado, 7433, doc. 278.

funciones y prácticas relacionadas con lo escrito.[26] Los procedimientos metodológicos en cuestión han proporcionado algunas pistas y ayudas importantes para investigar los materiales escritos y desvelar los significados subyacentes a la expresión gráfica. La prioridad es conocer las distintas intenciones que guiaban a los sujetos en el acto de escribir y sus relaciones con el poder. La escritura es concebida como un conjunto de prácticas que pueden contribuir para comprender mejor las mudanzas y transformaciones socioculturales en un determinado momento.

La inserción de la elite misionera en algunas rutinas administrativas del mundo colonial ampliaba sus posibilidades de contacto e interacción con la sociedad rioplatense. Y, en determinadas ocasiones, los guaraníes alfabetizados manejaron con soltura tal tecnología. El conjunto de habilidades requeridas para equipar a los cabildos facultaba a una fracción de la población misionera, letrada o no, al contacto con las prácticas burocráticas de la monarquía española. No podemos presuponer que esta competencia alfabética determinase un distanciamiento en relación a los demás indígenas reducidos, pero creaba una mediación diferenciada con las jerarquías de la sociedad y sus posibles interacciones. La práctica de la escritura había introducido una mediación singular entre los distintos sujetos envueltos en el conflicto.

Escritura y auto-gobierno indígena en las reducciones

Los funcionarios ibéricos encargados de la demarcación de los nuevos límites quedaron sorprendidos con la localización de mensajes diseminados por el territorio y también desconfiados ante la capacidad de escritura manifestada por los guaraníes.[27] Incluso sin comprender lo que estaba escrito, preparaban la traducción y el archivo de esos papeles. La simple presencia de los oficiales demarcadores en el territorio implicado

---

26 Con respecto a la cuestión de la relación entre escritura y sociedad ver Bouza Alvarez 1992; Clanchy 1979, 1999; Petrucci 1999, 2003; Castillo Gómez 1999, 2002, 2006.
27 La producción textual de los guaraní, inclusive, despertaba sospechas, como observó Barbara Ganson: "Spanish officials were not convinced by these Guarani letters. The Marqués de Valdelirios, the Spanish envoy in charge of the boundary commission, and others thought the Jesuits, not the Guaraní, had written them because they believed that Guaraní were incapable of composing such fine manuscripts" (Ganson 2003: 102).

en la permuta obligaba a los funcionarios envueltos en los trabajos a actuar con mayor rigor en el registro y comprobación de los acontecimientos, o incluso a brindar testimonios que servirían de prueba contra eventuales acusados, produciendo más documentos.

La burocracia colonial accionada por la monarquía española fue, durante ese período de conflicto, una pródiga máquina productora de papeles. En tal contexto, y como parte integrante del Imperio Español, la elite letrada guaraní manifestó durante esos episodios un dominio pronunciado de las *ars escribiendi*. Los indios que integraban los cabildos misioneros elaboraron cartas que reflejan el potencial persuasivo de lo escrito y demuestran su dominio de las reglas de una escritura culta, respetando las disposiciones entonces presentes en manuales de civilidad.[28] Tales cartas estaban dirigidas a la comunicación con el mundo exterior, o sea, con los representantes de la administración colonial.

Los líderes indígenas eran concientes de que las informaciones importantes, provenientes de la administración colonial, llegaban a las reducciones por la vía epistolar y, por valorar positivamente los poderes de lo escrito, la elite letrada adopto igualmente la misma postura. En fin, a través de esos documentos es posible demostrar cómo la cultura escrita es reveladora de los valores y conductas de una época, un índice de la colonización de lo imaginario.[29]

Los usos estratégicos destinados a la escritura se orientaban a mantener cierto grado de unidad en las acciones de los guaraníes y a sustentar su auto-gobierno. Así, la perspectiva indígena quedó registrada en la actuación de esa elite y en sus tentativas de negociación política, legando para la posteridad una versión indígena sobre ese período de conflicto. Los diversos documentos capturados –que sabemos son apenas una fracción del conjunto de papeles indígenas– demuestran las tentativas de organización y negociación por parte de los guaraníes y evidencian que sus reivindicaciones estaban amparadas en pruebas escritas, en registros que atestiguan los servicios prestados al rey, en la condición de cristianos y vasallos de España. Los vínculos con la monarquía española siempre eran mencionados, indicando que la reelaboración de su *ñande reko* ("modo de ser") era permeada, necesariamente, por su inserción en los

---

28 Chartier (1993: 246-283).
29 Gruzinski 1991.

valores y conductas de la sociedad hispano-americana. En fin, un proceso de etnogénesis estaba en curso, que confería una nueva identidad indígena a esos guaraníes evangelizados.[30] Contexto en el cual el impacto de la alfabetización promovió nuevas sociabilidades y canales de interacción con la sociedad colonial.

La familiaridad manifestada por algunos indígenas frente a las diferentes formas textuales, fue un factor que estimuló nuevos usos para la competencia gráfica en las reducciones, ampliando las posibilidades de una relación personal y más directa con el mundo de los textos, eliminando la actuación de los intermediarios.[31] Se puede afirmar que las mudanzas verificadas en las maneras de conducir las negociaciones fueron el resultado de la convivencia prolongada de los indígenas con las prácticas letradas, sobretodo a partir del siglo XVIII.

Por cierto, el uso de la escritura posibilitaba una nueva lógica en las maneras de administrar los conflictos y establecer alianzas. La escritura se tornaba un modo de actuar frente a los nuevos desafíos. La capacidad alfabética de los guaraníes posibilitaba organizar sus experiencias a partir de episodios documentados y, así, actuar frente a los nuevos desafíos como agentes políticos en el mundo hispano-americano. Las autoridades coloniales consideraban a las reacciones indígenas como una señal de soberbia e insubordinación. Pero ellas eran, en la práctica, una expresión de la autonomía, del auto-gobierno guaraní sustentada en la comunicación escrita, cuando volaban billetes entre las reducciones.

Ante las finalidades destinadas a la escritura por parte de los guaraníes éstos no parecen más o menos indígenas a la merced de mediadores. Son ellos, hombres letrados, quienes interactúan de modo directo y decisivo como sujetos políticos en el mundo colonial. La escritura "civiliza". En ese sentido, los guaraníes pasan a actuar de forma gradual en la toma de decisiones en la convivencia con diferentes agentes sociales.

Y, al recurrir a esa estrategia política, demostraban confianza en el éxito de sus pleitos, exactamente por actuar en concordancia con la lógica del colonizador, o sea, por conferir a las negociaciones *in scriptis* la misma importancia que le conferían las monarquías del Antiguo Régimen.

---

30 Boccara 2000, 2005; Monteiro (2001: 53-78).
31 Chartier (1991: 119).

Modalidades textuales de la escritura indígena

Los textos producidos por los guaraníes, que aún permanecen en la forma de vestigios de archivo, son fundamentales para establecer una tipología de las formas que la escritura adoptó en las reducciones, visto que ellos inventaban nuevas funciones para los modelos compartidos. Por tanto, a través de esas evidencias de la escritura indígena, sea en la forma de cartas, diarios, actas de cabildo y memoriales, es posible dimensionar los usos que los guaraníes reservaron a sus capacidades alfabéticas y a qué demandas respondía.

En efecto, cualquier tentativa de identificar las formas textuales elaboradas por los indígenas misioneros, debe tener en cuenta el hecho de que los registros elaborados por ellos no siempre presentaban las características específicas de un único género textual, siendo frecuentemente un desdoblamiento del modelo epistolar.

En las reducciones, las cartas desempeñaron la función de contactar a la administración colonial, constituyendo un instrumento diplomático de reivindicación y protesta, orientado prioritariamente a las relaciones externas, como medio de comunicación.

En este aspecto, las correspondencias indígenas fueron dirigidas en tres direcciones: las autoridades hispánicas, en el caso de los comisarios demarcadores y el gobernador de Buenos Aires; como instrumento de comunicación entre guaraníes y jesuitas; y como vehículo de contacto personal entre indígenas.

Entre los textos escritos por los indios misioneros, hay una evidente preponderancia del género epistolar tanto de cartas oficiales, como aquellas de carácter político-administrativo. Las cartas figuran como la modalidad textual más accionada por los guaraníes letrados para tornar públicas sus demandas. Los billetes son una variante de esa modalidad de comunicación escrita –recurrente en algunos episodios–, pero que no está pautada por las mismas reglas de la epistografía culta. Estos mensajes estaban destinados a la comunicación entre los propios indígenas, siempre redactados en lengua guaraní, indicando una circulación más reservada.

En las reducciones, la progresiva ampliación del número de sujetos capaces de registrar por escrito sus opiniones también era el resultado de la sobreposición de generaciones de guaraníes alfabetizados. Tal hecho favorecía una modificación en las relaciones entre los individuos y el mundo letrado, cuyos reflejos fueron visibles en las rutinas misioneras. Si, por un lado, los líderes indígenas atribuían un valor político a la escritura, como expresión de su autogobierno, por otro la crisis desencadenada permitía registrar la diversificación de los textos escritos por los guaraníes en las reducciones.

Las experiencias de contacto intercultural, vividas durante los trabajos de demarcación, despertó el interés de la elite misionera por verter sobre el papel los acontecimientos protagonizados o vivenciados como testimonios. La disposición para escribir fue sorprendente, tanto por el aspecto cuantitativo como el cualitativo de esos textos. La multiplicación de los escritos, en la época, permite explorar las modalidades que la producción textual indígena alcanzó en las reducciones, en base a una tipología[32]:

MODALIDAD TEXTUAL	CARACTERÍSTICA GENERAL	PERÍODO VERIFICADO
Billete	Documentos de difícil conservación, generalmente mensajes trocados entre indígenas que presentan una escritura informal.	Momentos de agitación, cuando los guaraníes procuran comunicarse por la vía escrita. A mediados del siglo XVIII, "volaban billetes entre las reducciones").
Carta	Escritura volcada a la comunicación con la sociedad colonial, relacionada con las reglas caligráficas y epistográficas cultas.	Las cartas podían adquirir varias formas textuales, y alcanza niveles elevados de expresión gráfica en las reducciones.

---

[32] La tipología aquí presentada se basa en documentación localizada en los siguientes archivos: Archivo General de la Nación (Buenos Aires), Museo Mitre (Buenos Aires), Archivo Histórico Nacional (Madrid), Archivo General de Simancas (Valladolid), Archivo General de Indias (Sevilla), Real Academia de la Historia (Madrid). Ver también Peramás 1946.

Memorial	Volcado a la expresión de una demanda extraordinaria, con escritura ajustada para alcanzar una determinada audiencia.	Demandas presentadas a través de esta vía son más frecuentes en la segunda mitad del siglo XVIII, pero hay evidencia anterior (1742).
Diario	Modalidad caracterizada por la anotación, generalmente diaria e inmediata de los acontecimientos. El redactor acostumbra manifestar sus impresiones personales.	Hasta el momento apenas fueron localizados dos textos con estas características, uno de 1702/1704 y otro de 1752/1754.
Relato personal	Procura establecer una memoria de determinados hechos vivenciados colectivamente.	Son raros textos con estas características. La relación de Nerenda es el principal ejemplar conocido. También existe una carta de Primo Ybarenda (1753) que puede ser encuadrada en ese género.
Actas de cabildo	Anotaciones resumidas de los temas tratados en las sesiones de los cabildos. Algunas presentan características de una reseña "histórica".	Son consideradas tardías en las reducciones y apenas existen informaciones para la segunda mitad del siglo XVIII.
Escritura expuesta: cruces, carteles, lápidas.	Modalidad volcada a la comunicación pública utilizada en un espacio abierto, buscando una lectura a distancia.	Recurso utilizado por los jesuitas que fue apropiado por los guaraníes para demarcar territorio, sirviendo de soporte para mensajes con carácter de ultimátum.
Narrativa histórica	Textos narrativos destinados a compilar hechos transcurridos en las reducciones. Tales registros fueron ordenados cronológicamente.	Obras dadas como perdidas. Apenas hay referencias a través de otros autores, que tuvieron oportunidad de leer estos textos.

Según se mencionó, los secretarios de los cabildos en el ejercicio de su oficio estaban sujetos a una convivencia más próxima con los instrumentos de la escritura. En determinados momentos –estimulados por los nuevos acontecimientos– algunos *quatiàapoharas* aprovechaban la quiebra de protocolos para dar flujo a sus ímpetus letrados. Un documento que presenta las características de diario –en el caso del registro de fechas de acontecimientos, evidenciando preocupaciones colectivas– fue localizado entre los despojos de la reducción de Yapeyú. Se trata del registro de los acontecimientos verificados en esa reducción, entre los años 1752 y mediados de 1754. El texto fue descripto por las autoridades ibéricas, a partir de sus características más evidentes, como "*un libro mediano de dies foxas en pergamino escritas en idioma guaraní*".[33]

La copia de este documento, localizada en el Archivo General de Indias, en Sevilla, fue publicada en 1929.[34] Años después, Pablo Pastells, en consulta al archivo, localizó el texto y lo incluyó en su *Historia de la Compañía de Jesús*.[35] Furlong observa, casi ingenuamente, sobre la relación: "*Lo curioso del caso es que consignó no tan solo los nombres de los Jefes y autoridades, sino también todos los pormenores y detalles relacionados con esa acción militar*".[36] Ese comentario puede ser comprendido como una nueva expresión de la tendencia general de los jesuitas a atribuir pocas capacidades intelectuales a los guaraníes. Cuando un jesuita reconocía las potencialidades gráficas de los indígenas, las tomaba como caso excepcional, aún cuando los letrados destinaban su competencia alfabética a una finalidad "edificante", como la reescritura religiosa.

Ese texto apócrifo, a pesar de su orientación cronológica, no se ajusta estrictamente a las características de un diario, como, por ejemplo, la de expresar impresiones personales del redactor o registrar intereses y preocupaciones generales, presentando características más próximas a una relación histórica. La redacción de esa crónica comienza el día 4 de

---

33 "Traduccion de un libro mediano de 10 foxas en pergamino escritas en Idioma Guarani que se hallo entre los despojos de los indios de Yapeyu". Otra copia en AGI, Audiencia de Buenos Aires, Legajo 304. "Traduxion de un livro mediano de dies foxas [...] 9 octubre de 1754" (AGS, Secretaria de Estado, Legajo 7380. Año 1754. Guarani, copia de traducción de un libro escrito en lengua).
34 AGN/Mtv: Colección Falção Espalter [Copias del AGI]. Gobierno de Don José Joaquim de Viana, Tomo III (1749-1756). Sevilla: [s.n.], 1929.
35 Pastells (1912-1949: 194-198).
36 Furlong (1962: nota 4 del capítulo 55).

marzo de 1754 y, ya en sus líneas iniciales, se refiere al año de 1752, para mencionar el plan de división de la reducción de Yapeyú, propuesto por el entonces provincial del Paraguay, Manuel Querini. A continuación, es mencionado el comparecimiento del comisario Altamirano a las reducciones, su estadía en la reducción de Yapeyú y su pasaje por la reducción de la Cruz y San Borja hasta llegar a su destino final, Santo Tomé.

Otra característica de esa relación es indicativa de la capacidad notarial del escribano. Menciona nombres completos, sea de jesuitas, cabildantes o caciques, información siempre acompañada de las respectivas fechas, inclusive con la indicación precisa del día de la semana en que transcurrieron los acontecimientos. Se puede inferir que esos datos ya estuvieran esbozados previamente y que el escribano no los redactara de memoria, en un único momento, sino que contara con el auxilio de otras anotaciones o de una lista de apuntamientos que facilitaran la redacción del texto.

A su vez, la disposición material, en forma de un libro, señala una intencionalidad claramente vinculada a la preservación del texto. Los episodios narrados fueron valorados como dignos de memoria. Al final, durante décadas, los indios de las reducciones actuaron en defensa de los intereses de la monarquía hispánica, deteniendo el expansionismo lusitano en la región. La escritura, en ocasiones de contacto con el "enemigo histórico" como fueron los portugueses, operaba como instrumento de conservación de experiencias pasadas, en el caso de aquellas consideradas decisivas para la colectividad.

La documentación investigada indica que textos con características de actas, elaborados por los cabildos misioneros, se tornaron frecuentes después de finalizada la guerra guaranítica. Una vez cerrado el período de conflicto más agudo en las reducciones, los indios comenzaron a redactar documentos con características de una "reseña de los hechos", pudiendo ser encuadradas como actas de las sesiones realizadas en los cabildos. Según Marcos Morinigo, el inicio de la redacción de actas es considerado tardío en las misiones, motivo por el cual "[…] algunos de los documentos relatan sucesos muy antiguos, lo que quiere decir que en el momento en que estos ocurrían no fueron comunicados por los Cabildos a las autoridades competentes como era de esperarse, porque aún no estaban oficialmente constituidos".[37] Las crónicas indican que los cabildos ya esta-

---

37 Morinigo 1946.

ban actuando, desde el inicio del siglo XVII, en sesiones esporádicas, aunque no haya referencias a registros escritos de las mismas antes de mediados del siglo XVIII. Por lo tanto, la indagación debe ser orientada en el sentido de esclarecer por qué a partir de ese momento los guaraníes decidieron redactar tales "actas".[38]

Por presentar temáticas similares se puede suponer que tales actas fueron elaboradas en respuesta a alguna consulta del gobernador, cuando los indios con cargos en los cabildos aprovecharon la ocasión para elaborar una relación de los conflictos pasados con las demás parcialidades indígenas. La escritura correspondía al objetivo de comunicar al gobernador la gravedad del problema para preparar, posiblemente para el futuro, algún auxilio contra esos enemigos contumaces. Los cuatro documentos demuestran cómo, en ese contexto, los cabildantes utilizaron la escritura como soporte para registrar los acontecimientos juzgados cruciales, como fueron los ataques o invasiones de los indígenas nómades del Chaco.

Algunas reseñas, por ejemplo, informan sobre la presencia de parientes salidos de las reducciones orientales, convivencia que proporcionaba un recuerdo más frecuente de los conflictos protagonizados en las tierras orientales. La mención de esos agregados señala cuánto la incorporación de nuevos habitantes, principalmente los parientes, había alterado la rutina de algunas reducciones. Un ejemplo. En la respuesta presentada por la reducción de Santa Maria la Mayor a una consulta realizada por el gobernador con respecto al número de hombres y armas disponibles consta al final algunas informaciones *"del agregado Pueblo de San Lorenzo"*. En el texto informan: "Pero debemos confesar Señor Excelentísimo, que estando para armar a toda esta gente, nos van sacando gemidos los alborotos passados [...]".[39] Tal evocación de la memoria de los años de conflicto podría explicar la disposición de los indígenas para colaborar con el gobernador, aún cuando no disponían de efectivos o armamentos adecuados.

---

38 Entre tales papeles hay cuatro reseñas que corresponden al año de 1758, siendo registros referentes a los acontecimientos transcurridos en las décadas anteriores. Estos documentos forman parte del *corpus* de documentos en idioma guarani (algunos acompañados de su respectiva traducción al español) localizados en el Museo Mitre de Buenos Aires (MM 14/8/18, Colección de documentos en idioma Guaraní correspondiente a los Cabildos indígenas de las misiones jesuíticas del Uruguay desde el año 1758 al 1785).
39 Reseña de el Pueblo de Santa María la Mayor em 8 de abril de 1761 (MM 14/8/18).

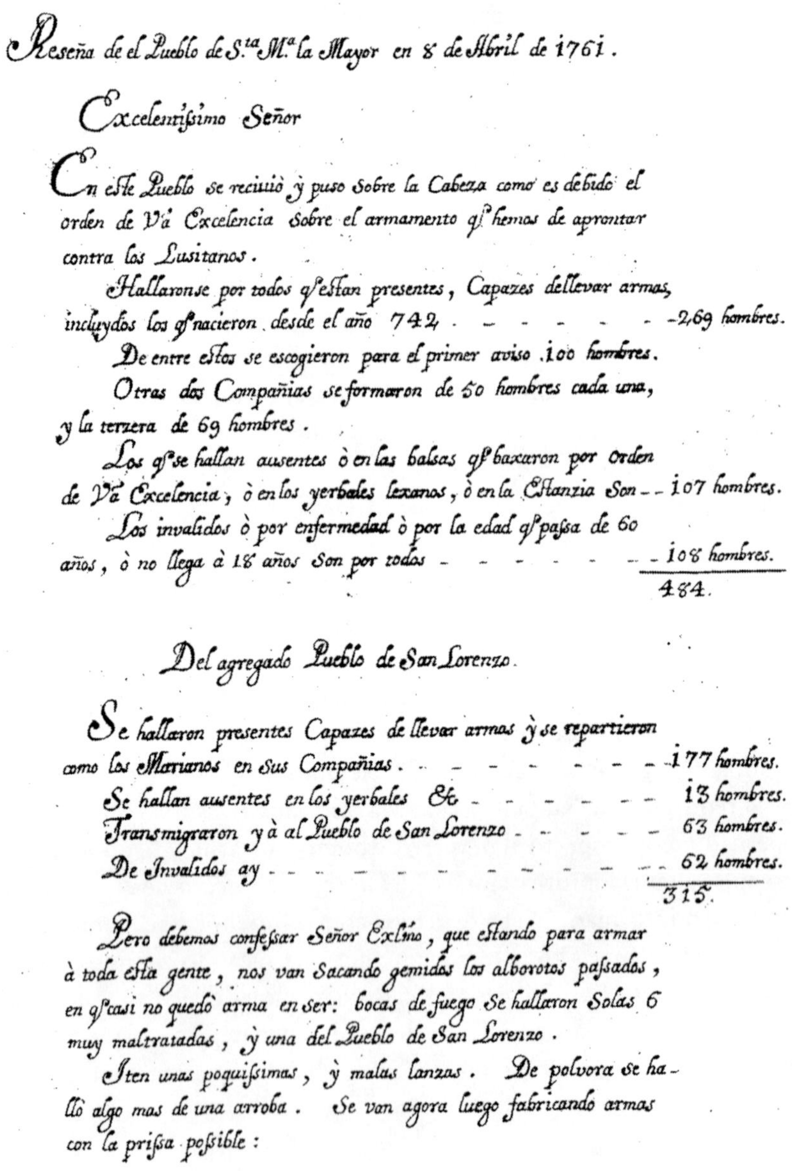

SABERES DE LA CONVERSIÓN

Reseña de el Pueblo de S.ta M.a la Mayor en 8 de Abril de 1761.

Excelentíssimo Señor

En este Pueblo se reciuió y puso sobre la Cabeza como es debido el orden de V.a Excelencia sobre el armamento q.e hemos de aprontar contra los Lusitanos.

 Halláronse por todos q.e están presentes, Capazes de llevar armas, incluydos los q.e nacieron desde el año 742. — — — — — 269 hombres.
 De entre estos se escogieron para el primer aviso .100 hombres.
 Otras dos Compañias se formaron de 50 hombres cada una, y la terzera de 69 hombres.
 Los q.e se hallan ausentes ò en las balsas q.e baxaron por orden de V.a Excelencia, ò en los yerbales lexanos, ò en la Estanzia son — 107 hombres.
 Los invalidos ò por enfermedad ò por la edad q.e passa de 60 años, ò no llega à 18 años son por todos — — — — — 108 hombres.
                   484.

Del agregado Pueblo de San Lorenzo.

Se hallaron presentes Capazes de llevar armas y se repartieron como los Marianos en sus Compañias. — — — — — 177 hombres.
Se hallan ausentes en los yerbales &.c — — — — — — 13 hombres.
Transmigraron yà al Pueblo de San Lorenzo — — — — 63 hombres.
De Invalidos ay — — — — — — — — — — — — — 62 hombres.
                   315.

 Pero debemos confessar Señor Ex.mo, que estando para armar à toda esta gente, nos van sacando gemidos los alborotos passados, en q.e casi no quedó arma en ser: bocas de fuego se hallaron solas 6 muy maltratadas, y una del Pueblo de San Lorenzo.
 Iten unas poquíssimas, y malas lanzas. De polvora se halló algo mas de una arroba. Se van agora luego fabricando armas con la prissa possible:

Figura 3: Reseña del Pueblo de Santa Maria la Mayor informando la cantidad de armas y soldados disponibles para actuar en caso de llamada. Fue redactada en guaraní y español y al final firman los cabildantes. Datada el 8 de abril de 1761. Fuente: MM, Colección de documentos en idioma Guaraní correspondientes a los Cabildos indígenas (1758 al 1785).

En esa ocasión, los indios adoptaron una postura diametralmente opuesta a la anterior, ahora pautada en la colaboración irrestricta, pues probablemente estaban interesados en garantizar una relación positiva con las autoridades coloniales, evitando enfrentamientos de cualquier naturaleza. Las reseñas también permiten evaluar la destreza y la familiaridad de los guaraníes letrados en la elaboración de textos volcados para el mundo exterior, sea a través de la manera como organizaban las informaciones, dedicando énfasis a la contabilidad del número de soldados, o respondiendo de manera objetiva y puntual, en forma de un texto, a las órdenes recibidas. Por cierto, entre los guaraníes letrados de una reducción, los secretarios en ejercicio de su oficio, estaban sujetos a una convivencia más próxima con los instrumentos de la escritura. En ciertas ocasiones aprovechaban la ruptura de la rutina, como en los viajes acompañando a la milícia misionera, y redactaban diarios con sus impresiones respecto a lo que estaban presenciando. En algunas ocasiones de movilización bélica fue posible para algunos *quatiapohara* dar impulso a sus ímpetus letrados. Los episodios transcurridos durante el período de desplazamiento de tropas servían de pretexto para la búsqueda del registro en el papel.

Las facilidades inherentes al desempeño de las funciones notariales, como la atención en elaborar relatos precisos, comprueban el cuidado en evitar cualquier confusión en la datación de los acontecimientos. La explícita preocupación por la exacta cronología de los hechos, presente en el texto elaborado por Francisco Arazaye (probablemente secretario de la reducción de San Luis), confirma esta afirmación. La notación precisa de las fechas configura un indicio de la formación de un escribano. Pues, al final del texto, registró: "Esto es lo que paso el día 13 de Noviembre. Yo lo escribí a 18 de Noviembre de 1754. Francisco Arazaye".[40] La intensificación de las negociaciones confería a cada encuentro nuevas perspectivas. A lo que todo indica, los momentos excepcionales fueron evaluados como dignos de audiencias más amplias e incluso distantes.

Escribir una crónica o un relato era un modo de partiicpar, de actuar en los asuntos más candentes. El rigor o énfasis dedicado a un

---

[40] "Célebre audiência que dio el general Freyre â los cabos principales de los indios", relato de P. Escandón [3] 8-XI-1755 (AHN, Sección. Clero-Jesuitas. Legajo 120, Cajá 2, Doc 54, Folio 129).

determinado tema podría servir de indicio de la condición sociocultural del redactor. Fue el caso de Primo Ybarenda, entonces servidor en la reducción de San Miguel, y futuro secretario. En septiembre de 1753 reseñó algunos hechos en tono de indagación y los remitió al gobernador de Buenos Aires, José de Andonaegui. La carta, al contrario de lo que se podría imaginar, no fue escrita para manifestar contrariedad a las ordenes de transmigración sino informar de la perplejidad de una parcela de la población ante el *impasse* que estaban enfrentando.[41]

Fue, justamente, en los períodos de mayor proximidad o incluso contacto con los funcionarios encargados de la demarcación, que algunos guaraníes sobrepasaron los usos tradicionalmente reservados a la escritura en las reducciones. Ocasiones en que mantuvieron una relación más personal con el texto, principalmente para establecer un relato, una memoria indígena de los momentos atípicos verificados durante la ejecución de los trabajos demarcatorios. Las cartas, cuyos mensajes estaban centrados principalmente en la comunicación oficial, fueron la modalidad básica para la redacción de textos destinados a registrar experiencias tanto de carácter personal como colectivo.

El relato de Nerenda: escritura y memoria indígena

En efecto, casi sin excepciones, la escritura personal está marcada por las experiencias, a veces traumáticas, sobre todo aquellas relacionadas con situaciones de cautiverio, amenazas o persecuciones. Las situaciones inusitadas rompían con la rutina de la vida en la reducción, actuando como estímulo para la elaboración de un registro de la supervivencia del narrador. Ese fue el caso de Chrisanto Nerenda, *mayordomo* en la reducción de San Luis Gonzaga. Fue capturado en 1754 por los portugueses en las proximidades del río Pardo, y después de pasar algunos meses en cautiverio, cuando obtuvo la libertad, regresó a San Luis. En esa ocasión redactó un extenso relato, en lengua guaraní, narrando los episodios que había presenciado. Este texto corresponde al momento de su llegada al fortín lusitano –acompañado por media centena de compañeros– en las

---

41 AGI, Audiencia de Buenos Aires. Legajo 42. Traducción de la carta de Primo Ybarenda.

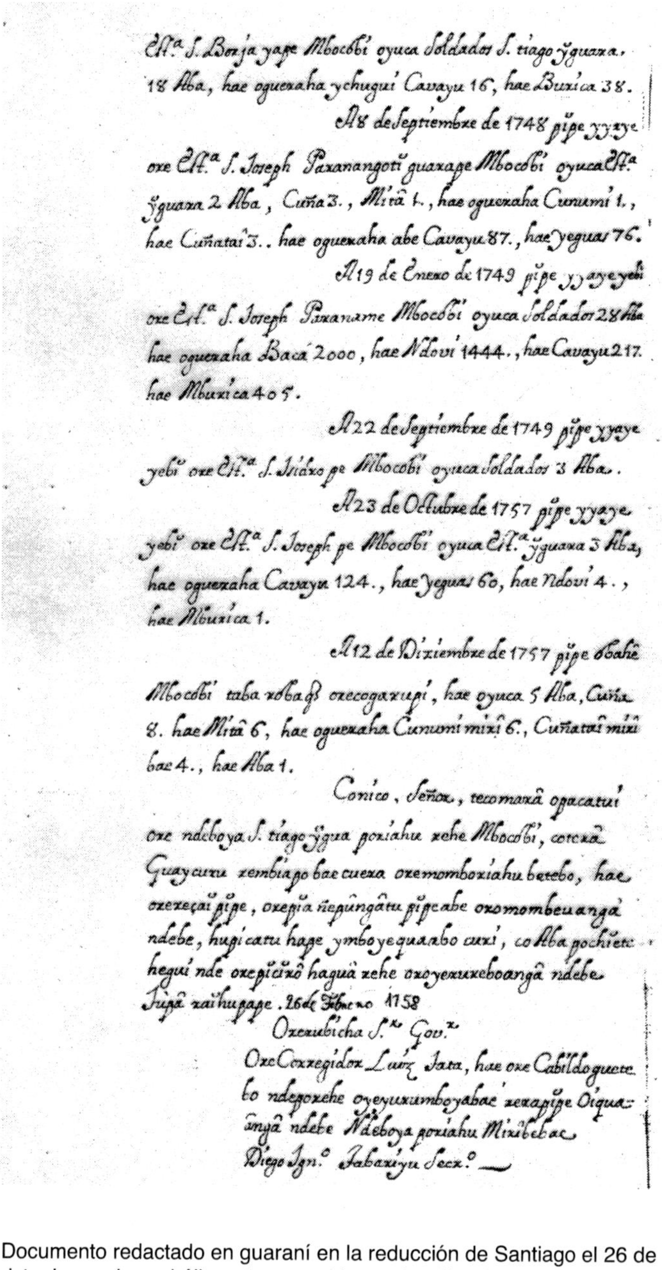

Ctt.a S. Borja yape Mbocobi oyuca Soldados S. tiago ŷguara,
18 Aba, hae oguezaha ychuguí Cavayu 16, hae Buxica 38.
A 8 de Septiembre de 1748 pipe yyzye
oxe Ctt.a S. Joseph Paxanangotĭ guaxape Mbocobi oyuca Ctt.a
ŷguaxa 2 Aba, Cuña 3., Mitã 1., hae oguexaha Cunumi 1.,
hae Cuñatai 3.. hae oguexaha abe Cavayu 87., hae yeguas 76.
A 19 de Enexo de 1749 pipe yyayeyebi
oxe Ctt.a S. Joseph Paxaname Mbocobi oyuca Soldados 28 Aba
hae oguexaha Baca 2000, hae Ndovi 1444., hae Cavayu 217.
hae Mbuxica 405.
A 22 de Septiembre de 1749 pipe yyaye
yebi oxe Ctt.a S. Isidro pe Mbocobi oyuca Soldados 3 Aba.
A 23 de Octubre de 1757 pipe yyaye
yebi oxe Ctt.a S. Joseph pe Mbocobi oyuca Ctt.a ŷguaxa 3 Aba,
hae oguexaha Cavayu 124., hae yeguas 60, hae Ndovi 4.,
hae Mbuxica 1.
A 12 de Dixiembre de 1757 pipe obahê
Mbocobi taba xobaĝ oxecogaxupi, hae oyuca 5 Aba, Cuña
8. hae Mitã 6, hae oguexaha Cunumi mixî 6., Cuñatai mixî
bae 4., hae Aba 1.
Conico, Señor, tecomaxã opacatuí
oxe ndeboya S. tiago ŷgua poxiahu xehe Mbocobi, coteĩã
Guaycuru xembiapo bae cuexa oxemomboxiahu betebo, hae
oxexeçai pipe, oxepia ñepũngâtu pipeabe oxomombeuangã
ndebe, hupicatu hape ymboyeguaabo cuxi, co Aba pochietc
hegui nde oxepiciĩxõ haguã xehe oxoyexuxeboangã ndebe
Tupã xaihupape. 26 de Febrero 1758
Oxexubicha S.r Gov.r
Oxe Coxregidox Luis Jaxa, hae oxe Cabildo guete
bo ndepoxehe oyeyuxumboyabae xexapipe Oiqua-
angã ndebe Ndeboya poxiahu Mixibebae
Diego Ign.o Tabaxiyu Secx.o

Figura 4: Documento redactado en guaraní en la reducción de Santiago el 26 de febrero de 1758. Registra las acciones bélicas, transcurridas en las décadas anteriores, en las que participó la población de esa reducción. Se trata de una relación capitular o reseña de servicios prestados que contiene información sobre el número de soldados, armas y montería utilizados en esas ocasiones. Firmada por Diego Ignacio Tabariyu. Fuente: MM, Colección de documentos en idioma Guaraní correspondientes a los Cabildos indígenas (1758 al 1785).

márgenes del río Jacuí, hasta el retorno a su reducción de origen.[42] Tal narrativa se configura en el texto indígena que mejor sintetizó el extrañamiento misionero en relación al mundo extra-reduccional, especialmente la conducta de los portugueses.

A través del texto de Nerenda sabemos que pasó por situaciones de extrema adversidad, además de amenazas y privaciones. Durante aproximadamente dos meses, entre el inicio de mayo y hasta mediados de julio de 1754, el administrador de la reducción de San Luis, fue sometido a varias presiones y conoció personalmente a Gomes Freire. En más de una ocasión fue interrogado sobre el *modus vivendi* de los jesuitas, sin jamás sucumbir a las amenazas recibidas. Ese guaraní letrado, de aproximadamente 40 años, fue uno de los 14 sobrevivientes a los que Freire concedió libertad, después de una prolongada permanencia, en la villa de Rio Grande.

Durante el período de conflicto el relato elaborado por Nerenda llegó a alcanzar gran repercusión en el ámbito misionero, a juzgar por las informaciones históricas sobre la circulación del texto. En 1758, el exprovincial del Paraguay, Manuel Querini, al elaborar un manuscrito compilatorio de los principales episodios relacionados con el Tratado de Madrid, calificó a Nerenda como "indio historiador".[43]

El propio Querini confirmó que Nerenda "*fue uno de los cincuenta y tres indios bien capaz de San Luis en una relacion que escrivio vuelto a su Pueblo, en que a su modo les cuenta a sus paisanos todo el suceso*".[44] En base a esta información se puede inferir que ese guaraní actuó motivado por el deseo de trasmitir a los otros sus experiencias extrareduccionales y procuró, a través de la escritura –en este caso una memoria personal–, narrar los acontecimientos que vivenció durante su período de cautiverio.

---

42 "Relación de lo que succedio a 53 Indios del Uruguay, cuando acometieron por 2o con otros muchos el fuerte de los Portugueses del Rio Pardo, escribio un Indio Luisista que fue uno de estos 53 llamado Chrisanto, de edad como de 40 años, Indio Capax y mayordomo del pueblo, traduxo lo un misionero de la Lengua Guarani en castellano, año 1755" (AHN, Sección Clero-Jesuítas, Legajo 120).
43 Sobre el tratado con Portugal. P. Manuel Quirino (RAH 9-11-5-151; Sig 9/2279. Mss. p.184v).
44 Ídem: 183.

En medio de la expresiva producción de cartas oficiales, con eminente carácter político-administrativo, y de comunicación personal, a través de billetes, algunos guaraníes se aventuraron en una escritura con características de un relato personal y, posiblemente, en un registro de "memoria social". Fue, justamente, el hecho de que los contenidos de la *Relación de lo que sucedió a 53 Indios del Uruguay* estuvieran de acuerdo con la óptica defendida por los jesuitas, o sea, la defensa del modo de vida cristiano, lo que probablemente determinó la traducción y conservación del texto en la época.

Con todo, Nerenda recorrió la escritura para registrar su posición personal, en este caso, el extrañamiento/extrañeza en relación con el modo de vida de los portugueses. De esta forma, manifestaba su adhesión al proyecto misional –y no el tradicional repudio a los trabajos de transmigración, expresado en otros escritos indígenas del mismo período. Inclusive, por el hecho de que era congregante, el relato de Nerenda expresa una inquietud de un individuo devoto. Es decir que formaba parte de la elite reclutada por mérito religioso e, igualmente, ocupaba un cargo ligado al cabildo por su aptitud letrada (administrador de estancia).

Entre los escritos personales, figuran textos que fueron motivados por el deseo de formular testimonios y así manifestar opiniones que pudieran alcanzar otras plateas. Por cierto, Nerenda escribió movido por la expectativa de ser leído por otros, por el ejercicio de su oficio, cuando orientó su habilidad hacia la elaboración de un texto con características de memoria personal. El ejercicio de la escritura de manera frecuente favoreció el desenvolvimiento de otras formas textuales, documentos que funcionan como soportes para recordaciones, depositarios de recuerdos. Antonio Castillo, al comentar las motivaciones presentes en el acto de escribir, destaca el hecho de que tal ejercicio no siempre corresponde exclusivamente al aprecio individual, pues a pesar de conformar "[...] el espacio escrito cuna de la intimidad (*privacy*), pero igualmente explicitan la conciencia histórica del sujeto, su postura ante los aconteceres externos y el lugar de éstos en el orden de la memoria personal".[45]

En ese sentido, la escritura, en algunos episodios, fue depositaria de alteridades generadas ante experiencias singulares. Por su contenido, la relación de Nerenda presenta elementos que la aproximan a una memo-

---

45 Castillo Gómez (1998: 354).

ria colectiva, pues es una forma de escritura personal más centrada en el exterior. Según, James Amelang, la característica de narrativas de esta naturaleza es que su *"mirada se dirige hacia fuera, no hacia dentro"*.[46]

La escritura personal, entre otros textos producidos en las reducciones, permite afirmar que la memoria social fue relevante en la cotidianeidad misionera y en los rumbos de la vida en reducción. Al final los guaraníes vivieron momentos excepcionales, lo que justificaba el interés en preservarlos, para no ser relegados al olvido. En cierto sentido, escribir había asumido entre la elite misionera, y aún entre los indios letrados, la condición de un testimonio que imaginaban no sería superado fácilmente. Otros indígenas, por su condición de líderes, igualmente recurrieron a la escritura para acreditar que a través de ese procedimiento podrían interferir en el rumbo de los acontecimientos.

La escritura indígena después de los jesuitas[47]

Con el final de la administración de los jesuitas, en 1767, delante de la expulsión de la Compañía de Jesús de los dominios hispánicos, por orden de Carlos III, de modo general, la historia de las misiones fue tratada como decadencia general, sobre todo cuando se la contrapone a la época anterior, motivo por el cual los investigadores consideraban esa etapa sin ningún atractivo para la interpretación histórica. Todavía, tal momento fue caracterizado como el fin del aislamiento político de las reducciones, lo que proporcionaba a los guaraníes nuevas posibilidades deinserción y de interacción con la sociedad colonial hipano-americana.

Por lo tanto, tal período histórico estuvo caracterizado por contactos y negociaciones entre los indígenas y las autoridades coloniales y que de manera alguna corresponde al estereotipo atribuido y difundido por la historiografía tradicional, como de indiferencia por parte de los guaraníes a los nuevos acontecimientos.

---

46 Amelang (2003: 17-18).
47 Con respecto a los documentos escritos por los guaraníes en ese período, Melià emitió la siguiente apreciación: "[...] tal vez el grupo de escritos más cusioso y revelador es el que se produjo con motivo del extrañamiento de los jesuitas, en los que los mismos Guaraníes opinan y enjuician de modo directo o indirecto aquel tiempo histórico" (1999: 56).

La documentación consultada indica que, una vez cerrado el período del conflicto, una parte de los indígenas que integraban los cabildos misioneros pasaron a responder por escrito las ordenes o las consultas recibidas del gobernador de Buenos Aires. Este hecho es nuevo en las rutinas misioneras y, posiblemente, contribuyó a estrechar las relaciones entre las autoridades coloniales y la elite indígena.[48] Los motivos que presidieron la decisión de los guaraníes en responder por carta directamente a las ordenes recibidas, sin cualquier mediación, sugieren que una mudanza de relacionamiento ya estaba en curso, consolidando la emancipación política indígena, o mejor, la imposibilidad de los jesuitas de volver a ejercer los mismos mecanismos de control vigentes por más de un siglo. Los líderes indígenas parecen comprender algunos aspectos de las mudanzas introducidas en los "lugares de poder", desde el Tratado de Madrid. En este sentido, la escritura comienza a asumir una función protocolar, señalando la nueva manera por la cual sería establecida la relación de comunicación con la administración colonial, después de la expulsión de los jesuitas.

La administración civil de las reducciones fue orientada por un conjunto de reglas expedidas por Bucareli, en 1768, y conocidas como *"Instrucciones a que se deberán los gobernadores interinos que dejó nombrados en los pueblos de indios guaraníes del Uruguay y Paraná, no habiendo disposición contrária de S.M"*.[49] Entre tales medidas, una proclamaba el aprendizaje del castellano. El idioma del colonizador debería pautar cualquier modalidad de comunicación, siendo una condición *sine qua non* para la nueva administración de las reducciones.

De hecho, *mutatis mutandis*, a pesar del recelo del gobernador Bucareli con respecto a una oposición indígena, solamente la reducción de San Luis recorrió la comunicación epistolar.[50] En el mensaje, presentaba un razonamiento sobre los servicios prestados y solicitaban la permanencia de los misioneros ignacianos. Al final, la carta estaba firmada por *"tus pobres hijos, el pueblo todo y el cabildo"* de San Luis, el 28 de febrero de 1768.

---

48 Me refiero a los documentos escritos en los cabildos misioneros como respuesta a las consultas realizadas por el gobernador de Buenos Aires en el período posteior al término de la administración de los jesuitas (MM 14/8/18).
49 Brabo (1872: 193).
50 Según Aurélio Porto, ellos habían enviado "uma representação, em termos respeitosos, mostrando a injustiça desse acto, pois estavam acostumados a ser dirigidos pelos jesuítas, os únicos Padres que haviam conhecido e respeitado" (Porto 1954: 250).

Por cierto, las manifestaciones letradas de la elite misionera no estuvieron restringidas únicamente a esta carta. Tanto Bucareli como Zavala recibieron otras correspondencias. La reacción indígena a los cambios en curso en la región indica la aceptación a la nueva orden político-administrativa. Ese es el caso de la carta enviada por el secretario Juan Antonio Curigua, datada el 4 marzo de 1768, saludando al nuevo gobernador.[51]

Sin embargo, la intensidad con que los guaraníes recurrieron a la escritura puede trasmitir una idea equivocada, inclusive contradictoria, en cuanto a la cantidad de individuos habilitados a escribir. El hecho de escribir con cierta frecuencia, en ese período, no implicaba necesariamente un mayor número de sujetos habilitados en la práctica de la escritura. Según Harald Thun, después de la expulsión de los jesuitas, hubo *"una liberación de la escriptualidad entre los indígenas alfabetizados"*.[52] No obstante, debo advertir que si por un lado el cambio de administración de las reducciones pudo permitir a los guaraníes letrados usufructuar con mayor libertad, sin trabas, el ejercicio de su competencia alfabética, por otro lado ese cambio no vino acompañado de una diseminación social de la habilidad gráfica. Igualmente, la escritura practicada en las reducciones, gradualmente, dejaba de reflejar un cierto consenso entre la población misionera, pasando a expresar los intereses de una elite relacionada a los lugares de poder.

Con el inicio de la administración civil en las reducciones, el acceso a los cargos determinó enfrentamientos abiertos entre los miembros de la elite, particularmente entre los caciques y el grupo identificado con las actividades capitulares (corregidores y cabildantes).[53] Los primeros poseían el mando militar bajo las parcialidades que lideraban (*mboyas*), un resquicio de su antiguo poder y prestigio. Los segundos constituían el grupo conocido como "mandarines", integrado por los corregidores,

---

51 Apesar de firmar individualmente, el secretario manifiesta una opinión que, según el contenido de su misiva, es de toda la coletividad. El secretario incluso menciona el deseo general de toda la poplación de conocer personalmente al nuevo gobernador em una probable actitud de adulación a la nueva autoridad (Juan Antonio Curiguá al Señor Gobernador Don Francisco Bucareli, 4 marzo de 1768. AGN/BA, Sala IX, Legajo 6-10-7).
52 Thun (2003: 15).
53 Para una descripción de los problemas y tensiones oacionados por el desequilibrio y desintegración social en las misiones después de la expulsión de los jesuitas ver Wilde 2001, también 2009.

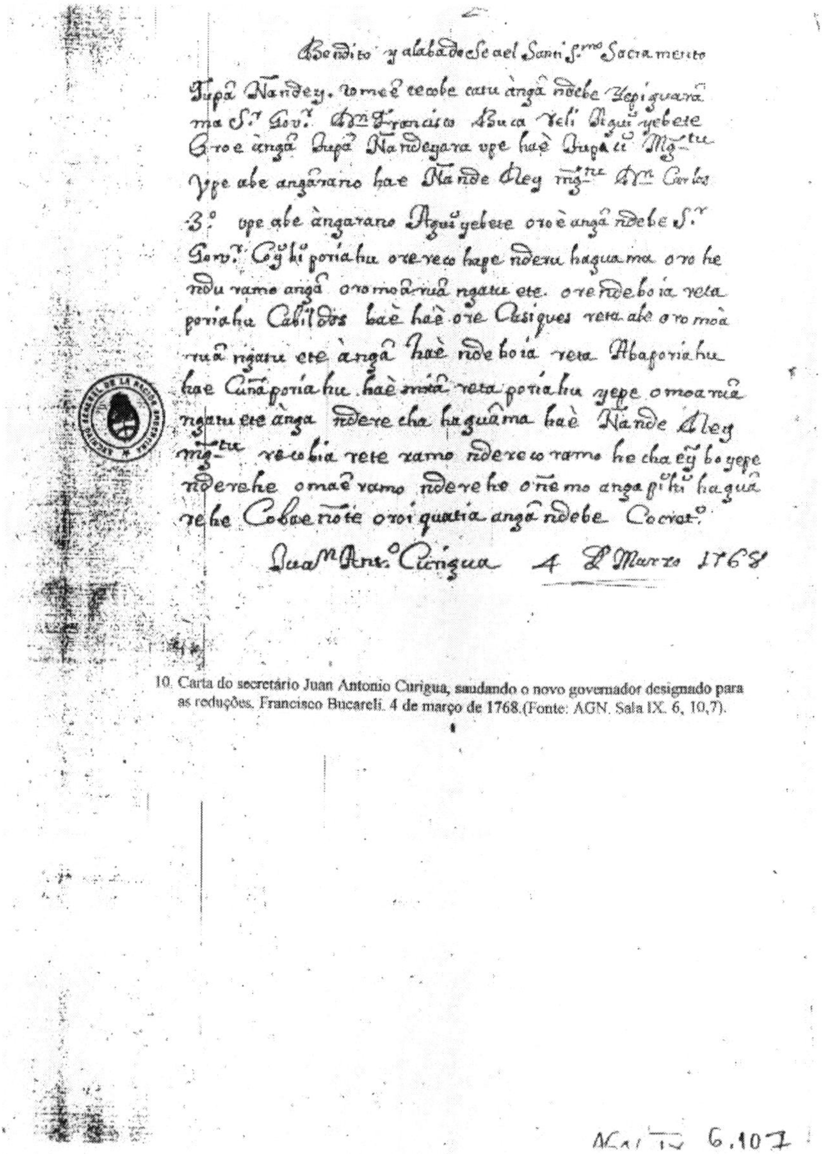

Bendito y alabado sea el Santi.mo Sacramento

Tupã Ñandey. tomeẽ tecobe catu ãngã ndebe Yepiguarã
ma S.r Gov.r D.n Francisco Buca Reli Aguiyebete
oroe ãngã Tupã Ñandeyara upe haè Tupã ci M.gtte
Ype abe angãrano hae Ñande Rey m.gtte D.n Carlos
3.o upe abe ãngarano Aguiyebete oroè ãngã ndebe S.r
Gov.r Cacique poriahu oreveco hape ndera haguama oro he
ndu ramo ãngã oromoãruã ngatu ete. orendeboia reta
poriahu Cabildos haè haè ore Casiques reta abe oro moã
ruã ngatu ete ãngã haè ndeboia reta Abapoiahu
hae Cuñã poriahu haè mitã reta poriahu yepe omoãruã
ngatu ete ãnga ndere cha haguãma haè Ñande Rey
m.gtte recobia rete ramo ndereco ramo he cha ẽỹ boyepe
nderehe omaẽ ramo nderehe oñemo anga pihi haguã
rehe Cobae note oroi quatia angã ndebe Corat.o

Juan Ant.o Curigua 4 de Marzo 1768

10. Carta do secretário Juan Antonio Curigua, saudando o novo governador designado para as reduções. Francisco Bucareli. 4 de março de 1768.(Fonte: AGN. Sala IX. 6, 10,7).

AGN IX 6.10.7

Figura 5: Carta de Juan Antonio Curigua al gobernador Francisco Bucareli, escrita después de la expulsión de los jesuitas. Escrita en guaraní y firmada por un secretario de cabildo (4 de marzo de 1768). Fuente: AGN/BA, Sala IX, 6,10,7.

cabildantes, fiscales, oficiales y otros indígenas que disfrutaban de alguna forma de poder y de ventajas relativas. Esos indígenas fueron la base de apoyo para la nueva administración introducida por Bucareli.[54]

Sin duda, a partir de estos episodios, la escritura indígena ya estaba liberada de los controles y de la vigilancia otrora ejercida por los jesuitas. Así esta pasó a desempeñar la función de testimonio de una época, permitiendo identificar las conductas y las propias desigualdades gráficas presentes en esa sociedad. A partir de la autonomía letrada los guaraníes procuraban interlocución directa con las principales autoridades encargadas de aplicar las nuevas medidas administrativas para la región. En fin, tales documentos revelan intenciones subyacentes a un juego político, y permiten la comprensión de las transformaciones en curso. La comunicación escrita, en este período, pasó a atender a intereses diversos siendo uno de los indicadores de esos cambios.

Concluyendo

El análisis de la documentación mencionada señala que hubo diferentes usos de la escritura indígena en las reducciones y que el hábito de escribir entre los guaraníes letrados fue una actividad bastante más difundida de lo que las evidencias directas indican.

El *corpus* documental indica que los momentos de crisis, de tensión o indefinición también fueron aquellos en los que se verifica una mayor incidencia d ela práctica de la escritura por los guaraníes. Las motivaciones que presidían la decisión de algunos indígenas de recurrir al papel están, en muchos casos, relacionadas con la proximidad o el contacto con los portugueses. La escritura, en algunos momentos, fue la depositaria de alteridades generadas ante las experiencias singulares.

Durante el período de conflicto en las reducciones, la comunicación escrita fue muy valorizada por los líderes guaraníes, revelando cómo tomó cuenta de las relaciones establecidas por los indios letrados con sus interlocutores, fuesen compañeros de reducción, demarcadores de límites o cualquier otra autoridad. Ciertamente, en otras situaciones excepcio-

---

54 Maeder (1992: 72).

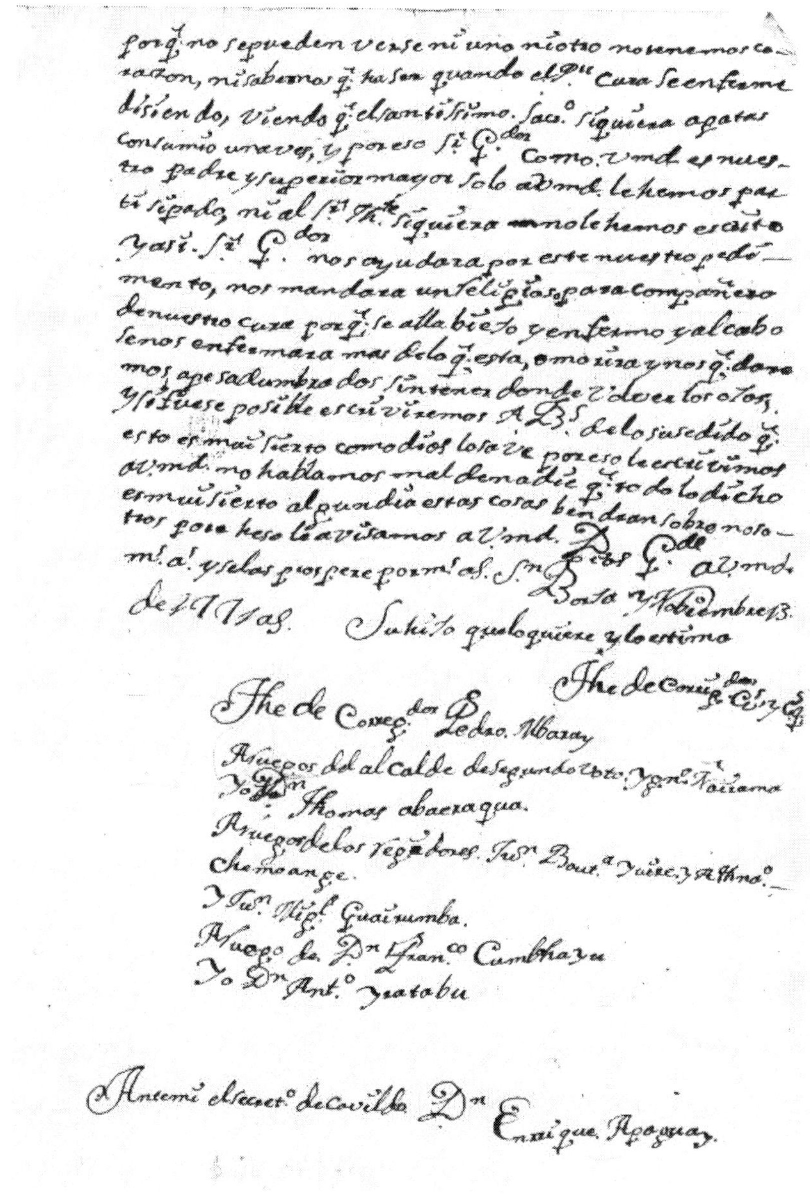

RAZÓN GRÁFICA Y ESCRITURA INDÍGENA EN LAS REDUCCIONES GUARANÍTICAS

Figura 6: última página de una carta escrita en español por los integrantes del Cabildo de San Borja, con reclamos al Gobernador Francisco Bruno de Zavalla. Datada el 13 de noviembre de 1771. Firmada por los cabildantes y el secretario. Fuente: AGN/BA, Sala IX, 22.2.7.

les, los guaraníes también sintieron la necesidad de colocar en el papel sus inquietudes, siempre que las circunstancias se lo permitían y, así, formar un testimonio de algunas efemérides.

De hecho, la comunicación *in scriptis* mantenía a los principales líderes informados de los acontecimientos recientes, pero también cumplía la función de vehicular una versión indígena ante los rumores que circulaban en la región implicada por el Tratado de Madrid. La elite letrada indígena utilizó la escritura tanto para trasmitir informaciones, como para establecer negociaciones, además de procurar hacer de sus experiencias un ejemplo para los demás.

"CIENCIAS" DE LA CONVERSIÓN

LA EXPERIENCIA DE LA MISIÓN Y EL MAPA EUROPEO DE LOS SABERES SOBRE EL MUNDO EN EL RENACIMIENTO: ANTONIO POSSEVINO Y JOSÉ DE ACOSTA*

Antonella Romano

La Misión o la heterología como experiencia de terreno[1]

La experiencia misional en el Renacimiento constituye uno de los lugares paradigmáticos de la confrontación entre el antiguo y el nuevo mundo, y del cuestionamiento del modelo tradicional de los saberes heredado de la Edad Media en Europa. El desarrollo de las "Historias naturales y morales" que dicha experiencia impulsó –no de modo exclusivo, pero de manera suficientemente sistemática como para que pudiera construirse un objeto de estudio en la larga duración– puede considerarse co-

---

* Traducción del francés: Ana Couchonnal.
[1] Sobre el concepto de heterología ver *Historia y Psicoanálisis*, de Michel de Certeau: "En formas que no viene al caso enumerar aquí, por estar fuera de lugar y de nuestro interés, la historia implica una relación *el otro*, en tanto que éste es *lo ausente*, pero un ausente particular, aquel que ha pasado, como dice la lengua popular. Cuál es, entonces, el estatuto de ese discurso que se constituye al hablar de su otro? ¿Cómo funcionar esa *heterología* que es la historia, *logos* del otro? [...] El discurso histórico moderno, así como el discurso etnológico, parece partir de un postulado inverso. Hace de la diferencia misma su objeto. Al inicio, está la separación (recibida como algo dado) mediante la cual una sociedad se define al distinguirse de su otro, el pasado. La historiografía se ve afectada en su deber de investigar las regiones, externas a la circunscripción de un presente. Está presupuesta a ´esos huéspedes extranjeros (*fremden Gäste*) a quienes quiere colocar en orden y honrar`. Pero en esta avanzada hacia ´el otro país` o en la fabricación de la escritura que ella consagra, como un cementerio a los desaparecidos, ¿cómo procede, de hecho, la historiografía? Pues la misión social que le asigna el más allá (el por acá) del presente tiene, precisamente, como objetivo traer al otro al campo de una comprensión presente y, en consecuencia, eliminar la alteridad que parecía ser el postulado de la misión. Lo otro no sería la condición de posibilidad, mantenida externa, del discurso filosófico, sino lo contrario: transformado en objeto, el elemento que el discurso histórico transforma en significantes y reduce a algo inteligible para eliminar este peligro." (Certeau 2007: 117).

mo el terreno de esta confrontación; también como el lugar privilegiado de la negociación de las contradicciones posibles entre el mundo Nuevo y el Antiguo, entre la naturaleza y el hombre, entre la historia natural (basada en la filosofía natural) y la historia moral (basada en el estudio de las costumbres). Es en este sentido que el estudio sobre el influyente José de Acosta ha contribuido, a lo largo de toda la época moderna, a imponer su obra como el breviario del antropólogo *avant la lettre*.[2]

En la perspectiva de una contribución a la misión jesuita, dicha obra me interesa como referencia de una experiencia de América y su integración en la nueva cartografía europea de los saberes, elaborada por la Compañía de Jesús, principalmente a través de la apertura de una cantera, la *Ratio Studiorum*.[3] Quisiera interrogar el reconocimiento que hace Europa de la misión como lugar posible de producción de estos saberes y fuente eventual de una nueva relación con el mundo. Como caja de resonancia de una operación parecida, tomaré una obra contemporánea a la de Acosta, la *Bibliotheca selecta* de Antonio Possevino.

No se trata solamente de situar las redes misionales en un plan comparable al de las redes administrativas o mercantiles, según una problematización reciente en la que la historia de las ciencias y la cuestión de la circulación de los saberes han sido objeto de atención,[4] sino también de volver a la cuestión de la escritura de la historia y de la heterología como horizonte del análisis.[5] De manera más general, quisiera situar mi contribución en el marco de una historia de las ciencias en plena renovación, con respecto a la cual cabe señalar varias orientaciones que contribuyen a la reformulación de la agenda. Una de ellas posibilita considerar el largo proceso por el cual historia natural y moral terminaron produciendo una disyunción entre una historia natural, enraizada en las ciencias de la naturaleza, y una historia del hombre, matriz de las futuras ciencias del hombre. A partir de finales del siglo XVIII, tal disyunción implicó no solamente la descalificación del género de las historias naturales y morales, sino que orientó profunda y duraderamente la historia de las ciencias, también en

---

2 Si la expresión fue utilizada por Claude Lévi-Strauss, a propósito de Jean de Léry, en *Tristes tropiques*, se debe señalar que en la abundante producción consagrada a Acosta, un acercamiento tal ha estado a menudo ausente. Ver principalmente Del Pino Díaz (1978, 1992).
3 Sobre este punto, me permito remitir a Romano (2008).
4 Para una síntesis bibliográfica, Romano (en prensa).
5 Ver la primera nota de este artículo.

proceso de constitución, hacia la vertiente de las ciencias de la naturaleza y de su núcleo duro, las ciencias físico-matemáticas.[6]

Aún cuando la cuestión es banal en el presente, conviene en primer lugar, recordar la discusión profunda, ver el abandono definitivo del paradigma de la "revolución científica" para designar las modalidades de emergencia de la ciencia moderna.[7] Es sin duda esto lo que contribuyó con mayor fuerza a trazar rígidas fronteras entre los diferentes campos del saber, y a establecer entre ellos una jerarquía fundada sobre un doble criterio de racionalidad y modernidad, pensado retrospectivamente de manera ahistórica y desespacializada. La crítica de este paradigma invita a reflexionar sobre el abandono de una perspectiva disciplinaria (historia de las matemáticas, antes que de la botánica o la medicina) en la que las configuraciones de saber estabilizadas, poco propicias a la comprensión de la primera modernidad, estaban predispuestas en el altar de la historia, en provecho de un acercamiento en términos de posturas (intelectuales, materiales, sociológicas) tomadas de una misma búsqueda metodológica (observación/experiencia/duplicación) y de prácticas sociales que desplazaban los lugares de su producción de las instituciones e invitaban a una espacialización precisa de las problemáticas y a un pensamiento de las escalas que contribuyen a la constitución de los objetos.[8]

Una tercera dimensión de la renovación está vinculada al cuestionamiento de los paradigmas eurocéntricos que acompañaron la escritura de la historia de las ciencias hasta recientemente. Tal cuestionamiento abrió la vía a la transposición de los horizontes cercanos y lejanos de las prácticas de saber, devolviendo a los estudios centrados en las ciencias de terreno toda su actualidad, a los saberes indígenas toda su importancia, a los actores locales toda su centralidad y a las redes toda su eficacia.[9]

---

6 Sobre la ciencia del hombre, sigue siendo de gran utilidad Moravia 1970. Sobre el giro de finales del siglo XVIII, Galison y Stump 1996; Golinski 1998.
7 Sobre esta cuestión, ver Lindberg y Westman 1990; Shapin 1996; Osler 2000.
8 Sobre esta cuestión es central el artículo de Jacques Revel « Microanalyse et construction du social » (Revel 1996).
9 Ver principalmente Kuklick y Kohler 1996. Desde una perspectiva tal que permitió en los últimos años abarcar las redes mercantiles o administrativas como uno de los laboratorios de estos procesos, ver Schiebinger y Swan 2003; Cook 2007; Portuondo 2009. De manera inversa, tal perspectiva permite a la historia de la misión salir de su *ghetto* hagiográfico y confesional. Sobre el estudio de las redes misionales y de su producción ver *Archivum Historicum Societatis Iesu* LXXIV (2005, special issue *The Jesuits and Cultural Intermediacy in Early Modern World*, Diogo Ramada Curto ed.); Vincent y Fabre (2007); Catto et al. 2010.

Es a partir de esta triple renovación de la historia de las ciencias que me parece posible retornar sobre la experiencia jesuita, tomada como observatorio legítimo de la historia de las ciencias y los saberes de la época moderna. La grilla de lectura que se propone no será tanto el lugar de elaboración de una antropología o de una etnología *avant la lettre* a través de la experiencia de la misión, según un eje de lectura tradicional[10] –tal como sería el caso de la literatura de viaje[11]– sino, de manera más radical, el laboratorio de la posible toma de configuraciones cambiantes de las articulaciones entre disciplinas en curso de definición, y de las interacciones entre las prácticas y los discursos de los cuales las mismas son, a la vez, el producto y la matriz.[12]

La Compañía de Jesús es tomada aquí como observatorio pertinente de los principales cambios que afectaron a la cultura de la Europa católica a lo largo de la época moderna. Más específicamente, la Compañía es interrogada en lo que atañe a su producción intelectual en lucha con y bajo la influencia del "descubrimiento" del Nuevo Mundo, concomitantemente con su expansión planetaria. Comprometida con un programa intensivo de refundación de los saberes heredados de un aristotelismo desde entonces en crisis –desplegando su actividad entre Europa, Asia, América y África, entre el Perú, el Japón o el espacio germánico, entre Roma, Goa, México, Beijing, Coimbra o Lima–, la Compañía se vio desde su fundación confrontada, tanto en el terreno como en la cultura de gabinete que produjo, a una diversidad del mundo que traspasaba la oposición entre Antiguos y Modernos, común en la Europa de los siglos XVI y XVII. Entre los Mundos Antiguos que la orden, entre otros agentes, se ocupa de "revelar" a la curiosidad de los europeos en búsqueda de horizontes desconocidos o mal conocidos, y los Nuevos Mundos (principalmente americanos) que, también junto a otros actores y al ritmo del desarrollo de la empresa colonial, recorre y disciplina, despliega la vastedad de un espacio y de un tiempo que la invitan a tomar parte en la escritura de la historia de la primera modernidad. Es esta experiencia lo que está en el corazón de la búsqueda, la contribución jesuita al nuevo orden de los

---

10 Sobre los pasos de Claude Lévi-Strauss, « Les trois humanismes » (Lévi-Strauss 1974: 43-50).
11 Hodgen 1971; Rubiès 2000; Duchet 1971.
12 Castelnau et al. 2011.

saberes, que se constituye a lo largo de la época moderna, uno de cuyos postigos, abierto ya hace varios años, refiere a la "misión de saber" ("*misión savante*").[13]

Las comarcas lejanas que fueron el teatro de la experiencia misionera pudieron nutrir el trabajo intelectual de los jesuitas, pensado *ad majorem Dei gloriam*. Sin embargo, entre el Renacimiento y la Ilustración, tanto los jesuitas como otros agentes de la fábrica de los saberes modernos, se hallaban presos entre el "descubrimiento" de una naturaleza y de un hombre nuevo y diferente –desafiante del paradigma cristiano de un mundo creado por Dios–, y la constitución de la ciencia del hombre y la ciencia natural, pensables independientemente de Dios. Es por esto que deseo desarrollar aquí una indagación sobre el género de las "Historias naturales" tal como emerge a partir de la segunda mitad del siglo XVI, prosiguiendo hasta la supresión de la Compañía en 1773, y en adelante, con una última ola de producción de los exiliados jesuitas de América instalados en Europa.[14]

Es principalmente a través de este género que, del Renacimiento a la Ilustración, se puede pensar una naturaleza sin Dios, tomada históricamente –tal como se muestra en *Les époques de la nature*, o, según modalidades diferentes, en la obra de Lineo, que integra el hombre al orden natural, en el rango de los mamíferos –. Esto abre un nuevo horizonte epistemológico donde ni el hombre ni la naturaleza tienen ya necesidad de anclar sus orígenes en las Escrituras y la cronología bíblica. Aunque no podemos extendernos aquí sobre los diferentes elementos de este análisis, quisiera formular la hipótesis de que el compromiso misionero de la Compañía constituyó el núcleo problemático de la confrontación con el surgimiento de una historia natural al fin liberada por Dios, un nudo problemático que quedó al margen del orden jesuita de los saberes, pensado por y desde Europa.

Es por esto que me concentraré aquí sobre una paradoja que ha sido, desde mi punto de vista, escasamente señalada por la historiografía de la misión en particular y de la Compañía en general. A saber, el hecho de que el compromiso misionero, que es contemporáneo y constitutivo de

---

[13] Ver, entre otros, Romano 2005, 2007, 2008a.
[14] Sobre Clavijero ver, entre otros, Gerbi 2000; Ronan 1977; Brading 1991; Cañizares-Esguerra (2001: 234-260); Domínguez 2007.

la creación de la Compañía –lo que invitaría a repensar al "fundador" como a un Jano bifronte con las dos cabezas de Ignacio-y-Xavier antes que bajo la figura única de Ignacio– convoca los saberes naturalistas como uno de los principales fundamentos y una de las principales referencias del trabajo intelectual resultante de la misión, en un momento en el que el orden de las disciplinas construido por el apostolado educador los rechazaba totalmente a través de la elaboración de la *ratio studiorum*. Para decirlo en otros términos, mientras se despliegan simultáneamente las dos caras principales del apostolado jesuita desde su fundación, es decir, la enseñanza y la misión, la puesta en escena del orden de los estudios, que encontrará su formulación definitiva en el texto de la *Ratio Studiorum* (1599), opera por exclusión completa de la historia natural del campo de competencia de la Compañía. Me parece en efecto, que se puede hablar de exclusión desde que el silencio sobre este tema es completo, incluso si no se trata de una exclusión explícita, como es el caso para otros dominios del saber, tales como la medicina o el derecho: "No se tratará, en las universidades de la Compañía, del estudio de la medicina y del derecho, por estar alejados de nuestro instituto; o, al menos, la Compañía no se encargará ella misma".[15]

Explícita o no, la ausencia es aún paradojal si se tiene en cuenta la vasta cantidad de textos jesuitas impresos sobre el tema, comenzando por el que da al género su título de nobleza, la *Historia natural y moral de las Indias* de José de Acosta. Fuera para aprehender los escenarios del "teatro natural" de su trabajo misionero, fuera para satisfacer la demanda de una autoridad política en búsqueda explícita de informaciones para la empresa colonial, o para deleitar a un público europeo cada vez más vasto y curioso, los jesuitas multiplicaron las descripciones de estos espacios y de sus habitantes cuando nada en su formación los preparaba para ello.

Formulemos esta paradoja en otros términos: mientras la constitución de la agenda intelectual de la Compañía se fundaba sobre un diálogo ceñido con los Antiguos « expurgados »[16], mientras su filosofía natural estaba explícitamente definida como "aristotélica", su matemática como "euclidiana" y su retórica como "ciceroniana", no convocaron a Plinio en su denso y fecundo diálogo con los antiguos. ¿A qué tiende esta

---

15 Extraido de [*Constitutions*]: parte IV, cap. 12.
16 Sobre la cuestión de la expurgación ver Fabre 1995.

ausencia? ¿Cómo se instaló en la producción intelectual de la orden? ¿Cómo jugó en la producción de saberes naturales en el seno de la Compañía y más generalmente de la comunidad de saber? Si esta reflexión no pretende necesariamente responder a estas cuestiones, su objetivo es por lo menos, indagar sobre ellas. Me propongo hacerlo poniendo en paralelo dos obras contemporáneas, la *Bibliotheca selecta* de Possevino y la *Histoiria natural y moral* de Acosta; obras seminales, una para la organización de los estudios y la otra para la experiencia misionera.

Dos experiencias espaciales distintas de la empresa misionera, Acosta y Possevino

La generación jesuita de finales del siglo XVI, comprendida entre Clavius y Suárez, pertenece a hombres que pensaron no solamente las estructuras intelectuales de la organización de los estudios en la continuidad de la herencia de las *Constitutiones*, sino que también escribieron los manuales a partir de los cuales se formaron las generaciones sucesivas. Aunque los contactos entre ellos fueran institucionalmente favorecidos por las trayectorias intelectuales centradas en Roma, o la reunión, en Roma, de las grandes congregaciones generales[17], no me parece que se haya producido una síntesis entre la experiencia de Ricci o Acosta o Valignano, y la de sus correligionarios en Europa al momento crucial de la puesta en orden de los saberes y las disciplinas, tal como se pretendía necesario según la escritura de la *Ratio Studiorum*. Aunque los tres autores fueran fundamentales en la producción textual que permitiría a la Compañía –y más allá de ella a los intelectuales europeos de toda la época moderna, filósofos y representantes de la Ilustración incluidos– pensar y actuar su relación a lo que, para comodidad de la reflexión, llamaré las grandes civilizaciones extra europeas, ninguno de los tres estaba activo en los sustanciosos debates sobre la formación intelectual en el seno de la orden, o su compromiso de enseñanza por ejemplo.

---

17 En ocasión de las Congregaciones generales de febrero-abril de 1581 (la cuarta) y de noviembre 1593 - enero 1594 (la quinta), notamos la presencia de Acosta en Roma, y Possevino estaba también allí (Padberg et al. 1994: 716-717).

A mi parecer, hay allí un problema poco señalado por la historiografía, particularmente durante el largo generalato de Claudio Acquaviva: el dilema de los mismos miembros de la Compañía de articular en un conjunto la doble empresa de elaboración de sus cuadros intelectuales y de la misión; incluso la de la enseñanza como apostolado o la de la misión como fuente del apostolado de enseñanza. Al menos, aquellos que fueron a una parte y otra de los océanos invirtieron su energía sobre uno de los dos aspectos únicamente, sobre una de las dos canteras. En este sentido, la obra de Possevino quedó fundamentalmente anclada en el espacio europeo e inscripta en los paradigmas dictados por una cartografía de los saberes fundada sobre el primado de la teología. Al convocarla aquí se moviliza a la vez uno de los principales maestros de la obra de la *Ratio Studiorum*, y en mayor medida, uno de los artífices del programa cultural general de la Compañía[18] en las orillas del siglo XVII, tal como lo atestigua la *Biblioteca selecta*. Por contraste, la obra de Acosta, doblemente enraizada en las orillas europeas y americanas del Atlántico, debió forzar esta cartografía integrando en ella en las primeras filas –después de la teología, pero al lado de la filosofía natural– una historia natural poco familiar a las enseñanzas jesuitas. Más allá de estas opciones radicalmente distintas, sobre las que volveré, es interesante notar que ambas ofrecen perfiles comparables, ligados principalmente a su doble actividad política e intelectual.

Nacido en Mantova en 1533, Possevino llegó a Roma a la edad de 16 años para estudiar, en particular lenguas, entrando al servicio del cardinal de Gonzague como secretario, antes de unirse a la Compañía en 1559. Enviado a Francia para luchar contra la herejía, predica en diferentes ciudades de un reino en guerra (o guerras de religión), y luego, en 1573, se convierte en secretario de Mercuriano. Como delegado especial del papa, es enviado a Suecia para acompañar la conversión de Juan II. Así se convierte en uno de los representantes del papado en las negociaciones para la conversión de Suecia con el título de nuncio y vicario apostólico de Escandinavia, lo que lo hizo encontrarse con el duque de Baviera, el rey de Polonia y el Emperador. Luego, llegó como delegado pontifical junto al zar Ivan IV para negociar la reunión de la iglesia rusa y la iglesia católica (1581). A pesar del fracaso de su misión, volvió a Polonia como nuncio apostólico, desplegando una activa política en defensa del catoli-

---

18 Biondi 1981.

cismo, en particular contra los rutenos (en la actual Ucrania, correspondientes en la época moderna a los Lituanos), y en Transilvania. De regreso a Italia, enseña teología en Padua a inicios de 1590, participando de la política de reconocimiento de Enrique IV, rey de Francia, por los católicos. Activo en la fase final de redacción de la *Ratio Studiorum,* pasó los últimos años de su vida († 1611) en las bibliotecas italianas, trabajando en sus obras, entre las que retendremos, entre otras, la *Bibliotheca Selecta, Moscovia* (Vilna, 1586), *Delle sacrificia della Messa* (Lyons, 1563), *Il soldato cristiano* (Roma, 1569), *Notæ verbi Dei et Apostolicæ Ecclesiæ* (Posen, 1586) y su *Apparatus sacer ad Scripturum veteris et Novi Testamenti* (Venecia, 1603-06), que es una bibliografía de más de 8000 obras que tratan sobre la santa escritura.[19]

En comparación, retendremos de José de Acosta una entrada a la Compañía casi contemporánea a la de Possevino, una formación interna marcada por la frecuentación de los principales lugares de la educación universitaria española (que se identifican tradicionalmente como los espacios de auge de la segunda escolástica),[20] un compromiso misionero precoz combinado con una actividad diplomática de primer plano, principalmente en el marco del Tercer Concilio de Lima (5 de agosto de 1582-18 octubre de 1583). Su doble experiencia peruana y mexicana le dio una cierta autoridad como especialista del mundo americano al momento de su retorno a España a partir de 1587 y su estadía en Roma el año siguiente; al igual que más tarde, entre 1593 y 1594, en ocasión de la quinta congregación general.[21]

Me interesa aquí poner en paralelo las carreras de estos dos hombres de la misma generación. Sus terrenos de compromiso son distintos: el nordeste del continente europeo es al primero lo que la América es al segundo; para los dos, el espacio del análisis y de la acción teológica-política se construyó en una experiencia directa y en u diálogo más o menos cercano y largamente dependiente de las circunstancias políticas, con los dos principales polos del catolicismo, Roma para el primero y Madrid para el segundo. Si los dos se encontraron en Roma, fue en ocasión de la congregación general de 1593, pero no tenemos pruebas directas de ello. Le tocará a algún otro escribir sobre el diálogo imaginario que pudiera

---

19 Entre las contribuciones más recientes sobre Possevino ver Donnelly 2004; Besse 2008.
20 Giacon 1947.
21 Lopetegui 1940.

haber animado alguna de sus jornadas romanas. Ambos historiadores de terreno y gabinete, ambos teólogos, ofrecieron a la Compañía en plena refundación del generalato de Acquaviva,[22] dos sistemas de referencias distintos que rinden cuentas, a su manera, de dos anclajes diferentes en el mundo moderno. De ellos quisiera tratar a partir de aquí.

Todos los saberes del mundo católico, la *Bibliotheca Selecta* de Possevino

Desde el índice de este libro –librería, que espera siempre ser estudiado de modo exhaustivo, se mezclan una arquitectura intelectual y una visión geopolítica de la acción de la Compañía.[23] Está en efecto dividida en 18 libros, editados en dos volúmenes,[24] que se desarrollan en dos tiempos. El primer volumen está centrado en la teología y su enseñanza, según una triple perspectiva:

- Intelectual: sus contenidos, la teología positiva, la teología escolástica y práctica (caso de conciencia), el catecismo, son descritos en los libros segundo, tercero y cuarto,[25] estando el primer libro consagrado a una justificación de la "cultura de los espíritus", que fue objeto de una edición separada anterior al mismo monumento.[26]

- Educativa (la formación de aquellos que deben enseñar se halla en el corazón del quinto libro).[27]

- Geopolítica, donde se despliega el mundo según Possevino. Centrado sobre el *é sur la Caput Mundi*, diseña un espacio cuya continuidad

---

22 Broggio et al. 2007.
23 Sobre las modalidades de constitución de la *Bibliotheca*, ver Balsamo 2001.
24 Me apoyo aquí en la segunda edición de 1603, cuyas modificaciones con respecto a la edición original de 1593, deberían ser estudiadas sistemáticamente (Possevino 1593, 1603).
25 « De ratione studiorum Divinae Scripturae, sive Theologiae Positivae », « De teologia scolastica: ubi de Graecorum et Latinorum methodis ad eadem deque Summa S. Thomae ; de theologia item practica, sive de casibus conscientiae » ; « De teologia catechetica ad domesticos fidei instituendos; Ubi de pueris et de horum scholis; mox de catechismi tradendi ratione; denique de Principum filiis docendis ».
26 De cultura ingeniorum ; quaeve cuique Disciplinae sunt idonea ; Ioannis autem Huartis Examen Ingeniorum expenditur
27 « De militibus etiam sacris eorumque seminariis instituendis; de Clericis; et horum seminariis; de regularibus et horum novitiatibus; de iisque qui munere legationis funguntur, ubi et de episcopis. »

no es otra que la construida por el grado de aproximación con el catolicismo, las iglesias latinas en el capítulo sexto,[28] a las herejías cristianas,[29] finalmente a todos los otros gentiles.[30]

Es recién en el segundo volumen y en seis libros, signo de la jerarquía del dispositivo de los saberes, que se exponen las otras disciplinas: el recorrido se construye desde la filosofía a la retórica, pasando por el derecho, la medicina, las matemáticas, la historia antigua y la poesía. El dispositivo propuesto escande el pasaje de un libro al otro.

> *XII. De philosophia generatim. Mox de Platonica, deinde de Aristotelica, deque eius Interpretibus. Huis autem tractationis quarta haec editio auctiro est reliquis.*
>
> *XIII. De Jurisprudentia, cui, praeter aliquos selectiores nostrae aetatis, elenchus antiquorum Iurisperitorum est additus.*
>
> *XIV. De medicina generatim: mox de Hippocrate Choo; Galeno, et aliis priscis. Addita vero est postremae huic editioni Theorica medicinae eleganti carmi conscipta ab auctoris nepote Antonio, Alexandri F.*
>
> *XV. De Mathematicis, ubi item de Musica, de architectura, de cosmografia, de geografia et de eorum scriptoribus.*
>
> *XVI. De apparatu ad Historiam omnim gentium; in quo expenduntur Historici Graeci, Latini et alii cuiuslibet idiomatis. Quomodo item Romana, et Graeca Historia per seriem temporum sit legenda. Quinam veraces historici, vollabe aliqua aspersi.*
>
> *XVII. De poesi, et pictura ethnica, et fabulosa collata cum vera, honesta et sacra. Catalogus item piorum poetarum, praeter antiquiores ethnicos.*
>
> *XVIII. Cicero collatus cum aliis Ethnicis, sed et cum sacris scriptoribus tum in philosophicis, orationibus, et praeceptis oratoriis, tum in conscribendis epistolis. Qua occasione agitur etiam de arte dicendi ecclesiastica; deque iis qui a secretis principiem cum sint, litteras sribere apposite possint.*[31]

---

28 « De ratione amanter agendi cum Graecis, Rutenis, Moscis, ut in unam Domini ecclesiam unanimes veniant. »
29 Cap. 7 y 8: « De ratione agendi cum haereticis variarum sectarum »; « De Atheismis Lutheri, Melanchtonis, Bezae, Anabaptistarum et aliorum Fidei hostium »), a las otras herejías monoteístas (cap. 9: « De ratione agendi cum Iudaeis, Saracenis, Agarenis, Mahometanis, sive Turcis ».
30 Cap. 10 y 11: « De ratione agendi cum reliquis Gentibus, atque Indis Novi Orbis, Japoniis, Sinensibus, Brasiliis, Peruensibus, Americae et Insularum Philippinarum ». Sobre esta categoría y los matices necesarios que ella implica, ver Rubiés 2011.
31 Possevino (1603: Contenta).

Sin duda, esta es la única obra del período que establece tan netamente el punto entre la empresa misionera (en el sentido de la evangelización) y el proyecto intelectual de la Compañía. En esta empresa, se bosqueja un recorrido en dos tiempos (y dos volúmenes) que arraiga la historia de los hombres en la historia sagrada y justifica así el rol central de los clérigos (primera parte, capítulo cinco) como motor de la historia en tren de ser hecha, como arma de fuego de la lucha contra la herejía en un principio, y de la conquista evangélica posteriormente. Así, la historia es linealmente construida desde Dios a sus descendientes y opositores, en lo que es también una geografía, construida de modo más implícito, al menos en esta primera parte de la obra: el primer libro de la *Bibliotheca selecta* conduce (libro 1, capítulos 7-11) de la "cuna europea" a las orillas ortodoxas (en el sentido confesional del término) y heréticas, a las fronteras de los mundos extra-europeos. En el segundo libro, y a través de un recorrido paralelo, se despliega el camino intelectual que funda la superioridad de la teología y que señala las etapas inferiores, que organizan los caminos desde el conocimiento de la filosofía al derecho, a la medicina, a las matemáticas, a las humanidades (historia de los hombres, poesía, literatura y retórica). Joya enciclopédica concebida por un hombre del Renacimiento humanista, la *Bibliotheca Selecta* surge para recibir a una *Ratio Studiorum* consagrada a un destino planetario: "Así pues, cosa que no escapa a casi nadie, la regla ha sido establecida en nuestra Sociedad, de suerte que aquellos que pertenecen [a la Compañía], sean constantemente enviados a diversas partes del mundo [...]. Lo que hace que, tal como sucede continuamente no solamente en Europa entre los católicos y los heréticos, sino también entre los pueblos del Nuevo Mundo, las cosas más importantes en el orden de los otros y de sus propios usos, se unan a las nuestras, y poco a poco, cuidadosamente coleccionadas y correctamente organizadas, nadie negará que puedan ser muy inútiles a aquellos que las lean".[32]

A lo largo de todo el libro, el proyecto intelectual y la visión geopolítica de Possevino, diplomático pontificial, se basan sobre una expe-

---

32 Possevino 1603, "Causa et idea", s.p. « *Ea igitur, quod vix aliquem fugit, ratio est instituti Societatis nostrae ; ut, qui in hac degunt, mittantur identidem ad varias Orbis partes: è quibus aliquos pro Divinitùs concessa cuique ; mensura, manipulos in Ecclesiae horeum importent. Quod cùm non solùm in Europa inter Catholicos, atque Haereticos: verùm etiam in novo Orbo inter gentes continenter fiat, plura ex aliorum ordinum in eandem rem studio, atque ex ipso usu addiscunt, que deinceps paulo attentiùs collecta, & rectè disposita, nemo negaverit utillissima esse futura legentibus* ».

riencia directa, principalmente la de la embajada de Moscú y de Europa del norte, de donde proviene la atención acordada a los mundos ortodoxos, así como a los proyectos políticos del papado al final del siglo. Más allá de las fronteras continentales y orientales que constituyeron los límites de su experiencia, Possevino integró también en su reflexión a la historia en curso de la Compañía y de su tiempo. Así, desde el libro IX, después de los Turcos, surgieron los otros pueblos en los que la evangelización debe constituir el objetivo de la Iglesia católica en general y de la Compañía en particular; los pueblos de las Indias constituyen entonces su horizonte lejano y extremo.

En esta descripción, las dos Indias son tratadas en conjunto en el capítulo quince, lo que le permite a la vez instalar el Nuevo Mundo sobre el globo y a los pueblos que habitan esa zona, en el cuadro de una humanidad finalmente recompuesta.[33] En el espacio de una página (p. 446-47), Possevino integra así a la América en el orden contemporáneo de los saberes, pero también a los nuevos pueblos, en el *continuum* teológico espacial de la evangelización de los pueblos bárbaros. Lo que sorprende, en el conjunto de estos últimos capítulos, así como en los dos libros siguientes (X y XI), es el pequeño lugar que dedica a este espacio, menos de una decena de páginas en total (p. 446-453), sobre la centena que incluye el primer volumen. Para realizar este *tour de force*, se apoya en Acosta, a quien señala como su fuente y a quien copia literalmente.[34] No hace sino mencionar los nuevos bárbaros, integrándolos en su clasificación más vasta de los bárbaros de todas las Indias, para retornar luego al Japón, del que se ocupa principalmente. De hecho, es allí que se detiene el primer volumen de la *Bibliotheca*.[35] Las disciplinas y su análisis, todo

---

[33] Después de la controversia de Valladolid y de la contribución fundamental de la escuela de Salamanca, la cuestión de la pertenencia de los indios de América a la humanidad fue resuelta. Ver, entre otros, Pagden 1983.

[34] Se trata del *proemium* de *De procuranda*, en la tercera edición de Cologne, 1596 (p. 104-108). La primera edición, de Salamanca, remonta a 1588, la segunda, también de Salamanca, data del año siguiente, 1589. Es por lo tanto una de estas tres ediciones la que se encuentra en manos de Possevino, y una comparación de la edición de 1593 de la *Bibliotheca selecta* con la de 1603 debería permitir comprender si pudo haber trabajado con una de las dos primeras versiones españolas. No parece que haya dispuesto de la *Historia natural y moral*, de la que recordaremos que fue editada por primera vez en 1590, y que conoció un rápido éxito.

[35] Possevino (1603: 530).

reagrupado en el segundo tomo, se abocaron a la descripción del frente misionero, un frente largamente asiático, diseñado por las preocupaciones contemporáneas del papado.[36] Así, después de haberse resbalado subrepticiamente en el libro IX, en una reflexión general sobre la salvación de las Indias, las Indias occidentales se borran ante las Indias orientales y particularmente ante el Japón, primera fuente de Possevino, tal como lo indica el prólogo del libro XI:

> *Duo sunt quae mortalium animos ad spem beata vita potundia, et virtutem amplectendam excitare solent; unum est vera fidei et religionis cognitio, ex qua errorum, falsorumque dogmatum confutatio proficiscitur: Alterum Divina legis assidua meditatio, quam Dei Optimi Maximi cultus, eiusque sanctionum observantia consequitur. Hinc nimirum factum est, ut praecipui Christianae Philosophiae Magistri, non modo contra superstiosa gentium dogmata disserverint, sed etaim Christi famulos praeclaris divinarum rerum documentis, ad omnem virtutem eruderint. Quorum nos vestigia persequentes, postquam superiori libro Iaponensium dogmatum fundamenta inania planè esse demonstravimus, hoc altero libro Divinarum Sanctionum, quas Decalogo comprehensas, a Deo accepimus, explicationem afferre, simulque ostendere, quanta sint in Ecclesia Sacramentis ad eadem praecepta facile observanda praesidia constituta.*[37]

No es por lo tanto en los libros X y XI donde hay que buscar a Possevino y su relación con el Nuevo Mundo a través de la empresa misionera, sino en el pasaje que concierne a la geografía, que se encuentra integrado en el libro XV sobre las matemáticas. Es ahí que el pendiente intelectual de esta experiencia del catolicismo post tridentino se despliega. Este pasaje marca, por la evocación de sus fuentes escritas, el recorrido espiritual militante, desarrollado entre los libros VI y XI del primer volumen, viaje de lo más conocido a lo menos conocido donde el orden de exposición es normativo; el orden del católico que abre camino a los

---

36 Ver Pizzorusso 2008. Sobre el peso de la cuestión china en la reflexión geopolítica de la cristiandad, a propósito de Alonso Sanchez, ver Fabre 2007a.

37 Possevino (1603: 505-530). Sobre Japón, ver el texto del jesuita portugués L. Fróis, *Traité où l'on trouve de manière très succincte & abrégée quelques contradictions & différences de mœurs entre les Européens et les habitants de cette province du Japon*, redactado en 1585 continuó manuscrito hasta su «descubrimiento» por J.F. Schütte, en 1946, quien estableció también la primera edición crítica en 1955.

ortodoxos hacia los heréticos cristianos, luego no cristianos, judíos y musulmanes, hacia los de los espacios misionales: japoneses, chinos, brasileros, peruanos, de América y las islas Filipinas.[38] Las etiquetas librescas de este recorrido son actualizadas ulteriormente, desde los autores antiguos a los modernos, jesuitas y no jesuitas.[39] Las fuentes del saber geográfico de Possevino son las del mundo greco latino, retocado y corregido por los grandes relatos de la colonización portuguesa y española, ampliados a otros autores de la época, independientemente de las pertenencias confesionales:

> *Novi autem Orbis descriptiones, qui Latine.*
> *Levinus Apollonius; Maximilianus Transsylvanus; Osorius Episcopus Sylvensis plura ubi scripsit de Historia Indica; Io. Petrus Maffeus SJ in Historia Indica, et in Epistolis Societatis Iesu; Petrus Martyr Mediolanensis; Ad vernacula lingua, praesertim Hispanica, & Lusitanica, quae et in Italicam conversa sunt, praeter id, quod Itali, Galli, Germanique scripserunt; Alvarus Nunnius; Americus Vespucius; Andreas Thevetus Gallice; Antonius Mendoza; Didcus Godoyus; Fernandus Alarconius; Fernandus Cortesius; Franciscus Lopes de Gomara; Franciscus Vasquez; Franciscus Ullaus; Franciscus Xeresius; Gonsalus Fernandus Oviedus; Hieronymus Benzonius Italice; Jacobis Carterius, sive Cartier Gallice; Ioannes de Barros; Ioannes Stadensis Germanice; Ioannes Verazzanus; Iosephus Acosta Societatis Iesu duobus libris de Natura Novi Orbis et sex aliis de procuranda Indorum salute; Fr. Marcus Nicaensis; Nunnius Gusmannus; Petrus Alvaradus; Petrus Ciecus Legionensis.*[40]

Una lista como esta, que ameritaría un comentario exhaustivo, nos revela ciertamente el vasto horizonte libresco que sirve de apoyo al trabajo de Possevino.[41] Ella lo sitúa más allá de las barreras políticas y confesionales entre Antiguos (cuya lista precede inmediatamente a esta) y Modernos. Ella sugiere, sin embargo, una reflexión sobre la localización disciplinaria de los saberes sobre el Nuevo Mundo, del lado de las matemáticas aplicadas, dentro de la geografía. Por contraste, en las páginas del libro XII, sobre la filosofía, donde se encuentran los desarrollos de la historia natural a partir de Aristóteles[42], esto mismo está totalmente ausente. En este sen-

---

38 Possevino (1603: 530).
39 Para el pasaje original, Possevino (1603, II: 298).
40 Possevino (1603, II: 298).
41 Para un comentario más preciso ver Besse 2008.
42 Possevino (1603, II: 96 sq).

tido, si produjo una extensión del mapa de los saberes, no modifico su gramática: no se trata para nada, en su comentario de la filosofía, de salir del espacio de los conocimientos heredados de los Antiguos sometidos a Aristóteles. En efecto, aborda la cuestión de la historia natural/de las cosas naturales, a partir del capítulo 41 del mismo libro XII: « Auctores, qui de rebus naturalibus scripserunt, quique philosophiae commodant: qauaeve in iis cautiones adhibenda, ac primum de Theophrasto », para comentar enseguida, capítulos 42 y 43, la obra de Plinio, y luego, en los capítulos siguientes, citar las otras obras temáticamente interesadas en la historia natural (los libros sobre venenos y los libros sobre fósiles).

La disyunción de la historia natural detenida en los Antiguos, y la del Nuevo Mundo, relegada por el débil interés que tiene para este último (en las únicas páginas que comenté más arriba), me parece, pueden ser leídas a la luz de la jerarquía de los saberes que articula los diferentes capítulos de la *Bibliotheca Selecta*. Al circunscribir al capítulo sobre la geografía, la lista de obras que se ocupan del Nuevo Mundo (no se encuentra ninguna otra indicación más adelante, ni siquiera en el libro XIV, sobre la medicina), no integra en su biblioteca ni los grandes textos de historia natural que Europa está en tren de producir (Aldrovandi), ni aquellos que llegan de las Indias, tal como Monardes (*Primera y segunda y tercera parte de la historia medicinal de las cosas que se traen de nuestras Indias Occidentales que sirven de medicina*), o Laguna.[43]

La biblioteca de Possevino opera una selección, que parece situarla en las antípodas de la obra de Acosta.

Historia y filosofía del mundo americano según Acosta

Esta primera lectura esquemática de una obra cuya riqueza no pretendo agotar aquí, parece bastar para indicar la diferencia de perspectiva con Acosta, y parecería suficiente basar la comparación en sus referencias

---

[43] La primera edición de Monardes, en tres partes, data de 1565-1574. El libro de Laguna es *Pedacio Dioscorides Anazarbeo, acerca de la materia medicinal, y de los venenos mortiferos, traduzido de lengua griega en la vulgar castellana illustrado y con claras y substantiales annotationes, y con las figuras de innumeras plantas exquisitas y raras por el doctor Andres de Laguna, Medico de Julio III, Pont. Maxi*, Salamanca, Mathias Gast, 1563.

(la biblioteca de este último, por no ser universal no es menos particularmente rica). Ciertamente no se trata de librarse a un estudio comparativo de los dos libros, que no son comparables para nada: el proyecto enciclopédico del primero no tiene medida común con la empresa limitada y circunscrita del segundo.

En este sentido, allí donde para Possevino no hay más que un registro en el *mapa mundi* de una porción de espacio suplementaria, para Acosta se trata, por el contrario, de integrar esto al mundo cristiano, de volverlo una de sus cuatro partes, para retomar la fórmula de Edmundo O'Gorman.[44] Y, como él lo indica de entrada al lector, se trata menos de agregar una nueva descripción a aquellas ya disponibles de un Nuevo Mundo ya viejo, que de analizar filosóficamente, es decir, con los útiles de la filosofía natural:

> Del Nuevo Mundo e Islas Occidentales han escrito muchos autores de diversos libros y relaciones en que dan noticias de las cosas nuevas y extrañas que en aquellas partes se han conquistado y poblado. Mas hasta agora no he visto autor que trate de declarar las causas y razón de tales novedades y extrañezas de naturaleza, ni que haga discurso e inquisición en esta parte, ni tampoco he topado libro cuyo argumento sea los hechos e historia de los mismos indios antiguos y naturales habitadores del Nuevo Orbe... Así que aunque el Mundo Nuevo ya no es nuevo sino viejo, según hay mucho dicho y escrito de él, todavía me parece que en alguna manera se podrá tener esta historia por nueva, por ser justamente historia y en o arte filosofía, y por ser no sólo de las obras de naturaleza sino también de las del libre albedrío, que son los hechos y costumbres de hombres. Por donde me pareció darle este nombre de Historia natural y moral de las Indias, abrazando con este intento ambas cosas.[45]

No se trata aquí de volver sobre los abundantes comentarios que suscitó la obra de Acosta, siendo el de O'Gorman, a más de cincuenta años de distancia, el más rico, y el de Fermín del Pino Díaz, último comentador en fecha de ese texto, el más dinámico.[46] Retendré simplemente que a través de los siete libros que constituyen su tratado, Acosta pasa en tres tiempos del mundo físico definido como la esfera (libros 1 y 2), al mundo natural de la América (libros 3 y 4), al de los Indios (libros 5 y 7), combinando, como lo indica también el pasaje de arriba, "historia y filosofía".

---

44 O'Gorman 1977.
45 Acosta, « Proemio al lector » en Acosta ([1590] 2008: 13).
46 Del Pino Díaz 1992.

Y es de hecho entre estos dos dominios del saber, historia y filosofía natural, que sitúa el conjunto de su proyecto, comenzando su obra como un clásico tratado de la esfera (aquel que, por ejemplo, abre el curso de filosofía en el ciclo jesuita de los estudios filosóficos) ofreciendo una descripción del cielo, después de la tierra y sus diferentes zonas. Ciertamente, en estos dos primeros libros, Acosta trabaja sistemáticamente, y casi cuerpo a cuerpo, el comentario de los Antiguos, obligado como está a explicar el por qué de su silencio sobre el Nuevo Mundo, y de actualizar el discurso sobre el mismo a partir de una matriz antigua que incluye también a los padres de la Iglesia. De allí la importancia acordada a la descripción de la zona tórrida (libro II). Luego, es sobre la base de los saberes geográficos que él alimenta los libros III y IV, antes de describir los pueblos, pasando de la historia "natural" a la historia "moral". Su visión de esta historia se basa en el texto que él mismo redactara algunos años antes, el *De procuranda Indorum salute*, mencionado más arriba como una de las fuentes de Possevino, y cuya primera edición se remonta a 1588. Es allí donde reformula por primera vez la idea de la división de los pueblos bárbaros, concepto heredado de los Antiguos, y que él clasifica en tres categorías. La cita es larga (no está completa), pero parece poder constituir el corazón del análisis de Acosta:

> *Prima classis eorum est, qui à recta ratione, et consuetudine generis humani non ita multum recedunt. Hi sunt potissimum, quibus et Republica constans, et Leges publicae, et civitates munitae, et magistratus insignis, et certa, atque opulenta commercia sunt, et quod omnium caput est, literarum celebris usus. Nusquam enim literarum et librorum monumenta extant quine ea gentes humaniores, et maximè politica sunt. In hoc genere primi videntur esses Sinenses, quorum ego characteres vidi Syriacis persimiles, qui librorum copia, Academiarum splendore, Legum et Magistratuum auctoritate, publicorum operum magnificentia plurimum florere dicuntur. Secundum hos sunt Iapponenses, tum pleraque Indiae Orientalis provinciae, ad quas Asiatica, atque Européeinstituta olim pervenisse ego non dubito. Hae gentes, quamvis barbarae re vera sint, et a recta et naturali lege plerisque in rebus diserepent, tamen ad salutem Evangelis non aliter fere vocandae sunt, quam olim ab Apostolicias Graeci et Romani, caeterisque Asiae, atque Europae, populi. Nam et potentia praestant, et nonnulla humana sapientia, atque a sua ipsi ratione potissimum, DEO intus agente, vincendi sunt, et Evangelio subigendi, quos si pergas, nihil aliud agas, quam ut a lege christiana alienissimos reddas. In secunda ego classe eos barbaros numero, qui quamvis neque literarum usum norint, neque leges scriptas, neque Philosophica, aut civilia studia habent; tamen Magistratus suos*

> *certos, habent Rempublicam, habent frequentes, et certa sedes, ubi politiam suam servant, habent militiae et duces et ordinem, et religionis sua celebritatem quandam. Denique ratione quadam humana reguntur. In hoc genere erant Mexicani, et Peruenses nostri, quorum imperia et Republic. Et leges, et instituta merito admirari quivis possit. Et quod incredibile pene videatur, literarum inopiam, tanta ingenii dexteritate supplevere, ut et historias et vitas et leges et quod est amplius, temporum cursus, et rationes numerorum ita teneant quibusdam à se excogitatis signis, et monimentis, quos ipse Quipos vocant, ut nostri cum literum suis plerumque eorum peritiae cedant. Nescio equidem an certiores Arithmeticos, cum quidvis est numerandum, aut partiendum, literae nostrae faciant, quam hos signa illa sua. Memoriam vero omnino est admirabile quam fidelem etiam rerum minutissimarum per Quipos suos diutissime conservent. Multum tamen etiam hi et à recta ratione, et à consuetudiine generis humani absunt [...] Iam vero tertia atque extrema classis barbarorum, quot hominum nationes, quot huius novi orbis regione teneat, dici non potest. In hac sunt homines sylvestres, feris similes, vix quicquam humani sensus habentes, sine lege, sine Rege, sine foedere, sine certo magistratu, et Republica, sedes identidem commutantes, aut ita fixas habentes, ut magis ferarum specus, aut pecudum caulas imitentur...* [47]

Lo que me parece interesante en este largo análisis que Acosta ofrece de los bárbaros, a partir de su experiencia americana (análisis a partir del cual construirá la tercera parte de su *Historia natural...*) es la manera que tiene de:

a) mezclar las dos Indias, no solamente para responder a los fines que se había fijado, de legitimar definitivamente las cuatro partes del mundo, sino también, como Possevino, para integrar a los bárbaros en una misma trama lógica y epistemológica que funda sus dos visiones geopolíticas del mundo contemporáneo, en la oposición entre los pueblos católicos y aquellos a ser convertidos.

b) fundar la jerarquía de los pueblos sobre la base de la relación entre grado de barbarie y posibilidad de conversión, tipo de esquema que también ofrecido la *Bibliotheca selecta*, donde el grado de "distancia" establecido con los otros está marcado por la distancia a la fe católica.

c) hacer de la cultura la palanca de la posible conversión, a mi entender, un punto crucial para la comprensión, en la larga duración, de lo que será la relación entre el mundo católico y la alteridad, la barbarie.

---

47 Acosta [1589] 1596: 104 sq.

Al hacer de la escritura y de sus corolarios (la filosofía, la ley, la historia, el cálculo, tal y como son explicitados en el extracto citado) el criterio de distinción entre los diferentes pueblos bárbaros, sanciona no solamente a los Antiguos (notaremos al pasar el paralelo entre chinos y "syriacos" antiguos), sino también la jerarquía de saberes que permite el establecimiento de tal división. La escritura como marca única, exclusiva, de la cultura y de la posible revelación, tiene por matriz a las Escrituras, cuya ciencia de estudio, la teología, se encuentra a la cabeza del libro de Possevino, así como de la formación de los colegios jesuitas.

Para decirlo en otros términos, más allá de la diferencia que hay entre los dos proyectos, más allá de sus visiones distintas del mundo, una forjada a partir del centro romano, la otra a partir de la periferia de la misión, Possevino y Acosta son ambos, como los Antiguos, tomados en una misma división del mundo donde la oposición civilizados-cristianos/otros, se superpone a la oposición cultura de lo escrito/ausencia de escritura-barbarie. Se sabe al presente todo lo que la Ilustración hizo con esta distinción, echando las bases tanto de una historia universal como de una filosofía de la historia cuyos mismos fundamentos se ven cuestionados hoy en día por la crítica subalternista y post-colonial.[48]

Desde este punto, representado por la experiencia misionera ocurrida a finales del siglo XVI a escala global –en la que las dos Indias marcan la aurora y el firmamento a los ojos de una Europa a la vez creyente e incrédula ante el despliegue de un universo infinito–, podemos tirar los hilos que llevan desde los saberes naturalistas a los saberes históricos. La Historia Natural de Acosta aparece como un auxiliar de los saberes sobre el mundo: ella no es más que uno de sus medios de ordenamiento, en un sistema antropocéntrico, ocupado en la salvación del hombre. El saber apunta a este fin, la fuerza de la Compañía de Jesús radica en poner tal idea en marcha, como ya lo sugerían las *Constituciones*:

> El fin de la Compañía y de los estudios siendo de ayudar al prójimo a conocer y a amar a Dios y a salvar su alma, y el me3dio más propicio a aquello siendo la facultad de teología, es a ella que hay que consagrarse principalmente en las universidades de la Compañía.

[48] Chakrabarty 2007.

Muy buenos profesores tratarán cuidadosamente de lo que toca a la doctrina escolástica y la santa escritura, y de lo que, en la teología positiva, conviene al fin que se ha dicho; pero sin entrar en la parte del derecho canónico que sirve para los asuntos contenciosos.

Como la doctrina teológica así como su puesta en práctica exigen (especialmente en nuestra época) el conocimiento de las humanidades y de las lenguas latina y griega, se tendrá buenos profesores de estas materias y en número suficiente. Igualmente se podrá tener otras lenguas como el hebreo, el caldeo, el arabe y el indio, allí donde dichas lenguas sean necesarias o útiles para el fin que se ha dicho, teniendo en cuenta los diferentes países y razones que pueden empujar a enseñar esas lenguas.

Del mismo modo, como las *Artes o « ciencias naturales »* disponen los espíritus a la teología y les sirven para tener de ella un perfecto conocimiento y práctica, siendo en sí una ayuda para el mismo fin, deben ser tratados con el cuidado que conviene y por profesores eruditos; se buscará sinceramente en todo aquello el honor y la gloria de Dios nuestro Señor [...][49]

Conclusión

Estas líneas pretenden ofrecer, más que una indicación de contenidos, una imagen clara de lo que fue la jerarquía de los saberes sobre la que se concentró el apostolado de enseñanza: la *Ratio Studiorum*, promulgada en 1599, formalizaba la orden de los estudios que, en el seno de la

---

[49] « La fin de la Compagnie et des études étant d'aider le prochain à connaître et à aimer Dieu et à sauver son âme, et le moyen le plus propice à cela étant la faculté de théologie, c'est à elle qu'il faut se consacrer principalement dans les universités de la Compagnie. De très bons professeurs traiteront soigneusement de ce qui touche à la doctrine scolastique et à l'Ecriture Sainte, et de ce qui, dans la théologie positive, convient à la fin qui a été dite ; mais sans entrer dans la partie du Droit Canon qui sert pour les affaires de contentieux. Comme la doctrine théologique aussi bien que sa mise en pratique exigent (spécialement à notre époque) la connaissance des humanités et des langues latine et grecque, on aura de bons professeurs de ces matières et en nombre suffisant. De même on pourrait en avoir pour d'autres langues comme l'hébreu, le chaldéen, l'arabe et l'indien, là où ces langues sont nécessaires ou utiles pour la fin qui a été dite, compte tenu des différents pays et des raisons qui peuvent pousser à enseigner cette langue. Et de même, comme les *Arts ou les 'sciences naturelles'* disposent les esprits à la théologie et servent à en avoir une parfaite connaissance et pratique, tout en étant par eux-mêmes une aide pour la même fin, ils doivent être traités avec le soin qui convient et par des professeurs érudits; on cherchera sincèrement en tout cela l'honneur et la gloire de Dieu notre Seigneur... » *[Constitutions]*: IV, 12 (Loyola 1991: 502-503).

Compañía de Jesús, asentarían una jerarquía tal. Tanto el texto de Possevino, como el de Acosta, sostienen esa armadura intelectual, aunque ellos mismos contribuyeran a definirla desde lugares de observación diferentes y, sin duda, a veces opuestos. En este sentido, a partir de José de Acosta, desde los últimos años del siglo XVI y de las obras producidas en América o Asia, publicadas hasta los años que siguieron a la supresión, la orden jesuita tuvo una creciente importancia en la producción de textos que daban cuenta, para un público europeo cada vez mayor, de la "historia natural y moral" de las comarcas lejanas que fueron el teatro de su trabajo misionero, sin ofrecerlas como objeto de estudio. Entre el "descubrimiento" de un hombre y de una naturaleza nuevos y diferentes y el paradigma cristiano de un mundo creado por Dios, debieron también afrontar, de modo contradictorio, la constitución de la historia natural como género relevante de una nueva ciencia, la de la naturaleza sin Dios, que hasta ese entonces, la historia sagrada había logrado mantener dentro de las herejías cristianas de la historia.

PARAGUAY Y LOS DEBATES JESUÍTICOS SOBRE LA INFERIORIDAD DE LA NATURALEZA AMERICANA

María de la Soledad Justo

Saberes, conocimientos y prácticas científicas realizadas por autores, docentes y misioneros de la orden jesuita fueron y siguen siendo temas de investigación en los que convergen numerosos aportes. La provincia jesuita de Paraguay no fue una excepción. Sin embargo, a pesar de que en esa zona los ignacianos contaron con una importante red educativa, incluso con una universidad, los saberes y conocimientos que produjeron se relacionaron fundamentalmente con el trabajo misional. Es decir, los conocimientos y producciones intelectuales que llegaron a plasmarse estuvieron íntimamente relacionados a las prácticas de la conversión.

Ya desde hace tiempo una historiografía laica europea viene abordando la investigación de las prácticas científicas de los jesuitas como también las instituciones educativas fundadas por la orden en Europa. La Compañía de Jesús fue aprobada por el Papa en 1540. Ignacio de Loyola y sus primeros compañeros se conocieron en la Universidad de París. Sus primeros integrantes obtuvieron el doctorado, y aun cuando fueron indudablemente reconocidos como eruditos en su época, ni la primera intención ni su evolución posterior estuvieron necesariamente ligados al desarrollo intelectual o al papel educador. Su primer motor y objetivo primigenio fueron fundamentalmente la misión evangelizadora: llevar el mensaje cristiano a pueblos con los cuales los europeos habían tomado contacto. Como parte de ese impulso inicial, la red institucional educativa y el reconocimiento que alcanzaron los filósofos naturales de la orden también fueron muy significativos.

Las prácticas de los filósofos jesuitas sobre la naturaleza deben comprenderse desde el interior del proceso histórico que se inició con la fundación de la orden y su consolidación institucional, ocurrida a finales del siglo XVI. Este proceso culminó con la conformación de una red de establecimientos educativos, las *Constituciones ignacianas*, la *Ratio Studiorum* y la institucionalización de prácticas misionales. Todos estos dispositivos fijaron la dimensión de la empresa jesuítica, pero también trazaron los límites de los filósofos naturales jesuitas.

Los jesuitas fueron comprendidos por la historiografía especializada como una orden cuya característica era formar sacerdotes de salientes capacidades intelectuales, teólogos, filósofos e inclusive filósofos naturales: matemáticos y físicos que debatieron con los próceres de la llamada revolución científica de Europa occidental. Las investigaciones en torno de algunas figuras de la Compañía como los padres Christopher Clavius, Matteo Ricci, Eusebio Nieremberg, Athanasius Kircher,[1] se centraron en este aspecto.

El éxito en el desarrollo de las instituciones educativas debe relacionarse, por un lado, con la adaptación a las nuevas necesidades y oportunidades que ofrecieron los estados modernos pero, por otro lado, con la popularidad que conoció el método pedagógico de las escuelas jesuíticas. *La Ratio Studiorum*[2] fue editada y enviada a todas las provincias en el año 1599, durante la gestión de Padre General Claudio Acquaviva. Este documento fue fruto de treinta años de elaboración y experiencias de la jerarquía de la orden. El problema de la educación ya aparece en la *IV Parte de las Constituciones*, escritas por Ignacio de Loyola en los años 1549-1550. En las *Constituciones*, Ignacio contempló la fundación de

---

[1] No pretendo hacer una lista exhaustiva pero como referencia puedo mencionar los nombres representativos de Antonella Romano, Peter Dear, Denis Arico, Ugo Baldini, Romano Gatto, Gian Paolo Brizzi, Víctor Navarro Brotons, Andrea Battistini, Steven Harris, Rivka Feldhay. Las obras de carácter colectivo editadas por Luce Giard (1995), ofrecieron un cuadro de situación bastante completo sobre los conocimientos, educación y ciencia de los jesuitas en Europa, así como en los volúmenes de O' Malley et al. (1999, 2006).

[2] Existen numerosas versiones editadas de la *Ratio Studiorum* (Lukas 1994), existiendo también traducciones a las lenguas modernas. En castellano existe una traducción y edición a cargo de Gil (1992). Para las *Constituciones*, ver la edición a cargo de Gioia (Loyola 1977).

colegios no sólo para los propios seminaristas sino también para alumnos externos. Estableció normas para regular la fundación de instituciones y reglas en relación con los fundadores o patronos del colegio. También reguló el gobierno en el interior de los colegios y determinó el contenido de los estudios. Además fijó que el estudio de las humanidades debía ocupar un lugar central. Asimismo determinó las reglas de moralidad y orden que debían seguirse en los colegios jesuíticos.

En relación al contenido de los estudios, para la filosofía y la teología las *Constituciones* y la *Ratio* fijaron pautas claras: debía seguirse a Aristóteles y la escolástica. La novedad fue el lugar que se le otorgó al estudio de las humanidades. De tal modo, la formación humanística de los fundadores imprimió una verdadera marca. La literatura en la *Ratio* cumplió un papel fundamental ya que se esperaba que los ejemplos literarios sirvieran de modelos para la formación moral de los jóvenes. Por otro lado, interesó que los alumnos formados por la Compañía lograsen un control de las técnicas de la escritura y lectura de las lenguas clásicas como también de la oratoria.

La filosofía natural también ocupó un espacio dentro de las reflexiones y dictámenes de los redactores de la *Ratio Studiorum*, las matemáticas, cosmografía y otros conocimientos de los que hoy llamamos las ciencias duras tuvieron un espacio en la *Cuarta parte de las Constituciones* y en la *Ratio*: "*Asistan también en el segundo año de filosofía todos los alumnos a la predilección de matemáticas en la clase durante unos tres cuartos de hora. Si además hay algunos idóneos e inclinados a estos estudios, ejercítense en lecciones privadas después del curso.*"[3] Esta fue la única indicación que mereció el estudio de las matemáticas en el texto de la *Ratio*. Evidentemente la filosofía natural no logró consolidarse en un lugar central y no pudo posicionarse en los estudios superiores como la teología y la filosofía, tampoco fue excluida del programa de estudio jesuita superior como el derecho y la medicina, estudios que no formaron parte del programa de estudio de la Compañía.[4] Las menciones al desarrollo de las disciplinas físico-matemáticas aparecen muy escuetamente, sin embargo, los programas de estudio las habilitaron. Estos cambios

---

3 *Ratio atque Instituto Studiorum Societatis Iesu* (traducción de Eusebio Gil 1992: [20]).
4 Derecho y Medicina fueron excluida de los estudios universitarios (ver [*Constituciones*] [452]).

demostraban una gran audacia y modernización en relación a la tradición medieval pero no significaron un cambio radical pues no se les otorgó ninguna centralidad.

Los estudios de matemáticas y de filosofía natural tuvieron un desarrollo muy incompleto en las escuelas y universidades jesuíticas. En la mayoría de los establecimientos se dictaba cuando mucho algún curso de matemáticas, geometría o esfera y en algunas escuelas se impartían cursos de cosmografía, geografía, balística y construcciones, y solamente en instituciones que estaban en lugares centrales de Europa.[5] Sin embargo, poco se duda sobre la importancia de los filósofos naturales jesuitas y de su participación en los debates del siglo de la llamada *Revolución científica*. Una de las razones que puede explicar esta distorsión acerca de la dimensión que la historiografía especializada otorgó a los conocimientos científicos de la Compañía fue el estudio del caso Galileo. El caso es de especial interés por la participación de los matemáticos del Colegio Romano, donde fue de singular relevancia la figura de Christopher Clavius y sus discípulos en los debates sobre los descubrimientos galileanos.[6] Las disputas sobre la primacía del descubrimiento de las manchas solares entre Galileo y el jesuita Christopher Scheiner[7] impusieron el tema de la importancia de los matemáticos y astrónomos jesuitas. Sin embargo, a pesar de lo significativo que fueron estos debates para el posterior desarrollo de la ciencia moderna, los matemáticos y astrónomos jesuitas no dejaron de ser una verdadera minoría en el interior de la Compañía. Los jesuitas tenían como centro de interés su labor misional más que el despliegue de una labor intelectual, por lo que la importancia de Clavius y sus discípulos puede ser considerada como una coyuntura muy particular en la historia de la orden.

5 Sobre las instituciones educativas y sus programas de estudios en Europa, ver Brizzi 1976. En Francia, los colegios dirigidos a los nobles se establecieron con el patrocinio en principio de Enrique IV, fundándose colegios en la Flèche, Aviñón, Tournon, Lyon (Dainville 1991). En España, Felipe IV solicitó al padre General de la Orden, Viteleschi, la organización de un colegio dirigido para el alumnado externo, preferentemente hijos de nobles. Para lograr tal objetivo la corona, le otorgó importantes recursos. En 1629 se abrió la escuela *Estudios Reales del Colegio Imperial* en Madrid (Navarro Brotons 1996a y b).

6 Sobre la figura de Clavius y las disciplinas físico- matemáticas entre los jesuitas ver Baldini 1992, 1995, 2000; Gatto 1994; Brizzi 1981; Romano 1999; Giard 1995; Giard y Vaucelles 1996.

7 Sobre la relación de los jesuitas con el caso Galileo ver Redondi 1999; Beltrán 2006; Batistini 2000; Biagoli 2008; Feldhay 1995.

Otro núcleo de desarrollo de jesuitas matemáticos y filósofos naturales fue la famosa misión en China, donde la formación intelectual viabilizaba la actividad misional. En efecto, para lograr la aceptación de los chinos los jesuitas se valieron de los conocimientos matemáticos. Esta política misional fue de una rara excepcionalidad, ya que la evangelización por la ciencia solamente se utilizó en el caso chino. Figuras como Matteo Ricci, Johann Adam Schall von Bell y Giacomo Rho, entre otros, realizaran un importante programa de traducciones de obras de matemáticos europeos y de autores clásicos al idioma chino. Una de las condiciones fundamentales que debían cumplir los misioneros de China era poseer una sólida formación en disciplinas físico-matemáticas, condición radicalmente opuesta al ideal misionero solicitado por la Compañía en otras regiones. La virtud que debía tener el misionero en el continente americano era tanto la de una enorme capacidad para aprender las lenguas nativas como para llegar y permanecer con los nativos. De allí que la identidad misionera de la Orden, en absoluto asigne un lugar central a la actividad intelectual y aún menos a las ciencias.[8]

Conocimientos y prácticas científicas en la provincia jesuítica de Paraguay

La provincia jesuítica de Paraguay abarcaba los actuales territorios de Argentina, Paraguay, Uruguay, parte de Brasil y Bolivia. En esta área encontramos una nutrida red de instituciones educativas, casas y residencias, colegios y la famosa universidad jesuítica de Córdoba y también las reducciones de Paraguay. Se dispone de un importante fondo documental de *Cartas Anuas* y *Catálogos del personal* de la Provincia del Paraguay desde de su fundación en 1614, con el nombramiento del Padre Provincial Diego de Torres hasta el año 1767. También se encuentra abundante correspondencia incluso de años anteriores a la fundación oficial de la provincia jesuítica de Paraguay. El sistema para el gobierno piramidal de la orden se sirvió para gobernar al disperso personal y establecimientos por un lado de la correspondencia, con la que se atendían situa-

---

8 Romano 2008a. También Romano 2007.

ciones precisas pero también de los informes anuales y los *Catálogos del Personal*. Por lo catálogos de personal podemos llegar a conocer mucha información acerca de los misioneros que arribaron a esta zonas, el tipo de formación que tenían y qué actividades realizaban. Esta era una clase de control administrativo homogéneo y tipificado, de instituciones distribuidas en regiones lejanas y dispersas entre sí como también un mecanismo del gobierno central.

Los colegios y la Universidad fueron sin duda focos de producción de conocimiento. También las bibliotecas y, en algunos casos, los laboratorios que funcionaban en relación directa con los colegios y la universidad de Córdoba.[9] Para hablar de los conocimientos y prácticas científicas en esta región es insoslayable la referencia a la obra del jesuita Guillermo Furlong. Los jesuitas y la cultura rioplatense (1930) Cartografía jesuítica del Río de la Plata (1936), Médicos argentinos durante la dominación española (1947), Naturalistas argentinos durante la dominación hispánica (1948) Nacimiento y desarrollo de la filosofía en el Río de la Plata (1957), son resultado de una importante labor de recuperación de fuentes de este autor.[10]

Pero el aporte principal de los eruditos jesuitas en esta área se puede rastrear en disciplinas que no fueron fundamentales en la *Ratio Studiorum* sino al campo más amplio de los saberes directamente relacionados con la actividad misionera. Las constituciones ignacianas enajenaban a la medicina de las instituciones educativas. Los estudios superiores de los jesuitas no contemplaban la posibilidad de doctorarse en ella. Sin embargo, fue un saber de la conversión. En las reducciones se necesitaban médicos porque allí las pestes aparecen como un mal recurrente. Esto

---

9 Ver [JPH] 2000 y el catálogo realizado por Temporalidades transcripto y editado por Fraschini (2005).

10 Furlong dedicó su vida, por un lado, a editar y rescatar el acervo archivistito de la orden y, por otro, a demostrar la herencia cultural que la orden dejó a la nación argentina. Desde su muerte esta tarea ha sido descuidada e inclusive sufrió de un lamentable abandono. El problema de los archivos y su cuidado en el caso de los jesuitas es particular porque por un lado, los archivos de la orden sufrieron las consecuencias de la conflictiva vida política de la orden pero por otro, en el caso particular de los archivos de la provincia de Paraguay, sufrieron la temible tradición de descuido y abandono que se tiene frente al patrimonio documental en nuestro país. En la actualidad podemos tener una mirada más optimista y confiar que la labor que realiza Martín Morales y su equipo nos alejan de las pérdidas y deterioro de documentos que tan tristemente nos han caracterizado.

lleva a los padres provinciales a pedir a Roma que se les envíen especialistas no solo para esas regiones, sino también para asistir a las instituciones jesuíticas que estaban en las ciudades coloniales, las cuales contaban con pocos de ellos.

Se conoce como *Materia Medica Misionera* a un conjunto de manuscritos de herboristería que circularon en el siglo XVIII por las misiones jesuíticas de América del Sur.[11] Estos manuscritos, en la actualidad, se encuentran dispersos en archivos y bibliotecas europeos y americanos. Los debates en torno a la relación que existe entre ellos y su autoría fueron prolongados.[12] Los últimos estudios estarían avalando que pertenecerían a un mismo *corpus*. Se trata de escritos que fueron copiados y modificados por los misioneros a lo largo del siglo XVIII. Esta comprensión de autoría general, sin embargo, debe matizarse a partir de la presencia de dos figuras notorias como Pedro Montenegro y Segismundo Asperger, principales autores o al menos recopiladores de escritos medicinales.

Otro de los saberes íntimamente relacionado con la práctica misional fue la cartografía y la geografía en general. Como se sabe, los jesuitas fueron viajeros incansables y dejaron testimonio escrito de lo que sus ojos habían visto. Nicolás Mascardi, Thomas Falkner, José Cardiel, el padre Antonio Sepp, Joaquín Caamaño, entre otros, han dado los primeros testimonios de regiones vírgenes a la mirada europea. Algunas de sus textos fueron acompañados con gráficos y mapas de estas regiones desconocidas.[13] El aprendizaje de las lenguas indígenas por parte de los jesuitas fue fundamental entre los saberes de la conversión. De allí que una

---

[11] Para la publicación de los manuscritos encontrados en España ver Martín Martín y Valverde 1995. Y los manuscritos encontrados en Argentina, Montenegro (1945).
[12] El debate se inició en el siglo XIX. Participaron Pedro Arata, Domingo Parodi, Manuel Ricardo Trelles y Guillermo Furlong, quienes compararon los manuscritos y concluyeron que se trataba de la misma obra en distintas versiones (Rojas Acosta 1915: 133-138; Parodi 1886; Arata 1898; Hicken 1923; Schiafffino 1927; Furlong 1936).
[13] Ver Joseph Cardiel, "*Medios para reducir a vida racional y christiana a los indios infieles que viven vagabundos sin pueblo ni sementeras*" (Buenos Aires, Enero, 11 de 1748, ARSI, Paraq 24: 001- 009v). Del mismo Cardiel, *Carta y Relación de las Misiones de la Prov.[a] del Paraguay. Mi amatísimo P. y Maestro mio Pedro de Calatayud Buenos Ayres* (diciembre 20 de 1747, ARSI, Parq 24: 010 a 106v). De Joaquin Camaño, *Noticia de Gran Chaco* (ARSI, Paraq 13: 103). Y *Correspondencia* del Padre P. Joaquín Camaño (ARSI *Paraq. 12ª*).

parte central del núcleo de textos creados en la actividad misional esté conformado por lingüísticas, gramáticas y catecismos que aún se conservan en los archivos y bibliotecas de la región.[14]

Finalmente me voy a referir a las historias de Paraguay. La relación de la Orden con la escritura de la historia y específicamente la escritura de su propia historia fue una característica distintiva de los jesuitas. Las historias de los avances de las misiones fueron una parte fundamental del gran proyecto historiográfico de la Compañía. El modelo de la obra de José de Acosta, *Historia natural y Moral*[15] dio como resultado que todas estas producciones dedicaran un espacio a la descripción de las características naturales y etnográficas de las regiones antes de la llegada de los europeos. En cuanto a las historias de Paraguay disponemos de una enorme producción. Diego de Torre, el primer provincial en 1603 en Italia, escribió *Relatione breve della Provincia del Perú*. Antonio Ruiz de Montoya, escribió *Conquista Espiritual del Paraguay hecha por los religiosos de la Compañía de Jesús en la Provincia de Paraguay, Uruguay, Paraná y Tape* que se publicó en España en 1639. El Padre Nicolás del Techo, *Historia Paraguariae* que publicó en 1673, Pedro Lozano escribió *Descripción Corográfica del terreno, ríos, árboles y animales de los dilatadísimos país del Gran Chaco Gualamba en 1733 e Historia de la Conquista*. Todas estas obras contenían valiosa información sobre la naturaleza y la geografía de América del Sur.

Una mención aparte merece la producción de los jesuitas exiliados, las completísimas obras de José Guevara, José Sánchez Labrador, José Jolis, Martín Dobrizhoffer, Florian Pauke, Thomas Falkner, y José Cardiel.[16] Los decretos de extrañamiento y expulsión desarmaron la

---

14 Ver José Sánchez Labrador, *Gramatica et Doctrina Vocabulario de la lengua Eyigùayegi* (ARSI, Paraq. 20). Existe una edición de esta obra (Sanchez Labrador 1972b). Ver también Antonio Ruiz de Montoya [1639-1640] 1876. Ediciones más recientes del *Arte* y el *Vocabulario* por el Centro de Estudios Paraguayos « Antonio Guasch » de la ciudad de Asunción (1993, 2002).
15 Acosta 1591.
16 La mayoría de estos autores no lograron publicar sus obras en vida, sin embargo, posteriormente algunas fueron publicadas. Es el caso de la *Historia* del jesuita José Guevara, parcialmente publicada por Pedro de Angelis. Esta fue publicada en versión completa por primera vez en 1882 con estudio preliminar de Andrés Lamas (Guevara 1882). Ver tambien Falkner 1774, versión en español con traducción y notas de Samuel A. Lafone Quevedo y estudio preliminar de Canals Frau (Falkner [1774] 1914, 1935, 1957); Paucke 1943; Do-

estructura eclesiástica, escolar y también científica liderada por los jesuitas. Sin embargo, paradójicamente, esta fue una época de una enorme producción textual en la que los autores jesuitas lucharon para no dejarse expulsar de los debates científicos del momento. Las propuestas textuales que aparecieron en el siglo ilustrado van a carecer de la coherencia y unificación que caracterizaron a los textos e informes de los siglos anteriores. Las narraciones, sus ediciones y las respuestas a los debates respondieron a la suerte de los autores que sin el sostén de la orden recurrieron a estrategias personales para publicar y dar a conocer sus textos.

Todas estas obras tuvieron como meta clara: relatar al mundo los éxitos y los sacrificios de los jesuitas como misioneros, pero además, ofrecer nuevos conocimientos relacionados con el saber natural. Se describieron los lugares, las plantas, los animales, los minerales, los fenómenos climáticos ordinarios y portentuosos (temblores de tierra, erupciones de volcanes, etc.), ofrenciendo en muchas de estas obras mapas, planos, dibujos. En algunos textos se pueden encontrar observaciones astronómicas y referencias a hallazgos de fósiles. Las obras tambien plasman debates científicos de la época, que los autores jesuitas conocieron y en los cuales incluso llegaron a participar, como en el caso de la conocida polémica sobre la naturaleza de América.[17]

En este sentido, los misioneros jesuitas fueron en sus escritos activos impugnadores de las ideas antiamericanistas. Al respecto las obras de Javier Clavijero, Juan Ignacio de Molina, Juan de Velazco fueron las más visitadas.[18] Los autores novohispanos promovieron una "leyenda blanca" del continente americano en lo referente a su naturaleza y aun

---

brizhoffer [1784] 1968; Sánchez Labrador 1910, 1936, 1948, 1968, 1972a; En el ARSI puede encontrarse de José Sánchez Labrador, el manuscrito *El Paraguay Natural Ilustrado. Noticias del Pays con la explicación de phenomenos physicos, generales y particulares; usos utiles que de sus producciones pueden hacer varias artes*, Rabena (1770- 1776, 4 tomos, ARSI, Ms Paraq. 16, 17, 18, 19), y el "Diario del P. Giuseppe Sanchez Labrador, Misionero Gesuita della Provincia del Paraguay, dalla Riduzzione di Nostra Signora di Betlemme sul Fiume Ipanè alias Guarambare a la Citta della Azunzione Capitale del Paraguay" (ARSI, Paraq 13). El ensayo de Jolis sobre el Chaco, en su primera edicion de Faenza se titula *Saggio sulla storia naturalle della Provincia del Gran Chaco, e sulle pratiche, e su' costumi dei Popoli che l'abitiamo, insieme con tre giornali di altrettanti viaggi fatti alle interne contrade di que' Barbari*. Faenza: Lodovico Genestri (Jolis [1789] 1977).
17 Gerbi 1955.
18 Clavijero [1780-1781] 1997; Molina [1776] 1987; Velazco [1789] 1998.

también en el plano de sus posibilidades culturales. Los jesuitas contribuyen a la conciencia de la "singularidad novohispana" a la que alude Octavio Paz, que comienza a desarrollarse en el Mexico colonial desde el siglo XVI, hasta que la expulsión de la orden quiebra dicho proceso, marcando desde entonces una fuerte relación entre literatura y exilio, que tendría una dilatada historia en América Latina.

La inferioridad del Nuevo Mundo en la Nueva Historia de América

La polémica del Nuevo Mundo fue una prolongada discusión que arrancó en 1750 manteniendo un altísimo nivel polémico hasta por lo menos mediados del siglo XIX. Tuvo como protagonistas a George Louis Leclerc, conde de Buffon, De Pauw, Robertson y Raynal. Estos autores polemizaron con historiadores y naturalistas españoles, americanos y numerosos autores jesuitas.

Buffon fue un reconocido naturalista y una las figuras centrales de la Ilustración francesa que produjo una monumental obra de treinta y dos volúmenes en la que intentó lograr una síntesis de todo el conocimiento disponible hasta el momento acerca de la naturaleza que rodeaba al hombre. En su extensa obra trataba desde el origen y evolución de nuestro planeta hasta la estudio de la biología de los animales más exóticos. Su reflexión en torno a la naturaleza americana siguió una línea de pensamiento muy clara. Buffon comparaba la naturaleza americana y la del viejo continente afirmando que América era joven e inmadura y por esto inferior. El clima y la humedad determinaban que las formas de vida fueran inferiores a las del viejo continente. Antonello Gerbi en su maravillosa obra *La Disputa del Nuevo Mundo* recorrió con una envidiable erudición todas las filiaciones y las derivaciones de estas ideas en un amplísimo arco temporal.

La radicalización de las teorías de Buffon apareció con los trabajos de Corneille De Pauw.[19] En 1768 se publicó en Berlín *Recherches* donde

---

19 De Pauw 1768. De Paw también criticó la sinología del momento y le aplicó su método para analizar las fuentes y desacreditar los testimonios de los testigos. Su trabajo tuvo éxito y por ello lo invitaron a escribir el artículo sobre América en *L'Encyclopédie*.

adhiere a las ideas buffonianas sobre la naturaleza americana. El determinismo climático era un nudo central en sus argumentaciones,[20] la degeneración y bestialidad del americano eran causadas por su naturaleza débil, corrompida e inferior. Sólo los insectos, las serpientes, los bichos nocivos habían prosperado y eran más grandes, gruesos, temibles y numerosos que en el viejo continente. Pero todos los cuadrúpedos, los pocos que allí se encontraban, eran más pequeños. Esta línea de argumentación e hipótesis sobre la inferioridad de la naturaleza del indígena americano se encuentra también en otros dos "historiadores de América": el Abate Raynal[21] y William Robertson.[22] Ambos autores gozaron de un importante éxito editorial y fueron fundamentales en la *Disputa del Nuevo Mundo*. También argumentaban un determinismo climático para justificar la inferioridad de ciertas razas, confirmaban y difundían la inferioridad de América en su totalidad (botánica, zoología, geografía y principalmente población originaria). Todas estas obras implícita o explícitamente polemizaban con los relatos de los misioneros y con los admiradores del buen salvaje.

Cañizares Esguerra[23] retomó los temas de Antonello Gerbi, poniendo el foco en el nacimiento de una renovada historia del Nuevo Mundo que introdujo novedades epistemológicas. Considera que De Paw, Raynal y Robertson establecieron un nuevo arte en la lectura de la documentación que se caracterizó por el alto grado de escepticismo acerca de los relatos e historias realizadas por cronistas y misioneros. Las historias de América existentes fueron cuestionadas, y fue abandonado el modelo renacentista, que privilegiaba los testimonios visuales y directos. El nuevo modelo epistemológico se caracterizó por realizar una crítica a la coherencia interna de las fuentes y testimonios. De tal modo, los cronistas españoles y misioneros sujetos a esta crítica fueron considerados

---

20 Montesquieu fue quien primeramente fijó relaciones deterministas entre climas e instituciones y costumbres. En relación a América, la humedad y el clima tropical como determinante para explicar la naturaleza americana y las características de los indígenas ya había sido esbozado en algunos casos y en otros desarrollados por autores anteriores como Gonzalo Fernández de Oviedo.
21 Raynal 1781. Raynal siguió los lineamientos de De Paw, su obra fue un verdadero *best seller*.
22 Robertson 1777. El trabajo de Robertson intentaba descifrar la expansión de Europa a América, estuvo a la sombra de Paw y Raynal.
23 Cañizares Esguerra 2001.

ignorantes, crédulos y en el mejor de los casos sus relatos fueron acusados de ser interesados o patrióticos.

Al minimizar el uso de los testimonios directos la nueva historia recurrió a la utilización de otras formas de evidencia inaugurando lo que Cañizares Esguerra llamó *Historia Conjetural y Filosófica*, la cual descartó el modo humanista de escribir historia. Sin la autoridad de los primeros cronistas, se encontró la autoridad epistemológica en el soporte dado por la lingüística, la biología, la historia natural y la geología. De Paw juzgó a América a través de sus teorías sociales o biológicas, apoyándose en las teorías climáticas de Buffon y despreciando los testimonios de primera mano de los cronistas españoles.

Cañizares Esguerra considera que el debate epistemológico posibilitó el nacimiento de un nuevo género, el *viaje filosófico*.[24] El género de viajes, por otro lado muy difundido y popular, gozaba de escritores y lectores desde el siglo XVI y XVII, aunque ya en los inicios del siglo ilustrado pasó por una crisis de credibilidad, quedando ligado a la literatura maravillosa (la asociación entre viajeros y mentirosos eran un lugar común),[25] por lo que de esta situación emergió renovada. La literatura de viajes que surgió en la segunda mitad del siglo XVIII, pudo relacionarse o no con las expediciones científicas, pero siempre tuvo que ver con las historias naturales. La recolección de ejemplares, la construcción de colecciones, la denominación de especies nuevas, el reconocimiento de las conocidas, eran un tema obligado en los textos. La descripción natural había tenido lugar en el género pero fue con el proyecto global de clasificación linneana que la observación y la catalogación se torno narrable.[26] El protagonista era el hombre, europeo, culto, urbano, que viajaba a tierras exóticas, que contaba con el uso de la razón e instrumentos auxiliares a la percepción humana, la presentación de los informes seguía el modelo de *matter-of-fact*, al que refieren Shapping y Shaffer.[27] Es decir

---

[24] Cañizares Esguerra (2001: 11-60).
[25] Sobre la crisis de credibilidad de la literatura de viajes y la aparición de la literatura de viajes científica también se puede consultar Pimentel (2003).
[26] Pratt (1997: 58).
[27] El libro de Shapin y Shaffer (2005) revolucionó el campo de la Sociología de la Ciencia. Este citadísimo libro presenta los triples dispositivos tecnológicos que funcionaban para sostener *matters-of-facts*. Por un lado, la presencia de dispositivos materiales para realizar los experimentos, pero los autores apuntaron a probar la existencia de una tecnología tex-

que el nuevo modelo de veracidad científica, se construyó con el uso de nuevas técnicas retóricas y visuales como la iconografía, nomenclatura linneana, cálculo, trigonometría esférica, lenguaje experimental e instrumentos de precisión.

Paraguay y la polémica del Nuevo Mundo

Los padres jesuitas que escribieron sobre la provincia jesuítica de Paraguay sobresalieron por su inmensa producción sobre historias naturales y verdaderas etnografías. Luego de la expulsión, José Sánchez Labrador, José Jolis, Martín Dobrizhoffer, Florián Pauke, Thomas Falkner, José Manuel Peramás, José Cardiel dejaron obras voluminosas. Las distancias con el caso de los jesuitas novohispanos fueron marcadas, si bien todos sufrieron el mismo trauma de la expulsión. Salvo en el caso del santafecino Francisco Iturri, los autores que escribieron sobre Paraguay eran todos europeos. Aún así, la impugnación y la respuestas a los historiadores de América fue también un eje importante de sus producciones.

Me referiré principalmente a dos figuras, José Jolis y José Sánchez Labrador. El sacerdote español José Jolis fue misionero en el río Salado, brindó una descripción general de la región del Chaco. Tenía como claro objetivo polemizar con los ilustrados del norte y matizar las afirmaciones de las primeras descripciones que los jesuitas habían dado de los habitantes de esta región, resaltando que los años de misión habían obtenido algunos logros como la suavización de "costumbres bárbaras" como el canibalismo, el infanticidio y los rituales iniciáticos violentos que, con la prédica de los misioneros, si bien no habían desaparecido totalmente por lo menos se habían vuelto excepcionales. Desde el prefacio de su obra[28] aclara que, para componer su ensayo, tuvo en cuenta

---

tual y social, la cual contaba de una teoría y práctica del testimonio que garantizaba la realidad de los hechos, y de un modo de escritura que apelaba a la construcción de un lector como testigo virtual de un experimento. (Shapin, y Schaffer 2005).
28 Jolis [1789] 1977.

la imagen deplorable y poco ventajosa que algunos ofrecen de todo ese continente, pues dice que su clima es de tal manera nocivo, que hace degenerar no solo a los hombres, sino también a los animales, plantas y árboles transportados desde Europa, cosa que afirman asimismo de las fieras que en el tienen sus origen, de los pueblos infieles que lo habitan, y finalmente de los criollos o hijos de europeos nacidos en América.[29]

El objetivo declarado de la obra fue enmendar los *errores y disparates de los señores enciclopedistas*.[30] En su obra, se centró en la autoridad obtenida por el estudio de caso, la experiencia personal y las largas estadías frente a las informaciones de segunda mano o de viajes cortos, señalando los errores de autores consagrados como Bufón, D'Alembert, De Paw, Bourguer, entre otros. Jolís refutaba en su obra los datos errados, las calificaciones absurdas sobre el clima y la idea acerca de la imbecilidad de hombre americano.

También ingresó al debate epistemológico. Al introducir la parte natural aclaraba desde el principio de la obra que conocía cuál era la forma usual de escribir sobre la materia pero que él había elegido expresamente una forma retórica más tradicional. Jolis señalaba los límites de su empresa al afirmar que no era de profesión botánico ni naturalista sino solamente un misionero que -mientras cumplía con sus labores y ministerios- había observado la naturaleza sin contar con instrumentos como microscopios, telescopios y demás útiles. El autor dejaba sentado que conocía perfectamente el procedimiento moderno para escribir una historia natural pero que había elegido otro camino y posiblemente para no despertar crítica recordaba *"yo no escribo para facultativos"*. Jolis demostraba conocer bien los presupuestos necesarios del *viaje filosófico* pero apelaba a la benevolencia de los lectores para que aceptasen su trabajo aun cuando carecía de mapas, dibujos, diagramas con clasificaciones y observaciones fundamentadas con instrumentos para mediatizar las observaciones. Sin embargo, seguidamente dejaba abierta la posibilidad de que no fuera el método moderno en realidad más útil que el suyo:

---

29 *Ídem*: 3-4
30 *Ídem*: 59, 477, 481.

> Se que en este siglo, que tantos se dedican al estudio de cosas naturales, se han dado normas según las cuales no es licito tratar y dar a los libros o escritos los títulos de Historia Natural, Ensayo de Historia Natural u otro semejante, cuando su autor no haya el cuidado y el trabajo de observar con microscopio la más minuciosas particularidades y describirlas de inmediato con prolijidad, según el método y las clases del Sr Linneo.[31]

Al reconocer sus límites también defendía sus herramientas metodológicas: la larga estadía, la observación directa, el conocimiento basado en la experiencia. En su obra Jolis se esfuerza por aclarar la variedad y calidad de climas y suelos, la fertilidad del suelo americano y demostrar los errores no solamente de la teorías sino también de los datos concretos, como también el matizar afirmaciones corrientes acerca de la naturaleza americana. De las alimañas, dice, *"no existen en tan gran cantidad, ni son de tamaño tan sorprendente, ni tan dañosos como pretenden los dos Modernos Escritores"*.[32] En el capítulo que trata acerca de las plantas domesticadas Jolis describe la fecundidad del maíz plantado en la región *chaquense*, repasa sus variedades y llega a afirmar que tienen tres cosechas al año. También da cuenta del cultivo de la papa, tomates, pimentón (ajíes), mandioca, arvejas, habas, calabazas y otros vegetales y repasa los frutos comestibles. Jolis resume la variedad, tamaño y producción de esta manera:

> Si lo señalado en torno a los frutos y árboles alimenticios del Chaco no es suficiente para volver América superior al Antiguo Continente, debe bastar por lo menos a no hacerla inferior, aunque yo creo que no le cede, pues solo he reflejado lo que me fue dado ver y gustar de sus frutas y cuyo nombre no recuerdo mas porque ha pasado algunos años.[33]

También responde a las teorías sobre la inferioridad del habitante de América, afectado por el clima nocivo del nuevo continente:

---

31 *Ídem:* 335.
32 *Ídem:* 211.
33 *Ídem:* 97.

También es digno de anotarse para el investigador Sr. Paw, que un clima de esa humedad no daña el vigor del cuerpo, ni mucho menos el de las mentes. Allí nacieron y se criaron los Siburi, los Maciel, los Gaetti y muchos otros de excelente ingenio, bien conocidos en esa zona. Allí está otro no menos conocido en Europa, el P. Buenaventura Suárez, cuyas observaciones Astronómicas, como se puede ver en las Actas de la Sociedad de Upsala, en Suecia, en los años 1741-42, fueran estimadas y muy elogiadas por el celebre Astrónomo Wargentin.[34]

Jolis como los jesuitas novohispanos con los cuales compartía el destierro en Italia defendía no sólo el clima y la naturaleza de América, sino también a sus habitantes los cuales eran capaces de ofrecer cultura y conocimientos científicos.

Pasemos ahora a la obra del jesuita Sanchez Labrador. En el *Paraguay Natural*, desarrolla claramente el tema del determinismo geográfico.[35] La estrategia para atacar el antiamericanismo se establece a partir de su propia experiencia, observación y estudio de caso. Como otros de los padres jesuitas polemistas, se situó en el plano local para discutir en la *Disputa del Nuevo Mundo*. Su punto de abordaje alternativo fue el de observación directa, clasificación propia y estudio de caso para invalidar las generalizaciones de los *antiamericanistas*. De tal modo, describe la variedad de climas, animales y plantas refutando así la visión de la naturaleza pantanosa e infértil de América. Cuando se refiere a Paraguay, propiamente dicha, las selvas de la región del Chaco y Tucumán utiliza en su referencia los términos de: *innumerable variedad, admirable fertilidad, abundancia de simientes, belleza de colores*. La connotación negativa de la humedad es invertida positivamente "*La primera cosa que se presenta a la vista de las selvas de Paraguay es el gracioso verdor de las hojas de casi todos sus árboles y plantas, ni el frío las caen, ni los ardientes rayos del sol las marchitan ni les privan lozanía*".[36] La inversión de los argumentos es evidente, la humedad en vez de degenerar la naturaleza de sus habitantes los hace de temperamento *fresco* y *saludable*; más adelante nos aclara "*lo dicho es suficiente para probar que en todas las plantas y en cada una de su partes, no necesita de otra cosa que la humedad y el calor proporcionado para desenvolverse y hacerse otras plantas perfectas semejantes a sus madres, y tan regulares como*

---

34 *Ídem*: 342.
35 ARSI, Ms Paraq. 16, 17, 18, 19.
36 ARSI, Ms Paraq. 17: 067v.

ella.[37] Luego avanza describiendo los jugos, resinas, gomas y bálsamos que ofrecen las selvas para concluir su argumento: *"A tiempo es una delicia caminar por la selva del Paraguay. Recrear el olfato, no obstante la fatiga de todo el cuerpo, los fragrantes efluvios, despedidos de los Bálsamos, que brotan de diversos árboles"*.[38] Sánchez Labrador, de tal modo, convierte la selva americana en un paisaje paradisíaco y acogedor.

Pero el autor aclara que Paraguay no sólo cuenta con selvas sino con otros microclimas en el que abundan la leche, la carne y el cuero de una calidad que no tienen nada que envidiar a los que se consumen en el Viejo Continente.[39]

Las referencias a Buffon son muchas, pero siempre en tono laudatorio: *La excelente pluma, su maravilloso estilo, la exactitud de sus observaciones*. Nuestro autor no se introduce en una polémica franca con tan reconocido autor. En cambio no escapa del combate abierto con Raynal y Robertson. Sobre el tratamiento que los *historiadores americanos* dan al problema de los pueblos indígenas y las reducciones de Paraguay, Sánchez Labrador declara que ambos autores son parte de la conspiración antijesuítica y agentes de los intereses paulistas.[40] Hace referencias abiertas a la polémica sobre la decadencia de los animales causada por la humedad y la frigidez que causa el clima. Reconoce alguna validez en parte de estas argumentaciones. Así, el autor, comienza reconociendo que en América hay menos animales y que los cuadrúpedos son más pequeños y menos feroces. Es interesante cómo invierte el problema y cómo utiliza el determinismo geográfico cambiando de signo las consecuencias. *"La benignidad del clima de Paraguay, que parece influye en el crecer poco sus peculiaridades de animales (si se exceptúa a amphybios y algunos culebras) influyen en mitigar su ferocidad*.[41] De tal manera, acepta los argumentos sobre la carencia y pequeñez de los grandes mamíferos pero no lo considera un problema, sino una ventaja de la naturaleza americana.[42] También sus descripciones y conocimientos del tigre americano o

---

37 Ídem: 069.
38 Ídem: 070.
39 Ídem: 084.
40 ARSI, Ms Paraq. 16: 28.
41 ARSI, Ms Paraq. 18: 227.
42 Gerbi analiza los componentes subjetivos en Bufón, sobre su preferencia de los animales grandes y su aversión por los pequeños (1955: 21-29).

yaguareté y otros cuadrúpedos invita a matizar la hipótesis de la menor ferocidad: "*los cuadrúpedos en estas regiones americanas ni son tan chicos ni tan cobardes como pretende Robertson*".[43]

Seguidamente pasa a tratar el tema de los animales domésticos traídos por los europeos a la América. En su descripción zoológica ya se encargó de resaltar la abundancia y bondades de cuadrúpedos y aves adaptados que se reproducen en las "*maravillosa praderas*", "*los verdes bosques y selvas*" y al clima benigno de la América. Ataca abiertamente la idea de la decadencia de los animales domésticos europeos en el suelo americano, como también el planteo de la frigidez de las zonas tórridas.

Podemos concluir que en Paraguay los jesuitas desarrollaron saberes, conocimientos e inclusive prácticas de las llamadas ciencias modernas pero a diferencia con lo ocurrido en Europa e incluso en las misiones asiáticas, los conocimientos que despuntaron no se relacionaron a escuelas o universidades, ni a los contenidos de la *Ratio Studiorum*. El saber de esta zona se relacionaba más bien con las necesidades de la misión: materias médicas, lingüísticas, informaciones geográficas, etnográficas y naturales de esta exótica región que interesaba enormemente al público europeo.

Los jesuitas del Paraguay tuvieron puntos de contacto con los novohispanos.[44] En principio la experiencia del exilio, pues sus obras están llenas de referencias al dolor y la nostalgia por la tierra de la que fueron expulsados,[45] aun cuando en su inmensa mayoría fueron europeos. Para el caso de los jesuitas novohispanos Silvia Vargas Alquicira considera a los exiliados como el primer paso de la literatura de la región. La autora cree que esta nueva sensibilidad literaria puede vislumbrarse desde el siglo XVII. Los escritores criollos y españoles acriollados trataban en sus obras sobre temas como la naturaleza de América, la ciudad de México, la cultura indígena y la Virgen de Guadalupe. A través del desarrollo de estos argumentos dieron a conocer al público europeo las mara-

---

43 ARSI, Ms Paraq. 18: 227v.
44 La bibliografía sobre este tema es abundante: Navia Méndez-Bonito 2005; Torrales Pacheco 2005; Domínguez 2007; Rey Fajardo 2007; Torales Pacheco 2007. Para el caso de la polémica del Nuevo Mundo en escritores novohispanos ver Suárez 2006; Higgins 2000.
45 En todas las obras los jesuitas demuestran nostalgia por América, quizás por su calidad de escritores, el dolor del destierro está exquisitamente desarrollado en las obras del catalán Peramás (*Annus Patiens*, MDCCLXVIII. ARSI, Paraq. 21; Furlong 1952).

villas americanas. Este movimiento también expresó las tensiones existentes entre criollos y españoles. Siguiendo estos planteos, la singularidad novohispana, posteriormente, dio paso -ya en el siglo XIX- a un reconocimiento de la identidad nacional y los jesuitas expulsos dirigieron este movimiento a su madurez.

El caso de los jesuitas expulsos del Paraguay marca ciertas distancias. Sin duda exilio y defensa del programa misional une a escritores novohispanicos y jesuitas del Paraguay. Los acercaron las estrategias epistemológicas: la crítica a los nuevos criterios de la *historia conjetural* y de los *viajes filosóficos*; la defensa de los criterios humanistas en los que fueron formados, la importancia del testimonio visual, la experiencia de primera mano, y otro rasgo fundamental, la importancia dada el recurso lingüístico. Los padres misioneros conocían los idiomas nativos y por eso sus testimonios eran de primera mano, elemento que los autorizaba para interpretar debidamente las costumbres y cultura de los indígenas. En otros temas Paraguay toma verdadera distancia con el caso novohispano. Las etnografías americanas no construyeron esta zona como un lugar de la cultura. Es difícil encontrar la idea de Paraguay como el lugar que brille por sus luces, ni la relación con el surgimiento de esta literatura con un sentimiento identitario. Tampoco estos escritos se vincularon fácilmente con el sector criollo ni con una sensibilidad de la "singularidad paraguaya o argentina". Sin embargo, en estas obras, se puede encontrar una evidente intención de promocionar las maravillas de América del Sur, plasmada en las reducciones jesuíticas, el gran proyecto de la Compañía. Las etnografías jesuitas criticaron la determinación biológica de los amerindios, las teorías etnográficas de Buffon y De Pauw, sobre la debilidad, degeneración y determinismo ambiental de la población local. Utilizaron ejemplos concretos de capacidad laboral, logros productivos y militares de guaraníes y abipones, pero resaltaron también la importancia de la regulación y control de la Orden sobre esas poblaciones. Los padres del Paraguay les reconocen a los indios capacidades, talentos y bondades, pero consideran indispensable su dirección. Por eso, en estas obras, aparece el reiterado lamento por la pérdida de ciento cincuenta años de tarea misional. A América del Sur se le debía la defensa y la alabanza de su naturaleza, pero en el orden cultural, las maravillas provenían de lo europeo. La naturaleza americana y sus bondadosos habitantes debían tener el control y la posesión europea para su florecimiento *"Debe pues, que-*

dar bastante compensada la América, si en cambio de sus Frutos, conducidos a la Europa, esta le envía libros, llenos de erudición y doctrina con que ilustra su Naturaleza y Producciones, enseñándole a valerse de ellos y a acompañar en los sudores a los sabios de la Europa".[46] Este pasaje de Sánchez Labrador es ilustrativo de esta relación de dependencia de América del sur frente a Europa.

---

46 Vargas Alquicira 1986. También se puede consultar Osorio Romero 1981; Heredia Correa 1994.

HISTORIA NATURAL Y FARMACIA MISIONERA ENTRE LOS JESUITAS EN EL PARAGUAY

Sabine Anagnostou y Fabian Fechner

La historia natural y la farmacia misionera pueden ser consideradas las dos facetas principales del naturalismo jesuítico en América del Sur. Ambas constituyen estrategias para observar y describir la naturaleza americana de manera profunda y erudita. En este artículo analizamos las relaciones que mantienen *entre* la tradición europea y la nueva experiencia americana a partir del caso de la Provincia jesuítica del Paraguay. Cabe aclarar, sin embargo, que no pretendemos considerar aquí a la historia natural y la farmacia misionera como precursoras deficientes de las ciencias actuales, o como copias insuficientes de los modelos europeos, sino como formas independientes de la historia de la ciencia, cuyas singularidades deben destacarse. Discutiremos entonces a partir de la evidencia de un cuerpo de fuentes principales que incluye herbarios, tratados de medicina y crónicas, siguiendo las figuras singulares de algunos misioneros jesuitas.

Un rasgo unificador del análisis es que los médicos y naturalistas jesuitas estiman a los indígenas como seres humanos educables, aptos para recibir la fe cristiana y la cultura europea en el contexto de la evangelización. La transferencia que hacen los religiosos del saber indígena –poniendo prácticas tradicionales de los indios en moldes conceptuales europeos–, busca adaptarlo al público europeo para que éste pueda comprender aspectos del continente ajeno y remoto, valorizándolos y usándolos. Es así que los dos mundos comienzan a aproximarse –pero siempre bajo el foco selectivo de los misioneros, pues se comprende lo comprensible y se omiten los residuos de la "barbarie" y de la "idolatría".

La historia natural como marco metodológico de la percepción de la naturaleza

La expresión "historia natural" no se refiere a una forma primitiva o insuficiente en la evolución de las ciencias, sino a un parádigma del mismo valor histórico que los subsiguientes que caraterizó la observación y la descripción de fenómenos naturales hasta fines del siglo XVIII.[1] El término se formó con el título de la obra clave de Plinio Segundo (23-79), *Naturalis historia*, y se divulgó como traducción directa en las lenguas europeas (por ejemplo "natural history", "histoire naturelle", "Naturgeschichte", "storia naturale", "história natural"). Hay que tener en cuenta que el término puede significar una obra concreta o la materia en general.[2] Además, se puede ignorar un significado común de la "historia natural" en las lenguas romances que surgió a principios del siglo XIX. En los nombres de muchos museos y revistas, se conserva la "historia natural" como conjunto de las ciencias modernas como geografía y biología. Esta faceta de la expresión no tiene nada que ver con el significado tratado aquí. Finalmente, una meta esencial de la historia natural era la "dilectatio" del lector, como ayuda moral y pasatiempo. Así, tenía una intención en común con la "historia moral" y la historia en general, por lo menos hasta fines del siglo XVIII, cuando se formó la historiografía moderna.[3]

Aquí se tratarán algunos ejemplos para explicar y aclarar el concepto del "naturalismo" y de "historia natural" en la provincia jesuítica del Paraguay, sobre todo las obras de José de Acosta (1540-1600), Antonio Ruiz de Montoya (1585-1652) y José Sánchez Labrador (1717-1798). Se eligen estos ejemplos para describir los tres tipos fundamentales del uso y del carácter de la historia natural en la Compañía de Jesús en el Paraguay: la explicación de la naturaleza americana al primer contacto con el "otro", la naturaleza como trasfondo en un contexto primordialmente político y, finalmente, la naturaleza a la luz de la ciencia ilustrada.

Aunque no sea una obra únicamente sobre el Paraguay, la *Historia natural y moral de las Indias* del padre José de Acosta representa un libro clave en este caso. Se puede ver como modelo y base de la historia natu-

---

1 Zedler 1995.
2 Kambartel 1984; Müller-Wille 2008.
3 Koselleck 1989.

ral del Paraguay, tanto en la retórica como en el método. La obra creó muchos conceptos teóricos, tuvo una amplia divulgación y fue utilizada como enciclopedia entre los jesuitas en América.[4] Se compone de siete libros que tratan de las "novedades" de las Indias relacionadas con los escritores antiguos y la biblia, tres "elementos y simples" aire, agua y tierra –falta el fuego– y los tres "compuestos y mixtos", los metales, las plantas y los animales. Son relacionados entre sí, describiéndose los metales "como plantas encubiertas en las entrañas de la tierra" y las plantas "como animales fijos en un lugar".[5] El libro termina en la "historia moral" del Nuevo Mundo, es decir en las costumbres sobre todo de los indígenas en México y en el Perú.[6]

Aunque abunde en detalles, ejemplos y discursos teóricos, presenta varios rasgos unificadores. Primero, Acosta propone a la "historia natural" como camino hacia Dios:

> Toda historia natural es de suya agradable, y a quien tiene consideración algo más levantada, es también provechosa para alabar al Autor de toda la naturaleza [...]. Quien pasare adelante y llegare a entender las causas naturales de los efectos, terná el ejercicio de buena filosofía. Quien subiere más en su pensamiento, y mirando al Sumo y Primer Artífice de todas estas maravillas, gozare de su saber y grandeza, diremos que trata excelente teología.[7]

Aparte de este concepto amplio, hay otra intención fundante: la diversión del lector.[8] Para comprender mejor la noción de "historia", hay que tener en cuenta que Acosta la opone a los "sueños", la "alegoría" y la "fábula". Así, enfatiza el aspecto de la realidad sin hacer hincapié en la evolución y el progreso, como el historicismo del siglo XIX.[9] En cuarto lugar, se debe observar un entendimiento específico de la "regla". Explicando las características del clima en las Indias, el autor señala: "Siendo así que en las causas naturales y físicas no se ha de pedir regla infalible y matemática, sino que lo ordinario y muy común eso es lo que hace regla

---

[4] Acosta 1792: XII; Acosta 2006: XVII-XXXI.
[5] Acosta ([1590] 2006: 99, 140, 157, 208).
[6] Sievernich (1990: 300)
[7] Acosta ([1590] 2006: 99); Sievernich (1990: 310-311); Anagnostou (2000: 110-117).
[8] Acosta ([1590] 2006: 9).
[9] Ídem: 66, 70).

[...]".[10] Por último, la naturaleza está ordenada por una jerarquía estricta, "sirviendo siempre la naturaleza inferior para sustento de la superior y la menos perfecta subordinándose a la más perfecta".[11]

En la obra, se puede observar la fusión de la tradición escrita y las observaciones personal y contemporánea. Por un lado, se refiere entre otros a la *Naturalis historia* de Plinio, la *Historia del mar Eritreo* de Agatárquides de Gnido (181-146), algunos escritos de Aristóteles (384-322) y Teofrasto (c. 372-287), la Biblia, *Da Asia* de Juan de Barros (1496-1570), *Cuatro libros de la naturaleza y virtudes medicinales de las plantas y animales de la Nueva España* de Francisco Hernández (1514-1578), *De Consolatione Philosophiae* de Boecio (c. 470-c. 524) y la *Bibliotheca* de Focio (c. 820-891).[12]

Por otro lado, se basa en la propria experiencia, el testimonio de conocidos, cartas recibidas y actas de las autoridades españolas.[13] Más que compilar y mezclar simplemente estos conocimientos con su saber sólido en filosofía y letras, el autor confronta y compara la tradición con la experiencia dialécticamente y desenvuelve así un nuevo "método de comprensión".[14] Acosta nombra abierta y claramente las contradicciones entre los conocimientos de la antigüedad y del presente al discutir si la "tórridazona" de los "antiguos" es el Nuevo Mundo: "En esta línea Equinocial hallamos tantas y tan admirables propriedades, que con gran razón despiertan y avivan los entendimientos para inquirir sus causas, guiándonos no tanto por la doctrina de los antiguos filósofos, cuando por la verdadera razón, y cierta experiencia". Acosta prefiere un cambio metodológico lento y probado "porque no me determino a contradecir a Aristóteles si no es en cosa muy cierta".[15] De este modo reubica la curiosidad, que deja de ser un pecado como era en la filosofía medieval: "Y la alta y eterna sabiduría del Creador usa de esta natural curiosidad de los hombres, para comunicar la luz de su santo Evangelio, a gentes que todavía viven en las tinieblas oscuras de sus errores".[16]

---

10 Ídem: 85).
11 Ídem: 158).
12 Ídem: 99, 103, 105, 163, 164, 173, 186, 215).
13 Ídem: 151, 190).
14 Sievernich (1990: 301-303).
15 Acosta ([1590] 2006: 73, 92).
16 Ídem: 126); Schröer 1998: 759.

El tema central de la obra se manifiesta en la correlación entre la erudición clásica respectivamente bíblica y la experiencia nueva de las Indias. Los fenómenos del Nuevo Mundo poseen una concordancia básica con la Sagrada Escritura, por ejemplo la redondez del cielo, como se discute al principio de la obra. Además, el bálsamo que se produce en las Indias se puede usar como crisma en la iglesia por la igualdad con el bálsamo de Europa. Aun en el reino animal hay equivalencias: los caimanes de América corresponden con los cocodrilos en la obra de Plinio. En otros casos, el autor enfatiza una desigualdad total. A su parecer, la "piña" y el "pepino" en América no tienen nada que ver con las plantas españolas, solamente se pusieron nombres españoles a plantas exóticas. Lo mismo pasa con el "plátano": Acosta prueba que la planta americana no se puede identificar con la planta de este nombre en Plinio. Un criterio al observar y clasificar las plantas es su utilidad, que siempre se explica por la providencia y la justicia divina.[17]

En la *Conquista espiritual* de Antonio Ruiz de Montoya, la historia natural se posiciona en un marco definidor de la evangelización y de la política. Aquí, las informaciones sobre el reino natural no sirven primordialmente para explicarlo, sino para dar un contexto más amplio al lector europeo. La *Conquista espiritual hecha por los religiosos de la Compañía de Jesús, en las Provincias del Paraguay, Paraná, Uruguay y Tape* se publicó por primera vez en Madrid en el año de 1639. Del 1638 al 1643, el autor estuvo en España como procurador de la Provincia del Paraguay. En los capítulos II, III y VII, Ruiz de Montoya ofrece a modo de introducción un panorama general de la naturaleza en el Paraguay. Sobre todo, describe los reinos vegetal y animal. Empieza por describir la fertilidad de la tierra y las plantas útiles, sobre todo el trigo, la mandioca y el maíz. Detalladamente se explica el cultivo, el uso y las virtudes de la yerba del Paraguay. Los animales que llaman más la atención son las víboras, las culebras, los tigres y las antas.[18]

La *Conquista espiritual* es una obra de género mixto. Por un lado, expone rasgos de una crónica común, sobre todo el hilo cronológico y la limitación geográfica. En este sentido, la obra sorprende con una abundancia notable de datos, hechos de los misioneros e informaciones etno-

---

17 Ídem: 212, 131, 196, 199, 190, 211, 92, 192.
18 Ruiz de Montoya ([1639] 1989: 48-53, 63-67).

gráficas. Al mismo tiempo, la obra incluye un ímpetu fundamentalmente político que se puede hallar, más o menos explícitamente, en todas las partes del libro. El mensaje político está claro: los indígenas tienen que ser convertidos para terminar con la idolatría y el canibalismo. Además, la conversión de las tribus en el Paraguay, especialmente los guaraníes, es muy conveniente por su carácter y su voluntad.[19] Paralelamente, se enfatiza siempre el ideal del misionero infatigable, enérgico y sin necesidades. Todos los hilos narrativos terminan en el pedido: "Querrá el Señor que el dueño de esta viña, que es su Majestad católica envíe obreros".[20] En este contexto político, se emplaza la naturaleza como trasfondo maravilloso y, a veces, sobrenatural. Se revela una tensión de concepciones: por un lado, Ruiz de Montoya describe la cara exótica de la naturaleza americana, considerando el valor literario de su obra y la curiosidad del público europeo. Por otro lado, tiene que enfatizar que en el fondo, el mundo americano es el mismo. Los indígenas se caracterizan como seres razonables, aptos para adoptar la fe cristiana y la civilización europea.[21]

Existen varias crónicas sobre la historia y la política del Paraguay que abren el "teatro" de la narración con un esbozo del marco natural, como la *Histoire du Paraguay* (1756) de Pierre François X. de Charlevoix (1682-1761) y el *Compendio de la historia del Paraguay* (1780) de José Cardiel (1704-1781).

La obra de José Sánchez Labrador puede ser considerada como la culminación de la historia natural de los jesuitas en el Paraguay. En el Archivum Romanum Societatis Iesu, se guarda toda la obra inédita del autor, incluyendo los cuatro tomos del *Paraguay Natural Ilustrado*. En el primer tomo, se tratan la tierra, el agua y el aire, en el segundo, la botánica –entre otros, los campos, los árboles, las plantas sarmentosas y las hierbas–, y en los últimos dos tomos, Sánchez Labrador explica el reino animal.[22]

En la introducción del primer tomo, Sánchez Labrador define su concepto amplio de la historia natural:

> Si la Historia natural es universal, expresa un conocimiento, y la descripcion de todos los seres, y cosas, que componen el universo, cuanto en sí es: La his-

---

19 Ídem: 77, 131, 263, 208, 269, 276)
20 Ídem: 204).
21 Ídem: 198-200; Storni 1984.
22 Furlong (1948: 129-208); Sainz Ollero et al. (1989: 177-193).

toria de los cielos, de la Atmosphera, de la Tierra, de todos los phenomenos, que acontecen en el mundo, y aun la del mismo hombre.[23]

Usando la fórmula retórica de la *captatio benevolentiae*, el autor se niega a escribir una historia natural universal, sino la de un determinado país, el Paraguay. Para estructurar el tema, aplica las categorías propuestas por el naturalista irlandés Robert Boyle (1627-1692) refiriendo a "las cosas pertenecientes al Ayre, á las Aguas, al Cielo, y à la Tierra". Lo que sorprende es la inclusión de una parte sobre el hombre y de sus tradiciones en el libro sobre la "tierra". El resto lo transfiere por causas prácticas al "Paraguay Cathólico".

Dos tendencias ya mencionadas se expresan en el "Paraguay Natural Ilustrado" muy claramente: la utilidad y la discusión del papel de los antiguos. Para Sánchez Labrador, la utilidad de los recursos es un tema esencial: "La seca Noticia de la Naturaleza del Paraguay se mirará como una Relacion descarnada, y como un esqueleto sin substancia. Para evitar tal aridez, se ha procurado ataviarla, y como animarla, poniendo los usos utiles, que varias Artes pueden hacer, y efectivamente hacen, de sus Producciones en todas las classes".[24] Ya en Acosta se nota la cuestión de la "utilidad", pero mientras en él es sólo un aspecto entre varios, en el caso de Sánchez Labrador se expone como valor teleológico y tema unificador de la obra. De hecho, más adelante subraya la idea de la utilidad diciendo que "el Paraguay en sus Producciones es suficientísimo à si mismo".

La erudición renacentista ya puso en cuestión la autoridad de los antiguos. Sánchez Labrador, por su parte, revela un vigor ilustrado:

> Quanto mas apartadas de la superficie de la Tierra estubieren las Producciones, y quanto mas disten del País del escritor, se levantan mas densas exhalaciones de especies ridiculas, que las embuelven en nubes de fabulas. Este era ya como uso entre los Antiguos, que arrastrados de la fuerza de la costumbre, seguian las ficciones con abandono de la verdad, ó lo crerán todo, errando assi en casi todo, vendiendo por ciencia natural su physica ignorancia. [...] Lo peor es, que asta costumbre se estendió tanto, que llegaron sus ramos hasta los ultimos siglos [...].[25]

---

23 Sánchez Labrador 1771-1776, Parte 1 (ARSI, Paraq. 16:: f. 4r-7v),
24 Ídem (ARSI, Paraq. 16: f. 5r).
25 Ídem (ARSI, Paraq. 16: f. 6r).

Es perceptible una novedad con respecto a los escritos sobre la naturaleza paraguaya consistente en la instalación de una idea clara del progreso en las ciencias, en otras palabras, una noción dinámica de las ciencias.[26] En el mismo sentido, en los siete libros del segundo tomo Sánchez Labrador trata los vegetales del Paraguay. Fundamentalmente, observa la "Mutua correspondencia entre la América, y la Europa" en el sentido siguiente:

> De aquí es, que por una razón de equidad entre estas dos porciones tan principales del Globo terraqueo, ninguna puede formar querella contra la otra. Contentase la América con suministrar materias apreciables a la Europa, sobre las quales sus sabios emplean, para bien universal, sus fatigas, experiencias, y discursos.[27]

Así, se muestra otra vez la equivalencia básica del Viejo Mundo y del Nuevo, enfatizada la idea del intercambio. Aunque la obra tenga en muchos asuntos un carácter ilustrado, revela un estatus híbrido entre dos paradigmas en la historia de las ciencias.[28] Por ejemplo, en las "maravillas" se mantiene un elemento de la historia natural del barroco: el autor nombra varias "Figuras halladas en la madera", como cruces y imágenes.[29] Al mismo tiempo, Sánchez Labrador aplica una crítica profunda a la devoción y a la práctica religiosa. Ataca la "devoción sin examen".[30] Según él, las apariciones de santos tienen que probarse con documentos o testigos.

En resumen, se puede constatar que Acosta, al descubrir lo "otro" en un marco erudito y científico, propone una base metodológica y una lengua descriptiva. No contento con el exotismo, compara los dos continentes, explica los fenómenos naturales y relaciona la tradición europea con la experiencia americana. La *Conquista espiritual* de Ruiz de Montoya, como muchas crónicas de los jesuitas, pone la naturaleza como escenario de una narración histórica o política. No se explica la naturaleza, sino se la usa para visualizar el ámbito del desarrollo histórico. Sánchez La-

---

26 Asúa (2003: 11-16); Huffine (2005: 295-297).
27 Sánchez Labrador 1771-1776, Parte II (ARSI, Paraq. 17: f. 2v).
28 Kuhn 1962.
29 Sánchez Labrador 1771-1776, Parte II (ARSI, Paraq. 17: f. 62r).
30 Sánchez Labrador, 1771-1776, Parte 1 (ARSI, Paraq. 16: f. 7r)

brador y otros naturalistas tardíos, como José Jolís (1728-1790) en su *Ensayo sobre la historia natural del Gran Chaco*, adoptan en el destierro una cierta visión científica en el sentido moderno de la palabra. Se ve la naturaleza como objeto útil y detalladamente clasificable por la investigación.

La percepción de la flora sudamericana en la farmacia misionera

La flora rica de Sudamérica abunda en especies autóctonas que se usaron en la época precolombina como remedios y se incorporaron, de manera provisoria o permanente, en la materia médica europea después de la conquista. Así lo muestran por ejemplo la corteza de quina que era el primer remedio efectivo antipalúdico, la flor de la pasión y el bálsamo del Perú. Los jesuitas entre otros, contribuyeron en el marco de su tarea misionera desde el siglo XVI hasta el siglo XVIII al estudio temprano de las plantas medicinales sudamericanas y a su incorporación al contexto europeo. La fusión entre la percepción y la exploración de la flora americana y la tarea misionera resultó de la actuación jesuítica en la medicina y la farmacia, relacionada con un interés científico por la naturaleza que se desarrolló dentro de la Compañía de Jesús.[31]

La provisión médica-farmacéutica en las misiones iberoamericanas fue deficiente, porque los hospitales se hallaron únicamente en los centros urbanos, y casi no hubo médicos profesionales y boticarios en las tierras aisladas y distanciadas de las grandes ciudades. Por eso, realizando la virtud cristiana de la *caritas*, muchos religiosos no solamente prestaron ayuda al alma sino también al cuerpo de los enfermos al tratarlos con medicinas que conocieron de la tradición europea y que estuvieron a su alcance. Debido a la complicación y el costo de la compra de estas medicinas, al igual que la falta de recursos de los indígenas en las misiones aisladas, los jesuitas investigaron la flora autóctona y aprovecharon sus virtudes medicinales recurriendo a sus propios estudios o las informaciones provistas por los indígenas. Algunos de los jesuitas versados en medicina llegaron a apuntar sus conocimientos de la materia médica americana y de la preparación de los medicamentos en compendios médico-farmacéuti-

---

[31] Anagnostou (2005a: 3-17); Sievernich (1990: 293-313).

cos, concebidos como manuales para el cuidado de los enfermos que pudieran ser utilizados por otros jesuitas, muchas veces sin experiencia o formación adecuada.

Una de las obras más importantes en las que se revela el concepto del estudio de la naturaleza, especialmente de plantas autóctonas medicinales, con una orientación verdaderamente utilitaria, es decir, vinculada al cumplimiento de la misión cristiana, es la conocida *Materia médica misionera*, escrita por el jesuita español Pedro Montenegro (1663-1728) a principios del siglo XVIII en las misiones del Paraguay.

Pedro Montenegro nació el 14 de mayo de 1663 en Santa Marina del Rey (Galicia, España). Aunque no se conoce la fecha exacta de su arribo a América sabemos que entró en la Compañía de Jesús en 1691 en Córdoba de Tucumán. Era formado en el área de la medicina, habiendo trabajado por un tiempo en el Hospital General de Madrid, donde presumiblemente asistió como enfermero.[32] En algunos documentos contemporáneos se lo nombra además como "cirujano".[33] El jesuita pasó muchos años de su vida como enfermero en las misiones paraguayas y se dedicó intensamente al estudio de plantas indígenas. Reunió sus experiencias y conocimientos médico-farmacéuticos en la obra ya mencionada *Materia médica misionera*. Varias veces, el manuscrito se copió, se extractó, se alteró y se publicó parcialmente, pero solamente en el siglo XX se imprimió íntegramente.[34]

Ya en las frases introductorias el autor revela su motivación teológica y espiritual condicionada por las circunstancias específicas de la misión. Montenegro entiende el arte médico como una facultad dada por Dios a los hombres en misericordia, para que tengan remedios justos que curasen las enfermedades. Pero siempre enfatiza el rol de los llamados por Dios, como el rey bíblico Salomón y los autores clásicos, para estudiar las plantas medicinales. Tal el caso de Dioscórides (siglo I), y eruditos y médicos reputados de la edad moderna como Pietro Andrea Mattioli (1501-1577) y Nicolás Monardes (1493-1578/1588), encomendados para reconocer e investigar las virtudes de los vegetales, metales y mine-

---

32 Furlong (1947: 66-889); Storni (1980: 934, 756); McNaspy y Storni 2001.
33 Pastells (1912-1949, III: 61, 64); Martín Martín y Valverde (1995: 19-20, 38, 55).
34 Arata (1898: 436-437); Guerra (1973: 124-126); Martín Martín y Valerverde (1995: 38-40).

rales y a ejercer el arte médico.³⁵ Puede decirse que Montenegro siente una inclinación personal y al mismo tiempo una vocación divina al descubrimiento y a la investigación de las plantas, para –siguiendo a la *caritas* cristiana– curar las enfermedades corporales, como obra de la misericordia. Dice Montenegro: "Puedote decir como cosa cierta, que desde que acuerdo tener uso de razón me siento inclinado al de conocer y saber la virtud de las plantas, y el curar con ellas, á mi, y á mis prójimos".³⁶ Así, el estudio de la naturaleza y especialmente de las plantas medicinales que forman una parte de la *machina mundi* maravillosa, que está basada en la providencia divina, revela la omnipotencia del creador. No solo está en juego el amor al prójimo enfermo, sino también la realización de un "servicio divino". Y exactamente ésta es la meta que los jesuitas reivindican como fundamento de la espiritualidad ignaciana, haciendo todo para la mayor gloria de dios, *omnia ad maiorem Dei gloriam*.³⁷

Su interpretación religiosa de las virtudes de las plantas se confirma en la experiencia personal: tres veces le salvaron la vida, aun cuando las enfermedades y heridas sufridas eran incurables. Asimismo, podía ayudar a muchos necesitados, aun en los casos más graves.³⁸

La premisa teológico-espiritual constituye el fundamento de la actuación de Montenegro. Paralelamente, las circunstancias médico-farmacéuticas de las misiones intensifican su motivación en el campo práctico. La escasez de boticarios y boticas en las regiones remotas de América lo llevaron a almacenar drogas medicinales, preparar medicamentos y escribir sus conocimientos. Para subrayar su credibilidad, el autor hace hincapié en sus experiencias durante décadas y sus investigaciones prolongadas en América. Insiste sobre la exactitud en la preparación de los medicamentos para evitar todo peligro para el paciente, fundamentando al mismo tiempo la intención verdadera de cuidar al prójimo desde el punto de vista de la *caritas*.³⁹

Materia médica misionera es un extenso compendio farmaco-botánico que contiene aproximadamente 150 monografías de plantas medicinales, predominantemente de América, pero en algunos casos también

---

35 Montenegro (1945: 5-6).
36 Montenegro (1945: 5).
37 Sievernich (1990: 310-311).
38 Montenegro (1945: 6).
39 Ídem: 7, 9-10.

vegetales del Asia que Montenegro presumiblemente había conocido antes de viajar a América. Cada monografía abarca una descripción morfológica detallada de la planta, la mención del hábitat, los nombres en castellano, tupí y guaraní, la clasificación según la teoría humoral de Galeno –empleando medicamentos de calidad caliente para enfermedades causadas por humores fríos y medicamentos de calidad seca para enfermedades causadas por humores húmedos–, informaciones detalladas sobre las virtudes y varias preparaciones farmacéuticas incluyendo indicaciones sobre la administración y la dosificación de los medicamentos correspondientes. Dado que el bienestar de los pacientes es lo más urgente, Montenegro rechaza explícitamente la descripción y el uso de plantas notoriamente tóxicas. Con ellas, los enfermeros no profesionales, para los que Montenegro escribió la obra, podrían intoxicar al enfermo. Tal el caso de la planta llamada floripondio (*Datura y Brugmansia spec.*) que todavía hoy en día se usa en la etnofarmacia sudamericana.[40]

Al principio, Montenegro establece doce reglas, siguiendo a Dioscórides y sus comentaristas Mattioli y Andrés de Laguna (1494-1560). Ellas se refieren entre otros al hábitat, al clima, a las fases de la luna y al estado de la vegetación y definen el tiempo de la recolección de las plantas medicinales para que puedan mostrar las virtudes indicadas.[41] Las indicaciones para la conservación de las plantas medicinales concuerdan con las circunstancias y las posibilidades en las misiones. Aunque en el modelo europeo se recomendaban cajas de madera y vasijas de vidrio,[42] Montenegro usó vasijas comunes en el país, como por ejemplo calabazas gruesas y duros de corteza. Estas informaciones fueron juntadas para facilitar la recolección y el almacenamiento de plantas medicinales.

Montenegro escribió explicaciones sobre el concepto y la pesquisa de las calidades de las plantas.[43] Así, el curandero no profesional podía calificar por sí solo las plantas en el lugar. La introducción termina con indicaciones fundamentales sobre la dosificación y varias operaciones farmacéuticas para preparar extractos vegetales. Un índice alfabético de plantas medicinales e indicaciones abarca todo tipo de enfermedades (viruelas y sífilis, "melancolía", oftalmológicas, ginecológicas y obstétri-

---

40 Ídem: 85; Cobo (1964: 218); Roersch (1994: 515-517).
41 Montenegro (1945: 11-14).
42 Laguna (1955: 8).
43 Montenegro (1945: 14-22).

cas), heridas de todo tipo, procedimientos higiénicos y de desinsectación. Este índice permite la elección directa del remedio vegetal. Un glosario de términos específicos simplifica el uso del compendio que se completa con un apéndice de advertencias sobre operaciones farmacéuticas simples y preparaciones farmacéuticas frecuentemente necesitadas, incluso fórmulas médicas para algunos remedios estándar –por ejemplo para la tos, la podagra, enfermedades de los ojos, úlceras y verrugas– hasta cosméticos como recetas para teñir el pelo y aguas olorosas.

La base teórica de la obra farmaco-botánica de Montenegro consiste, por un lado, en la literatura especial de Europa que encierra las obras de los eruditos clásicos en la medicina y la farmaco-botánica como Galeno de Pérgamo, Teofrasto de Ereso (c. 371-c. 267), C. Plinio Segundo, Dioscórides y Avicena (980-1037), y por otro lado las obras médico-botánicas y farmaco-botánicas del principio de la época moderna, por ejemplo el herbario conocido del médico italiano Pietro Andrea Mattioli que se publicó varias veces. Montenegro conoció y usó además escritos de divulgación sobre las plantas medicinales en América, especialmente la *Historia medicinal de las cosas que se traen de nuestras Indias Occidentales que sirven en la medicina*, del médico español Nicolás Monardes, repetidamente publicada, y la obra *De Indiae utriusque re naturali et medica* (1658) del pionero neerlandés de la medicina tropical, Guillermo Pisón (1611-1678).

Pero al mismo tiempo, Montenegro se basó en los conocimientos tradicionales de los indígenas sobre las virtudes de las plantas autóctonas. Los llamados *curuzuyás* o *curuzuyaras* tuvieron un rol importante en esta forma de transferencia de conocimientos. Se trataba de curadores indígenas que ayudaban a los jesuitas a curar a los enfermos, frecuentemente hacían el diagnóstico y administraban medicamentos bajo la supervisión de los religiosos. El padre Martin Dobrizhoffer (1717-1791), quien vivió por muchos años entre los abipones y los guaraníes en el Paraguay, narra en su muy conocida *Historia de Abiponibus* (1783), que estos sujetos llevaban al modo de los misioneros, un palo con una cruz delante de sí por lo que se llamaron *curuzuyá* que quiere decir "cruciferario".[44]

Cierto *curuzuyá* con extensos conocimientos sobre las plantas medicinales genuinas fue una fuente fidedigna para Montenegro. Le ense-

---

[44] Dobrizhoffer (1783, parte 2: 322-323); Cignoli (1953: 61); Furlong (1962: 613); Pérez Fontana (1967, t. 2: 204)

ñó los nombres y el uso de numerosas plantas medicinales autóctonas y trasfirió así conocimientos etnofarmacéuticos.[45] En suma, al usar las plantas medicinales Montenegro confió muchas veces en el ejemplo de los indígenas. Así, describe detalladamente en su monografía sobre la yerba mate (*Ilex paraguariensis St. Hil.*) el modo como los indígenas tomaban las hojas preparadas de la yerba mate para el síntoma de la diarrea, la preparaban y la aplicaban.[46]

Clasificando las plantas medicinales americanas según los conceptos médico-farmacéuticos europeos de la enfermedad y de la terapéutica –todavía caracterizados por la teoría humoral de Galeno– y razonándo sus virtudes, Montenegro las hizo accesibles al público europeo y les allanó el camino hacia la medicina del Viejo Mundo. Muchas de las plantas americanas descritas por el jesuita se incorporaron en la materia médica europea, por ejemplo la yerba de Santa María (*Chenopodium ambrosioides L.*), el llamado *te de los jesuitas*, por haber sido los miembros de la orden quienes lo llevaron a Europa, además el cachanlahuen (*Centaurium cachanlahuen [Mol.] Robison*), el molle (*Schinus molle L.*), cuyo bálsamo se conoció bajo el nombre *balsámo de los jesuitas* o *balsamo de las misiones*, el papayo (*Carica papaya L.*) y el jaborandi (*Pilocarpus spec.*). Montenegro es aparentemente el primero que relata el efecto calmante de la flor de la pasión (*Passiflora spec.*), hoy en día oficialmente reconocida como sedativo eficaz.[47]

Pero hay que decir abiertamente que Montenegro compartió una visión eurocéntrica. Según su entendimiento, algunas plantas medicinales características de América fueron variedades en "las Indias", es decir, generalmente en las tierras remotas de Europa, de especies europeas. Montenegro razonó erróneamente que las plantas se distinguían en la fisionomía por el hábitat diferente pero que en realidad se trataban de la misma especie. En algunos casos, esta forma de clasificación de las plantas americanas causó confusiones que se traducen hasta hoy en la dificultad de identificar ciertas especies.

A propósito, la *Materia médica misionera* incluye numerosas plantas medicinales americanas que hasta hoy se usan únicamente en la medicina doméstica indígena, como por ejemplo el güembé (*Philodendron*

---

45 Montenegro (1945: 363).
46 Ídem: 58.
47 Anagnostou (2005b: 154-161).

spec.), el ceibo (*Erythrina crista-galli L.*) y la jacaranda (*Jacaranda spec.*).[48] A la vez, el autor aportó a sus preparaciones drogas tradicionales de la materia médica europea como la rosa (*Rosa spec.*), el hinojo (*Foeniculum vulgare Mill. var. vulgare*), el comino del prado (*Carum carvi L.*) y la malva (*Malva spec.*). De este modo, Montenegro prefiguró una nueva materia médica ampliada, es decir, la base para la farmacia futura en Sudamérica.[49]

Es evidente que el compendio fue escrito para misioneros no profesionales en la medicina y la farmacia como era el caso común. Como fuente de consejo de todos los días, debía posibilitar un tratamiento rápido y adecuado de los enfermos con medicinas compuestas por remedios autóctonos y accesibles –prácticamente medicinas caseras. Por eso, tampoco los métodos para preparar los medicamentos resultaban muy complicados para el inexperto: ni los religiosos tenían los conocimientos requeridos para ejercer operaciones farmacéuticas complicadas, ni se contaba con utensilios adecuados en aquellas regiones remotas. En este sentido es que la *Materia médica misionera* se define en las particulares circunstancias médico-farmacéuticas de las misiones, contribuyendo a formar lo que podría caracterizarse como "medicinas misioneras".

La obra de Montenegro llegó a ser uno de los más importantes compendios farmacéuticos en la época colonial, copiándose y extractándose numerosas veces, aportando un modelo reconocido, que sirvió para la creación de un estándar profesionalmente fundado para la preparación de medicamentos adecuados para las misiones.

Para concluir, podemos decir que Montenegro desarrolló un tipo específico de la farmacia que con razón podríamos llamar "farmacia misionera". Por un lado, ésta se caracterizó por la adaptación a las circunstancias del abastecimiento médico-farmacéutico en las misiones, abarcando predominantemente remedios muy accesibles que pudieran ser preparados explícitamente por el inexperto que trató a los enfermos en las regiones remotas. Por otro lado, tal farmacia nació del principio cristiano de la *caritas* y sobre todo de la espiritualidad ignaciana. En ella se funden conocimientos nuevos para los europeos sobre las plantas medicinales americanas y elementos del paradigma médico-farmacéutico del Viejo Mundo. La farmacia misionera que se refleja en la *Materia*

---

48 Anagnostou (2005c: 67-68).
49 Cignoli (1967: 541-556).

médica misionera tiene un rol intermediario entre las culturas diferentes, es decir, entre Europa y América.

También hubo otros jesuitas que destacaron como autores de compendios médico-farmacéuticos enmarcados en el concepto de la "farmacia misionera". El tirolés Sigismund Aperger (1678-1772), por ejemplo, escribió en el Paraguay el *Tratado breve de medicina* (siglo XVIII) que se copió muchas veces a mano, y Johann Steinhöfer (1664-1716), misionero en el norte de México, puso a disposición de los demás jesuitas el *Florilegio medicinal* (1712), un manual para el tratamiento de los enfermos en las misiones que se difundió en varias tiradas en toda Hispanoamérica. En las Filipinas, Paul Klein (1652-1717) escribió la obra bien conocida *Remedios faciles* (1712) orientada a la asistencia médica profesional lejos de los centros urbanos. Todos los compendios mencionados se basan en el motivo teológico de la *caritas* cristiana. En diversas medidas contienen explicaciones accesibles sobre enfermedades comunes y ofrecen una copia de remedios fácilmente preparables con plantas medicinales disponibles en el lugar. Guiándose en estas obras, cualquiera podía preparar en todo momento un remedio adecuado para la enfermedad correspondiente.

La incorporación probada e intensa de los remedios indígenas y, con ellos, del saber etnofarmacéutico no se explica únicamente por la carencia de remedios europeos en las misiones. Más bien se origina en la posición relativamente imparcial y abierta de los jesuitas frente a los indígenas, formada por la espiritualidad ignaciana, en base a la cual los miembros de la Compañía de Jesús podían adoptar elementos de la cultura nativa e integrarlos en la vida cotidiana de las misiones.[50] De este modo, comenzaban un intercambio intenso y persistente en el campo de la medicina.

La obra científica y médico-farmacéutica de los jesuitas que se manifestó en el desarrollo de la farmacia misionera se hace sentir hasta hoy en día ya que, por un lado, los jesuitas conservaron con sus escritos un tesoro del saber etnofarmacéutico que representa una fuente de la identidad cultural de los pueblos indígenas de América. Por otro lado, las plantas medicinales descritas que tienen una tradición larga y que se usan en algunos casos hasta el presente en la medicina doméstica indígena podrían hacerse útiles en la farmacia actual con respecto al desarrollo de preparaciones fitoterapéuticas.

---

50 Dumoulin (1990: 254-259); Sievernich (2009: 219-230).

EL SABER CARTOGRÁFICO INDÍGENA ENTRE LOS GUARANÍES DE LAS MISIONES JESUÍTICAS*

Artur H. F. Barcelos

Que algunos jesuitas enviados a América produjeron una gran cantidad de mapas ya no constituye una información original. Desde los trabajos pioneros de Guillermo Furlong (1936) y Ernest Burrus (1964), pasando por referencias de otros autores, esta temática fue objeto de diversos trabajos. Sin embargo, no se ha retomado la cuestión a partir de aportes más contemporáneos, aún considerando aquellos trabajos dedicados a las conexiones entre la Compañía de Jesús y el desenvolvimiento de las ciencias en los siglos XVII, XVIII y XIX.[1] En un trabajo anterior, traté de analizar parte de la cartografía jesuítica en el rol de la investigación sobre las acciones jesuíticas y sus impactos en el espacio americano.[2] En dicha ocasión, me encontré con la posibilidad de que, en determinados contextos de misionalización en América, los indígenas con los cuales los jesuitas tuvieron contacto hubiesen desarrollado el saber cartográfico, echando mano del mismo cuando la situación lo exigía. Esto significaba reconocer, en primer lugar, que la razón gráfica había operado no solo un papel de mediación para la inserción de los jesuitas entre los indígenas, sino que también habría servido como medio para la expresión de los indígenas en el contexto de las misiones religiosas. La escritura, como ramo del grafismo, desenvuelta por los indígenas guaraníes de la antigua Provincia jesuítica del Paraguay, fue objeto de un estudio reciente[3] que mos-

---

* Traducción del portugués: Guillermo Wilde.
1 Bermeo 2005.
2 Barcelos 2006a.
3 Ver especialmente Neumann 2005.

tró las apropiaciones del saber letrado hechas por los indios reducidos. Lo que propongo a continuación es una breve discusión sobre la posibilidad de la ocurrencia de saber cartográfico entre los indígenas en el período colonial, ejemplificando a través de una aproximación a la cartografía producida por los indígenas guaraníes, específicamente en el siglo XVIII.

La representación cartográfica del espacio puede no haber sido una novedad absoluta para los indígenas de América, sobre todo para algunas sociedades del mundo andino o mesoamericano. No obstante, para las sociedades ágrafas del resto del continente, la convivencia con el saber cartográfico europeo fue, seguramente, un elemento más de alteración en sus concepciones espaciales.Desafortunadamente, el proceso de conquista destruyó casi por completo las evidencias de un conocimiento cartográfico indígena. Hay indicios de mapas realizados por indios durante los primeros contactos con los europeos. Pero las pruebas empíricas son por demás fragmentarias. Seguramente, el auxilio prestado a algunos europeos incluía informaciones geográficas vitales para la supervivencia de éstos.[4] Es posible que estas informaciones fuesen trasmitidas de forma gráfica, pero probablemente se dieron sobre soportes perecederos como arena, pieles de animales o madera.[5] A pesar de la ausencia de una materialidad que registre el saber geográfico indígena, este puede estar oculto en los mapas europeos. Las representaciones de regiones interiores, por ejemplo, donde ríos y lagos son muy simétricos (rectos, circulares, cuadrados), indicaría que fueron aumentadas en base a informaciones indígenas y no a través de la observación directa, como apunta Harley:

> Definiendo así las delimitaciones que integran los conceptos indios de distancia y de topografía, y estableciendo sus fuentes culturales y ecológicas, se puede reconstruir en parte la contribución de los indios a la imagen cartográfica de América y verificar la manera como los cartógrafos europeos utilizan este tipo de saber.[6]

4 Romano 1989.
5 Harley 1995:92.
6 ["En identifiant ainsi des délimitations qui intègrent les concepts indiens de distance et de topographie, et en établissant leurs sources culturelles et écologiques, on peut reconstruire en partie la contribution des Indiens à l'image cartographique de l'Amérique et vérifier la façon dont les cartographes européens utilisaient ce type de savoir"] (Harley 1995:97).

Aún persiste una laguna en el conocimiento de las formas indígenas de representación gráfica de los elementos del espacio. Por otro camino, se puede pensar en la maduración de un conocimiento indígena sobre el saber cartográfico europeo. El intercambio de informaciones fue siempre una vía de doble mano y, si dado que el conocimiento geográfico indígena resultaba fundamental para la exploración y la representación espacial de América, muy probablemente proporcionó a las sociedades nativas la aprehensión del registro cartográfico europeo. Las exploraciones geográficas de América, incluidas las jesuíticas, contaron, invariablemente, con la presencia de guías e intérpretes. Su conocimiento está implícito en las rutas marcadas, nuevas o tradicionales, la toponimia, las voces indígenas, las descripciones de la fauna, de la flora y del mundo mineral americano. Aunque muchos mapas de América hayan sido elaborados en centros urbanos coloniales o en Europa, otros deben haber sido producidos en el campo, en la forma de croquis y esbozos. Ciertamente, muchos indígenas participaron activamente de estos procesos. En algunos casos, pueden haber sido inclusive incentivados a iniciarse en el oficio cartográfico.

La tradición jesuítica de restricción del saber trasmitido a los indígenas en el contacto, no llegó a impedir que formas gráficas de comunicación fueran apropiadas, sobre todo en convivencias duraderas como representaron las reducciones. Entre los guaraníes, la escritura fue siendo paulatinamente agregada al cotidiano a través de las prácticas administrativas de los cabildos, de los registros contables, de los textos litúrgicos e, incluso, la imprenta, como en el caso de las reducciones de Nuestra Señora de Loreto, Santa María la Mayor o San Francisco Xavier. Estudios recientes han demostrado la importancia de la razón gráfica, sobre todo la escritura, y el uso de este saber por parte de los guaraníes de las reducciones jesuíticas. Si, como apunta Eduardo Neuman, la escritura fue aprendida gradualmente por los guaraníes hasta convertirse en un instrumento de sus prácticas, lo mismo podría pensarse de las representaciones gráficas del espacio, mayormente frente a la abundante producción cartográfica de los jesuitas. No obstante, las evidencias de que los guaraníes, o cualquier otra etnia indígena reducida por los jesuitas, hayan producido mapas son casi nulas.

Una vez más, como en el caso de muchas referencias a mapas indígenas, las informaciones son mucho más textuales que gráficas. El padre Peramás indicaba que el indio Melchor, autor de una historia de la reducción de Corpus Christi, "había enriquecido su obra con un mapa trabajado por él, en el que no estaban puestos los grados de longitud y latitud, que él desconocía, pero en el mismo estaban consignados en toda exactitud los montes, los arroyos y los rios, contenidos dentro de los lindes del pueblo".[7]

Infelizmente, ni el texto ni el mapa de Melchor fueron dados a conocer. Otro mapa comúnmente atribuido a un indígena fue presentado durante las investigaciones sobre la existencia de supuestas minas de oro y plata en el territorio de las reducciones guaraníes. Al final del siglo XVII, un indio llamado Domingo denunció este hecho a las autoridades españolas. El oidor Don Juan Blázquez de Valverde fue nombrado para investigar y visitó el lugar, en la región de la reducción de Concepción, no encontrando nada que refrendase la denuncia. Domingo confesó la mentira después de huir y ser capturado en Yapeyú. Dobrizhoffer incluyó este episodio en su *Historia de los Abipones*:

> En una ocasión, a fin de cumplir no solo los deseos de los Jesuitas sino también su pedido, la Corte de Madrid envió unos hombres que debían investigar diligentemente todas las señas de minería. A estos exploradores fue agregado en cierta ciudad un Guaraní escapado, un hombre de una conciencia liviana y fe venal. Este bribón, captado por regalos y promesas de parte de un enemigo de los Jesuitas, declaró que las minas de oro estaban en el contorno de la localidad de Concepción a orillas del Uruguay; que él conocía muy bien tal lugar, pero que este estaba pertrechado cual una fortaleza con trincheras, cañones y una numerosa guarnición. Hacia allá partió la expedición. La compañía de viajeros se hallaba aún a pocas leguas de las ponderadas minas de oro, cuando a la noche huyó el falsario indio, en su temor ante el castigo que le iba acarrear la mentira, ya próxima a ser descubierta. En la localidad Yapeyú nuestro mismo misionero lo hizo prender, atar y bajo suficiente custodia, entregarlo leal y rápidamente a los Españoles de quienes había escapado. Quedó manifiesto ahora el engaño de las minas de oro inventadas y de las fortificaciones. La fábula y la calumnia quedaron desautorizadas.[8]

---

7 Furlong (1962: 595).
8 Dobrizhoffer ([1784] 1968: 262).

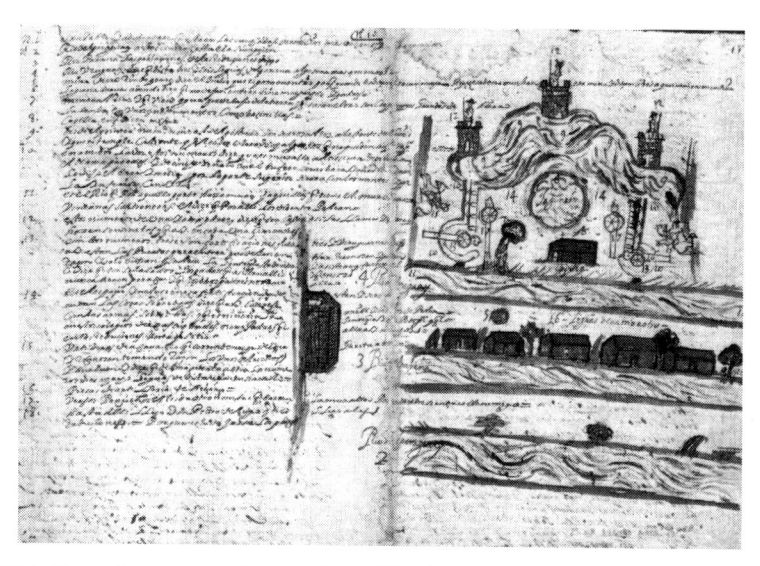

Figura 1: Mapa de la Laguna Brava y de los Ríos Uruguay, Paraná y Paraguay, con diseño de las fortificaciones y lugar de las minas de oro que según declaración de un indio llamado Domingo, poseían los jesuitas en aquellos lugares.

Figura 2: Mapa de la Laguna Brava y de los Ríos Uruguay, Paraná y Paraguay, con diseño de las fortificaciones y lugar de las minas de oro que según declaración de un indio llamado Domingo, poseían los jesuitas en aquellos lugares.[9]

[9] AGI, Estado 74, Caj. 6, Leg. 29, Charcas, 120. Publicado en Hernández (1913: 228) y Torres Lanzas (1988, I: 19-20). En el catálogo del Archivo General de Indias de Sevilla no consta cuáles de estos dos ejemplares sería la copia realizada por la comisión verificadora sobre el mapa del indio Domingo.

Furlong, en su catálogo, identifica un mapa con el siguiente título: *Mapa Compuesto por un indio guarani y en el que se consignan las estancias de algunas reducciones*.[10] El referido mapa representa un area entre los ríos Paraná y Tebicuary, incluyendo algunos afluentes de éstos. En él, están registradas las reducciones de Itapua, Trinidad y Jesús, además de las reducciones franciscanas de Yuty y Caazapá. Otros elementos indicados son las chacras antiguas de los indios de Itapua. Los yerbales son identificados como *"yerbales de los IHS"*, pero entre los ríos Piraiubi y Pirapo están los *"yerbales de Caa Cay"*. Identifica un camino como siendo el *"Camino de los de Yuti a los yerbales"*. Aunque las condiciones de la copia ofrecida por Furlong sean precarias, es posible visualizar algunos caminos entre una reducción y otra, y de éstas hacia diferentes puntos del mapa, bien como las capillas a lo largo de los caminos. No hay ninguna indicación de longitudes o latitudes, solo una cuadriculación, aunque es posible que la copia esté incompleta, como indican las marcas en sus extremidades.

Furlong procuró identificar una autoría indígena para este mapa a través de indicios al menos dudosos. Se basaba en el hecho de que la caligrafía sería "típica" de los indios de las reducciones, además de que el mapa incluye frases en idioma guaraní. En cuanto a la caligrafía, una revisión de la cartografía jesuítica permitiría identificar varios mapas como siendo de autoría guaraní. ¿Cómo saber si, tal como ocurría con la escritura, algunos mapas no habían sido realizados o copiados por guaraníes, bajo la orientación de los jesuitas? El hecho de haber frases en guaraní no puede servir de indicio para una autoría indígena, pues innumerables otros mapas, seguramente elaborados por jesuitas, también contenían expresiones en guaraní. Aún según este autor, el mapa contenía la indicación de los lugares de muerte de los padres José de Arce e Hipólito Dactilo. Sin embargo, tales informaciones no constan en la copia publicada en el catálogo. Este mapa no fue ampliamente divulgado y, conforme Furlong, formaba parte de la colección particular de Alejo B. Gonzalo Garaño, quien fue director del Museo Histórico Nacional de Buenos Aires y autor de un trabajo clásico sobre la iconografía argentina.

---

10 Furlong (1936a:42).

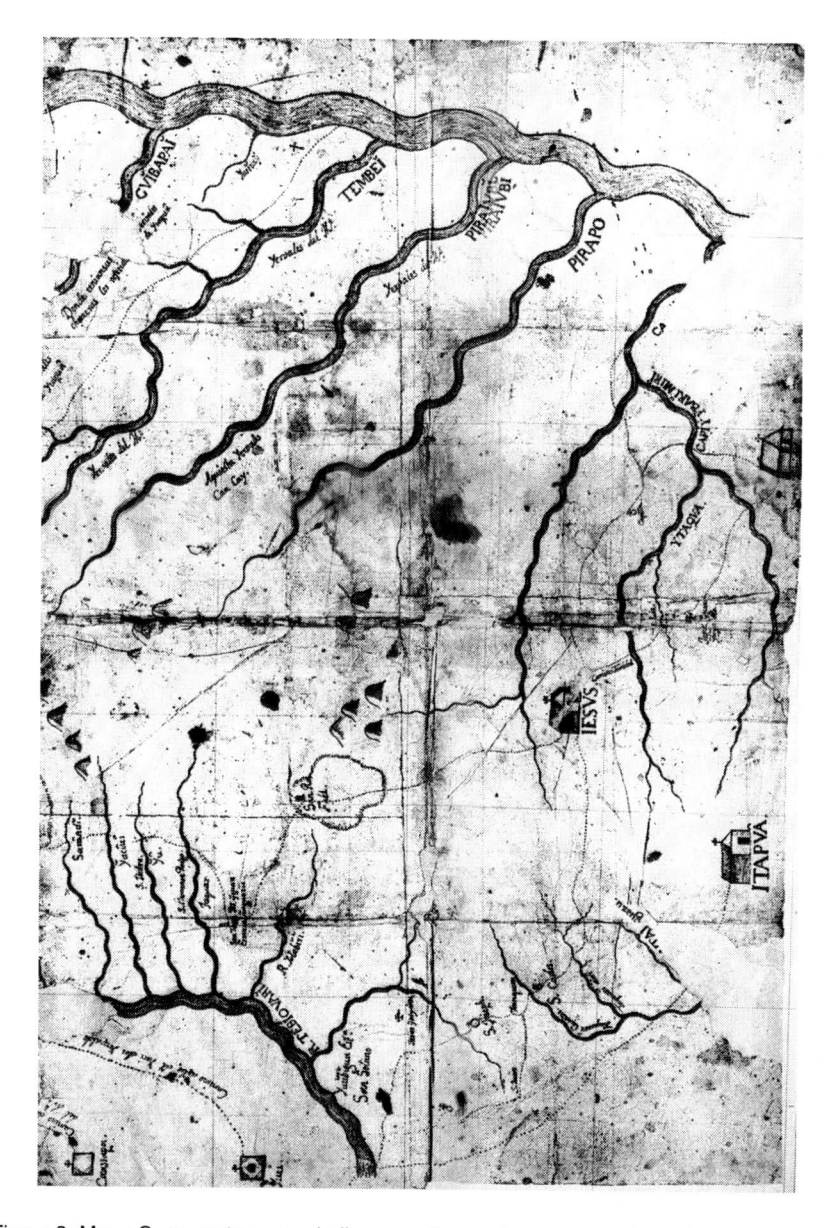

Figura 3: Mapa Compuesto por un indio guarani y en el que se consignan las estancias de algunas reducciones.

Otro mapa indicado por Furlong es el *Plano o Mapa del Pueblo de la Real Corona Nombrado Santo Thomé*.[11] Se trata de un mapa producido por el cabildo de Santo Tomé después del período jesuítico. La leyenda que acompaña el título indica que el objeto del mapa era identificar la jurisdicción del pueblo mencionado, que pasaría a la administración civil española después de 1767. Los cabildantes firman la información, que lleva la fecha de 1784. En este caso, se puede atribuir el mapa a los guaraníes del cabildo de Santo Tomé. Es posible establecer una relación entre esta pieza cartográfica y el contexto de reordenamiento espacial y jurisdiccional promovidos por Francisco de Paula Bucareli y Ursua, gobernador de la Provincia del Rio de la Plata entre 1776 y 1770 y por Juan José de Vértiz y Salcedo, sucesor de Bucareli y posteriormente virrey del Río de la Plata entre 1778 y 1784.[12] Las políticas administrativas de ambos se orientaban a reordenar la jurisdicción de las misiones que habían sido administradas por los jesuitas hasta 1767. Esto implicaba un reconocimiento previo de los límites territoriales de cada reducción, por lo que Vertiz procede a solicitar *"[...] informe y encomendar al coronel Marcos José de Larrazábal el empadronamiento de los indios, un informe completo sobre ese distrito y las medidas conducentes para su mejor gobierno"*.[13]

Este plan administrativo llevó a los cabildos indígenas de las antiguas reducciones a preparar prospectos donde daban cuenta de sus dominios. Es aquí que el saber cartográfico desenvuelto al lado de los jesuitas puede haber cobrado valor. La documentación producida por los cabildos se hizo acompañar por mapas. Con todo, aún hay pocos estudios sobre la administración de estos poblados en la fase post-jesuítica y se torna difícil saber cuánto interfirieron los representantes españoles nombrados para dirigir los pueblos. Lo que no impide una interpretación de los mapas como parte de la documentación generada en el contexto en que los cabildos indígenas aún estaban activos.

En el mapa en cuestión, del pueblo de Santo Tomé, la representación de la hidrografía, con evidentes distorsiones, es el principal elemento, que incluye también el núcleo de los poblados de San Borja y La Cruz, además de otras localidades menores. Estas pueden indicar puestos o capi-

---

11 Furlong (1936a:122).
12 Maeder 1992.
13 Maeder (1992:27).

llas, y algunas son denominadas como San Marcos, San Antonio, San Gabriel, San Pedro, etc. La toponimia de los ríos, arroyos y otros lugares está graficada en guaraní y hay caminos que parten de los núcleos urbanos o de las márgenes de los ríos, llevando en diferentes direcciones. La orientación del mapa no está indicada, pero se encuentra invertida, en el sentido anti-horario, no habiendo indicación de latitudes ni longitudes.

Además de responder a las exigencias de Bucareli y Vertiz con respecto a sus dominios, los mapas generados por los cabildos indígenas servían también como pruebas en procesos relativos a pleitos territoriales entre los pueblos guaraníes. Estos litigios se enmarcaban, claro está, en el contexto de reorganización administrativa post-jesuítica. A pesar de esto, algunos pleitos se remontaban al final del siglo XVII y a la primera mitad del siglo XVIII. El 12 de julio de 1688, el cabildo de Yapeyú, a través del corregidor y sus caciques hicieron una donación para la reducción de La Cruz de tierras localizadas en la margen oriental del Rio Uruguay. La donación fue oficializada por el Provincial Tomás Donvidas. En estas tierras, La Cruz instaló la estancia de Itaquí, con ganado oriundo de la Vaquería del Mar. Años más tarde, el Superior Simón de León dejó sin efecto esta donación. Se abrió, entonces, un pleito en nombre de La Cruz y, el 27 de enero de 1700, la reducción recuperó la posesión de la estancia.[14]

De las tierras de La Cruz, también llamada *La Asumpción de Nuestra Señora del Mborore*, hay registro detallado con todos los marcadores de *términos* y *linderos*. En 1688, estas posesiones fueron confirmadas por documento oficial, y, a través del mismo, es posible verificar la forma textual utilizada al final del siglo XVII para describir los límites territoriales del amplia área de una reducción. Durante el proceso de reorganización territorial y administrativa del período post-jesuítico, el poblado de La Cruz también presentó sus límites y dominios. Sobre la base de documentos de posesión anteriores, sobre todo a través de la confirmación de su territorio hecha en 1688, los cabildantes de La Cruz pudieron presentar una descripción por escrito, acompañada de un mapa cuya fecha es la misma de aquel referido para Santo Tomé, a saber, 1784. Como puede verse en la trascripción que sigue, y en el mapa que la acompaña, la delimitación buscaba precisar con exactitud una línea de demar-

14 Porto (1954: 325).

cación que acompañaba accidentes geográficos, como ríos, arroyos y pantanos.

Al Padre Thomas Donbidas de la Compañía de Jesús y su Provincial en estas Provincias del Paraguay, Tucumán y Río de la Plata a petición y ruego del Corregidor y Cabildo y demás caciques de este Pueblo de la Assunpcion de Nuestra Señora del Mborore, y su cura al Padre Domingo Bodileu [Bodiler? Bodiles?] y al Provincial Thomas Donvidas, y Padre superior Alonso del Castillo, y Padre Juan de Torres que todos con instancias me han pedido les mande dar títulos de las tierras, que desde que se fundó este dicho pueblo en el sitio en que el presente está, porte en para más justificación de su derecho, y de que legítimamente las poseen, para que en ningún tiempo nadie les moleste ni inquiete su pacífica posesión digo, y declaro por términos de la estancia de la otra banda del Uruguay donde tienen sus vacas y se llama el Ytaqui comenzando el termino de dicha estancia desde la otra banda del Uruguay corre hacia el oriental y llega hasta el A. Ybipira miri, que es el último término de lo largita, y por un Cierrillo costado desde el B. Ytaembe que es la cabezada del C. Mbutuî viene corriendo siempre dicho mbutuî por la otra banda hasta entrar al Uruguay dicho Mbutuî, corriendo al Uruguay arriba hacia de S.to Thomé llega el ultimo termino de lo Largo, D. al Caai mirî de esta vanda, y corriendo dicho Caai mirî arriba hasta, E. el Yaqueri y pasando dicho Aguapey F. el Yaqueri saliendo un vaquito del Cupecandu, se va corriendo hacia el Sur desde, G. el Chaitaqua que es un Caa pau H. y el Yapo catindi, que es un Caa pau desde donde comienza el pântano grande I. del Guabirabi, y corre hasta K. el Ararati q.e es un bajo que divide las chacras del Yapeiu de las deste Pueblo, y viene hasta llegar L. al Mbaeati que es un arroyo que entra al Uruguay y todas las tierras que caen de esta banda de dicho arroyo hasta el Uruguay son las tierras de este Pueblo menos el xembia ha que esto es de los del Yapeyú, y así el término fijo es desde la cabezada del Mbaeati corriendo entra al Uruguay y pasando [ilegíble] un baxio de pantanillo M. del Pari riti se va corriendo hasta N. el Tembetari vine [viene] corriendo entrar O. el Ybicuiti corriendo arriba el orrientele [orientale] hasta P. el Ibipira guasu, pues y así ordeno y mando que ningún Pueblo, ni para q.e cuide de el Ynquiete el domínio y pareciendo dichas tierras aquí mencionadas dentro de dichos linderos ni pase, ni haga pasar a algún de su Pueblo a obtener posesión o dominio de dichas tierras contenidas en dichos términos pues en Justicia se guarden a cada uno indemnes las tierras que poseen, y los derechos con que los porteen, y por que coste [conste] dói esta firmada de mi nombre. En doce de julio de mil seis cientos y ochenta y ocho años en esta Doctrina de la Assumpción de Nuestra Señora del Mborore.[15]

15 Documento de certificación de los límites del territario de la reducción de La Cruz, conforme definidos en 1688. AGN/BA, sala IX, 22-8-2. Copia gentilmente cedida por Eduardo Santos Neumann y Fabrício Prado.

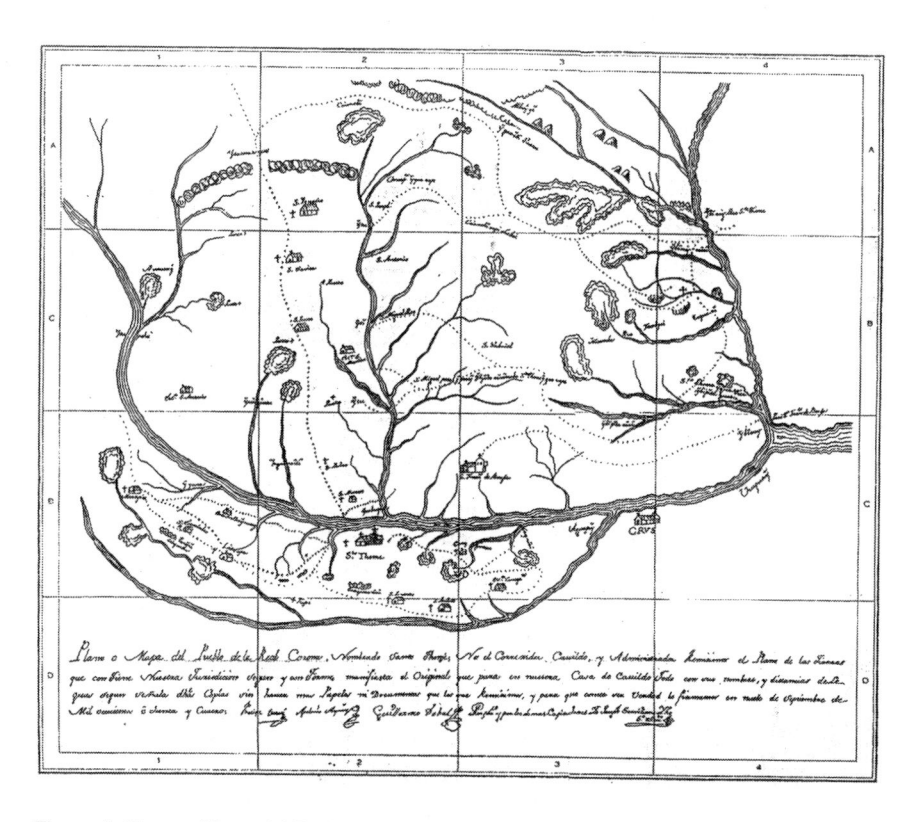

EL SABER CARTOGRÁFICO INDÍGENA ENTRE LOS GUARANÍES DE LAS MISIONES...

Figura 4: Plano o Mapa del Pueblo de la Real Corona Nombrado Santo Thomé, 1784.

El documento y el mapa fueron presentados a Don Francisco Bruno de Zavala, nombrado gobernador de Misiones por el gobernador de la Provincia de Buenos Aires, Don Francisco Bucarelli y Ursua, en 1768. De este documento, el cabildo de La Cruz redactó una copia en 1784, conforme se desprende de las anotaciones insertas al final:

> Pueblo de la Cruz a 20 de Diciembre de 1768. Este papel simple me ha presentado el cabildo de este Pueblo se sacara copia del .Zavala. Copia de su Original que para en el Archivo de este Pueblo al que nos remitimos y para que conste lo firmamos en la Cruz a diez de septiembre de mil setecientos ochenta y cuatro.[16]

El mapa que acompaña el documento posee leyendas que están insertas a lo largo de la línea de límites del territorio de la reducción y que se encuentran también en el documento. Seguramente, no fue elaborado en 1688, pues en el cuerpo del mapa hay dos inscripciones en guaraní con fechas posteriores: *"Ybî Jesus ygua rembiporu miri que 1716 roî pîpe"*, e *"SS.^{ma} Trin.^{d} Asump.^{on} de La Cruz Est.^{a} 1753 D. Lequibe guare 16.192 vacas oromoinque Ypî Pay Comis.^{o} Luis Altamirano licencia pp"*. Como se dijo anteriormente, es posible que el mapa haya sido realizado para representar cartográficamente el texto del documento de demarcación de las tierras, transponiendo para la forma cartográfica la descripción espacial presente en la forma textual. Poseyendo estos recursos, los cabildantes de La Cruz pudieron presentar sus quejas en 1784, como se infiere de otros documentos anexos, donde se registra:

> Este papel denota las dos Vaquerías que hicieron los naturales deste Pueblo en los años de mil setecientos cuatro, mil setecientos siete quedando dicho numero de ganado en los campos y rincón de el Caraguatai y Taquarembo a beneficio deste Pueblo lo que tuvo efecto en el tiempo de los expulsos pero después como varios pueblos se denominan dueños de los campos le quitaron este derecho que verdaderamente le correspondía al número tan crecido de ganado que introdujeron en los referidos campos. Y para que conste ser traslado al que se halla en este cabildo, lo firmamos en el pueblo de La Cruz a catorce de Septiembre de mil setecientos ochenta y cuatro.[17]

16 AGN/BA, sala IX, 22-8-2. Copia gentilmente cedida por Eduardo Santos Neumann y Fabrício Prado. Siguen las firmas de los cabildantes guaraníes de La Cruz en 1784.
17 *Ibídem*.

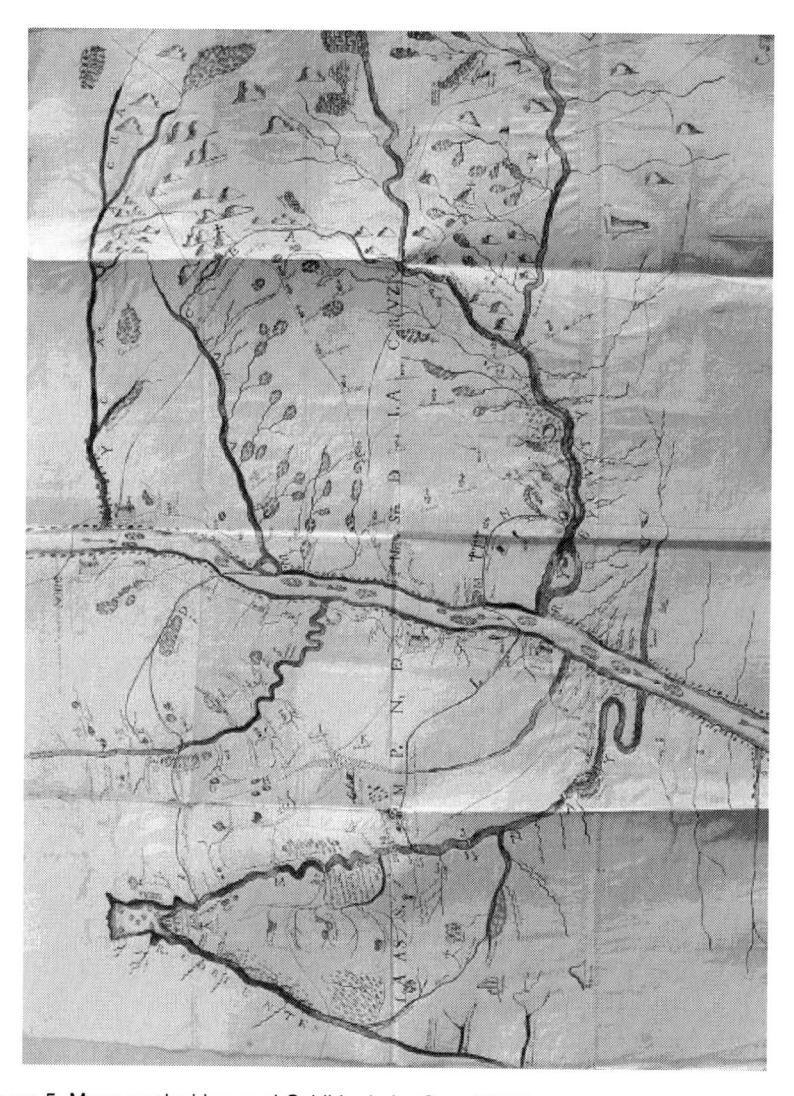

Figura 5: Mapa produzido por el Cabildo de La Cruz (1784).

El pequeño conjunto de mapas aquí presentado es demostrativo de que, al menos en el caso de los indígenas guaraníes reducidos por los jesuitas a lo largo de aproximadamente 150 años, el saber cartográfico se desenvolvió de tal forma que, cuando fue necesario, los indígenas supieron utilizarlo en defensa de sus intereses. Por otro lado, demuestra también que la representación cartográfica incluye el uso de las toponimias, de la delimitación de límites espaciales, además del recurso a íconos gráficos para representar relieves, vegetación, hidrografía y caminos. En algunos casos, pequeños elementos iconográficos servían para indicar los núcleos urbanos de los poblados o las capillas y puestos de estancia. Un rápido análisis basta para verificar que los conocimientos cartográficos de los guaraníes de las antiguas reducciones estaban conectados con las formas más simples en uso al final del siglo XVIII. Considerando específicamente los mapas de Santo Tomé y La Cruz, producidos en 1784, es posible verificar aún el uso práctico de la cartografía y su combinación con la relación de documentos oficiales. Por fin, estos mapas apuntan aún hacia una profunda alteración en las concepciones del espacio y territorialidad de los guaraníes reducidos, los cuales pasaron a reclamar sus derechos sobre el suelo con base en los mismos criterios de la sociedad colonial hispánica. El grafismo, incluyendo la cartografía, posibilitó a los guaraníes, en el período post-jesuítico, posicionarse frente a las fuerzas políticas y económicas que se proyectaban sobre sus poblados. El proceso de redefinición de fronteras con el Brasil portugués después de la toma de las siete reducciones de la Banda Oriental del Uruguay, en 1801, y los posteriores movimientos de independencia en la región platina acabaron contribuyendo a la desestructuración completa de estos pueblos y de sus cabildos indígenas. A pesar de esto, quedaron los registros de un período en que, aunque brevemente, los guaraníes llegaron a demostrar su capacidad de auto-administración, valiéndose para esto, entre otras cosas, de aquel saber cartográfico desenvuelto en el contacto con los jesuitas.

SACRAMENTOS, RELIQUIAS Y OBJETOS SAGRADOS

RELIQUIAS ROMANAS EN MÉXICO: HISTORIA DE UNA MIGRACIÓN[*]

PIERRE ANTOINE FABRE

La investigación que aquí presento tiene una doble entrada, europea y americana. Por esta razón la he elegido como contribución a la mesa de apertura de este encuentro.[1] Primera entrada: la transferencia simultánea, en 1578, de un conjunto de reliquias extraídas de las catacumbas romanas y ofrecidas por el papa Gregorio XII a la Compañía de Jesús, por una parte al colegio Romano, por otra, al Colegio de San Ildefonso, de la ciudad de México. A quienes duden de semejante viaje les propongo un ejercicio —inspirado sin duda en la antigua tradición de los *Ejercicios Espirituales* de Ignacio de Loyola— que consiste en imaginar una malla cargada de osamentas embarcadas a bordo de un galeón para atravesar el Mar Mediterráneo y luego el océano pacífico, y luego a preguntarse, por qué.

---

[*] Traducción del francés: Ana Couchonnal.
[1] Agradezco vivamente a Guillermo Wilde su invitación a participar de las *XII Jornadas Internacionales sobre las Misiones Jesuíticas*. Había participado en 2006 de las *Jornadas* de Porto Alegre por invitación de Arno Kern, y estas nuevas *Jornadas* han confirmado una evolución muy importante de los encuentros que dan a su objeto inicial, las misiones jesuitas en el sector de las antiguas reducciones, una significación nueva: la implantación transfronteriza de las *aldeias* gobernadas por la Compañía de Jesús, entre las posesiones españolas y portuguesas ha devenido el primer motivo de una transnacionalización de investigaciones misioneras, contra una tendencia fuerte, en todo el período anterior, de "nacionalizar" los trabajos de historia religiosa (paralelo historiográfico de la laicización y de la descolonización ideológica de los estados). Esta internacionalización puede y debe hoy permitir aproximaciones transcontinentales, como la que quisiera intentar aquí, por medio de la circulación transatlántica de las reliquias.

1578 es un año importante para el culto de las reliquias en la cronología romana. Coincide con el redescubrimiento de las catacumbas de Roma y el comienzo de nuevas extracciones. Han pasado tres años del Año Santo o Jubileo de 1575, cuando se constata un fuerte interés en las reliquias. Probablemente no sin incidencia sobre la apertura de las catacumbas, vía Felipe Neri, fundador del Oratorio y Carlo Borromeo, obispo de Milán y cardenal, en particular, se rearticula el culto de las reliquias y el culto de los mártires.

Es en el marco de un proyecto de investigaciones sobre los usos de las reliquias cristianas en Europa y el mundo moderno, más precisamente sobre la historia de las reliquias conservadas en la iglesia de San Ignacio, intermediaria del Colegio Romano,[2] que me he interesado en la mencionada doble transferencia. Es como historiador de hoy, partiendo de las recuperaciones tardías operadas en la historiografía del siglo XIX y como resultado de mi propio trabajo entre dos mundos, que inicialmente descubro que Gregorio XIII envía simultáneamente al Colegio de México y al Colegio Romano dos subconjuntos de un mismo don pontifical. Ningún texto de la época del acontecimiento lo menciona, ni del lado romano, ni del lado mexicano. Un doble índice debe volvernos prudentes en cuanto a las proyecciones retrospectivas de una historia globalizante de la época moderna, o más bien, debe ponernos atentos sobre el hecho de que estas reliquias, cuyo origen romano los jesuitas de la ciudad de México bien conocían, han sido por diversos motivos sustraídas a su origen romano. Aunque ningún documento conocido lo confirma podríamos suponer que los jesuitas ignoraban el doble destino romano y mexicano de estas reliquias. Pero esto significaría —desde el punto de vista del gobierno romano de la Compañía de Jesús— una débil inversión en la tarea de hermanamiento simbólico entre Roma y México. Desde el punto de vista mexicano, otros índices convergen en la misma dirección para hacer de Roma, se puede decir, un detalle en el paisaje mundial.[3] Retornaremos a esta cuestión.

---

2 Fabre 2009.
3 Esta investigación se inscribe (más allá de su punto de partida dentro de la iglesia romana de San Ignacio), en el marco de un proyecto en curso en el Centre d'anthropologie religieuse européenne de la Ecole des Hautes Etudes en Sciences Sociales (CARE-EHESS), sobre la distribución de cuerpos santos de las catacumbas romanas en la catolicidad (14.000 reliquias, ínfimas o insignes, entre el final del siglo XVI y la mitad del XIX), su recepción,

La segunda entrada es directamente americana. Se trata del conjunto de celebraciones a las que da lugar la llegada de las reliquias a México, de la que existe una pieza de teatro llamada *El triumfo de los santos*, fresco retrato de la historia de la iglesia cristiana desde su persecución bajo el reinado de Diocleciano hasta su triunfo bajo Constantino.[4] La obra fue realizada en el Colegio San Ildefonso el día final de la procesión, cuando se acarrearon las reliquias por las calles de la ciudad de México. El autor es un jesuita siciliano residente en México, Vincenzo Lenocci (o Lanuchi). Este personaje me resultaba conocido en otro terreno distinto al de las reliquias, por los trabajos de Antonella Romano.[5] Lenocci es, en efecto, un remarcable "misionero *savant*" que publicó casi clandestinamente en México, un tratado de matemática de Maurolico, compañero de ruta de la Compañía de Jesús y actor determinante de la implantación siciliana de la orden, así como un tratado de teología de Francisco Toledo. Vincenzo Lenocci es entonces, una suerte de mensajero de la cultura matemática del colegio de Mesina, pero en México, un lugar donde no deseaba ir (había solicitado las Indias Orientales)[6] y a donde la autoridades romanas de la Compañía tampoco promovían especialmente la exportación de las producciones matemáticas –aunque no fuera por las mismas razones que tampoco se celebraba la hermandad del Colegio Romano y el Colegio San Ildefonso. Después de haber pretendido retirarse en una cartuja,[7] Lenocci pedirá su repatriación a Sevilla y luego a Mesina. Uno

---

su función, su inscripción dentro de patrimonios relicarios locales, etc. Aquí no desarrollaremos el aspecto propiamente romano de la historia de esta migración mexicana: la extracción misma, el lugar de los jesuitas en la explotación del yacimiento de las catacumbas, etc.

[4] No es posible realizar el estudio preciso de la obra aquí. El análisis debería mostrar, en particular, el amplio espectro de razones propuestas para la veneración de las reliquias de santos y una cierta indecisión del texto entre esas diferentes razones: en lo esencial, entre el reconocimiento de las reliquias como *signos* del sacrificio de cristianos perseguidos y su evaluación como *fuerzas* dadas a esos mismos cristianos en su combate (la cruz que abre el camino de la victoria a Constantino). Como lo veremos más adelante, el *Edictum certaminis* propuesto en el concurso de poesía abierto para esta ocasión se esfuerza en conjurar una dinámica de la fuerza que *anima* el signo.

[5] Ver en particular Romano 2006.

[6] Lo sabemos por una carta *indipetae* conservada en los Archivos romanos de la Compañía de Jesús (Romano 2006).

[7] Según una tendencia relativamente frecuente (y además tolerada) en el seno de la Compañía. Observamos aquí la vecindad de aspiraciones *savantes* de Lenocci y de una opción contemplativa, vía "teórica" de la que sería interesante seguir el hilo en la historia de la ins-

de los argumentos de Lenocci para solicitar su retorno será el no aguantar más que se lo constriña a enseñar la retórica a través del uso de textos de la literatura clásica, ya que no soportaba transmitir el paganismo que éstos contenían. Recordemos que desde el inicio del desarrollo de su red de colegios, la Compañía se había empeñado en expurgar dichos textos de sus contenidos paganos.[8] Aún así, Lenocci se halla entre los numerosos candidatos a retornar, un capítulo hasta hoy día aún desconocido de la historia de las misiones jesuíticas del final del siglo XVI.[9]

El mismo Vincenzo Lenocci es quien redacta en 1578, siendo profesor de retórica del Colegio San Ildefonso, la tragedia *El Triumfo de los santos*, que debía coronar la recepción de las reliquias romanas. La recepción de estas reliquias será mucho más tarde saludada por Francisco Xavier Alegre, o más precisamente por un comentador de éste,[10] en 1841, en una anotación al margen de uno de los manuscritos conservados de *La historia de la Compañía de Jesús en México*, con estas palabras: "con este espectáculo (la llegada de las reliquias) acabó de abatirse la antiquissima idolatria de la America)".[11]

---

titución. No es efecto, ni el hilo espiritual (que no se define por la relación con una práctica y aún menos contra ella), ni el hilo cultural (que calificaría mucho más la vía de la enseñanza, que no parece atraer a Lenocci, ocupando la cátedra de retórica en el Colegio Ildefonso. Se trata más bien del hilo de una historia "intelectual".
8 Sobre este punto me permito remitir a Fabre (1995). En la época ignoraba que esta misión expurgadora había atravesado las fronteras de Europa, para adquirir resonancia particularmente en las provincias jesuitas más expuestas al paganismo moderno –a aquello que reencontramos más adelante bajo el nombre de idolatría.
9 De una u otra manera, estos retornos no solamente significaban una situación de fracaso, sino que contrariaban también lo que fue en la época la originalidad de la Compañía de Jesús en la familia de las congregaciones misioneras: el hecho de que las expediciones jesuitas fueran viajes en principio sin retorno, mientras que por ejemplo un franciscano de España permanecía ligado al convento al que pertenecía en el momento de su partida, aún incluso cuando finalizaba sus días lejos de Europa. El jesuita, en cambio, perdía esa amarra. El proyecto, que nos interesa aquí, de "lastrar" el Colegio de México a un suelo de reliquias transferidas sin retorno del antiguo mundo hacia el nuevo, no puede ser extraño a este desplazamiento sin recuerdo.
10 Muy probablemente Agustín Castro, jesuita mexicano también (1728-1790, fallecido en el exilio en Italia) *socius* de Alegre.
11 Alegre (1956-1960, I: 227). La anotación de Castro acompaña a la "descripción" - es el término que él emplea en su comentario- de la procesión de recepción de las reliquias romanas, en la que justifica la belleza "por un cuerpo religioso consagrado por sus Constituciones a la profesión del buen gusto (*gusto bello*)". Castro insiste sobre este aspecto enseguida de su comentario: "No omitamos añadir que el pintor de todos aquellos arcos [los arcos que

Es al reflexionar sobre esta formulación, y su relación con la negativa de Vincenzo Lenocci de transmitir los vestigios del paganismo que sobrevivían en las literaturas griega y latina, que me pregunté si no era necesario ir a buscar más lejos para tratar de comprender la doble actividad de Lenocci en el Colegio de San Ildefonso, y a través de ella, definir una mirada distinta sobre la migración mexicana de las reliquias romanas. Es decir, no considerar tanto que Lenocci, apasionado por las matemáticas, había sido constreñido a escribir la pieza por obediencia, abocándose a una tarea literaria que lo alejaba de los dominios intelectuales hacia los que se sentía verdaderamente inclinado, sino pensar, por el contrario, que el rechazo del paganismo en la enseñanza de las letras y la participación en el recibimiento de las reliquias son, en su conjunto, una derrota última de la idolatría, la cual se encuentra en la tragedia como figura alegórica opuesta a las virtudes teologales, al lado de la "gentilidad" y la "crueldad". [12]

Esta hipótesis se apoya sobre otros datos. Por una parte, los trabajos recientes de Pierre Ragon sobre el culto a las reliquias en México colonial han mostrado el carácter autoritario de la implantación de este culto en el mundo indígena.[13] Se conoce también todo aquello que concierne a

escanden el recorrido de la procesión] fue el fundador de la bella escuela mexicana. Fue éste [...] quien, dedicado a pintarle en el Escorial a Felipe II, se huyó, no se por que causas, para estos reinos, en donde dejo varias obras de sus manos [...] Alegre mío [sic]: el calor que su bella pluma de V. me inspira, me ha hecho manchar las márgenes con esta reflexión y esta noticia del origen de nuestra pintura [...] ». Dos rasgos, dentro de esta nota, retienen nuestra atención: por un lado, la reivindicación nacional de este pintor no obstante designado como un "desertor" de la corte de España, por otra parte, la reivindicación estética del espectáculo de las reliquias, recordado bien al final de la nota como un testimonio de la "gloria de los mártires", pero también después como una victoria sobre la "idolatría".
12 Sobre el tema de la idolatría podemos remitirnos a la brillante reflexión de Bernand y Gruzinski (1988: 147-194). Más recientemente, sobre la noción de ídolo en los mundos nuevo y antiguo, y la construcción católica (específicamente jesuita) de una idolatría protestante (doble o verdad de la iconoclasia), ver Koninck y Watthée-Delmotte (2005).
13 Ragon 2003. Resulta interesante y relevante esta posición en el debate sobre el "proceso de la evangelización", ya que permite ver cómo las reliquias cristianas han podido ser movilizadas contra los peligros que representaban los objetos o las figuras, abiertos a una interpretación no-cristiana –comenzando por aquella del cura o del religioso como cuerpo *vestido*. Sin embargo, las reliquias no son, por naturaleza, *indemnes* a toda forma de apropiación incontrolada; deben ser *indemnizadas* –y quizás incluso demandarles particularmente al ser lo que, desde otro punto de vista, nos ocupará enseguida: eso que concierne también al cristiano en el debate que atraviesa su propia historia sobre la legitimidad de este culto. La exclamación de Agustín Castro sería el avatar tardío de una inquietud antigua, enmascarada por una apariencia triunfal.

los cultos osarios en las culturas religiosas nativas. Lo que importa aquí es que los huesos son portadores intrínsecos de una potencia de alma, o de animación, lo que no es el caso en la definición dogmática del culto de las reliquias cristiano. No se afirma según el dogma: "estos huesos no están muertos, sino que de alguna forma han cambiado de alma"; más bien se dice que ellos reenvían a las almas de las que se han "desarticulado" (empleo esta palabra a propósito, pues la vamos a volver encontrar pronto), lo cual es una cosa totalmente distinta. En esta frontera estrecha se hallan también las investigaciones de Charlotte de Castelnau, guiadas por los puntos prácticos (y no dogmáticos) de pasaje entre los cultos de huesos jesuitas e indígenas en el Brasil colonial.[14] Ahora bien, es precisamente en función de esta ambigüedad en la argumentación de Pierre Ragon, que el culto de las reliquias debe *imponerse*: debe imponerse para no exponerse a los malentendidos. Encontramos la misma inspiración en la celebración (retrospectiva, no lo olvidemos) de la llegada de las reliquias romanas como triunfo. Por cierto ¿como triunfo *de qué*? No se lo dice. Como triunfo *sobre* la idolatría.

Al entrar en los detalles del expediente en cuestión me dí cuenta que la llegada de las reliquias romanas a México estaba lejos de haber sido un éxito inmediato en el seno de la Compañía de Jesús. Había sido necesario imponer este culto y *justificarlo*, no solo como culto específico, en un contexto religioso en el que nunca se había recibido un favor similar, sino también como culto *romano*. Por cierto que en este punto hace falta llevar mucho más lejos el estudio –por definición bastante difícil– de la marginalidad del culto de las reliquias en la primera evangelización mexicana.[15] Es posible constatar que los jesuitas del Colegio Ildefonso,

---

14 Castelnau-L'Estoile 2009.
15 Podemos tomar como guía la cronología propuesta por Antonio Rubial García (1999: 55-61), que distingue una primera etapa (1524-1550) marcada por la "utopía evangelizadora", de una segunda (1550-1578) que se ocupa, al contrario, de "una sacralización del espacio": los cultos relicarios se desarrollan a partir de la segunda etapa, pero son sobre todo los religiosos del período anterior los que los prefiguran en esa misma Nueva España donde las osamentas son descubiertas y veneradas; la de *fray* Martín de Valencia, por ejemplo, uno de los primeros misioneros franciscanos muerto en 1534. Rubial García interpreta el arribo de las reliquias romanas en 1578, un poco después de la Compañía de Jesús misma (1572), como un contra ataque contra el localismo (p. 61). Igualmente, hay que considerar en relación a esto, la difusión del espíritu "evangélico" y, singularmente, la crítica erasmista de las devociones medievales -entre las cuales, como se sabe, se encontraba la veneración de las reliquias de los santos- en la primera evangelización, de la cual quedan trazos remar-

en función de su ambiente y de sus posiciones subjetivas, según lo muestran algunos signos, esquivan su origen romano. El reto es por tanto doble: hacer de las reliquias la manifestación de un arraigo del nuevo orden (recientemente instalado en México) en la larga duración de la historia cristiana, enraizando esa larga historia en la propia Nueva España. El conjunto de piezas del expediente hace aparecer claramente esta doble exigencia, casi contradictoria: transformar lo Nuevo en Antiguo por el milagro de las reliquias, deviniendo ellas mismas una transformación de lo Antiguo en lo Nuevo.

*

No puedo más que hacer una breve presentación de las piezas. La *Carta* del Padre Pedro de Morales, rector del Colegio San Ildefonso, al General Eduardo Mercuriano en 1578, inmediatamente después de la recepción de las reliquias romanas, introduce un conjunto de textos también dirigidos a Roma, que conciernen por una parte al relato de la procesión de las reliquias en la villa, y enseguida, a la edición de la pieza *Triunfo de los santos*. La lectura de esta *Carta* llama la atención por un paréntesis, que precede al relato de la procesión:

> Tomados los pareceres, concordaron con mucho fervor en que se debía hacer una muy extraordinaria solemnidad para edificación de los fieles y confusión de los herejes y para instrucción y enseñanza espiritual de estas planticas tiernas de los naturales (*que tanto por lo exterior se mueven*).[16]

cables a lo largo de todo el siglo (Bataillon 1987, III: 469-503, en particular pp. 495-496). "Para los intrépidos ´evangelistas` que intentaban cristianizar a los indios, todo lo que era estímulo a la devoción de la virgen y de los santos tal y como entre los *cristianos viejos*, encerraría un peligro de confusión con la antigua idolatría y arriesgaría confundir las nociones fundamentales [...]. En su apéndice al Tratado del cartuja Denys Leuwis de Rykel sobre las procesiones, Juan de Zumarraga, franciscano, primer obispo de México, figura central del ´erasmismo` mexicano, censuraba severamente los *"profanos triunfos"* con los cuales se celebraba ordinariamente la fiesta de Dios". Habrá igualmente que interrogar, en la prolongación de los trabajos de Marcel Bataillon, una relación posible entre la inspiración milenarista de los primeros evangelizadores, su aspiración a resucitar la iglesia primitiva y la vanidad de los vestigios del pasado cristiano, *y por consiguiente de las reliquias*, en estas dos perspectivas. Ver también Bataillon (1932).
16 Utilizo aquí la bella edición de la *Carta* y de la *Tragedia* realizada por Beatriz Maristal Hay, quien aporta un gran número de precisiones sobre las circunstancias del acontecimiento, la edición propiamente dicha de la carta, su recepción, etc. (Carta [1579] 2000: 4, cursiva mía).

Este último paréntesis me alertó, pues leyendo de cerca el conjunto de la misma cita constaté de entrada que la "exterioridad" a la cual refiere no trata solo de la procesión que debía acompañar a la recepción de las reliquias, sino más radicalmente del culto de las mismas reliquias. De esto nos damos cuenta en el parágrafo siguiente:

> No faltaron impedimentos para estos días, y ansi, el Padre Provincial una noche tractó y consultó con todos los de casa juntos de la conveniencia que había en este Nuevo Mundo de que las cosas de Dios y Sanctas Reliquias fuesen honradas y estimadas, y si parecía a todos, se hiciese una muy solemne festividad, y que todos y cada uno se dedicasen y empleasen en ella procurando devoción para sí y para la comunicar a los de fuera.[17]

La recepción de las santas reliquias en el Nuevo Mundo es lo que se plantea como problema principal. Lo más sorprendente es que el responsable jesuita de México escribe al General *en respuesta al envío* de estas reliquias, representándole la dificultad que su recepción implicó para la Compañía Mexicana, y las asperezas de las negociaciones que el Provincial tuvo que limar para llegar a un acuerdo en celebrarlas.

Es en función de esta dificultad, y de su expresión ostentatoria –ya que Pedro de Morales insiste expresamente sobre el conjunto de hesitaciones, dudas y escrúpulos para la celebración de estas reliquias–, que el paréntesis *"que tanto por lo exterior se mueven"* me pareció remarcable. Es una manera de decir: "nosotros celebraremos estas reliquias para aquellos que, al no moverse que por ´el exterior`, pueden beneficiarse de la celebración de su llegada; en tanto que ´nosotros`– este es el discurso implícito– padres jesuitas del Colegio de México, en lo que nos concierne, estamos perplejos ante este envío".

La carta nos aporta un nuevo elemento a continuación:

> En este tiempo movió Dios el corazón del Padre Provincial a querer prevenir las muchas ocupaciones *exteriores* que los días de la festividad nos esperaban y ansi ordenó, que para que el Señor lo guiase todo para su mayor gloria, comenzásemos nosotros a la celebrar un mes antes; desta manera que en una cuadra de nuestro colegio, bien adornada a nuestro modo, se compuso un muy devoto altar sobre el cual asentaban tres gradas, y en ellas, puestos los relicarios con las reliquias, con el aparato y orden que habían de llevar en la procesión.[18]

17 *Ídem*: 3.
18 *Ídem:* 7 (mi cursiva).

Esta carta hace pues el relato de las condiciones en las cuales las reliquias fueron aceptadas por la comunidad de los padres jesuitas: la reserva de una celebración separada, profundizando la separación entre estas reliquias tal como serán "secretamente" celebradas por los padres y las reliquias tal como serán "exteriormente" (o "públicamente") ofrecidas a los indios, o a la sociedad de México (los relatos de la recepción construyen, como vamos a ver, una sociedad de la villa de México en la cual se organizan conjuntamente la separación de los religiosos y la comunión de los indios y de los españoles). La celebración secreta de las reliquias organiza simultáneamente la "distinción" –en la acepción sociológica del término– de los jesuitas entre el acto que les fuera impuesto y las condiciones de una capacidad "anti-idolátrica" de veneración de las reliquias por medio de un culto exterior; forma necesaria en la escala de una progresión espiritual de la cual este culto representa un primer grado (algo que, por lo demás, contribuye a rendir cuentas de su extraordinaria fuerza de adaptación y de resistencia en la historia cristiana).

En ocasión de la celebración de las reliquias romanas, un texto figura al final de la carta introductoria de Pedro de Morales refiriendo al tema general de los siete concursos de poesías propuestos a los alumnos del Colegio (y más allá de ellos a todos los "poetas y oradores"). Vincenzo Lenocci tiene todas las razones para ser al menos uno de los autores del texto. De él retengo, por ahora, el siguiente desarrollo:

> Los cuerpos de los héroes divinos, *aunque* desarticulados de sus almas, y *aunque* parezcan sumidos en dulce sueño hasta el último día de la retribución, han de considerarse *no* muertos, sino animados de vida espiritual; *no* enfermizos, sino saludables; *no* entregados al olvido, sino llenos, con razón, de la luz celestial.[19]

Observamos aquí una descripción negativa singular. El texto recalca que estas reliquias no son lo que se podría creer son, esto es, cuerpos muertos, piezas libradas al olvido, sino por el contrario, obras vivientes que han

---

19 *Ídem*: 10-11 (versión en latín, lengua en la que el ejercicio está redactado) y 12-13 (para la traducción española que utilizo aquí (mi cursiva). El *Edictum Certaminis Literarii* concluye así: "Quisiera pues la nación mexicana hacer resonar voces angélicas y humanas en acción de gracias, así como para responder a tan insigne beneficio de alguna manera, mediante un generoso decreto del ilustrísimo senado, promulgado con juicio equitativo. Proponiendo premios a poetas y oradores, con el fin de entonar las alabanzas de los santos, con la liberalidad acostumbrada convoca y exhorta".

sido penetradas por la luz celeste, según lo que la *razón* misma dicta. Por una suerte de ejercicio de denegación muy virtuoso, este texto designa a las reliquias a la vez como aquello que no deben ser, objetos inanimados que pueden ser objeto de un culto idólatra y como aquello que deben ser, conductoras en sentido contrario, *por medio de* estos objetos inanimados, de una relación no con los "cuerpos de los héroes divinos", sino con "las almas desarticuladas", de estos cuerpos, con su vida separada de su muerte.

¿Bajo qué condición son las reliquias susceptibles de poner fin a la idolatría? El escepticismo y la perplejidad que rodean su llegada dan la medida de esta inquietud, y de lo que está en juego en la reformulación del culto relicario.

La otra pieza para nuestra demostración será en principio, en la exhumación progresiva del acontecimiento,[20] la última narración (hasta el día de hoy), del relato de la procesión de las reliquias en 1578 que consta en la *Historia* de Francisco Xavier Alegre, del siglo XIX. En este texto, el objeto "reliquia" se halla constantemente eclipsado en beneficio, sea de los relicarios –nos ponemos del lado de la manifestación exterior, la cual es propicia a las "tiernas planticas" que son los indios–, o sea, por el contrario, de las mismas figuras santas. Las "reliquias" entre estos dos polos, desaparecen de la descripción de su travesía en la villa.[21]

Segundo elemento. En esta descripción, la procesión de las reliquias a través de la ciudad, se presenta como forma de constituir la ciudad sagrada por la procesión al interior de la ciudad profana y el emplazamiento de diferentes referencias en ésta.[22] En la *Historia* de Alegre, la

---

[20] Los escritos que envuelven el acontecimiento de la procesión conservan el recuerdo pero deben también atestiguar la singularidad de la manifestación efímera para aquellos que la han vivido y para quienes resulta inolvidable. De allí la doble naturaleza de las huellas que consignan *y* que designan los relatos en forma de crónicas para esta procesión. En el caso que nos ocupa, esta semiología se encuentra reflejada en el espejo por su mismo objeto. Conservar el recuerdo de la celebración de reliquias es conservar el recuerdo del recuerdo, y es, al mismo tiempo, reencontrar en el acontecimiento inolvidable eso que la reliquia testimonia en una suerte de contumacia: la inolvidable presencia del santo vivo, aquí y ahora. Este espejo desdobla al objeto que refracta: hace aparecer la reliquia *con* su relicario. Lo que muestra (el equivalente a una huella, o un relato), y lo que *se* muestra (el equivalente del acontecimiento en su inolvidable presencia); *lo que muestra lo que se muestra*, también inseparables el uno del otro, es que la huella es ella misma designación y consignación.
[21] Pero es también de esta manera que las reliquias se instituyen como potencia de ausencia (*puissance d'absentement*), o agujero de la inmanencia.
[22] Retomaremos en esta travesía de la ciudad de México las magníficas enseñanzas de Gérard Labrot en su *Image de Rome* (1987), con esta importancia-diferencia que el recorri-

procesión franquea un cierto número de etapas, constantemente señaladas como los lugares que son "hoy en día" –es decir, a mediados de los años 1840– lugares religiosos; no se puede saber si lo eran *ya* y si lo son *todavía*, o bien, si lo han devenido. El texto actualiza constantemente durante el siglo XIX, esta ciudad recorrida por las reliquias de 1578. En cuatro páginas encontramos diez veces la expresión: *"aquí donde hoy, hay"*. El texto superpone así los dos tiempos, y de un mismo golpe, proyecta el siglo XIX sobre la ciudad mexicana del siglo XVI, y a partir de esto, hace de la procesión de las reliquias romanas una suerte de evento inaugural del reconocimiento de una población hispano americana, una suerte de lugar de nacimiento de la "nación mexicana" (la *Mexicana civitas* que invoca el *Edictum Certaminis*).

Esta presentación de la ciudad a través de la procesión de las reliquias desemboca sobre un resultado sorprendente: mientras que las reliquias y su procesión estaban en un principio destinadas a los "naturales" que son los indígenas (y que participan de la construcción de los arcos florares que puntúan el paseo por las calles[23]), progresivamente, estas reliquias devienen el lugar de una suerte de reunión de la ciudad alrededor del Colegio, no de una reunión de la población de indios, sino de una reunión de la ciudad "criolla", de la ciudad hispano americana. De aquí deriva el objetivo durante el siglo XIX, de la producción de este texto descriptivo como texto "actual", en el presente, precisamente en el momento en el que México afirma su propia identidad nacional a través del carácter "criollo" de su propia población. Es a partir del momento en que las reliquias aparecen como una suerte de reordenamiento de la villa alrededor del Colegio que se puede comprender cómo ellas pudieron finalmente ser plenamente reconocidas por los jesuitas del *Colegio*. Es que estas reliquias no estaban destinadas solamente a los "naturales", sino que obraban también la sacralización de la ciudad cuyo epicentro sería el Colegio.[24]

---

do de las reliquias, en 1578, infiltra antiguas huellas en la nueva ciudad de Nueva España desde afuera. Lo que está en juego en el siglo XIX, es una reescritura de este recorrido en la cual la antigua huella viene. esta vez, como en la Roma del siglo XVII, a ahondar la verticalidad bajo la superficie de la ciudad plana.
23 Sobre este aspecto ver Carta ([1579] 2000: XXI-XXV).
24 La historia urbana (y no solamente social, cultural, científica o pedagógica) de los colegas de la Compañía de Jesús no está escrita aún, a pesar de las fuentes importantes (textuales y visuales). Ver sin embargo los trabajos de Bruna Filippi, bajo el ángulo muy útil del teatro del colegio y los numerosos trabajos publicados por Antonella Romano en las Edi-

*

Si efectuamos una lectura regresiva, anterior a la reescritura efectuada en los años 1840, la cual manifiesta tardíamente una "política urbana" que, sabemos, tenía importancia para la Compañía desde el siglo XVI, será posible medir los obstáculos que hizo falta remontar para que la solución al problema del culto fuera percibida.

La primera etapa es un texto de 1580, de la primera producción historiográfica de la Compañía de Jesús en México.[25] En el párrafo concerniente al año 1578, el autor de esta primera historia escribe lo siguiente:

> El año siguiente de 78 partió[26] a Roma y hizo su viaje loablemente en dos años y trajo a esta provincia mucha y buena gente, muchos jubileos, indulgencias, *Agnus dei* y cuentas benditas que le dio el Papa Gregorio XIII, de felice recordación por la gran benevolencia que siempre tuvo a la Compagnia y en especial a las Indias.[27]

No hay el menor rastro, en un primer momento, de las reliquias enviadas por el Papa en 1575 y finalmente celebradas –después de las desventuras a las cuales voy a retornar– en 1578. Más extraño resulta todavía el que el Padre Procurador haya llevado a su Santidad un regalo del arzobispo de México con las "imágenes de plumas" y "piedras preciosas", "toda suerte de cosas medicinales de este reino que faltan en Europa", "todo aquello que su Beatitud recibió con gran placer y una gran estima hacia aquellos a quienes agradece lo enviado con un cierto número de gracias personales dadas al arzobispo", etc.[28]

No es hasta el capítulo siguiente[29] que Sánchez Baquero reporta una transferencia de reliquias. Así, no solamente no aparecen estas en primera posición en el relato (ya que ellas salieron de Roma en 1575) sino

---

tions de l' Ecole Française de Rome sobre las instituciones científicas de las grandes ciudades de Italia. Ver también Fabre (en prensa).
25 Su autor, Juan Sánchez Baquero, es también el probable co-autor, con Vincenzo Lenocci, de la *Tragedia del Triumfo de los santos*.
26 Pedro Díaz fue elegido para el cargo de delegado de la provincia a Roma por la primera congregación provincial de Nueva España en 1577.
27 Juan Sánchez Baquero "Relación breve del principio y del progreso de la provincia de la Nueva España de la Compañía de Jesús, 1571-1580" (Crónicas [1945] 1995:115).
28 *Ibídem.*
29 Publicado en la edición de 1945: 115.

que aquello enviado por Gregorio XIII parece un contradon de lo que fue traído por el Procurador de la Provincia de México. Es decir que los dones de Gregorio XIII aparecen como la retribución de un regalo inicial, o sea, no un don de Roma para México, sino de México para Roma.[30] La postura se vuelve doblemente crítica si insertamos este retorno del don en forma de contradon, de acuerdo con la carta de Pedro de Morales al General de la Compañía cuando hacía la pregunta: ¿qué hacemos con esto que nos ha enviado?

Este documento debe ser complementado por otro relato, anónimo, veinte años posterior (1602) cuyo capítulo XII está enteramente consagrado a la llegada y a la recepción solemne de las reliquias enviadas por Gregorio XIII.[31] En este nuevo relato curiosamente encontramos dos transposiciones con respecto a la carta de Pedro de Morales: el relato de las reliquias enviadas por Gregorio XIII trata de su depósito en lo de los jesuitas, mientras que en la carta de Morales, esto era el resultado de una dramática negociación. Según este relato, de entrada las reliquias fueron ubicadas "de una manera a la vez costosa y espectacular (*con grande traça y costa*) sobre un altar montado un mes antes de las fiestas, con gradas donde las reliquias fueron dispuestas en el orden en el que las encontramos luego en la procesión". La *Carta* de 1579 informa tardíamente que las reliquias fueron dispuestas "en el aparato y orden que tendrán en la procesión".[32]

Más adelante leemos esta otra formulación: "*se tenia por gran favor conceder la entrada a personas de grande autoridad y respeto*". En la habitación donde se conservaban las reliquias, antes de su procesión, se tenía pues por gran favor autorizar la entrada a las personas de mucha autoridad y gran respeto. Estamos muy lejos de las "tiernas planticas indias", *y* del secreto de la permanencia de las reliquias en el Colegio.[33]

---

30 Mientras que en realidad varias cartas del general Mercuriano (1572-1581) testimonian claramente una demanda de reliquias por parte del Provincial de México. Ver cartas del 19 de mayo de 1574 y del 19 mayo de 1576 ([MM] 1956-1991, I: 102-103, 192-193).
31 "Relación breve de la venida de los de la Compañía de Jesús a la Nueva España" (Crónicas [1945] 1995: 35-46).
32 *Ídem*: 36.
33 Nuevos desdoblamientos, no entre reliquias y reliquiarios sino de reliquias entre sí, según sean exteriores o interiores, públicas o secretas, en fin, *interiores y públicas*. Notemos un curioso *lapsus* en la narración, que dobla la palabra misma de "reliquia", primero implícita y después explícita: "*colocadas* con grande traza y costa por los nuestros un mes antes

En el relato de la introducción de las reliquias, tal como fue definitivamente presentado en el siglo XIX, se da gran detalle de esta llegada. Según un clásico del género, estas reliquias se perdieron en la ruta: el barco que las traía naufragó justo antes de llegar a México y las reliquias se dispersaron. Los marinos que lograron recuperarlas murieron uno tras otro y, al cabo de un cierto tiempo, los sobrevivientes decidieron devolver las reliquias a la Compañía. En este episodio, las reliquias fueron *descubiertas* en las costas mexicanas y, en una cierta forma, reapropiadas para el espacio mexicano. En otras palabras, no son simplemente reliquias descubiertas en las catacumbas romanas, son reliquias redescubiertas sobre las costas de México; surgidas del mar.[34]

Pedro de Morales no cita en su *Carta* esta coyuntura, pero esto es retomado en el relato tardío como uno de los elementos que hacen que estas reliquias pertenezcan realmente a México, ellas son de origen mexicano (en un registro legendario que recuerda, en escala del Nuevo Mundo, el descubrimiento de las reliquias de Santiago, en las costas de Galicia).[35]

Llegamos aquí a la solución de la contradicción de las migraciones de las reliquias que subrayé al inicio: ¿cómo hacer aparecer lo antiguo en lo nuevo, o más precisamente, cómo transfigurar lo antiguo en lo nuevo, de manera tal que lo antiguo sea para lo nuevo un origen, un suelo temporal?

Aquí reencontramos el rastro de los cristianos del Apóstol Tomás, redescubiertos por los misioneros jesuitas en la India en el siglo XVI, últi-

---

de la festividad en un altar con sus gradas donde *se colocaron las reliquias* por el orden y puesto…". Encontremos otra división comparable entre la version dada por Pedro de Morales del mismo evento, en su *Carta Anua*: "la colocación de las sanctas reliquias que V. P. envió a este colegio, se hizo el día de todos los Santos, con la celebridad, devoción y majestad que, por el libro que va con esta [la *Carta*] se verá; *pero por no ser todas las cosas para todos* para referir las aqui a V. P. y que fuessen motivo *a los Nuestros* de essas partes de alabar a la divina Majestad" ([MMx] 1956-1991, I: 437-438, mi cursiva). Estas "cosas extraordinarias" son el conjunto de laS circunstancias favorables -el parar de la lluvia, la ausencia del viento- que vuelven posible la disposición de los "arcos triunfales".

34 Alegre 1956-60, I: 204. Hay que remarcar que el naufragio se desplaza hacia las costas mexicanas con el paso de los siglos: las fuentes epistolares antiguas señalan efectivamente un naufragio (seguido de una nueva expedición de reliquias), pero del ancho de Sevilla ([MMx] 1956-1991, I: 239-240 y [MP] 1954-1986, I: 602-606).

35 Curiosamente, el relato de 1602 refiere a toda una serie de salvatajes milagrosos de varias imagenes de la vírgen arribadas por barco desde Europa hasta México, y este conjunto de relatos se sitúa al final del capítulo sobre el arribo de las reliquias, incluso aunque éstas desaparecen ahí, absorbidas por las imágenes.

mos en llegar, y por ello mismo bastante preocupados por hacer la vinculación con los primeros en llegar. Tenemos entonces dos maneras de llenar una abertura en el espacio mediante una apertura en el tiempo, y un tema mayor de la aventura cristiana en la expansión del mundo al final del siglo XVI: ¿Cómo llegamos a "suturar" las aberturas del espacio con una continuidad temporal? En las "Indias Orientales" se actualizan los trazos de un antiguo cristianismo, en las de Occidente se actualiza el pasado antiguo de este cristianismo en Europa.[36] Las reliquias nacidas del océano son aquí un magnífico motivo, mediador de la antigüedad más antigua y del origen nuevo, que borda las costas de México como catacumba marina.

Hace falta agregar a esto una cláusula concreta, o al menos, una precisión jurídica de la leyenda. Cuando se redescubren las reliquias salvadas por los marinos, no se trata de las "auténticas", que deben pedirse a Roma.[37] Hay por lo tanto dos viajes, entre los cuales la recepción de las reliquias tiene lugar, que las "autentifica" una primera vez, que las adopta sin certificado romano, lo cual les impide ser presentadas a un público culto, como precisa Alegre, *"con el pesar de no poderlos presentar a un publico culto"*.[38]

Un último elemento, en la constitución actual del expediente, concierne al prólogo de la *Tragedia del Triumpho de los Sanctos* de Vincenzo Lenocci. Se pueden retener tres argumentos, que me parecen haber sido versados en el debate de la reconquista de las reliquias ante la amenaza de su uso idolátrico, y a partir de allí, sobre la manera en la que efectivamente éstas fueron instrumento de un triunfo sobre la idolatría, como algo peligroso y, por consiguiente, un objetivo de la conquista.

Al inicio en el primer verso se lee:

---

36 Remito al caso de la India en las investigaciones de Ines Županov (2009). Reencontraríamos también las huellas del apóstol Tomás en América, pero los trabajos recientes -de Juan Carlos Estenssoro en particular- sobre el problema de la traducción del latín a las lenguas locales en la época del Tercer Concilio de Lima, llevan a pensar, me parece (propongo aquí una hipótesis), que sus descubridores jamás creyeron realmente en un cristianismos americano antiguo. Es por esta razón que la traducción de vocablos fundamentales de la iglesia como los de templo, sacerdote, clérigo, etc. parecen tan temibles; tal traducción no puede fundarse sobre la huella antigua de una *misma* religión.
37 Ellas serán enviadas con otras reliquias, "por otro favor de Su Santidad" (Alegre 1956-60, I: 206).
38 Este motivo no figura para nada en la *Carta* de Morales.

> La Caridad, que es siempre agradecida / y nunca un solo punto estuvo ociosa, / fuerza a salir en algo de medida / en fiesta tan solemne y tan dichosa; / y, agradeciendo el don de la venida / de las Reliquias Sanctas, no reposa / hasta que *sus triumphos* celebrando / en todos vaya el bien comunicando.[39]

Por una sintaxis audaz, "sus triumphos" refiere a la vez a las reliquias santas y la Caridad, en tanto que las reliquias santas no han sido más que una mediación para la transmisión de la caridad como bien común. Vemos entonces que las reliquias en este prólogo son reinscritas en una suerte de trayectoria de gracia, en la cual son más una mediación que una fuente. Tal es así que la sintaxis prácticamente las eclipsa (como en la descripción de la procesión en la *Historia* de Alegre) superponiéndolas en la articulación de la frase "Caridad" y "Reliquias".

Más allá de este primer encuadre –mediación de un lado, cuasi eclipse del otro–, dos datos más deben ser retenidos. Lenocci indica:

> Y aunque de todos géneros y estados / de cuerpos santos, Dios a concedido / a México los huesos consagrados, / no puede ser de todos referido / el modo con que fueron coronados, / y así entre todos hemos escogido / los mártires sagrados, cuya historia / causa a los cuerpos santos suma gloria.[40]

En este conjunto de reliquias se recortan los mártires (57 solamente de 214), y de hecho, no haremos más que hablar de los mártires y no de las reliquias, ya que no conservamos más reliquias que aquellas que de alguna manera han hecho el paso del mártir. Estos mismos mártires han sido transformados en el movimiento del prólogo, con la llegada de Constantino al imperio, "al cual la Santa Cruz fue dada como estandarte", la enfermedad del emperador y el momento en el que, bautizado, recobra la salud. Estamos aquí ante la basculación del mártir hacia el bautismo, es decir, muy precisamente en una suerte de sobreposición o de franqueo del momento de la reliquia, por el bautismo como apertura de la posibilidad de la vida eterna. Si volvemos al ejercicio propuesto a los alumnos del *Colegio Ildefonso* hasta el *Prólogo* de esta tragedia, retenemos dos períodos, dos figuras mayores: por una parte, la figura de Constantino, por la otra, la de Felipe II, de la cual los alumnos del *Colegio* de-

---

39 Carta ([1579] 2000: 116, mi cursiva).
40 *Ibídem.*

ben hacer el elogio: "*...catholicus Philippus secundus, Hispaniarum Rex, Laurentii Eugeniique reliquias tanquam firmissimum Hispaniae praesidium advexit*".[41] Ahora bien, del Oriente de Constantino al extremo Occidente de Felipe, ¿donde se encuentra Roma ?[42] En la búsqueda de las más ancianas fuentes del nuevo mundo, Roma ha desaparecido.[43]

Añadimos una indicación que deberá permanecer en los límites de esta contribución, nuestra última incursión en la composición y desarrollo de la procesión, tal como la reporta la *Carta* de Morales.[44] El cuarto conjunto de reliquias (el último precisamente descrito por Morales sobre un conjunto de 19 relicarios) del cual los patronos son Pedro y Pablo, concluye con las pertenecientes a San Hipólito, patrón de la villa de México después de que la victoria definitiva de Hernán Cortés sobre las armadas aztecas fuera alcanzada el día de este santo. Ahora bien, ¿qué eran estas reliquias?

> [...] Era un muy rico y gracioso brazo de plata, *que esta ciudad tiene*, con un hueso grande deste glorioso mártir, y en lugar de un Cristo que tenia en la mano *se le puso nuestra reliquia* acompañada de mucho oro y pedrería, en figura

---

[41] "El católico Felipe II, rey de España, transportó las reliquias de Lorenzo y de Eugenio para hacer una muy sólida protección a España".

[42] No se encuentra en Roma más que en el panfleto del segundo concurso de poesía, por el cual el candidato deberá, en seis estrofas de tres versos (dos sáficos y uno adónico) "expresar la alegría espiritual que debe ser la nuestra a la visita del Doctor de Gentiles [Pablo] y de siete otros miembros del sagrado colegio de apóstoles", comparándola a "el ferviente ardor de [San Juan] Crisóstomo cuando quiso rendirse de Constantinopla a Roma para abrazar las cadenas de Pedro y Pablo" (p. 25). El poema finalmente premiado no hace por otra parte aparecer el nombre de Roma, sino solamente el de "don de Cristo, para que México vea el cielo, y los huesos (*dona, quo, Christi, superumque vidit Mexicus ossa*)" (p. 237).

[43] El tema imperial –desde el Imperio de Oriente hasta el Imperio de España- es insistente en el *Edictum certaminis*: las reliquias han sido "talismanes" contra las invasiones, y el Imperio de Oriente no habría llegado a un estado tan miserable si no hubiera tratado indignamente esas reliquias: "Heraclius recibió a los persas vencidos, no como esclavos, no como perlas, sino como trofeos de la cruz" (p. 12). ¿Podríamos imaginar que esta virtud guerrera haya podido ser justificada frente a los indígenas como un triunfo de las reliquias cristianas? Agradezco a Dominique Julia el haberme sugerido esta cuestión durante una jornada de trabajo del CARE-EHESS, en la cual presenté una estado inicial de esta pesquisa.

[44] A continuación la *Carta* detalla toda la arquitectura de la procesión (los "arcos triunfales") con su iconografía y sus inscripciones) al mismo tiempo que su desenvolvimiento hasta la iglesia del colegio principal de la Compañía de Jesús. Y enseguida inserta el texto de la *Tragedia* para reportar finalmente el conjunto de celebraciones de reliquias en los siete días que siguen la procesión y la representación de la pieza.

oval, que con la altura del brazo, que será tres cuartas, campeaba de muy lejos y como que apadrinaba, guiaba por su tierra a los demás santos que de nuevo venían a ella por el orden que en el principio de la procesión se dirá.[45]

Así, aquella de las dos reliquias de Hipólito que ya es mexicana lleva en triunfo la segunda, romana (de la cual no se precisan dimensiones) que "guía sobre su tierra a los otros santos" impedida por la primera reliquia que la coloca a la altura de ser vista por todos. Roma es llevada por México, lo antiguo por lo nuevo que le da su dimensión. Se encuentra a Hipólito, como Morales lo anuncia aquí, representado en el primer *"arco triunfal de la calle de Santo Domingo"*, que tiene por leyenda esta inscripción: "Vuestra Fe, mártir sagrado / Vaya firme como va / que si Roma os ha arrastrado / México os ensalzará".[46]

*

El *Triumpho de los sanctos* organiza así las condiciones de posibilidad teológicas y políticas de un culto de las reliquias, en un contexto donde éstas siguen siendo consideradas sospechosas. Al recibirlas, los jesuitas se dirigen a sus interlocutores europeos –en particular en el curso de la procesión que reúne bajo el "arco triunfal" erigido ante el Colegio, tres ángeles guardianes, el de Roma, el de México y el del Colegio[47]– para decirles: estas reliquias son buenas para los indios, y nosotros no somos ni indios ni romanos, sino jesuitas de México.[48] Los ignacianos irán descubriendo progresivamente el buen uso que pueden darles en la construcción de una ciudad cristiana.

---

45 Carta ([1579] 2000: 7, mi cursiva).
46 *Ídem:* 30.
47 *Ídem:* 62-65.
48 Como me lo ha hecho notar Gérard Neveu en ocasión de una discusión que le agradezco, sin duda hay que tomar igualmente en cuenta las relaciones que la Compañía de Jesús, con prudencia, mantenía con el clero regular. No solamente con un obispo marcado por una fuerte tradición franciscana y erasmiana (ver sobre este punto la nota 17), sino con un obispo probablemente también celoso (de que un prelado europeo) de sus prerrogativas, precisamente sobre el tema de los cultos rendidos a los santos, las devociones a las imágenes y a las reliquias, etc. Sobre el tema ver Gotor (2002: 152-164).

COMPARTIR LAS RELIQUIAS.

INDIOS TUPÍES Y JESUITAS FRENTE A LOS HUESOS DE UN MISIONERO CHAMÁN EN EL BRASIL DE INICIOS DEL SIGLO XVII[*]

Charlotte de Castelnau-L'Estoile

Las reliquias, como elemento esencial de la sacralidad católica del siglo XVI, permiten ilustrar de manera concreta la acción de la iglesia misionera ibérica. En efecto, tanto en el mundo español como en el portugués, fueron masivamente importadas desde Europa hacia América. Conforme al principio de la fragmentación de las reliquias, los pedazos de instrumentos de la pasión de Cristo y los huesos de los antiguos santos atravesaron el océano para llegar a las iglesias americanas y expandir sus virtudes benéficas sobre el Nuevo Mundo; la historia de estas reliquias forma parte de la de la importación de la sacralidad cristiana en América.

Este artículo analiza la manera como el culto cristiano de las reliquias fue introducido por los misioneros jesuitas entre los indios tupinambá de la costa del Brasil,[1] y las múltiples interferencias que mantuvo

---

[*] Una primera versión francesa de este trabajo fue publicada en el libro *Reliques modernes. Corps saints et lieux sacrés des Réformes aux Révolutions*, compilado Philippe Boutry, Pierre Antoine Fabre y Dominique Julia (París: Éditions EHESS, 2009). Traducción: Ana Couchonnal.

[1] Los indios de la costa de Brasil eran, en su mayoría, pueblos tupí. Los antiguos cronistas hablan de distintas naciones tupí (partiendo del sur al norte del litoral se hallaban los Carijo, los Tupiniquins, los Tamoio, los Temomino, los Tupiniquins, los Tupinamba, los Tupinaé, los Kaeté, los Potiguar) sorprendiéndose que a pesar de su gran parecido, no cesa-

con el culto nativo de los huesos. Este estudio se basa en el caso particular del padre Francisco Pinto, misionero jesuita muerto por los indios enemigos en enero de 1608 en el actual Ceará, cuyos huesos fueron celosamente conservados por sus aliados indios, que le rindieron culto. Este episodio de "división de las reliquias" entre misioneros jesuitas e indios, en vista de la sumisión al mundo de los blancos, permite una reflexión sobre un proceso de transformación cultural y religiosa.[2]

La transferencia de las reliquias cristianas al Brasil

El envío de reliquias se inscribe en el marco más amplio de transferencia de objetos sagrados entre la metrópoli y la colonia. En efecto, a inicios del periodo colonial hay una demanda de objetos sagrados de parte de los portugueses del Brasil que se dirige, sea a las órdenes religiosas, sea a la corona portuguesa (responsable de la construcción de las iglesias en virtud del derecho de patronazgo). En 1559, en respuesta a una demanda del provincial, los jesuitas de Lisboa enviaron un retablo y su tabernáculo para la iglesia principal de Salvador, cuatro retablos y cuatro crucifijos para las iglesias de las ciudades misioneras, incensarios, lámparas, campanas y vestimentas sacerdotales. La correspondencia jesuita de los primeros años está pues llena de ejemplos de circulación de objetos sagrados y de objetos necesarios para el culto.[3] En 1620, el capitán Martim Soares Moreno hace un pedido al rey de Portugal de ornamentos destinados a la celebración de los oficios divinos en Ceará, región del nordeste, alejada de los centros portugueses, donde el padre Pinto había encontrado la muerte en 1607. La fór-

---

ran de hacerse la guerra. Su unidad lingüística y cultural contrastaba con las divisiones políticas. Los Tupí vivían en grupos restritos, practicando una agricultura móvil, y estaban vinculados por parentesco y alianza. Por un proceso dinámico de definición y de redefinición constante de las alianzas, los grupos l ocales podían constituirse en federaciones más importantes. La guerra y la lógica de la venganza que culmina en la antropofagia ritual constituye una dimensión esencial de la sociedad tupí. El rol de los Caraibas, profetas y chamanes, debe también ser subrayado. Los indios tapuia (que signifiva enemigos en engua tupí) pertenecían a otros grupos etnolingüísticas. Ver Fausto 1992.
2 Manuela Carneiro da Cunha (1996) aborda también las reliquias del padre Pinto pero desde una perspectiva totalmente distinta.
3 « *Lista de objetos de culto e outros que se enviaram de Portugal para o Brasil.* » ([MB] 1956-1968, III, doc. 25: 151).

mula empleada en la carta es interesante: *"e sem estas cousas se vivirá como os indios"* [y sin estas cosas se vivirá como los indios].[4] Los objetos religiosos participan plenamente de la obra de evangelización: los mismos contribuyen por su eficaz presencia a cristianizar el nuevo espacio.

La evangelización sistemática del Brasil comienza a mediados del siglo XVI, más precisamente en 1549, con la llegada del primer gobernador general de la colonia, Tomé de Souza, quien venía acompañado por tres jesuitas. Esta cristianización es por lo tanto contemporánea del Concilio de Trento que reafirma claramente el rol y la importancia del culto de las reliquias, criticadas los años precedentes por los humanistas y reformados.[5] Los jesuitas del Brasil devinieron rápidamente difusores de reliquias en el nuevo espacio, tanto más porque la Compañía de Jesús tenía, en esta segunda mitad del siglo XVI, una posición dominante en el mercado europeo de circulación de los cuerpos santos.

En el Brasil, dos cabezas de las Once Mil Vírgenes de Colonia, compañeras de Santa Úrsula, fueron traídas en 1575, seguidas de otra en 1577. En ocasión de la segunda "visita" de la provincia jesuítica en 1583, el padre Christovão de Gouveia –que tenía como misión normalizar las prácticas de la provincia, procurarle confort espiritual y ánimo–, trae una reliquia de la Santa Cruz para el colegio de Salvador de Bahia y otra cabeza de las mencionadas Once Mil Vírgenes, proveedoras inacabables de cuerpos santos, para el colegio de Olinda de Pernambuco.[6]

Cada instalación de reliquias en una ciudad era ocasión de celebraciones magníficas y ostentosas. La reliquia era paseada por la ciudad en procesión formal con el fin de tomar posesión de su nuevo territorio y de

---

4 *Requerimento do capitão mor Martim Soares Moreno ao Rei a pedir ornamentos destinados à celebração dos oficios divinos* (24/07/1620, AHU-ACL-CU-006 Cx.1-D.4).
5 «Decreto sobre la invocación, la veneración y las reliquias de los santos y sobre las santas imágenes» tomadas durante la sesión XXV, en diciembre de 1563 (Alberigo 1994, II-2: 1575. El decreto se comenta más abajo.
6 La visita de Gouveia es comentada por su secretario Fernão Cardim, *Informação da missão do P. Gouvêa ás partes do Brasil anno 1583* (Cardim [1583] 1980: 141-180). La visita es puntuada con fiestas para celebrar las reliquias de la colonia. En mayo de 1583 en Bahía para la llegada de una nueva cabeza de las once mil vírgenes (p.143), en mayo de 1584 para celebrar la reliquia de la Santa Cruz en Bahía y el final del nuevo relicario (p.159), en julio para la instalación de la nueva cabeza en Olinda (p.162) y, en octubre de 1584, para la fiesta de las once mil vírgenes en el colegio de Bahía que posee tres (p.165).

sacralizarlo. Piezas de teatro cortas (*autos*) ponían en escena a los santos, llegando a la nueva tierra, o mostrando sus milagros.[7] Las reliquias eran enseguida ubicadas en relicarios ornamentados y trabajados, que eran uno de los objetos más preciosos que poseía la colonia, todavía muy marcada por "la penuria de las cosas de Europa".[8] El relicario del colegio de Salvador es así largamente descrito por el secretario del visitador Fernão Cardim, como un objeto excepcional.[9] Durante la puesta en escena espectacular del culto de las reliquias por los jesuitas, era sobre todo la población de la colonia la que participaba: élites educadas en el colegio, colonos portugueses, esclavos africanos e indios.

Las reliquias se adaptaban rápidamente al contexto local. En julio de 1576, cuando el padre Tolosa trajo una cabeza de las Once mil Vírgenes a Pernambuco, un incendio se declaró en el barco justo antes de que fueran desembarcadas. Un primer milagro intervino, inmediatamente atribuido a las "santas reliquias". En efecto, ni la caja que las contenía ni el azúcar refinado se quemaron. Por este milagro, la actividad azucarera de la colonia pareció recibir una bendición divina.[10]

La devoción a las reliquias se encontraba extendida en la colonia. En la carta anua de 1603 se lee que la congregación de las Once Mil Vírgenes del colegio de Bahia ofreció dos bustos de plata dorada de un valor de quinientos cruzados y que la fiesta de las patronas del colegio costó once mil. El autor de la carta, a quien se reencontrará algunos años más tarde en la expedición del Ceará, el joven Luiz Figueira, recién llegado de Portugal, agrega que la residencia del Espíritu Santo (a mitad de camino entre Río de Janeiro y Salvador de Bahia, donde había vivido el padre Anchieta, muer-

---

[7] El padre Anchieta escribió varios *autos* para celebrar la llegada de las reliquias. El *Auto de Santa Úrsula* celebra la llegada de una reliquia de las once mil vírgenes a Espirito Santo en 1585. El *Auto de São Mauricio* celebra la intercesión eficaz de la reliquia de San Mauricio contra los corsarios, de los indios y una sequía en 1595 en la *vila* de Vitória (Anchieta 1977). *Auto de Santa Úrsula* (p.276-284) y *Auto de São Mauricio* (p. 285-339).

[8] Esta interesante expresión –ya que subraya el carácter dependiente y colonial del Brasil– se halla bajo la pluma de un jesuita italiano al describir la procesión de canonización de los padres fundadores jesuitas en 1622. Ver mi estudio sobre esta procesión en Castelnau-L'Estoile (2000a: 477-493).

[9] Cardim ([1583] 1980: 159-160).

[10] « *con quedar el azucar todo muy sano y refinado todo esto se atribuyo a las sanctas reliquias.* » in *Historia de la Fundación del Collegio de la capitania de Pernanbuco, Annaes da Bibliotheca Nacional do Rio de Janeiro*, 1927, volume XLIX. capítulo 8 p.45-46.

to con aroma de santidad en 1597), "se enriqueció con un don celestial, los hermanos de Compostela han enviado un diente de Santiago".[11] Estos ejemplos, rápidamente evocados, permiten indicar la gran importancia de las reliquias en la joven colonia brasilera, preámbulo necesario para comprender el impacto del culto sobre los indios evangelizados. El culto de las reliquias fue difundido por los jesuitas entre los indios de las villas de evangelización, las *aldeias*. Después de las suntuosas ceremonias que se hacían en las ciudades, el padre Gouveia llegaba a las aldeas indígenas trayendo allí los *agnus dei* y rosarios.[12] Los indios educados por los jesuitas eran instruidos en la práctica cristiana de las reliquias.

En términos generales, el culto cristiano de las reliquias en el siglo XVI, reafirmado en el concilio de Trento, recibía una herencia rica y compleja en la que se cruzan a la vez las concepciones del culto a los objetos sagrados de la santidad de algunos hombres excepcionales y la percepción de los cuerpos muertos. Las reliquias eran "todo aquello que queda en la tierra de un santo o de un bienaventurado luego de su muerte".[13] Podían ser objetos que habían estado en contacto con los cuerpos santos, o si eran corporales, que estaban construidos por restos de los cuerpos y huesos. Las reliquias estaban por lo tanto ligadas a las prácticas funerarias. Para los cristianos de le época moderna, la regla era la inhumación de los muertos en tierra cristiana hasta la resurrección de los cuerpos; la Iglesia condenaba la incineración de los mismos. De modo que los huesos de los difuntos tenían un valor sea cual fuere la santidad del difunto.

Los padres del concilio de Trento, encendidos por la violencia de las críticas de los humanistas luego reformados, insistían sobre el tipo de culto que debía ser rendido a los santos a través de estos objetos sagrados: un culto de dulía y no de latría, para retomar el vocabulario teológico. El culto no debía rendirse a los objetos en sí, sino a los "modelos originales" a través de ellos, es decir, a los hombres a quienes pertenecían las

---

11 Luiz Figueira, Carta Anua 1602-3. (ARSI, Bras 8: f 40-44). La carta es editada en Leite (1940). Los dos episodios citados se hallan respectivamente en las páginas 96 y 100.
12 Cardim [1583] 1980: visita de la Aldeia de Espirito Santo en 1583 (p.145-146), de Santa Isabel (p.146), distribución de verónicas y de *agnus dei* a los indios de la aldeia de Espirito Santo (p.151)
13 Ver el artículo « Reliques » del *Dictionnaire de Théologie Catholique* ([DTC] 1924-1971: 2312-2376).

reliquias. El culto autorizado se hacía en honor a aquellos que habían hecho brillar algunos destellos de santidad divina. La santidad de estos objetos no podía salvar en principio más que a quienes imitaban a los santos, pues no tenían un valor mágico en sí; era la intención del culto lo que contaba. Pero, para no caer en la pura magia, el culto de las reliquias debía ser para la iglesia doblemente relativo: las reliquias referían a los santos de quienes no eran más que mediadoras, y los santos referían a su vez a Dios, de quien no eran más que intermediarios e intercesores.[14]

La sutileza de estas distinciones debía probablemente escapar a los paisanos de la vieja Europa, y la iglesia tridentina, en cuyo primer rango se encontraba a los jesuitas, intentó poner orden en el culto proveyendo reliquias, buscando sustituir las malas reliquias con las buenas, explicando de esta manera el sentido del culto. Podemos a justo título dudar del impacto de tal esfuerzo pedagógico en las regiones más recónditas de Europa y pensar que, en muchos casos, el culto de las reliquias se emparentaba con la pura magia.[15]

Para los indios tupinambá de la costa del Brasil, el culto de las reliquias patrocinado por los jesuitas interfería con su propia concepción de los huesos de los difuntos y las posibilidades de algunos objetos de comunicarse con el mundo sobrenatural.[16] Es esta interferencia la que revela el destino *post mortem* de Francisco Pinto. Para comprenderlo en principio hace falta presentar a este personaje fuera de lo común.

Vida y muerte de un misionero chamán

A finales del siglo XVI el padre Francisco Pinto, en ese entonces de unos cincuenta años, era considerado por el superior de la provincia de Bra-

---

14 Concilio de Trento, Sesión XXV, diciembre de 1563 « Decreto sobre la invocación, la veneración y las reliquias de los santos y sobre las santas imágenes » (Alberigo 1994, II-2: 1575).
15 Sobre la devoción a las reliquias en la península ibérica ver William (1989, cap. 4). El milagro de obtener la lluvia es frecuente en Nueva Castilla. La práctica consistía en bañar las reliquias de personajes que eran reverenciados cuando vivos para obtener la lluvia, lo que era a veces condenado por los obispos.. Christian da el ejemplo de la villa de Valtablado al lado de Guadalajara donde la práctica se mantuvo hasta inicios del siglo XX.
16 La juxtaposición y la tentativa de hacer dialogar a las reliquias de dos civilizaciones muy distintas es motivo de una bella exposición *La mort n'en saura rien. Reliques d'Europe et d'Océanie*. En su artículo « La chasse aux têtes: une dette de vie ? », incluido en el catálo-

sil como un misionero excepcional, en razón de su excelente conocimiento de la lengua brasilera y de sus buenas relaciones con los indios, quienes lo conocían y lo respetaban. Según el catálogo de personal de 1598, este jesuita, ingresado en la Compañía en el Brasil, pasó "veinte años convirtiendo a los indios", vivió entre ellos en las *aldeias* jesuitas realizando varias expediciones al interior, al *sertão*, para traer a los indios todavía libres hacia el litoral. Fue a causa de su experiencia entre los indios que en 1598 fue elegido por sus superiores y las autoridades de la colonia para "hacer las paces" con los Potiguar, grupo de indios tupinambá de la costa nordeste. Los Potiguar estaban en guerra con los portugueses desde hacía varios años y eran tradicionalmente aliados de los franceses, con quienes practicaban el comercio de la madera del Brasil. La misión de pacificación siguió a una campaña militar muy dura. En este contexto Pinto reforzó su prestigio entre los indios. Sus discursos sobre la creación del mundo y el saludo de las almas eran muy apreciados por los Potiguar, incluso si estos últimos no habían pedido aún el bautismo. El misionero ganó la reputación de ser un maestro de la lluvia (*Amanajira* en lengua tupí) ya que, a pedido de un indio, logró hacer llover.[17]

Muchos años después de la entrada a los potiguar, en enero de 1607, Pinto partió a una nueva expedición mucho más al norte que tenía por objetivo alcanzar el río Marañón. Iba acompañado de otro jesuita, Luiz Figueira, quien sería el narrador de esta expedición fatal,[18] y de unos sesenta indios aliados. Pero esta vez los soldados portugueses no estaban presentes. No se trataba de una misión de pacificación sino de reconocimiento con el fin de intentar encontrar un pasaje hacia el norte y de informarse de las posiciones de los franceses y los indios enemigos.

---

go, Christian Coiffier y Antonio Guerreiro muestran que en Oceanía, el objetivo primordial de la conservación de las cabezas como reliquia o como trofeo era apoderarse de los poderes que el difunto, ancestro o enemigo había adquirido en vida, la desaparición de estas prácticas databa de la cristianización en el siglo XIX (Le Fur 1999).
17 Sobre Pinto, me permito remitir a mis artículos (Castelnau-L'Estoile 2000b, 2002, 2006). Ver también Pompa (2003: 149-163).
18 Luis Figueira era el autor de la carta anua de 1603 (citada más arriba) que da numerosas inofrmaciones sobre las reliquias. El perfil de Figueira es muy distinto al de Pinto: más joven, acaba de llegar de Portugal y tiene poca experiencia con los indios. La compañía de jesuitas de distinto estilo era frecuente ypermitía a uno transmitir su experiencia y al otro, supervisar prácticas a veces poco ortodoxas.

SABERES DE LA CONVERSIÓN

La región recorrida por la expedición, más allá del río Jaguaribe a "ciento treinta leguas por vía del mar de Pernambuco", no estaba aún sometida al poder portugués aunque había sido ya profundamente transformada. Un cazador de esclavos indios Pedro Coelho de Sousa, había devastado la zona recientemente, destruyendo los poblados, haciendo cautivos y provocando la huida y dispersión de numerosos indios. La descripción de los jesuitas revela tal estado de la devastación cometida por los portugueses. Para protegerse, los indios habían adoptado una técnica de huída y de movilidad permanente y las armas de los blancos circulaban entre las tribus, al igual que las noticias falsas y los rumores.

Los dos jesuitas y sus aliados progresaban lentamente desde el río Jaguaribe hacia la sierra de Ibiapaba, esforzándose en mantener buenas relaciones con los diferentes jefes de las *aldeias* de indios tupí, tales como *Diabo Grande* (Diablo Grande), jefe de una *aldeia* de Ibiapaba y *Cobra Azul*, jefe de una *aldeia* de indios sobre el litoral, quienes aparentemente se reagruparon bajo la autoridad de Pinto. El objetivo era establecer relaciones con los indios Tapuia (nombre genérico dado a los indios del interior, enemigos de los Tupinambá), mediante mensajeros y regalos y así obtener la apertura del pasaje hacia el Marañón. Pero esta política fracasó cuando los indios Tapuia, después de haber matado a los mensajeros, llegaron a la *aldeia* en donde se encontraban los misioneros y mataron a Francisco Pinto con un golpe de masa, el 8 de enero de 1608.[19]

La apropiación de los huesos de Pinto por los indios

La muerte del padre Pinto fue un acontecimiento importante. Eran raras en el Brasil las muertes de misioneros, porque generalmente estaban en la mayoría de los casos acompañados y protegidos por soldados. La desaparición de Pinto dejó solo a Figueira, único blanco entre los indios,

---

19 Hay una ambigüedad sobre los asesinos de Pinto. Algunas fuentes, principalmente los capucinos franceses, dicen que fueron los Tobajara, una tribu enemiga pero de lengua y cultura tupinambá. El jesuita Figueira, que es nuestra fuente principal, dice que fueron los indios tapuia. Este punto es importante para comprender la muerte de Pinto, es menos importante para mi propósito aquí, que se interesa esencialmente en el destino póstumo de Pinto, en el culto rendido a sus huesos por los Tupinambá y por los jesuitas.

hasta su retorno a tierras bajo dominio portugués. Esta experiencia, relatada en una carta posterior, duró ocho meses, y fue muy ruda para Figueira, jesuita aun joven que había llegado de Portugal recién en 1603 y que hablaba la lengua tupí con mucha menor destreza que Pinto. Varias veces los jefes indios le mostraron claramente que él no era ya el amo y que se hallaba, por el contrario, bajo el poder de ellos.[20]

Después de la muerte de Pinto, el primer deber de Figueira era dar una sepultura decente a su compañero. Limpió la sangre y juntó los objetos que le pertenecían, colocó el cadáver en una hamaca y lo descendió al pie de la sierra de Ibiapaba, donde lo enterró en un lugar llamado Abayara. Para señalar la sepultura colocó un monumento de piedra y una cruz. De esta forma, Figueira parecía indicar que volvería a buscar el cuerpo una vez que éste se viera reducido a huesos. Pero por el momento se llevó como reliquia el rompe-cráneo, arma del crimen que, según la tradición, será conservada en el colegio de Salvador hasta la ocupación de la ciudad por los holandeses en 1624. Luego, el misionero partió a instalarse en la *aldeia* de *Cobra Azul*, que quedaba sobre la costa, a cuarenta leguas de allí. Desde ahí envió una carta al colegio por intermedio de un mensajero indio y decidió esperar las órdenes de sus superiores para retornar a Pernambuco.

En el transcurso de esta estadía con *Cobra Azul*, Figueira recolectó regularmente, por intermedio de mensajeros, novedades de los indios de Ibiapaba que habían prometido retornar a la iglesia, es decir, someterse a los blancos. Se enteró así que *Diabo Grande*, jefe de la *aldeia* de la sierra de Ibiapaba, había organizado, después de su partida, exequias indias para el padre Pinto. El relato señala que el misionero jesuita fue llorado como un jefe indio, como si el vínculo excepcional que lo había unido a los indios en vida, se hubiera mantenido después de su muerte:

---

[20] La expedición de Pinto y Figueira es conocida por dos cartas de Figueira. La primera, inédita, se encuentra en los archivos jesuitas de Roma y fue escrita desde de la Sierra, seis meses antes de la muerte de Pinto (carta del 30 de septiembre de 1607 de Luis Figueira à Fernão Cardim, ARSI, Bras 8 (1): 85-92). La segunda fue escrita al retorno de Figueira al colegio de Pernambuco y data sin duda de marzo de 1609, incluso si lleva la fecha de marzo de 1608 ya que relata acontecimientos de septiembre de 1608; (carta de Luis Figueira à Aquaviva, Relação da Missão do Maranhão publicada, Pernambuco 26 de marzo de 1608, ARSI, Bras. 8 I 71-83). La misma carta fue publicada por el padre Serafim Leite 1940: 105-152).

> Foram se pera sua aldea e o Diabo Grande celebrou e fez celebrar a todos as exequias do padre a seu modo mandando que se fizessem grandes e publicos prantos por toda a aldea, e se ajuntarão os yndios na casa que fora nossa, e ao pe da cruz que no terreiro tinhamos feito levantar, fazendo nestes logares principalmente grandes gritos e derramando muitas lagrimas, e os filhos do Diabo Grande deixarão crecer o cabello tingindose e tisnandose em sinal de tristeza que he o seu luto.[21]

En la villa de *Diabo Grande*, reinaba al parecer, un cierto estado de inquietud. Los indios temían la venganza de los blancos por la muerte del jesuita que, según estimaban no habían defendido lo suficiente. Quizás tenían en la memoria la guerra de exterminación que había golpeado a los Caeté luego de que hubieran matado y comido al primer obispo del Brasil, Sardinha. *Diabo Grande*, a quien Figueira señala como un gran hechicero, propuso entonces a los indios del pueblo que antes de volver a la iglesia, asaltaran a los Tapuia para vengar al padre Pinto. Sugirió que los cautivos tomados en esa ocasión portaran en procesión los huesos de Pinto para entregárselos a Figueira.

> Como o Diabo Grande he sagaz, armoulhe dous laços hû de medo outro de esperanças cô que os prendeo a todos metendolhes em cabessa e traçando que irião primeiro a dar nos tapuyas assalto pera vingarem a morte do padre e que farião hû presente dos cativos, aos quais como em triunfo, farião carregar os ossos do padre e os trarião ao padre grande, e finalmente se virião pera a ygreja depois de fazer estas diligencias e satisfação, nisto ficão mas não me parece que tera effeito. [22]

El proyecto de *Diabo Grande* resulta interesante por más de un motivo. Reencontramos en él la guerra de venganza, elemento constitutivo de la identidad tupí, pero esta guerra, no es más que una última repetición antes de la sumisión al mundo de los blancos, que parecía entonces ineluctable. La proyectada puesta en escena del triunfo de los huesos de Pinto es sorprendente y constituye el primer índice de la apropiación india de los huesos del misionero. La misma lleva a evocar el sentido del espectáculo jesuita y de las procesiones de reliquias presentes en la colo-

---

21 Leite (1940: 139).
22 Ídem: 140.

nia. Nos encontramos en un mundo compartido por las representaciones indias y cristianas; un universo mezclado en el que los huesos del difunto misionero adquieren una significación particular.

Durante este tiempo, el padre Figueira, siempre en la *aldeia* de *Cobra Azul*, debía luchar para asegurar su sobrevivencia material, plantando y trabajando la tierra como cualquiera. Pero era susceptible de numerosas vejaciones y varias veces temió ser muerto y comido por los indios. A pesar de su aislamiento y de la dificultad de sus condiciones de vida, recibía las cartas de los jesuitas de Río Grande do Norte y del rector de Pernambuco, gracias a los mensajeros. Los indios eran concientes de que su aislamiento era solamente temporario y, aunque no lo mataron, lo amenazaban expresándole su descontento frente al poder de los blancos, de quienes el jesuita era visiblemente representante. Un día los indios de Ibiapaba retornaron trayéndole importantes novedades a propósito del cuerpo del padre Pinto:

> A nova pois que trouxerão os da Ibiapaba foi que passando dous yndios pello caminho junta da sepultura do Padre Pinto que Deos tem lhe aparecera o padre vestido em sua roupeta preta seu chapeo e sua rede as costas e hû côfo de farinha e um grãde cão de cassa, e lhes perguntou por dous grãdes feiticeiros mãdãdolhe recado que logo hia ter cõ elles, forão elles cõtar esta nova a aldea, sairão os feiticeiros a interpretar, hûs dizião que era a alma do padre e outros outras cosas, por derradeiro sahio o feiticeiro em que elles tem posto seu credito e fee dizendo que não era senão o Deos creador dos mãtimentos que os vinha criar pera terem o que comer etc
> Estes da Ibiapaba ficão muito contentes por lhe ficarem os ossos do padre em sua terra, o qual cuidão lhe será valha couto dos brãcos e aos que de la vinhão ameaçavão que os não trouxessem; eu cõtudo mãdey a minha partida quatro yndios valentes saber se estavão ja desfeitos pera trazerem mas acharão o corpo inteiro, outra occasião avera em que poderão vir os ossos.[23]

Para Figueira, la novedad que los indios le aportaban desde Ibiapaba era importante: Pinto comenzaba a hacer milagros. Sin embargo, el joven jesuita era prudente, ya que solo los indios habían asistido a tales milagros. Justo antes de relatar el episodio, a modo de prólogo, refiere a la gran ceguera pagana en la que se encontraban los indios, detallando

---

23 Ídem: 144-145.

algunas de sus supersticiones: el miedo de que el cielo se cayera sobre sus cabezas o que la tierra se abriera, e incluso la presencia cotidiana del diablo en sus vidas. El lector de la relación quedaba por lo tanto en la duda: el milagro de Pinto, ¿era una nueva superstición de los indios, o se trataba de una manifestación de la santidad del misionero muerto? Luiz Figueira parece dejar la pregunta abierta. En su relato evoca la santa resignación de Pinto, e informa haberse llevado el arma del crimen como reliquia. En un hábil *crescendo*, ambos elementos podrían haber conducido a las primeras manifestaciones divinas y a los signos de la santidad del difunto, pero Figueira no opta por ninguna de las dos hipótesis, dejando los huesos en posesión de los indios de Ibiapaba a pesar de su tentativa de recuperarlos. Para los indios, el caso de Pinto tampoco parecía simple: su aparición daba lugar a interpretaciones de distintos hechiceros, la misma era sin embargo percibida como globalmente positiva. El padre debía proveerles del alimento, y los huesos serían una protección contra los blancos.

Finalmente, en el mes de agosto de 1608, el gobernador de Pernambuco, Jeronimo de Albuquerque, envió un barco para buscar a Figueira, dando a los indios la orden de quedarse en el lugar, a pesar de que el proyecto del jesuita era llevarlos con él a Pernambuco. Esta diferencia de perspectivas es reveladora de dos proyectos diferentes. Los jesuitas querían ante todo cristianizar a los indios y, por lo tanto, trasladarlos a las *aldeias* misioneras bajo su control ante la imposibilidad de dejar a los padres en el lugar. Por el contrario, las autoridades militares buscaban asegurar la expansión y el control del territorio, prefiriendo establecer a los indios aliados en sus mismos lugares, lo que consolidaba el avance portugués. Finalmente, Figueira, antes de partir, reunió en el *sertão* de Jaguaribe a los cerca de ochocientos indios que quedaban en una villa que nombró São Lourenço —esto sucedió el 10 de agosto— y plantó una bella cruz de cedro trabajado. El gobernador Albuquerque prometió que se enviaría allí un sacerdote para que viviera entre ellos. Figueira partió con ciento sesenta indios, principalmente los de Ibiapaba, para no dejarlos con los de Jaguaribe por temor a que estos últimos los mataran, pues eran antiguos enemigos.

La historia de la apropiación india de los huesos de Pinto prosiguió, subterránea e indocumentada. Cada tanto, el azar de una carta o de una crónica brindaba indicios de este culto indio de los huesos del misionero muerto. Así, en 1612, los indios de Jaguaribe del litoral, fueron a recuperar los huesos de Pinto al pie de la sierra de Ibiapaba y organizaron un traslado de las reliquias a su *aldeia* de São Lourenço. Esta fiesta, fue la ocasión de una gran reunión de indios venidos de todo el nordeste, antiguos compañeros y fieles del padre Pinto, entre ellos notablemente, un principal de gran renombre llamado *Camarão Grande* (Camarón Grande), potiguar de Rio Grande do Norte, que había hecho con Pinto la campaña de pacificación de 1599.[24] En una historia de los jesuitas de la provincia de Marañón, escrita en el siglo XVIII a partir de documentos de archivos jesuitas locales hoy en día desaparecidos, se hace el relato del traslado de los huesos de Pinto con la fuerza del detalle.[25] La suntuosa ceremonia había sido organizada por *Camarão Grande*, quien ni siquiera estaba bautizado. La ceremonia mixta, a la vez cristiana e india, se parecía a los funerales indios, y a través de ella los indios de Rio Grande y el *sertão* de Jaguaribe, sellaban una alianza de protección mutua. La crónica menciona que los huesos de Pinto habían tenido el poder de hacer llover, poder que los indios reconocían a Pinto en vida, desde el tiempo de pacificación de Rio Grande do Norte en el que devino *Amanajira* (amo de la lluvia).

Los episodios relatados conciernen a los años 1608-1612 y a través de ellos se infiere una verdadera apropiación de los huesos de Pinto por los indios de Jaguaribe y sus aliados en el contexto inmediatamente posterior a la muerte del padre. Los huesos de Pinto eran considerados por los indios –y no por los jesuitas, quienes por el momento eran muy exteriores a este proceso de apropiación–, capaces de provocar la lluvia o el buen tiempo y de proveer alimentos. El contacto con la sociedad colonial era aún relativamente reciente y, como consecuencia de él, los indios de la costa nordeste del Brasil vivían por entonces una situación de desequili-

---

[24] Este episodio es relatado en una carta anua escrita por el padre Sebastião Vaz, del 1 junio de 1615 (ARSI, Bras 8 (1): 155-168v, ver folio 163).
[25] Morais 1987, parte I, capitulo 10, titulado: « *Da-se noticia da transladação dos ossos do veneravel Padre Francisco Pinto, o que Deus obrou por sua intercessão, e do roteiro que o servo do senhor guardava na redução dos gentios* » (pp.63-72). Estas crónicas son importantes ya que contienen copias más o menos fieles de los documentos que quedaron en los fondos locales y que desaparecieron durante la supresión de la Compañía. Cabe recordar aquí que los archivos de la Compañía de Jesús en Rome corresponden al gobierno central de la orden jesuita y no a las diferentes provincias reportadas a Roma. Por ello, muchas historias locales no llegaron al centro de la orden a pesar del alto grado de centralización de la Compañía de Jesús.

brio. No se hallaban aún propiamente bajo el dominio de los blancos, pero tenían con ellos una relación de fuerzas sin dudas desventajosa. Aunque tenían un cierto margen de maniobra, se hallaban ya en la órbita portuguesa. Habían recibido una primera instrucción del catolicismo, pero aún no estaban bautizados, y no habían abandonado sus costumbres, principalmente la antropofagia.[26]

¿Cuál era la significación del apego indígena a los huesos de Pinto? ¿Se trataba de un signo de la aculturación cristiana a partir de la rápida difusión jesuita del culto a las reliquias o de la interpretación del poder de estos huesos a la luz de las creencias indígenas alrededor de los huesos, lo que revelaría, ante todo, una "indigenización" póstuma de Pinto? No responderemos de modo definitivo a estas cuestiones, pero intentaremos reflexionar a partir del caso, sobre las transformaciones religiosas vividas por los indios.

Huesos y reliquias entre los Tupinambá

Las prácticas mortuorias no han sido tradicionalmente consideradas por los cronistas del siglo XVI, y más tarde por los antropólogos del siglo XX, como un elemento mayor de la cultura de los indios tupí-guaraníes, ni de los indios de las tierras bajas de América del Sur en general. La tesis común, que Jean-Pierre Chaumeil retoma para matizar inmediatamente es que "la forma arquetípica del duelo en las tierras bajas pasa por un corte radical con los muertos".[27] En su clásica obra, *La Religión de los Tupinambá*, Alfred Métraux, gran conocedor de las crónicas antiguas, dice no haber encontrado más que una sola mención del culto de los huesos de los indios.[28] Se trata de un episodio de la *Conquista espiritual* (1639) de Ruiz de Montoya, el cronista de las misiones jesuíticas del Pa-

---

26 Leite 1938-1950, t.V.
27 Chaumeil 1997.
28 Recordaremos aquí que los indios de la costa del Brasil (que los europeos designaron genéricamente desde el siglo XVI con el etnónimo Tupinambá), y los de las altas mesetas de la Guaira (llamados Guarani) participan del mismo universo lingüístico y cultural (Métraux 1928).

raguay.[29] Por la indiscreción de un joven indio, Montoya se entera que los guaraníes honraban los esqueletos de los chamanes recientemente difuntos, en lugares escondidos. Los chamanes vivos usaban los huesos para comunicarse con los espíritus de sus difuntos predecesores. El jesuita intentó entonces llegar a uno de estos lugares, pero los indios desenterraron el cuerpo para esconderlo. La historia relatada por Montoya no deja de recordar a la de Pinto. Encontramos allí combinados el culto rendido a los huesos de un poderoso chamán, la dimensión del secreto y la voluntad de no deshacerse de ellos. La gran diferencia es que, en la historia relatada por Montoya, los huesos pertenecían a los "magos" guaraní y no a los de antiguos misioneros. Para Montoya, no se trataba de una forma antigua de idolatría, sino de una nueva práctica inspirada por el diablo: "Nunca tuvieron ídolos, aunque el diablo comenzara a imponerles la idea de venerar las osamentas de ciertos indios que, durante su vida, habían sido magos reputados". La interpretación de Montoya es interesante, pues revela una toma de conciencia, por parte de los jesuitas, de las transformaciones religiosas de los indios bajo el efecto del diablo, es decir, el doble negativo de los mismos jesuitas.

En el caso del Brasil, vimos que los jesuitas habían mostrado rápidamente a los indios su propia veneración por las reliquias de ciertos personajes. En el caso preciso de los indios de Ibiapaba y de Jaguaribe, los misioneros, en numerosas ocasiones, enseñaron a los indios mediante la palabra y el ejemplo, el culto cristiano de los huesos. Leído desde este ángulo, el relato de Figueira sobre la expedición del Marañón, se revela muy rico. En efecto, los misioneros habían mostrado a los indios a la vez las prácticas funerarias cristianas y el poder de las reliquias. La muerte de un indio, Belchior da Rosa, que era el jefe de los indios del Pernambuco (*capitão dos Indios de Pernambuco*) y que secundaba a los padres con sermones a su favor, fue ocasión para el despliegue pomposo de los obsequios cristianos:

> Pera o enteramento se ajuntarao todos assim os nossos como os outros todos com suas candeas acesas, o trouxemos em processao a igrejinha em que diziamos missa em hum esquife que lhe tinhamos mandado fazer, cousa que pasmou a estes gentios porque o seu costume seu he emnovellarem os seus mortos e assi os metem em hum buraco que pera isso fazem em qualquer mato. Com esta e outras occasiões a tomavamos pera lhe falarmos na morte e em sua

---

29 El extracto se encuentra en Ruiz de Montoya ([1639] 1892: 115-122).

> infalibilidade porque muitos destes tinhão pera si que erão immortais e ficavão pasmados quãdo lhe diziamos que avião de morrer, não podendo crer o que não querião padecer, e o principal destes dizia que so a morte e o inferno e emtrostecia de nossas cousas; finalmente dissemos algas missas pelo defunto cô seus responsorios sobre a sepultura.[30]

Hay aquí una puesta en escena de los funerales con los cirios, la procesión, la utilización de un ataúd que preserva el contacto de los huesos con la tierra. Se trata de golpear a los espíritus, y esta ceremonia es una demostración pedagógica del significado de la muerte cristiana y del respeto que debe rodear al muerto. El contraste es, según Figueira, interesante respecto a la actitud de los indios frente a los muertos, que no son velados y que son puestos en cualquier agujero.

Así los padres, en su expedición al *sertão*, más alejado de la colonia, llevaron consigo un relicario. Aplicando la reliquia, explicaban a los indios la significación del gesto. Pero seguramente las sutilezas teológicas tocaban menos al espíritu de los indios que la idea de que algunos huesos tenían poderes. Otro ejemplo permite mostrar la pedagogía misionera con respecto a las reliquias. Luego de un parto difícil, Pinto y Figueira hacen intervenir a una reliquia: "*mandamoslhe um relicario que o posesse ao pescosso e tivesse fé que logo pariria, assi o fez e em espasso de mea hora pario com facilidade*" [le mandamos un relicario para que lo pusiese en el cuello y tuviese fe que luego pariría, así lo hizo y en espacio de media hora parió con facilidad].[31]

Estos ejemplos muestran que las cuestiones de la autenticidad de un culto indígena o de la aculturación cristiana son imposibles de zanjarse, en tanto la transformación cultural de los indios era rápida. Esta transformación resultaba de la voluntad y de la acción de los misioneros, pero también de la extraordinaria aptitud de los indios tupí para tomar prestado y asimilar elementos nuevos y ajenos a su propia cultura.[32]

Por otra parte, los misioneros no fueron los únicos en transformar el universo cultural de los indios. En el relato de Figueira, se hace men-

---

30 Leite (1940: 127).
31 Ídem: 130.
32 Esta actitud toca a los antropólogos de las sociedades tupí contemporáneas tanto como a los jesuitas del siglo XVI. Sobre este tema ver el bello artículo de Viveiros de Castro (1993).

ción de la presencia de un mameluco, mestizo de blanco e india, que había pertenecido a la tropa de Pero Coelho de Sousa. Este hombre, que pertenecía tanto en el plano biológico como cultural a los mundos de los blancos y los indios, intentó curar a un indio enfermo con la ayuda de un pedazo de freno de caballo que hacía pasar por un objeto venido del cielo: *"nem era bastante pera lhe tirar a dor hû ferro que fora de freio de cavalo quebrado, o qual tinha em grande estima de santidade por lho ter dado outro como cousa que viera do ceo, este lhe tirei cô muito trabalho"* [no era bastante para sacarle el dolor el hierro que fuera de freno de caballo quebrado, el cual tenía en gran estima de santidad por haberlo dado otro como cosa que venía del cielo, este le saqué con mucho trabajo].[33]

Los jesuitas no tenían el monopolio del empleo de las reliquias y Figueira se veía constreñido a desmentir el vínculo entre el pedazo de hierro y el cielo. Furioso por esta intervención del misionero, ¡el indio enfermo acusó al jesuita de ser un impío! Vemos, en este ejemplo, la multiplicación de transformaciones de las creencias indias y la dificultad de los jesuitas en imponer su ortodoxia. El éxito de las reliquias fue tal, que los indios parecen haber tendido con frecuencia a inventarlas, y los jesuitas, en reacción, forzados a desacreditarlas, desmintiendo la santidad de algunos objetos.

Al no apoyarnos más que en un sólo relato jesuita, forzosamente parcial, vemos las múltiples vías de entrada (a los ojos de la iglesia) a un culto "desordenado" de las reliquias entre los indios. El relato de Figueira no permite afirmar que los indios hayan sido realmente influenciados por el culto cristiano de las reliquias pero deja abierta la posibilidad. Como quiera que sea, el culto cristiano del que los indios habían sido rápidamente informados, no se imprimía sobre una hoja en blanco, sino sobre prácticas y creencias indias previas relativas a los huesos de los difuntos. El mismo Luis Figueira es atento a este aspecto de la cultura india. Así, a propósito de los indios tapuia de la sierra de Ibiapaba y el Marañón, anota precisamente costumbres con respecto a los huesos de los difuntos, a propósito de su endocanibalismo, forma de canibalismo en la que el grupo come a sus propios muertos:

---

33 Leite (1940: 118).

Tem tambem por costume quando os seus morrem se sao homens, as molheres lhe comem a carne, e os ossos moydos lhos bebem pera que não tenham saudades daquelles que metem nas entranhas tendose por mais pios nesta impiedade que os que enterrao os mortos apartandoos de sy de todo o que he causa de saudades. [34]

La finura de esta descripción de los ritos funerarios, calificados como piadosa impiedad, es desde todo punto de vista remarcable. Figueira llega a exponer la concepción de los indios, poniendo así su propio juicio entre paréntesis. Según el misionero, los ritos funerarios de los tapuia son bien diferentes a los de los tupinambá que estaban marcados por una gran pobreza (los huesos eran puestos en cualquier agujero).

¿Cómo explicar la veneración de los indios tupinambá hacia los huesos del padre Pinto? En 1975, Hélène Clastres en su obra *La tierra sin mal. El profetismo tupí-guaraní* planteaba el problema del culto de los huesos partiendo del análisis que el citado Métraux había hecho precedentemente. Se preguntaba por qué sólo Montoya había sido testigo de lo que aparentaba ser un culto de los huesos entre los guaraní, precisando que "no había nada comparable, en nuestro conocimiento, entre los tupí".[35] Esta cuestión se encuentra actualmente en plena renovación. En los últimos años, la bibliografía sobre las creencias alrededor de los huesos se enriqueció con los trabajos de los antropólogos a partir del análisis de las sociedades de los indios de las tierras bajas, antiguas y contemporáneas.[36] El conjunto de los trabajos valoriza la existencia de un trabajo con los huesos, de un esfuerzo por mantener una continuidad entre los vivos y los muertos, que concierne prioritariamente a los personajes eminentes (chamanes y guerreros).[37]

Los antiguos cronistas la mayoría de las veces omitieron la cuestión, incluso si referían al tratamiento diferencial de los difuntos. La antropóloga Isabelle Combès analizó el rito funerario del *kandiré* (que significa hueso fresco) que es el proceso de alivio del cuerpo reservado a

---

34 Ídem: 122.
35 Clastres (1975: 24).
36 Se puede citar aquí a Isabelle Combès (1987); Jean-Pierre Chaumeil (1997); Carlos Fausto (2002).
37 Chaumeil 1997.

los grandes chamanes entre los antiguos tupí.[38] Después de la descomposición total de las carnes, los huesos eran exhumados. Era el momento supremo en el transcurso del cual, el chamán, siempre "vagabundo" era recuperado por la tribu –y hecho "sí"– por un tiempo sin límites. El chamán, siempre exterior, era reapropiado por la tribu. Este ritual implicaba funerales dobles: primero el entierro del cuerpo en la tierra, después, los huesos, una vez desprendidos de la carne, eran nuevamente inhumados o depositados en urnas. Podemos pensar, a partir de los diferentes índices, encontrados en las fuentes, que Pinto sufrió este ritual. Según el *kandiré*, los muertos ilustres resucitaban y vivían en carne y hueso. Ellos aseguraban la provisión de alimentos y la fertilidad de las tierras. Para Isabelle Combès, este proceso no debe nada a la cristianización, y por lo tanto debe ser comprendido como un elemento del profetismo tupí guaraní, de la búsqueda de la tierra sin mal.[39]

El destino póstumo de Pinto parece confirmar que fue considerado por los indios como un gran chamán. El hecho de que un blanco pudiera ser identificado de esta manera se sustenta en que para los tupíes, los grandes chamanes (los *karai*) eran exteriores al grupo: "el karai es un Otro –en todas partes y para todos él no tiene padre".[40] El jesuita, gran orador en lengua tupí, proclamando la ausencia de todo vínculo familiar, podía ser por lo tanto considerado como un chamán mientras estaba vivo y, una vez muerto, sus huesos ser tratados como los de un antiguo chamán, capaces de revivir, proveer alimento y lluvia. El *affaire* Pinto parece demostrar un caso de culto de huesos entre los antiguos tupí en situación de contacto con los blancos. El culto de sus huesos por los potiguar parece por lo tanto muy indígena. Pero en el caso de Pinto no sería puramente indígena pues tiene lugar en una sociedad ya profundamente desestructurada por la presencia amenazante de los blancos, ya aculturada por los ejemplos y las

---

38 Combès 1987.
39 No quiero entrar aquí en una discusión general sobre la « autenticidad » de la religión de los antiguos tupí guaraní, conocida exclusivamente por fuentes «coloniales». El ejemplo particular que desarrollo aquí, el culto indígena de los huesos de un misionero devenido chamán, es por naturaleza un caso de mestizaje. Para un análisis del profetismo tupí-guaraní como objeto antropológico, remito al trabajo de Cristina Pompa (2003: 99-131).
40 La definición de *karai* es tomada aquí de Combès. Sobre esta cuestión de la identificación de algunos blancos con chamanes, remito al trabajo de Carlos Fausto (2002) y a la lectura que previamente hice para comprender la historia de Pinto (Castelnau-L'Estoile 2006).

enseñanzas de los misioneros y otros intermediarios (mestizos o indios cristianos). Por otra parte, para los indios de Ibiapaba, desde 1608, el primer poder de Pinto difunto no era ni el de hacer llover ni el de proveer alimentos, sino el de asegurarles una protección contra los blancos.

De esta forma, Pinto no es un chamán como los otros chamanes tupí, es un chamán blanco, un "chamán-*abaré*" (nombre dado al padre misionero en tupí). Su osamenta, venerada por los indios, podía ser también reivindicada por los jesuitas, no para ser quemada al modo de un ídolo, como en el episodio relatado por Montoya, sino para hacer con ella reliquias cristianas.

El reparto imposible de las reliquias

A la muerte de Pinto, en enero de 1608, Figueira pensaba llevar los huesos del misionero muerto al colegio, pero los indios que envió a Ibiapaba en agosto para buscarlos volvieron diciendo que el cuerpo aún no se había descompuesto. Los huesos quedaron por lo tanto con los indios.

La voluntad de los jesuitas de recuperar los huesos del padre Pinto debe comprenderse a la luz de su reputación de mártir y de santidad. O Pinto es un mártir y un santo potencial, y por lo tanto sus huesos toman valor de reliquias, o no es más que un jesuita ordinario y sus huesos siguen siendo huesos. Parece haber sido la segunda opción la que prevaleció. La provincia no parece haber hecho mucho caso de este jesuita asesinado por indios. Un documento inmediatamente posterior al acontecimiento cuenta la muerte como un error estratégico: el jesuita se habría internado demasiado profundamente en las tierras. En definitiva, fue una muerte política.[41] Durante su vida de jesuita, este misionero no estaba exento de críticas. En 1600, en el mismo momento en que recibía de los Potiguar el título de *Amanajira*, se encontraba, contra su voluntad, relegado por sus superiores en los muros del colegio, sin duda para evitar que tenga demasiado contacto con los indios[42]. Al momento de su muerte,

---

41 *Algumas advertencias para a provincia do Brasil* (BNC, Ges. 1255 (38)).
42 Pernambuco, 17/01/1600 (ARSI, Bras. 3 (1), folios 177-179v).

Pinto no parecía un candidato posible a la santidad, mientras que sin embargo, la provincia jesuita del Brasil hacía loables esfuerzos para tratar de obtener una figura de santo misionero, aunque era José de Anchieta, muerto en 1597, quien quedó como único campeón de la provincia, y los jesuitas del Brasil fueron discretos en lo que hace a Pinto, en los años que siguieron a su muerte.

La provincia jesuita conoció graves dificultades a comienzos del decenio de 1610. La promulgación por el rey Felipe II de Portugal (III de España) de una ley de protección de los indios, prohibiendo su esclavitud, puso a la colonia a sangre y fuego. Los jesuitas que aparecen como los principales instigadores de esta política a favor de los indios fueron violentamente acusados y amenazados de expulsión. Bajo amenaza, debieron renunciar a la ley que fue finalmente abrogada por la corona. La reconciliación entre la ciudad de Salvador, teatro de estos enfrentamientos y los padres jesuitas tuvo lugar en ocasión de un episodio de sequía. A pesar de la fuerte oposición entre jesuitas y colonos, la Cámara municipal, desesperada por la ruina de las cosechas, organizó una procesión de las reliquias de las Once Mil Vírgenes, patronas de la ciudad. La procesión terminó en la iglesia de los jesuitas, detentadora de las preciosas reliquias y el milagro, al parecer, fue acordado, llovió durante tres días, si creemos al provincial.[43]

El asunto contribuyó al reestablecimiento de la reputación de los jesuitas en la ciudad de Salvador y devolvió a los padres un lugar y una utilidad en la comunidad. Este episodio de la lluvia milagrosa de Bahía provocado por las reliquias de las Once Mil Vírgenes tiene, *a priori* pocos vínculos con la lluvia que los indios obtuvieron gracias a los huesos de Pinto; la coincidencia cronológica y temática muestra sin embargo las múltiples pasarelas posibles, concientes o inconcientes, entre ambos universos. La aculturación es un fenómeno complejo y los préstamos culturales funcionan en los dos sentidos. Cuando los jesuitas se interesaron nuevamente en Pinto, fue quizás más bien en *Amanajira* el hacedor de lluvias que en el misionero muerto por su fe.

---

[43] Carta de Henrique Gomes al general Aquaviva, Bahia, 16/06/1614 (ARSI Bras 8, 114-115), transcripta en Leite (1938-1950, V: 9-24). Analicé este episodio en Castelnau-L'Estoile (2008).

Fue en efecto luego de este episodio de lluvia milagrosa ocurrido en Bahía que encontramos la evocación entre algunos jesuitas de la posible santidad de Pinto y la voluntad de recuperar algunos de sus huesos. En junio de 1615, la carta anua de la provincia, redactada por Sebastião Vaz, relata el culto rendido a los huesos de Pinto por los indios y los beneficios que obtenían de ellos, sol o lluvia por pedido.[44] Hay que recordar que la carta anual es un documento oficial de la provincia que recibió el aval de de los superiores. Pinto retornó entonces al primer plano de la escena.

Algunos meses después, en octubre, una gran expedición dirigida por Alexandre de Moura, a la cabeza de numerosos soldados y jefes militares, partió de Pernambuco con el objetivo de eliminar a los franceses establecidos en San Luis de Marañón y de fundar una ciudad en la desembocadura del río Amazonas. El padre jesuita Manuel Gomes, participó en esta expedición. Estaba ligado a Pinto por una antigua amistad y devoción. En la escala de Jaguaribe, intentó en vano recuperar algunos de sus huesos.

El relato del padre Manuel Gomes revela que los huesos del padre Pinto fueron efectivamente venerados en la *aldeia* de Jaguaribe. Gracias a Pinto, los indios decían dominar el cielo y la fertilidad del suelo. Sobre todo receptivos ante los portugueses, se rehusaron sin embargo categóricamente a cualquier división de los huesos, por miedo a que, diseminados, los mismos no pudieran ya dar la lluvia y el sol. Manuel Gomes, para quien Jaguaribe no era más que una etapa de la ruta al Marañón decidió actuar con la astucia antes que con la fuerza, pidiendo al vicario de una fortaleza portuguesa vecina que busque procurarse un hueso. Pero, aunque el vicario acompañado de hombres en armas llegó a la dirección indicada, los indios habían ya desplazado la urna funeraria y no encontró nada. En su camino de retorno, fue incluso atrapado por los indios de Jaguaribe, vestidos para la guerra, y revisado para verificar que no llevara los huesos en el equipaje.

Esta curiosa historia de reliquias muestra que las creencias indígenas en el poder de los huesos y la práctica cristiana de las reliquias no se confunden totalmente. Los indios no quisieron creer, a pesar de las explicaciones de Manuel Gomes que, incluso disociados, los huesos de Pinto guardarían su eficacia. En efecto, los mismos no compartían la creencia de

---

44 Carta Anua 01/06/1615, Sebastião Vaz (ARSI, Bras 8 (1) f°155-f°168v).

los cristianos según la cual, los huesos milagrosos podían fragmentarse casi al infinito y conservar su poder.

Uno puede por lo tanto sorprenderse de que una fuente jesuita de parte de los éxitos de la resistencia india al poder portugués. Ordinariamente, las mismas son discretas sobre este tipo de episodios. Manuel Gomes comenta con detalles cómo el vicario y dos compañías de arcabuceros portugueses fueron burlados y mantenidos en vilo por los indios vestidos para la guerra. Esta «victoria» de los indios sobre los portugueses resulta tanto más rara en tanto el asunto ocurrió en el transcurso de la expedición del Marañon, que es la mayor empresa militar de la colonia, en plena demostración de la fuerza del poder portugués. Los franceses de la Francia equinoxial, y luego los indios, se rindieron sin pelear ante este despliegue de fuerza militar.

De hecho, hay que renunciar a una lectura inmediata. Los relatos de robo de reliquias no son para ser tomados al pie de la letra, tal como lo muestra Patrick Geary[45], y esta guerra de reliquias, típica de las que conoció en Occidente medieval, pero transpuesta al *sertão* del *nordeste* brasilero en el siglo XVII, debe ser interpretada. El relato de Manuel Gomes contando la imposible división de las reliquias del padre Pinto entre los indios y los jesuitas, debe ser descifrado a la manera de los relatos fundadores de los monasterios.

El relato de este episodio de finales del año 1615 se halla en una carta, fechada en 1621, cuando Manuel Gomes está ya en Europa desde hace tres años, luego de un naufragio ocurrido durante su retorno desde la Amazonía al Brasil. En esta fecha, los jesuitas habían sido expulsados de la misión amazónica y no retornarían hasta 1639. Desde Europa, el padre Manuel Gomes buscaba encontrar apoyos y financiamientos para la misión jesuita del norte del Brasil. Su carta se dirige a un corresponsal anónimo que le habría solicitado hacer el relato de esta misión de conquista del Marañon. La misma está sin duda destinada a un uso público[46] y comporta once folios de los cuales los cuatro primeros están consagrados a Pinto.

---

[45] Geary (1978, traducción francesa de 1993).
[46] Se puede notar esto en el hecho de que la misma no se halla en el ARSI sino en la Biblioteca Nacional de Lisboa, y que fue escrita a pedido de un corresponsal, según Manuel Gomes (Manuel Gomes, 2 de julho 1621, BNL, Mss 29, n°31: f°1-11).

Uno de los objetivos de Manuel Gomes era sin duda el de hacer conocer a Pinto en Europa y probar la legitimidad de la presencia jesuita en el norte del Brasil, mostrando que existían un padre mártir venerado por los indios. En el espíritu del jesuita que cuenta este raro asunto, no son tanto los indios como la mano de Dios la que impidió la transferencia de las reliquias de Pinto. El relato de esta guerra de reliquias sirve ante todo para mostrar el vínculo muy fuerte existente entre los indios y Pinto, vínculo que Dios aprueba permitiéndoles que estos huesos queden en sus manos.

La conclusión del relato cae como una sentencia: « assi honra Deus a seus servos, que quando paresem, que hão de ficar sepultados no esquesimento os fas reverensiar e estimar da propia gentilidade » [así honra Dios a sus siervos, que cuando parecen que han de quedar sepultados en el olvido, los hace reverenciar y estimar por la propia gentilidad].[47] Pinto es a la vez honrado por Dios, venerado por los Indios paganos y olvidado por los jesuitas. Es una suerte de mediador entre Dios y los indios paganos (los indios de Jaguaribe no habían sido aún bautizados). Fue Dios quien le acordó sus poderes de hacer llover, y por lo tanto la veneración de los paganos. Esta veneración pagana no se parece a la dulia cristiana (culto reservado a los santos): Pinto no fue venerado como intercesor ante Dios, sino por sí mismo, en tanto que amo de la lluvia, como un poderoso chamán. Manuel Gomes defiende aquí una política de evangelización muy progresiva e indirecta[48]: al devenir chamán, al hacerse venerar por los indios, tanto vivo como después de su muerte, Pinto servía a Dios. El milagro de sus huesos no es pues tanto el hacer venir la lluvia, como el de llevar a los indios muy progresivamente a abrir sus ojos ante el Dios verdadero. Estos indios, aún paganos, se revelaron, a lo largo de este episodio de las reliquias, siempre civilizados, firmes pero corteses con las autoridades portuguesas.

El olvido en el que los jesuitas tenían a Pinto, contrasta con el favor divino y la veneración india. La fórmula polémica subraya el compromiso personal de Manuel Gomes con la causa del misionero. Existía una corriente minoritaria en el seno de la provincia jesuita del Brasil que defendía la memoria de Pinto buscando dar a conocer sus virtudes, en la que se sitúan tanto Manuel Gomes como Sebastião Vaz, autor de la carta

---

47 Manuel Gomes, 2 de julho 1621 (BNL Mss 29, n°31: f° 3).
48 Analicé este método de evangelización en Castelnau-L'Estoile (2006).

anual de 1615, e incluso el padre Leitão que escribió, en 1616, una carta sobre la admirable castidad de Pinto. Manuel Gomes revela así las divisiones en la provincia sobre los métodos de los misioneros. Su relato justifica los métodos juzgados por algunos como poco ortodoxos: se hizo pasar deliberadamente por un chamán para seducir a los indios y convertirlos. La muerte de Pinto, que pudo ser interpretada por algunos como el fracaso de su estrategia, aumentó en realidad la veneración de los indios hacia él. Manuel Gomes creó la figura de un santo para indios paganos, es decir, chamán para los indios, pero que debería ser reconocido como santo por los jesuitas, siendo el milagro de la lluvia la marca del favor divino del que gozaba. La extraordinaria ambigüedad de Pinto, figura de misionero chamán, proseguía más allá de su muerte, habiendo su cuerpo devenido a la vez "*kandiré*" tupinambá y reliquia cristiana.

Los huesos de un misionero, Francisco Pinto, nos sirvieron de hilo de Ariadna para penetrar en el laberinto de las transformaciones culturales y religiosas de los indios Potiguar, pertenecientes a la familia lingüística tupí, en un periodo de contacto desigual con el mundo de los blancos. Estos huesos son objetos de múltiples facetas, a la vez huesos de difuntos y reliquias de santidad, a la vez significantes en el universo de los indios y en el de los jesuitas. Pudimos mostrar así no sólo prácticas paralelas, sino prácticas diferentes, de origen tupí y de origen cristiano, que se entrecruzan en un mismo personaje, con un destino excepcional. La apropiación de los huesos de Pinto por los Potiguar releva un culto indígena original (el *kandiré*) al que se sobrepone la adopción reciente de las ideas y prácticas cristianas ligadas al culto de las reliquias, introducido por los europeos. Las primeras apariciones de Pinto cerca de su tumba en 1608, el traslado de sus huesos en 1612, el poder de hacer llover y la guerra de las reliquias en 1615, son acontecimientos que toman sentido en los dos universos tupí y cristiano que se hallan aún separados, incluso antagónicos y que ya se contaminan en una relación de fuerzas que juega a favor de los blancos.

Los jesuitas, desde Luiz Figueira hasta Manuel Gomes, fueron muy concientes de esta ambivalencia de sentidos sobre la que jugaron permanentemente, retomando el método que había sido el de Pinto durante su vida. Los indios, o al menos los jefes y chamanes (que las fuentes llaman hechiceros) *Diabo Grande*, *Cobra Azul* o *Camarão Grande*, fueron también concientes de esta ambivalencia. Los huesos de Pinto les permitían obrar sobre la lluvia, la fertilidad y los alimentos, atributos tradicionales de los grandes chamanes, pero servían también de protección contra los blancos en ese mundo hostil. En este sentido, incluso si las reliquias de Pinto no fueron divididas en el sentido estricto ya que se quedaron con los indios de Jaguaribe, las mismas participaron de dos universos de sentidos.

MISIONES JESUITAS ENTRE INDIOS "REBELDES": LÍMITES Y TRANSACCIONES EN LA CRISTIANIZACIÓN MAPUCHE DE CHILE MERIDIONAL (SIGLO XVII) [*]

JAIME VALENZUELA MÁRQUEZ

Una conquista difícil e inconclusa

Avanzando hacia el Sur, entre el océano y los Andes, el control hispano de Chile se fue estructurando rápidamente a partir de la conquista iniciada por Pedro de Valdivia, en 1541. En medio de las ambiciones generales por encontrar riquezas minerales, apropiarse de tierras y de indígenas serviles, los españoles fundan en 1550 la ciudad de Concepción, a orillas del río Bío-Bío. Cruzando éste, la población de indígenas mapuches presentaba una mayor densidad demográfica en relación a los habitantes del valle central, aunque también un mayor grado de animosidad, por lo que los nuevos asentamientos instalados en la zona adquirieron el carácter de rudimentarias fortalezas. Bajo esta perspectiva, los europeos se adentraron en la Araucanía y fundaron en 1552 La Imperial, Valdivia y Villarrica –cerca de esta última se había encontrado oro– y, al año siguiente, Los Confines de Angol. A estas "ciudades" se añadieron los fuertes propiamente militares de Arauco, Tucapel y Purén.

Al año siguiente, sin embargo, la victoria pasó hacia el bando nativo, cuando en la batalla de Tucapel fue muerto el conquistador Valdivia y se generó un movimiento de resistencia más amplio que llegó hasta Chi-

---

[*] Este artículo forma parte del proyecto de investigación FONDECYT N° 1051031. Agradecemos la colaboración, en distintas etapas, de Martín Bowen, Rafael Gaune y Sebastián Neut, los comentarios de Pierre Antoine Fabre y Antonella Romano, así como las aclaraciones de Hugo Contreras y Hugo Rosati en relación con los mapas que acompañan este trabajo, realizados por Ricardo Truffello.

le central. Importa destacar, por cierto, la coincidencia de la fecha con el momento en que los hispanos creían terminado su proceso de asentamiento "urbano" en la Araucanía, reflejando con ello la fragilidad de su presencia en la zona y de su control sobre la población local.

La muerte de Valdivia provocó un caos político y los hispanos se vieron obligados a abandonar la casi totalidad de las recientes fundaciones, incluyendo Concepción. Una aparente calma regresó, sin embargo, en 1557, con la derrota mapuche y la repoblación de los asentamientos meridionales, llegando incluso a fundarse enclaves nuevos, como Osorno y Cañete, en pleno territorio de la Araucanía. Pero el control imperial al sur del Bío-Bío seguía siendo más bien ilusorio, lo que quedó confirmado algunas décadas más tarde con la gran contra-ofensiva indígena desplegada entre 1598 y 1602, y que marcó definitivamente el carácter bélico de la experiencia colonial chilena. Otro gobernador –sobrino-nieto, por lo demás, del fundador de la Compañía de Jesús– perderá allí la vida, y todos los enclaves hispanos al sur de aquel río serán arrasados.

El Bío-Bío se establecerá, entonces, como una frontera natural y política entre ambos mundos, consolidando la autonomía política y militar mapuche, y la transformación de la guerra en una práctica de asonadas puntuales. Una serie de fuertes establecidos en las inmediaciones del curso fluvial se convertirán en el límite de la población española, más allá del cual sólo pasarán expediciones militares, sacerdotes misioneros y, con el tiempo, buhoneros.

Guerra y paz en el siglo XVII

La guerra de 1598-1602 terminó por convencer a la Corona de la necesidad de comprometer los recursos del Estado a fin de mantener la presencia española en ese lejano territorio. Así, desde comienzos del siglo XVII, cerca de dos mil hombres fueron distribuidos en los fuertes de la frontera, financiados con una subvención anual procedente de las cajas reales de Lima.

La instalación de este ejército estable y asalariado, así como el mismo envío de dineros frescos todos los años, se constituyeron en un soporte esencial para la economía local, que hasta ese momento permanecía estancada y autárquica. La guerra, por lo tanto, se transformó en algo lucrativo pues, por un lado, se erigía como un mercado para los terrate-

La Araucanía en el siglo XVII: Fuertes Militares

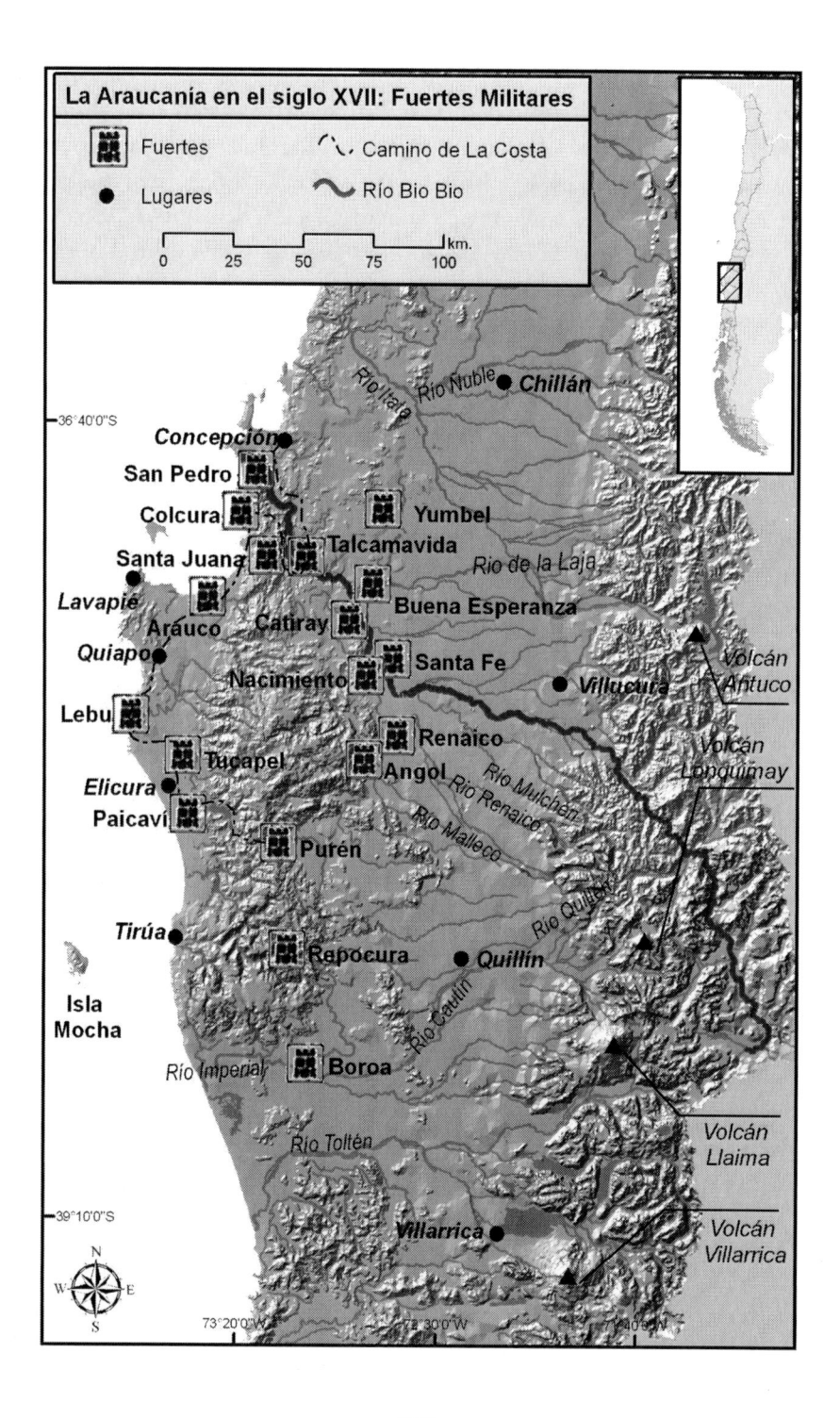

nientes del valle central, cuya producción pecuaria alimentaba a los soldados; por otro, una fuente de *piezas* indígenas, capturadas y esclavizadas, cuya venta beneficiaba a los soldados y procuraba mano de obra hacia las regiones centrales. La historiografía ha hecho hincapié en este punto como un factor determinante en la perpetuación de la guerra. En efecto, el rápido descenso de la población indígena de Chile central durante el siglo XVI se hizo sentir en el tamaño de las encomiendas, mientras que la "rebelión" mapuche sirvió de útil argumento para reclamar por su carácter "incivilizable" y la necesidad de reducirlos, directamente, a la esclavitud –situación que, por cierto, ya se venía dando en la práctica–. Las presiones locales, unidas a las sucesivas derrotas sufridas por esos años, dieron fruto con el edicto de 1608 que la legalizó.[1]

Así, a lo largo de todo el siglo XVII, y salvo durante la breve experiencia denominada "guerra defensiva" que logró imponer el jesuita Luis de Valdivia entre 1612 y 1625, y que consistía en suspender todo ingreso de soldados al sur del río, autorizando solamente el paso de misioneros, las incursiones armadas de los españoles tendrán como principal objetivo la captura y posterior deportación de esclavos indígenas a las regiones agropecuarias o mineras del centro y norte de Chile e, incluso, al Perú.[2]

La imposibilidad de ocupar militarmente la Araucanía, sin embargo, era una evidencia comprobada, por lo que el imperio comenzó tempranamente a ensayar la vía persuasiva al lado de las armas. De esta forma, las "parlas" o "parlamentos", que consistían en entrevistas entre los bandos destinadas a concretar un proyecto de paz, también formarán parte de esta particular guerra; aunque, debido a la multiplicidad de caciques y de clanes, y a los intereses en juego por el lado español, la paz firmada era rota al corto tiempo.

Retenemos, en este sentido, la definición otorgada al siglo XVII por Sergio Villalobos y resignificada más tarde por Guillaume Boccara, en el sentido de que se trataría más bien de un período en el que progresivamente fue primando la cooptación pacífica por sobre la imposición bélica. En otras palabras, la ineficacia de la guerra y de las paces esporádicas que caracterizó al período 1545-1641, habría alimentado un giro

---

[1] Villalobos 1982; Jara 1981.
[2] Korth 1968; Valenzuela Márquez 2009.

estratégico por parte del imperio hispano, sobre todo con la guerra hispano-mapuche que se desató en 1655. Ya no se tratará de dominar a la Araucanía y a los mapuches por las armas, sino de pacificar a individuos y grupos; es decir, politizarlos y "civilizarlos", mediante una labor permanente y continua sobre sus cuerpos y sobre sus mentes, a través de pactos políticos –definidos por los "parlamentos"– y de la cristianización; labor esta última que estará a cargo de la Compañía de Jesús. En este sentido, a juicio de Boccara –y a diferencia de Villalobos–, más que "paz", lo que se despliega en la Araucanía desde la segunda mitad del siglo XVII es un proceso de "pacificación"; concepto que no constituye una antítesis de la guerra, toda vez que sigue siendo un proyecto de dominación colonial.[3]

Indios "amigos" y enemigos

Para entender el escenario donde deberán actuar los jesuitas, es necesario dar cuenta de la complejidad étnica y de las tensiones y alianzas políticas que se tejían al sur del Bío-Bío, generalmente como resultado o reacción ante la misma presencia de los españoles. En efecto, los contactos hispano-mapuches –violentos o "pacíficos"– generaron intercambios socioculturales y materiales así como alteraciones internas en las parcialidades, procesos que fueron notorios entre las poblaciones cercanas a los fuertes fronterizos. Con estos grupos, los hispanos construyeron relaciones laborales y vinculaciones militares que marcaron su distanciamiento de las parcialidades más alejadas y hostiles. Hay que entender, también, que, desde la perspectiva indígena, los mapuches vivían su etnicidad como un proceso históricamente "abierto" a la captación del "otro", lo que implicaba una intensa y recurrente mutación de su identidad en función de las propias relaciones interétnicas. Esta etnogénesis era de mayor intensidad, por cierto, entre aquellas parcialidades que se encontraban más cercanas a los fuertes españoles y adquirirá una dinámica particular gracias a la misma situación de guerra.[4]

Otro factor central para explicar esta "amistad" eran las tensiones y conflictos intertribales. En efecto, si bien todas las parcialidades de la

3 Villalobos 1995; Boccara (1999a y 2007: 254 y ss).
4 Boccara 1999b y 2005.

zona se inscribían bajo el universo étnico mapuche, ello no implicaba que existiese una unidad política o determinada unidad de intenciones e intereses, como muchas veces se cree al evocar la región y sus habitantes. Sin ir más lejos, una de las principales razones que incitarán a algunas de esas parcialidades a unirse y combatir al lado de los españoles será, justamente, la rivalidad que las oponía a otras parcialidades, que ahora pasaban a ser enemigos comunes con los europeos, generándose una ayuda mutua en función de objetivos diferentes, pero congruentes.[5] Por ello, el otro atractor importante para su alianza con los hispanos fue la participación en las ganancias maloqueras. El saqueo y la captura de *piezas* estuvieron al centro de sus motivaciones y ello explica, en buena medida, la energía y compromiso con que los "amigos" participaban en las expediciones.[6]

Por cierto, la misma inestabilidad de las dinámicas de poder al interior del mundo mapuche hará que dicho rango "amistoso" también experimente un determinado grado de fragilidad, haciendo que estas parcialidades "amigas" se transformen, a veces en forma inesperada, en enemigas; o que sus tensiones internas –debido a la inexistencia de un mando vertical estable en la lógica política mapuche– derivasen en la emergencia de nuevos jefes y nuevas alianzas, lo que se consideraba también una dificultad para la propia conversión: *"[...] que no es la menor el no tener cabeza esos indios ni reconocerla, sino que cada parte de familias es como señor soberano y ser necesario persuadir a cada indio de por sí las cosas de la fe"*.[7]

No obstante, en términos generales, estos mapuches "amigos" se convertirán en un segmento estratégico cada vez más esencial para los españoles, actuando como un "colchón" frente a los "bárbaros" e "indomables" de más al sur y como verdaderos colaboradores, atraídos con una serie de razones y privilegios. Dentro de éstos, destacaba la posibilidad legal que se dio, desde 1612, de que fueran eximidos de todo tipo de encomienda, obteniendo una condición jurídica especial, diferente a la del resto de los indígenas y, por cierto, en las antípodas de los otros mapuches "enemigos".[8]

---

5 Gascón (2007: 27-28); Goicovich (2007: 330).
6 Villalobos 1995; Villar y Jiménez 2001.
7 Annua de 1614 (ARSI, Provincia Chilensis, de aquí en más "Ch", vol. 6: 2v); Pinto (1988: 27).
8 Ruiz-Esquide (1993: 26-27); Obregón Iturra 2007.

Más allá del radio de acción de los fuertes y de este espacio movedizo y ambiguo de las parcialidades de "amigos", entonces, se abría un espacio étnico que los españoles generalizaron y estigmatizaron bajo la categoría *auca*, recogiendo el vocablo con que los incas habían denominado el carácter "bárbaro", "traicionero" y hostil de los mapuches que encontraron durante la expansión del límite meridional del Tahuantinsuyo. Los aludidos, en cambio, conforme a aquella apertura al "otro" que hemos enunciado más arriba, adoptarán el epíteto para sí mismos, pero resignificándolo como sinónimo de valentía, audacia y bravura en la guerra.[9]

Debemos retener que en el plano religioso, el concepto de *auca* también será utilizado por los misioneros para dar cuenta del carácter de "infiel" –es decir, no bautizado– de aquellos "rebeldes", e incluyendo también a los numerosos mapuches "apóstatas" que, pese a estar bautizados, variaban fácilmente entre la aceptación y el alejamiento del catolicismo, con la misma inestabilidad con que sus caciques aceptaban o rechazaban las paces ofrecidas por los militares o la misión ofrecida por los jesuitas.

No debe extrañar, entonces, que la labor de estos religiosos fuese más intensa con los "amigos", donde se encontraba la verdadera frontera cristianizadora. En este mismo sentido, no podemos hablar, por lo tanto, de una evangelización jesuita de "los mapuches" –como si la actividad misional se hubiese efectuado en forma global sobre el conjunto de dicho espacio étnico–, en la medida en que la documentación pertinente nos muestra derroteros misioneros restringidos geográficamente a espacios más o menos inscritos dentro del área de influencia de los asentamientos imperiales en la región.

Pero también debemos retener, para los capítulos siguientes, el sentido de fragilidad que hemos visto consustancial a aquellas alianzas hispano-indígenas y, por lo tanto, la extensión de aquella inestabilidad *auca* también a aquellos calificados de "amigos". En otras palabras, estos últimos también habían sido *aucas* y podían volver a serlo en cualquier momento, debido a un cambio inesperado de alianzas/conflictos intertribales o por la desaparición de los intereses que motivaban su "fidelidad". Así, el ejército, la administración colonial y los misioneros nunca podían estar seguros de la duración del apoyo, de la magnitud o alcance de los

---

9 Rosales ([ca. 1670] 1991: 180 y 303); Giudicelli 2005.

acuerdos y compromisos definidos con los indígenas –siempre circunstanciales y tanto más débiles en relación con la lejanía de los fuertes–, ni de las posibilidades de circulación misionera.

Los jesuitas en la Araucanía

En aquel escenario insumiso, violento e inaprensible en términos políticos y culturales, y a poco de haber amainado la guerra hispano-mapuche iniciada en 1598, desembarcarán los primeros misioneros jesuitas en la Araucanía. También hacía poco tiempo que se encontraban en territorio chileno, donde había arribado recién en 1593, lo que explica en parte el espíritu inicial con que se proyectó su actividad sobre los mapuches, forjando un plan de reducciones y una estrategia catequística basada en la memorización de contenidos doctrinales como paso previo al bautismo. La "rebelión" que se desató en esos mismos años, en todo caso, desbarató este programa, lo que, unido a la inestabilidad crónica de la zona y a la escasez de religiosos, redundará en que la acción pastoral se limitará a las cercanías de los principales asentamientos urbanos –especialmente Concepción– o militares –los fuertes de la frontera del Bío-Bío–, donde destacará la misión establecida desde 1608 en el fuerte de Arauco. Luego vendrá el proyecto de "guerra defensiva" (1612-1625), cuyo fracaso, así como el de la conversión mapuche en términos generales, llevará a la Compañía a volver sobre el modelo itinerante experimentado en Europa y valorado en América por José de Acosta.

En efecto, el sistema de "misiones volantes" o *correrías* –denominación usada también, sintomáticamente, para designar las campañas militares– si bien era percibido como demasiado efímero en términos apostólicos, se ajustaba mejor a la irreductible realidad de la Araucanía y a la "acción en movimiento" que había iluminado desde los primeros tiempos la estrategia misionera de la Orden.[10]

Estas misiones ambulantes, de dos o tres sacerdotes, se internaban en la primavera y verano de cada año en el territorio mapuche cercano a las misiones permanentes, que hacia 1639 se reducían a las de los fuertes de Arauco y Buena Esperanza. A mediados de siglo vemos a misioneros

---

10 Broggio (2004: 106-109).

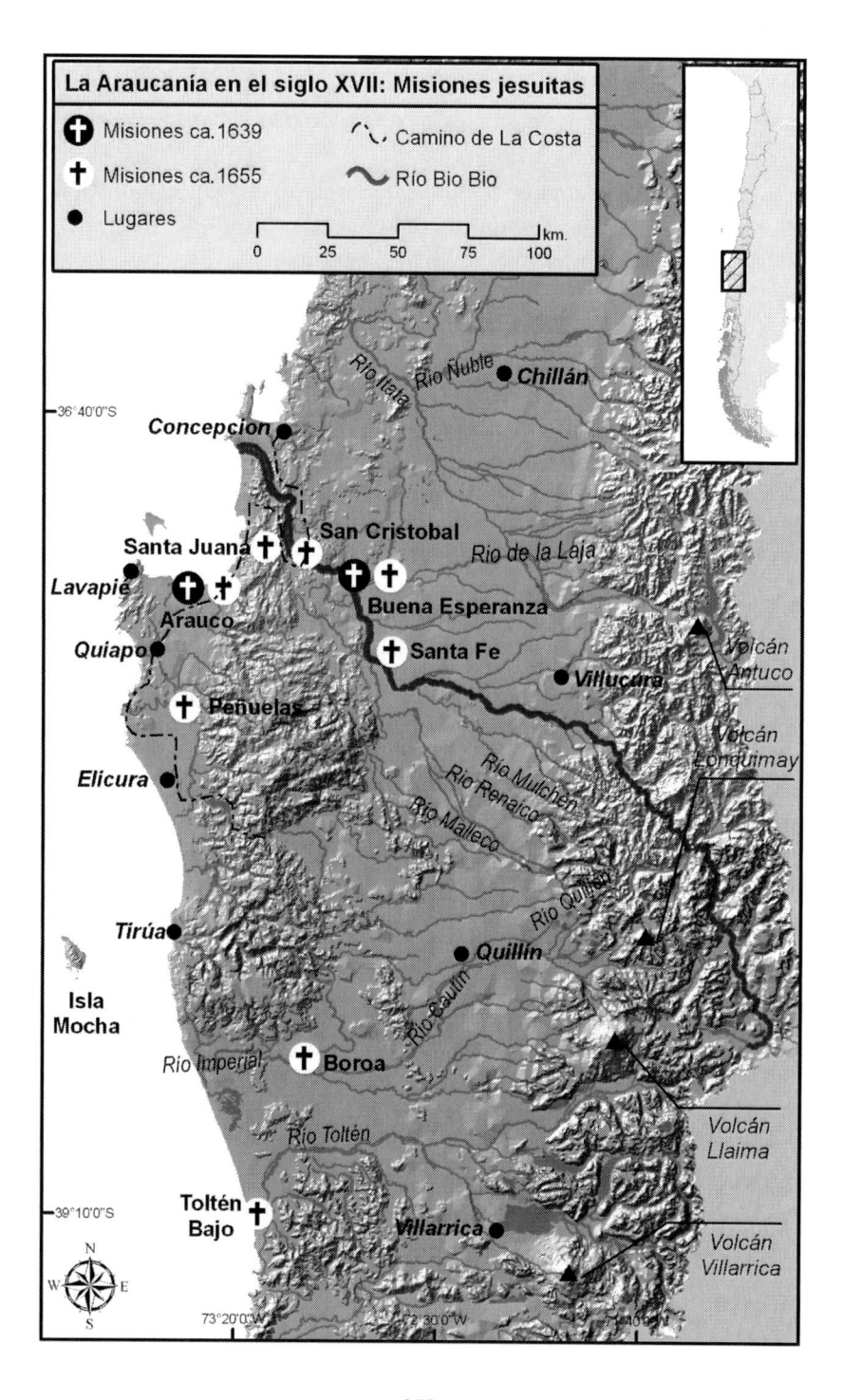

La Araucanía en el siglo XVII: Misiones jesuitas

- ✞ Misiones ca. 1639
- ✝ Misiones ca. 1655
- • Lugares
- Camino de La Costa
- Río Bio Bio

de una manera más estable en los fuertes de Santa Fe, San Cristóbal, Santa Juana, Peñuelas, Boroa y Toltén, si bien con la guerra desatada en 1655 la mayoría de sus pequeñas iglesias serán destruidas y los misioneros obligados a huir.[11]

La actividad jesuita en la Araucanía, pues, estará indisolublemente ligada a los asentamientos militares del programa fronterizo imperial del Bío-Bío o comprometida en la cristianización de parcialidades de la zona costera, con las cuales se tenía mayor contacto y pactos de amistad; aunque, a juzgar por los mismos misioneros, incluso en estos espacios la hostilidad de la geografía y el ambiente bélico serían un obstáculo permanente para su labor:

> [...] y es de advertir que muchos, o los más [–de los indios amigos que vivían en torno al fuerte de Arauco–] ya acosados de los agravios que reciben de los soldados españoles, ya temerosos de los indios de guerra están metidos por quebradas y montes asperísimos, guarnecidos de pantanos y de ríos caudalosos. Y a la causa habiendo de acudir los nuestros a tanto número de gente escondida en lugares tan ocultos, padecen muchas incomodidades [...] sobre todo aflige a los nuestros el espíritu y el cuerpo, el continuo peligro de perder la vida, o ser cautivos a manos del enemigo, que de ordinario pone asechanzas en las tierras donde salen a misión los nuestros, sin haber fuerzas que lo puedan impedir.[12]

La imagen del indígena también se transformó paralelamente en la mirada jesuita, adquiriendo la connotación de un sujeto "bárbaro", "vicioso", "incivilizado". Incapaz de aprender y hacer suyo el evangelio, sólo quedará el camino de su salvación por la vía directa y masiva de la administración del bautismo en las efímeras misiones *volantes*. La transitoriedad de éstas y la amplitud del territorio, además, refrendaban el carácter ilusorio de los planes iniciales de conversión permanente.

Queremos insistir en el hecho de que, al salir de los fuertes, la labor de los misioneros generalmente se vio delimitada por derroteros y espacios circunscritos a las parcialidades de "amigos" de los territorios aledaños, así como por la aceptación, el rechazo o la simple y común indiferencia que éstos pudiesen manifestar con respecto a la catequesis, los sacramentos y los ritos ofrecidos por los sacerdotes, en un contexto de territorios y poblacio-

---

11 Villalobos (1995: 155; Pinto (1988).
12 Annua de 1629-1630 (ARSI, Ch, vol. 6: 56).

nes autónomas del imperio español. Así, los jesuitas tenderán a limitar su actividad a los contornos de lo conocido y medianamente controlado, sin alejarse mucho, y menos solos, pues generalmente los veremos viajando en compañía de soldados o de indios "amigos" armados. Lo que prima, según se desprende de las propias cartas jesuitas, es la inseguridad e inestabilidad del terreno que se pisa y de la escolta que los acompaña, considerando que los mismos que se definían como "amigos" podían cambiar de parecer en cualquier momento. Cambio que muchas veces definía las posibilidades de apoyo a la hora de pretender extender la labor misionera a regiones más alejadas, hacia los habitantes claramente "rebeldes", "enemigos" y "bárbaros".

De esta forma, los principales cronistas de la orden dan a entender que los contactos con el mundo mapuche son más bien esporádicos y "de poco fruto". La tensión bélica y la hostilidad indígena constituyen, así, el tópico de base con que el jesuita Alonso de Ovalle reviste su visión de la Araucanía y de las maneras cómo se les podría revelar la fe, relativizadas por su carácter intermitente, conflictivo y esporádico; todo lo cual, a su juicio, sólo podía redundar en que la cantidad y calidad de los neófitos fuese muy reducida.

Los "frentes de combate" en la religiosidad mapuche

En este contexto de violencia fronteriza, autonomía indígena e incertidumbre hispana, los misioneros deberán preparar y desplegar sus estrategias de conversión y de combate pastoral contra la inmanente presencia del Demonio y de sus agentes chamánicos entre los mapuches. El desafío pasará primero por intentar comprender su sistema de creencias y descubrir los soportes del mal, para luego destruirlos; paralelamente, deberán hacer una gran prueba de la conocida versatilidad adaptativa jesuita respecto de la metodología cristianizadora, teniendo en cuenta, justamente, que se trataba de poblaciones no sometidas, hostiles e inaprensibles en muchos aspectos.[13]

La realidad religiosa con la que se enfrentaban los misioneros era la de un mundo donde no existían representaciones "idolátricas" de la

---

13 Prosperi (1992: 219).

divinidad; es decir, expresiones materiales tangibles para destruir y sustituir, equivalentes a las *huacas* con que habían lidiado los "extirpadores" andinos.[14] Así lo informaba, por ejemplo, Alonso de Ovalle, en 1647:

> [...] jamás he oído decir que se hayan visto entre estos indios, templos en que adoren ídolos [...]; y así tampoco he sabido nunca que después de hechos cristianos estos indios de Chile, los hayan cogido en idolatrías, como a algunos otros de otras partes, en cuyo poder se han hallado ídolos, aún después de cristianos, porque no han podido acabar de echar de sí las costumbres en que vivieron sus antepasados; pero como los de Chile no son dados a estos cultos y ceremonias, ha habido poco que hacer con ellos en esta parte.[15]

La religiosidad mapuche poseía un sentido preferentemente animista, donde el culto se orientaba más hacia los antepasados que a un ser creador, y donde la presencia de lo divino se canalizaba en las formas y experiencias de la naturaleza. De esta forma, las almas de los caciques y *conas* –guerreros– muertos, que subían al cielo, se convertían en *pillán*, se mantenían en comunicación con los vivos y los ayudaban en las guerras terrenales. En el cielo, ellos seguían combatiendo, lo que se manifestaba con truenos y relámpagos.

Los *pillán* tenían injerencia directa en el bienestar o malestar de las personas y una influencia en los fenómenos naturales, pudiendo, por ejemplo, hacer fructificar o no los sembrados. Para atraer su benevolencia, eran invocados con ofrendas de chicha o de sangre producto del sacrificio de prisioneros o de auquénidos. Es importante destacar, en este sentido, su figura dual; es decir podía hacer tanto el bien como el mal. Este último, por su parte, se hacía presente bajo la forma de *weküfes*, entes o energías externas, asociados a la tierra o al mar, que estaban subordinados al *pillán* en un plano jerárquico, pero que actuaban en forma independiente para desequilibrar la naturaleza y causar daño –generalmente expresado en enfermedades y calamidades. El orden natural y sobrenatural, entonces, era el resultado de la acción de ambos entes, por lo que los mapuches buscaban el apoyo de los *pillanes* e intentaban contrarrestar la acción nefasta de los *weküfes* a través de la intervención chamánica de los/las *machis*.

---

14 Valenzuela Márquez 2005, 2001; Gruzinski 1994.
15 Ovalle (1969: 347).

En el siglo XVII, por su parte, los cronistas comenzaron a recoger la existencia de un *Güenupillán*, como figura central aunque no como un ser supremo. De hecho, la religiosidad seguirá siendo animista, si bien la cosmovisión occidental de estos autores tenderá a cargar con cualidades cada vez más positivas al *Güenupillán*, que habitaría en el cielo, en contraposición con el *pillán*, que habitaría en los volcanes –de los que existen varios en la cordillera de la Araucanía–, definido este último como un *weküfe* y, en consecuencia, asimilado progresivamente al diablo cristiano.[16]

Al no haber "ídolos", entonces, la "guerra" extirpadora y sustitutiva se desplegará preferentemente en el plano de la "magia" –especialmente taumatúrgica– y contra la arraigada figura chamánica de la *machi*, a quien los misioneros descalificarán –definiéndola muchas veces como "posesa"– y usurparán –apropiándose de sus espacios terapéuticos y de su acción anti-*weküfe*–.[17] Volveremos sobre este punto más adelante.

Naturaleza sagrada / naturaleza cristianizada

En este contexto cosmológico y considerando las condiciones materiales y políticas de la presencia misionera en la Araucanía, es evidente que la estrategia de cristianización jesuita no pudo alimentarse con aquella escenificación ritual y estética que caracterizaba a la experiencia barroca en los espacios urbanos iberoamericanos de la época. Los jesuitas se abocarán más bien a jugar con los canales animistas locales y "descubrir" milagros de lo sobrenatural cristiano asociados a la naturaleza, donde moraban, justamente, las representaciones de lo sobrenatural mapuche que debían ser extirpadas o sustituidas.

Es necesario recordar, en todo caso, una vez más, que en el resto del continente, donde el milagro y las hierofanías son experiencias prácticamente cotidianas, ellas se producen en medio de sociedades desestructuradas, perturbadas traumáticamente por la conquista y por sus consecuencias materiales y psicológicas. En el caso de los indígenas al sur del Bío-Bío, en cambio, no se había vivido esta debacle y desestructuración

---

[16] Bacigalupo (1995-1996: 54-56); Zapater (1978: 81-82).
[17] Ovalle (1969: 56 y 347); Olivares (1874: 126-128); Villalobos (1986: 158).

–al menos en el sentido "totalizante" del resto del continente–, pues mantenían su autonomía y el control del territorio. El desafío jesuita frente a los mapuches será mayor, entonces, toda vez que sus dioses no habían sido derrotados ni su cosmología había sido destruida, y los obligará a una flexibilidad pastoral que apuntará no a unir cristianamente los fragmentos del "otro", sino más bien a buscar la penetración fragmentaria del cristianismo en el mundo ritual mapuche.[18]

De ahí que su metodología incluya una gestión de lo sagrado orientada, en buena medida, hacia la cristianización del espacio natural, que se yergue, entonces, como productora de símbolos e imágenes, así como un universo donde se crean y circulan leyendas y milagros asociados a hierofanías católicas. Los jesuitas se dedican a "producir sentido", a encontrar huellas de lo divino-cristiano en la naturaleza "demonizada" por las divinidades indígenas; para hacerla menos inhóspita, por cierto, pero también para buscar en aquellas vías más sensibles las posibilidades de acercamiento hacia una conversión algo más profunda que lo que ofrecía la simple estrategia sacramental. Y, si bien en ocasiones dichas "huellas" pueden ser más figurativas, en general se concentrarán en la presencia y difusión del símbolo geométrico por excelencia: la cruz. Dentro de los numerosos ejemplos que se multiplican en las fuentes, vale la pena destacar el que relata Diego de Rosales, sobre la existencia de unas piedras de río, cerca de Arauco, que "contendrían" dicho símbolo en forma natural, y donde el jesuita destaca, justamente, el "valor agregado" de esta naturaleza patentemente "cristianizada":

> En la Quebrada de Puru [...] ay una cosa misteriosa, es unas piedrecitas pequeñas de que está lleno todo el arroyo por grande trecho, y todas estas piedras tienen señalada una cruz jaspeada de negro, blanco y pardo, perfectamente echa, y por donde quiera, que partan aquellas piedrecitas queda señalada una cruz con los remates a manera de la cruz de los caballeros de Malta. [...]. Por singular presa suelen traer estas cruzes los soldados, y otras muchas personas engastadas en plata, al cuello, y en los rosarios, y fuera de otras virtudes, que tendrán por ser cruzes, tan marabillosas y naturales, tienen virtud para restañar el fluxo de sangre.[19]

---

18 Lema (inédito).
19 Rosales ([ca. 1670] 1989, I: 200-201). Contrastar los dos textos de Diego Rosales citados con el manuscrito inédito *Conquista espiritual del Reino de Chile* (1670), vol. IV. BNCh - BTM. Mss, vol. 307. Rosales ([ca. 1670] 1991 es la publicación de un fragmento de aquel manuscrito original).

Conversión bautismal y concesiones a los "antiguos ritos"

Frente a este panorama misionero restringido y fragmentario, la Compañía decidió poner el acento en la conversión directa, independiente de las posibilidades de catequesis y de comprensión de los contenidos católicos que pudiesen manifestar los mapuches. Esto es, por la vía de la eficacia inmediata del rito, especialmente del sacramento del bautismo, que aseguraba formalmente el ingreso del bautizado al universo cristiano y su eventual salvación.[20] Visto de esta manera, por cierto, se trata de un proceso observado desde los objetivos y experiencias de los agentes cristianizadores; desde la perspectiva de los eventuales cristianizados, en cambio, la visión era muy diferente, no solamente a nivel de la decodificación de dichos ritos y actitudes misioneras, sino también de la propia aceptación o rechazo de los mismos.

En efecto, los jesuitas no sólo tuvieron que renunciar a sus planes reduccionales, adaptar recurrentemente los signos y significados de su acción pastoral y restringir los alcances de la conversión, sino que primero debieron vencer el simple rechazo indígena a ser bautizados. Rechazo que muchas veces se debía a la obligación que se les imponía de vivir cristianamente, lo que en términos prácticos implicaba dejar una serie de costumbres, como la poligamia.[21]

Otra gran fuente de rechazo estaba en la creencia, temprana y generalizada, de que el bautismo cristiano estaba asociado directamente con la muerte, creencia que abarcaba a todos los segmentos de la sociedad mapuche. Así lo refiere, por ejemplo, un informe jesuita de 1630, mostrando el caso de *"una india principal que no quiso baptizarse, diciéndome que si lo hacía, al punto moriría, opinión muy asentada entre estos bárbaros"*.[22]

El mayor temor era entregar al bautismo a los niños, pues la experiencia mostraba que muchos de ellos fallecían luego del rito –producto de que, efectivamente, la mayor parte de los bautismos se realizaban en infantes enfermos o agonizantes–. Pero, además, esta situación fue aprovechada por las *machis*, que calificaron al bautismo como un *weküfe*,

---

20 Foerster (1990 y 1996).
21 Lozano (1755, II: 17).
22 Annua de 1629-1630 (ARSI, Ch, vol. 6: 60).

reforzando la vinculación bautismo-muerte en su pugna por el "capital mágico" que le disputaban los jesuitas.[23] Como indicaba la misma annua citada más arriba: "Tienen persuadido los agoreros a los caciques e indios principales, que el agua del Santo Baptismo les causa la muerte, fundándose y mal en que por mucho tiempo solo baptizábamos a los que estaban in articulo mortis [...]".[24]

Pues bien, la estrategia que asumen muchas veces los misioneros es pasar a la ofensiva e incluir a estos intermediarios chamánicos en el mismo rito bautismal, pero otorgándole un significado simbólico distinto, al utilizarlo como una herramienta de exorcismo frente a la posesión demoníaca con la que representan las prácticas y experiencias de las *machis*. Así sucedió, por ejemplo, con tres *"indias curanderas, de las cuales hay muchas que tratan con el demonio y curan con invocaciones y por arte suya"*. En el caso de una de ellas, que tenía el poder de descubrir las enfermedades con sólo mirar a las personas, luego del bautismo perdió esta facultad. Las otras *"endemoniadas"* incluso cambiaron su aspecto físico y su carácter. El bautismo, en este caso, actúa como un instrumento ritual que triunfa y "desarma" a la alternativa religiosa mapuche, demostrando que la divinidad cristiana es mas poderosa y logra no sólo expulsar a la indígena sino también subyugar la voluntad de sus mediadores, que quedaron *"con entera salud de cuerpo y alma"*.[25]

Es en este plano, pues, donde el bautismo –como rito– y el sacerdote –como administrador de la sacralidad cristiana–, adquirirán la legitimación que no sólo permitirá ir borrando la representación fatalista que rodeaba al primero, sino que, más aún, les imprimirá a ambos un efecto positivo que los hará deseables. En efecto, al lograr inscribirse dentro de la cosmovisión tradicional y ser adoptado como un rito terapéutico de sanación, el bautismo comenzó a ser visto como un acto que brindaba protección divina en un sentido taumatúrgico, y que era administrado por parte de un "hechicero" tanto o más poderoso que las *machis*; y los misioneros comprendieron que esta "integración" en las prácticas y representaciones religiosas mapuches se debía mantener en este registro interpretativo. Y, como sabían que los chamanes mapuches, al controlar

---

23 Foerster (1990: 25); Lozano (1755, II: 18).
24 Annua de 1629-1630 (ARSI, Ch, vol. 6: 60).
25 Annua de 1616-1617 (ARSI, Ch, vol. 6: 125v-126v).

la energía dual de su cosmología, manejaban el bien y el mal, no dudaron en presentarse como los "buenos hechiceros", lo que definió, también, la aceptación y eficacia del rito bautismal;[26] lógica sustitutiva que nos recuerda la actitud similar que asumieron algunos jesuitas entre los tupís de Brasil o los muisca de Colombia.[27]

Otro factor que contribuyó a la difusión del bautismo –al menos entre las parcialidades vinculadas con el radio de acción misionero– fue la progresiva tendencia mostrada por los sacerdotes en el sentido de eludir los requisitos tradicionales que fijaba la Iglesia para su administración, y que habían sido confirmados en las instrucciones dadas por el provincial a los misioneros que se dirigieron a Arauco y Chiloé en 1608; esto es, no bautizar jamás a indios adultos –salvo en peligro de muerte o que hayan dejado su pluralidad de mujeres– y, en general, sólo cuando se piense que no se alzarán contra los españoles –riesgo de que caigan en apostasía–, cuando lo hubiesen pedido por mucho tiempo y previo adoctrinamiento contundente en materias de fe.[28] Como apunta Foerster, es la eficacia del rito, más que la eficacia de su contenido dogmático, lo que terminará imperando en la restringida e inestable cristianización de la Araucanía.[29] El propio general de la Orden, Muzio Vitelleschi, se congratulaba en 1622 de las noticias que le llegaban desde la misión de Buena Esperanza donde, si bien constataba el escaso avance de la conversión, *"no es poco bien que los infieles den a sus hijos para que los nuestros los bauticen [...], que por lo menos todos los que de estos murieren antes de tener uso de raçon se salvarán"*.[30]

Evaluadas como inevitables, estas concesiones simbólicas y socioculturales llevarán incluso al propio Luis de Valdivia, al inicio de su proyecto de "Guerra defensiva", a proponer que los caciques, después de casados por la iglesia con una de sus mujeres, dejasen a las otras convivir en sus casas bajo el rótulo de "chinas de servicio".[31]

En este mismo plano debemos incluir, por ejemplo, la concesión que hacen los misioneros frente a la exigencia indígena de que sus muertos no se entierren en las iglesias que se erigieren en sus territorios, sino

---

26 Foerster (1996: 259-267).
27 De Castelnau-L'Estoile 2006; Bernand (1989: 799).
28 Enrich (1891, I: 143).
29 Foerster 1996.
30 Morales (2005: 262-263).
31 Enrich (1891, I: 255)

"[…] en los montes, donde estaban sus antepasados. Y apretaron tanto en esta condición, que viendo los padres su pertinacia, porque no se perdiese lo más por lo menos, les hubieron de permitir que en materia de entierros cada uno siguiese su dictamen y lo hiciese conforme a su devoción […]".[32]

Objetos sagrados y "batallas" inconclusas: a modo de conclusión

La historiografía que trabaja con objetos de estudio como el que aquí nos ha ocupado, generalmente se hace cargo de experiencias misionales, prácticas pastorales y estrategias de cristianización elaboradas y desplegadas en territorios básicamente consolidados desde el punto de vista del control político colonial –español o portugués–.

Así, en términos políticos, estos territorios no plantean la existencia de mediadores políticos indígenas como autoridades autónomas, al menos al nivel que aparecen en el mundo de la Araucanía, donde son indispensables para intentar cualquier acercamiento jesuita con la comunidad y brindar una mínima "negociación" intercultural.

En términos propiamente religiosos, por ejemplo, en aquellas otras regiones iberoamericanas puede verse una amplia e ineluctable desaparición –o, más bien, reconversión– de las autoridades espirituales amerindias. Ello, en la medida en que la pervivencia de actores chamánicos autónomos no sólo constituía una competencia formal frente al rol sacerdotal sustitutivo que cumplían los jesuitas; también habían pasado a ser actores intrínsecamente inviables en un mundo colonial donde la Iglesia tridentina marcaba sus prácticas con el estigma de lo demoníaco.

En la Araucanía chilena, en cambio, el panorama es diferente. Como hemos visto, los jesuitas buscaron insertarse en un espacio donde el imperio español no había logrado imponerse, donde el combate contra los "hechiceros" se daba en un terreno ideológico de éxitos relativos, donde la aceptación del cristianismo dependía de la voluntad de los eventuales neófitos y donde, por lo mismo, se requería de una gran flexibilidad metodológica y simbólica por parte de los misioneros para intentar la conversión.

---

32 Annua de 1635-1636 (ARSI, Ch, vol. 6: 124v).

Todo ello, además, en un contexto marcado por la experiencia de la guerra –interétnica e intertribal– y sus secuelas de destrucción, muerte y esclavitud.

No puede extrañarnos, entonces, que hacia fines de siglo sea más bien un sentimiento de fracaso el que ronde en los escritos misioneros. En una carta anónima escrita por un jesuita en 1677, por ejemplo, se explican los obstáculos que existirían para una adecuada labor misionera con los mapuches, subrayando: "[…] la 1ª [causa] está del mismo sujeto, porque estos indios por tantos años en que se les ha estado predicando el Sto. Evangelio siempre se han mostrado duros, obstinados y adversos a la fe christiana, y doctrina evangélica, sin que jamás hayan querido apartarse de sus ritos gentílicos".[33]

Este documento habla del fracaso de la cristianización en las parcialidades cercanas a los espacios de contacto fronterizo, especialmente los fuertes españoles, por lo que mucho más lejana podían verse las posibilidades respecto de los indígenas de más al interior de la Araucanía.

Después de tantas décadas, la desazón jesuita llegó a echar por tierra, incluso, su cruzada bautismal, método que había sido uno de los pilares de las *correrías* que marcaron la acción de la orden en la región. Según el autor de este informe, debido a que

> [...] estos bárbaros han de vivir en sus ritos gentílicos tan contrarios a la ley de Dios, no se les puede administrar el sacramento del santo bautismo, no sólo a los adultos, pero ni a los infantes si no es in pericolo mortis: porque la experiencia larga a enseñado que los infantes que fueron bautizados, que fueron creciendo bien instruidos en todos los misterios de nuestra santa fe, apenas llegan a los doce años, cuando se hacen unos con los demás con quienes se crían y viven siguiendo en todo sus ritos gentílicos, vicios, obstinación, etc.[34]

Siguiendo esta misma línea, quisiéramos detenernos –ya para finalizar nuestra reflexión– en el problema de la ausencia de objetos e imágenes de devoción en la "cruzada" araucana, teniendo en consideración que la época estudiada se caracterizó, justamente, por el papel activo y omnipresente de estos soportes devocionales en los procesos de cristianización iberoamericana y, en general, en la religiosidad cotidiana de Occidente.

33 ARSI, Ch, vol. 5: 180.
34 ARSI, Ch, vol. 5: 181v.

Para ello es necesario insistir en que, fuera de los fuertes militares dispuestos en la zona estudiada, lo que los religiosos llamaban "misiones" eran muchas veces, simplemente, un lugar dentro de la jurisdicción de una parcialidad, donde el cacique permitía el acceso de uno o dos sacerdotes y algún ayudante. Allí llegaban atravesando quebradas, ríos y pantanos, y bajo la amenaza constante de un cambio de actitud de los jefes locales. El viaje, pues, debía ser lo más austero posible, llevando sólo lo básico y necesario para administrar algunos sacramentos y hacer una breve y superficial catequesis. En este contexto, sin duda que no debió ser fácil el transporte y manutención de lienzos y bultos de devoción, y quizás tampoco había espacio para llevar sino un número reducido de objetos devocionales más pequeños, como rosarios, cruces y reliquias, que en otros lugares formaban parte esencial del arsenal de regalos con que los misioneros vinculaban materialmente a las poblaciones neófitas con el cristianismo.

Así, y a diferencia de lo que sucedía en el mundo andino, en la Araucanía destacaba la rusticidad de los elementos que se introducían con fines catequístico-devocionales –como pequeñas cruces de madera– y la manera como los jesuitas los distribuían en forma de "agasajos" o "presentes", apelando a la importancia que tenía el sentido de retribución entre los mapuches, y en clara consonancia con el carácter voluntario y "horizontal" de la relación interétnica que allí se producía. De esta forma, el obsequio debía ser del gusto de quien lo recibía, con lo cual el valor del objeto adquiría una doble dimensión de poder. Por un lado, su "sentido" escapaba al misionero que lo donaba, transformándose en parte del sistema cultural mapuche; pero, por otro, no es menos cierto que dicho sentido de gratuidad expandía el poder del mismo objeto, por el mismo hecho de que esta incorporación se efectuaba sin sujeción física y con voluntaria aceptación por parte del receptor indígena.

Esto último es significativo si tomamos en cuenta lo dicho en un comienzo, sobre la apertura al "otro" que formaba parte de la construcción –y reconstrucción permanente– de la identidad mapuche. En esta perspectiva, entonces, la aceptación y adopción indígena de objetos y representaciones sagradas cristianas muchas veces llenó de alegría a los misioneros, pero también de frustración e incomprensión, al darse cuenta que dicha incorporación no necesariamente iba asociada a la de la religión católica de la cual aquellos referentes materiales eran tributarios. Por el contrario, los objetos pasaban a ser adoptados y resignificados dentro de las propias creencias, que ahora se veían enriquecidas gracias a la integración de estos nuevos elementos. La frustración jesuita era mayor en la medida en que la actitud mapuche ni siquiera implicaba una intención consciente de negar el sentido cristiano de dichos objetos, sino una simple incorporación dentro de su sistema de valores y jerarquías sobrenaturales.

Más aún, las fuentes muestran a un mundo mapuche que utiliza abiertamente dichos símbolos, como lo relata el español Francisco Núñez de Pineda y Bascuñán, quien fue capturado en 1629 y estuvo durante siete meses entre los mapuches. Durante ese período, recuerda cuando quedó al cuidado de un cacique llamado Tureupillán, cuya familia había tenido contacto con la actividad misional de los jesuitas. Al ver a todos rezando antes de dormir, Pineda les preguntó *"si entendían algo de lo que resaban, y me respondieron que no. [...] [Pero que] tenemos gusto de saberlas, porque dicen los huincas y las señoras que son palabras de Dios, y por eso gustamos de saberlas y oírlas aunque no las entendamos"*.[35]

Esta apertura hacia el "otro" occidental se revela claramente operacional y práctica, en el sentido de que los gestos y objetos que los indígenas incorporan en su universo religioso poseen determinados atributos que son percibidos como beneficiosos o protectores. Así, por ejemplo, el cacique Llancareu preguntó en otra oportunidad a Pineda el por qué hacía señales con la mano y en el rostro –el signo de la cruz, antes de dormirse–. Éste le contestó que era una antigua costumbre de los cristianos, que servía para ahuyentar al demonio y para que no le inquietase por la noche. Ante esta respuesta, el cacique habría reaccionado con insistencia para que le enseñase dichos gestos, a él y a sus nietos, pues le parecía muy bien saberlo.[36]

Los objetos de uso religioso también podían ser resignificados con objetivos sociales. Así lo relata Alonso de Ovalle, a propósito de una experiencia que tuvo el jesuita Luis de Valdivia con un indígena que vino a confesarse con él. Valdivia le dio un cilicio para que se lo pusiera en el cuerpo a modo de penitencia. Al cabo de un año se vio al indio bailando

---

35 Núñez de Pineda y Bascuñán (2001: 545-546).
36 Ídem: 375.

en una procesión del Corpus, delante del Santísimo Sacramento, y se acercó a Valdivia mostrándole el cilicio, que traía ajustado y enterrado en su cuerpo, y diciendo que desde que se lo dio nunca se lo había quitado:

> [...] mostrado a unos y a otros la gala que le había dado el padre, estando más contento con ella que pudiera estar otro con una de brocado; tan lejos estuvo de sentir su aspereza, que lo tuvo por atavío de su persona, por habérselo dado su confesor, pareciéndole que le había dado un jubón para su abrigo o una gala que estimó extraordinaria.[37]

La cita anterior muestra hasta qué punto se había borrado –o más bien resignificado– el sentido penitencial inicial que el sacerdote había querido dar a tal objeto al momento de regalarlo.

Por otra parte, al percibir la "fagocitación" cultural que hacía el mundo mapuche de símbolos-objetos tan trascendentes para el cristianismo como la cruz, los misioneros buscaron revertir la tendencia a su favor, intentando, a su vez, "fagocitar" la cosmogonía animista mapuche a través de la cristianización de la naturaleza y de sus manifestaciones sensibles. Ello se tradujo en la proliferación de cruces dispuestas a lo largo del recorrido de los misioneros, distribuidas en los cuellos de los indígenas, reproducidas en la gestualidad protectora de santiguarse o "encontradas" en cortezas de árboles y en piedras de ríos.

La tierra araucana, no obstante, se mostró esquiva, autónoma e infructuosa, tanto para las armas del imperio español como para los misioneros católicos, que nunca pudieron distanciarse lo suficiente de los fuertes fronterizos y de sus soldados, y que, ante la ambigüedad y ambivalencia de la receptividad mapuche, sólo atinaron a –o pudieron– desplegar una estrategia superficial de cristianización simbólica a través de los sacramentos y de la distribución y potenciación sagrada de objetos que buscaban materializar la cristiandad, pero que terminaron siendo "fetiches" y "talismanes" "mapuchizados" en aquellas lejanas tierras meridionales.

---

37 Ovalle (1969: 117).

ARTES Y "ESTILOS" EN LA MISIÓN

LA CONTRIBUCIÓN JESUITA
AL BARROCO ANDINO HÍBRIDO*

GAUVIN ALEXANDER BAILEY

Durante el periodo colonial los jesuitas penetraron más profundamente en la América Latina indígena que lo que la mayoría de las demás órdenes religiosas fue capaz de hacer o desear, trayendo con ellos un grupo más internacional de misioneros– desde polacos y bohemios hasta sicilianos y suevos –cosa que ninguna orden hizo antes de ellos. Este variopinto grupo de misioneros estableció un diálogo particularmente fructífero con las naciones nativas americanas debido a su política de adaptación a las tradiciones culturales indígenas.

Los jesuitas también debieron mucho de su éxito a su énfasis en las artes. Desde el inicio mismo acentuaron la importancia de la pintura, la escultura, la impresión y otras artes en su trabajo misional, no sólo porque necesitaban una forma de comunicación más allá de las fronteras lingüísticas, sino también porque ellos y sus anfitriones nativos compartían ideas similares con respecto a las milagrosas capacidades de la imaginería.[1] Pero habían dos lados en este ministerio artístico; al mismo tiempo que los jesuitas se comprometieron en el intercambio artístico, los grupos nativos americanos hacían la misma cosa, tomando prestadas las tradiciones europeas para preservar y promover iconografías y creencias indígenas –incluso las que iban en contra de las creencias cristianas o los obje-

---
* Traducción del inglés: Ana Couchonnal.
1 Bailey 1999; 2008.

tivos misioneros–. Los jesuitas permitieron esta hibridez de las raíces en parte porque no tuvieron elección: en muchos lugares de América Latina, eran simplemente superadas en número. En esta presentación, derivada de material de mi libro recientemente publicado, voy a centrarme en las contribuciones de los jesuitas a la así llamada arquitectura "mestiza" del sur de Perú y las tierras altas de Bolivia, una de las más extraordinarias fusiones de estilo en la historia del arte latinoamericano.[2] A pesar de haber sido animada por los jesuitas, los dominicos y otras órdenes religiosas, fue la impresionante cantidad de grupos nativos americanos, en su mayoría anónimos, la que le dio origen.

En los Andes del sur durante la última centuria y media de gobierno colonial, en una era en la que la corona española perdía lentamente su control en América y los grupos nativos se organizaban en entidades políticas e incluso militares, surgió un estilo arquitectónico que es más comúnmente conocido como *estilo mestizo*, una mezcla extraordinariamente floreciente de imaginería arquitectónica europea barroca y andina que había nacido en en el pueblo del sur del Perú llamado Arequipa en la década de 1660 y se expandió rápidamente en dirección norte a Colca y los cañones de Cotahuasi, el lago Titicaca, y las afueras de Cuzco, y hacia el sur a La Paz, Oruro, Potosí, e incluso –a través de la talla de madera– hacia lugares de lo que hoy en día es Chile y Argentina. La misma fue esculpida casi enteramente por escultores americanos nativos, principalmente por un pueblo Quechua-parlante del antiguo imperio Inca, los Aymara del Sur de Perú y hoy en día Bolivia, y por el pueblo de Caylloma. El momento temprano más sorprendente del estilo mestizo no fue interrumpido ni por los grandes levantamientos amerindios de la década de 1780 –que destruyeron pueblos enteros de lo que hoy en día es Perú y Bolivia– ni, en las primeras dos décadas del siglo XIX, por la mismísima independencia. De la misma manera, sus maravillas sobrevivieron dando origen a uno de los debates más prolongados y contenciosos de la historia del arte, que partió el campo en dos a lo largo del siglo XX.

El estilo mestizo se caracteriza por un virtuoso sentido del patrón, balance y riqueza visual, con superficies aplanadas, tallas biseladas en profundidad y distribución tipo mosaico de los elementos decorativos en los cuales los motivos se hallan yuxtapuestos pero no se enciman.

---

2 Bailey 2010.

Esta concepción del espacio tal como es percibida en la iglesia jesuita de Arequipa **[figura 1]** deriva de una tradición andina que se remonta al siglo II AC y aparece en el sitio prehispánico de Tiahuanaco en la actual Bolivia (500-700 AD) **[figura 2]**. Este tipo de patrón deriva de textiles, quizás la más sofisticada tradición de arte en fibra de la historia del mundo, tal como lo ejemplifica el manto Inca del siglo XV conocido como *uncu*.[3] Los motivos nativos americanos encontrados en la escultura arquitectónica del estilo mestizo incluyen representaciones de soles, lunas y arcoíris que se vinculan a la cosmología Inca y pre Inca, formas felinas semidivinas y cabezas enmascaradas, la corona Inca o *mascaypacha*, representaciones de las princesas Incas o *ñustas* así como otras representaciones nativas del altiplano y las tierras bajas amazónicas, así como una plétora de flora y fauna local, alguna de las cuales tenía una importante significación religiosa. Estas incluyen la cantuta lily y la flor *misciu* de siete pétalos, flores de cactus, *chirimoya* y la fruta *paniagua*, mazorcas de maíz, vicuñas, pumas, chinchillas, tucanes, colibríes, monos y vizcachas. De manera significativa, la flora y la fauna, a pesar de ser nativas del Perú, frecuentemente llegan hasta las distantes selvas de las tierras bajas, sugiriendo que representan una visión idealizada de la naturaleza como un jardín paradisiaco, no basado en la experiencia del artesano.

El debate académico sobre el estilo mestizo –que básicamente giró alrededor de si era una fusión genuina de motivos europeos e indígenas andinos o simplemente una variante del estilo folclórico europeo- fue uno de los campos más dominantes y vituperantes del arte colonial latinoamericano, particularmente en las décadas inmediatamente posteriores a la Segunda Guerra Mundial.[4] El debate terminó hace ya mucho tiempo, y los académicos decidieron favorecer el reconocimiento de la profunda influencia de los motivos indígenas, las estructuras patrón e interpretaciones en esta floreciente escuela. Durante el trabajo en mi libro sobre el tema, se hizo claro que los jesuitas, junto con los dominicos fueron las dos fuerzas por detrás del estilo, encabezándolo y alimentándolo desde

---

3 Cummins (2004: 2-15); Phipps (2004: 33-36); Gisbert (1999: 237-54); Mujica Pinilla 2002; Dean 1999. Dean no identifica las flores que aparecen en los tocados de los portadores de estandarte, aunque otros académicos han notado que eran *cantuta*.
4 Este debate es el tema de mi libro *The Andean Hybrid Baroque*. Para un tratamiento reciente ver Gutiérrez (2004: 38-40).

Figura 1: Fachada de la Iglesia de la Compañía, Arequipa (detalle).

Figura 2: Puerta del Sol, Tiahuanaco (detalle).

alrededor de la mitad del siglo XVII. El ejemplo fechado más temprano es la iglesia de Santiago, o La Compañía, en Arequipa (tallada entre 1663 y 1699). La Compañía no sólo tuvo las más tempranas y mejores colecciones de tallas de estilo mestizo en existencia, sino que su espléndida fachada principal (1698-99) se convirtió en un modelo para incontables iglesias en Arequipa, y a lo largo de los Andes del sur. Un rol paradigmático similar tuvieron las cuatro iglesias jesuitas en Juli en el lago Titicaca –la primera reducción jesuita (fundada en 1576)– que fueron reconstruidas en el siglo XVII e inicios de XVIII, siendo las primeras en convertirse en vitrinas del estilo en la región. Los dominicos le siguen luego de poco tiempo, siendo la primera talla barroca híbrida de su iglesia proveniente de 1678, y las esculturas en sus reducciones fuera de la ciudad de inicios del siglo XVIII.

El portal magníficamente decorado de La Compañía de Arequipa está horizontalmente dividido en dos plantas y un gran pedimento en forma de tímpano que es casi una historia por derecho propio, y verticalmente en tres naves, siendo la más ancha la central **[figura 3]**. Este plano de coordenadas sobresale contra un tapiz plano de talla profunda, distribuido como mosaicos ornamentales de bloques cuadrados o rectangulares. Pocas iglesias desde entonces poseen un repertorio tal del estilo mestizo. La nave más baja está flanqueada por enormes bordes tallados compuestos de monstruos de serpentina con estómagos inmensos que echan por la boca granadas, hojas de tabaco, flores de cactus, máscaras de monstruos y las ubicuas flores *cantuta*, antiguamente la flor real del Inca y hoy en día la flor nacional tanto de Perú como de Bolivia. Paneles igualmente suntuosos aparecen entre las columnas, las áreas que rodean las inscripciones de fechas, el frizo sobre la nave más baja y los bordes del panel tipo mosaico que rodean la ventana en la segunda nave, incluyendo querubines alados que portan aros de *cantuta* (tal como las mujeres andinas en Bolivia y Perú lo hacen en la actualidad), otras figuras humanas y máscaras (incluyendo una que porta la *mascaypacha*), hojas tropicales y flores, loros y pájaros cantores. No hay tregua en la decoración de la parte superior de la fachada –su frizo, pedimento tipo tímpano (tympanum-like pediment), y pináculo– que también está lleno de figuras plantas y otros motivos.

Figura 3: Fachada de la Compañía en Arequipa

Uno de los motivos más intrigantes es un águila de Habsburgo de dos cabezas que aparece en ambos lados de la fachada [figura 4]. Aquí los artistas reclamaron este emblema hispánico imperialista como propio llenándolo de plumas, dándole cetros de *cantuta* y colocando flores de *cantuta* entre las dos cabezas. Este tratamiento de la figura sugiere al cóndor de dos cabezas que simbolizaba la legitimidad Inca y que era conocido como *cuichi cuntur*, o "cóndor arcoíris" (uno de ellos adornó alguna vez la puerta del palacio de Cusi Chimpo, esposa del sexto Sapa Inca, Inca Roca, ca. 1350-ca. 1380).[5] Las plumas también formaban una parte esencial del tocado del Inca, como se puede ver en la representación del siglo XVII del Inca Pachacuti por Guamán Poma [figura 5].

Resulta sorprendente que los Jesuitas hayan sido capaces de nutrir el estilo mestizo en Arequipa, que estaba lejos de las misiones jesuíticas y era tan predominantemente criollo y europeo que fue nombrada "la ciudad blanca". Sin embargo, los jesuitas estaban en contacto constante con los grupos nativos americanos que disfrutaban del privilegio especial de la conversión y de los grupos rotativos de jóvenes de Caylloma en su colegio de Arequipa desde 1601 hasta 1720, enseñándoles comercio y contratándolos como constructores y cortadores de piedra para exceptuarlos del servicio en las minas [figura 6]. La sociedad parece haber animado a estos hombres a desarrollar un lenguaje estético propio para la decoración del complejo jesuítico en Arequipa, tal vez un ensayo final de lo que pronto explotarían más intensivamente en sus misiones de Collao –durante el siglo XVIII en la región del Titicaca, discrepancias sutiles en la talla de una iglesia demuestran el tamaño extraordinario de la fuerza de trabajo calificada en una época en la que los albañiles capaces y los escultores en los Andes del sur eran escasos. Sostengo que los jesuitas mantenían a tantos artesanos ocupados porque una actividad tal los exceptuaría del trabajo en las minas: al momento de la expulsión de la Compañía en

---

[5] Se decía que las castas del Cuzco prehispánico habían nacido de huevos de oro, plata y cobre, y que eran producidos por tres pájaros: el halcón (símbolo real), el águila (para los incas nacidos de madres no Incas, que eran responsables de defender el territorio) y el cóndor (para los agricultores). Los cóndores también estaban asociados con *wamani* espíritus de la montaña (ver arriba), y *huacas* llamados así cuando el cóndor fue descubierto durante la campaña de extirpación (Abercrombie 1998: 120; Mujica Pinilla 1996: 267, 279, 285; Rostoworowski de Diez Canseco 1983: 89).

Figura 4: Fachada de la Compañía, Arequipa (detalle)

1767, 73 habitantes solamente del pueblo de Juli fueron exceptuados del tributo debido a su habilidad en varios oficios.[6]

Los jesuitas mantuvieron trabajadores andinos llamados *yanaconas* en el colegio de Arequipa desde tan temprano como 1601 y desde 1630 los trabajadores de *mita* del valle de Colca (tal como los de Sibayo y Canacota) fueron contratados específicamente para trabajar en la construcción de la iglesia y la residencia.[7] Los *Yanaconas* eran trabajadores inmigrantes modelados según el *yana* Inca, una clasificación de la gente (por lo general elegido de las familias de la élite) que proveían personal o servicio especializado al Inca o a la élite local a cambio del estatus de excepción del servicio de *mita*, por lo general como constructores, artesanos o tejedores.[8] Durante el periodo colonial, el virrey Toledo dividió a los *yanaconas* en dos categorías. La primera comprendía los "*yanaconas de españoles*", criados personales de los terratenientes españoles que estaban exceptuados de impuestos y tareas de la *mita* durante todo el tiempo que pudieran proveer prueba legal de empleo. Los "*yanaconas del Rey*" estaban establecidos en los pueblos, y pagaban impuestos y quedaban a disposición para realizar tareas de la mita en las minas, aunque los que tenían más suerte eran asignados a las parroquias, monasterios y conventos en ciudades más grandes para servir en una variedad de rubros desde domésticos y jardineros a albañiles y talladores.[9] Ya que la vida como *yanacona* era mucho mejor que el trabajo en una mina, la mayoría de las personas buscaba el estatus de *yanacona* –a mediados del siglo XVII,

---

6 Gutiérrez (1978: 326-27).
7 *Requisición del trabajo indio para la iglesia de Arequipa por el Virrey Luis de Velasco (1613*, BNP, *B1738:* 1a-1b); *Requisición de trabajo a indios de Collaguas para el colegio jesuita de Arequipa por Roque de Valencia* (18 de diciembre de 1628, AGNP, Compañía de Jesús 48, 118); *Requisición de trabajo de los indios de Collaguas para el colegio jesuita de Arequipa por Don Pedro de Sotomayor* (26 de Septiembre de 1630, AGNP Compañía de Jesús 48, 119); *Requisición de trabajo de los indios de Collaguas para el colegio jesuita de Arequipa por el Virrey Don Luis Gerónimo Hernández de Cabrera y Bobadilla, Conde de Chinchón* (Diciembre de 1635, BNP B115: 1a-1b); *Requisición de trabajo de los indios de Collaguas para el colegio jesuita de Arequipa por el Virrey Pedro de Toledo y Leyva* (1644, BNP B170:1a-2°). Entrado el año 1601 Felipe III hizo grandes cambio en las leyes existentes con respecto al sistema de *repartimiento*, el trabajo de la *mita*, y los derechos de los *yanaconas*. De acuerdo a esta ley –que no era de ninguna manera aplicada universalmente– los *repartimientos* forzados estaban prohibidos y los trabajadores tenían más libertad para dictar los términos de sus contratos "con quienes y por el tiempo que desearan" (Zavala 1979: 3).
8 Wachtel (1977: 73-75); Ramírez (1996: 37-9); Wightman (1990, 1: 17).
9 Fraser (1990: 92-96).

25.000 personas trabajaban como *yanaconas*– aún cuando este aspecto estaba estrictamente regulado y basado en los ancestros.[10]

En 1601 la Compañía de Arequipa solicitó un grupo de 20 o 30 "*yanaconas de la Corona Real*" (por ejemplo, *yanaconas del Rey*) para ser enviados a residir al colegio jesuita.[11] La naturaleza de la concesión era inusual, ya que establecía bastante explícitamente que los *yanaconas* no servirían como meros criados en el colegio como lo hacían en otras fundaciones religiosas en la ciudad, sino que permanecerían allí para adquirir una habilidad útil, tal como cantar y ejecutar instrumentos –una habilidad que les daría empleo en las parroquias al volver a casa. Prontamente los jesuitas expandieron el espectro de la operación para incluir entrenamiento en albañilería y talla de piedra, instrucción que en gran parte provino de los mismos *yanaconas*. Las referencias más tempranas a esta actividad señalan que trabajadores del Valle de Colca participaron de la construcción del complejo jesuita desde 1628 hasta 1644 a pesar de que la práctica parece haber comenzado mucho antes. Algunos documentos requisitorios mencionan pueblos de origen específicos, tal como el llamado de 1683 a siete andinos de Caylloma, uno por cada villa de Callalli, Tisco, Tuti, Chivay, Coporaque, Yanque [figura 7], y Achoma –todos de la mitad superior de Anansaya– que fueron enviados a Arequipa "para la construcción del colegio de la arriba mencionada Sociedad."[12] Más comúnmente conocidas como Hanan y Hurin, las mitadas de Anansaya y Urinsaya eran divisiones sociales en las que toda comunidad andina había sido dividida desde los tiempos pre hispánicos y derivaban de la leyenda fundacional de la ciudad de Cuzco.[13] La relación de Hanan/Hurin, simboliza opuestos binarios tales como masculino/femenino, superior/inferior e izquierda/derecha. Representa también la reciprocidad mutua y la responsabilidad que se manifiesta en el trabajo, rituales sagrados, producción de artes y artesanías. En tiempos coloniales cada mitad tenía su propio *curaca* (*mallku* en Aymara) en el pueblo (*marka*) que recolectaba el tributo de aquellos bajo su jurisdicción.[14]

---

10 Wightman (1990: 83).
11 BNP *B1738*: 1b.
12 AGNP *Compañía de Jesús 48, 118*. Estos siete andinos fueron probablemente acompañados por otros seis más de la fracción Hurin.
13 Para una buena discusión de este fenómeno, ver Cummins 2004: 7. Ver también Wachtel (1977: 76-77); Zuidema (1989: 221-224); Gutiérrez (1978: 25-26).
14 Rostworowski de Diez Canseco (1983: 114-29); Wachtel (1977: 62); Thomson (2002: 23-24).

LA CONTRIBUCIÓN JESUITA AL BARROCO ANDINO HÍBRIDO

Figura 5: Retrato del Inca Pachacuti por Guaman Poma de Ayala.

Figura 6: Iglesia de Maca, Valle de Colca.

Figura 7: Fachada de la Iglesia de Yanque, Valle de Colca (detalle).

Posiblemente incluso antes de 1628, grupos de trece trabajadores de Collagua (es decir de Caylloma) eran regularmente enviados en una base rotativa como un favor especial a los jesuitas fuera del sistema de mita propio de la ciudad. Una carta de septiembre de 1630 nombra ciudades específicas del Valle de Colca estipulando en un caso que seis trabajadores debían venir de la ciudad de Ichupampa y siete de Lari, incluyendo en la última tres de la mitad de Anansaya (superior) y cuatro de la de Urinsaya (inferior), y que estos trabajadores debían ser reemplazados después de dos meses de servicio.[15] Estas rotaciones eran conformes a las regulaciones del gobierno que establecían que todo adulto andino varón debía pasar dos de cada catorce meses realizando trabajos de *mita*.[16] Rotaciones de nueve trabajadores fueron también enviadas a trabajar en la construcción de La Compañía, nuevamente divididos según ciudad y mitad. Grupos rotativos de trabajadores andinos del valle de Colca por lo general en grupos de trece, continuaron sirviendo a la orden en Arequipa probablemente hasta 1720, cuando una Real Cédula del Rey ordenó a la Compañía de Jesús en Perú, reemplazar el sistema de *mita* con trabajo voluntario.[17]

Una carta de 1625 del virrey Marqués de Guadalcázar confirma que estos trabajadores de Collagua eran albañiles, ya que sin ellos, "no pueden continuar con la construcción de la dicha iglesia... y el coro y la sacristía están a punto de caerse."[18] Luego continua: "los trece indios antes mencionados pueden permanecer en el antes mencionado colegio tanto como duren los trabajos... uno podrá ver que el trabajo sustancial que hicieron en el antes mencionado colegio, iglesia y casa es muy suntuoso y costoso... y pareciera que va a durar seis años más a ritmo normal."[19]

---

15 AGNP *Compañía de Jesús 48, 119*. Los nueve electos para retornar a Collaguas deben incluir los seis de Ichupampa y tres de los de Lari, dos de Hurin y uno de Hanan.
16 Wightman (1990: 16).
17 Real Cédula al Provincial de la Compañía de Jesús en Perú prohibiendo el sistema de trabajo de mita y reemplazándolo por el sistema de trabajo voluntario (Madrid, abril de 1720, BNP C75: 1a).
18 Esta petición es citada en una carta por el Conde de Chinchón fechada en diciembre de 1635.
19 BNP *B115*, 1a-b. El reporte del Marqués de Guadalcázar aparece en dos cartas de sus sucesores los virreyes Luis Fernández de Cabrera Bobadilla de la Cerda, Conde de Chinchón (1635) y Pedro de Toledo y Leyva (1644), en la que renuevan la provisión de sus predecesores, indicando que la iglesia no había progresado mucho en los nueve años sucedidos (como lo corrobora la cuenta), BNP *B170*, 1a-b.

Como los jesuitas no tenían misiones en Collaguas –éstas se dividían entre franciscanos y fundaciones diocesanas– la Compañía podía beneficiarse de este intercambio regular de jóvenes capaces de cada una de las villas, una política más benigna que la de los dominicos de asentarlos en los suburbios de Arequipa, como Caima y Yanahuara, donde se alienaban de sus hogares siendo más fácilmente explotados por otros. Estas migraciones rotativas mantuvieron a estos hombres en contacto con sus pueblos y *ayllus* natales y a mi criterio esto ayuda a explicar el desarrollo del barroco andino híbrido de mezcla andina-europea en el corazón de la "ciudad blanca".

En el siglo XVII el barroco andino híbrido pertenecía a Arequipa, alcanzando su clímax en la fachada de 1698-99 de La Compañía. Aunque el estilo prosperó durante el siglo siguiente, su novedad cayó al perder su especificidad andina asentándose como estilo regional. Por contraste, el siglo XVII perteneció a Collao y al Alto Perú. Allí una abundante fuerza de virtuosos albañiles andinos y escultores crearon algunos de los mayores híbridos arquitectónicos del arte mundial. Así como en Arequipa, este suelo fértil fue primero cultivado por los jesuitas, quienes introdujeron el estilo al sur del Collao hacia 1680, empleando probablemente algunos de los escultores que trabajaron en proyectos de Arequipa. En general la talla en las iglesias del barroco andino híbrido *collavino*, es más fresco y preciso que en Arequipa, y los interiores están más pesadamente decorados, incluso, a veces, más que los exteriores.

La campaña constructora jesuítica en Juli, que según he podido determinar comenzó en 1712-16, creó el prototipo para las variantes del barroco andino híbrido del Collao y Alto Perú.[20] El interior de San Juan está saturado con ornamentos en una escala sin precedentes, su talla es aguda y disciplinada, su sentido del balance y simetría es experto e imaginativo. Pero la obra maestra es el portal lateral tipo tapiz, tallado en una profunda piedra rojiza **[figura 8]**. Los motivos incluyen flores de cactus en las jambas y dovelas, un par de pericos en la piedra angular, ángeles trompeteros con sacos del siglo XVII, pelucas y botas las vigas perimetrales –esto refleja estilos de pintura en Cuzco y Alto Perú– y columnas salomónicas que incluyen no sólo uvas sino también pimientos, una calabaza o bananas, así como pájaros y monos. Los pájaros son lo suficiente-

---

20 Ver capítulo seis de mi libro *Andean Hybrid Baroque* (Bailey 2010).

mente distintivos como para ser identificados como miembros de la familia de los zorzales, pájaros cantores medianos con picos rectos, largas colas y cuellos extendidos, que según sugiero, son representaciones del zorzal Chiguanco (*Turdus chiguanco*), un habitante común de la *puna* del Altiplano, y a la vez un pájaro con un rol importante en los ritos andinos anuales de agricultura a lo largo de la época colonial, tal como lo revelan los documentos de extirpación españoles.[21] Los monos están también precisamente tallados y pueden ser identificados como *Titi pigmeo*, un primate nativo de la selva peruana de las tierras bajas que tiene una melena tipo león y largas garras es sus dedos de la mano y los pies **[figuras 9 y 10]**. Pareciera imposible que los talladores tuvieran acceso a tal espécimen, pero los jesuitas tenían misiones en Amazonia y misioneros y nativos americanos de las tierras bajas pasaban por Juli –cuarteles centrales de la misión para toda la América del Sur española– con intervalos regulares. Los misioneros jesuitas estaban fascinados con la botánica y la zoología y a menudo coleccionaban especímenes para clientes europeos; tal vez los talladores de la fachada de San Juan fueron privilegiados con una vista previa.[22]

La Compañía de Arequipa y sus sucesores en Juli son recordatorios de que las misiones jesuíticas animaron la hibridización en sus comisiones artísticas y arquitectónicas, reflejando una comprensión de que la cristiandad era mejor presentada a los no europeos adaptándola a formas familiares a éstos. Al mezclar el estilo barroco con las florecientes tradiciones iconográficas amerindias en el sur del virreinato del Perú, los jesuitas y particularmente los talladores nativos americanos crearon una expresión de diálogo cultural única, que sobrevivió y floreció allí más de una década después de la expulsión de los jesuitas en 1767, continuamente revalorizada y actualizada por influencias y tradiciones posteriores, de hecho, ecos del barroco andino híbrido y de su simbolismo bilingüe seguían apareciendo a mediados del siglo XIX en Collao y Collaguas, mucho tiempo después de la independencia.

---

21 Duviols (2003: 797). Ahora el pájaro es llamado *yukish*.
22 Para una buena perspectiva del rol que los misioneros jesuitas tuvieron en la recolección de los especímenes naturales, ver Harris 1999.

Figura 8: Portal de la Iglesia de San Juan, Juli.

Figura 9: Portal de la Iglesia de San Juan, Juli (detalle)

Figura 10: Portal de la Iglesia de San Juan, Juli (detalle)

JESUITAS Y MÚSICA.
ENTRE LA PERIFERIA Y EL CENTRO, ENTRE LA CIUDAD Y LA SELVA[*]

> Bernardus valles, montes Benedictus amabat;
> Oppida Franciscus, sed magna Ignatius urbes.[1]
>
> Proverbio

En los últimos treinta años los académicos del periodo moderno temprano se volcaron al estudio de una organización fundada en el inicio de esa época, que prácticamente desde su concepción fue establecida como una organización global: la Compañía de Jesús. Parte del éxito de la empresa jesuita se arraiga en la habilidad de los jesuitas de presentarse a sí mismos por medio de una propaganda internacional que les daba flexibilidad para adaptarse a cualquier cultura a la que se acercaran. Los jesuitas, entre todos los demás, vendían una imagen de sí mismos a quienes vivían y trabajaban en las grandes ciudades, tal como lo expresa el proverbio inicial. Pero el hecho es que la orden, aunque estaba ciertamente bien establecida en lugares centrales, nunca se limitó a las grandes ciudades. Los jesuitas gustaban de esa imagen, pero la realidad era más compleja y estaba motivada en los hechos por un sentido propio de la misión, al cual se referían algunas veces como "Nuestra forma de proceder".[2] Si la perspicacia principal del posmo-

---

[*] Traducción del inglés: Ana Couchonnal.
[1] [Bernardo amaba los valles, Benedicto las montañas,//Francisco los pueblos, pero Ignacio las grandes ciudades]. Este antiguo proverbio es recurrente durante la existencia de la orden jesuita (Padberg 1988: 29).
[2] "Nuestro modo de proceder" es la forma usual en español. Ver Fumaroli 1999.

dernismo es que no existe esencialmente ni tiempo ni espacio, ni narrativas o eventos históricos significativos, lo que queda es el hecho de que todos los seres humanos de todos los tiempos y en todos los lugares están hechos de la misma materia: inteligencia, sentimientos y una semejanza que vincula a toda la gente de todos los tiempos entre sí.

Quisiera proponer y desarrollar la hipótesis de que los jesuitas, en sus increíblemente variados intentos de trabajar en el cuidado de las almas, fueron cautivados por el entendimiento principal recogido de los *Ejercicios Espirituales* de San Ignacio, de que el amor de Dios está presente y se manifiesta en todas las cosas. Desde una perspectiva, estoy reduciendo un desarrollo muy complejo de la historia de la orden a un solo punto de vista, sin embargo, esta posición arroja luz sobre una búsqueda, un viaje, tal vez una manera de ser, que para los jesuitas implicó un discernimiento continuo y una puesta a prueba de todas sus decisiones. Parece haber un producto final en este esfuerzo constante en discernir, que resultó más bien consistentemente en lo que ahora podríamos llamar la creación de cultura. Estuvieran o no concientes de esto, los jesuitas se volvieron creadores de cultura local, lo que para ellos revelaba una comprensión de la persona humana que era tan verdadera en la empresa jesuita de Roma, España, Alemania y el resto de Europa, como en Brasil, China, Manila, Nueva Francia o Paraguay. Los académicos saben que la música era parte de esta empresa de manera siempre creciente, y de hecho, la misma podría representar para nosotros un modelo de la empresa jesuita en el periodo moderno temprano.

Esta tradición musical no sólo caracterizaba ampliamente las capillas y colegios en Europa, sino también las extensas tierras de las misiones de la "antigua Compañía".[3] Por lo tanto estaba presente no sólo en las grandes ciudades, sino también en los pueblos, las villas y las misiones remotas –lo que los jesuitas hicieron en las grandes ciudades sirvió como un paradigma complejo para todos los lugares a los que fueron enviados luego. Lo que uno descubre en el extenso repertorio musical es un pro-

---

3 Para una bibliografía sobre los jesuitas y la música ver T. Frank Kennedy (2002: 19-21). Más recientemente ver O'Malley et al. (1999 y 2006). En el volumen I ver los artículos de Paulo Castagna, T. Frank Kennedy, Margaret Murata y William J. Summers. En el volumen II, ver los artículos de David Crook, T. Frank Kennedy, Franz Körndle, y Víctor Rondón.

ceso constante de reconciliación, esto es, una representación continua de las cuestiones eternas de la identidad humana a través de la música. Al usar la música como un paradigma para comprender lo que los jesuitas estaban haciendo, uno necesita sobre todo enfocarse en el significado de la palabra misión para las jesuitas de la "Antigua Compañía".[4] Hoy en día predomina un sentido de la definición del término misión que no era utilizado en el siglo XVI. La palabra misión en el periodo moderno temprano recupera su significado apostólico/escritural más antiguo. Antes del siglo XVI, el significado contemporáneo de misión era representado por otros términos y frases tales como "propagación de la Fe" o "viaje hacia el infiel". La *Biblia Vulgata* utiliza la palabra latina *missio* en conexión con los apóstoles y discípulos de Jesús, pero para la Edad Media, "misiones" refería casi exclusivamente a relaciones internas a la Santísima Trinidad –las misiones en ese entonces eran parte del vocabulario técnico teológico. Los jesuitas se hallaban entre los primeros en inaugurar el nuevo sentido o, más bien, revivir el uso apostólico, y fueron responsables de su extensa propagación.

En la *Fórmula del Instituto*,[5] documento jesuita más temprano de aprobación de 1540, los primeros jesuitas hablaban de la "propagación de la fe" como su objetivo, pero más adelante, en el mismo documento usaban "misiones" en el mismo sentido. En los años subsiguientes, en la correspondencia, empleaban "misión, "viaje" y "peregrinación" casi como sinónimos para designar viajes por el bien del ministerio. Diez años después de la primera aprobación de Pablo III, Ignacio había completado sustancialmente las *Constituciones* de la orden, en las que escribió sobre la "distribución de los miembros en la viña del Señor" y donde la palabra "misionado" (enviado) emergía con prominencia. La misión estaba entonces ya en camino de adquirir su significado contemporáneo.

Algunos años atrás, en el otoño de 1995, durante una conversación con Madame Catherine Massip, la bibliotecaria de la sección de música de la Bibliothèque Nationale en Paris, ambos nos preguntábamos por qué todos los manuscritos de música e impresos asociados a la época previa a

---

[4] La expresión "Antigua Compañía" refiere a la existencia de la orden anterior a su supresión en 1773 y a su consecuente restauración en 1814.
[5] Ver "Formulas of the Institute of the Society of Jesus, Approved and Confirmed by Popes Paul III and Juulius III" (en [Constitutions] 1996: 3-14).

la supresión de la Compañía de Jesús, desaparecieron. Los musicólogos recuperaron mucha evidencia documental sobre la rica tradición musical de los antiguos colegios y capillas jesuitas en ese entonces, pero muy poco de la música. Nos hallábamos de hecho discutiendo el manuscrito autografiado de la ópera de Johannes Kapsberger de 1622, la *Apoteosis de los Santos Ignacio y Francisco Xavier*, que de alguna manera llegó a los estantes de la Bibliothèque Nationale y que en mi conocimiento, es la primera partitura completa de las operas jesuitas en ser redescubierta.[6] De manera similar, el primer registro de una pequeña ópera de cámara, *San Ignacio*, de las misiones jesuitas del Paraguay apareció en 1996. La misma fue reconstruida y separada de una colección de manuscritos descubiertos en el alejado pueblo de Concepción de Chiquitos, en Bolivia.[7] Ahora, catorce años después, varios musicólogos están gradual y laboriosamente recuperando la notación musical de la empresa jesuita.[8]

Incrustadas en las referencias jesuitas a la música, el arte de la poesía y la retórica, se pueden encontrar evidencias de esta perspectiva. Temas globales y macrocósmicos en la construcción de la comunidad eclesial, son evidentes en el microcosmos de la vida cotidiana de, por ejemplo, los pueblos indígenas de Latinoamérica. Pero no sólo allí. Estos temas también son evidentes en el centro de la orden en Roma, en la cultura de corte de la China de los siglos XVII y XVIII, así como al alcance de los indios Abenaki en Nueva Francia, por nombrar sólo algunos de los hogares de los jesuitas. No hay una diferencia esencial entre una misión jesuita en Roma o el resto de Europa y en Nueva Francia, China o Paraguay. Para la Compañía de Jesús no podía realmente haber una distinción

---

[6] *Apotheosis sive consecratio SS. Ignatii et Francisci Xaverii*, BNF, Departèment de Muséque, Res. F. 1075. Ver también Körndle (2006). Körndle refiere a algunos coros polifónicos de Lassus utilizados en uno de los dramas jesuitas de Munich en 1577.

[7] La partitura de *San Ignacio* fue preparada por Bernardo Illari del College of Music, University of North Texas en Denton. Hasta ahora no ha sido publicada. Tanto la *Apotheosis* como *San Ignacio* fueron grabadas por Dorian Recordings #DOR-93243. El catálogo de Dorian Recordings puede verse en www.dorian.com o info@dorian.com. La tercera ópera aquí discutida, la *Patientis Christi memoria* también fue grabada en DVD y se incluye en la publicación de O´Malley et al. (2006: appendix 1).

[8] Es el caso de Paulo Castagna de la Universidad de São Paulo, Bernardo Illari de la University of North Texas, Victor Rondón de la Universidad de Santiago de Chile, Franz Körndle del Hochschule für Musik Franz Liszt en Weimar y David Crook de la University of Wisconsin.

entre arte jesuita, música jesuita y cultura jesuita. Sólo existía arte para la misión, música para la misión, poesía para la misión. También se hacía muy poca diferencia sobre dónde esto tenía lugar –ciertamente en las grandes ciudades, pero igual de importantes eran los pueblos de misiones, y los viajes de misión, ya sea en Europa o en otro lugar. Desde cualquier perspectiva que se considere la empresa jesuita, lo esencial está siempre presente, aunque exista un grado de adopción y acomodación a cada situación particular marcando diferencias, aunque normalmente en pequeño grado.

La música era parte de los trabajos más tempranos de la Compañía: ciertamente en las iglesias jesuíticas, pero más especialmente en los colegios y en las misiones, donde se conectaba con los dramas y la defensa pública de la orden en la filosofía y la teología.[9] Me gustaría considerar tres diferentes óperas de lugares y tiempos bastante distintos, que formaron parte de la empresa jesuita y que ejemplifican la manera en que los jesuitas usaban la música en sus misiones. De estas piezas también podemos aprender algo de historia de la música y el repertorio. La primera es una de las óperas más tempranas del repertorio, datada en 1622 en Roma. La segunda es una pieza de cámara de 1685 destinada al sábado santo, del Colegio Real de Viena. La tercera es una pequeña ópera de cámara de las famosas reducciones jesuíticas del Paraguay, de alrededor de 1740.[10]

En marzo de 1622, como parte de una celebración de una semana por la canonización de Ignacio y Francisco Xavier, tres dramas fueron escenificados en el Colegio de Roma, uno de ellos estaba completamente musicalizado, aunque formaba parte del desarrollo de la ópera como la forma musical más barroca. El título –*Apotheosis o Consagración de los Santos Ignacio y Francisco Xavier* se refiere a la antigua práctica romana de deificar a los héroes de Roma. La ciudad de Roma sugiere en la ópera que los jóvenes del Colegio Romano escenificaran el mismo rito para estos dos nuevos santos. La música pertenece al estilo barroco italiano tem-

---

[9] Ver especialmente T. Frank Kennedy 2001a, Paulo Castagna 1999, y Antony John, Louise Rice y Clare Woods 2004.
[10] En adición a los dos trabajos previamente mencionados -la *Apotheosis* y *San Ignacio*-, el tercer trabajo es *Patientis Christi memoria*, de Johann Bernard Staudt. El manuscrito tiene dos números y se halla en la sección "Handschriften" de la Nationalbibliothek de Viena, en lugar de encontrarse en la "Musiksamlung" de la misma biblioteca (NB, Ms. 3887 y Mus.Hs. 18874).

prano, y hace uso del arioso o mezzo aria recitativo, [11] o de coros homofónicos simples de tipo madrigal.

La partitura sobrevivió en una fuente principal, un manuscrito autografiado de Paris.[12] El interés dramático se sostiene y refuerza mediante el fuerte carácter visual de la obra y la estructura de la música, antes que por la fuerza de una acción propiamente dramática. La estructura musical es intensamente regular, haciendo uso de un estilo declamatorio en solos y coros al que parece faltarle color en el papel, pero que resucita a través de los contrastes de timbre efectuados por los varios instrumentos de continuo: cuerdas, órganos, fuelle, clavecín, virginal, laúd, tiorba, arpa y guitarra barroca, así como ornamentaciones apropiadas de la línea vocal, que a menudo exhiben tonalidades de tipo aria. El ritmo de la escritura coral, así como los números instrumentales, definen claramente los varios movimientos de danza de la ópera, que son tan esenciales para el espectáculo. Musical y dramáticamente hablando, esta obra es un híbrido: fue evidentemente compuesta para una ocasión particular, y como única contribución al desarrollo de la ópera como forma, precisamente por la combinación de géneros que ofrece. La música y el drama se combinan para incluir una naturaleza didáctica típica del espíritu de la Contrarreforma, aunque va más allá de los meros cuidados catequísticos para efectuar una nueva mezcla en la que se reconcilian las culturas clásica y cristiana.

Tal reconciliación puede ofrecer algunas pistas del significado de esta obra, o al menos puede ser la clave para entender por qué los retóricos jesuitas escribieron piezas como la *Apotheosis*. En primer lugar, es evidente que los autores de la *Apotheosis* y de otros dramas de finales del siglo XVI e inicios del XVII, eran humanistas imbuidos en la tradición renacentista que tanto avaló la tradición clásica del drama y la poesía, del mismo modo que la filosofía y los valores morales. Lo que es también evidente, sin embargo, es una especial inscripción jesuita en la tradición humanista, lo que implica la inclusión de una perspectiva diferente. Aun-

---

11 Domenico Mazzochi en su descripción de la *mezz'arie* incluida al final de la partitura impresa de su ópera de 1624, *La Catena d'Adone*, donde afirma que un aria debe caracterizarse ya sea por su naturaleza estrófica o por su lirismo. Si le faltara una u otra de estas características, Mazzocchi la llamaría una *mezz'aria*.
12 BNF, Département de Muséque, Res. F. 1075.

que esta obra acompaña claramente el trabajo de la misión de los jesuitas en una gran ciudad como Roma, tal vez la más importante para los jesuitas, también constituye la bendición de una cultura pagana mediante la simbolización inherente a la empresa artística. Hoy en día resulta una afirmación mucho más profunda, destinada a celebrar la música, la danza, la poesía y el teatro como experiencias humanas.

La *Apotheosis* representa una filosofía que proviene sin duda de Aristóteles, orientada a reconciliar varias filosofías de la persona antes que a reemplazarlas o destruirlas. ¿Por qué querrían los jesuitas celebrar la canonización triunfal de dos figuras mayores de la Contrarreforma con una ceremonia que empleaba un ritual de la antigua religión romana? Debía haber allí otro nivel de significado, que representara una perspectiva diferente. Lo que esos autores aparentemente intentaban revelar era una verdad no exclusivamente confesional, relacionada con la Doctrina Cristiana, sino una verdad sobre la unidad de los seres humanos; querían demostrar que lo que es verdadero y bueno en los seres humanos no es algo novedoso proveniente del cristianismo o solo restringido a la cristiandad. Se trataba de algo que siempre había existido y que era común a todos los pueblos en todos los tiempos. Al mismo tiempo, la obra rompía las barreras que impedían una reconciliación. Esta es la perspectiva básica de los *Ejercicios Espirituales* de Ignacio de Loyola según la cual Dios está presente en todas las cosas, porque no había nada ajeno a la presencia de Dios en el mundo.

El segundo ejemplo es una pequeña obra del siglo XVII, realizada en el Colegio Real de Viena, por el compositor barroco Johannes Bernhard Staudt (1654-1712), y se encuentra en una colección de dramas jesuitas en la Biblioteca Nacional de Austria. Para darse una idea de cuán extenso es este género debe destacarse que hay 236 manuscritos de dramas en la mencionada biblioteca, pertenecientes al drama jesuita en las tierras de lengua alemana.[13] Más de 117 de estos manuscritos pertenecen a dramas producidos en Viena durante el último cuarto del siglo XVII, especialmente bajo el patronazgo del Kaiser Leopold y su esposa Eleonora. Los otros dramas de la escuela jesuita en esta colección fueron realizados

---

13 Esta colección ha permanecido escondida para los musicólogos debido a su ubicación errada en la colección de los "Handschriften" de la *Nationalbibliothek* de Viena.

en Praga, Dillingen, Olmütz, Graz, Bohemia, Passau, Bruges, Innsbruck Klagenfurt, Linz, y Augsburg. La ciudad con el número más significativo de dramas después de Viena es Munich que cuenta con 18 dramas en la Biblioteca Nacional. Esta colección casi inexplorada es un tesoro de material para historiadores de la música e historiadores del drama.

La *Patientis Christi memoria (Memoria del Cristo Sufriente)*, es uno de los treinta y nueve dramas que Johannes Bernhard Staudt (1654-1712) compuso mientras era director del coro en la casa profesa jesuítica de Viena, desde 1684 hasta su muerte en 1712.[14] Staudt nació en Wiener Neustadt en 1654, y desde 1666 hasta 1670 fue estudiante pupilo en el Colegio Jesuita de Viena. En 1684 se convirtió en maestro de música de los estudiantes en este antiguo colegio, y fue nombrado ciudadano ilustre de la ciudad, lo que indicaba el respeto que se le tenía en Viena.[15] Desafortunadamente la reputación de buen músico de Staudt no logró sobrevivir intacta. Lo que llegó a nosotros en los modernos diccionarios de historia de la música, y que desgraciadamente fue repetido una y otra vez, es una línea escrita por un musicólogo austriaco llamado Waltraute Kramer,[16] quien en su disertación de 1961 titulada *La música en el Drama Jesuítico Vienés 1677-1711*, simplemente afirma que Staudt era "un escritor técnicamente bien entrenado, prolífico, pero debilitado por la rutina". Luego de repetir esa línea, muchos otros académicos notan que, después de todo y dado el propósito didáctico de los dramas, no es una sorpresa que fueran rutinariamente repetitivos, y eso no debería ser motivo para ofenderse. Los oyentes pueden concordar o no, pero en todo caso, una de las lecciones que el movimiento de música temprana nos ha enseñado cuarenta años después del comentario del Dr. Kramer, es que hay que ir más allá del concepto de un canon musical cerrado, o de que solo vale la pena escuchar las grandes obras de cada época. Lo que parece evidente en el cuerpo de dramas musicales u óperas jesuitas que hasta ahora pudimos escuchar y estudiar, es que si en el siglo XVII el género parece ser conservador, no cambia ni tan radical ni tan rápidamente como lo hace la ópera en el teatro público. Esto se debe a que su propósito es distinto. Estas

---

14 NB, Ms. 3887 y Mus.Hs. 18874).
15 Pass (2002: 301-302).
16 Kramer (1961: 310, 322).

obras no están destinadas en principio y principalmente al entretenimiento. Las mismas enseñan, y lo hacen además en varios niveles: a nivel de la música, a nivel del estilo del texto y la poesía, y a nivel de lecciones de vida ofrecidas a los estudiantes. La *Patientis Christi Memoria* y otras obras parecidas, también eran fuertes recordatorios para los adultos presentes en la escenificación. Para los observadores de finales del siglo XX e inicios del XXI, la didáctica es una palabra muy negativa, pero en realidad la visión aquí es amplia.

Algo que hay ßque remarcar todo el tiempo sobre el uso que los jesuitas hicieron de la música es que el género en las manos de los jesuitas es ligeramente distinto al uso normal. Esta ópera pertenece al pequeño género de la música popular que se desenvolvió en Viena desde 1660 hasta al menos 1705 llamado *sepolcro*. El *sepolcro* es una pieza dramática sacra vinculada al oratorio, escenificada en los Jueves o Viernes Santos en las capillas de la corte de Habsburgo. El libreto está invariablemente basado en la Pasión o en una historia del Antiguo Testamento que prefiguraba la Pasión. El *sepolcro* tiende a ser más corto que el oratorio y a diferencia de éste (conformado por dos partes estructurales), consta de una sola parte. Esta particular pieza jesuita tiene tres secciones llamadas *Inductiones*, más un epílogo, pero en esencia consta de una parte estructural que dura cerca de cuarenta minutos. La pieza, contrariamente al *sepolcro* convencional, no era escenificada en la iglesia sino en el teatro jesuita del Colegio Real en Viena, y no los Jueves o Viernes Santos, sino el Sábado Santo. El texto es una amalgama de citas de las Escrituras (Antiguo y Nuevo Testamento) con poesía de composición libre, reflejando las reacciones de los varios caracteres alegóricos a los hechos del amor de dios por la humanidad, como se ejemplifican en la Pasión de Cristo.

El autor del texto de *Patientis Christi memoria* es desconocido. Mientras que los textos de treinta y cuatro de los treinta y nueve dramas que Johann Staudt compuso eran obra de Johann Baptist Adolph (1657-1708), Adolph entró a la Compañía en 1677 y no fue asignado al colegio de Viena hasta después de 1685, fecha en que fue compuesto *Patientis Christi memoria*. Por lo tanto, esta obra no puede ser suya. El otro gran escritor dramático jesuita del siglo XVII en Viena era el jesuita austríaco Nicholas Avancini (1611-1686). Aunque él evidentemente continuó escribiendo textos dramáticos mientras era Provincial Superior e incluso General Asistente en Roma, en ninguno de sus trabajos recopilados, algunos de los cuales fueron impresos, aparece el *Patientis Christi memoria*.[17] Las piezas de Adolph parecen abordar más ampliamente temas de su sociedad y su cultura; a menudo son referidos como la culminación del arte dramático jesuita en la escenificación barroca de pompa y poder, mientras que el texto de *Patientis Christi memoria* se parece más al tipo de obras compuestas por Avancini: alegóricas en naturaleza, a menudo con énfasis en la enseñanza moral. Aunque Avancini no pudo componer este texto, ya que como se dijo para 1685 era General Asistente en Roma, su fuerte influencia en este compositor jesuita se siente en el estilo y la presentación de la obra.

Las fuentes del texto son: las Sagradas Escrituras, *De Sacra Virginitate* de San Augustín y versos poéticos de composición libre con uso de esquemas asociados a la métrica de las *Odas* de Horacio, especialmente (la métrica sáfica mayor), la mayoría de las veces un verso de cuatro estrofas.[18] Adicionalmente, una pequeña parte del texto de Agustín *De Sacra Virginitate* se utiliza como base para el texto dramático presentado. La cita completa se halla al comienzo del drama, pero está ligeramente adaptada, pues cambia el plural de la segunda persona de Agustín al singular. Las citas de las Sagradas Escrituras también están adaptadas. En el texto latino las referencias a estas últimas son aportadas de manera incompleta, mencionando el capítulo pero nunca el versículo. Hay una sensación de que el libretista utiliza su memoria de las escrituras para llenar el sentido general del guión. La primera línea de *Compassio* del segundo capítulo del Profeta Jeremías, "¡Vuestro cielo se pregunta grandemente sobre esto!" se junta con una línea de 1 Pedro 3: "El justo ha muerto por el injusto". A veces se cita solamente una parte de la línea, a veces varias líneas de un capítulo, pero a menudo no en el orden en el que aparecen en las Escrituras. Por ejemplo, en el Epílogo *Genius Christi* (Espíritu de Cristo) aparecen cantos del Profeta Isaías 49, pero los versos están desorde-

---

17 Koch (1934: 15, 142-143); Sommervogel (1890-1932, vol. 1, cols. 53-54 y "Avancinus, Nikolaus" vol. 1, cols. 668-680).

18 Aquí la escansión musical es similar a la poesía de la *Apotheosis* un trabajo romano de más de sesenta años de antigüedad. Ver las palabras de apertura del carácter alegórico: "Dureza de corazón", "Quae scena tristis? Saxis in istis,/ Funesta dolore, acerba maerore, Plena panditur atroce." Que es esta triste escena? En este lugar rocoso, con dolor de muerte, con amargo luto, con toda oscuridad es revelada; o en las líneas de la Memoria Passionis: "Esto memor Creatoris, Tanta vi, qui te amoris". "Sed atentos al creador, que tanto os ama con tanta fuerza".

nados, cortados y vueltos a reunir. El orden es versículo 16 primero, seguido por la mitad del versículo 22, seguido por la última frase (6 palabras) del versículo 19 y, finalmente, versículo 23, pero sólo un tercio (quinta y sexta frases de las seis del versículo). *Pietas Christiana* (Deber Cristiano) continúa con una cita del profeta Habakuk, capítulo 3 donde hay una palabra que juega con el texto hebreo original: *Y'shua*, verbo que significa causar salvación. Por lo tanto, la palabra salvador es utilizada, pero en el texto latino vulgar, el hebreo *Y'shua* se convierte en Jesús, y en el programa original de 1685 las palabras *Deo* y Jesús aparecen en mayúsculas (*DEO* y *JESU*). En este libreto, también hay una fantástica yuxtaposición de textos del Antiguo y Nuevo Testamento. En la mitad de la primera sección (*Inductio*), *Memoria Passionis* (*Memoria de la Pasión*) se canta una línea del segundo capítulo del evangelio de San Juan: *"Ipse est propitiatio pro peccatis nostris"* ("Él es la verdadera expiación de nuestros pecados") junto con una línea de Reyes 3 (Crónicas 1) 22: *"Pone sermones ejus in corde"* ("Toma sus palabras en el corazón"). En la cita de las *Crónicas*, el Rey David ordena la construcción del templo, mientras que San Juan se refiere a Jesús como el templo en el sentido de asiento piadoso. Estas yuxtaposiciones apuntan a la reconciliación y vinculación de los textos, tal vez como pruebas de las verdades escriturales. Dependiendo de la perspectiva de cada uno, la combinación de las frases en este libreto pueden ser vistas como una acomodación, o simplemente como una clarificación, o ambas cosas. A menudo la combinación o reordenamiento de los versos crea un nuevo significado contextual sin negar el contexto de significado original.

Procedimientos básicos de la era barroca, *ritornello* y fuga, son evidentes en toda la obra. *Durities Cordis* (Dureza de Corazón) contiene también un aria real con acompañamiento de *ritornello* de cuerda. Canta: "¡Quiero favores, no quiero dolor!" Staudt usa las cuerdad en la estructura musical con moderación, indicando siempre cosas serias. El Epílogo usa un largo *ritornello* que puntúa lo que viene a ser un dueto de amor entre la *Pietas Christiana* (Deber Cristiano) y *Genius Christi* (el Espíritu de Cristo). Sin embargo este dueto de amor sólo ocurre luego del más temprano dueto de amor/reconciliación de *Memoria Passionis* (la Memoria de la Pasión) y *Pietas Christiana* en el Acto 2. *Memoria Passionis* canta, "¿Me amas?" y *Pietas Christiana* responde: "Una cosa pido de tí sin la que no puedo respirar –te quiero en mi corazón, donde solo te acaricio a tí".

Pasemos ahora al último ejemplo. Las investigaciones musicológicas en el floreciente campo de los estudios musicales de la América Latina colonial durante la última década, llevaron a descubrir y a clasificar un nuevo género musical –género al que muchos hoy en día se refieren como "música de las misiones".[19] Durante mucho tiempo ya, los musicólogos exploraron los grandes archivos catedrales en América latina: ciudad de México, Guatemala, Santa Fe de Bogotá y Sucre (Bolivia). En los últimos veinte años, investigaciones centradas en las tradiciones locales de varios pueblos misionales en la América Latina colonial, comenzaron a balancear el trabajo en los archivos de las grandes catedrales. La empresa corporativa jesuita en Latinoamérica probó ser terreno fértil para el estudio de este género.

Uno de los famosos músicos jesuitas de las misiones del antiguo Paraguay fue el italiano Domenico Zipoli (1688-1726). Las músicas de Domenico Zipoli del conjunto musical existente de estas misiones, representan por un lado, piezas que son completamente contemporáneas en el estilo del barroco italiano maduro, pero por otro, han sido ajustadas a las necesidades y realidades de los más de treinta pueblos misionales de la provincia. Zipoli nació en Prato cerca de Florencia, fue organista en la iglesia de Gesù en Roma, así como en otras instituciones jesuitas romanas, antes de ingresar a la Compañía en Sevilla, en julio de 1716 (a los 28 años). Zipoli dejó Cadiz hacia la cuenca del Rio de la Plata el 1 de abril de 1717, antes de cumplirse un año de su ingreso a la Compañía. Zipoli continuó sus estudios en Córdoba (Argentina), completándolos en 1725. Murió de tuberculosis el 2 de enero de 1726 mientras esperaba la llegada del obispo para su ordenación.

San Ignacio es una pequeña obra de las misiones paraguayas compuesta por Zipoli, el contemporáneo jesuita posterior Martin Schmid, y un compositor anónimo. Esta pequeña ópera de cámara de los últimos años de la provincia del Paraguay antes de la expulsión de los jesuitas de las tierras hispanas, se volvió durante los cerca de veinte años anteriores a la expulsión en 1767, una pieza que capturó el corazón de los indios Chiquitos de manera tan profunda que mucho tiempo después de que los jesuitas fueran expulsados de los dominios españoles, esta obra continuó siendo escenificada por ellos en lo que hoy es el nordeste de Bolivia. Los manuscritos tra-

---

19 Ver Kennedy (2001b).

dicionales más tempranos de esta pequeña ópera datan de 1755 en el pueblo de Santa Ana de Chiquitos. Pero se trata de una tradición heredada que ciertamente comenzó mucho antes en los pueblos guaraníes. La obra era usada una y otra vez para varias festividades: especialmente el día de San Ignacio y los días de visita de los Superiores Provinciales.

La ópera consiste en dos actos breves, el Mensajero y La despedida. El Acto 1º representa la conversión y el llamado de Ignacio y su iniciación al aprendizaje del discernimiento de la voluntad de Dios. El 2º Acto representa la respuesta de Ignacio al llamado de Dios, su amistad con Francisco Xavier y el envío de Xavier en misión al Oriente para predicar y bautizar. Como en muchas óperas, el tema que presenta es el amor.[20] Dios como amor pone en movimiento a Ignacio, y el amor a Cristo que Loyola y Xavier comparten, compele a Francisco a buscar nuevos mundos para compartir estas novedades. En el 2º Acto, el único dueto es un dueto de amor, o tal sería la traducción en una ópera secular, pero el contexto está adaptado a Ignacio y Xavier que comparten la misión de amor. El amor es la fuerza que está en todas las cosas, representa los deseos, los medios y la música de los jesuitas en Sudamérica. San Ignacio aparece en medio de culturas diferentes, creando un espacio para la confluencia de las diferencias y la comprensión de los pueblos. A su vez, la historia de Ignacio enviando a Xavier a las misiones, escuchada por los indios en la perspectiva de sus propios pueblos, les recuerda que ellos también están llamados a las misiones.

Aunque la *Apotheosis* de Kapsberger y la *Patientis Christi Memoria* de Staudt no fueron obras compuestas por encargo como *San Ignacio* de Zipoli/Schmid/anónimo, las tres son ejemplo de la flexibilidad y amplitud de la empresa jesuita. También atestiguan directamente una creatividad vívida en la interacción cultural, pues lo que ocurría en los lugares concretos, fueran ciudades o selvas, no respondía en última instancia a imposiciones absolutamente rígidas. Los modelos compartidos de las tradiciones europeas occidentales eran solo eso, modelos. Los mismos podían ser reutilizados, mezclados y asociados en varios contextos con facilidad y en varios niveles: estilo musical, formas estructurales,

---

20 Ver el texto de Bernardo Illari en el booklet de *The Jesuit Operas*, Operas by Kapsberger and Zipoli, Ensemble Abendmusik, James David Christie, Director, Dorian Records, DOR-93243, 1999, 4-6.

referencias poéticas o escriturales, incluso la mezcla de la música y el texto con comentarios, así como el trabajo artístico que acompañaba a estas obras en términos de escenificación y decoración. *Nuestro modo de proceder* una de las frases favoritas y más comunes de la Compañía de Jesús no es una regla seguida en detalle. Es un método de cada persona y comunidad para descubrir la profunda humanidad y conexión inherentes a la visión cristiana.

PRESENCIA DE LOS JESUITAS EN LA MÚSICA EN EL BRASIL COLONIAL*

Marcos Holler

Una discusión detallada sobre las características de la actuación musical de los jesuitas en el Brasil colonial debería considerar aspectos regionales ya que, debido a condiciones geográficas y políticas, el establecimiento de la Compañía de Jesús no se dio de forma homogénea en todas las regiones de la América portuguesa. También debería ser tenido en cuenta el proceso histórico pues, cuando los jesuitas llegaron en 1549, el ambiente social y político no era el mismo que en el momento en que fueron expulsos, en 1759.

La investigación de fuentes documentales no ofrece, sin embargo, informaciones suficientes para un abordaje uniforme. El gran número de documentos encontrados abarca un área geográfica vasta, que va desde las aldeas de Amazonía hasta el extremo sur de los dominios portugueses, a lo largo de un periodo de más de dos siglos. Además, las informaciones sobre música están dispersas, lo que dificulta una observación detallada de la práctica musical en cada establecimiento jesuítico durante todo el período de actuación de la orden. A pesar de esto, la lectura de los documentos nos permite entrever algunas características comunes de dicha actuación en el Brasil colonial, lo que constituye el objetivo de este artículo.

Jesuita non cantat

Los reglamentos establecidos en las primeras décadas de existencia de la Compañía de Jesús fueron determinantes para la actuación musical

---

* Traducción del portugués: Ana Couchonnal. En este artículo se ha optado por mantener en portugués la mayor parte de las citas textuales de documentos antiguos.

de los jesuitas en los siglos siguientes, al menos en las asistencias de Portugal. Al observar el proceso de formación de estos reglamentos y la documentación sobre misiones jesuíticas en otras regiones de dominio portugués, se pueden comprender varios aspectos de la música practicada en los establecimientos jesuíticos del Brasil colonial.

Antes de la creación oficial de la Compañía de Jesús, la música era ya objeto de preocupación de Ignacio de Loyola. El primer reglamento de la Compañía fue la *Prima Societatis IESU Instituti Summa*, que consistía en cinco capítulos o parágrafos, elaborados en Roma por Loyola y sus seguidores, en 1539. Según la *Summa*, en los establecimientos jesuitas no se deberían usar "en la misa y en otras ceremonias sacras, ni órgano ni canto".[1]

Los capítulos de la *Summa* sirvieron de esbozo para la elaboración de un documento más extenso, la *Formula Institutis Societatis IESU*, revisada e incorporada en 1540 a la bula *Regimini militantes ecclesiæ*, del Papa Paulo III, quien oficializó la creación de la Compañía de Jesús, y en 1550 a la bula *Exposcit debitum*, del Papa Julio III, que la confirmó. En la elaboración de la *Formula*, la prohibición de la música fue considerada demasiado restrictiva por el revisor papal, el Cardenal Ghinucci, principalmente porque su uso extensivo en las prácticas de la iglesia luterana era atractivo para los fieles. De allí que esa prohibición fuera excluida de los textos incorporados a las dos bulas.

En 1547, después de haber sido electo Superior de la Compañía, Loyola se dedicó con la ayuda de su secretario, el padre Juan Afonso de Polanco, a la elaboración de lo que sería el principal conjunto de reglas de la Compañía: las *Constituciones de la Compañía de Jesús*. La primera versión de las *Constituciones* fue promulgada en 1552 y publicada en 1558, en latín. Sin la sanción de los externos a la Compañía, las restricciones de la práctica musical en los establecimientos jesuíticos surgieron nuevamente. El capítulo 3, con el título de "de lo que se deben ocupar y de lo que se deben abstener los miembros de la Compañía", prohíbe expresamente el coro en los oficios y Horas Canónicas:

> Visto que as ocupações assumidas visando a assistência das almas são de grande importância e próprias da nossa Instituição, e muito freqüentes, e como por outro lado nossa residência neste ou naquele lugar é incerta, que os Nossos

---

1 [Summa] ([1539] 1903: 19). Original en la Biblioteca del Vaticano, AA. Arm. I-XVIII, 6461, ff. 145-148.

não usen o coro para Horas Canônicas ou Missas, nen en outros ofícios cantados, uma vez que àqueles, a quen sua devoção move a ouvi-las, abundam locais onde se possam satisfazer.[2]

Un comentario de este trecho prohíbe el uso del canto:

> Se en determinadas Casas ou Colégios for indicado, no tenpo en que se tiver de pregar ou ler à noite, para que detenha o povo en tais leituras ou prédicas, poderia ser dito somente o ofício vespertino. Assim também ordinariamente nos domingos e dias festivos, sen o chamado canto figurato ou firmo, mas en tom devoto, suave e simples: e isso com a finalidade, e até onde for indicado, de mover o povo a freqüentar mais as confissões, pregações e leituras, e não de outro modo. No mesmo tom poder-se-ia dizer o ofício que se costuma chamar "das trevas", com as suas cerimônias, na Senana Santa.[3]

El texto veta además la entrada de instrumentos musicales, así como de mujeres en las casas y colegios de la Compañía.[4]

Los motivos para las restricciones de la música tenían un fondo práctico: desde su creación, un aspecto importante de la Compañía de Jesús era el llamado "cuidado de los bienes espirituales", o sea, las actividades como catequesis, prédica, confesión, comunión y administración de los sacramentos y la actuación con el pueblo a través de la educación y las obras asistenciales. Según Loyola, la música absorbería a los padres y robaría su atención del trabajo cotidiano. El mismo texto de las *Constituciones* deja en claro que habría lugares de sobra para los que desearan oír música en un oficio pero "a los nuestros, entretanto, conviene que traten de lo que es más propio a nuestra vocación para la gloria de Dios".[5] Cuestionado por el Padre Luiz Gonçalves da Câmara sobre el motivo de no haber coro en la Compañía, Loyola respondió que "pensava que, se não tivéssemos coro, todos saberiam que estaríamos ociosos quando viessen dispor de nossas almas e isso seria um estímulo para que o fizessen. Pela mesma razão quisenos viver na pobreza, para que não perdêssenos tenpo negociando rendas".[6]

---

2 [Constitutiones] ([1558] 1583: 209-210).
3 [Constitutiones] ([1558] 1583: nota en las pp. 209-210).
4 "Deve-se senpre observar que não entren mulheres nas Casas nen nos Colégios da Companhia. [...] nen instrumentos de qualquer espécie para recreação ou para a música, livros profanos ou outras coisas desse tipo" ([Constituciones] [1558] 1583: 96-97).
5 [Constitutiones] ([1558] 1583: 210).
6 *Menorial do Padre Luiz Gonçalvez da Camara*. [1555]. Publicado en [MI] 1945-1963, I: 609.

Por lo menos hasta 1555, esa prohibición no se limitó a los reglamentos, sino que fue realmente respetada, tal como lo muestran diversos documentos. En una carta de 1553, el Padre Francisco de Estrada pidió a Loyola que liberase el uso del coro, lo que sería una condición para que el *condestable* ofreciese a la Compañía el Colegio que estaba construyendo:

> Tanbién hago saber á V. P. cómo el condestable [Petrus Fernandez de Velasco] está aquí, y me a hablado algunas vezes con mucho amor, y sienpre me toca en que querría que en nuestra religión ubiese coro y canto, y paresçe que el no avello le retrahe de no darnos el collegio que haze. Otras muchas personas y quasi toda la çiudad está en lo mesmo; porque, viniendo á nuestra capilla y no hallando horas, ni canto, sino silentio, dizen que no se hallan, y, que los cantos prouocan mucho al pueblo á devotión.[7]

Loyola respondió con el mismo justificativo: "De hacer y ordenar coro en esa capilla no parece conveniente entre tanto que hay tan pocos supósitos y tan ocupados".[8]

Diversos textos traducen la reacción de los padres ante el alejamiento del pueblo de las iglesias debido a la ausencia de música en los cultos. Pero, aparte de las presentadas por Loyola, no se encontró otra justificación para la prohibición de la práctica musical.

Permisos y restricciones después de 1556

Loyola falleció en 1556 y, según Tejón, "la actitud de la Compañía de Jesús respecto a la música pasó a depender no solamente de la mayor o menor comprensión del carisma del fundador, sino también de cada Padre General, su carácter y cualidades".[9] Además de eso, en 1559, un año después de haber instruido a la Compañía sobre el uso del coro, el Papa Paulo IV falleció, pero la Compañía de Jesús no volvió más a las prohibiciones anteriores con respecto a la música, manteniendo el permiso de uso en ocasiones especiales, como lo muestran muchos documentos. Las instruccio-

---

[7] *Carta do Padre Franciscus de Estrada ao Padre Inácio de Loyola*. Burgis, 17 de septiembre de 1553 ([Epistolæ mixtæ] [1537-1556] 1990, 3: 478-480).
[8] Ídem: 479.
[9] Tejón (2001: 2776)

nes de 1562 del Padre Nadal, Visitador de diversas provincias de Europa, permiten el canto en "misas y Vísperas, extraordinariamente en domingos y fiestas y en los oficios de Semana Santa, esto es, miércoles, jueves, viernes y sábado santo";[10] otras instrucciones suyas de 1566 determinan

> que se utilize a música de modo que somente se cante na missa o *Kyrie, Gloria, Credo, Sanctus, Agnus* e a resposta ao *Ite Missa est*. E nas Vésperas, canten-se os salmos no que se chama fabordão ou senelhante; o restante deve ser cantado en gregoriano. Excetuam-se as solenidades maiores, nas quais, com permissão do Provincial ou do Reitor, poder-se-á cantar mais. Enbora se possam cantar motetos durante missas e Vésperas, que esses não sejam muito longos, especialmente durante as missas.[11]

Las restricciones a la practica musical se volvieron una constante entre los jesuitas de los siglos siguientes, y según MacDonnel, dieron origen al mote *"jesuita non cantat"*, lo que se tornó común entre los clérigos católicos.[12]

Jesuita *non cantat in* Provincia Brasilica

Un tratado de tradiciones y costumbres de la Compañía de Jesús, escrito entre 1546 y 1577 por el Padre Jerônimo de Nadal, muestra que, a pesar de los reglamentos, la práctica musical no era realizada de la misma forma en todas las asistencias de la Compañía: según el tratado, "la tradición no es la misma en todos los colegios. En Portugal no se canta en nuestros colegios y casas; en España no se usa el canto gregoriano, pero sí el *unitonus*; en Viena se usa el canto figurado".[13] En este documento,

---

10 *Instruções do Padre Jerônimo de Nadal.* S/l, s/d [Roma, 1562]. Publicado en [Epistolae Nadal] ([1546-1577] 1905: 492).
11 *Instruções do Padre Jerônimo de Nadal ao Reitor do Colégio de Viena.* S/l, s/d [Roma, 1566]. Original en el ARSI (Natal. instr. Germ., ff. 91-102, 154-165). Publicado en [Epistolae Nadal] ([1546-1577] 1905: 285).
12 MacDonnel (1995: cap. 3).
13 *Tratado de tradições e costumes da Compañía de Jesús.* Padre Jerônimo de Nadal. S/l, s/d [Roma, entre 1546 e 1577]. Original con correcciones del propio Nadal en ARSI, Cod. Vatic. 6, ff. 333-337. Publicado en [Epistolae Nadal] ([1546-1577] 1905: 621).

fundamental para la comprensión de la actuación musical de los jesuitas en el Brasil colonial, se percibe la distinción entre el uso de la música en los establecimientos germánicos y portugueses, que no se restringe al siglo XVI, sino que puede ser observada hasta la extinción de la Compañía, en el siglo XVIII.

En los documentos jesuíticos se percibe que en las asistencias portuguesas la práctica musical era permitida como una herramienta de conversión del gentío; en los establecimientos urbanos podía ser utilizada en eventos sacros, siempre que se restringiera a ocasiones determinadas, y que no fuese realizada por los padres, para que estos pudieran ocuparse del cuidado del bien espiritual. La lectura de los documentos muestra que esas características se hallan también presentes en la actuación de los jesuitas en el Brasil colonial, desde su llegada hasta el momento de la expulsión, tal como lo veremos seguidamente.

La actuación musical de los jesuitas junto a los indios.

La música en la actuación de los jesuitas en las *aldeias* del Brasil colonial tuvo un carácter eminentemente práctico y reflejó las características de la orden de intenso trabajo externo de asistencialismo y catequesis. Los documentos muestran que el uso de la música por parte de los jesuitas entre los indios fue extensivo desde su llegada al Brasil en 1549. En una carta de agosto de ese año, Nóbrega menciona la atracción que la música ejercía sobre los indios, describiendo una "procissão com grande música, a que respondiam as trombetas. Ficaram os índios espantados de tal maneira, que depois pediram ao Padre [Juan de Azpicuelta] Navarro que lhes cantasse como fazia na procissão".[14] A partir de entonces, los padres pasaron a buscar en la música un medio de aproximación a los indígenas, lo que se mantiene hasta el momento de la expulsión, como lo evidencian en los documentos.

La utilización del canto y de los instrumentos musicales con los indios fue el aspecto más rico e influyente de la actuación musical jesuí-

---

14 *Carta do Padre Manoel da Nóbrega ao Padre Simão Rodrigues*. Bahia, 9 de agosto de 1549. Original en la BNRJ 1-5, 2, 38, ff. 3-5 (publicado en [MB] 1956-1968, I: 129).

tica en el Brasil colonial. Según Tinhorão, los jesuitas contribuyeron decisivamente a la integración de la cultura indígena en la formación de la "cultura brasilera" antes del siglo XX, y

> com a expulsão dos jesuitas do Brasil en 1759, por orden do Marquês de Pombal, ministro do Rei D. José I, de Portugal, a substituição das escolas dos jesuitas pelas chamadas Escolas Régias, e o establecimento da administração civil nas aldeias de indígenas sob o nome de Diretório dos Índios, os naturais da terra viam desaparecer definitivamente o seu aparente intercâmbio com os brancos colonizadores. Daí en diante, o pouco de sua cultura que ia se incorporar ao processo histórico brasileiro já nada mais deveria aos primitivos habitantes, mas a uma nova classe de gente: os mestiços de brancos que –muito sintomaticamente– um alvará de 4 de abril de 1755, sugerido pelo próprio Pombal, mandava igualar aos portugueses da Colônia, ao mesmo tenpo que proibia 'dar-se-lhes o nome de caboclos, de outros senelhantes, que se possam reputar injuriosos'.[15]

Como estrategias de aproximación a los indios pueden mencionarse el uso de sus instrumentos y la traducción de textos sagrados y cantigas a su lengua; indios catequizados (sobre todo niños en el siglo XVI) tocando y cantando, eran también una forma eficiente de conquistar a los indios "no aldeados".

Los niños fueron el principal objetivo de la catequesis de los jesuitas, al menos en las primeras décadas de su actuación; además de aprender con mayor facilidad, a través de ellos se llegaba más rápidamente a los adultos, bastante reacios a la presencia de los blancos. Según Leite, el padre Simão Rodrigues recomendó expresamente al padre Nóbrega la educación de los niños, al darle el abrazo de despedida en Lisboa.[16] En 1550 fueron enviados a Bahia los siete primeros niños del Colegio de los Huérfanos, que ya cantaban en Lisboa, como se puede ver en la descripción de su partida, hecha por el Padre Doménech:

> Chegados a Belém [o Mosteiro de Santa Maria de Belém] e postos de joelhos diante do Santíssimo Sacramento, fizeram oração e, esperando pelo batel, cantaram a Salve Rainha e umas prosas a Nossa Senhora, onde estava muita gente e muitos frades, que ficaram mui edificados; e cantando umas cantigas de N.

---

15 Tinhorão (1972: 21).
16 Leite (1938-1950, 1: 32).

Senhora levantaram-se para se enbarcar, acompanhados de muitos homens e mulheres.[17]

Entre 1552 y 1557, los niños huérfanos aparecen frecuentemente en los relatos del Brasil, oficiando misas y cantando en procesión por las aldeas. En junio de 1552 el Padre Nóbrega escribió al Padre Simão Rodrigues diciendo que "este colegio de los meninos de Jesús va en mucho crecimiento, y da mucho fruto, porque andan por las aldeas con prédicas y cantigas de Nuestro Señor 'polla lingoa', lo que mucho alboroza a todos".[18] Una carta del hermano Vicente Rodrigues, de septiembre de de 1552, describe la actuación del padre Nóbrega con los niños:

> O Padre Nóbrega e outros irmãos fizeram algumas peregrinações aqui. Passaram muitos trabalhos dignos de notar, porque indo pelo sertão, visitavam as aldeias com a cruz levantada a modo de procissão, com suas redes, onde dormen, às costas, cada um com a sua, assim os padres como os meninos, caminhando todo o dia, e quando chegávamos às aldeias entrávamos com cantares santos e hinos.[19]

Además de los niños huérfanos de Lisboa, a partir de esa fecha se vuelven muy frecuentes las descripciones de niños indios que aprenden canto e instrumentos y que ofician misas con música. En una carta de 1552 al Padre Simão Rodrigues, el Padre Nóbrega menciona a dos de ellos:

> Eu tinha dois meninos da terra para mandar a V. R., os quais serão muito para a Compañía. Saben ben ler e escrever e cantar, e são aqui pregadores, e não há mais que aprender; mandá-los-ia para aprenderen lá virtudes um ano e algum pouco de latim, e para se ordenaren quando tiveren idade.[20]

---

17 *Carta do Padre Pero Doménech aos Padres e Irmãos de Coimbra*. Lisboa, 27 de janeiro de 1550 ([MB] 1956-1968, I: 172, original en la BPADE, CVII / 2-1, ff. 152v-153v).
18 *Carta do Padre Manoel da Nóbrega ao Padre Simão Rodrigues*. Bahia, 10 de junho de 1552. ([MB] 1956-1968, I: 350. Apógrafo incompleto en portugués, de original perdido, en BPADE, CXVI / 1-33, ff. 189-191v).
18 *Carta do Irmão Vicente Rodrigues aos Padres e Irmãos de Coimbra*. Bahia, 17 de setenbro de 1552 ([MB] 1956-1968, I: 413). Original no localizado. Traducción al español en el ARSI (Bras 3 I, ff. 68-68v), con varias enmiendas y cortes del Padre Polanco.
20 Ídem: 353.

Las referencias a los niños huérfanos no se extienden por mucho tiempo, pero la música de los niños indios es mencionada hasta inicios del siglo XVII, como lo muestra la relación del Padre Fernão Guerreiro de 1605, según la cual los hijos de los indios "ofician misas de canto de órgano con *doçainas*, *charamelas*, y otros instrumentos semejantes".[21]

Tal como ocurría en el siglo XVI con los niños indios y huérfanos portugueses, en el siglo XVII los indios músicos son llevados en las nuevas expediciones como forma de atraer a los salvajes. En una primera tentativa de llegar por tierra a Maranhão, realizada por los padres Luís Figueira y Francisco Pinto en 1607, fueron llevados "*nheengaraybos* o mestres de capela".[22] La misión no tuvo éxito, debido al hecho de que el padre Pinto fue muerto por los indios de Ibiapaba. La primera misión exitosa de los jesuitas en Maranhão ocurriría recién en 1615, luego de la expulsión de los franceses, y con la llegada del Padre Manuel Gomes en la armada de Alexandre de Moura, quien traía 300 indios como soldados y

> cantores que cantavam os ofícios divinos em canto de órgão, com flautas, charamelas e outros instrumentos músicos, [...] para que vendo os gentios tudo feito por índios de nossas doutrinas se afeiçoassen a receber nossa Santa Fé e entendessen que o mesmo faríamos ensinando seus filhos.[23]

La atracción que ejercía la música entre los indios es mencionada en los textos hasta el siglo XVIII. Según el padre Antônio de Macedo, en su obra *Vida do Padre João de Almeida da Compañía de Jesús*, de alrededor de 1650, nada atraería más a los "brasis" que la música.[24] El Padre Bettendorf, en su *Crónica* de 1698, afirma que "no hay duda de que uno de los medios para entretenerlos y acercarlos a quedarse y a estar con los Padres es enseñarles a tocar algún instrumento para sus *folias* en días de sus fiestas, en que hacen sus procesiones y danzas".[25] Según el relato *Te-*

---

21 Guerreiro (1605: 112v).
22 *Relação da missão do Maranhão pelo Padre Luís Figueira*. S/l, 26 de março de 1608 (ARSI, Bras. 8, 71-83).
23 *Carta do Padre Manuel Gomes*. S/l, 2 de julho de 1621. Original en la BNL (caixa y. 2.22).
24 Vida do Padre João de Almeida da Compañía de Jesús, nacido en Inglaterra y muerto en el Brasil, escrita en latín por el Padre Antônio Macedo, portugués, y traducida al italiano. Padre Antônio de Macedo. S/l, s/d [1650] (ARSI, Vitae 117).
25 *Crônica da Missão do Maranhão*. Padre João Felipe Bettendorf. S/l [Maranhão], 25 de maio de 1698. Original no localizado. Publicado en la *Revista do Instituto Histórico e Geográfico Brasileiro* 72,: 1-697 (Rio de Janeiro, 1909).

souro descoberto no Amazonas, del padre João Daniel, el padre Antônio Vieira, cuando era Superior de las misiones de Maranhão,

> aconselhava aos mais missionários daquele Estado, que introduzissem nos seus neófitos o canto, e instrumentos músicos, e ele mesmo assim o fazia, e fez para isso um grande provimento de instrumentos dos quais ainda restavam, e vi alguns no meu tenpo, e ben o conheciam, experimentavam os mais missionários.[26]

El texto del padre João Daniel muestra que a pesar de no ser muy frecuente en los relatos posteriores al siglo XVI, la música continuaba siendo utilizada por los misioneros como un medio eficiente de atraer a los indígenas.

Cantigas y autos

Un proceso común en la catequesis del siglo XVI, mencionado en los relatos ya en los primeros años de la actuación jesuítica en el Brasil, fue la utilización de cantigas con textos sacros traducidos a la lengua de los indios. En una carta de abril de 1549 al padre Simão Rodrigues, el padre Nóbrega expresó la necesidad de los misioneros de aprender la lengua de los indios para una mayor proximidad: "hemos determinado ir a vivir a las aldeas cuando estemos más asentados y seguros, y aprender con ellos la lengua e irlos adoctrinando poco a poco. Trabajé para sacar en su lengua las oraciones y algunas prácticas de Nuestro Señor".[27] Poco tiempo después, el padre Navarro tradujo el Padre Nuestro "en modo de sus cantares para que más presto aprendiesen y gustasen, principalmente para los muchachos".[28] Nóbrega relata en 1550 que el padre Navarro "hacía que los niños cantaran a la noche ciertas oraciones que les había enseñado en su lengua, [...] en lugar de ciertas canciones lascivas y diabólicas que usaban antes".[29]

---

[26] *Tesouro descoberto no Amazonas, pelo Padre João Daniel*. Lisboa, 1757-1776. Original en BNRJ, publicado en *Anais da Biblioteca Nacional* 95, I: 7-437; II: 7-440 (Rio de Janeiro, 1975). Cita del tomo II, p. 211.
[27] *Carta do Padre Manoel da Nóbrega ao Padre Simão Rodrigues*. Bahia, [abril] de 1549 ([MB] 1956-68, I: 112). Original en la BNRJ, 1-5, 2, 38, ff. 1-2.
[28] *Carta do Padre Juan de Azpicuelta Navarro aos Padres e Irmãos de Coimbra*. Bahia, 28 de março de 1550. Autógrafo en español en el ARSI (Bras 3 I, ff. 27-30).
[29] *Carta do Padre Manoel da Nóbrega ao Padre Simão Rodrigues*. Porto Seguro, 6 de janeiro de 1550. ([MB] 1956-1968, I: 159). Original no localizado.

Por lo que indican los documentos más antiguos, al inicio de su actuación, los jesuitas utilizaban además de la lengua de los indios, sus melodías. Una de las críticas del Obispo Sardinha era que los niños huérfanos cantaban "cantares de Nuestra Señora en tono gentílico";[30] en respuesta, Nóbrega afirmaba que una forma de atraer a los indios era "cantar cantigas de Nuestro Señor en su lengua y con su tono".[31] No fueron encontradas referencias posteriores al uso de melodías indígenas o de cantigas "en su tono". Exactamente como ocurrió con el uso de los instrumentos de los indios, esa práctica fue posteriormente abandonada.

A pesar de no contener ningún tipo de notación musical, los autos del padre José de Anchieta son prácticamente el único registro de melodías de la actividad de los jesuitas en el Brasil. Siguiendo esos autos varias cantigas fueron escritas en la lengua de los indios, con indicaciones textuales de melodías conocidas que deberían ser utilizadas para los textos.[32]

La costumbre de componer o traducir cantigas a la lengua de los indios probablemente debe haber continuado hasta la expulsión, aunque en proporción cada vez menor, y la misma se halla ausente de los relatos porque probablemente había dejado de ser un hecho suficientemente inédito e interesante como para constar en los relatos, de la misma forma que ocurrió con las referencias a los instrumentos.

El uso de los instrumentos indígenas

Cuando se discute la actuación musical de los jesuitas en el Brasil, una pregunta importante es la extensión del uso de los instrumentos de los propios indígenas en el proceso de catequesis. En una carta de julio de 1552, Nóbrega relata a Simão Rodrigues que los niños huérfanos de Lisboa "acostumbraban cantar en el mismo tono de los indios y con sus ins-

---

30 *Carta do Bispo D. Pedro Fernandes Sardinha ao Padre Simão Rodrigues.* S/l, s/d [Bahia, julho de 1552] ([MB] 1956-1968, I: 358). Original no localizado. Traducción al español en el ARSl, Bras 3 l, ff 102-102v.
31 *Carta do Padre Manoel da Nóbrega ao Padre Simão Rodrigues.* S/l, s/d [Bahia, fins de agosto de 1552]. ([MB] 1956-1968, I: 407. Original en BPADE, CXVI / 1-33, ff. 194v-197.
32 Los originales se encuentran en el ARSl, fondo *Opera Nostrorum* 24, y tuvieron varias publicaciones en portugués.

trumentos, cantigas en honor de Nuestro Señor".³³ El uso de los instrumentos de los indios es también evidenciado en la polémica entre el Obispo Pedro Fernandes Sardinha y el padre Nóbrega. Sorprendido por su uso en ceremonias religiosas, el obispo se reportó al padre Simão Rodrigues, Provincial de la Compañía en Portugal del siguiente modo:

> Eu, querendo de alguma forma procurar fazer o ofício de bom pastor, admoestei, no primeiro sermão que fiz logo que cheguei a esta costa, que nenhum homen branco usasse os costumes gentílicos, porque, além de seren provocativos, são tão dissonantes da razão, que não sei quais são os ouvidos que poden ouvir tais sons, e tanger tão rústico.
> Os meninos órfãos, antes que eu viesse, tinham o costume de cantar todos os domingos e festas cantares de Nossa Senhora ao tom gentílico, e de tanger certos instrumentos que estes bárbaros tangen e cantam quando queren beber seus vinhos e matar seus inimigos. Falei sobre isso com o Padre Nóbrega e com algumas pessoas que saben a condição e maneira destes gentios [...] e disse que estes gentios se gabavam de ser os melhores, pois os padres e meninos tangiam seus instrumentos e cantavam a seu modo.³⁴

Nóbrega se defendió reafirmando la atracción que el uso de instrumentos provocaba a los indios, sin que eso perjudicara la fe católica:

> Se nos abraçarmos com alguns costumes deste gentio, os quais não são contra nossa fé católica, nen são ritos dedicados a ídolos, como é cantar cantigas de Nosso Senhor en sua língua e pelo seu tom, e tanger seus instrumentos de música que eles [usam] en suas festas quando matam contrários e quando andam bêbados; e isto para os atrair a deixaren os outros costumes essenciais e, permitindo-lhes estes, trabalhar por lhe tirar os outros.³⁵

La respuesta a esa carta de Nóbrega no fue encontrada, y tampoco parece haber llegado a los registros de la Compañía de Jesús. Paulo Castagna, en su artículo "A música como instrumento de catequese no Bra-

---

33 *Carta do Padre Manoel da Nóbrega ao Padre Simão Rodrigues.* S/l, s/d [Bahia, fins de julho de 1552] ([MB] 1956-1968, I: 373). Apógrafo en portugués, de original perdido, en el ARSI, Bras 15 I, ff. 62-63.
34 *Carta do Bispo D. Pedro Fernandes Sardinha ao Padre Simão Rodrigues.* S/l, s/d [Bahia, julho de 1552]. ([MB] 1956-1968, I: 358-359). Original no localizado. Traducción al español en el ARSI, Bras 3 l, ff 102-102v.
35 *Carta do Padre Manoel da Nóbrega ao Padre Simão Rodrigues.* S/l, s/d [Bahia, fins de agosto de 1552] ([MB] 1956-1968, I: 406-407).

sil", concluye que "es casi cierto que la utilización de instrumentos indígenas no fue bien aceptada en Portugal, ya que este relato no vuelve a ocurrir, incluso después de la muerte del obispo".[36]

En los relatos del Brasil, la referencia más próxima a un posible uso de los instrumentos indígenas es la expresión *"a seu modo"*, frecuente hasta finales del siglo XVI, como en la carta del padre Antônio Blasques de 1561, en la cual se describe una procesión en la Aldea de Santa Cruz:

> Tornando pois ao meu propósito, como chegou à povoação, ocupou-se nos seus costumados exercícios, e véspera da Invenção da Cruz (que assim se chama esta casa) fizeram uma procissão mui solene, levando os índios às costas uma cruz mui formosa e grande, para arvorá-la em um monte para onde agora se mudou a igreja; iam eles tangendo e cantando uma folia a seu modo, e de quando en quando vinham fazer reverência à cruz que um Irmão levava.[37]

La misma expresión se encuentra en una carta del padre Pero Rodrigues al Provincial, de 1599. En ella describe la recepción de los indios descendidos a la aldea dos Reis Magos, en Espírito Santo, por el padre Domingos Garcia y la gente de su aldea, "llevándoles *refresco de mantimentos*, festejando la venida con música de flautas y otras a su modo".[38]

La lectura de los relatos sobre la actuación de los jesuitas en la India puede ofrecer informaciones sobre esta cuestión: algunos documentos mencionan el uso de instrumentos "de la tierra" por lo menos hasta el final del siglo XVI. Una carta del padre Belchior Dias de 1556, del Colégio de Baçaim, describe la primera misa en una ermita no muy distante de la ciudad con "mucha solemnidad, no solamente por amor de los cristianos, que se mueven mucho por estos exteriores, sino también del gentío, que iba con charamelas y otros instrumentos de la tierra, con cánticos y salmos";[39] según la *Carta Ânua de la Provincia de la India en 1577*, la

---

36 Castagna (1997: 280).
37 *Carta do Padre Antônio Blasquez ao Padre Diogo Laynez e aos mais Padres e Irmãos da Companhia*. Bahia, 23 de septiembre de 1561. Según Leite, apógrafo en español con ortografía extremamente irregular, con muchas palabras portuguesas y portuguesismos, en el ARSI (Bras 15, ff. 103-108v). Transcripta por Castagna (1991).
38 *Carta do Padre Pedro Rodrigues ao Provincial, descrevendo missões ao sertão da Bahia*. Colégio da Bahia, 19 de dezembro de 1599 (ARSI, Bras 15 II, doc. 108, ff. 473-478).
39 *Carta do Padre Belchior Dias ao Padre Leoni Henriques*. Baçaim, 4 de dezembro de 1566 ([DI] 1948-1988, VII: 99). Original en ARSI, Goa 8 III ff. 503-512v.

fiesta de Nuestra Señora de la Asunción fue realizada en Mampolim "con toda la música del canto de órgano, danzas y folias, y todos los más instrumentos músicos de la tierra",[40] y una carta del Padre Francesco Pasio, de 1578, menciona que en Goa las misas en las fiestas principales y Vísperas contaban con "muy buena música hecha por los huérfanos y catecúmenos [...], que tocan el órgano y otros instrumentos de la tierra".[41]

Esos documentos no nos permiten afirmar con certeza si el uso de los instrumentos "de la tierra" ocurría también en el Brasil, visto que incluso si los padres actuantes en la India eran también portugueses y dada la semejanza entre los relatos sobre la India y el Brasil, es de suponer que si los instrumentos de la tierra hubieran sido prohibidos en el Brasil, lo mismo habría ocurrido en la India. Por otro lado, llama la atención el hecho de que los instrumentos "de la tierra" no sean mencionados en los documentos sobre el Brasil como lo son en los documentos sobre la India. Sin embargo, puede afirmarse que en el Brasil, los instrumentos nativos habrían sido sustituidos antes o después por instrumentos de modelo europeo, probablemente debido a la decadencia paulatina de la actividad jesuita en las aldeas, o incluso al desarrollo del uso de instrumentos europeos en el ámbito no jesuítico, lo que habría facilitado su adquisición.[42]

Restricciones a la práctica y a la enseñanza musical

Las instrucciones del Padre Inácio de Azevedo, en su primera visita al Brasil muestran que las restricciones a la práctica musical expresada en las *Constituciones* deberían ser seguidas excepto en las aldeas:

> Acerca de cantar missas e outros ofícios divinos, e procissões, etc., nas partes onde há curas e vigários que o fazen em nossa igreja, os nossos guarden as Constituciones, procurando ajudar as almas com as confissões, e pregações, e ensinar a doutrina cristã, e evitar-se-á a enulação dos curas. Nas partes onde

---

[40] *Ânua da Província da Índia de 1577*. S/a. S/l [Goa, novembro de] 1577 ([DI] 1948-1988, X: 956). Original en el ATT (Armário Jesuítico 28, ff. 32v-42).
[41] Car.FrPas, 1578. *Carta do Padre Francesco Pasio ao Irmão Laurentio Pasio*. 30 de novembro de 1578 ([DI] 1948-1988, IX: 358-359). Original en el ARSI (Goa 12 II, ff. 465-472v).
[42] El uso de instrumentos europeos es evidenciado en la carta del Padre Fernão Cardim de 1602, que describe su aprisionamiento por corsarios ingleses cuando volvía de Roma y el robo de los instrumentos musicales que traía al Brasil.

não há outros sacerdotes, como é Piratininga ou en aldeias entre os índios, ali poderão fazer, segundo ver o Provincial que convém para a edificação do povo, mas de maneira que não falten por isso nos ministérios já ditos.[43]

El único reglamento encontrado para un establecimiento urbano es el *Regulamento do Seninário de Belém* (ca. 1696), según el cual "de ninguna manera los nuestros enseñen solfeo ni toquen instrumentos ni canten mucho menos en la iglesia y en el coro".[44] Las pocas referencias a la práctica musical realizada por padres jesuitas coinciden con esos reglamentos. Las mismas surgen generalmente en los primeros años de la Compañía de Jesús y son comunes en el siglo XVI, siempre asociadas a la actividad junto a los indios, aunque se tornan más raras en los documentos posteriores.

Los catálogos breves, que de acuerdo con la *Formula scribendi* debían ser enviados regularmente al Padre General, contenían una lista de padres y hermanos con sus estudios y tareas desempeñadas. Varios de estos documentos pueden ser encontrados en el acervo del Archivo de la Compañía, tal como el *Catálogo Breve da Província do Brasil* de 1719, de Manoel Dias, en el cual son listadas las funciones de los padres (como enfermero, cocinero, farmacéutico, despensero, biblio tecario etc.).[45] En éste como en los otros catálogos no se encuentra ninguna referencia a las actividades relacionadas con la música.[46]

En resumen se percibe que la práctica musical realizada por los padres jesuitas era más usual en las primeras décadas de su actuación en el Brasil. En ese periodo las *Constituciones* estaban siendo elaboradas y la práctica musical se justificaba por la actuación junto a lo indios. En los

---

43 *Primeira visita do Padre Inácio de Azevedo*. S/l, s/d [Bahia, 1566] (ARSI, Bras 2, ff. 137-139).
44 *Ordens para o Seninário de Belém*. S/a. S/l, s/d [Belém da Cachoeira, 1696]. Original en el ARSI, Fondo Gesuitico, Collegia, Busta n° 15 / 1373, n° 4 (Belém da Cachoeira), doc. n° 1 (publicado en Leite 1939-1950, V: 180-189).
45 *Catálogo breve da Província do Brasil*. Padre Manoel Dias. Bahia, 28 de julho de 1719 (ARSI, Bras 6 I, ff. 101-106).
46 Al observar los catálogos de otras órdenes se percibe una realidad diferente. Entre los benedictinos la práctica musical era común, aunque fuera prohibido cantar en iglesias de otras órdenes. En el Congreso Internacional *Brasil-Europa 500 Anos*, realizado en 1999, la Dra. Elisa Lessa presentó una lista de benedictinos músicos actuantes en el Brasil en los siglos XVII y XVIII; en la lista constan cerca de 40 nombres, entre cantores, maestros de coro, organistas, arpistas y otros instrumentistas.

siglos XVII y XVIII existía una práctica aislada, que no se encuadraba exactamente en los preceptos de la Compañía. Por contraste a lo que ocurría con los padres, la práctica era aceptada entre los hermanos.

Además de las restricciones a los padres para ocuparse de la música, en los relatos jesuíticos del Brasil colonial son comunes las referencias a la práctica musical por parte de externos a la Compañía de Jesús en sus establecimientos, tanto en aldeas como en colegios y seminarios. A pesar de que los reglamentos permitían la práctica musical de los padres en las aldeas, ésta era generalmente un encargo para con los indios. Según la *Informação das ocupações dos Padres e Irmãos do Rio de Janeiro*, del padre Antônio de Mattos, de 1619, uno de los objetivos de la Compañía junto a los indios era la de "domesticarlos en las costumbres [...] para que sepan promover el culto divino y ayudar a celebrar los oficios divinos con el canto de órgano e instrumentos musicales".[47]

En los establecimientos jesuitas volcados a la formación de la población urbana, fuera del ámbito de la catequesis indígena, las restricciones a la práctica musical eran obedecidas más rigurosamente. Varios documentos describen eventos realizados con música en los colegios y seminarios y en casi la totalidad de los casos, esos documentos mencionan la participación de externos a la Compañía de Jesús, como religiosos de otras órdenes, músicos contratados, seminaristas y estudiantes de los colegios.

Del mismo modo que la práctica, la enseñanza de la música en los colegios y seminarios del Brasil debía ser realizada por externos, y no por padres. De los establecimientos jesuíticos urbanos del Brasil colonial, el único sobre el cual se encontraron repetidas referencias a la enseñanza musical fue el Seminario de Belém da Cachoeira, en Bahia. El *Regulamento* de dicho Seminario, un documento único y relevante para la historia de la enseñanza en el Brasil, menciona la enseñanza del solfeo, canto e instrumentos a los internos.[48]

---

[47] *Informação das ocupações dos Padres e Irmãos do Rio de Janeiro para o Assistente de Portugal en Roma*. Padre Antônio de Mattos. Rio de Janeiro, março de 1619. Original en el ARSI, Bras 3 I, ff. 199-201v (publicado en Leite 1938-1950, VI: 563-568).

[48] "Haverá duas classes de Latim, além da classe de Solfa, e em uma se ensinará a Arte e na outra a mais Latinidade e Retórica, conforme a capacidade dos ouvintes, segundo a orden das classes da Companhia. [...] Acabado o repouso, irão fazer breve oração ao Senhor ou à Senhora; recolher-se-ão a seus lugares, a estudar as obrigações da classe, até as três horas,

El mismo reglamento prohíbe a los padres jesuitas la enseñanza y la práctica musical y establece que el "maestro de música sea un secular".[49] Esa costumbre es observada en los textos sobre la India. Instrucciones de Francisco Borgia de 1570 determinan que "en Goa, [...] los nuestros no enseñen el canto".[50] Wicki, en su artículo sobre las escuelas de los jesuitas en la India portuguesa, transcribe una extensa lista de profesores actuantes en los colegios, año a año, entre 1500 y 1756, describiendo la función de cada uno; las únicas referencias a la música mencionan un externo, en 1664, en los colegios de Chaul, Damão, Diu y Salsete, repitiéndose en este último las referencias al profesor hasta 1709.[51]

Se observa que en las instrucciones de los padres Vieira y Gouveia, no se encuentran restricciones a la enseñanza musical, debido a que en las aldeas, a diferencia del Seminario, no era posible contratar un profesor externo a la orden.

Jesuita cantat in Paracuaria

A pesar de que los jesuitas iniciaran su actuación en la América española más de medio siglo después que en la América portuguesa, es notoria la abundancia de informaciones sobre la práctica musical en sus reducciones desde la llegada de los primeros sacerdotes en 1610 hasta su expulsión en 1767, lo que ha sido objeto de estudio de investigadores desde su redescubrimiento a mediados del siglo pasado. A diferencia de lo que ocurre en el Brasil, en las reducciones de la América española se descubrieron instrumentos musicales y partituras, muchas de las cuales han

---

e serão castigados os que neste tenpo falaren. Às três horas irão à classe; acabada ela poderão falar até a lição de solfa, à qual assistirão todos, e terão suas lições, e serão castigados os que faltaren. Acabada ela poderão espairecer até as Ave-Marias, conforme a permissão do Padre Reitor. [...] Nos Dias Santos e suetos à tarde, depois de estudaren uma hora, terão o mais tenpo de recreação, e poderão jogar os jogos costumados e merendar, e procurar de aproveitar o tenpo, recordando o atrasado, fazendo suas composições, provando os tonilhos, e aprendendo a tocar os instrumentos, conforme a orden que tiver dado o Padre Reitor". *Ordens para o Seminário de Belém* (Leite 1939-1950, V: 185, 187-188).
49 Ídem: 183.
50 *Carta do Padre Francisco Borgia ao Padre Gundisalvo Alvares, Visitador*. Roma, 10 de janeiro de 1570 (ARSI, Instit. 51 II, ff. 330v-331).
51 Wicki 1986.

sido publicadas y grabadas en los últimos años. Por medio de los documentos se percibe que esa diversidad no es fruto solamente de la preservación de ese material, sino también de una producción musical más rica en los establecimientos jesuíticos españoles.

La documentación jesuítica en los establecimientos portugueses y españoles

La diferencia entre los establecimientos jesuíticos portugueses y españoles puede ser percibida en el examen comparativo de la documentación sobre instrumentos al momento de la expulsión de los jesuitas de ambas colonias, mostrados en los cuadros 1 y 2. La lista de los instrumentos en los inventarios de las reducciones españolas fue realizada por el musicólogo Francisco Curt Lange a partir del levantamiento publicado por Francisco Xavier Brabo en 1872,[52] y transcrita en 1991 en un artículo aparecido en la *Revista Musical Chilena*.

En los inventarios de las reducciones españolas constan cerca de 1700 instrumentos, encontrados en 64 establecimientos. Hasta el momento, fueron hallados los inventarios (y otros documentos referentes a los bienes expropiados a los jesuitas al momento de la expulsión) de cerca de 40 establecimientos portugueses. Apenas 11 de ellos hacen referencias a instrumentos, en una distribución bastante irregular: de cerca de 60 instrumentos mencionados, 20 se encuentran en el inventario de la Fazenda de Santa Cruz (Rio de Janeiro), cerca de 12 en el inventario de la iglesia de la Aldeia de São Pedro do Cabo Frio y 9 en el inventario de la Aldeia do Enbu (São Paulo). Además de la gran diferencia numérica, tanto en el número de instrumentos como en la cantidad de inventarios con referencia a los mismos, llama también la atención la variedad de instrumentos, mucho mayor en el levantamiento realizado por Curt Lange.

Esa diferencia es un indicio de que, al momento de la expulsión, la producción musical en las reducciones españolas era más rica que en los establecimientos jesuíticos de la América portuguesa, lo que puede ser percibido también en documentos anteriores, como la *Carta Anua* del Padre Antonio Ruiz de Montoya, Superior de la misión del Guairá, de

[52] Brabo 1872b.

1628, que describe el agrado de un padre visitante de la Villa de São Paulo ante la música producida en esta reducción española de San Ignacio:

> Vino a esa reducción [de San Ignacio] un clérigo ordenante de la Villa de São Paulo, con el deseo de acabar de ordenarse en el Paraguay. Volvió [...] muy maravillado con ver el cuidado de los indios y de oir la música, y para tener al también en su tierra, llevó alguna música consigo.[53]

Debe recordarse que hasta 1640 las Coronas portuguesa y española estaban unidas y era permitido el contacto entre los padres de las dos nacionalidades.

Región	Número de pueblos	Número de instrumentos
Mesopotamia Argentina	32	1040
Gran Chaco	7	19
Chiquitos	10	252
Mojos	15	389
Total	64	1700

Cuadro 1 - Número de instrumentos en los inventarios de las reducciones de la América Española[54]

Tipo de establecimiento	Número de establecimientos	Número de instrumentos[55]
Colegios y seminarios	6	8
Aldeas y haciendas	5	48
Total	11	56

Cuadro 2 - Número de instrumentos en los inventarios de los establecimientos de la América Portuguesa

---

53 Ânua do Padre Antônio Ruiz, Superior da Missão do Guairá, dirigida ao Padre Provincial Nicolau Duran. S/l [Guairá], 1628 (BNRJ, Coleção de Angelis, doc. 872, I – 29,7,18).
54 Transcrito a partir de Lange (1991: 59). Según el autor, La descripción en los inventarios no es precisa, y los números aqui presentados son aproximaciones.
55 Datos aproximados.

Motivos de las diferencias en la producción musical de las dos Américas

El principal motivo por el que la práctica musical no se desarrolló en las *aldeias* de la América portuguesa como ocurrió en la América española fue el modo como los jesuitas se establecieron, lo que ocurrió de distinto modo en cada caso. Era importante para el proceso de catequesis el aislar a los indios del blanco colonizador, pues éste, además de no ser un buen ejemplo, buscaba la esclavitud del indio de forma explícita o velada, como en el régimen de repartición en el cual los indios eran obligados a realizar trabajos.

En el siglo XVII los padres jesuitas llegaron al Paraguay y buscaron establecer sus misiones (o reducciones) en el interior del continente, protegidas de los españoles y principalmente de los mestizos bandeirantes, que venían del norte en busca de indios para llevarlos como esclavos. Las entradas fueron más fáciles en el sur debido a las condiciones geográficas: allí la vegetación no presentaba las dificultades de la mata atlántica que permeaba toda la costa brasilera. En el sur también existía una gran cantidad de ganado, introducido décadas antes, y que vivía en estado libre en la región.

Serafim Leite describe la diferencia entre los aldeamentos de las dos Américas del siguiente modo:

> As Aldeias do Brasil e do Paraguai tiveram diversa origen, organização e finalidade. No Brasil [...], ao redor das vilas e cidades agruparam-se as 'aldeias' dos Índios, com tríplice fim: –doutrinário (a catequese), econômico (o serviço dos índios), político (a intenção de utilizar os Índios aldeados na defesa das vilas e cidades contra os Índios não confederados ou contra os inimigos externos). [...] No Paraguai, a maneira fue diversa. As Aldeias fundaram-se (muito depois das do Brasil) no coração da selva, com intenção apenas doutrinária, e logo a seguir econômica, agrícola, pecuária, industrial e artística, por necessidade de subsistência e desenvolvimento da coletividade.[56]

En el Brasil, el régimen de repartición dificultaba el trabajo de los padres en las aldeas, pues no permitía la formación de una población estable, como describe el documento anónimo *Representação* que hizo la

---

56 Leite (1938-1950, VI: 553).

Compañía de Jesús del Estado del Maranhão al rey, por las vejaciones y desórdenes que se padecían en el mismo Estado.[57]

En una carta de 1719, el padre Manoel Seixas, Superior de las misiones de Maranhão, se queja al rey afirmando que con el régimen de repartición la actuación de los misioneros es superflua:

> Achou-se finalmente um missionário en uma aldeia só e sen poder exercitar os ministérios de missionário, porque levados os índios, as mulheres e crianças se espalham pelos matos buscando frutas para se sustentaren; para praticar e reduzir gentios pelos sertões, sen índios que os leven e acompanhen, não há meio nen modo: tudo, suposto este modo de proceder dos portugueses, mostra que é supérflua a vinda dos Religiosos da Compañía a este Estado.[58]

En la obra *Tesouro descoberto no Amazonas*, escrita entre 1757 e 1776, uno de los más esclarecedores relatos sobre la Amazonia del siglo XVIII, el padre João Daniel describe la condición de aislamiento de las reducciones españolas y las compara con las misiones portuguesas. Según el Padre Daniel,

> as missões españolas, que estão mui florescentes naqueles estados, têm outro regime, mui diverso, tanto que não só se não extraen os seus índios para serviço algum dos brancos, ou suas canoas, mas nen ainda se consente en muitas delas o entraren, ou aportaren lá brancos alguns, para se evitaren com esta providência os muitos distúrbios, que acusam nas missões; por isso são tão populosas e florescentes, que vale mais uma sua das mais pequenas aldeias do que a mais populosa missão portuguesa.[59]

---

[57] "*Ficando finalmente os missionários sós nas aldeias, [...] sen quen lhes fosse caçar, nen pescar para se poderen sustentar, vendo-se obrigados a de pescadores de almas, seren agora pescadores de peixes, acompanhados de algumas crianças, que, por seren incapazes do serviço tinham ficado nas aldeias; vendo-se obrigados a fazeren o ofício de cavadores, abrindo as covas, quando morria alguma índia para a enterraren com as outras índias; vendo-se obrigados a pegaren em um reno ajudados das ditas crianças, para passaren en uma canoinha a outras aldeias da sua administração, ou para se iren confessar com outro missionário*" (Representação que fez a Compañía de Jesús do Estado do Maranhão a El-Rei, pelas vexações e desordens que padecen no mesmo Estado. S/a. S/l, s/d [Maranhão, 1667-1676]. Original no localizado; copia manuscrita en la BNRJ).

[58] Carta do Padre Manoel Seixas, Visitador das missões do Maranhão, a El Rei. Pará, 13 de junho de 1718. Original en el ARSI, Bras 26, doc. CXXVI. Copia fotográfica en la BNRJ (I 48,14,1), y manuscrita en el IHGB.

[59] *Tesouro descoberto no Amazonas, pelo Padre João Daniel*. Lisboa, 1757-1776 (*Anais da Biblioteca Nacional* 95, II: 209-210).

La diferencia en la forma de los aldeamientos trajo consecuencias para la producción musical en las dos colonias. La inestabilidad en las *aldeias* dificultaba la enseñanza y la práctica musical, lo que es evidente en los documentos del periodo. João Daniel describe varios aspectos de los aldeamientos de Amazonas en la época de la expulsión de los jesuitas, inclusive la imposibilidad de enseñar música a los indios debido al régimen de repartición:

> Como já apontei acima os danos grandes desta repartição dos índios aos moradores, aqui agora só descreverei dois dos seus maiores inconvenientes; responderei a um reparo, que fazen muitos, perguntando qual seria a razão pela qual se façam com tanto festejo espiritual os Ofícios Divinos nas missões españolas e com tanta renissão nas portuguesas? [...] Agora responderei ao reparo descrevendo dois dos maiores inconvenientes, que trazen anexos a repartição dos índios ao serviço dos brancos. 0 1° é o não poderen celebrar-se com o decoro necessário os Ofícios Divinos suposta a repartição dos índios; e a causa é: porque com a repartição dos índios, não há índios estáveis nas aldeias; todos estão expostos a marcharen para fora a maior parte do ano.
>
> Desta sorte não se poden ensinar os meninos e muito menos os adultos a música, nen instrumentos músicos, porque é trabalho perdido: que vale cansar-se um missionário a ensinar os seus neófitos a cantar uma missa, a celebrar um ofício, a tocar alguns instrumentos, se eles chegando a ser capazes de oficiaren nas igrejas se obrigam a ir renar canoas e trabalhar para os brancos? Todos os missionários têm catequistas e sacristãos que têm ensinado com grande desvelo e industriado para os ajudar nas obrigações da igreja; porém às vezes é tal perseguição de índios para o serviço real e serviço dos brancos, que nen sacristãos, nen catequistas ficam isentos de saíren para fora, como sucedia no meu tenpo; com senelhantes desordens, como se hão de ensinar outros a música e Ofícios Divinos? [...]
>
> Por isso um missionário de outra religião, desejando por uma parte celebrar com todo o esplendor os Ofícios Divinos e considerando por outra a instabilidade dos índios, mandou ensinar as meninas mais hábeis da doutrina a beneficiar os ofícios da igreja, solfa etc. e na verdade só elas o poden fazer por mais estáveis nas suas aldeias, se não tivessen outros inconvenientes, que as proíben de senelhantes ministérios.[60]

João Daniel compara las *aldeias* portuguesas con las reducciones españolas, más estables, en las cuales los padres tienen buenos resultados en la enseñanza de la música a los indios:

---

60 Ídem: 210-211.

Não assim nas missões castelhanas, onde os índios são estáveis, ben como qualquer povoação de brancos da Europa e por isso os ensinam os seus missionários, aprendem solfa, aprendem instrumentos músicos, celebram nas igrejas com muita solenidade os Ofícios Divinos aproveitam-se nas artes mecânicas e finalmente ben logra-se, o que se lhes ensinam. E ten outra conveniência a música dos índios, e é que gostam muito delas; nen há o que mais os atraia à igreja do que a música; a música os convida a freqüentaren as igrejas, a música os excita a celebraren com muita solenidade os Ofícios Divinos, a música finalmente os acaricia e move ainda os selvagens a saíren de seus matos, a submeteren-se aos missionários, a ouviren a Doutrina Cristã e a fazeren-se católicos.[61]

Se observa sin embargo que João Daniel no negaba la existencia de la práctica musical. En otro trecho del mismo documento, señala que el padre Antônio Vieira recomendaba a los misioneros el uso de instrumentos musicales en la actuación con los indios, y afirma incluso haber visto los instrumentos que el Padre Vieira había mandado construir con ese fin.[62]

Los relatos señalan la inestabilidad en las aldeas, y no a la falta de habilidad de los indios, como el motivo para la dificultad del desarrollo de una práctica musical. Otro motivo que justifica el hecho de no haber sido encontradas partituras jesuíticas en la América portuguesa, fue la destrucción de los manuscritos en el proceso de secuestro de los bienes en ocasión de su expulsión. El relato del padre José Caeiro describe el saqueo y destrucción del que fue objeto el Colegio de Rio de Janeiro en 1759.[63]

---

61 Ídem: 211.
62 En su *Crônica da Missão do Maranhão*, de 1720, el Padre Domingos de Araújo compara a los indios de Maranhão y de México y también menciona el régimen de repartición como un impedimento a la enseñanza de la música: "*O gênio e o engenho dos índios deste estado é o mesmo que dos índios de México. Só en uma partida não está provado: no ler, escrever, cantar todo o gênero de canto e no estudo e perícia da língua latina. Porque ainda até agora os não aplicaram os missionários a estes exercícios e artes; nen a mui pouca residência que fazen nas suas aldeias em razão de andaren quase toda a vida com o reno na mão, servindo a Ministros de El Rei e a moradores em trato sucessivo, a isto dá lugar por estaren suas aldeias a maior parte do ano desertas; mas ainda que não foram ensinados, mostram mui boa habilidade para cantar*" (*Crônica da Compañía de Jesús na missão do Maranhão*. Padre Domingos de Araújo. S/l [Maranhão], 1720. Original en la BPADE, códice CXV/2-11, ff. 209-331v, incompleto; copias manuscritas en la BNRJ, 11,2,7, y el IHGB).
63 "*Quase toda a noite seguinte se passou en examinar os objetos pertencentes aos jesuitas recém-chegados. Quinhentos escudos que pertenciam a vários colégios, foram roubados, assim como todos os livros, exceto os breviários e todos os manuscritos, que desapareceram por completo. Das outras coisas a maioria fue para o fisco, outras foram roubadas e algumas foram restituídas aos jesuitas*" (Caeiro [1777] 1936: 197).

La destrucción de manuscritos también es relatada en textos de autoría no jesuita. Un oficio del "desembargador" Agostinho Felix de Souza Capello al conde de Bobadella describe la destrucción de libros y manuscritos en el mismo colegio de Rio de Janeiro, durante la cual *"começaram a voar papéis em pedaços, das janelas de alguns cubículos por algum tenpo, dos quais, mandando-se apanhar parte deles, não se pôde fazer juízo certo do que continham antes de dilacerados e depois disso se ten divulgado que dentro do Colégio se queimou grande cópia de papéis e livros"*.[64]

Además de la destrucción al momento de la expulsión, existen informaciones sobre documentos preservados que se habrían perdido debido a la mala conservación. Gonçalves Dias relata que los documentos jesuíticos del Archivo de Maranhão estaban reducidos en 1831 a únicamente 1000 volúmenes (lo que indica que anteriormente la cantidad era mayor) y que veinte años más tarde, ya nada restaba de ellos.[65]

En ese proceso desaparecieron documentos que habrían sido una importante fuente de información para investigaciones modernas. De los papeles administrativos de los colegios quedaron solamente los que estaban archivados en los archivos europeos. En los archivos de las curias metropolitanas se pueden encontrar los libros de las iglesias *"livros-tombo"*[66] que pertenecían a los jesuitas, pero solamente los que fueron escritos después de la expulsión, pues los anteriores fueron destruidos; puede suponerse que también las partituras se perdieron.

También en ese aspecto las misiones españolas se diferencian. Las misiones portuguesas se encontraban más próximas al contacto con los centros urbanos y al momento de la expulsión los jesuitas vieron sus bienes secuestrados o destruidos con mayor facilidad, mientras que las reducciones españolas fueron abandonadas y varias partituras pasaron de mano en mano entre los indios, hasta ser redescubiertas en el siglo XX.

La mayor riqueza en la producción musical en las reducciones españolas puede ser explicada también por la presencia de compositores y padres con formación musical sólida, sobretodo aquellos que provenían

---

64 *Ofício do desembargador Agostinho Felix de Souza Capello ao conde de Bobadella*. Rio de Janeiro, 10 de marzo de 1760 (Original en la BPP, códice 555).
65 Citado por Leite (1938-1950, 1: XXIV).
66 [N.T.]: la expresion "Livro-Tombo" refiere al lugar donde se registraba un bien o una propiedad resguardada por la monarquia portuguesa. De ahí viene la palabra portuguesa "tombamento", para el patrimonio salvaguardado.

de colegios germanos, conocidos por su mayor apertura en relación a la práctica musical, a diferencia de lo que ocurrió en el Brasil.

Por la extensión de su actuación, y por sus relatos, el padre de origen germánico de actuación más significativa en las reducciones del Paraguay fue el Padre Antonio Sepp. Nacido en una familia aristocrática del Tirol en 1655, el Padre Sepp llegó a Buenos Aires en 1691 y hasta fallecer en la reducción de San Juan Bautista en 1733 envió textos con sus relatos a sus familiares en Alemania, que fueron publicados posteriormente. Sepp tenía formación musical y tocaba varios instrumentos. En sus relatos describe en detalle varios aspectos de la música en las reducciones, como la construcción de un órgano con los materiales disponibles y el repertorio practicado, que incluye Schmelzer, Biber y Teubner.[67]

Herczog, en su obra *Orfeo nelle Indie* (2001), sobre la música en las reducciones jesuíticas del Paraguay, también describe la actuación de los padres Martin Schmid (1694-1772), Johann Messner (1703-1779) y Florian Paucke (1719-1779), entre otros.

El célebre Domenico Zipoli ya era organista y compositor de cierto renombre en Roma en 1716 cuando entró a la Compañía de Jesús por motivos ignorados. Partió para Buenos Aires en 1717 y, a pesar de no haber actuado nunca directamente en las reducciones, pues falleció en Córdoba en 1726 antes de haber sido ordenado, su producción musical fue ampliamente diseminada en las reducciones españolas, siendo parte importante del repertorio misionero.[68]

Por medio de lo anteriormente expuesto se observa que a pesar de haber pertenecido a la misma orden y compartir los mismos ideales y reglamentos, los jesuitas portugueses y españoles tuvieron actuaciones diferenciadas en las Américas, condicionadas por cuestiones más políticas que ideológicas o religiosas. El estudio sobre la actuación de los jesuitas en el Brasil no debe esperar los mismos resultados obtenidos para la América española, aunque la tarea sea relevante; de este modo ulteriores comparaciones podrán evidenciar aspectos esclarecedores.

---

67 Sepp ([1709] 1973: 137-139, 271-272).
68 Ayestarán 1962.

"MUSICA DEL BARROCO MISIONAL": ¿UN CONCEPTO O UN ESLOGAN?

Leonardo Waisman

"Barroco misional", es una expresión que hoy en día aparece con bastante frecuencia para designar la música que se ejecutaba en las misiones jesuíticas de América del Sur en los siglos XVII y XVIII. Una rápida búsqueda en Internet revela que la gran mayoría de los cientos de páginas que la utilizan se refiere a música, muy pocas a otras artes. La expresión, parece ser, ya está instalada en la cultura popular. Dentro de la musicología, sin embargo, no es aún de uso común. ¿Debemos denunciar y resistir esa terminología, o podemos hablar de "barroco misional" para referirnos a la práctica musical de las misiones jesuíticas en América del Sur durante los siglos XVII y XVIII? Para responder a esa pregunta, necesitamos aclarar previamente cuatro aspectos:

¿Qué queremos decir con "barroco"?

¿Cómo se ajusta a esa definición la música de las misiones?

¿Qué diferencias la marcan, dentro del conjunto "barroco", como "misional"?

¿Qué quiere decir, en este contexto, "podemos"?

La primera cuestión excede con mucho el marco de una comunicación a una mesa redonda. La abundante y diversa literatura que ha desarrollado el concepto de "barroco" no puede ser resumida en quince o veinte minutos. Me limitaré a caracterizar esquemáticamente algunos de sus principales usos.

El primer significado que tuvo la palabra –extravagante, irregular, exuberante– es quizás el que más tenazmente ha resistido los embates disciplinarios por convertirla en un concepto acotado y preciso. Aparte del ubicuo uso de "barroco" como adjetivo a-temporal en el lenguaje hablado y escrito hasta nuestros días, varios teóricos han seguido la línea marcada por Eugenio d'Ors, quien proponía el concepto de "lo barroco" como una constante histórica: una actitud del espíritu que, en contraposición a "lo clásico", obedece a los ciegos impulsos de la naturaleza.[1] En este sentido, "lo barroco" se puede observar en la fase de decadencia de cada uno de los estilos artísticos históricos (el helenismo, el gótico flamígero, etc.)

Otro de los significados que se adosaron prontamente a "barroco" es el de un arte de la Contrarreforma, ligado especialmente a la Compañía de Jesús en su esfuerzo por reconquistar las almas perdidas a manos del protestantismo. No falta quien directamente califica al barroco como "arte jesuita", caracterizándolo como vehículo propagandístico, que recurre al dramatismo, a la exageración emocional y al contraste como herramientas para conmover al pueblo y reconducirlo al dogma católico. Una formulación clásica de esta tesis es la de Werner Weisbach.[2]

Ha habido también toda suerte de definiciones estilísticas del barroco. La mayoría de ellas son específicas de un campo artístico, otras pretenden una mayor generalidad, demostrada a través de analogías entre las diversas manifestaciones artísticas. Como hace notar Claude Palisca (2001, apartado "Critique of the concept"), una definición estilística del barroco musical es prácticamente imposible: la única constante durante el período 1600-1750 es el uso del bajo continuo; todos los demás rasgos que se han aducido son propios de un período parcial o de algunos géneros o países. Otro problema fundamental para la definición estilística de un barroco musical es que el término fue definido anteriormente por historiadores del arte, de la arquitectura, de la literatura. En todas esas artes es posible –de hecho, era tradicional– considerar al barroco como una segunda etapa del renacimiento, una etapa inicialmente concebida como decadente, luego reinterpretada como creativamente transgresora.[3] En música, a pesar de las inevitables continuidades, son absolutamente evidentes a primera audición las rupturas estéticas y los nuevos puntos de partida técnicos. Concebir al barroco musical como un segundo estadio

---

1 D'Ors [1942] 2002.
2 Weisbach 1948.
3 Wölfflin 1979.

del renacimiento sólo es posible mediante una compleja manipulación de abstracciones, que contradice la evidencia auditiva "de sentido común".

Ligadas con éstas, pero de cobertura aún más amplia, están las interpretaciones estéticas: un tipo de sensibilidad común a diversas artes. Algunos rasgos comúnmente atribuidos al Barroco en este tipo de explicaciones son: el sentido de lo teatral, el horror al vacío, la profusión ornamental, la infinitud. La más corriente de las versiones de este tipo, y la más comúnmente aplicada a la música, es la que relaciona a las artes del barroco con la retórica y con la expresión de los afectos a través de los recursos retóricos.[4]

Interpretaciones socio-político-culturales. Aquí se presume, dentro de un determinado ámbito geográfico y cronológico, una cierta uniformidad en las condiciones de vida, los procesos de producción, las estructuras económicas y políticas. Los rasgos cardinales de estas variables se manifiestan en las artes, ya sea como representaciones de la sociedad y la subjetividad o como reacciones creativas a ellas. A los tradicionales enfoques marxistas, como el de Hauser, se ha agregado hace un par de décadas la lectura que José Antonio Maravall hace del barroco español como cultura e ideología de una sociedad específica.[5]

Por último, están los que desesperan de la posibilidad de caracterizar un repertorio amplio con un solo término. Para ellos, ha quedado el recurso de podar al máximo las connotaciones del término, reteniéndolo simplemente como un recorte cronológico: una abreviatura de "música occidental entre 1600 y 1750".

Transversalmente a esta clasificación, una serie de estudios más recientes trata al barroco en América como un fenómeno particular, con lo que parecen prometer una ayuda más directa para resolver nuestra pregunta. Se basan, por una parte en el concepto histórico de Maravall del barroco español como la expresión de una sociedad masiva, urbana, conservadora y dirigida; por otra, en la visión transhistórica de Alejo Carpentier, y José Lezama Lima, para quienes toda América es barroca por su desmesura y exhuberancia, por la realidad de la magia y lo maravillo-

---

4 Ver Palisca 2001.
5 Hauser 1998; Maravall 1980.

so, por sus desordenados contrastes y sincretismos.[6] Provenientes de diversas disciplinas, estudiosos latino-norteamericanos como Juan Luis Suárez y Bolívar Echeverría desde la filosofía, Mabel Moraña y William Egginton, desde la historia de la literatura, proponen una interpretación que ancla el concepto de barroco a la apropiación resistente de los valores modernos europeos por parte de criollos e indígenas, una apropiación resistente que consiste en adueñarse de las representaciones españolas pero al mismo tiempo denunciarlas como falsas e ilusorias.[7] Moraña, aprovechando una de las etimologías de la palabra (una perla de forma caprichosa) construye una atinada metáfora: el molusco que se apropia de un grano de arena y produce una perla que *es* ese grano pero al mismo tiempo es su negación. La tensión entre esos dos polos, a los que llama "estrategia mayor" y "estrategia menor", sería lo que da al barroco americano sus características tensiones, su irracionalismo, su *horror vacui* manifestado en una exuberante ornamentación. Surgido en el barroco histórico, ese *ethos* barroco periódicamente resurge en América en la forma de neobarrocos.

Para contestar la segunda y la tercera preguntas se multiplican las opciones. Por un lado, se puede elegir entre los muy diversos significados que hemos reducido a esquema en el **Gráfico 1**. Pero quizás más fundamental aún es elegir entre los diversos significados de música. Simplificando otra vez, podríamos distinguir entre la música misional esta constituida por una serie de partituras, que se conciben como recetas para producir obras musicales la música misional es una práctica que se realizaba en las misiones.

¿Por qué es esencial esta diferencia? Porque la mayoría de las interpretaciones del barroco visual americano ponen el énfasis en cómo criollos e indígenas adaptaron, modificaron y –según algunos– subvirtieron el lenguaje europeo. Se copiaban de Europa las estructuras, pero se llenaban con ornamentaciones abigarradas, libres, constituidas por motivos heterogéneos (**Figura 1**). Ahora bien, lo que se conserva de la música de las misiones es, al menos en su gran mayoría, obra de europeos, muchos de los cuales no llegaron a pisar América. El sello indígena (aquí no podemos hablar de criollo) estaría seguramente dado en la ejecución, tal como

---

6 Por ejemplo, Carpentier [1975] 1984; y Lezama Lima 1993.
7 Suárez 2006; Echeverría 1998; Moraña 2005 y Egginton 2005.

los planos y los modelos pictóricos eran recibían la impronta local en la ejecución. Y de la manera de ejecutar de los conjuntos musicales de las reducciones sabemos tan poco, que la imagen auditiva que nos sugiere el estudio de una partitura misional está casi totalmente condicionada por lo que sí sabemos de las prácticas europeas contemporáneas. Pero además, lo poco que podemos deducir de la escasa evidencia sobre la *performance practice* misional se opone a la noción corriente de barroco: los músicos indios, a diferencia de sus colegas europeos, *no ornamentaban* y ejecutaban con un tono neutro, mucho menos matizado que los cantantes e instrumentistas de allende el mar.

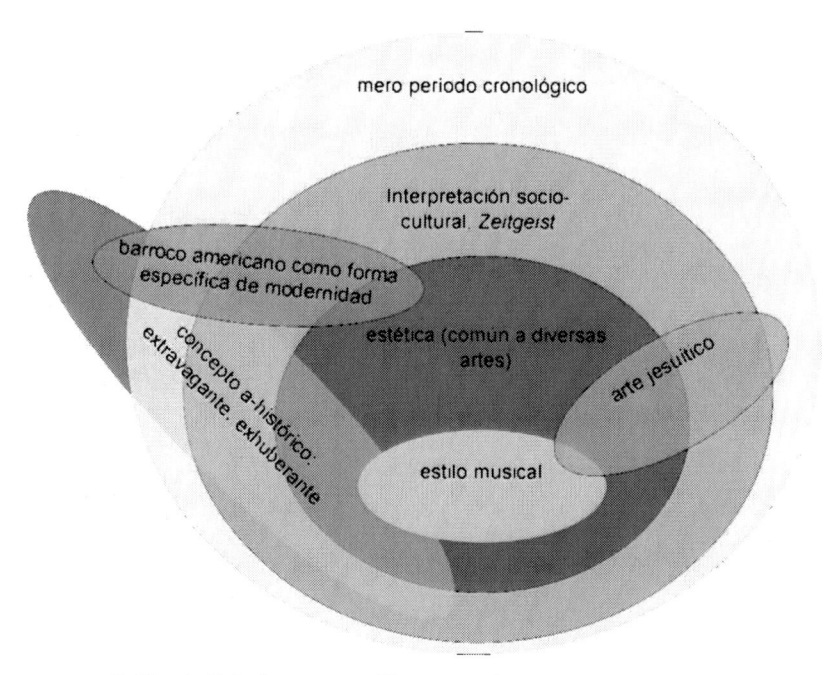

Gráfico 1: Relaciones entre diferentes enfoques del concepto "barroco"

Figura 1: Ornamentación en Santa María Tonantzintla, México

La opción "a", entonces, es muy poco promisoria para nuestros fines. Si, en cambio, trasladamos nuestro enfoque al funcionamiento de las prácticas musicales dentro de la vida reduccional, encontramos una plena coincidencia con la definición "b": un arte propagandístico y espectacular que busca conmover a los oyentes para conquistarlos para la verdadera fe y mantener luego su espíritu inflamado. Hay, sin embargo, dificultades. Si las principales características estético-estilísticas del barroco en las diversas artes son el tensionamiento, la complejidad, el contraste y la sensualidad, ¿qué hacemos con una música que, comparada con los modelos europeos, reduce todo esto al mínimo? Aún cuando no fuera claro que la estética del repertorio conservado en Chiquitos y Mojos se inclina hacia lo simple, hacia la mansedumbre, hacia la claridad formal y la minimización del contraste, el estudio comparativo de versiones europeas y sudamericanas de una misma obra demuestra palmariamente que ésta era una opción conciente de los anónimos arregladores jesuitas. He expuesto esto en otra parte, poniendo lado a lado las algunas de las modélicas sonatas de Corelli con sus adaptaciones misionales, y verificando que no sólo se facilitaba su ejecución sino que además se podaba todo lo que se pudiera considerar un exceso de ingenio, se suprimía la complejidad, se limaban todas las aristas salientes: podríamos decir que se le quitaba todo lo que convencionalmente se entiende como barroco, para hacer que la música coincidiera con la ideología utópica que inspiraba las mentes de los misioneros.[8] Algo similar sucede con las versiones misionales de las misas del *Acroama musicale* que Giovanni Bassano publicó en Europa, y que pasaron a constituir el núcleo de la liturgia musical de Chiquitos. Para los motetes de Brentner, los jesuitas sólo creyeron necesarios unos pocos retoques para incorporarlos al repertorio misional, pero eligieron de entre ellos los dos más directos, más "populares", menos alambicados. El caso de Domenico Zipoli, el compositor señalado por los jesuitas como modelo de lo que debía ser la música en las reducciones, es distinto pero igualmente revelador. No sabemos, aunque es enteramente posible, que él haya modificado su música compuesta en Europa para su uso en América, pero sí que adaptó su estilo de composición a las nuevas circunstancias, dulcificándolo, simplificándolo... en suma, haciéndolo

8 Waisman 2004a.

menos "barroco". Si estas composiciones se hubieran escuchado en Europa, sin duda habrían estado entre las menos aptas para convencer por medio del asombro, de la sensualidad, del dramatismo.

Pero, claro está, no eran ejecutadas en catedrales o cortes europeas para un público ya habituado a esos efectos. Sus destinatarios eran indígenas con oídos hechos a músicas más consuetudinarias, con menor riqueza de recursos sonoros, para los cuales este barroco amansado puede haber sonado igualmente espléndido y extravagante. Desgraciadamente, hasta donde yo sé, no han quedado testimonios indígenas directos o indirectos sobre su recepción de la música europea –sólo sabemos que les gustó y que hasta cierto punto se la apropiaron. Tampoco las palabras de los misioneros sobre la música nos dan precisión alguna sobre los mecanismos psicológicos por los cuales la música actuaba a favor de la conversión. Nos queda, por tanto, sólo el hecho de que era una música efectiva en su función de proselitismo religioso, y esto no es suficiente para adosarle el mote de "barroca". Desde los himnos del siglo IV de nuestra era hasta el *gospel* y la música bailantera o cuartetera que utilizan hoy las sectas religiosas, ha habido incontables ejemplos de un uso similar de la música, sin que por eso todos ellos puedan ser incluidos dentro de la égida del barroco.

Y esto nos lleva a otro aspecto de la práctica musical reduccional: como señaló hace ya bastante tiempo Illari (inédito), en la vida de las misiones la música más ejecutada no eran estas composiciones, sino las simples canciones, en cuya realización monofónica participaban los propios fieles. Sobre melodías populares en sus países de origen, o tal vez sobre melodías tradicionales indígenas, los misioneros acomodaban textos devocionales o catequísticos. La estrategia de la participación musical del pueblo en aras de una mayor internalización de la fe religiosa, característica de muchos de los movimientos protestantes, no se inscribe dentro de ninguno de los cánones hasta ahora propuestos para el barroco; de hecho, parece opuesto a ellos, puesto que destrona la teatralidad y el espectáculo a favor de una participación emocional desde dentro. Si queremos llamar "barroca" a la técnica proselitista de los sacerdotes jesuitas, deberemos formular una nueva definición del término, que incorpore, en aparente paradoja, elementos opuestos a los hasta ahora resaltados: la austeridad junto a la magnificencia, la interioridad espiritual junto a la sensualidad exterior, la participación junto a la recepción de un espectáculo. Y esto nos lleva a recordar que también se integran dentro del período del barroco europeo los sencillos himnos y corales a través de los cuales la reforma protestante conquistaba los corazones, y que también la contrarreforma católica apelaba a simples canciones devocionales participativas en sus misiones a pueblos y ciudades europeas.

Si queremos ir más allá del uso de "barroco" como un rótulo puramente cronológico, el importante papel que jugaron las canciones simples y participativas, tanto en Europa como en las reducciones americanas nos debe prevenir contra cualquier formulación simplista de su estilo y su estética: de hecho, estas se inscriben sin dificultad bajo la noción de lo *naive* o ingenuo, un concepto clave en las descripciones de la música galante o clásica que se supone sucedió a la barroca.[9]

En lo que hace a la música de las misiones jesuíticas, se puede aplicar el calificativo de *naive* no sólo a la canción devocional sino también el repertorio "profesional" de las capillas conservado en los manuscritos. Tanto las obras de Schmid como la gran cantidad de pequeñas canciones y dúos con acompañamiento muestran esa predilección por la sencillez "natural", por las melodías periódicas de curvas suaves, por las armonías simples y los ritmos poco perfilados que ensalzaban los críticos iluministas de la "artificialidad barroca" heredada del siglo XVII.

Repasemos entonces las categorías de definiciones esquematizadas más arriba. De ningún modo se aplica la categoría "a" a la música misional: no es ni exuberante, ni extravagante, ni irregular. El ítem "b" es obviamente aplicable, ya que se trata de un arte propagandístico jesuita, pero para que la definición resulte operativa debemos incluir entre las técnicas propagandísticas no sólo al dramatismo, la teatralidad, la exageración emocional y el asombro, sino también a la participación popular en un arte sencillo y austero, cuya emotividad es puramente interior al sujeto y no evidente en el estilo artístico. En cuanto a los rasgos estilísticos (item "c"), la música del repertorio misional está sin duda basada en el lenguaje europeo, y a lo largo de su siglo y medio de vigencia fue adoptando los mismos cambios que se producían allende el mar. Como hemos visto, la magnitud de esos cambios no permite una definición estilística de "barroco", ni allá, ni acá. Las características de una estética del barroco europeo (item "d") son casi opuestas a las del repertorio misional, que se acerca más al *naive* post-barroco. Las definiciones del grupo "f", también

---

9 Una formulación temprana es la de Sulzer ([1771-1774] 1792-94, III: 499).

calzan como anillo al dedo, pues el período que abarcan las misiones jesuíticas sudamericanas coincide con el que se rotula en las historias de la música como Barroco. Por supuesto, esto se hace a costa de despojar a la expresión de todo otro contenido.

Una interpretación socio-cultural (puntos "e" y parcialmente "g") se hace extremadamente difícil por la tremenda disparidad entre las sociedades europeas y los poblados indígenas. Atractiva como es la metáfora de la perla, su aplicación a la música de las misiones requeriría que oyéramos y viéramos cantar y tocar a los indios reducidos, pues no nos quedan en las partituras otros testimonios de su agencia. En las partituras oímos la voz de los dominadores, los misioneros. Y cuando las ponemos en ejecución hoy en día, son mínimos los resquicios que nos permiten atisbar alguna característica impresa por los subordinados, los indígenas. La voz del misionero, he intentado demostrar hace algunos años, nos transmite su idea utópica de lo que quería ser una reducción, y elimina justamente todo ese mundo de tensión, conflicto, dualidad entre ilusión y realidad que los teóricos están encontrando en la literatura y las artes visuales americanas de esos siglos.[10] Paz, quietud, mansedumbre reinan por doquier; la alegría simple y la tristeza resignada de un alma sencilla son los únicos sentimientos que se atribuyen a los neófitos chiquitanos, mojeños o guaraníes. Nada más alejado del *ethos* barroco.

Vayamos ahora a la cuarta pregunta formulada inicialmente: ¿"podemos"? Es obvio que podemos; lo demuestran los cientos de páginas web mencionadas, que lo hacen. En la discusión que precede, se ha visto además que hay determinados aspectos del concepto "barroco" que pueden acomodarse al fenómeno de la música misional, aunque dentro de las disciplinas académicas sería de rigor el aclarar cada vez el sentido que se le da al término, ya que también hemos apuntado su inadecuación, en muchos aspectos, al objeto. El problema, entonces, no es tanto si podemos como si *queremos*. A este respecto, querría introducir unas últimas consideraciones.

"Barroco musical" o, aún mejor, "música barroca" se ha convertido en una marca de fábrica tan efectiva en su campo cultural como Nike o Adidas en el de la ropa deportiva. La etiqueta en las bateas de discos, en

---

10 Waisman 1992.

los anuncios de conciertos, en los títulos de festivales, funciona como un rótulo que, por una parte, identifica claramente a un sector de la mercancía musical que responde a la demanda de un sector consumidor; por otra, marca con una diferencia a estos consumidores confieriéndoles un cierto prestigio, al menos ante sus propios ojos. Más allá de las fronteras cronológicas o estilísticas, es caracterizado en el lenguaje de divulgación con un vocabulario que apunta menos a sus singularidades que a su estatuto superior. Por citar un solo ejemplo, la página "Welcome to the wonderful world of Baroque Music" comienza preguntando:

¿Cuál es la esencia de la música barroca?

Y responde:

La música barroca expresa el orden, el orden fundamental del universo. Sin embargo, es siempre vivaz y melodiosa.[11]

En esta concisa definición, están *in nuce* los atributos que el rótulo transmite hoy en el imaginario cultural de grandes masas de consumidores:

La trascendencia hanslickiana –la música barroca nos transporta a un mundo de valores superiores, más allá de las mezquindades que conforman nuestra vida diaria. En este caso, la superioridad está dada por la imagen pitagórica de la abstracción matemática; en otros textos es la idea del sentimiento puro, ligada a la doctrina de los afectos.

El carácter *light* de la experiencia, "vivaz y melodiosa": para acceder a este inefable mundo, no es necesaria la severidad ni el sacrificio; las graciosas y entretenidas melodías nos elevan hacia él, acunándonos en el trayecto y desterrando al aburrimiento.

Los textos referidos en particular al "barroco misional" parten de esas connotaciones, fuertemente ancladas en la conciencia colectiva. Para la presentación de un nuevo CD, por ejemplo se ha elaborado este texto:

He aquí la música que sonaba en las selvas amazónicas en los siglos XVII y XVIII, una música aparentemente similar a todas las que se exportaron de Europa, pero con una característica particularmente significativa; la desbordante alegría de sus obras que contrasta con la solemnidad del Barroco Europeo.[12]

---

[11] "Welcome to the wonderful world of Baroque Music", en www.baroquemusic.org/index.html

[12] Presentación del disco del conjunto Ars Antiqua *La música perdida del Amazonas*, en http://www.noisekontrol.net/artistas/ars_2.htm

La "desbordante alegría" se debe entender aquí como una intensificación del "vivaz y melodiosa" de la cita anterior. El Barroco misional es aún más barroco que el europeo porque es más entretenido, más *light*. Por lo tanto: ¡Consuma barroco misional! Satisfacción garantizada o le devolvemos su dinero.

Llamar "barroco misional" a la música de las reducciones jesuíticas, puede, entonces, representar algún grado de verdad. De alguna manera, y hechas las debidas reservas, puede ayudarnos a colocar a este objeto dentro de nuestro mapa cognitivo. Pero, en grado mucho mayor, significa colaborar con un eslogan de las industrias culturales, vacío de contenido como todos los eslóganes. Personalmente, me inclino por el más escueto e indudablemente apropiado "música misional".

GEOPOLÍTICA Y GOBIERNO DE LA DIFERENCIA

LAS TIJERAS DE SAN IGNACIO. MISIÓN Y CLASIFICACIÓN EN LOS CONFINES COLONIALES

Christophe Giudicelli

Última en llegar sobre las tierras de frontera, la Compañía de Jesús logró sin embargo ocupar un lugar de primer plano entre los agentes coloniales que componían el frente de conquista. Por razones que no son del caso explicitar aquí, logró imponerse como la orden misionera más importante en los inmensos confines americanos del imperio español, a expensas de sus principales rivales como la orden de San Francisco, que contaba sin embargo con mayor antigüedad en el desarrollo de la Conquista de América. Desde las últimas décadas del siglo XVI, los ignacianos empezaron a tejer una red de misiones entre las poblaciones indígenas de las principales zonas periféricas de las posesiones españolas que terminó conformando en algunos casos auténticos imperios: la provincia misional del Paraguay o el ingente territorio cuadriculado por las misiones del noroeste mexicano, desde Sinaloa hasta la California, pasando por la Tarahumara o la Pimería) son los ejemplos más claros de este exitoso proceso de expansión.

Por obvias razones apologéticas, los historiadores de la Compañía y sus fieles seguidores se esmeraron en subrayar ante todo la labor espiritual de los jesuitas entre los indios, recalcando también su papel en la generalización de la *policía cristiana*, de acuerdo al lema muchas veces repetido según el cual […] *para que sean cristianos es primero necessario convertirles en gente*[…].[1]

Lo que nos interesa destacar en este breve trabajo es el rol de los misioneros, de la red misional y del discurso de la Compañía de Jesús en la

---

[1] AGI, México, 26, N6 *Memorial de Francisco de Urdiñola, governador de la Nueva Vizcaya al excelentísimo Marqués de Montesclaros, virrey de la Nueva España para que mande Su Excelencia proveer las cossas necessarias y aquí contenidas para el bien y augmento de estas provincias y conversión de los naturales y de la población.*

conceptualización y, más aún, la información de los grupos indígenas incorporados bajo su tutela y vigilancia. Si los jesuitas contaron entre los últimos en llegar, no por eso dejaron de tener un papel específico en la tarea de encasillamiento y de clasificación de las poblaciones indígenas incorporadas en el espacio de la soberanía. Muy al contrario, existe una relación directa entre la fundación de misiones y la delimitación, en el seno del mundo indígena, de *naciones* y *parcialidades*, fundadas, en principio, sobre unos criterios positivos: lengua, territorio y, en un lejano segundo plano, organización política y rasgos culturales. La puesta en orden de esas poblaciones es particularmente visible en la producción escrita de misioneros y provinciales, cuyos informes (*puntos de Anua* y *Cartas Anuas*) presentaban un panorama extremadamente organizado y prolijamente subdividido en el que las divisiones misionales se substituían a la organización autónoma de los grupos en cuestión. A largo plazo, son estas divisiones heterónomas las que, espejismo de "autoridades" mediante, causarían el último estrato de la etnificación, cuando etnógrafos e historiadores positivistas las retomarían como unos hechos de naturaleza, un *dato a priori* de la percepción colonial.

Veremos que si bien los jesuitas no fueron los únicos agentes en adecuar la división del mundo indígena a sus propios dispositivos –la *encomienda*, en la peculiar forma que tomó durante buena parte del periodo colonial en esas zonas de frontera, tuvo también un papel determinante en este proceso–, la acción de los ignacianos lleva un sello muy reconocible. Destacaremos esquemáticamente dos tipos de intervenciones: la tarea liminar de conceptualización genérica de los indios destinados a engrosar las filas de los neófitos, y el trabajo de segmentación propiamente dicho, cronológica y lógicamente posterior. A continuación, estudiaremos dos casos que nos parecen ilustrar los dos extremos de la fortuna desigual de la Compañía de Jesús: el éxito de su expansión en el norte de la Nueva Vizcaya, entre Tepehuanes y tarahumaras, y el fracaso sonado de su intervención en la región valliserrana del Tucumán.

Conceptualización de los bárbaros

Cuando los jesuitas fueron destinados a las zonas de frontera del imperio, había cuajado desde hacía tiempo el discurso sobre los *bárbaros* que merodeaban más allá del territorio efectivamente cubierto por los dispositivos de control colonial. Tanto para el norte del México central como para el sur del ex-Tahuantinsuyu, conquistadores y colonos habían retomado, actualizándolo a su modo, el retrato hablado sobre *aucas* y *chichimecas*, heredado respectivamente de los incas y los mexicas vencidos. Si la presentación española de las dinastías derrotadas había cobrado muchas veces un aspecto oriental, donde afloraba incluso explícitamente la figura del moro o del turco, enemigo y tirano por excelencia para ese entonces, esta figura iba a difuminarse a medida que se desplazaba el movimiento de conquista hacia los confines de las tierras colonizadas.

Allí, en las inmensidades que bordeaban los imperios derrotados, ningún tirano en gloria, ninguna *mezquita* que tumbar. El enemigo que muy pronto y por mucho tiempo iba a cobrar vida en el discurso de la conquista sería de otra índole. Los indios de esas múltiples y diversas tierras periféricas fueron dotados paulatinamente de una serie de características genéricas que remitían directamente al enemigo de la sociedad organizada, del orden y la armonía: el bárbaro greñudo, agresivo y –en nuestro caso– emplumado. Este mismo enemigo que siempre amenaza por su sola presencia la vida en sociedad y que justifica la implementación de los dispositivos de contención, de vigilancia y de sujeción.

Este discurso, que se retroalimentaba de la geografía ideológica de las antiguas dinastías prehispánicas, ya definía esas poblaciones *por ausencia*. Tan pronto como en 1541, por ejemplo, el cronista Motolinía podía escribir de los indios del norte de la Nueva España, genéricamente conocidos como *chichimecas* que "[e]stos Chichimecas no se halla que tuviesen casas, ni lugares, ni vestidos, ni maíz, ni otro género de pan, ni otras semillas. Habitaban en cuevas y en los montes; manteníanse de raíces del campo, y de venados, y liebres, y conejos, y culebras. Comíanlo todo crudo, o puesto a secar al sol".[2]

El mismo discurso floreció en el Perú para calificar a los indios ubicados más allá de los límites del Tahuantinsuyu. La mejor sistematización de esta presentación se encuentra bajo la pluma muy influyente de José de Acosta, primero en producir, desde su experiencia peruana una tipología sociopolítica de los bárbaros, divididos en varias categorías que, todas, llamaban a gritos la benévola tutela de los misioneros, por sus

2 Benavente 1994: 5

terribles carencias espirituales y políticas.[3] En la *Historia Natural de las Indias*, pero tal vez más aún en el *De procuranda indorum salute*, por el mayor enfoque de este último libro en el proceso concreto de conquista misional, establece la necesidad y la urgencia de la labor de conquista específica confiada a los padres de la Compañía:

> [...] los bárbaros, compuestos de naturaleza como mezcla de hombre y fiera, por sus costumbres no tanto parecen hombres como monstruos humanos. De suerte que hay que entablar con ellos un trato que sea en parte humano y amable, y en parte duro y violento, mientras sea necesario, hasta que superada su nativa fiereza, comiencen poco a poco a amansarse, disciplinarse y humanizarse.[4]

Vemos de paso que, lejos de pensar la acción de los misioneros independientemente de la del resto de las instancias de conquista, Acosta concibe el sometimiento y la tarea específica de reducción a la *policía cristiana* como dos acciones indisociables y perfectamente complementarias. Lo que no precisa de forma explícita –pero lo demuestra en actos–, anticipándose así a muchos cronistas posteriores de la Compañía, es la primera operación que efectúa al escribir: la conceptualización, sistematización y categorización de los bárbaros, de las poblaciones llamadas a mejorar su pobre estado social bajo la tutela de los misioneros ignacianos.

Debe quedar claro que ni Acosta ni sus hermanos de orden *inventaron* a los bárbaros. Esta figura operativa ya tenía una muy amplia foja de servicio en el imaginario occidental.[5] Lo que sí, contribuyeron, por la calidad, la influencia y la difusión de sus escritos a terminar de privar de todo contenido político y cultural las poblaciones americanas a las que, precisamente, iban integrando en su red de misiones. La funcionalidad de esta operación ideológica que consiste en categorizar la barbarie de la *tierra adentro* –*behetrías* o bárbaros a secas– se entiende en seguida: los misioneros venían a colmar el vacío así puesto de realce en ese tipo de presentación. La conceptualización de las sociedades indígenas de las fronteras americanas tal y como aparece en particular en los tratados de

---

[3] Sobre la acción teórica de Acosta, véase Boccara (2003) y Solodkow (2010), en línea: http://nuevomundo.revues.org/59113.
[4] Acosta [1588] 1984, I: 339.
[5] Véase por ejemplo, Hartog 1999.

Acosta irrigaría después la literatura propiamente misionera. Las grandes crónicas, las *Cartas Anuas* de la Compañía la retomarían como tela de fondo de sus relatos.

Las Gentes las más bárbaras y fieras del nuevo orbe

Esta primera operación delimitaba categorías muy abarcativas de indios bárbaros, grandes territorios en los que la Compañía ya proyectaba su plan de expansión.[6] Si seguimos por ejemplo la geografía de la barbarie propuesta por el mismo padre Acosta, limitándonos a su tercera y última categoría de bárbaros, encontramos esbozados varias de los futuros grandes territorios misionales:

> El tercer género de gobierno es totalmente bárbaro, y son indios sin ley, ni rey, ni asiento, sino que andan a manadas como fieras y salvajes. Cuanto yo he podido comprender, los primeros moradores de estas Indias fueron de este género, como lo son hoy día gran parte de los Brasiles y los Chiriguanás, y Chunchos, y Iscaycingas, y Pilcozones, y la mayor parte de los Floridos, y en la Nueva España todos los Chichimecos [...]

En un segundo tiempo, cuando empieza el trabajo concreto de reducción y de integración de los indios en los dispositivos de conquista, la perspectiva parece cambiar radicalmente. En vez de presentar una población de manera homogénea según su grado de barbarie, los misioneros ya a pie de obra se dedican a fragmentar en una serie de unidades discretas la masa de población previamente circunscrita.

Este doble movimiento de caracterización de los indios de frontera parece *a priori* contradictorio. Lo encontramos por ejemplo en el título de la gran crónica del padre Pérez de Ribas, publicada en 1645 en Madrid, cuando se desempeñaba como provincial de la Compañía en la Nueva España: *Historia de los triunfos de nuestra santa Fe entre las gentes más bárbaras y fieras del nuevo orbe*.[7] En el espíritu de su autor, ese título de-

---

6 Acosta 1590 [http://www.cervantesvirtual.com/servlet/SirveObras/09252730874681169643379/index.htm], cap. XIX.
7 El título completo de esta crónica es *Historia de los triunfos de Nuestra Santa Fe entre las gentes más bárbaras y fieras del Nuevo Orbe. Conseguidos por los soldados de la mili-*

bía caracterizar en pocas palabras a los indios del noroeste de la Nueva España, a los que conocía bien por haber sido durante muchos años misionero en Sinaloa. En dicho título encontramos a la par la preocupación por diferenciar a los indios en *gentes* (en plural), que anuncia la declinación minuciosa de la diferentes *naciones* que merodearían, furibundas, en las páginas de su crónica, y la voluntad simultánea de subsumir todas sus particularidades bajo el signo de la barbarie y del salvajismo más consumado– *las más bárbaras y fieras del nuevo orbe*.

Por supuesto, lejos de revelar una especie de esquizofrenia taxonómica, estos dos movimientos constituyen al contrario los dos polos complementarios de la construcción del espacio de transformación sociopolítico que era la *frontera*. El primero construye simbólicamente el espacio global de barbarie –en este caso *chichimeca*–, el que justifica el primer trabajo de delimitación. El segundo movimiento se dedicará a la producción y a la administración de las diferencias dentro de este primer espacio, al fragmentarlo en unidades sociales dominadas –la *naciones* indígenas– para incorporarlas al esquema de la soberanía colonial, administrativa-militar y misional. En otras palabras, encontramos al mismo tiempo la definición de un mundo radicalmente otro –bárbaro y amenazante–, *un espacio general indiferenciado*[8], y la clasificación de esos bárbaros en unidades controladas.

Naciones

La clasificación de las múltiples partes de este todo indiferenciado de la barbarie, es decir su fragmentación en naciones, se produce después del establecimiento de este parteaguas entre la *policía* y su más allá, o, mejor dicho, su más acá. La clasificación de los indios de fronteras es indisociable de esta conceptualización previa de una región ideológica privada de toda existencia legítima hasta la llegada de los dispositivos de civilización propuestos por las diferentes instancias de conquista. De hecho,

cia de la Compañía de Jesús en las misiones de la Nueva España (Pérez de Ribas [1645] 1992).
8 Tomamos prestada esta feliz expresión de Guy Rozat Dupeyron (1995: 184).

la atomización ordenada producida por estas últimas es una de las manifestaciones más visibles de la toma de posesión de la tierra y de sus habitantes: al clasificar a los indios, soldados, colonos y misioneros les asignaban un nombre, un lugar. Los rótulos distribuidos deben entenderse en gran medida en ese contexto de construcción de un espacio de vigilancia propio de la lógica de conquista. Los nombres impuestos de forma más o menos errática obedecen ante todo a unos imperativos de control, de tipo administrativo –civil o religioso– o económico, sin que haya necesariamente exclusión entre esas modalidades de adscripción. Se trataba ante todo de delimitar a los grupos puestos bajo la vigilancia de tal o cual juez protector, procurador general o alcalde mayor, según los casos, confiados a la evangelización de tal o cual orden religiosa, o repartidos en encomienda entre los principales vecinos locales.

La acción propia de la Compañía en esta tarea de encasillamiento de la masa indígena incorporada en el diagrama colonial pudo variar según su éxito en imponer su presencia y en desplegar su red. En parte del Paraguay, en la Chiquitanía o en el noroeste de la Nueva España, los jesuitas lograron desplegar con la mayor pureza sus dispositivos de conquista, mientras que en otras zonas, como por ejemplo en los valles andinos del Tucumán, el relativo fracaso de su empresa no les permitió imprimir con tanta eficacia su sello taxonómico.

En teoría, si nos atenemos a los criterios oficiales, las "misiones" cuya vida encontramos descrita en los capítulos de la *Cartas Anuas* abarcaban naciones homogéneas. A su vez, se suponía que estas últimas naciones eran identificadas con la división misional que llevaba su nombre: misión de Tepehuanes, de Chiquitos, de Tarahumara, de Calchaquí. Incluso las misiones identificadas con un topónimo –misiones del Paraná, del Itatín, del Guayra o del Uruguay eran las más veces reputadas de albergar grupos homogéneos. Aquí tocamos con el dedo el fundamento teórico de la lógica de clasificación misionera: la fundación de tal o cual misión se ceñía –en teoría– a los linderos de las *naciones* a las que se pretendía encasillar para evangelizarlas.

En principio, la definición de una *nación* se hacía respetando unos criterios positivos, en particular el idioma hablado por los catecúmenos (por obvias razones de transmisión del mensaje evangélico), el territorio ocupado por los locutores de este último idioma y, aunque de forma mucho más relativa aún, criterios de tipo sociopolítico.

Muchas lenguas bárbaras

Mucho se ha escrito sobre el trabajo lingüístico de los jesuitas, y en particular de los primeros exploradores de aquellas fronteras, regularmente presentados en la literatura de la Compañía como auténticos apóstoles. Algunos contaban sin duda algun entre los hispano-criollos mejor formados intelectual y lingüísticamente para alcanzar un conocimiento de los idiomas hablados por los indios. El caso paradigmático para el Tucumán y el Río de la Plata es por supuesto el del Padre Alonso de Barzana (o Bárcena), eximio quechuista –ocupó la cátedra de "lengua general" en Potosí[9]– antes de recorrer los confines sudorientales del virreinato del Perú en los últimos quince años del siglo XVI. Barzana redactó efectivamente varios catecismos en lenguas aborígenes, dejó *un vocabulario en cinco lenguas*[10], y se lo puede considerar como el primero en sistematizar lingüísticamente la clasificación de los indios de dichas regiones. Fue también uno de los primeros en presentar una lista exhaustiva de los indios de la región.[11] Este último informe, así como sus trabajos lingüísticos (algunos de los cuales se han conservado[12]) sirvieron de base para la organización de la red misionera. De hecho muchos de sus relevamientos se reprodujeron después en las *Cartas Anuas*: las divisiones que constituyen los capítulos de esos informes anuales panorámicos retomaron en gran medida esta primera información del mundo indígena.

Aquí cabe una precisión para restituir el marco en el que se inscribían las peregrinaciones del Padre Barzana y más generalmente de los pioneros jesuitas no sólo en el Tucumán y el Río de la Plata, sino en casi todas las zonas de fronteras entre finales del siglo XVI y principios del XVII. Se trata de una precisión importante porque por un lado reubica la acción de los jesuitas en un contexto más global (muchas veces dejado de

---

9 Pastells (1912-1949, I: 20-22).
10 Carta del padre Alonso de Barzana, 20-12-1593 (incluida en [MP] 1954-1986, V: 383 et sqs [nota del editor: "Barzana conoció con mayor o menor perfección las siguientes once lenguas autóctonas: quechua, aimara, kaka, tonocoté, toba, guaraní, natija, quiroquini, puquina, abipónica, quiranqui"]. El padre Torreblanca le atribuye un *Arte de la lengua Calchaquí a pesar del Infierno junto* (Torreblanca [1696] 1999: 93).
11 « Carta del padre Alonco de Barçana al P. Juan Sebastián, provincial 08-09-1594» ([MP] 1954-1986, V: 568-580 et sqs).
12 Lafone Quevedo 1893.

lado en historiografía jesuítica en provecho de la acción más propiamente apostólica) y, por otro lado, permite reconstruir las condiciones en las que se forjaron las categorías luego usadas para la fundación de las misiones. La toma de contacto de Barzana con los indios de todas las regiones visitadas se hizo al ritmo de la conquista militar y se inscribe en el movimiento general de reorganización del territorio por el poder colonial, del que la Compañía era partícipe. En otras palabras, el ordenamiento del mundo indígena llevado a cabo por la Compañía formaba parte de los dispositivos de conquista y de cuadriculación del espacio social consecutivo a la toma de control militar del territorio.

Por lo tanto, hay que considerar el manejo, aún vasto, de los idiomas indígenas como un dispositivo de saber-poder destinado a incorporar a los indios en la esfera de obediencia colonial. En este aspecto, la odisea geográfico-lingüística del padre Barzana es también ejemplar. Empezó su recorrido en la segunda mitad de los años 1580, en la compañía del recién nombrado gobernador del Tucumán, Juan Ramírez de Velasco, al que acompañó en calidad de *capellán del campo* en sus campañas contra los indios del Valle Calchaquí en 1588-1589.[13] En 1593, es decir apenas unos años después de su primera incursión en el Tucumán, escribe lo siguiente al padre provincial Juan Hierónimo

> [...] y V.R. se ría también de que un viejo de 63 años, a cabo de aver sabido todas las lenguas del Pirú y de las más principales de la gobernación de Tucumán, ando agora muy ocupado en saber otras muchas lenguas bárbaras y particularmente la de los chiriguanaes, gente feroz y que comen carne humana [...][14]

Si el celo lingüístico del padre Barzana parece digno de elogio, uno puede interrogarse legítimamente sobre el conocimiento real que pudo alcanzar el venerable anciano de tantas *lenguas bárbaras,* y más aún sobre su capacidad para transmitir tan precario conocimiento. De hecho, apenas unos meses después, en otra carta, él mismo da la medida del manejo que tiene de la lengua kakan, ampliamente practicada en la parte andina del Tucumán

---

13 « Carta del gobernador del Tucumán J. Ramírez de Velazco a SM », 12-02-1589 (Levillier 1920, I: 268-271).
14 « Carta al padre Juan Hidrónimo », desde Matará, 27-07-1593 ([MP] 1954-1986, V: 279).

[...] todo el valle y provincia de Calchaquí [...] hablan la lengua diaguita, toda la provincia de Famatina, que es la misma lengua, la qual también habla la gente que sirve a Sanctiago del Estero, sin haber sacerdote que les predique en esta lengua. Tenemos della arte, vocabulario y doctrina, y yo había empezado a predicar y confesar en ella, pero ya le he olvidado por acudir a otras lenguas[...][15]

La falta de continuidad en el trabajo misionero "de campo" fue una constante en la zona después del paso del Padre Barzana. A pesar de los reclamos del gobernador[16], no fue hasta los primeros años del siglo XVII cuando se iniciaron las misiones, primero volantes y luego fijas.[17] Eso puede explicar en parte el que la transmisión de los conocimientos de la lengua kakan haya dejado mucho que desear. Por cierto que este escaso conocimiento se mantuvo en la zona valliserrana entre los misioneros durante todo el periodo, es decir hasta las campañas de desnaturalización de sus habitantes después de la guerra provocada por el famoso "Inca del Tucumán", don Pedro Bohórquez, en la década de 1660[18] y el abandono definitiva de toda veleidad misional. Durante la primera misión volante en el Valle Calchaquí, en 1609, los Padres no habían podido bautizar a nadie, "[...] por no saber los padres su lengua para catequizarlos".[19] En 1619, dos años después del inicio de la primera misión fija en el mismo valle, los padres todavía se aplican en tratar de aprender rudimentos de kakan para poder evangelizar: "Atiéndese a aprender la lengua chaca, y tomar de memoria un catecismo breve que hemos hecho para que todos catequicemos".[20]

Quince años después, no parece que se ha progresado mucho en el aprendizaje, ya que los jesuitas de La Rioja reconocen que es "[...] a veces menester usar de uno y dos intérpretes de differentes lenguas, por no entender la propia suya los padres así para instruirlos y hacerlos capaces como para confessarlos".[21]

---

15 Carta del 20-12-1593 ([MP] 1954-1986, V: 399).
16 « Carta del gobernador del Tucumán J. Ramírez de Velazco a SM », 09-01-1592 (Levillier1928, III: 343-344).
17 Véase la última parte de este trabajo.
18 Sobre este episodio, que abarca en su fase bélica desde 1658 hasta 1667 (fecha de la última *desnaturalización*, la de los indios acalianes, existen dos libros, centrados entorno a la personalidad de Bohórquez: Piossek Prebisch ([1976] 1999) y Lorandi (1997).
19 "Carta Anua del Padre Diego de Torres", 17-05-1609 ([DHA] 1924, XIX: 36).
20 11a carta del Padre Pedro de Oñate ([DHA] 1924, XX: 181).
21 Carta Anua de 1635-1637 ([DHA] 1924, XX: 415).

Las quejas del padre Hernando de Torreblanca, uno de los últimos misioneros y sin duda el mejor conocedor de los indios del Valle de Calchaquí, son una excelente ilustración. A principios de los años 1640, cuando llega para refundar la misión después de varias décadas de abandono, presenta muy gráfica y amargamente el camino que queda por recorrer:

> No muestran mucho gusto los indios en que aprendamos su lengua. Es también dificultosa de reducir a método; aunque los primeros padres trabajaron, como muestran sus escritos, es cosa muy dimidiada. […] hasta agora no tenemos de los calchaquies quién nos de un jarro de agua ni lave una camisa[22]

Quince años después sin embargo, Torreblanca parece manejar correctamente el kakan: por ser el único español *lengua*, es decir capaz de comunicar con los indios del Valle Calchaquí, el gobernador Mercado y Villacorta lo lleva a todos lados como capellán en sus columnas de pacificación, primero contra ellos y luego, cuando, una vez vencidos, ya forman parte de las tropas auxiliares empleadas para repeler las invasiones mocobíes, en la frontera oriental de la provincia, como intérprete[23]:

> Nunca me faltó qué hacer con los indios porque no había otra lengua que en el idioma de su lengua les diese a entender lo que se pretendía y el gobernador quería que ejecutasen.
> Estando en Salta dio el mocobí en la almena de Esteco y fue necessario ir a socorrer aquella plaza; y a toda priesa acompañando a esta facción; y como los que ayudaban inmediatamente a esto eran los Calchaquís, no podía faltar, atareado a darles a entender lo que se les ordenaba, y fuera de su país no había quién le hubiese comprendido.[24]

Torreblanca no debe ser el árbol que esconde el bosque: para el final del episodio misional en la región diaguito-calchaquí, parece dramáticamente solitario en su manejo del idioma de unos indios que, sin embargo,

---

22 « Carta del Provincial de la Cia de Jesús Fco de Lupercio de Zurbano a SM », desde Buenos Aires, 19-12-1644 (Pastells 1912-1949, II: 101). Para una versión completa del mismo documento *Cartas Anuas de la provincia jesuítica del Paraguay 1641-1643* ([CA] [1641-1643] 1996: 60-61).
23 Giudicelli (e/p).
24 Torreblanca ([1696] 1999: 71 y 85-86).

fueron clasificados mucho tiempo antes. Ya veremos que, en el caso problemático de los indios de la zona valliserrana del Tucumán, si bien el idioma fue un criterio esencial en la atribución de sus locutores a la tutela de los jesuitas, fue sin embargo secundario en la estructuración de las misiones. Ésta siguió más bien las vicisitudes de la situación militar de la región.

La fundación de las misiones y la clasificación de sus moradores indígenas siguió unas pautas similares en el noroeste mexicano, en la provincia de Nueva Vizcaya, en los primeros años del siglo XVII. El desarrollo exponencial de la red misional en la Sierra Madre Occidental y en el altiplano central acompañó el desarrollo de la expansión minera, en Topia, San Andrés y Guanaceví. La fundación de misiones y de pueblos de reducción de los indios se ciñó estrictamente al ritmo del crecimiento de los establecimientos coloniales. El criterio avanzado por sus fundadores no por eso deja de ser el que debía regir en buena lógica taxonómica, es decir el criterio lingüístico. Ya evocamos la dificultad sentida por el Padre Barzana frente a la multiplicidad de lenguas habladas en las regiones recién conquistadas en las que oficiaba. Pues bien, el desconcierto de los misioneros del lejano norte mexicano no parecía muy diferente. La *Carta Anua* de 1605 reportaba en términos notablemente parecidos "un número sin número de bárbaras lenguas".[25] Lógicamente, las dificultades de los pioneros jesuitas de la Nueva Vizcaya no fueron distintas de las que enfrentaron sus colegas sureños. Tanto como ellos, tuvieron muchas dificultades para tratar de reconocer y entender los idiomas de los indios a quienes debían evangelizar. El propio padre Hernando de Santarén, algo como un equivalente neovizcaíno de Alonso de Barzana, dejó un testimonio muy sincero sobre el interés que le merecía el aprendizaje de esos idiomas. En una carta de 1605, se admira de la paciencia de su compañero Pedro Gravina, que acaba de componer un vocabulario acaxée, una lengua que sin embargo él mismo era reputado hablar[26]: "[…] a mi me causó gran admiración que tuviese tanta paciencia para sacar un vocablo propio de la boca de esta bárbara gente, que a veces era menester medio día para ello".[27]

---

25 *Annua* de1605, México, 2-05-1605 (ARSI, Mex. 14).
26 El *Catálogo de los que en esta provincia de Nueva España saben la lengua y se exercitan en ella*, de 1604, lo presenta como *lengua mexicana y tepeguana* (Anexo de Alegre [1743] 1956-60, II: 552-554).
27 « Carta del P. Hernando de Santarén », Topia, 06-06-1613 (Alegre [1743] 1956-60, II: 243).

Y eso que para aquellas fechas el Padre Santarén no era un joven advenedizo sino más bien un curtido veterano: había dirigido la fundación de las misiones de la Sierra, en los valles de Topia y San Andrés, y como tal había llevado a cabo la clasificación de sus habitantes indígenas, sobre los que había remitido un informe extremadamente preciso...[28]

El criterio lingüístico avanzado por los jesuitas para justificar sus divisiones misioneras entre los *bárbaros* parece por lo tanto cuando menos relativo y debería incitarnos a la prudencia a la hora de considerar los grupos humanos integrados en las mismas –y llamados por ellos *naciones*– como unidades autónomas. En el momento de su fundación, las misiones debían en teoría abarcar grupos indígenas culturalmente homogéneos, pero una frecuentación asidua de las fuentes nos demuestra que los mismos fundamentos de las unidades misionales deben considerarse con cautela por lo menos por dos razones. Primero, como lo vimos, los criterios teóricos que justifican sus fundaciones (en particular el lingüístico) sólo corresponden de lejos con la realidad. Segundo porque el ritmo de las fundaciones venía dictado por el avance global del frente de conquista, del que las misiones no eran sino un dispositivo especializado, y que no contemplaba en absoluto la adquisición previa de un conocimiento de los indios a los que, sin embargo, no se dudaba en reducir y clasificar.

Birth of a mission: la Tarahumara, fundación feliz

El énfasis puesto por los jesuitas sobre el criterio lingüístico se explica también por un factor externo de suma importancia: en principio, la atribución por la autoridad administrativa de una nueva misión a tal o cual orden dependía de la lengua hablada por los indios a quienes se pretendía reducir. Se entiende en seguida el interés que tenían los religiosos en afirmar la coherencia de sus clasificaciones pues tenían éstas una serie de consecuencias muy concretas sobre el desarrollo del edificio misionero. Este juego de intereses aparece claramente en caso de litigios. En 1639, por ejemplo, un conflicto opuso en el norte de la Nueva Vizcaya a fran-

---

28 *La etnografía acaxée de Hernando de Santarén*, extracto de la *Carta Anua* de 1604 (en González Rodríguez 1993: 135-173, ver en particular pp.154-155).

ciscanos y jesuitas sobre la inclusión de los indios del pueblo de San Jerónimo Huejotitán en sus respectivos territorios misionales. Los franciscanos, que se encargaban desde la fundación de la provincia de Santa Bárbara de los indios conchos, reivindicaban para sí el pueblo de San Jerónimo Huejotitán, explicando que sus habitantes eran conchos. Al contrario, los jesuitas reclamaban la tutela de esos indios porque eran indudablemente de nación tarahumara y que estos indios ya habían empezado a recibir su enseñanza en los pueblos más septentrionales de la provincia de tepehuanes[29], y más precisamente en el vecino pueblo de misión de San Pablo Balleza, fundado a partir de 1608.[30] El litigio se saldó con la victoria de la Compañía, que obtuvo del virrey de la Nueva España una especie de licencia global para evangelizar, una "[...] provisión escrita por el virrey en que se nombran como misioneros de la nación Tarahumara a los padres de la Compañía de Jesús sin que se entrometan en ella los padres franciscanos".[31] En otras palabras, la decisión de la máxima autoridad política desembocó en la creación de una nueva provincia misionera jesuítica de larga vida: la provincia de Tarahumara, extendible a la totalidad de la *nación* del mismo nombre, a su vez definida por el idioma hablado por sus miembros.

No cabe duda de que los padres de la Compañía contemplaban también motivos religiosos a la hora de reivindicar la responsabilidad espiritual de una nueva *nación*. Con todo, existen motivos para pensar que los movían también intereses de otra índole. Los diferentes documentos relativos a esta historia no dejan dudas al respecto. En una carta al Rey, el mismo virrey recuerda los intercambios que tuvo con el Provincial Andrés Pérez de Ribas y se felicita de que la preferencia haya recaído en la Compañía, por su mayor implantación en la zona, y por su eficacia en una zona de importancia estratégica desde el descubrimiento de las riquísimas vetas argentíferas de Parral en 1631:

---

29 En realidad se trataba de una zona de mestizaje en el que los españoles, hasta la guerra de 1616-1619 eran incapaces de distinguir a los tepehuanes de los tarahumaras. Sobre este punto, véase Giudicelli 2006.
30 « Carta del P. Joan Font al provincial Ildefonso de Castro », Guadiana, 22-04-1608 (en González Rodríguez 1987: 179).
31 « Traslado de una provisión escrita por el virrey en que se nombran como misioneros de la nación Tarahumara a los padres de la Compañía de Jesús sin que se entrometan en ella los padres franciscanos » (AGN/Mx, Jesuitas, I-11, exp. 9).

> [...] el P. Andrés Pérez, Provincial de la Compañía de Jesús desta Nueva España me hiço relación que los Padres de su orden que doctrinan y tienen a su cargo la doctrina de la nación tepeguanes, por veçina de ella la de tarahumares a tiempo que han procurado reducirla al gremio de la Santa Iglesia y ponerla debajo del amparo y dominio de Jesús Christo Nuestro Señor, por ser esta nación de mucho provecho para el beneficio del Real de minas de Parral, de donde no está distante.[32]

La definición de una nueva "nación de misión" –tarahumara– se hace por lo tanto siguiendo los mismos criterios lingüístico-culturales reputados para fundar la creación de toda nueva unidad misionera. Limitémonos aquí a constatar la estrecha relación entre la delimitación de una nueva categoría misionera, identificada con una nación, y las necesidades propias del Real de Parral, en pleno auge. De hecho, como argumento para ganar este "mercado" contra sus rivales seráficos, los jesuitas habían argumentado hábilmente, mostrando que sus administrados de las misiones de San Pablo, San Ignacio y Huejotitlán ya iban a trabajar en el Real, y ya participan en su abastecimiento. El Padre Superior de la misión de Tepehuanes, Gaspar de Contreras, se lo había expuesto muy claramente al provincial Pérez de Ribas, proporcionándole argumentos difíciles de rebatir en sus negociaciones con el virrey. La utilidad de las misiones no era cuestionable, ya que

> [...] Hoy día es aquella tierra la troje del Parral, de donde van numerosas recuas a cargar de maíz, a trueque de lana y otras chucherías [...] Con la vecindad que tienen estos valles al Parral, comunicación con los españoles, codicia de la ropa para vestirse, se han amansado y domesticado tanto aquellos bárbaros que no sólo acuden a servir por su magestad a los españoles de aquel Real, sino que han formado ya pueblos en la tierra adentro, y guardan algún tanto de policía [...].[33]

Por fin, para terminar de convencer del interés que tendría la corona en otorgar este permiso de evangelizar, el mismo superior había recalcado el escaso coste para las arcas reales de una eventual decisión favora-

---

32 « Don Lope de Armendariz, marqués de Cadereyta, al rey » (AGN/Mx, Jesuitas III-16, exp. 6)
33 « Carta del P. Gaspar de Contreras al P. Provincial. 09-08-1638 » (AGN/Mx, Misiones, vol.25, exp.25).

ble a la Compañía. Él correría con los gastos propios de instalación de los nuevos misioneros:

> Viniendo los padres con su limosna, yo les daré de ornamentos y ganados suficientes con que se sustenten y aquerencien a aquellos bárbaros, de cuyo buen natural, y obsequioso proceder, bondad de la tierra y cercanía del Parral se puede prometer mucha comodidad.[34]

Por si fuera poco, ni para seguridad debería la corona desembolsar un solo maravedí: "[...] soldados de escolta negociaré quatro deste presidio, ya me los ha prometido el capitán [...]"[35].

Frente a tan contundentes argumentos, sólo le quedó a la corona avalar una situación ya cuidadosamente preparada. A partir de ese momento, el destino taxonómico de la *nación* tarahumara estaba sellado y totalmente identificado con la expansión jesuítica en la Sierra Madre Occidental.[36]

Más allá de su contenido anecdótico, esta victoria jesuítica en el mercado de la evangelización debe llamar la atención sobre los criterios que presidían en última instancia a la creación de una nueva categoría misionera identificada con una *nación*. De ahora en adelante, por razones que hacen a la organización misional, los neófitos administrados por los Padres fueron reputados tarahumaras. Ahora bien sabemos, gracias al testimonio de los primeros jesuitas que incursionaron en esta zona a principios del siglo XVII que imperaba allí una continuidad cultural, por decirlo de alguna manera, en que las identidades tepehuana y tarahumara eran intricadamente mezcladas e irreductibles al concepto europeo unívoco de *nación*. En otro trabajo hemos seguido el proceso de invisibilización de esta continuidad después de la guerra de 1616-1619 debido en gran parte a los imperativos de pacificación de la provincia.[37] La fundación de una provincia misional *tarahumara* terminó de acusar las diferenciaciones: las necesidades dictadas por la nomenclatura misional exigían que los indios de las misiones tarahumaras fuesen contabilizados como tales, a pesar de

---

34 *Ibídem*.
35 *Ibídem*.
36 La provincia de tarahumaras se dividió después de 1674 entre la *Tarahumara Baja* –la que se fundó a raíz de esta historia– y la *Tarahumara Alta*.
37 Giudicelli 2006.

la presencia de identidades complejas o, sencillamente, de indios procedentes de otras zonas o bien porque se habían refugiado en la sierra fuera del alcance de los encomenderos de Santa Bárbara −entre ellos varios indios *conchos*− o bien porque habían sido traídos a veces de muy lejos para reforzar los contingentes de trabajadores destinados a producir y entregar los bienes. en particular agrícolas. necesarios para el abastecimiento de Parral.[38]

Fronteras taxonómicas

El caso de la provincia de Tarahumaras es un caso de escuela. Se trata de uno de los ejemplos más puros de la preeminencia del elemento misional en la definición de una *nación*. Refleja en su versión exitosa la tendencia de las órdenes misioneras a reunir el mayor conjunto de población posible en grandes unidades bajo su responsabilidad. Desde luego, no siempre pudieron los Padres llegar tan bien a sus fines y dibujar un territorio misional tan claramente en función de sus intereses. En el caso de la Tarahumara, estaban reunidas condiciones excepcionales. Los jesuitas eran para aquel entonces la instancia colonial mejor implantada entre los indios, gracias al relativo avance de su red misional y porque ya habían logrado establecer buenos contactos comerciales entre sus administrados y el real de Parral. Por otra parte, los indios de esta región de la Sierra no habían sido tocados por la primera ola de conquista, claramente dominada por los encomenderos, lo que permitió la creación de una provincia misionera tan abarcativa. Al contrario de sus vecinos del este, conchos, y de las barrancas occidentales de la Sierra, no habían sido sistemáticamente repartidos en encomiendas. Como lo ha demostrado Chantal Cramaussel, los conchos habían sido atomizados en una miríada de *naciones* que en realidad se pueden identificar con las encomiendas extendidas a los vecinos de Santa Bárbara desde los primeros tiempos de esta última provincia, en los años 1560.[39] De manera similar −y muy elocuente aquí−, los indios de las barrancas occidentales de la Sierra, que comu-

38 Álvarez 2003.
39 Cramaussel 2006.

nican las partes más altas de la Sierra con los grandes valles de Sonora habían sido fraccionados en varias *naciones*, como consecuencia de las *entradas* de los encomenderos de San Miguel de Culiacán emprendidas a partir de 1589. Si los jesuitas llegaron inmediatamente después de estas primeras expediciones, no tuvieron ni de lejos la capacidad taxonómica que tendrían después, a la hora de negociar en posición de fuerza la creación de la provincia de Tarahumara. El primer misionero en pisar esta zona fue el portugués Pedro Mendes, que no llegó hasta 1601[40], mientras que, del otro lado de la Sierra, el Padre Joan Font, recién entró en contacto con los in- dios del Valle de San Pablo tres años después.[41] Para esas fechas, la misión de Tarahumara no existía todavía, de modo que el criterio de clasificación seguido por los encomenderos para nombrar a sus tributarios siguió una lógica mucho más acorde con sus intereses particulares. Así nacieron las naciones de *chínipas*, *guazapares*, *tubares* y *varohíos*, que conservarían su denomi-nación[42] diferencial durante todo el periodo colonial, contra toda evidencia lingüística y cultural. Con todo, a pesar de ínfimas variantes dialectales, todos esos indios parecen haber hablado el mismo idioma que sus vecinos serranos con los que siempre mantuvieron estrechos vínculos. El propio Joseph Neuman, historiador y veterano de la provincia de la Tarahumara Alta evocaba así sin cejar " [...] Chínipas, la parte más remota de la Tarahumara".[43] Trazar una raya nítida entre éstos y los guazapares parecía así mismo muy difícil, tanto como entre éstos y los indios de la misión de Tarahumara, debidamente acuñados como tarahumaras. Ellos mismos no dudan en declararse *tarahumaras* cuando se les pide su opinión[44], y hasta el visitador de los presidios de la Nueva Vizacaya, Joseph Francisco Marín, en un escueto inventario de todas las naciones indígenas realizado en 1693 siente la necesidad de establecer una relación de identidad presentando a "los guaçapares, que son los taraumares".[45] A pesar de la manifiesta continuidad cultural entre la

---

40 Luís González Rodríguez compiló una serie de *Crónicas de la región de Chínipas*, que cubren todo el siglo XVII, desde las primeras *entradas* de finales del anterior (González Rodríguez 1987, primera parte: 23-139).
41 *Ídem*: 42
42 Giudicelli (2003: 46-54).
43 Neumann ([1730] 1994: 98).
44 « Relación de las misiones que la compañía tiene en el reyno y provincia de la Nueva Vizacaya », escrita en 1678 por el visitador Juan Hortiz Zapata (AGN/Mx, Misiones 26).
45 Hackett (1926, II: 394).

Sierra y las barrancas occidentales, los grupos de éstas últimas nunca fueron formalmente incluidos en la nación tarahumara porque su identificación correspondía a un estrato anterior a la creación de la nación-misión tarahumara. Al contrario de sus vecinos, reunidos en una categoría englobante, fueron sometidos sin remisión a la lógica diferencialista de la encomienda.

Tocamos aquí un escollo peligroso de la nomenclatura colonial: para retrazar la genealogía de una *nación*, es preciso conocer las circunstancias de su aparición y saber cuál fue la instancia determinante en el momento de su creación. Si la inmensa *nación* tarahumara, contrasta notablemente con las micro-*naciones* guazapare o chínipa no es por motivos de índole cultural o política interna sino porque fueron moldeadas por dos instancias cuya acción daba resultados diametralmente opuestos. Por un lado la lógica de fracción de la encomienda, que dividió el paisaje humano de las barrancas entre un número X de encomenderos, por el otro la lógica expansionista de la Compañía de Jesús, siempre deseosa de incluir el número más importante de neófitos bajo su tutela.

El fracaso de la "misión de Calchaquí"

En la sierra Tarahumara los jesuitas habían encontrado un territorio casi virgen de clasificación, habían podido crear y de alguna manera patentar el nombre que iban a extender a todos los integrantes de su provincia misionera[46], sin encontrar demasiada competencia. En muchos casos, los misioneros no se encontraron en una posición tan favorable y tuvieron que adaptarse a una situación ya formada y en la que se les dejó poco margen de maniobra. En el otro extremo de la historia misionera, el fracaso de la misión de Calchaquí y más generalmente el papel secundario de los jesuitas entre los diaguitas del Tucumán, ilustran bien las dificultades que encontraron a su paso en un espacio ya cuadriculado por los dispositivos coloniales, en una región en la que no contaban ni con la fuerza propia ni con los apoyos oficiales que tenían en el norte de la Nueva España.

---

46 Como se sabe, el vocablo *Tarahumara* es una deformación española del nombre *Rarámuri*, con el que se autodenominan los indígenas de esta región.

El primer obstáculo encontrado fue sin lugar a dudas el de emprender una misión en tierras de encomiendas, o, mejor dicho, en tierras de encomenderos. Aquí como en otros lugares, los padres de la Compañía llegaron en una región dominada por los encomenderos, que detentaban la realidad del poder. Los indios habían sido repartidos entre los conquistadores desde los primeros tiempos de vida de la provincia del Tucumán. Desde la fundación de las malogradas ciudades de Córdoba de Calchaquí, Cañete y Londres, a finales de los años 1550[47], los *vecinos feudatarios* habían recibido encomiendas, muchas veces *por noticias*[48], es decir delimitadas en una masa indígena no sometida, y sin que se tuviera conocimiento de los grupos así fragmentados. Lo mismo pasó con la refundación de San Miguel de Tucumán y la fundación de Salta, en 1582[49], y de La Rioja en 1591[50]. La refundación de Londres, en 1607, se hizo así mismo con el propósito explícito de hacer efectivas ciertas encomiendas de vecinos poderosos de La Rioja y de distribuir otras. Otro elemento a tomar en cuenta es la superposición de varias capas de clasificación con la que se encontraron al llegar: en función de su posición en el espacio de vigilancia de la provincia, los indios de los valles interandinos, originalmente llamados *diaguitas* ya habían sido separados en dos bloques, *calchaquíes* y *diaguitas*. Esta separación es bien conocida y responde a las consecuencias de la sublevación de 1562, cuya responsabilidad se atribuyó enseguida al cacique del pueblo de Tolombón, Juan Calchaquí.[51] Con el tiempo, los indios de la parte más meridional de la zona sublevada fueron reducidos con relativo éxito por los encomenderos de La Rioja y del Valle de Catamarca, mientras que los demás mantenían en jaque a los colonos de las ciudades de San Miguel y Salta. Sobre estos últimos indios recayó el honor –muy relativo– de llevar el nombre *calchaquí*, igual su tierra, ya conocida *urbi et orbi* como Valle de Calchaquí,

---

[47] « Carta del capitán Alonso Díaz Caballero al Rey, 21-01-1564 » (en Freyre 1915, I: 34-40)
[48] Una práctica terminantemente prohibida, pero practicada a gran escala. Lo recuerda por ejemplo el Virrey del Perú Francisco de Toledo cuando nombra a Gonzalo de Abreu gobernador de la provincia: « Provisión del virrey del Perú para que el gobenador de Tucumán, Gonzalo de Abreu, luego que tome posesión dé por nulos los repartimientos y encomiendas que hubieren hecho sus antecesores. 27-10-1573 » (en Levillier 1920, II: 4-5).
[49] « Acta de fundación de la ciudad de Lerma por el gobernador, el licenciado Hernando de Lerma » (en Levillier 1928, III: 318-319).
[50] Moyano Aliaga 1991.
[51] « Carta al rey del gobernador del Tucumán, don Alonso de Rivera, 11-04-1611 » (BNA-Fondo García Viñas doc. 4083).

del nombre del cacique Juan Calchaquí. El mismo padre Barzana, no pudo sino homologar esta división del espacio y retomar por su cuenta la cuadriculación del espacio efectuada por el poder colonial: la morada de los rebeldes "[…] se llama […] el valle de calchaquí, que por ser valiente un indio llamado Calchaquí, vino a dar su nombre a aquel valle de treinta leguas […]".[52] Sus vecinos del sur conservaron la denominación original de *diaguitas*, que a su vez recubría muchas "naciones", como eran los malfines, andalgalaes, capayanes, famatinas, guandacoles etc…, mientras que el rubro *calchaquí* abarcaba tolombones, paciocas, quilmes, animanaes, amaichas, cafayates, pulares[53], etc…

De modo que desde el principio, los jesuitas del Tucumán adaptaron sus dispositivos a un panorama taxonómico ya firmemente definido. Actuaron a partir de los colegios y residencias fundados en los años 1610 en las principales ciudades de la provincia, y desarrollaron su tarea dentro de las estructuras coloniales. Una situación nada original y que no tenía por qué anunciar el relativo fracaso de su empresa. Como punto de comparación, la "misión de tepehuanes", iniciada en los últimos años del siglo XVI en la Nueva Vizcaya, empezó en las estancias de los encomenderos, lo que no impidió que la Compañía lograra una expansión fulgurante en tan sólo algunos años, hasta imponer su criterio de clasificación: sus neófitos eran *tepehuanes* por su mera pertenencia a la provincia misional epónima, sin que se pudiera discutir.[54] En el Tucumán, en cambio, la acción de los misioneros nunca tuvo ningún poder instituyente: los cambios sufridos en la clasificación de los indios que tuvieron bajo su tutela espiritual fueron estrictamente tributarios de la acción de otras instancias. Fueron dictados en particular por los imperativos de la guerra.

La "misión de Calchaquí", activa de forma intermitente entre 1601 y 1658, primero como "misión volante", sin asiento fijo[55], y luego como

---

[52] « Carta del padre Alonco de Barçana al P. Juan Sebastián, provincial 08-09-1594» (en [MP] 1954-1986, V: 574).
[53] Con el tiempo, se restaría a los pulares del conjunto calchaquí. Sobre este punto, véase Giudicelli 2007.
[54] Giudicelli 2003: 54-61.
[55] Una primera entrada en 1601 sentó las bases de las misiones volantes propiamente dichas de 1609, 1611 y 1616. « Relación breve del Padre Diego de Torres acerca de los frutos que se recogen en la tierra y de los indios calchaquies », 23-01-1601 (en Levillier 1928, III: 365-369, en italiano).

misión permanente en dos períodos (1617-1622 y 1643-1658) se amoldó a la geografía de vigilancia dibujada por las autoridades civiles, al retomar como su nombre el apelativo genérico *calchaquí*, nacido al calor de los enfrentamientos del siglo anterior, como lo acabamos de mencionar. Esta misión cuenta sin lugar a dudas entre los episodios más infaustos de la Compañía. Víctimas de la animadversión tanto de las autoridades civiles como de la alta jerarquía eclesiástica, en parte por su apoyo a las Ordenanzas de Alfaro[56], los misioneros no pudieron quedarse en el Valle de Calchaquí más de cinco años en su primer intento.[57] En cuanto al segundo periodo, más largo, en el que lograron mantenerse en San Carlos y en Santa María durante casi quince años, fracasó de forma lamentable debido a su complicación con las intrigas de Pedro Bohórquez.

En el sur de la región –en la parte "diaguita", siguiendo la partición colonial– si bien el fracaso no fue tan estrepitoso y rocambolesco como en el Valle Calchaquí, los misioneros de La Rioja nunca pudieron actuar de manera autónoma ni desarrollar su acción fuera de los dispositivos implementados por los caudillos locales. Es más, siempre actuaron como auxiliares especializados. La región sufrió una remodelación muy importante en la segunda parte de los años 1630, como consecuencia de lo que se dio en llamar el "gran alzamiento"[58], sublevación general de los indios desde el Valle de Calchaquí hasta la misma ciudad de La Rioja, que fue cercada durante varios días, mientras que Londres era arrasada por segunda vez.[59] La cruenta pacificación organizada por los hispano-criollos, entre otras consecuencias, dio lugar a la militarización de la región con la construcción de varios fuertes, en Andalgalá, Famatina y el Pantano, y la reducción por la fuerza de muchos de los sublevados fuera de sus pueblos, en las inmediaciones de dichos fuertes. Pues bien, los jesuitas de La Rioja, que habían tomado una parte activa en las campaña militar contra sus neófitos[60], siguieron la reorganización de la provincia y desarro-

---

56 « Resolución de los jesuitas sobre las ordenanzas de Alfaro y la obediencia que le deben los vecinos del Tucumán, 03-08-1613 » (Pastells 1912-1949, I: 192-195).
57 « Expediente de la visita que hizo el obispo de Tucumán, Dr Julián Cortázar al en el Valle Calchaquí, octubre-noviembre 1622 » (Levillier 1926, I: 308-323).
58 Montes 1961.
59 « Carta del gobernador Felipe de Albornoz, 01-03-1633 » (en Larrouy 1923, I: 75-99).
60 Giudicelli 2009.

llaron su acción evangelizadora a partir de los dispositivos militares, puntualmente en Famatina[61], con más tiempo y energía en el Pantano, donde los misioneros se quedaron asentados varios años.[62] En esas condiciones, huelga precisar que su papel en la (re)clasificación de los múltiples grupos *diaguitas* desplazados fue inexistente. Se limitaron a seguir las pautas dictadas por los imperativos del mantenimiento del orden.

Queda por tanto patente la impotencia taxonómica jesuita en esta parte del Tucumán. Los misioneros fueron tributarios hasta el final del flujo y reflujo del frente de conquista en aquel enclave resistente. Conocían muy bien las relaciones políticas y culturales que vinculaban la mayor parte de los grupos indígenas de la región. Al evocar una "misión en el pantano de Londres, [...] por medio de aquellos indios diaguitas", el redactor de la Carta Anua de 1641-43 reitera que "son la mesma gente, lengua y parentela que los calchaquíes".[63] En el capítulo dedicado al Colegio de Salta, el autor de la Carta Anua de 1632-34 ya había evidenciado con términos notablemente similares el parentesco entre *pulares* y *calchaquíes*, más separados que nunca en esta ocasión por la participación de los primeros en los tercios hispano-criollos contra los segundos: "[...] tenían éstos su parentela y sus casas en unas reducciones o pueblos de indios amigos aunque descendientes de los mesmos calchaquies que estavan solos dos leguas distantes".[64]

Pero ni en el primer caso ni en el segundo pudieron los misioneros modificar la fragmentación primitiva del mundo indígena producida por las demás instancias del frente de conquista. Se conservaron tanto los nombres de naciones (malfines, guandacoles, famatinas, capayanes, tolombones, taquigastas, pulares, quilmes, ingamanas, y un largo etc...) como su recalificación en la geografía de control de la provincia (diaguitas y calchaquíes, calchaquíes y pulares).

---

61 [CA] ([1632-1634] 1990: 71).
62 « Carta del Provincial de la Cia de Jesús Fco de Lupercio de Zurbano a SM, 19-12-1644 » ([CA] [1641-1643] 1996: 57 y 64-65).
63 [CA] ([1641-1643] 1996: 71
64 [CA] ([1632-1634] 1990: 51).

Conclusión

Los jesuitas tuvieron un papel clave en las dos fases esenciales de definición y clasificación de los indios de los confines americanos en el momento de expansión del frente de conquista, a partir de los últimos años del siglo XVI. Se pueden distinguir dos niveles en su intervención: un papel activo de los grandes cronistas –y propagandistas– en la conceptualización genérica de las poblaciones de las fronteras, y un segundo nivel, más local y más profundo, de delimitación formal de las naciones destinadas a ser incorporadas en la red de misiones.

Entre los principales teóricos de la Compañía de Jesús, José de Acosta, cuya influencia sobre sus hermanos de orden no debe ser minusvalorada, tuvo un papel esencial en la producción de una tipología sociopolítica de los *bárbaros* de esas fronteras, y no poco contribuyó a la elaboración de una geografía ideológica que prepararía el terreno para la posterior fragmentación de esa masa bárbara en una serie de naciones, gracias a la implementación de los dispositivos de conquista. Los grandes cronistas de las diferentes provincias jesuíticas completarían el trabajo, al presentar en detalle los progresos efectivos de los misioneros.

En cuanto a estos últimos, tuvieron un rol central en la delimitación de las naciones indígenas a nivel local, como agentes del frente de conquista, creando misiones, y por su actuación en la identificación de los idiomas hablados por los indios. Vimos que si esta identificación podía tener un valor estratégico en la medida en que determinaba la atribución de tal o cual nación a la tutela de la Compañía, habría que matizar el alcance, magnificado por la historiografía jesuita, de los conocimientos reales de los misioneros en el momento de fundación de dichas misiones. Un estudio más fino demuestra que en muchos casos el voluntarismo expansionista de la Compañía primaba sobre el interés lingüístico propiamente dicho.

Por fin, es difícil presentar un balance global de la intervención de lo que hemos llamado las tijeras ignacianas. La eficacia de éstas parece haber dependido estrechamente de la posición de la Compañía en el equilibrio de fuerzas de las provincias de frontera consideradas. Además del juego político más global en el que estaba inmersa la Compañía, era tributaria de la autoridad que lograron obtener los misioneros entre los indios en el momento de negociar su entrada y, más aún, de su capacidad para lograr o no una buena articulación entre su propia acción y las exigencias de los poderes hispano-criollos locales.

Sin negar la especificidad de la labor misionera, sería un error considerar la acción de los jesuitas en esas tierras de frontera independientemente de las convulsiones internas de la sociedad colonial. Lo que enseñan los dos casos opuestos estudiados –el éxito de la expansión misionera en las provincias de Tepehuanes y, más aún, de Tarahumara, en la Nueva Vizcaya, y el fracaso en los valles andinos del Tucumán– es precisamente que el campo de acción de los jesuitas era intricadamente vinculado a su posición en el seno de la sociedad hispano-criolla local. Donde no pudieron imponerse como agentes de primer orden, como en el Tucumán, su acción taxonómica efectiva fue escasa o nula, y se conservó la información del mundo indígena producida por las otras instancias del frente de conquista.

EL DISCURSO JESUITA SOBRE LOS INDIOS DEL GRAN CHACO Y LA "BUENA ACCIÓN" MISIONAL (SIGLO XVIII)

Carlos D. Paz

> Existe otra tentación grave que no se puede vencer
> sin gran fortaleza del alma,
> y es la de dominar y mandar a los indios.
>
> José de Acosta

El espacio que conocemos como Gran Chaco posee una densidad histórica, en la cual es por demás complejo ahondar. Las condiciones medioambientales que presenta, en distintos ecosistemas de profunda integración y aprovechamiento por los grupos humanos que allí residieron, torna casi imposible la labor arqueológica lo cual impone severas restricciones a nuestro conocimiento.

La invasión europea del espacio americano, y para este caso en particular, generó nuevas razones aunque con fuertes reminiscencias de los otrora conquistadores. Chaco, como vocablo, no es nada más que una herencia cultural de la expansión incaica –aunque en rigor de verdad deberíamos de afirmar que en este caso se trata de la limitación a la misma– que los españoles tomaron como suya y castellanizaron parcialmente. *Chacu*, como corresponde a la sistematización gramatical del sonido original en quechua, expone la idea de "ferocidad" del espacio así como la visión de ser un lugar propicio para realizar cacerías. Quizás por ello las primeras exploraciones sobre el terreno produjeron algunos informes donde las referencias que encontramos dan cuenta más de lo verosímil que de lo verdadero.[1] Un canon propio de la historiografía de época –incluso de una porción de aquella del siglo XVIII– que al momento de describir la *barbarie* llenaba sus lagunas documentales apelando a la imaginación fantástica para dotar al relato de una mayor espectacularidad.[2] Empero, y con las limitaciones que la fantasía impone para la construcción de conocimiento histórico, algunas informaciones tempranas posibilitan bosquejar algunos trazos sobre el medio, sus gentes y los cambios de territorialidad de las poblaciones chaqueñas conforme a variaciones en las relaciones sociales que se construían entre distintos grupos (Nördenskiold 1917).

Los grupos nativos a los que se hacía alusión como bárbaros[3] y "...como brutos sin mas cuidado que el vivir; sin policia alguna, ní subordinacion de unos â otros, ní aun de los hijos â sus Padres...".[4] fueron catalogados, desde comienzos de la labor misional jesuítica, bajo macro categorías étnicas que si bien daban cuenta, en un primer momento, de una gran variedad de formas de reconocimientos identitarios atribuidos a los nativos, también reducían –y aún lo hacen– el panorama social chaqueño a un conjunto finito y discreto de grupos humanos posibles de ser catalogados en un index que presentaba cierta correlación con un determinado espacio físico. Este aspecto niega la movilidad estacional de los grupos así como un posible abordaje diacrónico de los procesos históricos de complejización social y construcción y reelaboración de identidades políticas, económicas y étnicas.

Veamos un ejemplo, aunque breve, por demás representativo de esta historiografía. El padre Pedro Lozano, S. J., *historiographus provinciae*,

---

1 Todorov 1995.
2 Hartog 2005.
3 La idea de barbarie, como figura retórica, nos remite a una obra fundamental de la historiografía que cuenta a los sacerdotes de la Compañía de Jesús como autores. La monumental obra de Acosta (1979) propone la existencia de estadíos de civilidad por demás claros y excluyentes uno de otros. Estos lexemas, identificados bajo los rótulos de salvajismo, barbarie y civilización, fueron los mismos que luego adoptó, en cierta medida de y modo acrítico, la antropología (Boccara 2005). La idea de la *indocilidad bárbara* fungía, para los conquistadores y conversores, a modo de *locus* que avalaba las acciones violentas que los primeros lanzaban sobre los nativos y, para los segundos, un desafío a llevar adelante propendiendo que los nativos abandonaran este estadío mediante la adopción de prácticas propias de la cristiandad.
4 [Naciones del Chaco] (1768: 43).

en 1733 publicaba la *Descripción Chorographica [...] del Gran Chaco Gualamba*; obra encomiable que daba cuenta de los principales aspectos de la historia del Chaco y de sus poblaciones indias. En ella afirmaba que los indígenas "[g]eneralmente no tienen govierno alguno civil, no observan vida política: solo en cada tierra ay vn Cazique, á quien tienen algun respeto, y reverencia, que solo dura mientras se les da alguna ocasion de disgusto, por el cual fácilmente se separan".[5]

Sin lugar a dudas se trataba de una afirmación categórica y en tono descalificatorio de los ánimos nativos, que parecían ser tan inestables que permanentemente ponían en jaque las posiciones de aquellos que lograban construir una posición diferencial dentro de la sociedad amerindia. Esto permitía pensar en un estado de todos contra todos, nefasto y pernicioso para el normal desarrollo de las virtudes cardinales del cristianismo. Sin embargo, salta a la vista la cuestión de la "vida política" y la ausencia de gobierno civil. La idea fuerza que se intentaba transmitir enfatizaba los logros misionales que se habían alcanzado hasta el momento, mediante la superación de la belicosidad nativa por medio de las misiones que se erigían a modo de contrafuerte contra los enemigos de los reducidos. Además se exponía, con la expresa finalidad de captar nuevas voluntades para la causa de la Orden, la realización de un relevamiento demográfico del Chaco que permitía justificar la necesidad de nuevos misioneros que llevaran el Evangelio a aquellas dilatadas porciones del orbe. Este hecho podía ser evaluado a partir de los logros misionales que, como veremos, en más de una instancia ocasionaron enfrentamientos de algunos miembros de la Compañía con las autoridades locales. En este caso en particular, las autoridades santafesinas disputaban con los jesuitas el control de los vastos contingentes de población nativa refugiada en las misiones. Más adelante volveremos sobre las severas limitaciones de la prédica misional de la conversión, desde los propios intereses indios. Ahora retomemos la cuestión del genio "indómito" de los nativos y los modos como los sacerdotes intentaban dar por tierra con él.

Joseph Cardiel, un misionero de vasta experiencia tanto en las tierras patagónicas como en las chaquenses, afirmaba, años después de la publicación de Lozano, que "[l]os Infieles de esta Provincia son de los

---

5 Lozano (1733: 55).

mas Barbaros, que se encuentran en la America. Son de genio pueril. Creen facilmente lo que se les dice de nuestra Santa Fe, pero por falta de razon no se mueben â ejecutarlo. No se valen para con ellos razones sino dadivas. Con estas ô con las Armas se convierten".[6] El mensaje era por demás claro. No había mayores problemas a vencer para la conversión de los nativos, solo eran necesarios bienes con los cuales poder agraciar a aquellos sujetos que aparecían como cabezas visibles en las negociaciones con los sacerdotes. Individuos que, por otra parte, probablemente no detentaran esa posición al momento en que los obsequios comenzaron a circular por las redes de intercambio nativas. Sujetos que rápidamente recalaron en la utilidad política de contar con bienes posibles de ser utilizados a modo de favores políticos para con los suyos. Se impone la necesidad de poner el dedo en el renglón y preguntarse si la política jesuítica de agasajos, en cierta medida, pudo dar paso a la gestación de unidades sociales de mayor envergadura. Veamos un ejemplo de cómo funcionaba la táctica jesuítica de acercamiento a los nativos.

Conforme con una idea expuesta por Joseph de Acosta, a quién ya hicimos breve referencia, los sacerdotes debían de entrar en contacto con los nativos, y sus *cabezas*, poniendo especial atención en que aquellos no los percibieran como "visitadores o censores, pesquisidores o delatores, sino por grandes amigos suyos y animados de sentimientos de benignidad y humanidad para con él".[7] Si no todo lo contrario. Por y para ello, y volviendo sobre los dichos de Cardiel, "[v]a el Misionero cargado de Abalorios. Regala a los Caciques y algo â los Vasallos, con q les gana la voluntad. Conquistada esta les persuade que se junten muchos pueblecitos en uno grande para enseñarles la Ley de Dios".[8] Sin lugar a dudas una referencia por demás clara de cómo enfrentar y superar las vicisitudes que los misioneros encontraban en su avance por el Chaco. Aunque claro que esta nueva nota sobre el modo de referir a la política nativa impone algunas objeciones a los dichos de Lozano. La idea de "vasallos" a los que se les gana la voluntad nos coloca delante de sujetos que están cediendo algunas de sus libertades individuales –aquellas mismas que los hacían altamente móviles conforme las

---

6 Cardiel (1747: 1).
7 Acosta [1588] 1999: Libro III, capítulo XXIV.
8 Cardiel (1747: 1).

pasiones encontradas que se desataban en el seno de las unidades de análisis de la política indígena– a fideicomisarios de la política nativa que conoceremos luego, por la vasta documentación colonial, como caciques. Junto con esto es relevante resaltar la idea de juntar a muchos "pueblecitos" bajo el mando de uno de mayor tamaño que es *cuasi* un calco *avant la lettre* de la idea que desarrolló la antropología para explicar el modo como el poder se institucionalizaba en las distintas comunidades del orbe. Dejando de lado este detalle –al menos para esta ocasión– lo que advertimos es que para una optimización de la empresa misional se necesitaba congregar a los indígenas poniendo coto a la movilidad estacional que los caracterizaba: "Para no pocos fueron un imán y anzuelo la esperanza de regalos, el deseo de carne de vaca que cada día se distribuía, y la seguridad [de la misión, donde] [l]a mayoría pedía a los Padres comida y ropa...".[9] Así era como referían los misioneros de vasta experiencia en el Chaco a los acercamientos nativos a las misiones en un claro proceso de concentración de población.

Esta idea de la congregación de las almas respondía a otro principio claro sobre el modo de avanzar sobre el espacio y para la conquista de las voluntades. Era necesario, para alcanzar estos objetivos, tener un proyecto que permitiera superar de la mejor manera los escollos que se presentaban. Por ello a los sacerdotes se les transmitía la idea de que "las comodidades o dificultades de Indias, no hay que medirlas por las leyes y costumbres de otras naciones, sino por sí mismas, y [...] en todo hemos de buscar no lo que a nosotros nos es útil, sino lo que aprovecha a muchos para que se salven".[10] Es decir, volver en cierta medida sobre aquella máxima que se le atribuye al jesuita Matteo Ricci –*para misionar en China primero hay que ser chino*. Pero para ello era necesario, primero, conocer la realidad sobre la cual se quería operar y esa entidad, que podemos catalogar como "etnológica", es la misma que se encuentra reflejada en el cúmulo de "naciones" que enumera Lozano.

El listado de grupos que el historiador oficial de la Compañía presentaba en su obra es por demás vasto y permite dar cuenta de lo que parece ser un *maremagnum* de gentes. En un apartado intitulado "Noticia de las naciones..." se da cuenta de que en el Chaco se podían encon-

---

9 Dobrizhoffer 1968: III, 124)
10 Acosta [1588] 1999: Libro III, capítulo XXIV.

trar "[...] Chiriguanas, Churumatas, Mataguayos, Tobas, Mocovíes, Aguilotes, Malbalaes, Agoyas, Amulalaes dichos antiguamente Matarás, Palomos, Lules, Tonocotes, Toquistineses, Tanuyes, Chunupies, Bilelas, Yxistineses, Oristineses, Guamalcas, Zapitalaguas, Ojotaes, Chichas, Orejones, Guaycurúes, Callagues, Calchaquíes y Abipones, Otras ay de menos nombre aunque conocidas [...]".[11] Todos estos nombres, además de los que aquí obviamos mencionar por cuestiones de extensión, no solo nos colocan delante de lo que podríamos identificar como un espacio social en el que convivían grupos socialmente homogéneos y contrastantes sino que, por otra parte, reafirman la idea del Chaco como ámbito en el que era necesario que la Compañía sentara sus reales para lograr una transformación social efectiva.

Además de esta profusión de identidades pretendidamente contrastantes se daba cuenta de la densidad poblacional y de las prácticas económicas. Éstas no se explicitaban sin antes poner de manifiesto el carácter rústico de los nativos. Sin mencionar sus fuentes, aunque con una base certera del conocimiento de las Cartas Annuas[12] además de otra información que circulaba entre los sacerdotes, Lozano informaba que

> entre el río Bermejo, y el Pilcomayo ay mas de doce mil Indios desde la Cordillera hasta donde los Rios desembocan en el Paraguay. Toda esta gente es pecadora, que no siembran cosa alguna para su sustento, ni tienen Pueblos formados; viven en casas de esteras, las quales mudan con facilidad de unas lagunas a otras [...] tienen tierras conocidas, y grandes guerras sobre las pesquerias, algarrobales y cazaderos...[13]

---

11 Lozano (1733: 51).
12 Las Cartas Anuas eran redactadas por el Padre Provincial a efectos de dar cuenta de los sucesos acaecidos en cada Provincia de la Compañía de Jesús y, tal como sostiene Morales (2005: 22), servían para unir a los jesuitas entre si; para "tener una idea universal de gobierno" y "para conservar el *buen ser de la Compañía*". En este conservar el buen ser de la Compañía se ponía atención a la información que circulaba. Por ello es que en las cartas se daba cuenta de todo lo que podía ser de público conocimiento, dejando para un pequeño círculo de notables, aquellas cuestiones que podrían acarrear problemas para el buen ser. Este tipo de cuestiones son las qué, en buena medida, contribuyen a fomentar un halo de misterio sobre los miembros de la Compañía, aspecto que también señala Morales, al tiempo que afirma que la estructura de administración jesuita era envidiada por sus contemporáneos. Para un adecuado conocimiento del funcionamiento, y ordenación, de la Compañía de Jesús es imprescindible consultar las *Reglas de la Compañía...* (1735).
13 Lozano (1733: 53).

La mención sobre el volumen demográfico del Chaco es un punto imposible de corroborar, sobre todo con anterioridad a la acción misional, dado que no contamos con ninguna clase de información. Pero fuese cual fuera el total de la población, la misma representaba un atractivo para aquellos que necesitaban de los nativos y de su fuerza de trabajo. Los establecimientos productivos de los hispano-criollos habían comenzado un proceso de expansión desde comienzos del siglo XVIII sobre buena parte de las porciones de tierra controlada y necesaria para la reproducción material e inmaterial de algunos de los grupos indios que mencionara el amanuense jesuita. Dicha expansión ponía en evidencia la riqueza de los campos y engendraba reacciones violentas por parte de los nativos. El registro documental menciona guerras "en tiempo de sus juntas y borracheras" que hacían peligrar el proyecto hispano-criollo de control del espacio. Sin embargo, lo que denunciaban los sacerdotes en más de una ocasión, era la codicia de las autoridades de Santa Fe, y cómo producía alteraciones en la territorialidad indígena. A esta dinámica hoy podríamos catalogar como geo-política, ya que implicaba el acceso y aprovechamiento diferencial de diversos recursos económicos y extra-económicos o inmateriales, tal y como se evidencia en el uso de las dádivas a partir de la presencia jesuítica. Esta maña implicaba para los nativos chaquenses la ventaja de contar con apoyos a la hora de hacer valer sus intereses frente a las autoridades coloniales o intentar poner fin a conflictos propios de la sociedad indígena. También les allanaba el camino para poder legitimar, por parte de *otros*, su acceso a determinados bienes y redefinir el liderazgo hacia el interior de sus comunidades. Retomemos el punto de la irrupción sobre los espacios indígenas.

El jesuita Cardiel, denunciaba sin medias tintas a Juan Antonio de Vera Muxica, teniente de gobernador de Santa Fe, porque éste

> [...] sintió el que yo anduviera en estas cosas[14]; diciendo q â nosotros nos tocaba solamente enseñar la Doctrina; y â el como â persona publica de formar

---

14 Esta mención de Cardiel hace alusión a sus reclamos ante las autoridades santafesinas a los efectos de poder concretar la misión en los terrenos que los nativos elegían para tal fin. La elección del lugar dónde la misión se concretaría se dejaba a los indígenas. Lo cual generó enconos como este que citamos. Por otra parte este mismo punto de que los nativos elegían los lugares dónde la misión se llevaría a cabo permite reforzar aquella hipótesis de la competencia por los espacios entre distintas unidades sociales nativas. Hemos ampliado esta hipótesis de trabajo en Paz (2009).

Pueblos; el quando, el como, y en donde: assi melo dixo delante del P. Luis Diaz. Que el pueblo no convenia fuesse donde yo decia, y ellos [los indígenas] querian [...] El P. Rector y Superior de la Mision favorecia mis intentos. El P. Prov^l decia q era menester contemplar al teniente, por q le necessitabamos por la soldadesca: y q despues se podia trasladar el Pueblo desde donde lo queria el teniente, â donde lo querian los indios.[15]

Esta extensa mención refiere a uno de los puntos que se encuentran en casi todas las crónicas jesuíticas. Los indígenas, al momento en que se acercaban a las fronteras para acordar la concreción de la misión, dejaban en claro que la misma debía llevarse a cabo en los espacios que ellos solicitaban a tal efecto. Lo que sugiere la documentación elaborada por los sacerdotes es que los nativos habían encontrado en el pedido de misión una excelente forma de legitimar el acceso a determinadas porciones del espacio chaqueño. Aspecto que no resulta del todo llamativo partiendo de la tesis de que sus bases económicas se asentaban sobre prácticas de caza-pesca-recolección, y pequeñas parcelas de cultivo. Si bien la movilidad estacional de los grupos en cuestión permitía el acceso a variados nichos ecológicos en distintas épocas del año, el Chaco, a pesar del discurso jesuítico sobre su riqueza, no soportaba grandes presiones de bio-masa que permitieran la supervivencia. Asegurarse el acceso a ciertas porciones del espacio implicaba, en cierta medida, una política de control social a la vez que de reproducción.

No podemos afirmar categóricamente que tal cosa fue percibida rápidamente por los misioneros pero es razonable que pensaran que para poner fin a las guerras que se desataban entre los indios –y aquí recordemos la mención que hacía Lozano sobre los pescaderos y demás terrenos posibles de ser aprovechados– era necesario crear colonias que nuclearan a todos aquellos individuos que se reconocieran bajo el mando de ciertos caciques; los mismos que a su vez posibilitaban identificar gru-

---

15 Cardiel (1747: 2, subrayado en el original). El entredicho entre el jesuita y el teniente de gobernador es por demás interesante sobre todo poniendo atención a por qué Vera Muxica quería interponer sus intereses en el proceso de reducción. Cardiel afirmaba que aquel deseaba que la misión se concretara "[...] sino alli cerca de la Ciudad en unas tierras suyas en el camino derecho de S. Tiago. [y que] Los indios no venian en ello, diciendo q eran sus tierras, y esas cosas [...]" (AGN/BA, 1747b, f. 2). Esta mención es aquella que se suprimió en el cuerpo del texto pero que no puede pasarse por alto para de poder comprender cabalmente la lógica de intereses contrapuestos.

pos sociales clasificados bajo los mismos rótulos que ya había enumerado la *Descripción Chorographica*. Confrontemos nuevamente los dichos del jesuita Cardiel.

Para éste, en la frontera de Santa Fe la mejor forma de contener los ánimos encontrados de los nativos era crear colonias en lo que a las claras era un plan de ordenamiento territorial de la "etnicidad"; un esquema que implicaba el siguiente reparto. "A los mocobis en Santa Fe la tierra, en que están, y a los Abipones en medio de Santa Fe, y las Corrientes, al Poniente del Parana, en sus orillas, sitio en que â mi y al teniente pidieron fundar Pueblo, y el Diablo lo devasto todo, quede ya colonia de Santiago y de Nuestra Señora de Fe, pueblos grandes, y acomodados [...]".[16]

Siguiendo con la exposición sumaria que brinda el jesuita caemos en la cuenta de que al mismo tiempo que se llevaban a cabo las labores misionales, plasmadas en distintas reducciones, asistimos a la creación de nuevos conjuntos humanos posibles de ser identificados bajo un rótulo étnico. Los caciques eran los que se presentaban a pedir misión en representación de los "suyos"; empero, conocemos que en algunas ocasiones surgían disputas que ponían en jaque la pretendida autoridad de algunas de las figuras que reclamaban para sí un lugar de privilegio en la estructura social de la colonia.

Junto con ello lo que claramente se percibe es una construcción conjunta –entre nativos, sacerdotes e hispano-criollos– de nuevas territorialidades que encontraban su expresión máxima en los reclamos que los nativos hacían llegar a las autoridades, pidiendo que se respetaran "sus" territorios. Éstos eran reconocidos por las autoridades coloniales en función de la adopción de ciertas pautas de la vida cristiana; nada más ni nada menos que aquello denominado como occidentalización[17] y que más de una vez fue criticado por las autoridades coloniales y por los detractores de la Compañía, motivando más de una de las obras redactadas después de la expulsión.

Retomando la cita precedente sobre las disputas entre Vera Muxica y los jesuitas, a propósito de la acción misional y de los suelos ocupados por los indígenas, es necesario destacar que en más de una oportunidad los nativos presentaron quejas, por *motus proprio* o mediante la

---

16 Cardiel (1747: 4).
17 Gruzinski 1989.

representación de terceros, en dónde se exponía que en algunas ocasiones los terrenos dónde se habían construido misiones no pertenecían, de antemano, al grupo indígena que se arrogaba el derecho de ser reconocido allí mediante su reducción. Esto sin lugar a dudas colocaba a los jesuitas ante la difícil situación de convalidar de hecho situaciones ilegítimas, o al menos no acordadas por la política nativa. Una arista del problema que podía llevar a entrampar la acción misional jesuítica en lo que parecía ser, parafraseando a Clastres, "la desgracia de los jesuitas".[18]

Mientras que por un lado se buscaba contener los ánimos nativos mediante la política reduccional y el otorgamiento de bienes y prebendas, por otro se desencadenaban nuevos conflictos por los espacios productivos y las oportunidades que la cercanía de las Misiones a algunos mercados o centros coloniales, reportaban para los indígenas. Los enfrentamientos por el control de estos espacios y por las redes comerciales retroalimentaban la idea de la barbarie nativa.

Martin Dobrizhoffer es quizás uno de los misioneros de mayor trascendencia debido a su obra *Historia de los Abipones*, verdadera etnografía que posibilita conocer al detalle la vida de los grupos abipones reducidos, primeramente en San Jerónimo del Rey –la actual ciudad de Reconquista; Santa Fe–, y en otras misiones erigidas con el mismo fin para distintas parcialidades que conformaban la totalidad de la nación de los abipones.[19] Aunque no ahonda en detalles, su extensa obra –fundamentalmente destinada a narrar elogiosamente las acciones misionales y el rol central de la figura del jesuita– hace referencias al problema de los reclamos de tierras aparentemente usurpadas.

Luego de que la vida misional en San Jerónimo del Rey comenzara a generar rispideces entre aquellos que se presentaban como *primus inter pares* de la política abipona pero que pugnaban por encumbrarse en la estructura social indígena fue necesario la construcción de nuevas misiones, continuando con la práctica de dejar que los interesados escogieran el lugar. Una de las nuevas misiones de abipones, fundada en 1763 –y, por cierto, la última creada en el territorio del Chaco–, fue aquella que se conoció como Nuestra Señora del Rosario, San Carlos (en la actual ciu-

18 Clastres 1996.
19 Paz 2009.

dad de Herradura, Formosa). Esta misión generó no solo recelos entre algunas de las autoridades santafesinas y asuncenas si no que provocó que algunas parcialidades mocobíes expusieran sus reclamos ante las autoridades de las ciudades. Dobrizhoffer, que era crítico de la idea de la barbarie nativa, sostenía: "*Estos pueblos bárbaros*, más temibles tanto por su número como por su habilidad para perjudicar, *consideraban que el campo donde se había establecido nuestra misión les pertenecía, ya que nunca antes fue habitada por abipones*".[20] La cita refleja de manera elocuente lo que sucedía en las dilatas porciones del Chaco.

La Misión se imponía claramente como un factor decisivo en la geopolítica nativa y el control sobre ciertos espacios, a la vez que permitía a los nativos acceder a los bienes que mediante ellas se entregaban. Se revelaba como un espacio importante en el proceso de construcción y legitimación de las posiciones de poder, prestigio y riqueza en el seno de las comunidades indias. Además de los aspectos materiales los indígenas, siguiendo algunos de los juicios propios de la sociedad colonial, tanto en su porción jesuítica como laica, delineaban buena parte del imaginario social que separaba las fronteras entre la actuación de los grupos reducidos y los hostiles.

Un ejemplo de ello es el testimonio que un vecino de la sociedad santafesina prestaba a efectos de dejar en claro que los nativos de la mencionada misión de abipones de San Jerónimo del Rey, junto con el cacique que centralizaba la política allí, eran sujetos nobles y no así como aquellos *otros* abipones que se encontraban reducidos en la Misión de Concepción (actual ciudad de Los Telares, en el Departamento de Salavina, Santiago del Estero).

> Don Joseph del Barco vezino de esta dicha ciudad a quien jura [...] por interposición del Cacique Joseph de Ychoalay del Pueblo de San Gerónimo desta Jurisdiccion que paso auxiliando a la Gente española, y que aquellos Indios de dicho Pueblo de Santiago del Estero [refiere a la Misión de Concepción] son los que hacen los daños.[21]

---

20 Dobrizhoffer 1968, III: 322, resaltado mío.
21 Testimonio de Dn. Joseph del Barco ante Juan Antonio de Vera Música, 11 de abril de 1752. Santa Fe (AGN/BA. IX- 4-1-2). Junto con la declaración de del Barco se encuentra el testimonio de otro vecino llamado Pedro Manuel de Auzmendia. Los dichos de unos y otros son casi textuales por lo cual solo reproducimos uno de ellos.

Este proceso de creación de grupos leales a la política misional así como otros que, si bien formaron parte del mismo colectivo indígena, eran presentados desde la documentación como reacios a la aceptación de ciertas prácticas, constituyó un momento por demás interesante a partir del cual podemos bosquejar algunas pistas sobre la acción misional jesuítica y el desarrollo de nuevas formas y criterios de integración política entre los indígenas.

Para comprender mejor la *performance* nativa, en la que algunos líderes aparecían como fuertes e indiscutidos aliados de las doctrinas jesuíticas, es necesario recuperar la tradición historiográfica que ponía el acento en la reconstrucción minuciosa de la política. Sin pecar de ingenuidad sobre los alcances heurísticos del positivismo, y partiendo de la idea rectora de que la documentación colonial en función de los intereses de sus autores ponía énfasis en la perfidia de los indígenas, estereotipo que éstos conocían bien, no es arriesgado entonces presuponer que los indios, desde que se asumían como tales, en la acepción colonial del lexema, estaban manipulando muy a su favor la política dominante.[22] Tal hipótesis de trabajo se corrobora en la capacidad de presión que poseía, por ejemplo, el ya nombrado cacique de San Jerónimo del Rey. Su facultad para la política quedó demostrada en las disputas en torno a la misión de Nuestra Señora del Rosario, San Carlos del Timbó. Cuando las negociaciones con las autoridades paraguayas, las mismas que dotarían al cacique en cuestión de una mayor centralidad en la política santafesina y en el *hinterland* asunceno, parecían serles adversas, éste cursaba misiva nada peculiar a las autoridades santafesinas:

> Joseph Benavides dice que se anima á irse á dicha ciudad del Paraguai, si es que Vd [se dirige al Teniente de Gobernador de Santa Fe] pondrá seguridad de su persona, le de quién le acompañe, la cual ida si se efectúa puede ser que surta efecto la fundación de dicho Pueblo, por lo mucho que los señores paraguayos lo desean.[23]

Esa breve alusión pidiendo seguridad para su persona nos está sugiriendo un clima de guerra, esta vez real y ampliamente extendido por

---

22 Viveiros de Castro 2002a.
23 Informe de Joseph Lehman a Francisco Antonio de Vera Muxica. San Jerónimo, 3 de marzo de 1760 (AGN/BA. IX-4-1-2).

toda el área de la cuenca paranaense, que ponía en riesgo su vida y con ella sus objetivos políticos, profundamente ligados a la política jesuítica de fomento de las labores misionales y el sostén de líderes para la negociación. En los breves años en que la Compañía tomó contacto con los nativos, éstos muy rápida y diligentemente incorporaron para sí los tonos y matices desde los cuales encarar sus políticas pero respetando los dictámenes de lo que de ellos se esperaba. Sumado a esto, y retomando la última mención sobre las disputas por el poder, las tierras y las representaciones, podemos afirmar que al trasladar al Teniente de Gobernador la necesidad y responsabilidad del viaje a tierras cercanas al Paraguay, el cacique mostraba una cara poco amable, dado que de negársele lo que pedía, se contradecían los deseos de *los señores paraguayos,* con quienes buena parte del patriciado urbano santafesino, e incluso correntino, mantenía relaciones comerciales incluyendo, por supuesto, a este personaje de la política abipona.

Recapitulando y en aras de ensayar algunas conclusiones haremos una última, y doble, mención documental referida al problema de las acciones misionales y lo que las mismas implicaron para el desarrollo de la región. En los principios que San Ignacio había sentado en sus *Reglas* para la Compañía hacía clara mención de lo que luego, quizás por el celo profesional de los propios misioneros o por el carácter propio de la política fronteriza, pareció dejarse de lado. Cuando refería al momento de entablar relaciones sugería lo siguiente: "no estreches fácilmente amistad con todos, sin que el espíritu, y la razón pruebe antes a cada uno".[24] En otras palabras, pero en el mismo tono que la afirmación anterior, se sugería desde la ciudad puerto de Buenos Aires, hasta donde llegaban los ecos de los problemas en las fronteras de Santa Fe y Asunción con sus respectivas misiones, que las autoridades "sean conduzentes á eludir las solicitudes de los Ynfieles, y conservar en paz y buena armonía a los que están reduzidos en los Pueblos de San Fernando, San Gerónimo y San Xavier".[25]

Esta era la sugerencia que se hacía, desde Buenos Aires, al cabildo de Santa Fe ya casi a fines del siglo XVIII y luego de la expulsión de la Compañía de Jesús. La mención que provenía desde los cabildantes por-

---

24 [Reglas] 1735:128.
25 Buenos Aires. 12 de octubre de 1774. Exhorto al Cabildo de Santa Fe por la situación de las fronteras. AGN/BA. IX-4-1-5.

teños era por demás clara y daba cuenta de que los nativos, con sus solicitudes, en aras de la paz y buena armonía, estaban involucrando a los hispano-criollos de las fronteras santafesinas en su política. Una política que se manifestaba claramente en y por el control de los ganados, las gentes, los espacios y, por sobre todo, la gestión de un entramado de relaciones sociales que se muestran complejos por dos cuestiones de índole mteodológica. Una de ellas es que nosotros debemos de reconstruir los intereses de cada grupo o facción, confrontar a los mismos con los demás, y luego explicar la dinámica social, a partir de la situación de conflicto. Los nativos y los hispano-criollos no debían de reconstruirlo dado que se encontraban inmersos dentro del mismo cuerpo social, lo cual redundaba en un conocimiento de la política que se expresa en el manejo que cada sector en particular hacía de las disidencias. Saber confrontar, o mostrar a algún sector en particular como el enemigo de otro en el momento adecuado era una expresión del verdadero arte de la política, cuestión que los nativos, por lo que sabemos de ellos y sus acciones, manejaban con un grado admirable de sutileza.

En segundo lugar, lo que por momentos dificulta la reconstrucción de aquellas relaciones sociales son los intereses velados que las fuentes nos muestran. Empero, una vez que devolvemos dinamismo a la sociedad, estos conflictos cobran una vitalidad reveladora de los intereses propios del sector hispano-criollo, ya sea santafesino o porteño, y como éstos, para alcanzar la consecución de sus intereses, reproducen la idea de los nativos como *brutos sin más cuidado que el vivir*.[26] Esta representación era más que funcional para justificar las acciones nativas y poder lanzar acometidas pacificadoras contra el territorio y sus habitantes *a posteriori*.

Un análisis de la política nativa, desde las concepciones propias de la Compañía sobre el ánimo de los chaquenses, nos muestra que, en efecto, aquellos tenían como mayor aflicción el vivir. Al mismo tiempo que pone en evidencia la fuerte tensión a la que la Compañía se vio expuesta ya en el exilio, lugar desde dónde se debía justificar y loar la acción misional. Si bien se introdujeron cambios en las vidas de los nativos no puede pasarse por alto el que los "niños necesitados de tutela" torcieron la voluntad de sus Padres y demostraron que las artes de la conversión nece-

---

26 [Naciones del Chaco] 1768: 43.

sitaban una revisión profunda para alcanzar uno de los objetivos centrales desde los cuales se encaraba la construcción de nuevas misiones: contener los ánimos indígenas.

Sin embargo no solamente la Compañía experimentó trasvieses en su percepción de los nativos; aquello que las artes misionales no llegaron a ponderar fue el carácter altamente dinámico de la sociedad indiana del Chaco. Quizás esto tuvo lugar por la misma "grilla" étnica que construyeron y delinearon sobre lo que aparentemente era una sociedad fácilmente delimitable y contrastable en el espacio. Todo lo contrario. El Chaco, como totalidad, necesitaba más que discursos y normas para abandonar un estadío que se pretendía pre-social. Quizás, más simple aún, hubiera sido eludir lo que ya se había propuesto, desde la misma Compañía.

MESTIZAJES CULTURALES Y ÉTNICOS EN LAS ALDEAS MISIONERAS DE RÍO DE JANEIRO

María Regina Celestino de Almeida

El objetivo de esta comunicación es analizar el papel de las aldeas misioneras en la colonia como espacio de reconstrucción identitaria y cultural de diversos grupos indígenas, a partir del supuesto de que el intenso proceso de mestizaje vivido por ellos en el interior de las aldeas no significó necesariamente el abandono de la identidad indígena, como solía sugerirlo la historiografía.

Diferentes grupos indígenas se mezclaron, en el interior de las aldeas y fuera de ellas, entre sí y con diversos grupos étnicos y sociales. De esta forma, en el largo periodo de tres siglos que duró la colonización, esos indígenas asumieron la identidad genérica de indios aldeanos que los colonizadores les habían dado o impuesto.[1] Así, se transformaron en mestizos; aunque no habían dejado de ser indios.

Esta afirmación se vuelve posible a partir de nuevas proposiciones teóricas y conceptuales de la historia y de la antropología, que, al interpretar los conceptos de cultura y etnicidad de forma más compleja, permiten adquirir una nueva mirada sobre las relaciones interétnicas y sobre los procesos de mestizaje. Culturas y etnicidades vistas como productos históricos, dinámicos y flexibles, que continuamente se transforman a través de las experiencias de los agentes sociales en contacto, apuntan a dos ideas: las identidades plurales y la percepción de que las categorías

---

1 Almeida 2003.

étnicas son históricamente construidas.[2] Grupos y/o individuos pueden haber sido identificados o asumido la doble identidad de indios mestizos, de la misma forma que pueden también haber priorizado una u otra de acuerdo con la especificidad de las situaciones y de los agentes con los cuales interactuaban.[3] Si los significados de estas categorías sufren cambios con el tiempo, cabe reseñar que los intereses de las poblaciones también cambian y, por eso, ellas pueden asumir o valorar una más que otra. Además, es importante tener en cuenta que al asumir la condición de mestizos, los indios no necesariamente abdicaban de sus identidades indígenas, como lo han revelado diversos trabajos en la actualidad.[4]

De la misma forma, se entiende que los cambios culturales vividos por los grupos indígenas insertados en sociedades envolventes no necesariamente los llevaban a la extinción étnica, ni tampoco significaban solamente pérdidas. Diversos estudios etnohistóricos han mostrado que las tradiciones y culturas indígenas no son estáticas, sino que se construyen y reconstruyen continuamente en situaciones históricas definidas.[5] Sin minimizar los inmensos perjuicios causados a los pueblos de América por la conquista y la colonización, es posible, hoy, darse cuenta de la inmensa capacidad de esos pueblos de adaptarse y reaccionar de forma creativa a las situaciones más violentas que les eran impuestas.

Los documentos sobre las aldeas misioneras, analizados desde esa perspectiva teórica, nos permiten entenderlas como espacios múltiples de mestizaje y de creación de identidades, donde grupos étnicos y sociales diversos compartían una nueva experiencia y reconstruían sus culturas, tradiciones e identidades.[6] Diversos estudios recientes han repensado el papel desempeñado por las aldeas en la colonia, así como el proceso de metamorfosis vivido por los indios en su interior. Los indios no fueron pasivos, sino, más bien, actores de ese proceso de cambio, en el cual también tenían interés, pues les permitía obtener los instrumentos necesarios para la adaptación al Nuevo Mundo. Así, es posible pensar este proceso como algo más que un conjunto de perjuicios, pérdidas y extinción, y

---

2 Gruzinski 2003; Boccara 2000; De Jong 2005; Mattos 2000; Lima 2003.
3 Cadena 2005.
4 Cadena 2005; Wade 2005; Poloni-Simard 2000.
5 Sahlins 1990; Hill 1996.
6 Almeida 2003.

verlo de acuerdo a la expresión del historiador Steve Stern, o sea, como un proceso de resistencia adaptativa.[7]

Establecidas con el objetivo de integrar a los indios a la administración portuguesa, transformándolos en súbditos cristianos, las aldeas coloniales no fueron efímeras ni tampoco un simple espacio de dominación e imposición cultural de los curas sobre los indios, como lo han indicado varios trabajos en las últimas décadas. Por el contrario, se constituyeron como espacios posibles de supervivencia en los cuales varias generaciones de indios dejaron de ser etnias múltiples para transformarse en un amplio y genérico grupo que llamamos indios aldeanos. A pesar de los perjuicios incalculables que incluyen la alta mortalidad y la extinción de varias etnias, la política de establecimiento de aldeas adjudicaba a los indios una condición jurídica específica, dándoles muchas obligaciones y algunos derechos, por los cuales habrían de luchar hasta el siglo XIX. Los diversos registros sobre sus disputas indican los diferentes intereses que los impulsaban. Requerimientos y peticiones hechos por los propios indios y/o por los curas solicitaban tierras, el derecho de no ser esclavizados y de trabajar para quien deseasen, puestos, incrementos de sueldo, ayudas de coste y destitución de autoridades no reconocidas por ellos, apuntando, por lo menos, a algunos de los derechos que consideraban justos por su condición de aldeanos.[8]

En Río de Janeiro, algunas aldeas atravesaban los tres siglos de colonización tras haber reunido indios de diferentes etnias que, en su interior, se resocializaban a través de varias relaciones interétnicas y sociales con distintos grupos, tras haber pasado por un intenso proceso de mestizajes étnicos y culturales en una realidad cotidiana pautada por negociaciones, tensiones y conflictos, en la cual los jesuitas tuvieron un papel fundamental. Con la intención de transformar y homogeneizar, estos últimos enseñaron a los indios nuevas prácticas culturales y políticas que ellos usaban hábilmente en su búsqueda de las posibles ganancias que la condición de aldeanos les podía proporcionar.

Los documentos sobre conflictos referentes a las aldeas informan sobre esas prácticas y revelan que, con el apoyo de los curas, los indios aldeanos, más precisamente sus liderazgos, desarrollaron sus propias formas de comprensión sobre la nueva realidad en la cual se insertaron, a partir de los

---

7 Stern 1987.
8 Almeida 2003.

derechos que se les habían facilitado y sus posibilidades de acción para obtenerlos. La acción política de aquellos indios en defensa de sus derechos ocurría de acuerdo con una cultura política construida durante la larga trayectoria de alianzas y conflictos con los demás agentes interesados en las aldeas: colonos, misioneros y autoridades políticas. Aprendieron a valorar acuerdos y negociaciones con autoridades y con el propio Rey, reivindicando mercedes a cambio de servicios prestados, lo que apunta a la apropiación de los códigos portugueses y de la propia cultura política del Antiguo Régimen. Sus demandas básicamente se fundamentaban en derechos garantizados por la legislación de la Corona Portuguesa debido a su condición distinta de los demás vasallos del Rey. Al ingresar a las aldeas, como aliados de los portugueses, se convertían en súbditos cristianos del Rey y tenían obligaciones y derechos específicos, característicos de su categoría de indios aldeanos.

Eran derechos, por ende, que se basaban en la distinción étnica con relación a los demás vasallos. Así, la afirmación de la identidad indígena construida en el interior de las aldeas misioneras se convertiría en un importante instrumento de reivindicación política por parte de esos indios y, por esa razón, a mi parecer, la misma continuaría siendo usada hasta la mitad del siglo XIX, casi un siglo después del lanzamiento por parte del Marqués de Pombal de la propuesta asimilacionista, que sería adoptada e incentivada por la política indigenista del Imperio brasileño. Así, una cultura política indígena o mestiza basada en la propia cultura política del Antiguo Régimen orientaba las reivindicaciones de los indios en las aldeas coloniales.

Son innumerables las reivindicaciones de liderazgos indígenas de las aldeas de Río de Janeiro que ilustran esas prácticas. En 1650, por ejemplo, un noble descendiente de Araribóia (el fundador de la aldea de São Lourenço y su primer capitán mayor) estaba en Lisboa y, en el corto espacio de algunos meses, envió dos requerimientos al Rey solicitando beneficios, exactamente por su condición de súbdito indígena, hijo de personaje notorio, y por el puesto que había recibido como merced, manifestando abiertamente tener conciencia del valor de su papel para los intereses de la Corona portuguesa. Fue atendido en las dos peticiones.

En razón de la muerte de su padre, Manuel Afonso de Souza vino al Reino a requerir satisfacción de sus servicios, y como su barco había sido tomado, él estaba desamparado en la corte, "[...] sin salvar otra cosa más que su patente [...]" y

> [...] le importa hablar a V. Majestad sobre cosas de su real servicio. Pide a V. Majestad que lo mire con su real clemencia en la situación en que se halla, y por ser hijo del capitán mayor Martim Afonso de Sousa que con tanta satisfacción sirvió a V. Majestad, le haga la merced de enviarle a él y a un hermano suyo que trae como compañía, se les dé de vestir, y ordene dónde puedan mantenerse, hasta que vuelvan a continuar el servicio de V. Majestad.[9]

El Consejo dio una resolución favorable y, algunos meses después, con la intención de volver a Río de Janeiro, Manuel Afonso recurrió una vez más a la Corona, en esta oportunidad para solicitar ayuda de coste para los gastos del embarque, reseñando que

> [...] V. Majestad le ha hecho merced del cargo de Sargento Mayor de todo el gentío de la repartición del Sur de Río de Janeiro y porque se desea embarcar como V. Majestad le ha ordenado y está muy pobre, pide a V. Majestad que le haga la merced de darle una ayuda de coste para proveer lo necesario y pagar las deudas que ha hecho en esta Corte, y poder llevar lo que compartir con los Indios sus parientes para que también reciban las Mercedes de V. Majestad.[10]

Una vez más, la resolución real fue favorable "[...] para este índio ir animado a servir entre os seus deve V. Majestade ser servido fazer-lhe mercê de vinte mil réis de ajuda de custo visto o que se apresenta de sua pobreza".[11]

---

9 *[...] lhe importa falar a V. Majestade sobre coisas de seu real serviço. Pede a V. Majestade que pondo os olhos de sua real clemência no estado em que se acha, e a ser filho do capitão-mor Martim Afonso de Sousa que com tanta satisfação serviu a V. Majestade, lhe faça mercê mandar que a ele, e a um seu irmão que traz em sua companhia, se lhe dê de vestir, e ordem de onde se possam sustentar, até tornarem a continuar o serviço de V. Majestade.* Consulta do Conselho Utramarino de 13 de janeiro de 1650 (AHU, Rio de Janeiro, Documentos Catalogados por Castro e Almeida (RJCA), cx.4, doc.685).
10 *[...] V. Majestade lhe tem feito mercê do cargo de Sargento Mor de todo o gentio da repartição do Sul do Rio de Janeiro e porque se quer embarcar como V. Majestade lhe tem ordenado e está muito pobre, pede a V Majestade lhe faça mercê mandar lhe dar uma ajuda de custo para se aviar do necessário e pagar as dívidas que tem feito nesta Corte, e poder levar que se partir pelos Índios seus parentes para que participem das Mercês de V. Majestade.* Consulta do Conselho Ultramarino de 9 de abril de 1650 (AHU, Rio de Janeiro, Avulsos (RJA), cx.3, doc.1).
11 "[...] para que ese indio vaya animado a servir entre los suyos debe V. Majestad ser servido hacerle merced de veinte mil reis de ayuda de coste visto lo que se presenta de su pobreza" (Ibídem).

Los argumentos usados para obtener los favores pretendidos siguen el estilo usual de las peticiones dirigidas a la Corona, lo que puede revelar la simple reproducción de la fórmula estandarizada de los requerimientos enviados al Rey. En efecto, todas las peticiones destinadas al monarca presentaban el mismo estilo: desde los súbditos más simples hasta las autoridades más poderosas, todos sin excepción reseñaban las cuestiones mencionadas para recibir las mercedes de Su Alteza, que tenía como función, en su condición de líder del Imperio, celar por la distribución de paz, justicia y armonía a los miembros de su imperio.[12]

La argumentación construida hasta aquí refleja la cultura política del Antiguo Régimen, dejando en evidencia la apropiación de los códigos lusitanos por parte del indio. Manuel Afonso parecía saber, por ejemplo, que las mercedes se hacían para beneficiar a los que habían prestado o que podrían prestar algún servicio al Rey y por la inmensa piedad de Su Majestad de atender la pobreza de sus súbditos necesitados. Esos dos aspectos (la pobreza y los servicios prestados) fueron debidamente resaltados en las dos consultas. En la primera, los servicios del padre fueron subrayados como mérito ya adquirido, pues los herederos de los servidores de valor también merecían beneficios; y en la segunda, la apelación se justificó en razón de la necesidad del suplicante de regresar a la colonia para cumplir las órdenes del Rey y ejercer el importante cargo de Sargento Mayor de todo el gentío de la repartición sur de Río de Janeiro. Además, Manuel Afonso hizo también mención a los demás indios parientes suyos, que podrían igualmente participar de esa merced, aludiendo, quizá, al liderazgo ejercido entre los suyos y que, probablemente, reconocía como importante factor de negociación con la administración lusa. Cabe aún llamar la atención sobre el hecho de que Manuel fuera a Lisboa a solicitar la merced que consideraba justa, caso que no era aislado y que permite notar su percepción de pertenecer, no solamente a la aldea, sino también al Imperio que, aunque lejano, era accesible. Los indios eran súbditos del Rey con reconocimiento sobre su condición específica de aldeanos. Entre sus prerrogativas se incluía la de solicitar mercedes a Su Majestad y lo hacían de acuerdo con las reglas establecidas. El Rey se presentaba para los indios como para los demás súbditos de la colonia: personaje distante,

---

12 Hespanha 1993.

símbolo de la justicia y de la benevolencia, al cual podían recurrir los que se sentían víctimas de injusticias por parte del poder local.[13]

La documentación sobre las aldeas está llena de ejemplos que revelan que los indios se identificaron ante las autoridades, colonos y misioneros a partir de la posición que ocupaban en el mundo colonial. Si en el interior de las aldeas las referencias a los nombres dados por los portugueses a los grupos étnicos antes de su establecimiento en las mismas (Tamoio, Tupiniquim, Temininó, etc.) realmente se perdieron o pasaron a un segundo plano, cabe reconocer, basados en las cuestiones teóricas de la actualidad y en las varias evidencias empíricas hoy disponibles, que una nueva referencia de identificación, seguramente más interesante para los indios en situación colonial se formaba para reemplazar a la anterior: la de indio aldeano, identidad genérica e inicialmente dada por los colonizadores, pero que los indios supieron usar para obtener las ventajas y beneficios que la misma condición les proporcionaba. De acuerdo con la documentación analizada, la identidad de aldeano con el nombre de bautismo portugués se sobreponía al grupo étnico. El Rey los hizo súbditos y en esa posición podían solicitar mercedes, siendo por eso la que ellos más valoraban en el mundo colonial, lo que apunta a un reconocimiento y a una apropiación de los valores del nuevo mundo en el cual actuaban.

Así, cabe reafirmar el papel de las aldeas como espacio de reconstrucción identitaria y el uso que los indios supieron hacer de su nueva y genérica identidad étnica. Resulta instigador, sobre todo, observar que, desde la mitad del siglo XVIII y principalmente durante el siglo XIX, los documentos presentan contradicciones con relación a la clasificación étnica de los indios. Mientras autoridades políticas y moradores afirmaban la condición de mezcla, dispersión y desaparición de los indios de las aldeas de Río de Janeiro, los indios seguían reivindicando, basándose en la identidad indígena, antiguos derechos que la Corona Portuguesa les había otorgado, en oposición a los discursos asimilacionistas.[14] Sin pretender profundizar esta discusión, cabe apuntar que esas disputas por clasificaciones étnicas pueden ser vistas como disputas políticas y sociales (Boccara, 2000). A pesar del mestizaje y la transformación sufridos a lo

---

13 Almeida 2003.
14 Almeida 2007.

largo del proceso de contacto y experiencia compartida en el interior de las aldeas con diferentes grupos étnicos y sociales, varios indios aldeanos llegaron al siglo XIX afirmando ser indios, lo que contradecía los discursos que los consideraban mestizos. Si, de acuerdo con Cohen, los grupos tienen interés en mantenerse distintos mientras las condiciones políticas y económicas se mantienen vinculadas a esa distinción, esa parece haber sido una fuerte razón para que los indios aldeanos del siglo XIX resistieran a la política asimilacionista sosteniendo, para usar la expresión de Roberto Cardoso de Oliveira, su "identidad contrastiva" con relación a los demás habitantes con los cuales interactuaban y compartían el mismo espacio.[15] En aquella época, los conflictos ocurrían principalmente por la manutención del patrimonio, al cual tenían derecho como grupo: las tierras y los ingresos de las aldeas. Fue fundamentalmente en torno a la acción política común por la conservación de esos derechos que esas identidades, en mi opinión, se mantuvieron y llegaron a fortalecerse en ese período contra presiones que querían reconocerlos como mestizos.

Sin embargo, es importante observar la complejidad de esa cuestión. Afirmar la condición de indianidad de esos indios, asumida por ellos en los procesos de disputas por sus derechos, no significa negar la condición de intensa mezcla y mestizaje que caracterizaba su trayectoria en las aldeas. Pues, como se afirmó al principio de este trabajo, las aldeas misioneras fueron espacios de reconstrucción identitaria y de intenso proceso de mestizaje. A pesar de la imprecisión de las fuentes, es posible afirmar que, además de la mezcla de diferentes grupos étnicos en una misma aldea, era frecuente la presencia de no indios en su interior, lo que se oponía a los esfuerzos de los jesuitas en mantenerlos alejados. Dentro de las aldeas coloniales y fuera de ellas, los indios aldeanos convivían y se mezclaban con negros, blancos pobres y mestizos. Además, las interacciones entre "sertões" (campos), aldeas y ciudades eran intensas –como lo han revelado trabajos recientes– y, evidentemente, los aldeanos se mezclaban. Cabe, pues, considerar que, muy probablemente, en el tiempo de Pombal, o antes quizá, fuese imposible distinguirlos por señales diacríticas, lazos consanguíneos y/o caracteres físicos distintos de los demás grupos con los cuales se relacionaban.

---

15 Cohen 1978; Cardoso de Oliveira 1976.

Así, los aldeanos se transformaron, muy probablemente, en mestizos, sin dejar de ser indios. Los unificaba la idea de pertenecer a la aldea y de compartir un pasado común que remontaba a la fundación de la aldea y de la alianza con los portugueses, así como la acción política colectiva en busca de los derechos que se les habían dado.[16] A pesar de las mezclas, mantenían, como lo informaban los documentos, la identidad indígena que, en aquel agitado mundo, les garantizaba la vida comunitaria y la tierra colectiva. Mantenían el sentimiento de comunión étnica, desarrollado en la experiencia común del proceso de "territorialización" en las aldeas coloniales, en el sentido dado a ese término por Pacheco de Oliveira y, así, podían identificarse o ser identificados como indios o como mestizos de acuerdo con circunstancias y intereses.[17]

Mestizos o indios, los aldeanos llegaron al final de los siglos XVIII y XIX actuando de conformidad con una cultura política que, originaria de un proceso de mestizaje, se fundamentaba en la identidad indígena construida en las aldeas misioneras. Los procesos de mestizaje y reconstrucción identitaria parecen, pues, haber caminado juntos en las aldeas misioneras y, en mi opinión, no deben pensarse de forma separada y, aún menos, excluyente. De hecho, el mestizaje cultural, en vez de desdibujar identidades indígenas contribuyó, como hemos visto, a reconstruirlas y reforzarlas.

El importante papel de las aldeas como espacio de reconstrucción identitaria ha quedado en evidencia, actualmente, a través de algunos movimientos de etnogénesis del noreste, en los cuales varios grupos indígenas considerados extintos han reaparecido afirmando sus orígenes en las aldeas misioneras del periodo colonial.[18] Son *los indios mestizos* que invisibilizados por coyunturas políticas desfavorables en el siglo XIX, reaparecen hoy, manifestando abiertamente que metamorfosis étnicas y culturales no significaban la extinción de identidades indígenas.

---

16 Weber 1994.
17 Pacheco de Oliveira 1999.
18 Ibídem.

UN JESUITA RENEGADO DE LA ORDEN EN LA EVANGELIZACIÓN CALVINISTA DEL BRASIL HOLANDÉS

Ronaldo Vainfas[*]

Azúcar y religión en la expansión holandesa

La conquista de las capitanías azucareras de Brasil por la Compañía de las Indias Occidentales holandesa durante el siglo XVII fue motivada, antes que nada, por intereses comerciales y políticos. Pernambuco y las capitanías cercanas de Paraíba, Rio Grande e Itamaracá eran, además de Bahia, las principales productoras de azúcar de las Américas y basta ello para explicar los intentos de la Compañía de Comercio de los Países Bajos en conquistar, primero Bahia en 1624, y después Pernambuco a partir de 1630. El historiador Evaldo Cabral de Mello afirmó, con razón, que la disputa por Brasil fue, en gran medida, una guerra del azúcar.[1]

Los intereses económicos de la expansión se combinaban perfectamente con el proyecto político de fragilizar, más aún, el poder de España en Europa, declinante desde fines del siglo anterior. Cabe recordar que la independencia de las siete provincias calvinistas de los Países Bajos había sido proclamada justamente contra España, en 1568, y como la última no reconoció al nuevo país, la guerra resultó inevitable. Una guerra de ochenta años solamente interrumpida por una breve tregua de 12 años, entre 1609 y 1621, período en que los holandeses se preparaban aún más para enfrentar a sus tradicionales enemigos católicos, esta vez en el escenario colonial.

---

[*] Agradezco a las agencias de fomento de Brasil, particularmente el CNPq y la FAPERJ, por los recursos destinados para mis investigaciones sobre la historia colonial.
1 Cabral de Mello (1998: 14).

Las posesiones ultramarinas de España en este tiempo se ampliaban con la inclusión de las colonias portuguesas desde 1580, cuando España incorporó la Corona portuguesa bajo Felipe II. Atacar las antiguas colonias portuguesas significaba, por lo tanto, atacar al Imperio colonial español, por supuesto en su parte más vulnerable. La porción atlántica del imperio, el Brasil, y después la costa occidental africana, fueron elegidos como blancos preferenciales por los holandeses. No por azar, la Compañía occidental fue organizada en el mismo año de 1621, el último de la tregua de doce años firmada con España.[2]

Pero la expansión de la Compañía de la Indias estuvo lejos de limitarse a las razones económicas y políticas. Desde luego se destaca una tercera motivación en la expansión marítima holandesa: el proselitismo religioso. El calvinismo, "verdadera religión cristiana", en el decir de los reformados, era el trazo definidor de la identidad del Estado, una confederación de provincias gobernada por la Casa de Orange. A pesar de ser conocida por su tolerancia religiosa, la República de las Provincias Unidas de los Países Bajos también era un *Estado confesional*, como los demás Estados europeos de occidente.[3]

Aún en 1618, el primer sínodo de la Iglesia nacional de las Provincias Unidas, el famoso sinodo de Dordrecht, que consagró la victoria del gomarismo ortodoxo bajo el aminianismo más liberal, proclamó también la intención de propagar la religión reformada en las Indias y otras regiones con las cuales los holandeses mantenían comercio. Así, antes mismo de la formación de la Compañia de las Indias Occidentales el ideal evangelizador estuvo presente entre los objetivos de la expansión marítima holandesa.

En Willem Usselincx (1564-1647), calvinista natural del Brabante, encontramos el mejor ejemplo de la conjugación de los intereses comerciales con el espíritu evangelizador. Usselincx fue el primero en sustentar la importancia de conquistar el Brasil azucarero, aún en 1621, alegando que la riqueza del imperio español no se reducía a las minas de oro y plata del Perú o México. Pero Usselincx también sostenía que el propósito mayor de la Compañía debía ser la expansión de la "verdadera religión cristiana", combatiendo a los "papistas" en todos los lugares del mundo. A pesar de algunas proposiciones utópicas, como la de colonizar la América por medio de familias calvinistas, el proselitismo religioso sustenta-

2 Emmer 2007.
3 Spaans 2002.

do por Usselincx acabó siendo incorporado por los directores de la Compañía de las Indias, llamados de *Diezynueve Señores* o *Heeren XIX*.

En 1622, el célebre jurista Hugo Grotius, aunque integrante de la facción arminiana del calvinismo, publicó un manual de evangelización para ser utilizado por maninantes y comerciantes en sus viajes, llamado *Prueba de la Verdadera Religión*. En 1624, surgió el panfleto de Willem Teelinck, *Gratitud de David*, panfleto celebratorio de la efímera conquista de Bahia por los holandeses. Teelinck consideraba que la toma de Salvador abría la puerta para la verdadera evangelización en la fe cristiana en América. Más tarde, en 1638, el reverendo Godfried Udemans publicó *El leme espiritual del navio mercante*, dedicado a una exposición sobre cómo los comerciantes y navegantes se debían comportar frente a los gentiles de las Indias Orientales y Occidentales con el propósito de edificar la iglesia cristiana y salvar el alma de los paganos.

Pero el texto de Godfried Udemans pertenece al período en que iba ya avanzada la colonización holandesa en Brasil. Pertenece al contexto en que la Compañía de las Indias había puesto en acción su gran proyecto de catequesis de los indios de Pernambuco y capitanías cercanas, sobre todo los *potiguaras* y *tabajaras*. El proceso tuvo sus comienzos por azar, cuando algunos indios *potiguaras* fueron embarcados desde la capitanía de Paraíba a Amsterdam, en uno de los navios holandeses que huyó de Bahia tras la derrota de 1625.

Todo comenzó con la organización de la escuadra comandada por Boudewijn Hendrickzoon, burgomaestre de Edam, enviada en 1625 por los directores de la Compañía de las Indias Occidentales para reforzar las tropas de la Bahía. Con todo, Hendrickzoon resolvió desistir de la empresa evaluando que las pérdidas serían enormes y dudoso el éxito de la envestida. La Bahía estaba defendida por la enorme escuadra de D. Fradique de Toledo, enviada por España.

Hendrickzoon se desvió rumbo a las Antillas, pero fondeó en la Paraíba donde los indios potiguaras lo recibieron muy bien, mientras de allí huían aterrorizados los moradores de la capitanía. Llegó a construir trincheras con 600 hombres para defender el campamento, para que descansara la tripulación y se recuperaran los enfermos. Permaneció allí cerca de dos meses, hasta saber que los portugueses organizaban una expedición para expulsarlo a él y a su colega, Adries Veron, comandante de una segunda escuadra fugitiva, lo que obligó a los holandeses a partir de la Paraíba. La escuadra de Hendrickzoon rumbeó para el norte, con el fin de conquistar Puerto Rico sin éxito, o quien sabe si asaltar la *Carrera* española, lo que tampoco logró. Acabaría muriendo en Cuba, en 1626.

En uno de los navíos que regresaron a Holanda, fueron llevados seis indios potiguaras que años después desempeñarían un papel importantísimo en la dominación holandesa de Pernambuco, entre ellos, Pedro Poti, primo de Felipe Camarão, Antônio Paraopaba, de 32 años, y su padre, Gaspar Paraopaba, de 50 años. Posteriormente, centenas de potiguaras de la Paraíba acabarían masacradas por los portugueses, en represalia a la acogida que habían dado a los holandeses en Acajutibiró o Tibiracaiatuba, llamada por los lusitanos de Bahía de la Traición después de que tres marineros portugueses, en el remoto año de 1501, fueran muertos y devorados por los nativos.

Entre los refugiados potiguaras que desembarcaron en Amsterdam, Pedro Poti fue el principal. Aprendió holandés, llegó a escribir en esa lengua, y tuvo su nombre registrado diversas veces en las actas de sesiones del Consejo de Recife, tornandose uno de los principales líderes indígenas de los holandeses después de 1645. Convertido al calvinismo, fue tal vez el más importante líder indígena entre las aldeas potiguaras leales a la Compañía de las Indias Occidentales. Incluso mantuvo importante correspondencia con Felipe Camarão, en la cual intentó en vano exhortarlo a luchar por los holandeses, estallada la insurrección pernambucana, alegando el mal que los portugueses causaban a los indios en aquella tierra. Más tarde, cayendo prisionero de los portugueses en la segunda y decisiva batalla de los Guararapes, el 19 de febrero de 1649, fue preso en un calabozo en el cabo de Santo Agostinho, donde permaneció por meses a pan y agua. Se opuso a abandonar el calvinismo y murió en el navío que lo transportaba a hierros para Lisboa, en 1652.

Otro jefe notable del llamado "partido holandés", entre los potiguaras, fue Antônio Paraopaba, guerrero afamado, responsable de varias victorias holandesas en defensa del dominio holandés contra los restauradores de 1645. Ese mismo año, en julio y octubre, fue uno de los jefes de las masacres perpetradas por los holandeses en Cunhaú y Uruaçú, en Rio Grande, y comandante de la retirada de los indios a la sierra de Ibiapaba, en Ceará, después de la derrota holandesa de 1654. Llegó a escribir dos memorias o "remonstrâncias" (del holandés *remonstratien*), en defensa de su pueblo, entonces a merced de los portugueses vencedores, clamando en vano por socorro a los antiguos aliados, a los cuales llamaba de *"senhores alimentadores da verdadeira igreja de Deus"*.

La acción de los regidores indígenas en la evangelización calvinista del gentío *potiguara* es solamente una parte de nuestro asunto. En verdad, la Compañía de las Indias autorizó y hasta incentivó la estructuración de la Iglesia reformada y la evangelización en sus dominios de Brasil. El mejor estudio sobre el tema es de Frans Leonard Shalkwijk, *Iglesia y Estado en el Brasil holandés*, libro publicado hace poco más de veinte años, basado en las actas del sínodo del Recife y en la vasta correspondencia entre los ministros calvinistas con las autoridades religiosas de las Provincias Unidas y directores de la Compañía de las Indias, los Heeren XIX.[4]

Diversos *predikants* se destacaron en este trabajo misionero. Solo baste citar los casos de Joahannes Eduardous, Thomas Kemp, Dionisio Biscareto, Gilbertyus de Vau y sobre todo Vicencius Soler. Natural de España convertido al calvinismo, Soler fué el jefe de los *predikants* franceses de la iglesia valona de Haia establecida en la ciudad de Recife, buscando por todos los medios convertir incluso a los católicos, africanos y judíos. Pero esto era demasiado. Salvo raras excepciones, los predicantes tuvieron que preocuparse, antes que nada, por la vida espiritual de los soldados calvinistas, como indican las actas del sínodo, una vez que buena parte de ellos vivía en los prostíbulos y tabernas de la ciudad. La vida nocturna del Recife holandés era intensa y la Compañía no tardó en enviar profesionales del sexo experimentadas para animar a la soldadesca. Algunas de ellas llegaron a hacerse famosas, como Cristianazita Harmens, Maria de los Cabellos de Fuego, Sara Douwaerts, también conocida como Señorita Leiden, Elizabeth, la Admirable, y hasta una cierta *Chalupa Negra*, apodo chistoso que no logro explicar, pero sin duda imaginativo.[5]

Proyecto de catequesis calvinista

Fuera del fracasado intento de amoldar la conducta de los soldados, los predicantes dedicaron la mayor parte de sus fuerzas a la evangelización de los indios. La mayoría de los 160 pastores, profesores y con-

---

4 Shalkwijk (1986: 272-294).
5 Dantas Silva (2005: 153).

soladores enviados desde los Países Bajos al Nordeste, entre 1630 y 1654, actuaron en los pueblos indígenas, en particular los habitados por los potiguaras y tabajaras, eso es, los indios hablantes de lengua *tupi*, llamados de *brasilianos* por los holandeses.

Una de las estrategias fundamentales para el éxito de la catequesis era la preparación de traductores, tarea que empezó con la conversión de los potiguaras y los convertidos en Holanda desde 1625, como ya mencioné. Pero era necesario elaborar un texto, un catecismo, sobre todo en una religión como la calvinista, que valorizaba, en primer lugar, la palabra escrita, fiel al principio de la infalibilidad de la Biblia.

Alrededor del año 1640, los predicantes de Brasil consideraron listo un texto llamado Instrucción Simple y breve de la palabra de Dios en las lenguas brasiliana, holandesa y portuguesa, confeccionada y editada por orden y en nombre de la convención Ecclesial y Presbiterial en Brasil, seguido de formularios para el bautismo y la santa cena, o sea los unicos sacramentos admitidos por los calvinistas. Se trataba, en verdad, de una adaptación del Catecismo de Heidelberg, en su versión castellana de 1628, para lograr la evangelización de los indios brasilianos bajo el dominio holandés.

La historia del mencionado texto, conocido también como "el catecismo tupi" fue muy complicada y analizarla sobrepasa los objetivos de este trabajo. Es suficiente decir que, si bien la Compañía de las Indias lo aprobó y mandó imprimir sus volúmenes en 1641, el Presbiterio de Amsterdam intento impedir que fueran enviados al Brasil, alegando errores doctrinarios en la traducción a la lengua brasiliana. Los predicantes holandeses en Pernambuco insistieron en las ventajas de utilizar el catecismo, como el pastor David, que escribiendo para las autoridades de Amsterdam en 1642, afirmaba que la lengua brasiliana era tan bárbara que no era posible traducir con exactitud en ella las expresiones teológicas de la santa cena, por ejemplo. De todas maneras, el catecismo fue enviado hacia Brasil, aunque no haya restado ni siquiera un ejemplar en los archivos de Amsterdam, La Haya, Leiden, ni tampoco Recife. No obstante, hay noticias de algunas centenas de ellos amontonados en un almacén de Recife, quizas encallados...

La catequesis de los indios fue lo que más absorvió el esfuerzo de los predicantes calvinistas que, a pesar de sus dilemas, basaron su acción en el modelo de los jesuitas. Maria Aparecida Ribas estudió parte de esa traducción del jesuitismo al calvinismo en su tesis de doctorado sustentada en 2007, cuyo título es un homenaje al panfleto de Udemans, *El leme espiritual del navío mercante*.

Conviene subrayar, a propósito, que la tarea de los predicantes era, entonces, sobremanera compleja. No se trataba simplemente de convertir indios paganos al cristianismo, tarea en sí misma ardua y penosa, como atestigua la experiencia ignaciana en el siglo XVI y siguientes. Se trataba de realizar una "nueva conversión" de los indios cristianos ya separados por generaciones de sus antepasados, alejados en buena medida de sus valores tradicionales. Es cierto que tal alejamiento no era absoluto, como demuestra, al menos, la conservación de nombres tradicionales de las naciones potiguara y tabajara, en el caso pernambucano. Pero la distancia entre un potiguara como Pedro Poti y un Zorobabé, por ejemplo, era entonces considerable. En consecuencia, la misionalización calvinista tenía que actuar en dos frentes: por un lado, combatir los residuos de la cultura tradicional entre los indios brasilianos de la región; por otro lado, reorientar la cristianización de los indios según los valores del Catecismo de Heidelberg, lo que implicaba *deconstruir la misionalización jesuítica*. Deconstruir la misionalización jesuítica y, al mismo tiempo, edificarse sobre las bases ignacianas. La evangelización calvinista operó en el centro de esta gran paradoja.

Una pista valiosa de la adaptación del modelo jesuítico de pueblo por los predicantes calvinistas la encontramos en un lienzo del pintor Zacharias Wagner: seis casas largas y anchas, cubiertas de paja, donde cabían 50 o 60 personas. Otra pista es nada menos que la política adoptada por la Compañía de las Indias con respecto al catolicismo en sus dominios de Brasil.

Desde 1635, año en que se consolidó la conquista holandesa en la región, se firmó el llamado *Acuerdo de la Paraíba*, autorizando a los católicos sometidos el derecho de libertad religiosa. Los párrocos y religiosos, a su vez, fueron igualmente autorizados a permanecer en las capitanías conquistadas. Pero la única excepción tocó a los jesuitas, expulsados del territorio conquistado. Varios de ellos fueron deportados para las Indias de Castilla, Portugal, España o enviados cautivos para Holanda. Los directores de la Compañía de las Indias percibían el peligro que los jesuitas representaban para la estabilidad del dominio holandés, sobre todo a causa de su influencia sobre los indios.[6]

---

6 Boxer (1961: 79 y ss).

Resumiendo lo que hemos dicho en las paginas anteriores: 1) los holandeses tenían ya una expectativa evangelizadora todavía antes de conquistar el nordeste azucarero; 2) los holandeses pusieron en marcha una política de catequesis de los indios, conjugando los esfuerzos de la Compañía comercial con los de las autoridades de la iglesia reformada, aunque ellas discordasen con respecto a los instrumentos de acción; 3) la estrategia adoptada por los predicantes se basó ampliamente en el modelo practicado por los jesuitas en sus reducciones del nordeste; 4) los mismos jesuitas fueron impedidos de permanecer en la región conquistada.

El modelo jesuítico de la catequesis calvinista

Nos acercamos aquí a la cuestión central de este trabajo. ¿Cómo se procesó esta adaptación del modelo jesuítico, obviamente sin jesuitas, para la catequesis calvinista? Y, mas aún, ¿por qué fue adoptado ese modelo?

La clave para resolver la cuestión reside en un hecho hasta cierto punto paradójico: la colaboración ofrecida por un jesuita natural de Brasil a los directores de la Compañía holandesa. Me refiero al padre Manoel de Moraes, cuya biografía presenté en un libro de título apropiado a la materia en causa: *Traição: um jesuíta a serviço do Brasil holandés processado pela Inquisição*.[7]

Para resumir el caso en pocas líneas, Manoel de Moraes era natural de São Paulo, mameluco hijo de bandeirante que, por demostrar desde niño una fuerte vocación religiosa, fue encaminado para los estudios en el Colegio ignaciano de Bahia. Allí se destacó como excelente alumno, además de *expert* en la lengua general que conocía desde pequeño. Cayó en las gracias del Provincial Domingos Coelho, que lo invistió en el cargo de Superior de uno de los aldeamentos pernambucanos alrededor de 1623. Cuando los holandeses tomaron Olinda y Recife, en 1630, Manoel de Moraes fue uno de los jesutias que atendió al llamado de Marías de Albuquerque para organizar la resistencia pernambucana. En realidad, Manoel fue el más notable de esos colaboradores, luego transforamdo en capitán de emboscada de Arraial do Bom Jesus. Se destacó mucho en la conducción

7 Vainfas 2008.

de operaciones militares, sobre todo de guerrillas y sabotajes, como atestigua la crónica de guerra y documentos manuscritos de la época. Despertó la envidia de algunos capitanes legos de Arraial, así como la reprobación de colegas ignacianos, pero continuó firme en el puesto hasta el final de 1634.

Fue entonces que Manoel de Moraes, cercado por las tropas del Coronel Artichewski en Paraíba, se rindió al conquistador y, más que eso, hizo como el Calabar, se tornó colaborador del enemigo. La vida de Manoel de Moraes después de esta mudanza puede ser resumida como una permanente ruptura de fronteras geográficas, culturales y religiosas. El jesuita se tornó calvinista, se mudó a Holanda, allí se casó y tuvo hijos, sirvió a la Compañía de las Indias Occidentales como funcionario remunerado, obtuvo grado en Teología de la Universidad de Leiden, fue procesado por rebeldía por la inquisición, y quemado en la hoguera en el año 1642... Por otro lado, publicó un panfleto saludando la restauración de Don João IV, intentó negociar su retorno a las fuerzas luso-brasileñas buscando el apoyo de los embajadores del rey, en La Haya, todo esto mientras negociaba, *in secreto*, un préstamo de la Compañía de las Indias Occidentales para explotar el pau-brasil en Pernambuco. Personaje camaleónico, Manoel de Moraes acabaría reclutado por João Fernandes Vieira en el inicio de la Insurrección pernambucana, sirviendo como capellán de tropa en la batalla de Monte das Tabocas, en agosto de 1645. Pero esto no impidió que terminase preso y enviado al tribunal de la Inquisición de Lisboa, para responder por sus actitudes heréticas durante los ocho años vividos en Holanda.

Lo que más interesa destacar, en este momento, es que, aún en Brasil, antes de embarcar para Amsterdam, Manoel de Moraes prestó valiosa contribución a los holandeses proporcionando datos sobre la población indígena al Coronel Artichewski, prototipo del oficialato de la Compañía de las Indias Occidentales. Manoel pasó preciosas informaciones sobre los aldeamientos existentes en las capitanías conquistadas y por conquistar, permitiendoles mejorar y correjir las informaciones que poseían a partir de la *Memória* de Adriaen Verdonck, datada en 1630, y otros informantes. Conocedor del mundo indígena, sabía nominar y localizar las aldeias, muchas veces sus principales jefes e, incluso, su potencial de guerra. Eran informaciones frescas de quien conocía el asunto como nadie, y más tarde fueron registradas en detalle en le libro de Joannes de Laet sobre la guerra pernambucana. Sus informaciones permiten establecer el mapeamiento más completo posible de las *aldeias* indígenas en las capitanías azucareras, instrumento valioso para una investigación histórico-antropológica. Pero, en la época, poseía primordialmente un valor militar inestimable.

Manoel de Moraes informó a los holandeses que había seis *aldeias* en Paraíba, y otras tantas en Rio Grande, hasta entonces sujetas a los portugueses, pero agregó que estaban todas muy debilitadas por los ataques de los holandeses y tapuias. No podían disponer juntas si no más de 800 guerreros y su población total sería de 3000 personas.

En Paraíba, nombró la aldeia de Jaraguaçu o Eguararaca, comandada por Francisco Araduti, distante cuatro leguas (24 kilómetros) de la ciudad, por tierra, y siete leguas (42 kilometros) río arriba, siendo el camino fluvial el más frecuentado; la aldea de *Jacknigh*, así llamada por el holandés, probablemente a São Miguel de Urutagui, una legua (6 km) adelante de la primera, cuyo jefe era João Javarati; la aldeia de Iapuã o Iguapuã, en Pontal, a cinco leguas (30 km) del fuerte de Santo Antônio, comandada por Francisco Cavaraia; la aldeia de Tapoa o Urecutuva, con su jefe Francisco Gopeka, distante cerca de diez leguas (60 km) de la ciudad, a la altura de las cabeceras del rio Paraíba, próxima al ingenio de Antônio Valadares, donde Manoel se había "rendido" a los holandeses; la aldeia de Inocoça o Jaocoça, a cuatro leguas (24 km) de la ciudad de Paraíba, en el camino de Goiana, en Pernambuco, comandada por el indio Diogo Botelho; la aldeia de Pindaúna, liderada por Manibassu, a seis leguas (36 km) de la ciudad de Paraíba, en la misma dirección de Goiana.

En Rio Grande, Manoel nombró las aldeias de Mopebi o Paraguassú, ambas entre el Rio Grande y Cunhaú, añadiendo que estabam unificadas, aunque mantuviesem sus proprios capitanes, respectivamente Antônio de Ataíde y Francisco Vaibitari; la de Iguapa o Iguapera, en la otra banda del Rio Grande, siete leguas (42 km) al norte de Forte dos Reis Magos, cuyo jefe era el capitán Feliciano; la de Pirari, a dos leguas (12 km) de Cunhaú, liderada por André Carurare; la de Viajana o Goacana, a siete leguas (42 km) de Cunhaú, para el lado del Rio Grande, liderada por Francisco Jakuina; la de Itaipi, siete leguas (42 km) al oeste del fuerte dos Reis Magos, cuyo jefe era el capitán Itaichama.

En cuanto a las aldeias de Pernambuco y Itamaracá, Manoel informó que se mantenían vigorosas, pues no habían sido muy flageladas en la guerra, pudiendo disponer de cerca de 3000 índios para combate. Indicó, no obstante, solamente seis aldeias, tres para cada capitanía. En el caso de Itamaracá, nombró la aldeia de São João de Carrese, a once leguas de Itamaracá (66 km) y a dos de Goiana (12 km), liderada por Guatasar de Souza, que contaba con 600 habitantes, de los cuales 200 eran guerreros; la aldeia de Santo André de Itapeterica, distante nueve leguas (54 km) de Itamaracá, cerca de dos (12 Km) de Goiana, 1200 a 1300 habitantes, pero de 500 guerreros y dos capitanes, a saber, Joressi y Melchior Taiasica; la aldeia de Tabuçurana o Nossa Senhora da Assunção, a siete leguas (42 km) de Itamaracá, cinco (30 km) de Goiana, 600 habitantes, 180 guerreiros, comandada por Marco o Maru Kuyasana.

En el caso de Pernambuco, nombró *Mocnigh*, así escrita en holandés, en realidad Muçuí o São Miguel de Muçuí, aldeia donde Manoel habia asistido y conocía como la palma de la mano, distante siete leguas de Olinda, donde morabam indios potiguaras y tabajaras, los primeros capitaneados por Felipe Camarão, los segundos por Estevão, llamado Tebu en tupi, 600 habitantes en total, de los cuales 170 eran "bons mosqueteiros"; la aldeia de Caeté o Nossa Senhora de Ipojuca, distante doce leguas (72 km) de Olinda, 1100 almas, 400 guerreros, liderada por los capitanes Jerônimo (Jerona, em tupi) y Topinambouto, también conocido como Serenibe; la aldeia de São Miguel de Iguna, a veinte leguas (120 km) de Olinda, en la costa, rumbo a São Francisco, 600 habitantes, 200 guerreros, teniendo por jefes a Manuel (e tupi Manu), potiguar, y João (Jani, e tupi), tabajara.

Pero la colaboración de Manoel de Moraes fue más allá. Establecido en Amsterdam en junio de 1635, actuó de manera decisiva como consultor de la Compañía de las Indias Occidentales para asuntos indígenas. Fue posible localizar en el archivo de La Haya, entre los papeles de la Compañía, documentos que comprueban la participación del ex-jesuita en las estrategias evangelizadoras adoptadas por los holandeses en el Brasil. Muy especialmente, encontramos una carta enviada por los directores de la Compañía al consejo de Recife, fechada el 1 de agosto de 1635,[8] en la que los directores reafirman la necesidad ineluctable de evangelizar a los indios brasilianos en la "verdadera religión cristiana", recomendando, para ello, un plan elaborado por el jesuita renegado, es decir, por Manoel de Moraes (allí escrito como *Emanuel de Moraes*).

Hay pistas de que el plan de Manoel de Moraes hubiera sido concebido aún en Pernambuco, una vez que la carta de los directores men-

---

[8]Carta de los Heeren XIX al Consejo Político de Recife, 1 de agosto de 1635 (NA, Códice 1.01.01, inventarius 8, microfilme 46).

cionan una propuesta escrita enviada por uno de los generales de la Compañía holandesa en los primeros meses de 1635, la cual sería sustentada personalmente por el padre renegado en Amsterdam. De todas maneras, fue allí que Manoel de Moraes sustentó su proyecto.

El *Plan para el Buen Gobierno de los Indios* proponía, antes que nada, tratamientos diferenciados para los indios y los negros. Según el plan, los últimos debían ser mantenidos como esclavos, incluso aquellos que habían luchado por los holandeses en la guerra de conquista, que debían ser devueltos a sus legítimos señores. Con respecto a los indios, el gobierno holandés debía garantizar su completa libertad, incluso la de los que todavía eran cautivos de los portugueses, que serían manumisos.

La propuesta del ex-jesuita poseía largo alcance, complementando la preparación de indios potiguaras como regidores y traductores de los holandeses y sosteniendo la alianza con buena parte de esos indios. Fue esta la base de la formación del "partido brasiliano" de los holandeses entre los potiguaras. Por otro lado, abogando en la causa de la esclavitud de los negros, incluso de los soldados negros, el ex-jesuita abría el camino para la adhesión de los señores locales a la dominación holandesa, mientras ofrecía medios para garantizar la prosperidad de la economía azucarera.

A pesar de su defensa de la esclavitud africana, Manoel de Moraes recomendó medidas para mejorar el tratamiento de los negros, oponiéndose a las "barbaridades que sufrían en las manos de los portugueses". En este punto, Manoel de Moraes seguía las reglas y principios de la Compañía de Jesús con respecto a la esclavitud africana, defendiendo una esclavitud "humanitaria y cristiana". Manoel de Moraes buscó, por lo tanto, traducir los ideales de la Compañía de Jesús en relación a la esclavitud africana para los propósitos de la Compañía de las Indias, la nueva señora de Pernambuco, a quien él mismo ahora servía.[9]

Para la evangelización de los indios, el plan recomendaba que los holandeses reconociesen los liderazgos indígenas de los pueblos bajo su dominio y el mismo Manoel de Moraes identificó el nombre de cada uno de los jefes indígenas de la región, además de informar sobre la localización exacta de cada pueblo, estimando su población y poder militar. El plan también establecía que los predicantes debían aprender la lengua de

---

9 Desarrolé ese tema en el libro *Ideologia e escravidão: os letrados e a sociedade escravista no Brasil Colonial* (Vainfas 1986).

los indios, subrayando que la catequesis calvinista se concentraría en los niños. En definitiva, Manoel de Moraes proponía abiertamente una catequesis calvinista anclada en la metodología de los jesuitas. No por azar, él mismo, aunque jesuita de formación, estableció que la condición para el éxito de su plan residía en la expulsión de los jesuitas del territorio holandés en Brasil y, más aún, en la prohibición de los contactos y correspondencia entre los jesuitas deportados y la población de las capitanías conquistadas. Manoel de Moraes era hombre de gran sensibilidad política y percibía que la religión era un medio esencial para consolidar las alianzas entre los conquistadores y la población indígena del Brasil holandés.

Los directores de la Compañía de las Indias recibieron con entusiasmo el plan de Manoel de Moraes. El gran naturalista Joannes de Laet, uno de los directores de la empresa, recomendó su adopción, subrayando que Manoel de Moraes era "hombre muy experimentado" en las materias relacionadas con el "gobierno de los indios tupis". Su proyecto era "muy útil" y quizás el propio ex-padre podría ponerlo en práctica.

La colaboración de Manoel de Moraes atravesó el Atlántico y llegó al conocimiento del obispo de Bahia (que los holandeses no lograron conquistar), y el prelado de pronto empezó a recoger denuncias contra el jesuita renegado. En 28 de agosto de 1635, una acusaba a Manoel de Moraes de vivir en Holanda y solicitar favores del Príncipe de Orange, incluso el oficio de gobernador general de los indios de Brasil. No se sabe realmente si la ambición de Manoel de Moraes alcanzó este punto, pero es posible. Su plan fue sin duda adoptado en diversos puntos esenciales, como en la preparación de traductores; la preservación de la libertad indígena, el énfasis en la esclavitud africana con intentos de evangelización de los negros, el foco en la catequesis de los niños, el máximo alejamiento de los ignacianos para abrir el camino para los predicantes.

Pero la adaptación del modelo jesuítico para la catequesis calvinista tuvo éxito limitado. Encontró dificultades en el campo lingüístico y fue muy afectado por las divergencias entre pastores y predicantes, unos más rigoristas, otros menos. Las divergencias entre los predicantes de Brasil, por un lado, y los consistorios de las Provincias Unidas, por otro, era otro factor de complicación, todo lo cual era agravado por la disparidad de opiniones entre los mismos consistorios. Por ejemplo, el consistorio de Holanda era más abierto a la negociación mientras el de Zelandia se mantenía inflexible. Por fin, la evangelización calvinista de los indios significaba, para la Compañía comercial, un instrumento poderoso de gobierno y alianza militar, mientras que los sínodos y consistorios parecían priorizar los propósitos religiosos y la pureza doctrinaria de la "verdadera religión cristiana". El desconcierto causado por la publicación del "catecismo tupi" nos da una buena prueba de ello.

En resumen, la adopción del modelo de evangelización jesuítico sin jesuitas nació condenado al fracaso o, por lo menos, a alcanzar resultados modestos, como en verdad alcanzó. Manoel de Moraes, a su vez, no logró obtener el cargo de "gobernador general de los indios". Sus protectores en la dirección de la Compañía tuvieron que ceder en este punto, porque era demasiado encargar a un sacerdote católico, aunque renegado, la conducción de la evangelización calvinista en Brasil, especialmente a un ex-jesuita. Aún así, su actuación en 1635, poco después de llegar a Amsterdam fue de innegable importancia. Su "plan para el buen gobierno de los indios" es el hilo que faltaba para desenredar nuestra trama, esto es, la paradójica transformación del modelo ignaciano en estrategia colonial de los holandeses reformados.

ENTRE EL CONFLICTO
Y EL DIÁLOGO CULTURAL

JESUITAS Y MUSULMANES EN LA EUROPA DEL SIGLO XVII[*]

Emanuele Colombo

Durante la segunda mitad del siglo XVII, el miedo a una invasión del Imperio Otomano provocó interpretaciones escatológicas y milenaristas a lo largo y lo ancho de Europa, como ocurrió a menudo con anterioridad en la historia.[1] Desde esta perspectiva, el ingreso de los turcos coincidiría con la llegada del fin del mundo y del Anticristo. La batalla decisiva ocurrió en Viena el 11 de Septiembre de 1683, cuando la Liga Santa venció al ejército Otomano.[2] Este evento fue celebrado como la victoria del cristianismo sobre el Islam, y condujo a la proliferación de interpretaciones proféticas sobre el significado del triunfo.[3] El éxito de la Liga Santa tuvo también un importante efecto en las misiones de musulmanes, tanto en Europa como en tierras islámicas.

Desde su reconocimiento como orden religiosa por el papa Pablo III en 1540, la Compañía de Jesús tuvo gran interés en el mundo islámico.[4] Al

---

[*] Este artículo es una versión revisada de "Jesuits and Islam in Seventeenth-Century Europe: War, Preaching and Conversions", publicado en *L'Islam visto da occidente. Cultura e religione del Seicento europeo di fronte all'Islam*, B. Heyberger, M. García-Arenal, E. Colombo, P. Vismara (eds.), Milano-Genova 2009, p. 315-340. Traducción del inglés: Ana Couchonnal.
[1] Ver G. Ricci 2002, 2008; Poumarède 2004.
[2] Ver Stoye 2002.
[3] Ver por ejemplo Fox 1688.
[4] Desde el inicio de su historia, la Compañía de Jesús tuvo una particular fascinación con el Islam. Ignacio quería que los primeros jesuitas leyeran el Corán y estudiaran la historia del Islam y, durante los primeros años de vida de la orden, se abrieron varias casas jesuitas en regiones predominantemente musulmanas. Ver Michel (2001: 2709); O'Malley 1993.

final del siglo XVII, Europa vio una multiplicación de libros escritos por jesuitas relativos al Islam y a las misiones en las que se predicaba a musulmanes, principalmente "manuales" para la conversión, libros de controversias, catecismos, transcripciones de diálogos reales o imaginarios entre musulmanes y católicos, así como antologías de sermones. Durante estos mismos años, los martirologios de la Compañía de Jesús buscaban enfatizar la presencia de jesuitas asesinados por la fe en tierras musulmanas.[5]

Aunque muchos de estos libros se han perdido, me gustaría revisar en este artículo los más importantes que sobrevivieron sobre el Islam, escritos por jesuitas e impresos en Europa durante la década de 1680, en un intento de comprender la imagen del Islam y el modo como los jesuitas se acercaron a los musulmanes en ese periodo.[6]

El jesuita italiano Nicolò Maria Pallavicino,[7] un famoso teólogo romano, escribió tres libros muy controversiales: *Prosperità della Chiesa Cattolica contro il Maccomettismo* (1686), específicamente dedicado al Islam, *L'evidente merito della fede cattolica ad esser creduta per vera* (1689) y *La grandezza della Madre di Dio contro le moderne eresie* (1690), estos dos últimos libros escritos en defensa del catolicismo fueron escritos también en contra del Islam. *L'incredulo senza scusa* (1690), por el celebrado predicador y teólogo italiano Paolo Segneri[8] es una defensa de la razonabilidad de la fe de la iglesia católica que incluye varias referencias al Islam.

---

5 Ver por ejemplo Tanner 1675.
6 Ver Michel (1989: 57).
7 Nicolò Maria Pallavicino († 1692) era un teólogo de la Sagrada Penitencia, un "calificador" de la Santa Misa y el teólogo personal de la reina Cristina de Suecia. Fue autor de muchos escritos controversiales, como *Le moderne prosperità della Chiesa Cattolicacontro il Maccomettismo, in cui si dimostra la cura usata da Dio col Cristianesimo contro i Turchi, e si commendano que' potentati, e Duci, che hanno formata la Sagra Lega, o sono concorsi ad essa: mostrando ai primi la necessità di continuarla, e ad altri di intraprenderla, con dare a vedere l'obbligo, che hanno i cristiani di concorrere a distruggere l'Imperio Ottomano* (Pallavicino 1688); *L'evidente merito della fede cattolica ad essere creduta per vera. In cui si dimostra la verità di quelli articoli, che sono fondamento non solo della vera Religione, ma di qualunque Religione* (Pallavicino 1689); y *La grandezza della Madre di Dio contro le moderne eresie, in cui si rifiutano le antiche e moderne eresie contro la Divina Maternità, e le altre Doti della Vergine* (Pallavicino 1690).
8 Paolo Segneri († 1694) nació en Nettuno (Rome), estudió en el Collegio Romano y llegó a ser un teólogo muy famoso, predicador y polemista. En 1692 fue nombrado predicador personal del Papa Inocencio XII, y teólogo de la Sagrada Penitenciaría. Murió en Roma en 1694. Ver [DHCJ] 2001: 3547- 3548. Escribió *L'incredulo senza scusa, dove si dimos-*

El jesuita español Manuel Sanz,[9] que pasó mucho tiempo en Malta, publicó en 1691 un "breve tratado" para convertir a los turcos, mientras que el jesuita francés Michel Nau,[10] misionero durante casi 20 años en Siria, publicó dos libros en Paris: *Religio Christiana contra Alcoranum* (1680) y *L'état présente de la religion mahométane* (1684). Finalmente, Tirso González de Santalla,[11] un renombrado teólogo y al mismo tiempo predicador de las "misiones populares" en España durante la década de 1670, predicó regularmente a los musulmanes españoles con mucho éxito. Más tarde, al convertirse en el décimo tercer General de la Compañía de Jesús, decidió compartir su experiencia y escribió *Manuductio ad conversionem Mahumetanorum* (1687),[12] una guía fidedigna destinada a la conversión de musulmanes, que tuvo amplia difusión y conoció varias traducciones.

tra che non può non conoscere quale sia la vera Religione, chi vuol conoscerla (1690), del cual existen muchas y muy buenas ediciones.
9 Manuel Sanz († 1719) fue jesuita de la provincia siciliana. Fue misionero en Malta, donde se convirtió en rector del Colegio jesuita y calificador de la Inquisición. Escribió *Breve trattato nel quale con ragioni dimostrative si convincono manifestamente i Turchi, senza che in guisa veruna possano negarlo, esser falsa la legge di Maometto, e vera solamente quella di Cristo* (Bisagni, Catania 1691). La traducción española lleva por título *Tratado breve contra la secta mahometana. En el qual por razones demostrativas se les convence manifiestamente a los Turcos/ ser falsa la ley de Mahometo/ Con otros dialogos / contra cualesquiera sectas infieles, y particularmente contra la de los Judios, y Hereges* (Sevilla, 1693). Sobre la situación en Malta ver Brogini 2006.
10 Michel Nau († 1683) nació en Tours, y en 1665 fue asignado a la casa jesuita de Aleppo, donde permaneció hasta 1682. Escribió *Religio Christiana contra Alcoranum per Alcoranum pacifice defensa ac provata* (Martinum, Lutetiae Parisiorum 1680); y *L'état présent de la religion mahométane, contenant le choses, les plus curieuses qui regardent Mahomet et l'établissement de la secte* (Boüillerot, Paris 1684, 1685, 1687). Ver Heyberger (2008: 717-718).
11 Tirso González de Santalla († 1705) fue teólogo, misionero y en 1867 se convirtió en el treceavo General Superior de la Compañía de Jesús. Escribió muchos libros de teología moral. Ver Reyero 1913; [DHCJ] 2001: 1644-1650; Vincent 1998, 2001; Rico Callado 2006; Colombo 2007, 2008, 2009.
12 Título completo: *Manuductio ad conversionem Mahumetanorum in duas partes divisa. In prima veritas religionis catholicae-romanae manifestis notis demonstratur. In secunda falsitas mahumetanae sectae convincitur* (Villa-Diego, Matriti 1687). Otras ediciones: Bencard, Dilingae 1688-89; Muzio, Napoli 1702. Solo la primera parte: Bencard, Dilingae 1691; Fiévet, Insulis 1696; Lipsiae 1697. Traducción al polaco por Theophil Rutka, Lwów 1694; una traducción manuscrita al árabe se conserva en la biblioteca del Vaticano. En este artículo utilizo la edición de Dillingen 1688-89.

Guerra

Como podemos imaginar, los libros publicados en 1680 estuvieron influenciados tanto por el miedo a la llegada de los turcos, como por el entusiasmo que siguió a la victoria de Viena.[13] En estos libros hallamos referencias explícitas a los acontecimientos militares, que no son vistos como ajenos a las actividades misionales. Lo que estaba ocurriendo en el frente oriental marcó la percepción de los musulmanes sostenida por los misioneros que se hallaban en lugares como Andalucía o las costas de Sicilia. En 1688, Nicolò Maria Pallavicino celebró la "actual prosperidad de la Iglesia". Desde su punto de vista, la derrota del ejército otomano era un gran signo de prosperidad: "El gran imperio otomano se armó a sí mismo y sitió Viena con más de 200.000 soldados, y con medios de guerra mucho más terribles [...] de lo que jamás habían sido vistos en la historia de la monarquía turca. [...] ¡Pobre Italia, pobre Roma, si Viena hubiera caído!".[14]

La causa de la victoria, desde la perspectiva de Pallavicino, era tanto político-militar como religiosa; los dos planos eran inseparables:

> El tema de mi libro es religioso, incluso si el mismo habla de guerra, de hecho, el objetivo de esta guerra es la derrota del Islam, y esta derrota apunta a reforzar la cristiandad, antes que los poderes seculares. La victoria obtenida y las conquistas hechas en esta guerra, son el efecto de una intervención divina especial, de algo maravilloso.[15]

Pallavicino pensaba que la guerra contra el Imperio Otomano era una buena ocasión de reunir al dividido mundo católico. Los príncipes cristianos, que habitualmente huían uno del otro "como si tuvieran fiebre", debían saber que el turco era más peligroso porque era él quien "tiene la plaga".[16] "Los Papas deben sonar la trompeta y despertar a los prín-

---

13 Sobre la percepción de la guerra, y el concepto de "guerra justa", hay mucha bibliografía. De Adriano Prosperi ver "La guerra giusta nel pensiero politico italiano della Controriforma" (en Prosperi 1999: 249-269).
14 Pallavicino (1688: 23-24).
15 *Ídem, A chi legge.*
16 *Ídem:* 186-187.

cipes cristianos. Muchas guerras sangrientas se lucharon entre príncipes cristianos; ¿no deberían acaso unirse contra los Turcos? [...]".[17]

La derrota del Imperio Otomano en la perspectiva de Pallavicino fue una posibilidad providencial para los cristianos de convertir a los musulmanes. Durante cuatro siglos no tuvieron una ocasión similar, y tuvieron que sacar provecho de las circunstancias.[18] El triunfo del cristianismo sobre el Islam fue por lo tanto simultáneamente una victoria militar y religiosa. La victoria militar era religiosa porque solo podía ser explicada como un milagro, debido a la desventajosa posición de la Santa Liga; por otra parte, las misiones eran descritas como una batalla, una guerra espiritual. Los miembros de las órdenes religiosas eran también capaces de contribuir a esta batalla a través de la "conquista de almas", convirtiendo a los musulmanes en las tierras de las misiones, tal y como en el oeste. Pallavicino recuerda con afecto a los "cientos de hijos de San Ignacio" desparramados a lo largo del mundo, muchos de ellos "trabajando para alejar a los turcos de Mahoma hacia Cristo". Con ese mismo objetivo en mente luchó "con pluma y tinta" y puso su conocimiento y estudios al servicio de la Compañía, aunque era incapaz de permanecer en la misión por su avanzada edad.[19]

Los argumentos sobre la guerra –la victoria militar como signo de intervención divina y la "guerra santa" como un instrumento de la victoria cristiana contra las herejías– generó algunas contradicciones para los autores católicos que no eran fáciles de resolver. Por un lado, el crecimiento extraordinario del imperio otomano podría haber sido considerado como evidencia de que Dios sostenía a los musulmanes. Sin embargo, de acuerdo a Pallavicino, el éxito de Mahoma era difícilmente milagroso, tal como no era milagroso el que "las brasas al mezclarse con madera seca generen fuego". De hecho, en su perspectiva, la herejía islámica se expandió rápidamente porque permitía la concupiscencia y la carnalidad, y no desafiaba la naturaleza humana, sino que más bien consentía todo ti-

---

17 *Ídem*: 192.
18 *Ídem*: 170-171; 251. Michel revela el uso selectivo que hace Pallavicino de la historia con fines propagandísticos: «His silence concerning the significant role of Orthodox Russia in the Holy League, the earlier Venetian refusal to take part in an anti-Ottoman Holy League which led to the papal interdict of 1605, and the contemporary opposition of Catholic France leads to the conclusion that Pallavicino has been highly selective in his use of history» (Michel 1989: 81).
19 Pallavicino (1689: 3).

po de "laxitud y debilidad". Con respecto a la "guerra santa", un argumento clásico de los tratados católicos acusaba a Mahoma de usar la espada antes que la razón para ganar nuevos conversos; el cristianismo, por el contrario, proponía la razón como método de evaluación y conocimiento de la verdad. Por lo tanto, ¿cómo era posible justificar la exaltación de la guerra sin caer en una contradicción? El argumento a menudo utilizado era el de una "guerra defensiva". Citando a Pallavicino: "Contra los turcos, toda Guerra ofensiva es simplemente defensiva, [...] ya que para los turcos la paz es sólo la preparación para la guerra".[20]

La imagen de guerra defensiva también es presentada por autores más "pacifistas". Al dar a los católicos informaciones sobre el Islam, Michel Nau trata con este libro "arrancar las armas a los musulmanes", como modo de detener su terrible ofensiva. Una vez más en la dedicatoria de *Manuductio* de González al emperador Leopoldo I, se encuentra la misma idea belicosa de misión, y los jesuitas son presentados como "soldados defensores de la iglesia":

> Permítanos Su Majestad, a nosotros de la Compañía de Jesús, como soldados defensores de la Iglesia, ser capaces de hacer una contribución a esta batalla sagrada. Y mientras que en Hungría, muchos como Heracles, adornados con coronas de laureles, combaten con espadas la Hidra de Mahoma, cuyas cabezas monstruosas son tantas como sus terribles errores, nosotros deseamos pelear esta misma batalla con pluma y tinta.[21]

¿Cuáles eran las armas usadas en esta batalla peleada con pluma y tinta? ¿Cuáles eran los argumentos utilizados por los jesuitas, expresados en sus libros? Se trataba, principalmente, de argumentos medievales tradicionales. En primer lugar está la condena de la figura de Mahoma, el "primogénito del Adversario", descrito de manera insultante por su conducta moral y retratado como un hombre malvado; un mentiroso que pretendía que su epilepsia fuera signo del don de la profecía.[22]

El tema moral es dominante. La falsedad de lo que llaman la "herejía mahometana" parecía evidente para estos autores católicos a la luz de las costumbres sexuales del Islam, particularmente el tratamiento dado a las mujeres, tanto por la práctica de la poligamia como por la facilidad

---

20 Pallavicino (1688: 189).
21 González de Santalla (1687, II: *Dedicatoria*).
22 Segneri (1690: 507).

con la que los hombres podían abandonar a sus esposas. Adicionalmente, la imagen del paraíso como reino de satisfacción sensorial no sólo estaba en contra del cristianismo, sino en contra de la misma naturaleza del hombre. "¿Qué podrían estos filósofos [Séneca, Sócrates y Horacio] haber dicho –se pregunta González– al escuchar a Mahoma declarar que la suprema felicidad del hombre es el placer sensual?".[23]

El segundo argumento recuperado del pasado es la demostración de la "falsedad del Corán utilizando el mismo Corán".[24] Manuel Sanz demostró la irracionalidad del Islam a la luz de las contradicciones contenidas en ese libro. Por ejemplo, la validez de los evangelios es a veces afirmada y otras veces rechazada; la noción de "guerra santa" es puesta como necesaria en una *Sura* y negada al mismo tiempo en otro pasaje; y las prohibiciones de dieta están justificadas por "absurdas e increíbles fábulas". Los lectores de tales "leyendas", deberían reír a carcajadas, observaba González, seguro de que cualquiera que hallara semejantes mentiras debería ser capaz de reconocer su inherente irracionalidad. Las costumbres derivadas del Islam, por otra parte, eran contrarias a la historia, la filosofía y las matemáticas.[25]

González, por ejemplo, peleó contra el uso no científico de la astronomía como modo de sostener interpretaciones religiosas. ¿Cómo es posible, se preguntaba el jesuita, creer en una doctrina que tan sistemáticamente contradice a la ciencia y a la razón? En tercer lugar, el Islam era visto como hostil a la capacidad crítica del hombre. Mahoma prohibía las disputas contra el Corán y cualquier discusión de los preceptos de la ley islámica. Para citar a González:

> Si un hombre tiene una auténtica moneda de oro, no tendría miedo en que su peso sea probado por el tasador. Si la religión mahometana tiene miedo de ser testada, y prohíbe la reexaminación de lo que en los hechos es dado por Dios, esto significa que no es la ley de Dios, sino una creación voluntaria de un pseudo profeta para oprimir a su pueblo y mantener su propio poder.[26]

---

23 González de Santalla (1687, II: 69).
24 González, Sanz y Nau proponen este argumento de manera similar. Ver por ejemplo el título del libro en latín de Nau: *Religio Christiana contra alcoranum per alcoranum pacifice defensa et approbata.*
25 Ver el capítulo «Error Alcorani contra Mathematicam» en González de Santalla (1687, II: 253 s).
26 González de Santalla (1687, II: 32).

Una interpretación política de esta hostilidad hacia el conocimiento puede ser hallada en el libro de Pallavicino: "La familia otomana es enemiga de la sabiduría, porque la sabiduría descubre la insana de la secta musulmana y hace a las mentes aprendidas e incapaces de ser esclavas".[27]

En un diálogo imaginario con un musulmán propuesto en su libro, Manuel Sanz incita a su interlocutor –recién convertido al catolicismo– a preguntar todo lo que se cuestionara:

> Amigo Mustafa, pregunta todo lo que quieras, porque los sacerdotes cristianos son distintos a los *papaz* turcos, que se rehúsan a dar razones para la ley musulmana. Hacen eso porque no saben y nunca sabrán las razones, simplemente porque no existen. Pero nosotros tenemos razones, gracias a Dios, y siempre respondemos las preguntas, es más, hallamos placer en responderlas.[28]

Los musulmanes eran vistos como viviendo en una suerte de fatalismo que devaluaba la libertad humana. Manuel Sanz decía que los musulmanes a quienes él preguntó cuándo se convertirían, respondieron: "Cuando Dios quiera", como si no tuvieran responsabilidad en esta decisión. En todos estos libros hay un énfasis particular en el valor de los milagros –pruebas esenciales de la verdad de la fe católica. Los mismos también existen en la tradición islámica, pero son "milagros privados", no documentados de ninguna manera, y por lo tanto considerados como falsos. Segneri usaba el mismo argumento para el tema de la "santidad", una evidencia importante de la verdad de la Iglesia Católica, que se hallaba completamente ausente en el Islam.[29]

Los jesuitas presentaban al Islam de acuerdo a la perspectiva tradicional, como una herejía, ya que algunos elementos de la cristiandad eran malinterpretados y distorsionados en él. De hecho, en su perspectiva, el Islam era la síntesis completa de todas las herejías en la historia de la Igle-

---

27 Pallavicino (1688: 51).
28 Sanz (1691: 80); la misma idea en Segneri: «La Fè Cattolica di nulla ha goduto di più, che di tali esami, sicurissima di apparire tanto più bella, quanto più contemplata» (Segneri 1690: 651). Ver también Nau (1680: 6).
29 Segneri (1690: 678-679). Tanto González como Segneri enfatizan lo acertado de la iglesia católica en examinar las pruebas de milagros.

sia: aunque ya habían sido derrotados por los Concilios, estas herejías eran propuestas nuevamente por el Islam.[30]

Todos estos argumentos enfatizaban el valor de la razón, que es "la base de la naturaleza humana". Al utilizar la razón, la gente es capaz de y *debe* discriminar entre lo que no es verdadero y lo que exalta la naturaleza humana. La fe cristiana, según argumentan estos autores, está estrictamente conectada a la razón, no porque la razón le permita a uno comprender totalmente a Dios, sino porque hay algunas evidencias válidas de que el cristianismo es posible y no está contra la razón. Al mismo tiempo, la razón es capaz de mostrar las contradicciones y la falsedad del Islam. Sanz concluye sus explicaciones de los argumentos de la fe cristiana de la siguiente manera: "Ahora Mustafa, la razón te *obliga* a confesar, te guste o no, que sería una tremenda tontería y un evidente error, el seguir a Mahoma y su Corán".[31]

Por la misma razón, luego de su exposición de las bases del dogma católico, Paolo Segneri agrega, utilizando el título de su libro que "el hombre que no cree no puede ser excusado".[32]

Todos estos argumentos –la inmoralidad de Mahoma, la incompatibilidad del Corán con la razón humana, la falta de consideración de la capacidad crítica del hombre, la falsedad de los supuestos milagros, la idea del Islam como herejía– eran argumentos tradicionales tomados de libros controvertidos del medievo y la temprana modernidad.[33]

De modo que aparentemente no hay nada nuevo en estos tratados del siglo XVII. Todos los libros impresos en occidente estaban escritos por y para occidentales, de suerte que parecerían haber servido principal-

---

30 «Mahumetus in suo Alcorano haereses renovavit, quas Ecclesia Catholica in pluribus Conciliis Generalibus damnaverat» (González de Santalla 1687, II: 88, 208); Pallavicino 1688: 12: «Il Maccometismo è quasi un Mare magno di tutte le ere- sie». Es un argumento «clasico» de Ricoldo di Montecroce († 1320), que se hizo muy popular en los tratados anti islámicos en occidente. Ver Daniel (1960: *passim*; 1979: 242). Sobre el uso de este argumento en la España del siglo XV ver Echevarria (1999: 164-165).
31 Sanz (1691: 77).
32 «Quale scusa avrà davanti al Tribunale di Dio chi non vuole credere? [...] Non potrà egli dir altro, se non che al certo fu stolto, e tardo di cuore. Tardo, perché non si arrese alla verità qual incredulo; stolto, perché nel ricusare di arrendervisi, operò contra ogni lume ancor di Ragione, quale imprudente» (Segneri 1690: 17-18).
33 Ver Daniel 1960: 271-307. Para identificar las fuentes de Tirso González ver Colombo (2007: 159 s.); Michel (1989: 67-68).

mente para reforzar un juicio preexistente antes que para agregar algún nuevo conocimiento sobre el Islam. No obstante, una consideración más profunda de estos textos revela ciertos aspectos de discontinuidad con el pasado. En primer lugar, los argumentos medievales y de la primera modernidad estaban imbuidos en el contexto histórico del siglo XVII. Para sus autores, la "actual prosperidad de la Iglesia" coincidía no solo con la derrota del Islam, sino también con la del Luteranismo y el Calvinismo. En estos libros, a menudo los mismos argumentos para refutar al Islam eran utilizados contra estas otras "herejías". Así por ejemplo, los argumentos de "falsos milagros" y de "ausencia de santidad" constituían útiles armas contra los Luteranos;[34] y el fatalismo islámico también era comparado con la doctrina de la predestinación sostenida por los calvinistas. El luteranismo, para Pallavicino, era un aliado del Islam, ya que enseñaba que no era lícito luchar contra los turcos.[35] Sanz y González repitieron en varias ocasiones que la prédica dirigida a los musulmanes daba útiles argumentos contra muchos luteranos y calvinistas con actividad comercial en Malta y España. Incluso en los trabajos más teóricos de Pallavicino y Segneri, los musulmanes y los judíos eran a menudo comparados con luteranos y calvinistas.[36] Finalmente, los turcos y los hereges eran también asociados como enemigos de la devoción mariana, que tenía mucha importancia durante el siglo XVII.[37]

Un segundo aspecto de novedad en estos libros era la presencia de información mucho más auténtica sobre el Islam, a la que se tuvo acceso durante el siglo XVII.[38] González hizo algunos intentos, con limitado éxito, de ganar una comprensión más profunda del Islam. Aunque no leía

---

34 En González se encuentra también la idea de que el Islam, como el Luteranismo, afirma que los hombres pueden salvarse sin "buenas obras" (González de Santalla (1687, II: 265-266).
35 Pallavicino (1690: 24).
36 Podemos hallar el mismo tipo de controversia en el mundo luterano y calvinista, donde el Islam es comparado con el catolicismo. Ver por ejemplo el libro escrito por el monje español reformado Cipriano Valera (1532 - 1625), *Tratado para confirmar los pobres cautivos de Berbería en la católica y antigua fe y religión cristiana, y para consolar, con la palabra de Dios, en las aflicciones que padecen por el evangelio de Jesucristo* (Valera 2004). Ver también *De Turcopapismo, hoc est, de Turcarum et papistarum adversus Christi ecclesiam et fidem conjuratione*, de Sutcliffe (1599, 1604).
37 Ver por ejemplo el libro de Pallavicino: «Gli errori contro la divina maestà della Vergine, dispongono gli animi al Maccomettismo» (1690: 17 s.). Ver Nanni (2009).
38 Ver Daniel (1960: 294 s).

árabe, hizo un uso crítico de las fuentes occidentales y utilizó muchos libros interesantes y apropiados.[39] Esta perspectiva le ganó la admiración de Ludovico Marracci (1612-1700), uno de los traductores más famosos del Corán, en el siglo XVII, quien consideraba a la *Manuductio* como "un excelente trabajo, tan digno como su autor".[40] Michel Nau, quien sabía árabe y sirio, citaba al Corán en árabe, y también utilizaba fuentes árabes. Aunque los argumentos del jesuita francés y sus demostraciones no eran fundamentalmente nuevos, parecía ansioso por comprender el Corán y ponerse en el lugar de un musulmán, tratando de predecir la reacción islámica al argumento cristiano. Su actitud con respecto al Corán era más bien amable, cuando declaraba que "la verdad cristiana está implícita en el Corán, esperando únicamente ser sacada de allí; cosa que se hace, en algunas ocasiones, con delicadeza".[41] Nau parecía también más dispuesto a aceptar las virtudes morales de los musulmanes –tales como el celo con que practicaban su ayuno, sus plegarias y el peregrinaje–, aún cuando se apresuraba a decir que no eran signos de la verdad del Islam sino virtudes de la gente.[42]

Un tercer aspecto de originalidad es el valor de la "experiencia" que se puede encontrar en estos autores que eran también activos misioneros (Sanz en Malta, González en España, Nau en Siria). Todos menciо-

---

[39] Dos fuentes originales de González son *Confusión de la secta mahomética y del Alcorán* de Juan De Andrés ([1515] 2003) y *Confutación del Alcoran y secta mahometana*, de Lope Obregón (1555). Sobre estos dos autores ver Elkolli 1983. González también usa *Historia Saracenica* arábiga traducida al latín por Thomas van Erpen y publicada en Lyon en 1625. En el primer capítulo de *Manuductio* hallamos una precisa «Vida de Muhammad» con una a *summa* de muchos estudios occidentales. Ver González de Santalla (1687, II: 2 s).

[40] Novissime autem prodiit ex Hispania, *Manuductio ad conversionem Mahumetanorum*: opus prorsus egregium, ac praeclarum, atque Authore suo dignum, nempe, Reverendis P. Thyrsi Gonzales de Santalla e Societate Iesu, olim in Salmaticensi Academia Sacrae Theologiae Primario Antecessore Emerito: nunc vero eiusdem Societatis Praeposito Generali dignissimo. Quo sane opere tam valide, ac nervose Mahumetanica Secta a fundamentis dirui- tur ac destruitur, ut omnis alia argumentorum ac rationum machina, superflua esse videatur» (Marracci 1691). Bibliografía de Ludovico Marracci se encuentra en Saracco (2008: 700-702).

[41] Daniel (1960: 285). Es muy interesante el intento de Michel Nau de hacer una «lectura cristiana» del Corán, por ejemplo tratando de demostrar que el Corán enseña la Trinidad de Dios: «Liber tertius, in quo ex dictis Alcorani, et ex Scripturis Divinis, quas admittit, et ex Divinis visionibus, et miraculis probatur Divinitas Christi, et Trinitas Personarum» (Nau 1680, II, 74 s).

[42] Nau (1684: *Avertissement*).

nan repetidamente el haber obtenido mucha información sobre el Islam "de la calle", es decir, hablando directamente con los musulmanes. Hay evidencia de esto en sus libros así como en sus detalladas descripciones de los ritos y tradiciones.[43] También demostraban mayor compasión hacia los musulmanes, como veremos más adelante.

Misiones impopulares

Muchos jesuitas de este período estaban convencidos de la urgencia de la prédica a los musulmanes, especialmente porque veían en ella una "guerra defensiva". El asunto era particularmente interesante. Por mucho tiempo a lo largo del siglo XVI, generales de la Compañía de Jesús como Lainez, Borgia y Acquaviva instruyeron a los misioneros jesuitas en tierras islámicas de abstenerse del proselitismo o de entrar en polémica con los musulmanes. Antes bien debían dirigir su atención a ofrecer servicios espirituales a los cristianos que vivían en esas regiones.[44] Por distintas razones, estas prudentes actitudes se volvieron comunes también en el oeste. En España, por ejemplo, el jesuita *morisco* Ignacio Las Casas criticaba a veces con rudeza a los misioneros que argumentaban contra Mahoma y el Corán.[45] Pero en el este, el argumento más común contra la prédica a los musulmanes era la imposibilidad de lograr su conversión, por lo que era "inútil" y en vano practicarla.

A finales del siglo XVII la situación era diferente, y los libros aquí mencionados más bien enfatizaban la *posibilidad* de la prédica. Manuel Sanz, en su *Breve trattato*, argumenta sólidamente contra la idea que se

---

43 «Cum ego Malacae Mahumetanis praedicavi, anno 1670, nobilis vir, qui in urbe Oran diu commoratus fuerat, mihi narravit, Mahumetanos, qui me concionantem audiebant, contra me obmurmurare, quia eorum Prophetam *Mahomam* appellabam, existimantes id a me dici in ludibrium, et irrisionem sui Legislatoris, quem ipsi Muhammed accentu brevi nominant, et ita deinceps ego nominavi, ut benevolentiam illorum captarem» (González de Santalla 1687, II: 15). Michel Nau describe sus peregrinaciones, matrimonios y oraciones muy bien; es claro que está describiendo la realidad como la ve (Nau 1684: *passim*). Esta actitud de «aprender en las calles » a veces tenía lugar en España, durante la Edad Media y en la Modernidad Temprana. Ver Daniel (1960: *passim*). Echevarria (1999: *passim*).
44 Michel 2001.
45 Ver Borja Medina (1988: 25-28).

tenía en Malta, incluso entre los cristianos, de que no era necesario debatir con los musulmanes para tratar de convertirlos, y que era suficiente con mantener el *status quo*. Por el contrario, Sanz insistía en la importancia de la prédica para contribuir al plan divino. Y se escandalizaba por los muchos cristianos en Malta que prevenían a sus esclavos musulmanes de convertirse al cristianismo, para no perder dinero con sus redenciones. "Lo que resulta más detestable –escribía– es el hecho de que los esclavos pidan tantas veces ser instruidos, o ser llamados con un nombre cristiano, y sus amos no lo quieran, y a veces los amenacen y prevengan de pedir volverse cristianos".[46]

Nau confirmaba que era posible hablar con los musulmanes sobre el Islam y Mahoma, "pero solo con un profundo conocimiento de su religión". Cuando en 1669 González, por primera vez, solicitó al obispo de Málaga permiso para predicar a los musulmanes, el obispo fue muy escéptico, y el jesuita tuvo que insistir para convencerlo.[47]

En definitiva, había cierta resistencia ante el proyecto de predicar a los musulmanes. En estos libros es posible leer entre líneas un clima de desconfianza en Europa hacia las misiones a los musulmanes. El silencioso escepticismo se desparramó en Occidente debido a la persuasión de muchos obipos y hombres de iglesia de la imposibilidad de convertir a los musulmanes. La misión a los musulmanes fue una "misión impopular" y los jesuitas parecen haber sido fuertes impulsores de las mismas; ellos insistían en que era posible y que era un deber cristiano tratar de convertir a los musulmanes y lograrlo.

Los autores de estos libros daban siempre muchas "razones secundarias" a favor de la actividad predicadora. Si los musulmanes no iban a convertirse, la prédica pública podía igual ser útil en la prevención del fenómeno de "renegados", o para convertir a luteranos, calvinistas o judíos, que se hallasen por coincidencia en los lugares de las misiones. La prédica pública era utilizada sobre todo para reforzar los argumentos a favor de la fe católica entre las personas que, siendo ya cristianas, no eran capaces de explicar las razones de su fe, y no tenían deseos de expandirla.

---

46 Sanz (1691: 261).
47 González de Santalla (1687, II: 60-62).

Aquí es interesante observar que estos libros se dirigían a católicos,[48] y que su objetivo declarado era el de enseñarles a conocer mejor su propia religión, impulsando en ellos el "fuego de las misiones". Muchas oraciones del evangelio citadas en estos libros eran invitaciones a las misiones. Pallavicno, con su actitud beligerante, quería "construir un pequeño armario, para dar a los misioneros instrumentos para vencer a las sectas"; Michel Nau dirigía su trabajo a "todas las personas que trabajarán por la conversión de las almas musulmanas", mientras que Segneri decía que su libro no se dirigía principalmente a convertir a los "descreídos", sino a resolver las dudas a los creyentes. Sanz quería ayudar a los cristianos de Malta que tenían esclavos musulmanes en sus casas, a responder a las objeciones sobre su propia fe. Finalmente, González insistía repetidamente a sus interlocutores españoles que "era tiempo de convertir al pueblo musulmán", pero sobre todo, era tiempo de convertirse para las personas que ya eran formalmente católicas. Cuando los autores expresan sus deseos de teorizar sobre el Islam y proponen su experiencia misionera, el "clima" de sus reportes cambia radicalmente. Mientras que hablan del Islam como una herejía peligrosa, describen a los musulmanes que se encuentran de manera distinta: como hombres virtuosos a quienes se les negó la oportunidad de conocer la verdad –inocentes engañados–, manteniendo siempre una cierta comprensión hacia ellos. Michel Nau quiso desalentar un prejuicio común en Europa. Al hablar de la experiencia misionera, afirmaba que

> No hay casi nadie que no tenga la falsa convicción de que está prohibido hablar a los turcos sobre religión, y que los misioneros en tierras islámicas tienen que refrenar su lengua en estos temas [...]. Por la gracia de Dios, los mahometanos no son lobos tan feroces. Si uno los honra y trata con humildad y amistad, de acuerdo al evangelio, ellos escuchan atentamente y os preguntarán sobre religión.[49]

---

48 Es posible comprender los fines de estos autores en las dos cartas *Para el lector cristiano* en Sanz (1691), en la *Introduction* de González (1687), en el *Advertissment de L'état présent* de Nau (1684). Según el *Religio christiana* (1680) de Nau: «siempre ten tu respuesta lista para la gente que te pregunta la razón de la esperanza que tienes » (1 Pt 3,15). En el *Manuductio* (1687) de González: «Si no crees que soy él, morirás en tu pecado » (Jn 8,24). En Nau, *Religio christiana*: «sal al mundo entero, y proclama a la creación el Evangelio» (Mk 16,15).
49 Nau (1684, II: *Avertissement*).

Sanz consagró una amplia sección de su *Breve trattato* al diálogo imaginario con un musulmán. Aunque era ciertamente una controversia para explicar de forma sencilla los argumentos teológicos, dominaba en ella un tono de serenidad en el que el jesuita se esforzaba en retratar al cómodo musulmán, encontrando argumentos para "romper el hielo", poniéndose a sí mismo en su lugar y tratándolo con respeto y dignidad.[50]

En el *Manuductio* de González, se pueden leer varios episodios obtenidos de su propia experiencia, ya que el autor los considera "evidencia más persuasiva que los argumentos teológicos". No se cansa de enfatizar el haber presenciado con sus propios ojos aquello que narra, e insiste en el valor de la libertad de sus interlocutores que debía ser respetada en todo momento. El misionero debía predicar exaltando la libertad humana, explicando que la religión cristiana era contraria a cualquier coerción. La fe debía ser abrazada libremente y nadie podía ser forzado a adoptarla. Habría sido acorde a la mentalidad de la época el obligar a los esclavos a escuchar a los predicadores, en la misma forma en la que "un hombre enfermo podría ser forzado a ver a un doctor incluso en contra de su voluntad".[51] Sin embargo, los jesuitas insistían en que tal participación debía provenir de la propia voluntad. La preocupación por comprender a sus interlocutores es evidente en el libro de González: no se contentaba con proponer "diálogos dialécticos", sino que trataba de afectar a los musulmanes. Las misiones de musulmanes en España se llevaban a cabo en plazas, teatros o patios de las casas de la Compañía. Estos lugares tenían que ser espaciosos y los oradores, públicamente visibles. Se prefería que los musulmanes no entraran a las iglesias, lo que sería profanarlas, incluso si la experiencia confirmaba que "no se comportaban de manera hostil". La teatralidad era otra de las características de las misio-

---

50 Sobre este género literario ver Heyberger (en prensa). Agradezco al autor por dejarme leer el texto antes de su publicación.
51 González de Santalla (1687, II: 304). «Attirer, convaincre, susciter la demande de baptême telle est bien la tache des religieux. Les jésuites et probablement tous les ordres religieux au XVII siècle écar- tent la conversion forcée, ce qui constitue une explication supplémentaire à la présence de tant de musulmans sur le sol espagnol. La démarche adoptée, fidèle à l'enseignement de saint Thomas d'Aquin s'oppose au courant qui, à partir de Duns Scot, justifie la licéité de la conversion forcée. On sait ce qu'il en advint au XVIe siècle avec les conversions massives des morisques con- traints de choisir entre l'exil e le baptême. Au milieu du XVIIe siècle, cette position n'a pas disparu, mais n'est plus dominante» (Vincent 2001: 199).

nes jesuíticas, lo que se manifiesta en *Manuductio* de González[52], donde relata cómo en Sevilla, un hermano intentó explicar al público la seriedad y la necesidad de convertirse:

> Entonces, el jesuita, dando la espalda al público y enfrentando la pared, se secó el sudor de la frente con la mano y luego puso su palma en la pared exclamando a viva voz: "Oh muro, escucha la palabra de Dios y se testigo del hecho de que he predicado la verdad a esta gente insensible". Y luego, volviéndose a los musulmanes les hablaba amenazantemente diciendo: "Yo, yo seré estricto contra ustedes ante Dios el Día del Juicio. Voy a condenar vuestra obstinación ante el supremo juez [...] Creo que vuestras mentes están lo suficientemente convencidas; sin embargo, vuestras voluntades resisten y aún se rebelan. Oh buen Dios! Derrite la dureza de sus corazones!". Con estas y otras palabras les gritaba.[53]

González le daba tanto énfasis a los gestos porque trataba con gente para quienes "los signos tienen más significación que las palabras". Si alguien buscara el bautismo durante la prédica, el misionero tendría que abrazarlo cálidamente y colocarle un rosario alrededor del cuello. Sin embargo, en el caso de una mujer, el misionero evitaría tal acto, que debía ser realizado por una mujer cristiana de nobleza.

El problema lingüístico era otro tema importante en los debates del siglo XVII sobre las misiones.[54] La Compañía de Jesús insistía en el estudio del árabe, aunque a menudo sin mucho éxito, debido al nivel de dificultad que acarreaba aprenderlo. Para Michel Nau el conocimiento del árabe y el sirio era muy importante, tal como puede entenderse a partir de sus libros y su biografía. La actitud de los jesuitas en el oeste fue diferente durante las primeras décadas del siglo XVII. Por ejemplo, Ignacio Las Casas criticaba severamente a los jesuitas que predicaban a los musulmanes en español.[55] En el *Manuductio*, el tema de la barrera lingüístico

---

52 Sobre el uso del teatro en la Compañía de Jesús ver Valentin (1990); Zanlonghi (2002); Mc Naspy (2001: 3708-3714).
53 González de Santalla (1687, II: 229-230).
54 Para una visión amplia ver Pizzorusso 2009.
55 Frente a la postura oficial y mayoritaria contraria, la estima de la lengua Árabe como lengua de transmisión del mensaje evangélico fue común en la Compañía, a la mayoría de sus miembros implicados en este apostolado, pero, a pesar de los intentos que se hicieron para el aprendizaje del árabe, muy pocos lo llegaron a aprender suficientemente» (Borja Medina 1988: 22). «Il semble que la connaissance de la langue arabe ait été très peu répandue parmi les religieux» (Vincent 2001: 200).

no emerge explícitamente, ya que en la mayoría de los casos los interlocutores de González eran capaces de comprender (y en algunos casos incluso de leer) el español.[56] Sin embargo, el autor admitía que era afortunado al encontrar intérpretes en sus misiones, tales como el sobrino convertido y bautizado de un rey africano.[57]

Conversiones

"La conversión de un turco es casi imposible", escribía Pallavicino. Los autores de los libros que aquí vemos sabían muy bien cuán difícil era lograr la conversión de un musulmán, no porque los argumentos fueran difíciles de comprender (vimos en el libro de Segneri que "el hombre que no cree no puede ser perdonado"), sino porque a menudo no escuchaban. De acuerdo con Pallavicino, "los musulmanes no se convierten porque bloquean sus oídos; de otra manera se habrían convertido". Al mismo tiempo, estos autores estaban convencidos de que era tarea de todo cristiano el intentarlo.[58]

La conversión de los musulmanes no se presenta en estos libros como la consecuencia mecánica de una serie de demostraciones, sino como un proceso delicado, que envuelve siempre la libertad de los musulmanes. Mientras que estos textos tienen un tono apologético, como puede verse a menudo en las narraciones enfáticas, es también verdad que los autores no esconden los fracasos, desafíos y dificultades en su misión. De hecho, algunas misiones no tuvieron ningún resultado y muchos musulmanes no se convirtieron, retornando a sus hogares para denunciar abiertamente a los misioneros. Una joven musulmana, que después de recibir la prédica de González buscó el bautismo, fue disuadida por su esposo. A menudo, las personas de autoridad dentro de la comunidad musulmana, ejercían su

---

56 González de Santalla (1687, II: 303).
57 *Ídem:* 40 s.; Reyero (1913: 289 s).
58 Una idea extendida era que si no siempre era posible predicar a los musulmanes en tierras musulmanas, por motivos de seguridad, era deber de los cristianos tratar de convertirlos en Europa. Ver, por ejemplo, *Relación de los maravillosos efectos que en la ciudad de Sevilla ha obrado una misión de los Padres de la Compañía de Jesús*, Sevilla 1672, citado en Colombo (2007: 84 s).

propia influencia contra los misioneros.[59] En Marbella, un experto en el Corán musulmán repitió públicamente que no se convertiría nunca, y que sería más fácil que el papa se volviera musulmán.[60]

Esta visión realista queda clara también en los diálogos presentados. En las polémicas católicas, el "diálogo" era una tradición –un modo de exponer los argumentos y mostrar al lector cómo podría haber sido una discusión con un musulmán. La forma usual era una conversación entre el escritor cristiano y un musulmán imaginario, durante la cual, el cristiano respondía gradualmente a todas las dudas y objeciones del musulmán, quien admitía entonces sus errores y solicitaba el bautismo. En el *Manuductio* es muy interesante notar la admisión que hace González de que este razonamiento no convencía del todo a los musulmanes, que decidían quedarse con su religión:

> Amigo Hamid, ante Dios no serás capaz de alegar ignorancia: yo te he manifestado la verdad. Si todavía dudas de la verdad de lo que he dicho, pide a Dios que te muestre la verdad, para que pueda iluminar tu oscuridad y llevarte a la salvación. Después de haber oído todos estos argumentos, si aún tienes dudas de que la religión de Cristo es necesaria para tu salvación eterna, pide a Dios que te ilumine, para ser digno de su luz, evita los vicios, practica la piedad, ama a Dios sobre todas las cosas y a tu prójimo como a ti mismo, y guarda diligentemente los diez mandamientos, porque a estas cosas están obligados todos los hombres. Y luego, después de muchos signos de amor y un abrazo amistoso, el moro se marchó.[61]

Esta conclusión sugiere que el diálogo probablemente ocurrió. No responde al modelo convencional, y revela el realismo del autor, que no narró sólo conversaciones exitosas. En el libro latino de Michel Nau hay un pacífico diálogo entre un cristiano y un musulmán sobre la religión cristiana que termina del mismo modo. Aquí también, dentro de un clima de amistad, el musulmán opta por no convertirse. Algunos musulmanes, a pesar de desear sinceramente la conversión, eran simplemente incapaces de comprender la fe católica. González insistía en que debían ser tratados con respeto, educación y caridad cristiana. Los predicadores

---

59 González de Santalla (1687, II: 298).
60 Reyero (1913: 240).
61 González de Santalla (1687, II: 155). Traducción por Michel (1989: 71).

debían conciliar con ellos el rezar a su propio Dios para pedirle iluminación y ayuda para comprender la verdad. El fenómeno de las conversiones del cristianismo al Islam en el área mediterránea está bien estudiado, pero es más difícil determinar la cantidad de conversiones en la otra dirección. Estudios recientes están en contra de la idea común de que hubo solo un pequeño número de conversiones del Islam al cristianismo en la Europa de los siglos XVI y XVII.[62]

Un examen cercano del caso de González confirma esto.[63] El jesuita asistió a cerca de 180 bautismos de esclavos musulmanes en diez años, y a menudo es posible encontrar evidencia que confirma muchas de aquellas conversiones. En España, los bautismos eran un evento social importante y ocasionaban un festín para toda la ciudad. La nobleza estaba envuelta, tanto porque los esclavos trabajaban para sus familias como porque los nobles eran usualmente padrinos del convertido.[64] Los esclavos heredaban a menudo el nombre de su padrino, y es muy interesante descubrir los nuevos árboles genealógicos creados por las conversiones. Durante los bautismos celebrados en Madrid en 1670, descritos en el *Manuductio* de González, podemos encontrar a muchos miembros importantes de la corte española haciendo las veces de padrinos. González insistía en la importancia de tener celebraciones magníficas y "barrocas" para tales ocasiones: todos, de hecho, podrían entender la importancia del sacramento a partir de la belleza de la ceremonia.[65] La conversión de personas nobles del mundo islámico era a menudo celebrada como un milagro.[66]

En el *Manuductio* de González, la preocupación de los misioneros por la educación religiosa de los catecúmenos aparece a menudo. Este tema

---

62 Larquié 1998; Bono 1998. Un muy útil artículo de reseña sobre España es Garcia-Arenal (2009). Más en general sobre el área mediterránea: Fiume (2009); Heyberger y Fuess (e/p).
63 Resulta interesante comparar la información de *Manuductio* con los documentos (cartas, informes) conservados en el ARSI, y publicados parcialmente en Reyero 1913.
64 Habitualmente, la condición social del esclavo no cambiaba tras su conversión, raramente el amo decidía liberarlo, o el padrino le daba dinero para redimirse.
65 «Quantum expediat, quod Mahumetani ad Fidem conversi magna cum solemnitate baptizentur» (González de Santalla 1687, II: lib. VI cap. V).
66 Por ejemplo la conversión de un príncipe de Marruecos, Muley Larbe Xerife, bautizado en Sevilla en 1671. Su padrino era el duque de Medinaceli, y colaboraba con los jesuitas en el seguimiento de las misiones. «Princeps iste non modico nobis adjumento fuit ad conversionem Mahumetanorum, qui eum ut legitimum Regni successorem colebant, et antequam Fidem Christi susciperet, ei necessaria ad victum, et vestitum suppeditabant» (*Ídem*: 40 – 41).

era realmente importante, ya que había un fuerte debate en España sobre la legalidad y utilidad de los bautismos forzados, razón por la cual los jesuitas en el siglo XVI tomaron una posición contraria a dicha costumbre. Según muchos episodios descritos en el libro, la educación religiosa de los catecúmenos era provista en el transcurso de algunas semanas por parte de misioneros o por parte del clero local. Sin embargo, la situación tenía otros matices. Desde el punto de vista de Manuel Sanz, el catecúmeno no debía ser abandonado, así como "el jardinero no abandona sus plantas luego de haberlas plantado, sino que las riega con particular atención".[67]

El *Manuductio* presta atención al hecho de que los jesuitas no estaban allí para bautizar a quienes no estuvieran adecuadamente preparados. En Malaga en 1669, cuando una niña musulmana pidió el sacramento los misioneros preguntaron al obispo si era o no apropiado que lo recibiera de inmediato. El obispo encontró varios elementos a favor de su caso: su joven edad, el hecho de que viviera con una mujer cristiana y lejos de otros musulmanes y el que supiera algunas oraciones y fundamentos de la fe cristiana. Como resultado de esto, pudo recibir el sacramento y fue instruida en el transcurso de las semanas subsiguientes. Por otro lado, un caso distinto tuvo lugar en Madrid en 1670 cuando un joven musulmán, impresionado por la solemnidad de la liturgia, se acercó al altar y rogó en voz alta ser bautizado. En este caso, las autoridades cristianas juzgaron que sería mejor posponer el sacramento, ya que el hombre no había sido instruido.

Un río subterráneo

Las fuentes impresas utilizadas en este artículo pertenecen a géneros literarios distintos (libros de controversia, manuales, manuales para misioneros, diálogos) y reflejan experiencias de distintos lugares (Roma, España, Malta, Siria). Lo común en los libros de Paolo Segneri, Nicolò Maria Pallavicino, Michel Nau, Manuel Sanz y Tirso González –el haber sido escritos por jesuitas y publicados en Europa durante una década muy importante–, nos permite subrayar algunas características de las actitudes jesuitas hacia el Islam en ese período.

---

67 Sanz (1691: 42). La misma imagen del jardinero está en Segneri (1690: 1).

La guerra contra los turcos influyó profundamente en el programa misional. Los eventos políticos y militares ocurridos en Viena y Europa del Este tuvieron una fuerte conexión con lo que estaba ocurriendo en las misiones alrededor del mundo, y daban a los misioneros nuevos ímpetus. Los autores de estos libros parecen estar resueltamente en contra del extendido prejuicio, incluso dentro de la iglesia católica, de que convertir a los musulmanes era una tarea imposible. La victoria de Viena –un inesperado éxito, signo evidente de la intervención divina– constituía un buen presagio y una fuerte incitación para predicar a los musulmanes, cosa que fue siempre considerada como inútil. Pero los obstáculos no debilitaron a los jesuitas –ni en las tierras islámicas ni en Europa. Tal como se ve en estos libros, las actitudes jesuitas con respecto a los musulmanes eran ambivalentes: el Islam era una herejía que amenazaba a la iglesia católica tanto teológicamente como militarmente, pero era también una forma de "idolatría" debido a su "incomprensible y extraña piedad". "No hay una gran diferencia –escribía Michel Nau– entre el Islam y la idolatría, es decir, entre quienes adoran ídolos y quienes no adoran al dios verdadero. De acuerdo con Paolo Segneri, había tres maneras distintas de ser infiel a una religión verdadera: la primera era aceptar tanto el Antiguo como el Nuevo Testamento, interpretándolo como placiera (por ejemplo, el Luteranismo y el Calvinismo). La segunda era aceptar sólo el Antiguo Testamento (Judaísmo). Y la tercera era no aceptar ni el Antiguo ni el Nuevo Testamento, una forma de paganismo representada por el Islam en aquellos días.[68]

"Herejía" e "idolatría": las actitudes jesuitas respecto a los musulmanes parecían fluctuar entre estas dos categorías. Por un lado, el Islam era considerado una herejía, el *"maremagnum"* de todos los errores ya condenados por la iglesia, de acuerdo a un antiguo argumento que sería utilizado en Occidente hasta el siglo XIX.[69] Este argumento era actualizado para comparar el Islam con los dos adversarios más peligrosos de la iglesia católica en la era moderna, el Luteranismo y el Calvinismo. Los jesuitas lucharon contra los herejes con libros de controversia, tratados de teología, y "razones demostrativas"; declararon que, considerando las

---

[68] Segneri (1690: 7).
[69] Este argumento viene de Pedro el Venerable (1092-1156). Ver Southern 1962; Daniel 1960.

pruebas de la verdad de la iglesia católica, "el hombre que no cree no puede ser perdonado". Por otro lado, en la práctica se presentaba una actitud no teorizada, particularmente entre quienes tenían una experiencia misionera. En este sentido, la piedad musulmana no debía ser condenada sino respetada como una forma de llegar a la verdad, una posibilidad de acercarse a la moralidad cristiana. "Evitad los vicios y rezad a vuestro Dios" solía decir González a los musulmanes que, a pesar de desear sinceramente la conversión, no podían ser convertidos. González también mencionaba haber conocido a muchas personas "que vivían de buena manera en su secta", porque estaban adheridos a sus preceptos religiosos. Michel Nau se asombraba una vez más por su constancia en la oración y el ayuno, y su deseo de realizar el peregrinaje a la Meca, en contraste con la laxitud católica. En su perspectiva, la piedad musulmana no parecía ser una expresión de herejía –si lo fuera debía haber sido condenada– sino más bien la expresión de una dedicación religiosa de estos hombres.

Algunas veces, pareciera que los jesuitas usaron la "adaptación" a los musulmanes, cosa que era una actitud jesuita común en tierras extra europeas.[70] Trataron de comprender las civilizaciones que hallaron, y de considerar la piedad pagana como una actitud positiva que podía ser usada para facilitar la conversión. La "ignorancia" de la gente, podía a menudo ser juzgada como "invencible",[71] involuntaria, y por lo tanto no imputable. Los musulmanes eran –como escribía González frecuentemente– "inocentes engañados", porque no tuvieron la posibilidad de hallar la verdad. Finalmente, en esta actitud, el teatro, la música y la magnificencia de las ceremonias se volvían instrumentos –más efectivos que las demostraciones teológicas– para la evangelización.[72]

¿Como podemos explicar esta fluctuación tanto en terminología como en actitud? Seguramente existen razones históricas. El siglo XVII, en particular sus décadas finales, ha sido descrito recientemente como el

---

70 Sobre la idea de acomodación, ver al menos Županov (2010).
71 «Ignorance is said to be invincible when it cannot be dispelled by the reasonable diligence [...]. In the case of invincible ignorance, the agent is in- culpably unaware of the nature of a situation or of the obligations it involves» ([NCE] 2003, VII: 315).
72 Algunos estudios recientes muestran muchas conexiones entre las actitudes jesuitas hacia los "indios" en Sudamérica y los "moriscos" en España a finales del siglo XVII. Ver El Alaoui 2006; Broggio (2004: 147 s). Sería interesante hacer el mismo tipo de trabajo con las actitudes de los jesuitas hacia el Islam.

siglo en el que algunas expresiones de "relativismo religioso" se desarrollaron.[73] La idea de que "todos pueden ser salvados" en la propia religión se difundió al final del siglo XVII en España y el Mundo Atlántico. Ante las diferencias religiosas, se producía una suerte de –citando a Patrick Collinson– "pelagianismo rustico", según el cual la buena vida y la creencia en Dios eran suficientes para la salvación. González Sanz, Nau y Pallavicino acostumbraban encontrarse con musulmanes –pero también católicos– que, ante las diferencias religiosas, asumían este "pelagianismo rústico". En este contexto es más simple entender por qué estos misioneros jesuitas tenían tal actitud fluctuante. Querían luchar contra cualquier forma de relativismo cultural, reforzando la máxima *extra ecclesia nulla salus* [no hay salvación fuera de la Iglesia], e insistiendo sobre los rasgos heréticos del Islam. Pero cara a cara con los hombres y mujeres que querían convertir, tendían a usar la misma aproximación que usaban con la gente de las Indias, la bien conocida práctica de "acomodación". No había contradicción en la mente jesuita entre la reacción indignada a la idea de que "todos pueden salvarse en la propia religión" y el intento de "acomodarse" a las tradiciones culturales locales. Las dos actitudes coexistían en un balance delicado, tan evidente que los enemigos de la Compañía de Jesús comenzaron a utilizarlas para construir argumentos en contra de los jesuitas.

Mientras que desde afuera de la iglesia católica, los jesuitas comenzaron a ser acusados por su rigidez dogmática y su excesiva fidelidad a la iglesia romana, desde adentro de la iglesia, los enemigos de la Compañía preparaban más sutiles argumentos. Los jesuitas eran acusados de apoyar la tolerancia religiosa y el sincretismo a través de sus políticas de acomodación, no solo en la famosa querella en China, sino en algunos escándalos en lugares islámicos.

En 1694 se desencadenó el famoso escándalo de Chios. En la isla del Egeo, ocupada por la armada veneciana, 300 mujeres musulmanas fueron halladas, declarándose a sí mismas cristianas. Los jesuitas de Chios fueron acusados de tolerar sus simulaciones religiosas y su pertenencia simultánea a dos religiones.[74] Un famoso libro surgió contra los jesuitas,

---

73 Ver Schwartz 2008.
74 Ver Argenti (1935: *passim*).

titulado *Le mahometisme toleré par les Jesuites dans l'Isle de Chio*, 1711 [El mahometanismo tolerado por los jesuitas en la Isla de Chio]. En esos mismos años la controversia sobre los "ritos chinos" adquiría seriedad creciente y muchas voces influyentes dentro de la iglesia católica se declararon contra las actitudes de los misioneros jesuitas. La ambivalencia con respecto al Islam, esa especie de "estatus especial", se confirma también en comparación con las actitudes jesuitas hacia los judíos en el mismo periodo. En los libros que estoy revisando, el judaísmo es siempre presentado al mismo tiempo que el Islam (desde la edad media, los musulmanes y judíos eran comparados en los tratados católicos). Los argumentos utilizados para refutarlos eran similares, y las objeciones más relevantes contra el catolicismo –los misterios de la trinidad y la encarnación– eran los mismos.[75] Sin embargo, en estos libros parecía que los "pérfidos" judíos eran más peligrosos, más difíciles de convertir. De allí que su fe fuera raras veces considerada con una actitud positiva, y no más bien como un obstáculo para alcanzar la verdad.[76]

Considero que es necesario realizar más investigaciones en este terreno, sobre todo en dos direcciones. La primera consiste en extender los estudios de las fuentes impresas de la Compañía de Jesús sobre el Islam. Este tipo de fuentes es algunas veces descuidada, considerando la cantidad de documentos de archivo que tenemos sobre la Compañía de Jesús. Pero no debemos olvidar la importancia de estos libros y tratados, los cuales pasaron por varias ediciones y traducciones, en la formación de una mentalidad dentro de la Compañía de Jesús y más generalmente en la Iglesia Católica.[77] Es sorprendente, por ejemplo, descubrir que en 1690 un jesuita de la China pidió por copias libres del *Manuductio* de González, deseando contrarrestar la propaganda musulmana en China.[78] Estudiar la red y circulación de estos libros sería sumamente útil.

---

75 Ver Daniel (1960: *passim*).
76 Esta actitud es también evidente en los libros jesuitas expresamente dedicados a los judíos.Ver, por ejemplo, Pinamonti 1694.
77 Sería interesante y útil hacer un inventario completo de los muchos libros sobre este tema que se han perdido luego de la supresión de la Compañía.
78 Ver ARSI (Jap. Sin. 164, f° 344r/v). Varias copias de ediciones consecutivas del *Manuductio* se encuentran todavía en la Beitang collection de la Biblioteca Nacional de Beijing. Agradezco a Noël Golvers por la información.

Una segunda línea posible de investigación es la de comparar los contenidos de los libros impresos con los documentos manuscritos de archivos. Actualmente la investigación sobre las misiones jesuitas entre los musulmanes en la España del siglo XVII confirma la perspectiva del *Manuductio*. En las fuentes de archivo es posible encontrar el "estatus especial" de estas misiones en las mentes de los jesuitas: eran considerados como similares a las "misiones populares", donde la prédica se dirigía a la recatolización de España, pero también eran comparadas con las misiones en las "Indias", debido a la peculiaridad de sus interlocutores, así como a los problemas lingüísticos, culturales y políticos derivados.[79]

Finalmente, la línea de investigación más fascinante para continuar consiste en explorar las actitudes jesuitas hacia el Islam en los libros escritos en distintos lugares y períodos.

En las primeras décadas de vida de la Compañía de Jesús, en un contexto completamente distinto, es posible encontrar algunos libros que tienen muchas similaridades con los textos escritos a finales del siglo XVII, por ejemplo, los de Antonio Possevino (1534-1611), quien se ocupó de la creación de una liga santa contra los turcos, animando a la guerra en su libro *Il soldato cristiano*. Al mismo tiempo, promovió estudios de fe islámica y filosofía, ocupándose del problema lingüístico.[80]

Una vez más, a finales del siglo XVIII, algunos años antes de la expulsión de la Compañía, podemos encontrar en algunos libros jesuitas, una comparación entre el Islam y otras "herejías", es el mismo argumento de Pallavicino, Segneri y González, actualizado a la nueva situación de la iglesia, donde los enemigos eran los ateos y racionalistas.[81]

Se podrían mencionar muchos otros ejemplos de esta doble actitud: una cuidadosa y precisa definición de la "teoría", con su violenta condena de Mahoma y el Corán, y el intento de acomodación a la gente musulmana, hasta el nivel extremo. El deseo de convertir musulmanes parece seguir, como un río subterráneo, la historia entera de la Compañía

---

79 Ver Borja Medina (1988: 26). ARSI (Tolet. 37ª, f. 460; 466v; Litt. Ann. 1609, 95).
80 Ver Possevino 1619, 1593; Lator 1943; Caccamo 1973.
81 Ver por ejemplo la *Demonstratio evangelica sive religionis Iesu Christo revelatae certitudo accurata methodo demonstrata adversus theistas et omnes antiqui et nostri aevi philosophos antichristianos, quin et contra iudaeos et mahumetanos*, de Stattler (1770).

de Jesús.[82] Es evidente la conciencia jesuita sobre el origen de este río subterráneo. Los jesuitas sabían que su orden religiosa había nacido junto con el deseo de Ignacio de ir a Tierra Santa; todos conocían la obsesión de Ignacio por la misión en el norte de Africa; todos sabían que la falta de resultados no enfriaba de ninguna manera su pasión: todos conocían la disputa con el moro en la *Autobiografía* de San Ignacio, y su conclusión ambigua;[83] todos reconocían la actitud ambivalente de Ignacio hacia los musulmanes, de a momentos belicosa, de a momentos proclive a la acomodación.[84] Ellos probablemente no sabían –como nosotros– que en 1556, en su *Apología de los Ejercicios Espirituales*, Jerónimo Nadal argumentaba que los musulmanes, también, podían participar en los *Ejercicios*, por su creencia en un solo Dios; qué forma extrema de acomodación.[85] La conciencia de este origen está presente en las cartas, libros, informes sobre las misiones entre los musulmanes. En diferentes tiempos y lugares, se pedía a los jesuitas interpretar el imperativo de su *Formula Instituti*, que los declaraba disponibles para ir a cualquier lugar, *incluso entre los Turcos*.

---

82 Mientras crece la cantidad de estudios sobre jesuitas y musulmanes, sería útil un estudio comparativo de larga duración sobre un área extendida. Un congreso reciente, "Jesuits and the Peoples of the Book. The Society of Jesus, Jews and Muslims", realizado en Boston College el 24 y 25 de marzo de 2010, mostró muchas analogías en la actitud jesuita hacia los musulmanes en diferentes lugares y tiempos. Ver Colombo 2010.
83 Como muchas de las otras leyendas fundacionales registradas en la *Autobiografía* de Ignacio y en otros documentos tempranos de la Compañía, existen elementos clave que reaparecerán una y otra vez en la historia jesuita, especialmente en el modo como la relatarán los escritores jesuitas.
84 Ver Reites 1977.
85 Ver Nadal ([1554] 1905, IV: 834-837).

UNA CRUZADA CONTRA LA CHINA. EL DIÁLOGO ENTRE ANTONIO SÁNCHEZ Y JOSÉ DE ACOSTA EN TORNO A UNA GUERRA JUSTA AL CELESTE IMPERIO (1587)[*]

Michela Catto

En 1565, algunos europeos, principalmente *conquistadores* provenientes de México, se estacionaron en las islas Filipinas, punto neurálgico y de cruce del gran comercio y puesto de avanzada para la añorada conquista del extremo Oriente, de la China y del Japón. Las Filipinas, llamadas así en honor de Felipe II, se sustraían, por su posición geográfica, a las disposiciones normativas que habían disciplinado la conquista española y portuguesa. El descubrimiento de las tierras americanas y la cuestión de su jurisdicción habían sido resueltas con la bula *Inter coetera divinae* (1493) de Alejandro VI –y luego entre España y Portugal con el tratado de Tordesillas de 1494– inspirada en un universalismo medieval y una impostación hierocrática que había perdido su significado luego de la ruptura de la unidad religiosa y política del territorio europeo.[1] En Oriente, la presencia de los europeos no estaba justificada por la donación papal, sino por un deseo genérico de predicación del evangelio que buscaba ocultar la consabida sed de conquista de nuevas riquezas.

En 1572 comenzaron a llegar al archipiélago los agustinos, abriendo la vía a la penetración de los franciscanos (1577), los jesuitas

---

[*] Traducción del italiano: Ana Couchonnal.
1 Sobre el rol de la ciencia jurídica en la elaboración del concepto de Nuevo Mundo y de su conquista ver Cassi (2007) y la amplia bibliografía indicada.

(1581) y finalmente los dominicos (1587).[2] Los españoles, que habían llegado a las escondidas, se establecieron como pudieron, generando una convivencia jurídica aparentemente demasiado heterogénea. Como escribiera el jesuita Alonso Sánchez en el largo memorial presentado al rey de España Felipe II,[3] convivían allí cuatro comunidades distintas: la de los españoles (pequeñísima y dotada del derecho de vivir en la isla), una comunidad de indios cristianos que los españoles debían defender tanto desde un punto de vista físico como espiritual (lo que quiere decir, de cualquier tentación de retorno a la idolatría), una comunidad de indígenas pacíficos pero no convertidos que debían ser puestos en condiciones de no influenciar a la comunidad de los indígenas convertidos y, finalmente, una comunidad de enemigos, los indígenas no convertidos ni pacificados.[4]

Desde Filipinas se miraba a la China, donde la presencia de los europeos era particularmente aleatoria.[5] Era delimitada el área geográfica en la que podían comerciar y cada desplazamiento debía ser autorizado por los funcionarios locales. La situación se hacía más incierta por las incursiones de las poblaciones bárbaras en los confines del imperio, una inseguridad que se incrementó en torno a 1583 cuando Nurhachi, un exponente del grupo étnico Nuzhen que en 1616 fundó la dinastía Jin Posteriore, se puso a la cabeza de una revuelta contra el dominio chino, creando una gran inestabilidad en el país.

Es en este panorama general que se inserta el debate sostenido por dos importantes miembros de la Compañía de Jesús, los españoles Alonso Sánchez y José de Acosta –en torno a la oportunidad de hacer la guerra a la China, una "guerra justa" para permitir su evangelización; debate que tenía lugar en tiempos de la visita de los primeros japoneses a Europa (1585),[6] de la publicación de la obra del agustino Juan González

---

2 Girard, Laborie, Pennec y Zuñiga 2007; sobre la presencia de los jesuitas ver Javellana 1999, y De la Costa 1961.
3 Ver *Razonamiento que hizo en una real junta sobre el derecho con que Su Magestad*, sobre el cual retornaremos.
4 Sobre la presencia y la problemática de los españoles en Asia ver Headley (1995), y de manera más general Abbatista (2002).
5 Sobre cómo eran percibidos los jesuitas en China ver Brook 2005. Sobre la percepción de los chinos por los europeos Garin 1975 y Gernet 1984 (ed. orig. Paris 1982).
6 Prosperi (1998: 187-188).

de Mendoza, *Historia de las cosas más notables, ritos y costumbres del gran reyno de la China* (1586), en la que se halla la primera descripción de la China, y sobre el fondo de la delicada y controvertida operación de unificación de la corona española y portuguesa (1581) que había dado un nuevo soplo vital al gran diseño de la *monarquía hispana*.[7]

La tradición de la guerra justa: Francisco de Vitoria

La guerra justa era un tema que había interesado a los hombres de la Iglesia, aunque no de manera exclusiva. Agustín de Ippona y Tomás de Aquino habían ya discutido ampliamente en el intento de lograr una casuística del *jus ad bellum* y del *jus in bello*.[8] El debate se tornó de gran actualidad en la era moderna, en tiempos de guerras de religión y de descubrimiento de nuevas tierras, alimentado por los relatos del atraso de los indígenas, de su estado de explotación en las *encomiendas* y de su exterminio, perpetrados por la política de colonización. Ésta involucraba particularmente a la España empeñada en la conquista de América, donde, por lo tanto, era más fuerte la percepción de que la *respublica christiana* era solo una parte del Mundo.[9] Para decirlo con palabras de Carl Schmitt "todos los teólogos cristianos sabían que incluso los infieles, los sarracenos y los hebreos son hombres, e incluso el derecho internacional de la *respublica christiana*, con su profunda distinción entre los varios tipos de enemigos y por lo tanto también de guerra, se fundaba sobre las profundas distinciones entre los hombres y sobre la gran diversidad de su estatus".[10] Los europeos no podían evitar plantearse el problema de si lo que estaba sucediendo en el Nuevo Mundo tenía justificaciones.

Uno de los grandes teóricos de la guerra justa fue el dominico Francisco de Vitoria (1483-1546), decano de la Segunda Escolástica, ani-

---

7 Ver Bosbach ([1988] 1998: 77-104).
8 Ver por ejemplo, el número monográfico *Guerra santa e guerra giusta dal mondo antico alla prima età moderna*, en *Studi Storici* 3 (2002) y O'Brien 1981.
9 Ver Johnson 1975, 1981 y Di Rienzo 2005. Sobre la presencia del debate en Italia de 1500 ver Forti 1992 y Prosperi (1999: 249-281). Para algunas posiciones de la Compañía de Jesús en el tema de guerra en la era contemporánea ver Menozzi 2008.
10 Schmitt [1974] 1991: 109-110.

mada por su orden, en la que pronto se afianzaron los jesuitas.[11] Vitoria y la escuela de Salamanca dedicaron a este tema numerosas intervenciones aportando muchos elementos novedosos. Su pensamiento sobre la guerra justa fue expuesto en la *Relectio de iure belli* (1539),[12] elaborada en estrecho contacto conceptual, y no solo cronológico con su *Relectio de Indis* (1538). En su base se hallaba la obra de Tomás, pero el pensamiento de Aquino era reelaborado y conducido a resultados distintos. Vitoria, de hecho, como ya había sido hecho en el Concilio de Costanza, había primeramente negado la validez, o al menos había atenuado el alcance, de la donación papal como derecho de posesión de las nuevas tierras,[13] prefiriendo el principio de la *utilitas oeconomica*. Había refutado la idea de una autoridad del Sumo Pontífice como monarca de todo el mundo también en el sentido temporal.[14] El nuevo principio aplicable también a las tierras europeas interesadas en el cisma religioso partía de la concepción de una perfección natural de la comunidad humana: el poder político es querido por Dios, lo que vuelve erróneo pensar que su legitimación resida en la autoridad del pontífice o en la adhesión del rey y del pueblo a la religión cristiana, o en la ausencia de pecado. Ciertamente Cristo ha instituido el cristianismo, la religión perfecta por su distinción del poder temporal, pero esto último también goza de una natural perfección. También la *potestas spiritualis* es natural en sí, y por lo tanto se halla también entre los infieles y en el Antiguo Testamento.

    Entraremos en algunos de los detalles de la teoría vitoriana en el transcurso de este texto, limitándonos a recordar aquí dos aspectos de la fuerza de ruptura de su pensamiento. El primer aspecto que debe tenerse siempre presente es que sus *Relectiones* terminaron en la malla de la censura y fueron insertadas, a pesar de las tentativas de oposición del embajador en Roma, el conde de Olivares, en el índice de Sixto V; éstas proveían al imperio colonial de una gran potencia católica como España, celosa de su soberanía y de su autonomía con respecto al papa, de una legitimación bastante mejor que la que ofrecían los canonistas sostenedo-

---

11 Sobre esto ver Giacon [1944-50] 2001.
12 De Vitoria 2005; pero ver también Giacon ([1944-50] 2001, III: 5 y ss).
13 De Vitoria (1996, II: 4 y 5). Ver también Hernández Martín 1999.
14 De Vitoria (1996, II: 4 y 5).

res de la soberanía universal directa del pontífice;[15] una teorización, por lo tanto, adecuada al caso de Filipinas y de la China, como ya señalamos.

Pero Vitoria, con su reconocimiento de la natural perfección de la comunidad, incluso de las poblaciones bárbaras y primitivas, ponía en discusión también el derecho que los españoles se arrogaban sobre América: muy pronto, Carlos V impediría a cualquiera discutir sobre este tema.[16] Recordemos finalmente cómo durante siglos se utilizó el pensamiento de Vitoria como base del derecho internacional e interpretado, como lo recuerda Carl Schmitt en *Nomos della terra*,[17] según perspectivas diversas y hasta opuestas. En este caso, la autoridad del maestro salamanquino fue utilizada por Sánchez y Acosta para justificar su opinión; otro ejemplo de cómo la teoría vitoriana, incluso jugando con sus definiciones, descripciones e interpretaciones, podía servir a causas antitéticas.[18]

Alonso Sánchez y el proyecto de una segunda Europa china

El hacer la guerra a poblaciones no sujetas al derecho positivo como sostenía Vitoria,[19] era una cuestión que involucraba no solo a los juristas. Innumerables fueron las intervenciones de los misioneros de Filipinas en el tema de la guerra a la China desde los primerísimos años de fundación del patronato.[20] En 1569 el agustino Martín de Rada, por ejemplo, formuló de manera explícita un proyecto de conquista de la China e informó a Felipe II que "aunque la gente de China no es nada belicosa [...] mediante Dios, fácilmente y con no mucha gente, serán sujetados".[21]

El debate en torno a la guerra a la China de Alonso Sánchez y José de Acosta no estaba por lo tanto dislocado del contexto. Los dos jesui-

---

15 Forti (1992: 273-274).
16 Ídem: 261.
17 Cfr. Schmitt ([1974] 1991: 105 y ss). Tambien Schmitt 2001 *ad indicem*. Todorov (1992: 182), distingue, por ejemplo entre la intención de De Vitoria y el rol o incidencia de su discurso.
18 Sobre los aspectos metodológicos ver Waltzer (1990: 251).
19 De Vitória (1996, I, 8: 11).
20 Clima belicoso reconstruido por Bourdon (1960, I: 97-121) y más ampliamente por Ollé (2002). Ver también Doyle (2005).
21 Ollé (2002: 42).

tas pertenecían a la segunda generación de la Compañía de Jesús, protagonista y artífice de los grandes conflictos y disensos internos que arriesgaron poner en peligro, a finales de 1500, la existencia misma de la orden.[22] Ambos son un ejemplo de los diversos ánimos siempre presentes entre los jesuitas: uno más sólidamente contemplativo –Sánchez– y otro anclado en la fuerza apostólica activa –Acosta. Esta divergencia de vida espiritual "originaria" estaba destinada a desencontrarse inevitablemente en materia de misión y particularmente de evangelización de la China, súbitamente percibida por los europeos como una civilización diversa pero de un nivel comparable al europeo (o por lo menos esta era la imagen que los jesuitas difundieron en Europa a través de los relatos de sus viajes).[23]

Los dos españoles se habían encontrado, quizás por primera vez en Nueva España entre 1586 y 1587, cuando el general Claudio Acquaviva había nombrado a Acosta superior directo de Sánchez, prohibiendo a este último cualquier tentativa ante la corte de Madrid sin la autorización previa de su superior.[24] Se intentaba bloquear los primeros signos ante la curia generalicia sobre la participación de Sánchez en la corte de Felipe II en favor de un proyecto de hacer la guerra a la China, proyecto que fue discutido incluso ante la Congregación del Santo Oficio.[25] De esta limitación de su autonomía de movimiento, Sánchez se reivindicaría consignando a Clemente VIII un memorial contra Acosta, tal como lo recuerda este último.[26] Más allá del reporte de subordinación, entre los dos jesuitas hubo un intercambio importante e intenso de informaciones. Acosta, en su maravillosa y detalladísima *Historia Natural y Moral de las Indias* –donde habla de la China y usa a los chinos para confrontarlos, cuando es necesario, con los pobladores de América–, cita como su principal y casi única fuete al padre Alonso Sánchez (como ejemplo sobre las consideraciones acerca de la escritura del chino).[27]

---

22 Von Pastor (1928, X: 125). Más ampliamente ver mi *La Compagnia divisa. Il dissenso interno nell'ordine gesuitico tra '500 e '600* (Catto 2009).
23 Sobre este aspecto ver las interesantes consideraciones de Ricciardolo (2001), y Parker (1978).
24 "Carta de Acquaviva a Mendoza" (en [MMx] 1956-1991, III: 461-485).
25 Lo recuerda Astrain (1913, IV: 466).
26 Ver *Obras del P. José de Acosta* (Mateos 1954: 369).
27 Acosta ([1792] 1987, II: 99-102).

Ya en 1582, el 31 de diciembre, Alessandro Valignano (1539-1606),[28] organizador de las misiones jesuíticas en Asia Oriental y desde 1573 visitador de las Indias y del Extremo Oriente, había escrito una carta a Acquaviva en la cual mencionaba, con tono vago e impreciso a Sánchez, a algunas de sus extravagancias y al hecho de que habría merecido una buena penitencia por sus acciones en China. Pareciera aludir a la práctica de una política misionera en contraste con cuanto ya había sido practicado por los jesuitas, con el modo de proceder adoptado por la Compañía.[29] Valignano –el ideólogo del método de evangelización utilizado por la Compañía de Jesús en China y en Japón– fue uno de los mayores sostenedores de la línea política orientada a evitar el ingreso de los misioneros provenientes de América a la China, consciente de que los métodos misioneros del Nuevo Mundo se prestaban mal a Extremo Oriente.[30] Pero los primeros jesuitas llegaron al archipiélago de Filipinas con el objetivo expreso de facilitar el acceso a la China y al Japón por decisión de la Congregación Provincial mexicana en 1577, creando una natural continuidad entre el Nuevo Mundo y el lejano Oriente,[31] continuidad que vale también para Sánchez.

Alonso Sánchez (1545-1593) era un castellano, apodado *"Part Carthisan"* por su tendencia contemplativa y ascética.[32] Era recordado por las tentativas hechas en el colegio de México de convencer de que su estética contemplativa pertenecía al espíritu de la sociedad jesuítica: "Alonso Sánchez parece tener sus ojos *'in finibus terrae'*; por así decir, no está nunca satisfecho de las cosas como son ni con cuestiones ordinarias".[33] El jesuita era "un enigma ascético indescifrable".[34] En su primer viaje a Filipinas (1581), y luego desde allí a la China, su posición cambió volviéndose no muy distinta a la de los mercaderes, aventureros, predica-

---

28 Ver la voz a cargo de Cieslik y Wicki en el *Diccionario histórico de la Compañía de Jesús* ([DHCJ] 2001, IV: 3877-3879) y Üçerler (2003).
29 Catto 2005.
30 Ross (1999: 345; 1994) y Moran (1993: 216-249).
31 Viforcos Marinas (1998) y Clossey (2006).
32 Ver el bello retrato trazado por Pierre Antoine Fabre (2007b: 186; versión en español Fabre 2007a).
33 Escribía el padre Hernán Suarez al general de la Compañía el 30 de noviembre de 1585 en Roy Aramayo (2000: 110).
34 Así lo define Astrain (1913, IV: 472).

dores y burócratas que habían viajado desde los nuevos territorios españoles de ultramar a Filipinas y al Oriente; posiciones desprejuiciadas del disfrute del territorio y de la población local que para Sánchez se convertirán en la necesidad de sujetar completamente esos territorios al reino español, extendiéndolos, por ejemplo, al tratado de Tordesillas. La operación de Sánchez en las tierras del Oriente constituye una trama continua, un constante equilibrio político triangulado entre cuestiones chinas, portuguesas y españolas,[35] sin ningún interés hacia la misión en el sentido propio del término.

En una larga carta a Gaspar Coelho, viceprovincial del Japón fechada el 5 de julio de 1584,[36] Sánchez comenzó a referirse a la oportunidad de iniciar una guerra en la China, donde había morado algunos meses, madurando la firme convicción de que era imposible conquistarla solamente con la prédica.

Para la China era válido el mismo principio utilizado para América: primero la conquista armada, luego la evangelización. En su *De la entrada de la China en particular*[37] y en *Razonamiento que hizo en una real junta sobre el derecho con que Su Magestad está y procede en las Filipinas* (leído ante la junta nombrada por Felipe II para discutir la cuestión del extremo Oriente) el jesuita expuso, quizás en parte para el destinatario político del escrito, las características esencialmente prácticas y ciertamente no jurídicas o religiosas de su propuesta.

Por la minucia con la que se recuentan fusiles y cañones pareciéramos estar frente a un tratado de arte militar: diez, doce mil hombres de España, Italia y otros territorios del reino hispánico, cinco seis mil japoneses capitanes de gran valor y capacidad, arcabuceros, galeras, todos los equipamientos necesarios (entre los que se especifican las armas de fuego), estrategias para corromper a los personajes chinos más importantes (oro, dinero, pero también espejos, vidrio, plumas, pintura al óleo, mapamundis, vino blanco y tinto). Sánchez traza la ruta marítima y los trayectos terrestres. Elabora detalladamente la estrategia de conquista que tampoco excluye una participación activa del general de la Compañía, sugi-

---

35 Sobre este aspecto ver por ejemplo, Roy Aramayo (2000).
36 [OS] (1911- 1913, II: 425-426).
37 En Colin (1903: 437-444, nota 4).

riendo al rey convencerlo de mandar un padre italiano para persuadir a los jesuitas del Japón de no obstaculizar la participación de los japoneses en la guerra, y presionar a los jesuitas en China de que sostengan la guerra. Los jesuitas ya presentes en el Celeste Imperio, de hecho, habrían podido aportar importantes noticias sobre el ejercicio y las tácticas militares, pero también dado su conocimiento de la lengua, podrían tener una contribución activa predicando a favor de los misioneros y de los enviados del rey de España, presentándolos como libertadores "de la tiranía de los mandarines".[38] El fomentar la revuelta puede ser visto como un intento de Sánchez de hallar una justificación de la guerra contra los chinos. Entre las causas legítimas de la guerra provistas por Vitoria estaba, de hecho, la elección voluntaria del soberano extranjero por parte de los indígenas, interpretable como un don especial conferido directamente por Dios cuando fuese realizada con conciencia y como acto realmente voluntario.[39] Por otra parte, tomar las armas contra un régimen despótico –según los cánones jurídico-teológicos de la época– volvía natural la definición de guerra justa, asimilándola al derecho de resistencia.

El deber de defender con la espada el Evangelio, el derecho de predicar donde se quiere y se juzga necesario, son puntos fundamentales del discurso junto a la convicción de que el único modo de alcanzar este objetivo es tener una fuerza armada que sustente la prédica, que la defienda pero que también la anticipe,[40] permitiendo así el ingreso de los misioneros en tierras inexploradas.

Los tiempos habían cambiado y la prédica debía asumir una nueva perspectiva. Ya existía la prédica y la conversión de los orígenes, a través de los apóstoles elegidos directamente por Dios, dotados del don de lenguas y asistidos por los milagros. Pero ahora los predicadores, por voluntad de Dios, no disponían de los mismos dones: no tenían la capacidad de hablar la lengua o de contar con los milagros.[41] La prédica había

---

38 Ídem: 441.
39 De Vitoria (1996, I, 2, nn. 23-24).
40 Hecho en el que se centró Astrain (1913, IV: 466) que al juzgar la propuesta de Sánchez de ir a la guerra en la China escribe: «Era, pues, en este caso impracticable la teoría, pero, repitámoslo no era de suyo injusta».
41 Sobre la conciencia de que el mundo moderno estuviera privado de milagros ver Imbruglia (1989).

alcanzado una fuerza autónoma, lo sobrenatural y lo divino eran sustituidos por la ayuda de los principios cristianos y por su autoridad; sin el poder temporal la prédica no podría tener lugar. El razonamiento recrea uno análogo de Valignano a Acquaviva, escrito el 24 de diciembre de 1585, con la diferencia de que en él la esencia de los "milagros y dones de profecía" se resuelve con una adaptación a las cosas exteriores,[42] aquellas exterioridades que conducen a la Compañía de Jesús al método de la "*accommodatio*", desencadenante de la controversia de la cuestión de los ritos chinos.[43]

Con los chinos, escribía Sánchez, no se podía adoptar el mismo comportamiento mantenido en las confrontaciones con los turcos o los moros, o más generalmente con la gente enemiga de las leyes y del rey. Los chinos debían ser contrarestados con una fuerza armada "solo para acompañar" y proteger a los misioneros durante la prédica y para defender a los convertidos.[44] Y desde esta óptica, en su criterio, incluso el deseo de enriquecerse de los hombres podía ser convocado como fuerza positiva de la conquista espiritual.[45] La idea de Sánchez contemplaba una victoria que habría expandido perfectamente la realidad espiritual, cultural y administrativa de Europa en China, creando obispos y arzobispos guiados por un patriarca, nuevas órdenes militares, haciendo penetrar las costumbres, la lengua y la escritura occidental que habría así sustituido a los ideogramas, verdadera "invención diabólica". La conquista habrá calado la monarquía española en una verdadera jauja espiritual y temporal como no se ha visto nunca desde el tiempo en que Dios creó el mundo. La gran riqueza de la China, –nueva El Dorado– podía ser conservada solo manteniendo su gobierno; una táctica de preservación momentánea que a largo plazo

---

42 Valignano (1946: 318).
43 Es amplia la bibliografía sobre los ritos chinos. Ver por ejemplo Mungello (1994) y Lippiello y Malek (1997, in part. pp. 201-217).
44 «Que se advierta y entienda que todo cuanto atrás se ha dicho y ordenado de aparato de guerra no ha sido para que se piense que se les ha de hacer ni puede como se haria con turcos ó moros ni otra gente enemiga y declarada contra nuestra ley y nuestro rey, lo cual ellos ni saben ni conocen ni quieren mal sino que solamente es para acompañar y guardar á los predicadores de ella y del Rey que los envia y que les den entrada y dejen predicar á donde quisiesen y fuese necesario y para que los que gobiernan no estorben á ninguno que los oigan y reciban y para que sin miedo se puedan convertir ni haya peligro de que por daños ó miedos ó castigos retrocedan ó renieguen los ya convertidos » (Colin 1903: 441).
45 Guarnieri Calò Carducci (1997: 123).

habría favorecido la derrota, ya que los campesinos habrían acogido a los españoles y a los occidentales sin ninguna forma de oposición, dada la tiranía y la explotación a la que estaban expuestos. Entre los puntos sostenidos para un proyecto español de conquista, inserto en una coyuntura favorable, se hallaba entre otros el hecho de evitar una posible conquista de la China por parte de los musulmanes o la difusión en China de herejías, obras de otros europeos no fieles a la Iglesia de Roma.

La China parecía interesar particularmente a Sánchez en función de la idea de construir un nuevo pueblo cristiano. De hecho, esto se afirma en las cualidades y las virtudes de los chinos (gran memoria, capacidad de comprensión, ingenio, gentil disposición, prudencia, dignidad, etc.), ilustrando las ventajas del matrimonio mestizo (posible, dado que los chinos son muy distintos a los bárbaros) para la multiplicación de los cristianos en el mundo. Las virtudes de los chinos son tales que, en una visión cercana a la del paraíso terrestre,[46] sería posible también autorizar la formación de sacerdotes chinos, evitando así las desventajas verificadas en otros países de no poder utilizar a los nativos como religiosos.

La conquista armada se propone como la posibilidad de reproducir una segunda España, una segunda Europa. Esta operación se hacía

---

[46] «Que en la China ha de ser todo al reves, asi por ser la gente de la calidad que se ha dicho para casamientos, amistad y union é igualdad, oficios y dignidades y gobierno espiritual y temporal, como por ser las riquezas de la tierra tanta y de la suerte que es de heredades frutos, mantenimientos y bastimentos de arroz trigo y cebada; de todas maneras de frutas, muchas diferencias de vinos, gallinas, patos y otras mil maneras de aves, muchos ganados, cavallos, vacas, cabras, carneros, búfanos, y mucha corambre, seda infinita, mucho algodon, almizcle, miel y cera, muchas diferencias de maderas de mucho valor, muchas suertes de perfumes y otras cosas que produce la tierra fuera de la abundancia de minas y metales que arriba se dijo á lo cual añadida la industria humana de tanta gente y tan ingeniosa y codiciosa y trabajadora y bien gobernada es increible la muchedumbre y abundancia de los oficios y artificios é invenciones é industrias y fabrica de todo cuanto se puede pedir para el uso humano de mantenimiento, ornato y regalo y de todas alhajas tiendas y mercadurias asi para provision de la tierra como para mercancia de los extrangeros la cual cosa con la primera dicha de la suerte de las personas ha de ser causa, si Dios fuese servido de darnos entrada en aquellos reinos para que en breve sean allanados mezclados y unidos, españolizados y cristianizados que no se puede decir los grandes bienes y provechos que de aqui naceran espirituales y temporales de nueva luz de fe y buenas costumbres y salvacion para los chinos y muchas almas y gloria para Dios de riqueza y honrra y eterno nombre para nuestro Rey y de grande fama y provecho y multiplicacion de la gente española y mediante ella de toda la cristiandad, y con estos aun habrá los siguientes» (Colin 1903: 444).

más fácil por el hecho de que en general los orientales eran percibidos por los europeos como gente de "nuestra calidad": los chinos de ciudad descritos como alemanes, los chinos de la campaña como italianos o españoles, no son considerados como "racialmente" diferentes a los europeos.[47] Un modo de verlos que permitía superar inmediatamente muchos de los obstáculos de la política colonial practicada en el Nuevo Mundo y a cuya definición contribuían también las misiones. El reconocimiento de una suerte de unidad antropológica, de una unidad potencial entre los europeos y los chinos permitía a Sánchez hipotetizar una participación de los chinos en los derechos políticos y civiles y, finalmente, siempre de manera ideal, su ingreso a las órdenes sagradas y el clero. En la concepción de Sánchez esto pasaba a través de una cancelación de la cultura china, de su alfabeto y de su sistema educativo, y una depuración de sus tradiciones.[48]

La idea de conquista como colonización cultural, entendida en el sentido más amplio, subyace a la acción de todos los religiosos empeñados en las misiones. El mismo Alessandro Valignano, ideólogo de un sistema complejo de adaptación del cristianismo en el Extremo Oriente, en su *Relazione missionaria* (1583) elaborada para el Japón, señalaba que aquellas tierras, por sus características sociales y culturales, estaban en condiciones de ofrecer con el tiempo la mayor ocasión de salvación, significando con ello la difusión y la creación de un gran pueblo cristiano. Pero en Valignano no hayamos tonos belicosos, sino solo las estrategias para penetrar la sociedad japonesa de manera dócil, haciéndose respetar, aceptando y adaptándose a algunas de las expresiones culturales locales.[49] Recordemos que sus técnicas de acomodamiento no eran compartidas por todos, ni siquiera al interior de la Compañía. Su *Libro delle Regole o Cerimoniale* fue aprobado con reservas y fue objeto de una larga negociación.[50]

---

47 Cfr. Demel (1997), pero también Mazzolini (2006).
48 Sobre estos temas ver el ensayo de Pastine (1978: 3-23, 18-23).
49 Valignano (1990: 112-113 y ss). Ver también D'Elia (1941).
50 Prosperi (1998: 196). Pero también la introducción a Valignano (1946).

José de Acosta: «entrar por la puerta de la cruz y vituperio que no puede ser entrada vana»[51]

A la propuesta y la trama de Sánchez respondió José de Acosta, cuyas convicciones habían sido madurados en otros contextos geográficos y culturales. Definido como el Plinio del Nuevo Mundo[52] por la minuciosa descripción de las tierras americanas, tuvo una larga experiencia en el Perú en la organización de la Iglesia Católica y misionera, donde a menudo asumió posiciones a favor de la autonomía de los misioneros con respecto a los poderes centralizados.[53] Nacido en Medina del Campo en 1540 en una familia de origen portugués y hebreo, Acosta se había embarcado hacia el Nuevo Mundo en 1571. Participó activamente en la vida política y religiosa misionera asumiendo el cargo de provincial del país y colaborando con el Virrey Toledo en la preparación de las *Ordenanzas* dictadas por el gobierno del país. En 1583 fue teólogo del tercer Concilio de Lima y se empeñó en la redacción del catecismo. Muere en 1600.[54]

Acosta sostenía que la población considerada, dotada de razón como los chinos y los japoneses, podía ser conquistada mediante la utilización de instrumentos racionales.[55] Y discrimina como necesario para individualizar esta categoría de humanidad la existencia de "un gobierno estable, legal, pública, ciudad fortificada, magistrados respetados y lo que es más importante, uso y conciencia de las letras, porque donde hay libros y monumentos escritos la gente es más humana y política". Acosta sugería que para este tipo de población la predicación fuese análoga a aquella "de los apóstoles que predicaron a los griegos y a los romanos y

---

51 Mateos (1954: 344).
52 Lopetegui (1942: 449).
53 Para lo cual ver por ejemplo Lopetegui (1949).
54 Para una reconstrucción bibliográfica y de las obras ver *sub voce* a cargo de Baptista en [DHCJ] 2001, I: 10-12. Una biografía en Burgaleta (1999: 3-69).
55 En el *De promulgando evangelio apud barbaros, sive de procuranda Indorum salute* (1588, aunque publicado en 1589) había definido una suerte de jerarquía del pueblo y de los métodos a usarse en su evangelización (cfr. Imbruglia 2004). La división jerárquica aparecía diez años después en *Cultura degli ingegni* (1598) de Antonio Possevino, en la cual se afirmaba que tres tipos o clases de ingenio existían en las Indias, incluyendo chinos y japoneses en la clase de «aquellos que poco se distancian de la recta razón y de la consuetudo del género humano» (Possevino [1598] 1990: 16-18) o de Giovanni Botero (sobre el cual puede verse Albònico (1990, in part.: 112-120, 177-191).

a los otros pueblos de Europa y Asia".[56] Era a esta gente dotada de razón que el jesuita declaraba su preferencia en la misma *indipeta*; estaba a favor de esta gente, dotada de "alguna capacidad y no muy bruta",[57] que expresaba el mismo deseo de martirio.[58] Esta teoría, destinada a tener gran éxito nacía acompañada de muchas otras observaciones modernas, como las que trataban de un sistema de analogía entre algunos ritos de la población no europea y los sacramentos de la eucaristía y de la penitencia,[59] observaciones que fueron censuradas por la inquietud que creaban entre los intelectuales católicos de 1500.[60]

Con fecha de 15 de marzo de 1587, Acosta escribió desde México su primer parecer fuertemente contrario a una guerra a la China (*Parecer sobre la guerra de la China*)[61] tema sobre el cual, como veremos, volverá más tarde. Los argumentos de Acosta eran bastante distintos a los de Sánchez. En ellos aparecían en particular en toda su centralidad las cuestiones de carácter teológico y la referencia a los teólogos de manera sistemática –desde Agustín a Francisco de Vitoria, el verdadero protagonista del pensamiento de Acosta–. Están también subrayadas todas las consideraciones de Acosta en torno a la guerra limitadas, como él mismo afirma, al caso de la China y no en general,[62] aunque para cada observación "son cosas morales que peded de mil circunstancias":[63] su objeción no es a la guerra en general, sino a la guerra contra China.

Las evaluaciones de Acosta asumían como punto de partida el horror de la guerra, su constitutivo ser portadora de muerte, violencia, hurtos, daños y su conducir a la ruina a la misma república, al Estado; por lo tanto, un acto que debe ser evitado absolutamente y cuya decisión –la de hacer la guerra– impone la obligación moral de que la misma sea pro-

---

56 Gliozzi (1977: 377-379).
57 Imbruglia (1992: 292).
58 Para lo cual ver Broggio (2007: 163). Sobre el significado de las *indipetae* en la espiritualidad de la orden jesuítica ver Fabre (2007c) y Capoccia (2000).
59 Acosta ([1792] 1987, II: 57-58).
60 Ver Ferro (1994) y Domenichini (1981).
61 Cfr. Mateos (1954: 331-334). También en [OS] (1911-1913, II: 450-455).
62 «Sólo de la China he respondido lo que siento, habiéndolo mirado y considerado y estudiádolo con atención y diligencia y puro deseo de acertar la verdad» (Mateos 1954: 345).
63 Ibídem.

fundamente ponderada y juzgada a través del derecho y de los hechos. En el caso específico de China, los hechos, sostenía Acosta, no correspondían exactamente a los narrados por Sánchez.[64] Mientras tanto, en el plano de los argumentos jurídicos Acosta seguía paso a paso el razonamiento de Vitoria, sin hallar argumentos para poder considerar como justa una guerra con los chinos.

La primera, y creo, también la última (al menos hasta los siglos XIX-XX) aplicación de la teología de la guerra justa al caso de la China, una civilización tenida como parangón y finalmente, en algunos casos, como superior a la europea, no resiste al análisis de la crítica de Acosta. Las teorías elaboradas para América Latina, el debate sobre la conquista, ya fuera justa o injusta, la guerra con la que los españoles se habían adueñado del Nuevo Mundo y si era legítimo el dominio ejercitado por ellos en América, fracasaban ante la civilidad china incluso a partir de la valoración, como escribió Matteo Ricci, "de la calidad de este reino diferentísimo a todos los otros del mundo".[65]

Si bien es verdad que la China no admite el ingreso en su territorio de extranjeros, incluso si éstos entran con fines pacíficos y, según Vitoria y en general los teólogos,[66] esto basta para justificar una guerra como justa, de todas maneras no hay en esto injuria a los españoles sino uso y costumbre de los chinos que excluyen a todos los extranjeros y no solo a los españoles. Acosta aprecia y juzga que una tal política practicada con los extranjeros, como lo ha mostrado la experiencia, es el medio más seguro para conservar el Estado, la república.[67] Más allá de las consideraciones generales, hay una específica sobre el comportamiento mantenido por los ibéricos en el mundo que Acosta, gracias a su larga residencia en América Latina, había tenido tiempo de ver personalmente. El comportamiento de los españoles en el mundo durante los noventa años anteriores –su carácter belicoso, su entrada en los países para el comercio, la

---

64 «porque, aunque el memorial del p. Alonso Sánchez refiera algunas y muchas cosas ciertas y notorias, otras no lo son tanto sino de oydas ó de conjecturas, y algunas se escriben ó refieren por otras personas con harta diversidad» ([OS] 1911-1913, II: 451).
65 Ídem, I: 231, carta de Ricci a Girolamo Costa del 15 octubre 1596.
66 De Vitoria (1996, I, 3, nn. 1-9).
67 «El qual género de policía no se puede negar que sea el más seguro para conservarse, como lo ha mostrado la experiencia de tanto tiempo come se han conservado» ([OS] 1911-1913, II: 452).

apropiación militar y político para obtener ventajas inmediatas–, permitían, y he aquí la justificación teológico –jurídica (una vez más la referencia a Vitoria),[68] excluirlos del ingreso a China por causa justa.[69] Para ser lícita y justificada una guerra no debe agregar mayor daño a la fe, no debe ser posible obtener el mismo resultado a través de medios pacíficos y, finalmente, no debe nunca exceder los límites de la justa y necesaria defensa de los fieles. Para ser justa, una guerra debe defender de la injuria a los fieles en tanto fieles[70] y el comportamiento de los chinos en la confrontación con los españoles y portugueses, dice Acosta, no parece ser *in odium fidei*;[71] hecho confirmado por la presencia de los jesuitas en China y por algunas conversiones y bautismos de chinos en Macao que testimonian que no había obstáculos a la prédica.[72]

Entre las motivaciones, se halla también el señalamiento de las condiciones de la China, la calidad de su gobierno, el ingenio, su laboriosidad y la riqueza del populoso imperio chino que convierte a la guerra en fuente de odio y escándalo contra el nombre cristiano.[73] De entre los pueblos recientemente descubiertos, Acosta distingue aquellos que son bárbaros e inhumanos, que no tienen razón,[74] que no observan una fe o un orden –que son pues aquellos que brindan mil y mil razones para sujetarlos con la fuerza, "y esso mismo es bien para ellos"–[75] y subraya que los chinos no son superticiosos y pertinaces en su idolatría y en sus ritos.[76]

---

68 De Vitoria (1996, I, 3, nn. 1-3, 6).
69 «por ser gente más bellicosa y amiga de mandar, y por la notoria experiencia que de noventa años á esta parte tiene todo el mundo del señorío que han adquirido en las naciones donde han entrado con título de conversar y contratar» ([OS] 1911-1913, II: 452).
70 Una vez más Vitoria y su teorización acerca del derecho natural que gobierna a los hombres y las limitaciones del poder imperial no soberano del mundo (De Vitoria 1996, I, 2, nn. 1-2).
71 [OS] (1911-1913, II: 454).
72 De Vitoria (1996, I, 3, n. 8; I, 2, nn. 6-8).
73 "Mas donde ay tanto govierno é ingenio y aun industria y riqueza y fuerças de gente inumerabel, y ciudades cercadas et caetera, es imposible que la guerra no cause gravísimos daños y terrible escándalo y odio contra el nombre christiano" ([OS] 1911-1913, II: 455).
74 Sobre lo cual ver De Vitoria (1996, I, 1, nn. 11-12 y 15).
75 [OS] (1911-1913, II: 455).
76 «finalmente no tienen con la ley de Christo el odio y oxeriça que los Moros y Turcos y Indios y otros que propriamente aborezzen á los christianos por ser christianos, ni aun son los Chinas tan supersticiosos y pertinazes en sus idolatrías y ritos como otros infieles, según han escripto los que an estado allá» (Ídem: 454).

Más ampliamente, pero esencialmente para rebatir los mismos conceptos, Acosta volverá sobre la cuestión el 23 de marzo del mismo año en su *Respuesta a los fundamentos que justifican la guerra contra la China*.[77] Articulado en precisa respuesta a los escritos de Sánchez, Acosta refuta cada propuesta y presupuesto, acusándolo a menudo de ser capcioso y de sugerir propuestas y condiciones universales sin poner los casos en las justas circunstancias: desde las argumentaciones más banales vuelve a sostener la presencia de un partido, entre los jesuitas y en las otras órdenes religiosas, favorable a la guerra para la penetración del Evangelio, o vuelve a denunciar los daños sufridos por los occidentales en las Filipinas,[78] hasta los aspectos de carácter más propiamente teológico–jurídico. La primera oposición se desarrolla en torno al poder del papa que Acosta no consideraba como legítimo de extenderse espiritualmente sobre todos los hombres y por lo tanto sobre los infieles.[79] Dispuesto a aceptar la intervención del papa en las cuestiones de la vida política y moral de los estados cristianos –hasta el derrocamiento de los príncipes seculares pero con muchas y debidas limitaciones–[80], Acosta, reclamando la autoridad de los teólogos afirmaba que el poder espiritual y temporal tenían jurisdicciones solo y exclusivamente sobe los pueblos cristianos y bautizados.

El largo debate que sobre la evangelización americana, la justificación de la guerra para difundir el Evangelio –admitida siempre con muchas distinciones donde existían hombres salvajes y bárbaros como los indígenas del Caribe– no podía ser aplicada a los chinos porque donde había gobierno y orden y donde la oposición al Evangelio nacía de la vida "carnal" que siempre se había practicado, no había razón de abrazar otras armas distintas a las de Jesucristo, es decir, la prédica y la propagación pacífica de la fe.[81] Hay una referencia interesante a la iglesia primi-

---

[77] Mateos (1954: 334-345). Vease Lopetegui (1942: 459 y ss).
[78] Mateos (1954: 334-335).
[79] Ídem: 335-336.
[80] «Si entiende esto con repúblicas ya cristianas, puede pasar con las debidas limitaciones, de no seguirse de ahí mayores daños y escándalos, y de constar clara y manifiestamente de su insuficiencia e incapacidad, y de no haber otro señor temporal que lo pueda y deba remediar » (Ídem: 335).
[81] «Pero en orden a la China, donde ha policia y gobierno, y la contrariedad al evangelio nace de la vida carnal que siempre el mundo enseñó a los suyos, no hay razón para buscar otras armas sino las de Jesucristo y esas son las poderosas, esotras más empecen que aprovechan al evangelio» (Ídem: 337).

tiva en este punto, a San Pablo *in primis*: no fue un uso de la Iglesia primitiva el de las armas, en lugar de las cuales se prefería usar la fuerza espiritual de Cristo, y si, ahora, prosigue Acosta, los tiempos son diferentes, no por esto se deben usar los medios militares; se debe más bien buscar nuevas soluciones. Las novedades en la que él pensaba eran una defensa y una aprobación de cuanto estaban practicando los jesuitas en China.

Más allá de las consideraciones sobre la guerra justa o injusta, Acosta de hecho se abocaba a desenmascarar algunas opiniones específicas de Sánchez, mostrando la existencia de dos conceptos y valoraciones distintos de la política jesuítica adoptada en la evangelización del Extremo Oriente. Acosta juzgaba particularmente ofensivo el hecho de que en el *Memoriale* de Sánchez se afirmara que toda la Compañía de Jesús, y no solamente, estaba rogando por la concesión del jubileo para la conversión de la China. Acosta tenía la esperanza de que el método de adaptación usado por los jesuitas de Zhaoqing diese sus frutos;[82] opinión sostenida por algunos éxitos. El listado de estos últimos proveyó un cuadro de la evangelización de la China a finales de 1500: los jesuitas residentes en China estaban aprendiendo la lengua para evitar el uso de intérpretes desleales, practicaban las costumbres cristianas, decían la misa, y comenzaban a difundir las leyes de Dios en lengua china.[83] Su número estaba creciendo, y el hermano del emperador iniciaría pronto la conversión con el padre Ruggeri. En otras palabras, proseguía su obra de conversión de los poderosos gracias a los cuales luego sería más fácil convertir a los otros.[84] Finalmente, todos los padres de San Pablo y especialmente los italianos,[85] gozaban en China de una óptima reputación: hacer la guerra sería despreciar todo esto y alimentar el odio hacia el nombre cristiano.[86] El elenco de estrategias de penetración no excluía ni siquiera la alusión a los relojes y el uso de la tecnología europea. Todos los elementos que se pudieran hacer entrar en las cuatro líneas de evangelización fueron adoptados por

---

[82] Ídem: 340.
[83] Ídem: 342.
[84] «es muy creíble y a Dios muy fácil poner el mismo deseo en algún gobernador y en el mismo príncipe de la China, y esta sería puerta certísima de mayor conversión de la China» (Ídem: 341).
[85] L'italianità dei gesuiti in Cina compare anche dalle cronache della storia officiale cinese in cui italiani diventa quasi sinonimo di gesuiti ([OS] 1911-1913, I: CXLII).
[86] Mateos (1954: 341-342).

los jesuitas en China: la adaptación, la evangelización a partir de lo alto, la difusión de la ciencia y de la tecnología occidental y finalmente la apertura y la tolerancia en la confrontación de la cultura y los valores chinos.[87] Acosta adoptó el mismo principio elaborado por Valignano para el Japón, donde los éxitos de los jesuitas lo indujeron, enumerando siete importantes y significativos motivos, no solo a sugerir que se reserve la evangelización exclusivamente a la Compañía de Jesús, sino también a indicar la afección de los japoneses convertidos en superiores de la Compañía como primera causa de éxito.[88]

Acosta expresa por lo tanto una gran confianza en las técnicas de acomodación adoptadas por los jesuitas a la realidad china, contraponiéndose a la valoración de Sánchez, que subrayaba los escasos resultados obtenidos por los misioneros en China o la ausencia de tiempo para una conversión pacífica de la China, dada la presencia de los musulmanes en sus puertas. Las valoraciones de la guerra de Acosta y Sánchez como justa o injusta pasaban por un juicio opuesto de los resultados ya obtenidos por la Compañía de Jesús en China.

La Compañía de Jesús ante la China: un Jano bifronte

Al diálogo entre Acosta y Sánchez en torno a la guerra y a la conquista de la China subyacía la batalla interna de la orden jesuita sobre las técnicas de adaptación que estaba elaborando en China, de manera más explícita a partir de los años 1570. De manera más general, el debate escondía un acercamiento distinto al tema del cristianismo y la cristianización. Si la posición de Acosta es la expresión de la perfecta adhesión a las teorizaciones de Alessandro Valignano y a las prácticas de Matteo Ricci, la de Sánchez es la manifestación del ánimo más conservador, o menos moderno, de la Compañía y sus vínculos con los poderes políticos seculares, el eco de otra época.

La elección de hacer la guerra a la China no fue apoyada por los jesuitas de Roma. El comportamiento vencedor fue aquel delicadamente

---

[87] Sobre las características de la política misionaria jesuítica en la China ver las reflexiones de Standaert (2002: 117-120); Gernet (1993).
[88] Valignano (1990: 127-133, 174).

sintetizado por Daniello Bartoli: "y la China singularmente más que cualquier otra tierra del mundo (como bien se verá en cien lugares) se debe conquistar no por otras formas que a guisa de las fortalezas reales, palmo a palmo, y con el sutil contraarte de hacer poco y padecer mucho, vencerla sin parecerlo, y que la misma no se percate".[89] La suave línea refiere a los presupuestos radicados en los mismos orígenes de la Compañía de Jesús, en su voluntad de adaptarse a los "diversos tipos de personas" –tan bien expresada en el texto de los *Ejercicios espirituales*– y que se podía empujar hasta reducir la verdad de la fe a las *fundamenta* y a agregar al catolicismo todos aquellos elementos folclóricos y étnicos, culturales y religiosos de los otros países, que no contrastaban con el catolicismo en sí. En el desencuentro entre Sánchez y Acosta sobre la posibilidad práctica y sobre la legitimidad teológica y jurídica de hacer una guerra contra la China se reflejaba la divergencia y el conflicto entre dos distintos ánimos presentes desde siempre en la Compañía de Jesús, incluso entre quienes se empeñaban en las difíciles tierras lejanas.[90] El contraste de las miradas sobre la conquista de la China entre Sánchez y Acosta se desarrollaba en un momento particularmente crítico para la historia de la Compañía de Jesús, herida desde hacía algunos decenios por los conflictos internos en torno a qué debía ser y cómo debía operarse la orden jesuítica. Las cartas de denuncia y memoriales, cada vez más numerosos, eran los escritos de los jesuitas dirigidos a los soberanos y a los pontífices en el intento de involucrarlos en las disidencias internas, como pacificadores y agentes de resolución de un conflicto que había llegado ya a los vértices de la misma Compañía: el General, sus asistentes y sus profesionales. La elección del italiano Claudio Acquaviva en el generalato era el fruto de compromisos entre un monarca español que tendía a hispanizar la orden apoyando incluso proyectos de reforma para la creación de una Compañía española separada de Roma, y un poder papal que perseguía el proyecto de aumentar la forma de control sobre esta orden religiosa que se extendía a toda máquina, multiplicando sus colegios y sus casas en Europa, afirmando su presencia en los extremos más lejanos de difusión del cristianismo.

---

89 Bartoli 1977: 123 (da *La Cina*, 1663).
90 Para los jesuitas portugueses en la China ver la reconstrucción de Brockey (2000).

En realidad, el debate interno de la Compañía tocaba vértices salientes –desde la espiritualidad y la actividad misionera, a las formas de gobierno centralizado y vertical– pero dentro de las grandes discusiones se escondían historias aún más complejas. No se trataba solo de una valoración política diversa del contexto, no se trataba solo del puro objetivo de armonizar (con el riesgo de aplastar) las líneas generales de la Compañía sobre las de la monarquía española y del estado moderno, o sobre el poder universal del papa, lo cual interesaba al así llamado partido de los memorialistas españoles, del cual Acosta era el jefe y en el cual tuvo un rol de primer plano a finales de la convocatoria a la quinta congregación general de la Compañía –la primera no emitida en vista de la elección del General. Estaban en juego dos modos distintos de concebir la Compañía en ultramar: a la visión de Acosta de una orden jesuítica más libre del poder del general en sus propagaciones externas, más presta a adecuarse a la realidad misionera, más flexible en la confrontación de la realidad política territorial, se oponía la visión de Sánchez que, por el contrario, deseaba una gestión más centralizada, incluso en la dirección de las misiones en tierras lejanas.[91]

En el cuadro variado y dinámico de una Compañía de Jesús herida en su interior por el movimiento de los memorialistas, que a través de la denuncia del propio general y de los mecanismos de gestión de la orden estaban poniendo en grave crisis la existencia del cuerpo jesuítico, no es difícil comprender por qué el general Acquaviva se opuso al proyecto de una conquista armada que habría sancionado la expansión de la monarquía española en Asia. A los ojos del general, el refuerzo de la monarquía papal, contrapuesta a la *hispana* presente desde siempre en la orden, era la vía a ser recorrida para reforzar a la Compañía, defendiendo los intereses de Roma.[92]

En la base de las diversas y opuestas posiciones de los dos españoles se hallaba también el desencuentro entre diversas tendencias específicamente religiosas, contemplativas, místicas y ascéticas, entre dos diferentes modos de concebir el apostolado misionero de la Compañía. Desde el jesuita y antropólogo *ante litteram* José de Acosta, la presencia de analogía entre los cultos precristianos y la religión católica era explicada

---

91 Županov (2007: 206).
92 Sobre esto ver Martínez Millán (2007: 32).

recurriendo a las artes engañosas del demonio aunque la misma señalaba un asunto positivo: que gracias a tales analogías sería mucho menos difícil explicar y hacer aceptar los misterios del cristianismo. Exactamente opuesto era en cambio el pensamiento del ascético Sánchez, quien pensaba aún válidos los métodos coercitivos de las primeras misiones americanas, efectuadas vía la conquista militar, la erradicación por la fuerza de la cultura local y la práctica de los bautismos en masa, dada la inminencia del fin del mundo. Carece de atractivo para la actividad misionera –verdadera piedra angular de todo el sistema jesuítico– la espiritualidad de Sánchez. Sus técnicas de recogimiento y plegaria eran duramente criticadas por el mismo general Acquaviva quien en una carta larga y difícil –a juzgar por el esquema de borrador– consideraba muy perjudicial para la Compañía "cualquier manera de oración que no inclina el ánimo a la santa acción y ministerios de nuestra vocación".[93]

La ideología de la conquista espiritual, impuesta en el largo plazo, hallaba su explicación en la técnica de la adaptación. Ésta tenía sus opositores incluso dentro de la Compañía de Jesús, en la cual tenían aún validez las ideas de introducir en un estado bien organizado una defensa armada de los misioneros. Sánchez consideraba la guerra como el único instrumento que podía permitir el ingreso de los católicos, como sombra protectora de la prédica y de la conversión, adhiriendo de este modo a los más intransigentes principios expresados en la Contrarreforma. Asimismo expresaba el punto de vista de una completa adhesión a una nueva era de la Iglesia en la que la prédica no era ya obra de misioneros mártires. Acosta tenía una interpretación distinta de los eventos y mostraba mayor apego a los principios originarios de su Compañía. Si el tiempo de los apóstoles y de los milagros de la Iglesia primitiva habían pasado ya, las señales que Dios había dado a las misiones en Extremo Oriente (del alto número de personas interesadas en las misiones por la experiencia y muerte de Francisco Xavier) eran todas positivas, y visto que, escribía Acosta,

> Jesús Cristo prometió que su Evangelio se debe comunicar por todo el universo y no se puede creer que el mensaje de Dios excluya a innumerables personas, es de gran crueldad querer anticipar el camino de Dios, solo él puede saber la hora y el momento en el cual mostrar su luz a las ánimas.[94]

---

93 Fabre (2007b: 186).
94 Mateos (1954: 344).

Temas sobre los cuales Acosta volverá extensamente en 1590 con su *De temporibus novissimis* impreso en Roma. Meditando sobre el tema del fin del mundo, expresaba que éste no se había producido aún porque, contra el mensaje de Dios, no se había cumplido la prédica entera que era la verdadera conquista. Con respecto a la China escribía que "no basta un monje que predique en Canton para decir que en China se ha anunciado el cristianismo, hay que conquistar la China",[95] entendiendo por esto una penetración con sólidos fundamentos. Acosta y los jesuitas, proponían nuevos términos para la conquista espiritual, como una larga acción que comportaba incluso la transformación de la organización de la sociedad autóctona y de su cultura, fruto de un intercambio recíproco con el otro y del ejercicio de un poder ideológico.[96]

La derrota de la *Armada Invencible* en 1588 dio la victoria, aunque solo temporal, a la concepción de Acosta. Incluso el viaje a Roma de Sánchez (1589), factor incansable de una cruzada contra la China, halló una firme oposición; la experiencia americana había enseñado que la penetración del cristianismo en China marcharía negociada a través de la sensibilidad cultural y el compromiso.

---

95 Prosperi (1999: 16).
96 Sobre este tema ver Imbruglia (2006).

LOS LETRADOS CONFUCIANOS Y LA CONSUMACIÓN DE LA REPÚBLICA PLATÓNICA. MATTEO RICCI EN LA MISIÓN JESUÍTICA EN LA CHINA

Ana Carolina Hosne

Las misiones que la Compañía de Jesús estableció en distintos puntos del orbe la expusieron a la indefectible cercanía con la *alteridad*. En el Este asiático, Francisco Javier, uno de los padres fundadores de la Compañía, se había maravillado con la capacidad de entendimiento y raciocinio de los habitantes de Japón, cuando su muerte le impidió hacerlo respecto de China, un imperio replegado, que había cerrado sus puertas a los extranjeros. Pero poco faltaría para que el encuentro se produjera. La presencia del cristianismo en China contaba con antecedentes a la llegada de la Compañía de Jesús.[1] La pregunta que surge es qué cambió con su llegada a China. En respuesta, podemos decir que la curiosidad intelectual de los jesuitas –Matteo Ricci, entre los primeros– abrió un camino de conocimiento de la cultura china, así como de sus principales escuelas de pensamiento. Ricci fue quien primero estudió la obra de Confucio –previa latinización de su nombre (*Kongfu zi*)–, conocimiento que comenzaría a circular y ser difundido en Europa en el siglo XVII.

---

[1] Durante la dinastía Tang (618-907), el cristianismo había llegado de la mano de lo que se conoce como Nestorianismo, considerado herejía por la Iglesia romana. Posteriormente, durante la Dinastía Mongol (Yuan) (1279-1368) llegaron a China misioneros dominicos y franciscanos luego de su paso por la India.

Un elemento clave que signó el encuentro de Europa y China fue que las dos culturas involucradas eran relativamente iguales respecto a su complejidad cultural, económica, institucional, intelectual y material.[2] En efecto, el encuentro de los jesuitas y China fue el de dos culturas de conformación similar, observable sobre todo en dos aspectos: la imprenta y la educación.[3] Sin duda, la activa industria de la imprenta y la constante circulación de la obra impresa en la China de los Ming tardíos jugaron un rol fundamental en la propagación del cristianismo. A diferencia de otros países donde la imprenta fue introducida por los misioneros como emprendimiento *ad hoc* para la impresión de textos doctrinales, en China el cristianismo hizo pleno uso de esta muy evolucionada industria. Como resultado, el *apostolado mediante libros* se convirtió rápidamente en uno de los principales medios para la propagación de la fe cristiana, especialmente en los círculos de elite, así como de los tratados científicos de los jesuitas; el interés que éstos suscitaron fue a la par de su rápida y eficaz difusión.[4]

Una presencia –y referencia ineludible– para comprender la expansión misionera en Asia es la de Alessandro Valignano (1539-1606), nombrado Visitador de las misiones en Oriente en 1573, y su explícita política de *acomodación*, que se convirtió en un *leitmotiv* de las misiones jesuíticas en el Este asiático. Como método evangelizador, la acomodación presupone un conocimiento de la cultura de los potenciales conversos, a partir de su aceptación y tolerancia, aún si están muy lejos de conocer la verdadera religión[5]. En Valignano, este método no es más que un reflejo de su notable lucidez frente a la prescindencia de los japoneses del cristianismo, como puede observarse en su *Sumario de las Cosas de Japón* de

---

2 Standaert (2002a: 2). Similares reflexiones se encuentran en Standaert 2001.
3 Standaert (2002a: 2-3).
4 Nicolas Standaert subdivide los escritos cristianos en ocho géneros religiosos: los escritos humanísticos, la filosofía aristotélica, los escritos catequísticos y teológicos, escritos apologéticos, vidas de santos y sabios, la Biblia, sacramentos y liturgia y, por último, los libros de espiritualidad y oraciones (Standaert 2001: 600-631).
5 A grandes rasgos, el método de acomodación se opone al de *tabula rasa*, por el que los *gentiles* así como todos los aspectos de su vida, se condenan por idolátricos, plagados de prácticas supersticiosas, al punto que se clama por un total abandono de la tradición pasada para la adopción del cristianismo. Cfr. Witek (1988: 63-64).

1583[6]. A partir de la llegada de Valignano a Japón, la acomodación no sólo consistió en el aprendizaje y uso de las lenguas locales por parte de los misioneros, sino también en la adopción de la vestimenta, hábitos alimenticios y etiqueta. Y la misma política aplicó para la misión en China. Valignano insistió en la importancia de dominar el idioma chino, tal como lo había considerado en su momento Francisco Javier en Japón, para lo que solicitó al superior de la Provincia de India en Goa el envío de un hombre calificado a Macao con el propósito de aprender chino. El Visitador mencionó particularmente a Michele Ruggieri (1543-1607) a quien se le unió Matteo Ricci (1552-1610) poco tiempo después.

El prestigio de los monjes budistas en Japón, del que Valignano era testigo, se tradujo en la adopción del hábito de monjes budistas por parte de los jesuitas Ruggieri y Ricci cuando entraron a la provincia de Cantón en 1583, también sugerida a Ruggieri por un oficial de esa provincia. Pero, tal como desarrollaremos, la experiencia mostró que el modo de asegurar la permanencia de la misión en China residía en la cercanía –y asimilación– a los letrados confucianos. Doce años después de su llegada a China, en 1595, por sugerencia de un letrado confuciano que se convertiría al cristianismo, Ricci desechó las ropas budistas para vestirse como letrado o mandarín, exteriorización que profundizó con el inicio de su estudio de los *Cuatro libros* confucianos (*Si shu*) que luego incorporó a su obra, junto con los *Clásicos Chinos*.[7] La historia religiosa, en la que no nos detenemos aquí, idealizó el método de acomodación de Ricci en todas sus manifestaciones. En este sentido, uno de los estudios seminales del método de acomodación ricciano distingue seis tipos: externo, lingüístico, estético, de conducta social, intelectual y religioso.[8] En estos dos

---

6 Así expresó Valignano la consciencia de las limitaciones de la misión en Japón: "...*como ellos no han de dejar nada de sus cosas, nos habemos de acomodar todos a ellos por ser así necesario en Japón, y hacer esto nos cuesta mucho...habiendo en cierto modo de mudar del todo la naturaleza, de nuestra parte es la dificultad en hacer todo lo que es necesario para esta unión, y no de la suya*". Cfr. Valignano (1954, cap. XVIII: 211).
7 Los Clásicos chinos comprenden, por un lado, los Cinco libros preconfucianos (*Wu jing*), esto es, el Libro de los Cambios (*Yi Jing*), el Libro de la Historia (*Shu jing*), el Libro de la Poesía (*Shi jing*), el *Libro de los Ritos* (*Li ji*) y los *Anales de primavera y otoño* (*Chun qiu*). Por otro lado, los Cuatro libros (*Si shu*) confucianos que a su vez comprenden las *Analectas* (*Lun yu*), la *Gran Enseñanza* (*Da xue*), la *Doctrina del Medio* (*Zhong Yong*) y el *Mencio* (*Meng zi*).
8 Bettray 1955. El apostolado de los jesuitas en China, y especialmente el de Matteo Ricci, inspiraron un caudal de estudios teológicos que a menudo han igualado la acomodación

últimos aspectos, Ricci tenía una fuerte convicción de que el confucianismo antiguo había sido monoteísta, algo comprobable en todas las menciones al Señor de lo Alto (*Shang di*) en los textos canónicos, que Ricci asimiló al Dios cristiano. A partir de ahí, el desarrollo de una síntesis cristiano-confuciana, que exponía una feliz convergencia entre ambas, se constituyó en la piedra angular de la acomodación del cristianismo a la cultura local, específicamente la de los letrados confucianos.[9]

Nos interesa resaltar el hecho de que el de acomodación es un concepto multifacético que trasciende una definición desde la evangelización, y su análisis se continuó en la obra tanto de *scholars* laicos, desde una perspectiva crítica, así como –sobre todo en las últimas dos décadas del siglo XX–, de estudiosos dentro de la Compañía de Jesús que también contribuyeron a la deconstrucción del concepto. Se trata de estudios que se alejan de una visión "institucional" de la misión jesuítica en China que

---

de los primeros jesuitas en Oriente con el apostolado de los primeros padres de la Iglesia. Se trata de una caracterización recurrente respecto al método de acomodación cultural de Matteo Ricci como figura pionera que anticipó las necesidades planteadas por el espíritu reformador del Concilio Ecuménico Vaticano II y la *inculturación* de la evangelización- esto es, la acción de llevar el Evangelio a otras culturas, adaptándolo a sus formas y lenguaje. Mencionamos a continuación algunos trabajos que remiten al método evangelizador de Matteo Ricci. Joseph Sebes (SJ) analiza el método de acomodación cultural de Ricci no en tanto política rígida, sino como una actitud mental basada en el ensayo y error (Sebes 1988: 38). El rol de Matteo Ricci como *pionero* de la mediación cultural es tratado por Bartolomeo Sorge, quien señala que el jesuita no identificó a la evangelización con la occidentalización, como actitud prevaleciente en ese momento en América y África. Cfr. Sorge (1981). Una voz disonante es la de Aloysius Pieris, quien se centra en el problema de la inculturación en Asia, donde considera más viable un modelo de tradición monástica, antes que aquellos que inspiraron toda una corriente teológica de "*Cristo contra las otras religiones*", dominante en el pensamiento cristiano. Desde una postura crítica, inserta en esta corriente a Ricci y al jesuita Roberto De Nobili en India (Pieris 1986: 296).

9 De las obras que analizaron esta acomodación intelectual y cultural – no desde un punto de vista teológico–, destacamos el estudio de Paul Rule, *Kong fu zi or Confucius?* donde analiza la acomodación intelectual de la obra ricciana en tanto interpretación jesuita del confucianismo. En efecto, según Rule, Confucio es, en gran medida, una invención jesuita, en el sentido que el apostolado de Ricci es el del desarrollo de la interpretación jesuita de Confucio. No obstante, Rule propone el término de "encuentro" (encounter), en lugar del de "acomodación", porque el primero hace alusión a las experiencias compartidas entre ambas culturas, mientras el de acomodación resulta más abstracto (Rule 1986). En una orientación aparentemente similar Lionel Jensen se centra en el encuentro Jesuita - no occidental, sino jesuita - con China, pues son los acomodacionistas jesuitas los que dieron origen a *nuestro* Confucio y el confucianismo, tal vez concebidos por Ricci como una metáfora de la cultura china teológicamente compatible con el cristianismo (Jensen 1997). Otro

hizo de la acomodación un método propio de la Compañía en Oriente, diferenciándola de las otras órdenes mendicantes, especialmente dominicos y franciscanos.[10] Asimismo, dentro de la Compañía de Jesús, el componente de origen italiano fue el que se legitimó como mayor propulsor del método de acomodación en el Este asiático, más allá de China. En efecto, la *acomodación*, tal como había sido concebida por Valignano para Japón, fue luego implementada por los italianos Matteo Ricci en China y Roberto de Nobili en India (1577-1657)[11]. Consecuentemente, dentro de la comunidad jesuítica en Asia, la acomodación se consideró muchas veces como un "modo italiano" aplicado a la misión en las áreas donde la administración colonial y eclesiástica portuguesa era débil o inexistente.[12]

En las últimas dos décadas, una de las voces alternativas a esta postura dentro de la Compañía de Jesús es la de Nicolas Standaert SJ cuya prolífica obra sobre la misión en China enfatiza el aspecto de la presencia y el efecto de la interacción con el *Otro chino* como factor determinante

---

estudio a destacar es el de David Mungello, *Curious Land, Jesuit Accommodation and the Origin of Sinology*. Mungello distingue dos direcciones de esta acomodación: por un lado, en tanto intento jesuita de encontrar una síntesis abarcativa de la cultura europea y china que ganase aceptación intelectual entre los chinos y así facilitase la conversión al cristianismo. Por otro lado, respecto al rol que jugó en la asimilación de la información acerca de China en Europa, provista principalmente por los misioneros en China, que constituyó el origen de la proto-sinología en el siglo XVII (Mungello 1985).

10 Entre los representantes más destacados y eruditos de la historiografía institucional de la Compañía de Jesús en Oriente centrada en la figura de Matteo Ricci, mencionamos a Pasquale D'Elia (SJ), el editor de la crónica ricciana sobre la entrada de los jesuitas a China, *Storia dell'introduzione del Cristianesimo in Cina*, y a la vez autor de numerosos trabajos sobre Matteo Ricci, así como a Pietro Tacchi Venturi (SJ), editor de la correspondencia de la misión en China entre los años 1580-1610 (Ricci 1942-49; [FR] 1942-1949).

11 Roberto Nobili vistió como eremita brahman, se volvió vegetariano y se negó a ser llamado un "paranga" -designación xenófoba para los europeos-, lo que marcó el punto de partida de su propio método de adaptación inspirado en Matteo Ricci para China y Alessandro Valignano para Japón (Županov 2001: 4-5).

12 Un estudio clásico sobre la misión en China que marca esta diferencia atribuible al factor de la nacionalidad es el de George Dunne (SJ), *Generation of Giants. The Story of the Jesuits in the Last Decades of the Ming Dynasty*. Según Dunne, lejos de una postura "europeísta", el pequeño grupo conformado por los primeros jesuitas en China, especialmente los de origen italiano, estableció un exitoso contacto entre Oriente y Occidente gracias al método de acomodación, distanciándose así de los portugueses y españoles que asimilaron evangelización con "europeísmo" u occidentalismo (Dunne 1962). Un trabajo posterior, pero que sigue esta dirección es el de Andrew C. Ross (1994).

en la evolución de la misión.[13] El caso más claro de intervención del *otro* en la estrategia de acomodación de Ricci es el del pasaje de una política de adaptación del budismo al confucianismo, acompañado por un paralelo e irreversible rechazo al budismo y su *idolatría*. El *Otro chino*, entonces, estaba ya presente en la decisión original de adoptar el hábito budista como religioso, aprobada por Valignano pero sugerida por un oficial de la provincia de Cantón.[14] Para esta revisión historiográfica donde el *Otro chino* interviene en el derrotero de la política de acomodación, Standaert toma el concepto de Eric Zürcher de "imperativo cultual" en la China imperial de los últimos siglos, según el cual el confucianismo representa la *ortodoxia* (*zheng*) en todos los órdenes del imperio, esto es, socio-político, cultural, religioso y ritual. Por el contrario, la *heterodoxia* (*xie*), opuesta a la ortodoxia, se aplicaba a movimientos o ideas que amenazaban este ideal de orden social, moral, político y cultural, generadores de caos.[15] Desde luego, el budismo, daoísmo y confucianismo convivían pacíficamente en el imperio desde hacía siglos, por más que Ricci condenara una y otra vez a las dos primeras como "heterodoxas". Respecto al cristianismo, como religión foránea recién llegada, ciertamente no podía quedar del lado de la heterodoxia, y la cercanía de Ricci a los letrados confucianos y, al mismo tiempo, oficiales imperiales fue fundamental para garantizar la permanencia de la misión puertas adentro del Imperio Ming (1368-1644).

Muchos de estos letrados integraban los aparatos burocráticos creados en la Dinastía Tang (618-907) para reducir el excesivo poder imperial de la aristocracia militar, a través de un sistema de competencia de reclutamiento mediante el sistema de exámenes civiles que alcanzó su máxima perfección, favoreciendo la elección de los mejores, con el advenimiento de la Dinastía Song (960- 1279). Según el desempeño en estos exámenes, muchos lograban gran influencia en la corte, por ejemplo con cargos como consejeros imperiales.[16] Dado que las posiciones en la admi-

---

13 En cuanto a la influencia del *Otro chino* sobre la misión jesuítica en China, cfr. Nicolas Standaert 2002a, 1999, 2003 y 2002b.
14 Standaert (2002b: 121 y ss).
15 Zürcher 1994.
16 Según sostiene Jacques Gernet, no hubo otro momento en la historia de China como aquel bajo la dinastía Tang en el cual los mandarines ejercieran un control tan efectivo sobre la administración del estado. Con el tiempo fue degenerando, hasta llegar a convertir-

nistración civil ofrecían más prestigio, poder y remuneración que las correspondientes al comercio o al ejército, el acceso a estos cargos constituyó un objetivo *per se* para todos aquellos que podían afrontar los gastos de prepararse para los exámenes estatales. Los mejores se proponían como meta el ingreso a la exclusiva Academia Hanlin en la capital, el mayor honor al que podía aspirar un candidato al servicio civil.[17] Históricamente, se trataba de una "sociedad" conformada entre el emperador y la elite de letrados, elegidos a través del sistema de exámenes oficiales estatales. Se trataba de una sociedad cambiante, más o menos conflictiva, no sólo según las dinastías, sino también los distintos momentos en cada una de ellas.[18]

Fue la fina percepción del peso de este imperativo cultural la que guió el método de acomodación de Ricci respecto a los letrados confucianos, convirtiéndose en uno más. Por otra parte, el concepto de "imperativo cultural" que plantea Eric Zürcher es, sin duda, fundamental para comprender la orientación doctrinal ricciana hacia el confucianismo, íntimamente relacionado con la percepción de Ricci de que la cercanía a los letrados confucianos aseguraría la permanencia de la misión en China, dado que ellos eran, al mismo tiempo, oficiales imperiales. Ávidos por el conocimiento científico de Ricci, más reticentes, tal vez, cuando el jesuita se desviaba hacia temas doctrinales, ellos constituyeron sus principales interlocutores.

Una voz crítica –y anti jesuita– en el área de Estudios chinos es la de Jacques Gernet, quien resalta la proximidad de Ricci a una "facción" de letrados que, en la atmósfera política de los Ming tardíos, repudiaba la ortodoxia neoconfuciana imperante en ese momento, demasiada impregnada de budismo, cuando a la vez los eunucos –budistas– cobraban cada vez mayor influencia en la corte frente a la debilidad del Emperador Wanli (1563-1620). El aporte de Gernet es fundamental, en el sentido que –a partir de fuentes chinas–, explica las tendencias y la atmósfera intelectual y política de los letrados en el período Ming tardío, a la vez que ofre-

---

se bajo los Ming y Qing en pesados aparatos burocráticos. Sus miembros tenían gran influencia en la corte, y muchos de ellos eran consejeros imperiales. Cfr. Gernet (1985, Cap. 14 "The New World").
17 Cfr. Elman (1989: 383 y ss).
18 Cfr. Elman 2000.

ce otra perspectiva para analizar la postura de Ricci frente a las religiones locales, especialmente el budismo. En síntesis, la vehemencia del jesuita respecto del budismo, según Gernet, se correspondía con la de una facción disconforme de letrados que propugnaban una vuelta a un confucianismo más puro, si bien la disidencia de Ricci se remitía a motivaciones totalmente diferentes.[19]

Proponemos aquí enfatizar, además, otro aspecto que consideramos central, respecto a la lectura que Ricci hizo del confucianismo como *ortodoxo*, que no se corresponde con el contexto chino. Confucianismo, budismo y daoísmo coexistían en armonía desde hacía siglos, y si bien la formación del cuerpo de oficiales imperiales respondía a una formación confuciana, eso nunca impidió al mismo tiempo su inclinación al budismo o daoísmo, dado que las distintas *religiones* y escuelas, manifestaciones históricas del pensamiento chino, no se concibieron ni conciben como excluyentes. Un letrado confuciano podía ser budista y al mismo tiempo practicar técnicas de longevidad o alquimia daoístas, como hicieron algunos de los letrados conversos amigos de Ricci.[20] En este sentido, la acomodación cultural, intelectual y doctrinal de Ricci respecto del confucianismo es un término que encontramos cada vez más controvertido, en el sentido que nace de una ficción y deseo de exclusividad y exclusión. Podríamos decir, en cambio, que Ricci creó una ficción –la "pureza" de un confucianismo antiguo– a la que luego acomodó su política de conversión.

Una característica de la experiencia de Ricci en la misión es su compenetración con el contexto local, *en este otro mundo de la China*, tal como lo expresó el jesuita.[21] Podría decirse que fueron pocas las veces que Ricci estableció paralelismos entre China y Europa. Hay un aspecto, sin embargo, que sí condujo al jesuita al atractivo –y por momentos inevitable– juego de contrastes y semejanzas, especialmente respecto a la organización política imperial de los Ming tardíos. Como vemos en este trabajo, la existencia de esta elite letrada de formación confuciana, así como los roles desempeñados por ella en el imperio estimularon en Ricci el

---

19 Sobre la atmósfera política e intelectual en el período Ming tardío, así como su influencia sobre el apostolado ricciano, cfr. Gernet 1985, 1982; 1999b.
20 De los destacados letrados conversos, amigos de Ricci, podemos citar el caso de Yang Tingyun (1557-1627), budista, y el de Xu Guangqi (1562-1633), adepto a prácticas de alquimia daoístas.
21 "...*in questo altro mondo della Cina*". Cfr. [OS] (1911-1913, II: 35).

planteo de paralelismos entre la ideal *República* platónica y la organización política de la China imperial, que comunicó a sus interlocutores europeos. A ella dedicó un capítulo en el primer libro de su *historia*, *Storia dell'Introduzione del Cristianesimo in Cina* –según la edición de Pasquale D'Elia (SJ)– que constituye la principal fuente de este trabajo, escrita en italiano y destinada a lectores europeos.[22] La prematura muerte de Ricci en 1610, a los 58 años de edad, no impidió que el manuscrito comenzara a circular en el continente europeo. A él llegó en 1614, en manos del jesuita belga Nicholas Trigault, quien completó el manuscrito ricciano en portugués y latín.[23] Las observaciones sobre el sistema de gobierno en China también se hicieron manifiestas en el intercambio epistolar que Ricci mantuvo con sus pares y amigos en Italia, tal como se verá más adelante. Según nuestra hipótesis, la China imperial bajo los Ming tardíos se presenta, para el jesuita Matteo Ricci, como la consumación del estado ideal propuesto en el diálogo socrático *República*. Y a su vez, el mismo fundamento de esta observación contiene explícitas críticas por parte del jesuita respecto a determinados rasgos propios de Occidente en materia de gobierno, específicamente, la preponderancia de las armas, un aspecto ausente en China.

Ricci compartió la mayor parte de su misión con los letrados del período Ming tardío, como interlocutores, amigos y conversos. Por eso, antes del análisis sobre la visión política de Ricci en torno al cuerpo de letrados, es necesario comprender la naturaleza del vínculo que Ricci estableció con ellos, al punto que prácticamente informa su apostolado. Luego, analizamos la visión política de Ricci a partir de la presencia del cuerpo de letrados confucianos en el imperio, en referencia al diálogo socrático *República*. Estas observaciones conducen, al mismo tiempo, a una evaluación respecto al lugar de las letras y de las armas en Occidente que no esconde cierto criticismo por parte del jesuita. Por último, dedicamos las conclusiones a analizar lo que consideramos un *uso selectivo* de las fuentes clásicas occidentales por parte de Ricci, cuando sus observaciones sobre aspectos políticos del Imperio Ming (1368-1644) motivaron las únicas referencias a Platón en su obra.

---

22 [FR] 1942-1949.
23 Desde ese entonces, y por muchos años la autoría de la crónica se atribuyó al jesuita Trigault, hasta que D'Elia editó las *Fonti Ricciane* a principios del siglo XX.

I

Junto con los jesuitas Duarte De Sande y Michele Ruggieri, Ricci llegó a Goa en septiembre de 1578, donde completó el primer año de teología; se ordenó sacerdote en Cocin en julio de 1580. En el ínterin, el Visitador de la Orden en Oriente, Alessandro Valignano, había decidido enviarlo a Macao para que se uniese con Ruggieri y así entrar a China, que había cerrado sus puertas a los extranjeros. No serían los primeros en intentarlo, pero si en lograrlo desde Macao, a donde Ricci llegó en 1582.[24] Aquí se dedicó al estudio del chino y al año siguiente, junto con Ruggieri entraron a Zhaoqing, en la provincia de Cantón, donde construyeron una primera residencia y la primera iglesia, que terminarían en 1585. Ricci ya había *sinizado* su nombre como *Li Madou*.[25]

En los primeros años en la provincia de Cantón –los de la residencia en Zhaoqing–, los padres se presentaron como *bonzos* –monjes budistas– rapados y vistiendo los hábitos budistas. Proclamaron que servían al Señor del Cielo (*Tiandi*), provenientes de la India (*Tian zhuguo*), lugar que para los chinos representaba todas las naciones al oeste de China. En ese entonces los jesuitas hablaban del Señor del Cielo con el término *Tiandi*, en lugar de *Tianzhu*, que se impuso y permanece hasta la actualidad como término en chino para catolicismo.[26]

Ya en los primeros años de la misión, Ricci describió en su correspondencia a Europa, así como posteriormente en su *historia*, las tres *sectas* en China, con una distinción particular respecto del confucianismo como no idolátrica, propia de quienes gobernaban, aspecto que ya delineaba su táctica de conversión:

> Aquella [secta] de los letrados es la más antigua de la China, y por eso siempre ha tenido el gobierno en sus manos; es por eso que es la que más florece, tiene más libros y es la más estimada. En esta secta no los nombran por elec-

---

24 Luego de la muerte de Francisco Javier en 1552 frente a las costas de China, por treinta y un años numerosos correligionarios intentaron traspasar las puertas del imperio, si bien con poco éxito. Aproximadamente veinticinco de ellos lograron entrar, pero debieron retirarse en seguida. Entre esos veinticinco, la mayoría eran jesuitas, pero también entraron en Cantón franciscanos, dominicos y agustinos. Cfr. Sebes (1988: 27-31).
25 El nombre completo adoptado por Ricci incluía un nombre honorífico de *Xi tai*, que significaba "Eminente occidental", título que se antepondría a su nombre propio *Li Madou*.
26 [FR] 1942-1949, I: 180. Tanto *di* como *zhu* refieren a *señor* o *amo*, unido a *tian*, que significa cielo.

ción, sino con el estudio de las letras, y ningún graduado ni magistrado deja de profesarla. Su autor o restaurador y autoridad no tiene ídolos, sino sólo reverencia el Cielo y la tierra o el Rey del Cielo...[27]

El hábito de monjes budistas que vistieron Ruggieri y Ricci expresaba su intención de mostrarse como personas religiosas en una primera aproximación, cuando anteriormente Alessandro Valignano en Japón había observado el prestigio del que gozaban allí los monjes de la rama budista *zen*. Pero en China el budismo era una religión popular, algo que Ricci mencionaría con tono despectivo posteriormente. Asimismo, la omnipresencia de sus ídolos motivó el rechazo y condena de Ricci de esta *secta* que no juzgó como otra cosa que la encarnación de la idolatría en China, a la que asimiló también a los daoístas. Pero la vehemencia de Ricci fue siempre mayormente dirigida al budismo, antes que al daoísmo. Como contaba en una carta a Acquaviva en octubre de 1585, *el demonio sin duda anda tras ellos muy animado y honrado...*[28]

La descripción de las tres sectas fue un tema reiterado en las cartas a lo largo de la estadía del jesuita en China. En una carta al Vice provincial de la Orden en Oriente, Francesco Pasio, en los últimos años de su vida, Ricci mantiene esta distinción del confucianismo respecto del resto de las *sectas* de los ídolos:

> Sabrá que en este reino hay tres sectas: una es la más antigua y es la de los letrados que ahora y siempre gobernaron la China: las otras dos son de ídolos aunque distintas entre sí, que son continuamente impugnadas por los letrados. Y si esta de letrados no habla de cosas sobrenaturales, en lo moral concuerda bien con nosotros, y así comencé en estos libros que hice a alabarlos y servirme de ellos para refutar a las otras, no refutando sino interpretando todas las partes que parecen contrarias a nuestra fe.[29]

---

[27] "*Quella de'letterati è la propria antica della Cina, e per questo sempre hebbe et ha oggidì il governo di essa nelle mani; per questo è quella che piú fiorisce, tiene piú libri et è piú stimata. Questa legge pigliano loro non per elettione, ma con lo studio delle lettere la bevono, e nessuno graduato nè magistrato lascia di profesarla. Il suo autore o restautatore e capo é non tine idoli, ma solo riverisce el Cielo e la terra o il Re del cielo...*". ([FR] 1942-1949, I: 115, mi traducción).

[28] ... *è il demonio senza dubbio, anda tra loro molto stimato et honorato...*" ([OS] 1911-1913, II: 57, mi traducción).

[29] " *Haverà V.R. saputo che in questo regno sono tre sette: l'una è piú antica e de'letterati che adesso e sempre mai governorno la Cina; le altre due sono de idoli anco diverse tra di*

Como vemos, la gentilidad no idolátrica que Ricci implícitamente atribuye a los confucianos respondía al mismo tiempo a su concepción del confucianismo como un sistema moral para el buen gobierno, carente de un sustento metafísico o sobrenatural. La síntesis que Ricci construye entre cristianismo y confucianismo parte de este precepto; es el cristianismo el que dotaría al confucianismo de una base sobrenatural, al ser compatibles en el plano ético y moral. La asimilación del budismo y daoísmo con las sectas idolátricas eximió al confucianismo de la dudosa naturaleza de sus ritos. En efecto, la cuestión más incómoda de esta compatibilidad entre cristianismo y confucianismo forjada por Ricci residía en sus ritos. Dado que los confucianos jamás iban a dejar de practicar el culto a los antepasados, así como el culto a Confucio entre otros, Ricci no tenía más opción que tolerarlos. Pero para que fueran aceptados, los presentó como ritos civiles antes que religiosos y –por lo tanto– supersticiosos e idolátricos, como los de budistas y daoístas. Uno de los ritos más solemnes entre los *letterati* era la ofrenda anual de carne, frutas, perfumes y seda a los antepasados en sus templos. Así argumentó Ricci su definición como no idolátricos:

> Pero ellos no reconocen en sus muertos ninguna divinidad, ni le piden ni esperan nada de ellos. Por eso no se considera idolatría, y hasta se puede decir que no hay superstición en ellos, si bien sería mejor transformar esto en limosnas a los pobres, cuando sean cristianos.[30]

Acá reside el origen y núcleo de la posterior Controversia de los ritos chinos, tal como mencionamos en la introducción. La alternativa que Ricci encontró fue la de concebirlos como ritos *civiles* antes que religiosos, algo que algunos estudiosos señalaron como el punto de origen de la

---

sè, le quali sono impugnate continuamente da 'letterati. E per [quanto] questa de 'letterati non si mette a parlare di cose soprannaturali, nel morale concorda quasi tutta con noi; e così cominciai in questi libri che ho fatti a laudarle e servirme di esse per agiuto di confutare le altre, non confutando, ma dando interpretatione ai luoghi che paiono contrarii alla nostra santa fede" ([OS] 1911-1913, II: 386-87, mi traducción).

30 "E conciosiacosachè nè loro riconoschino in questi morti nessuna divinità, nè gli chiedano, nè sperino da essi niente, sta tutto questo fuori di ogni idolatria, e forse che anco si possi dire non esser nessuna superstitione, sebene serà meglio commutar questo in limosine ai poveri per le anime di tali defunte, quando saranno christiani". ([FR] 1942-1949, I: 118, mi traducción).

secularización y racionalización de la misión, como su contribución al racionalismo del siglo XVII.[31]

En 1591 Ricci comenzó a estudiar los *Cuatro Libros* confucianos (*Si shu*), que comprendían las *Analectas*, la *Gran Enseñanza*, la *Doctrina del Medio* y el *Mencio*, libros fundamentales en la formación de los letrados para ocupar cargos imperiales.[32] Ricci comenzó la traducción de los *Cuatro Libros* al latín, incluido el mismo nombre de *Kongfu zi*, que Ricci latinizó –e inmortalizó– como *Confucio*. Esa traducción implicó al mismo tiempo una búsqueda de términos adecuados para expresar nombres y conceptos cristianos. Ricci destacó su valor como obras filosóficas morales, equiparables a las de Séneca u *otro autor así de famoso entre gentiles*.[33] Ricci también inició el estudio del conjunto de textos conocidos como los Cinco Clásicos (*Wu jing*), que comprenden el Libro de los Cambios (*Yi jing*), el Libro de las Odas (*Shi Jing*), el Libro de los Documentos (*Shu jing*), el Libro de los Ritos (*Li ji*) y los Anales de Primavera y Otoño (*Chun qiu*). Este compendio de obras era la piedra angular de la formación confuciana junto con los Cuatro Libros.[34]

---

[31] Este es un aspecto que excede el propósito de estas páginas. Remitimos al lector a algunos estudios que tratan el tema. Liam Brockey señala que el conjunto de tácticas de racionalización en el contexto de la misión fue para servir a su objetivo último: ganar conversos. Pero ellas finalmente fueron un "arma de doble filo", porque descuidaron justamente el fin último religioso de difundir el cristianismo (Brockey 2007: 44 y ss). Desde una perspectiva que trasciende la misión, Julia Ching define la interpretación jesuita del confucianismo como una contribución al crecimiento del racionalismo y secularismo de los siglos XVII y XVIII (Ching 1977, Introducción). Un estudio reciente analiza la contribución jesuítica al proceso de secularización europeo que su autor, Joan-Pau Rubiés, denomina como *impulso racionalista del cristianismo*, que condujo a la Ilustración. A partir de la definición tomista de la racionalidad de lo público en tanto requisito para una vida social ordenada, independiente de la Revelación, Rubiés sostiene que tanto Ricci como Nóbili ubicaron ciertos aspectos de las *naciones gentiles* en la esfera de lo secular y, por lo tanto, de lo no idolátrico (Rubiés 2005: 257 y ss).

[32] Las *Analectas* (*Lun yu*), y la *Doctrina del Medio* (*Zhong Yong*) se atribuyen a Confucio, la *Gran Enseñanza* (*Da xue*) es un texto atribuido al discípulo de Confucio, Zeng zi (hacia 505-436 a.n.e?), mientras que el *Mencio* (*Meng zi*) comprende los diálogos de Mencio, discípulo de Confucio. Así habían sido agrupados por el filósofo Zhu Xi bajo la Dinastía Song en el siglo XI.

[33] Carta a Acquaviva a Roma, 10 de diciembre de 1593 ([OS] 1911-1913, II: 117-118).

[34] Esta agrupación experimentó variaciones a través del tiempo, ya que la integraba también el Libro de la Música (*Yue jing*), que se perdió en tiempos de la Dinastía Qin (221-206 a.n.e).

Ricci alaba la doctrina moral que los nueve Clásicos contienen, aquellos en los que los letrados fundamentan su saber.[35] Posteriormente, durante una breve y accidentada estadía en Nankín, Ricci cambió el hábito de *bonzo* budista por el de letrado, según cuenta el mismo Ricci en tercera persona:

> Con esta nueva ida a Macau del P. Valignano –en octubre de 1592–, el P. Matteo Ricci procuró dar un mejor orden a las cosas de esta empresa para que los padres pudiesen conseguir la autoridad necesaria para la divulgación del Santo Evangelio. Así, ya habían quitado de la casa el nombre de monjes budistas, como los llamaban todos…Con la barba afeitada…y cabello corto, como se usa en nuestra tierra, los chinos no podían pensar otra cosa que en monjes budistas, porque no tenían [los jesuitas] esposa y recitaban el oficio y estaban en la iglesia, todas cosas similares a los monjes budistas. Por este motivo el P. Valignano advirtió que era necesario que los Nuestros se dejaran crecer la barba y el cabello; porque en el modo que lo usaban….daba a pensar que eran idólatras; porque afeitarse la barba y el cabello en China es propio de la secta de los ídolos…[36]

Sin duda, la medida tenía que contar con la aprobación del Visitador de la Orden en Oriente, Alessandro Valignano, y así lo hizo a fines de 1594. Consecuentemente, los misioneros adoptaron el vestido de seda púrpura con ribete azul y sombrero negro cuadrado, propio de los *letterati*. Pero es claro que lo que estaba en juego era la necesidad de adquirir otro status que procurara la autoridad que los jesuitas necesitaban para predicar la *santa ley* en China, algo que cualquier asimilación local con el budismo no garantizaba. El budismo era una religión extendida y popu-

---

35 [FR] 1942-1949, I: 44.
36 "*Con questa nova tornata a Maccao del P. Valignano* [octubre de 1592] *procuró il P. Matteo di dar qualche miglior ordine alle cose di questa impresa, per potere I Padri conseguire l'autoritá necessaria per la divulgatione del Santo Evangelio. E cosí, seben aveva giá tolto di casa il nome di osciano* [aquí Ricci "italianiza"la fonética china *he shang*, como se llamaba a los monjes budistas] *con che lo chiamavano tutti…andando i Padri con la barba rasa…e con capelli corti, come si suole nostre terre, non si potevano i Cinesi persuadere esser loro altra cosa che osciani, poiché non pigliavano moglie, e recitavano l'offitio e stavano in chiesie, cose tutte simili ai loro osciani. Per questo avisó il P. Valignano che pareva totalmente necessario lasciarsi i Nostri crescer la barba et anco i capelli; posciaché quel modo che usavano allora i Nostri gli avviliva molto e dava occasione a molti di pensare che erano idolatri; perciocché il radersi la barba e i capelli nella Cina é segno della setta degli idoli…*" ([FR] 1942-1949, I: 335-337, mi traducción).

lar llegada de la India desde hacía siglos, y como toda religión foránea había demostrado estar del lado de la *ortodoxia* (*zheng*), para ser reconocida por el emperador y contar con permiso oficial para permanecer en el imperio y practicar sus cultos. Pero Ricci no opinaba de ese modo, e interpretó al término *heterodoxia* (*xie*), no como todo aquello que pudiese alterar la armonía en el imperio según la tradición del pensamiento chino, sino a través de la interpretación religiosa occidental, como secta idolátrica y falsa religión.

Como vemos a lo largo de esta investigación, la proximidad de Ricci al círculo de letrados lo motivó a demostrar que la doctrina del Señor del Cielo (*Tian zhu*) se ubicaba del lado de la ortodoxia (*zheng*), mientras ubicó al budismo y daoísmo del lado de la heterodoxia (*xie*).[37] Ricci comprendió las condiciones para la existencia y permanencia de las religiones en el imperio, y esbozó argumentos *ad hoc* para así aplacar estas preocupaciones: el cristianismo o, mejor dicho, la doctrina del Señor del Cielo, presentaba virtudes para el *buen gobierno de la República* y ejercía una benévola influencia sobre la conducta moral, lo que lo hacía perfectamente compatible con el confucianismo, que no tenía ídolos, sino que sólo reverenciaba al Señor del Cielo (*Shang di*).[38] Ricci concluyó que

> [...] esta no es una ley formada, sino una *academia instituida para el buen gobierno de la república*. Y así bien pueden pertenecer a esta academia y hacerse cristianos, dado que en su esencia no contiene nada contra la fe católica, ni la fe católica lo impide; por el contrario, ayuda mucho a la quietud y paz de la republica, como pretenden sus libros.[39]

---

[37] No obstante, el cristianismo no estuvo exento de ser tildado de heterodoxo; entre 1616 y 1617 tuvo lugar una persecución anticristiana de considerables dimensiones en Nankín. Asimismo, Ricci llegó a enterarse de atisbos de persecución en 1607, como vemos más adelante, cuando el cristianismo comenzó a expandirse en las provincias. Los misioneros, desde Ricci en adelante, continuamente tuvieron que recordar a la clase dirigente que ellos no amenazaban el orden público, argumento que no logró frenar la persecución anticristiana de Nankín posteriormente.

[38] Sobre la *legge de'letterati*: "*Questa legge non tiene idoli, ma solo riverisce il Cielo e la terra o il Re del cielo...per parergli che governa e sostenta tutte queste cose inferiori*" ([FR] 1942-1949, I: 115).

[39] "*...non è questa una legge formata, ma solo è propriamente una academia, instituita per il buon governo della republica. E così ben possono esser di questa academia e farsi christiani, posciachè nel suo essentiale non contiene niente contra l'essentia della Fede catholica, nè la Fede catholica impedisce niente, anzi agiuta molto alla quiete e pace della republica, che i suoi libri pretendono*" ([FR] 1942-1949, I: 120, mi traducción y subrayado).

Tian zhu, el Señor del Cielo, o *Shang di*, Señor de lo Alto –este último recurrente en los textos clásicos chinos–, ambos constituían para Ricci la prueba de un confucianismo primitivo monoteísta que el jesuita buscó reestablecer a partir de sus escritos en la era de los Ming tardíos. Y algunos de los letrados conversos cercanos a él aceptaron esta tesis de que la doctrina del Señor del Cielo no era otra cosa, en sus fundamentos, que la verdadera doctrina del confucianismo antiguo.[40] El estudio y traducción de Ricci de los *Cuatro libros* confucianos, así como la adopción de la vestimenta de los mandarines en la ciudad de Nankín abrió una red de relaciones que el jesuita estableció con los letrados confucianos, así como con miembros de la familia imperial.[41]

Ricci se dedicó hasta sus últimos días a fomentar sus vínculos con los letrados confucianos, muchos de ellos oficiales imperiales, siendo absorbido por ese mundo. Su habilidad como "político", sin duda una de sus grandes –y poco reconocida– cualidades, consistió en comprender los códigos de la política imperial de los Ming tardíos para poder garantizar la permanencia de la misión en el imperio. Como veremos, la compatibilidad que Ricci estableció entre los preceptos morales confucianos y el cristianismo estimuló, al mismo tiempo, las observaciones respecto del sistema de gobierno chino. En efecto, el sistema moral confuciano y sus exponentes, el cuerpo de *letterati*, se orientaban hacia el objetivo del *buen gobierno*, compatible con la Verdad Revelada.

II

Como vimos en el apartado anterior, de su estudio de los clásicos Ricci concluyó que los antiguos confucianos eran monoteístas, dado que habían adorado a Dios en la figura del Cielo (*Tian*), Señor de lo Alto

---

40 Cfr. Gernet (1985: 109 y ss).
41 El aprendizaje de los *Cuatro Libros* y los *Cinco Clásicos* era parte de la rutina educativa de los jesuitas. Tenían un maestro chino que iba a su casa todos los días para leerles las obras en voz alta, cuando su nivel de chino les permitía entender las lecturas. Pasquale D´elia destaca que aquí se ve el método que Ricci adoptó para la formación de los misioneros. Primero, él mismo se encargaba de explicar a los recién llegados los *Cuatro Libros* y uno de los *Cinco Clásicos*, mientras al mismo tiempo les enseñaba el mandarín. Luego los dejaba bajo la supervisión de un maestro chino para perfeccionar la pronunciación y comenzar la composición literaria. Cfr. [FR] (1942-1949, I: 380, nota 4).

(*Shang di*) o Señor del Cielo (*Tianzhu*). Eran distintas denominaciones que Ricci había tomado de los *Clásicos chinos* –especialmente las dos primeras–, si bien se inclinó por la de *Tianzhu,* como sinónimo del Dios cristiano. Según indica Ricci en su crónica, la *secta* de los confucianos era la más antigua y estimada en China, respaldada por más libros que las otras *sectas* y por eso tenía hasta el presente el gobierno en sus manos.

En el *Libro I* de su *historia*, Matteo Ricci se centra en retratar diversos aspectos del Imperio, como el político, geográfico, tributario, cultural, entre otros. Es uno de los pocos espacios donde se sumergió en una búsqueda de contrastes y analogías respecto a Occidente porque, como dijimos, fue absorbido por ese *otro mundo de la China*. Allí describe cada una de las *sectas* del imperio. Respecto del confucianismo, la secta de los letrados, Ricci señala que se habían convertido en pilares del orden imperial chino, desde hacía siglos. Específicamente, cuando durante la Dinastía Han (206 a.C. – 220 d.C.) se había difundido el culto a Confucio por todo el territorio imperial. La era Han marcó el comienzo de un período de expansión sin precedentes, así como de consolidación interna del imperio. Ambos procesos se vieron acompañados, a lo largo del siglo II d.C., por una tendencia hacia una creciente centralización del emperador respecto al poder fragmentado de los príncipes. En este contexto de mayor centralización, había crecido la influencia de los letrados en la corte como consejeros. Ricci se remite a la era Han porque es ese confucianismo de los letrados el que considera puro y libre de las influencias de las otras *sectas*. Y tal vez nace a partir de Ricci una creencia generalizada, que Jacques Gernet refuta, en torno a la supremacía del confucianismo en la era Han, dado el carácter ecléctico de la vida intelectual en la corte imperial bajo esta dinastía, en la cual el daoísmo también ocupó un lugar destacado.[42]

Lo importante es subrayar que Ricci piensa y define al confucianismo como una secta no idolátrica, orientada hacia el *buen gobierno de la República*. Nos centramos ahora en aquellas observaciones en el capítulo quinto del libro primero de *su historia*, en donde describe, en primer lugar, los distintos exámenes y grados del sistema de examinación oficial.

---

42 Cfr. Gernet 1999: Cap. 8 *"Rise and decline of the first centralized state"*.

Una singularidad, de fundamental importancia para el jesuita, reside en la primacía del papel de los letrados en cuanto a las distintas funciones de gobierno que ellos concentran dentro del imperio:

> Antes de referirnos al Gobierno de la China es necesario decir algunas cosas respecto a sus letrados y los grados que adquieren, por ocupar la parte principal de su gobierno, de un modo en el que son muy diversos respecto a todas las otras naciones del mundo; y si de este reino no se puede decir que los filósofos son Reyes, al menos puede decirse certeramente que los Reyes son gobernados por filósofos.[43]

Los letrados o filósofos, como también los llama Ricci, asumen el gobierno del reino y los títulos que los habilitan para semejante responsabilidad no son producto –subraya el jesuita– de gracias o favores, ni siquiera por parte del emperador; todo es producto de exámenes, virtud, habilidad y mérito. Su presencia e influencia llevan a Ricci a modificar la calificación del sistema de gobierno en China como *monárquico*.[44] En efecto, en el plano de toma de decisiones, son los *letterati* quienes parecen tener mayor iniciativa, y esta evidencia conduce a Ricci a pensar en un gobierno con tintes de *república*:

> Si bien hemos dicho más arriba que este gobierno es monárquico...considerando esto que he dicho y que tengo para decir en esta materia, tiene mucho de república. Porque, si bien todo cuanto se hace en el gobierno debe ser aprobado por el Rey en los memoriales públicos que los magistrados le dan sobre todo aquello que han de hacer, con todo el Rey no hace otra cosa que aprobar y reprobar aquello que le proponen y casi nunca hace nada sobre aquellos negocios sin que sea propuesto antes por los magistrados a cargo.[45]

---

43 "*Prima di dire del Governo della Cina é necesario che dichiamo cualche cosa delle sue lettere e gradi che in esse si danno, per essere la parte piú principale del suo governo, et un modo in che sono diversissimi di tutte le altre natione del mondo; e se di questo regno non si puó dire che i filosofi sono Re, almeno con veritá si dirrá che i Re* [Emperador] *sono governati da' filosofi*" ([FR] 1942-1949, I: 36, mi traducción).
44 "En este Reino nunca se usó otra forma de gobierno que no fuese un Gobierno Monárquico de un solo Señor, sin saberse de otra" ([FR] 1942-1949, I: 51, mi traducción).
45 "*Sebenne abbiamo detto di sopra esser questo governo Monarchico, con tutto ció, considerando questo che ho giá detto ed ho da dire in questa materia, tiene molto del republico. Percioché, sebene tutto quanto si fa nel governo debe essere approvato dal Re nei publici memoriali che i magistrati gli danno di tutto quello che hanno da fare, con tutto il re non fa altra cosa che approvare e riprovare quello che li propongono, e quasi mai fa niente sopra qualche negocio senza l'essergli proposto prima da'magistrati che hanno cura di quello*" [FR] 1942-1949, I: 56, mi traducción).

A partir de estas observaciones, Ricci comienza a hablar de un imperio mixto:

Todo el reino se gobierna por los letrados...y ahí reside el verdadero imperio mixto, al cual están sujetos todos los soldados y sus capitanes; de tal modo que no hay capitán alguno, de la valía que sea, de cuantos miles de soldados quiera para él, que no tiemble o se doblegue frente a un doctor y mandarín de letras...[46]

Acá surge otro aspecto interesante para considerar en el análisis, al entrar en escena el contraste que Ricci establece entre los hombres de armas y de letras, dado que los hombres de letras son jerárquicamente y, en todo sentido, superiores a los hombres de armas dentro del imperio. Un aspecto fundamental que señalamos respecto al orden político, es que esta centralidad de los *letterati* confucianos lleva al jesuita a pensar en la consumación de un ideal occidental encarnado en el diálogo socrático *República*. Así lo manifiesta en una carta –en castellano– al tesorero del gobierno de Filipinas, Giambattista Roman, el 13 de septiembre de 1584. Ricci responde a una comunicación previa de Roman; más que una carta, se trata de una *relación* de todo lo que Ricci había visto y comprendido luego de dos años de estadía. El jesuita manifiesta su admiración por todo lo que China había alcanzado por sí sola en el plano de la medicina, la física, la matemática, la astrología, *y finalmente en todas las artes liverales y mecánicas*. Ricci prosigue,

> [...] es cosa de admiración, que esta gente, que jamás tubo comercio con la de Europa, aya alcançado casi tanto por sì proprios, como nosotros con la comunicación de todo el mundo: y solamente quiero que Vuestra Merced lo juzgue por su gobierno, en el qual ellos emplearon todas sus fuerzas y tuvieron en esto tanta luz, que dexan muy atrás á todas las otras naciones; y si á la natural quisiese Dios añadir la divina de nuestra santa fé católica, *parésceme que no supo tanto Platón poner en especulación de república quanto la China puso en plática.*[47]

---

46 "*Tutto il reino si governa per letterati ...et in essi sta il vero e misto imperio, ai quali sono soggetti tutti i soldati e loro capitani; di tal modo che non vi è capitano nessuno, sia di quanto valore, di quante migliaia di soldati sono di sè volete, che non trema e non si abassi inanzi ad un dottore e mandarino di lettere*" ([FR] 1942-1949, I: 67, mi traducción).
47 Carta a Giambattista Roman, tesorero del gobierno de Filipinas- Zhaoqing, 13 de Septiembre de 1584 ([OS] 1911-1913, II: 45). Mi subrayado. Para una versión traducida al italiano, cfr. Ricci (1999: 39-48).

Lo que se ve en esta cita de Ricci es la admiración por la grandeza de China en su aislamiento. Como sea, para Ricci la China de los Ming tardíos representa una consumación del ideal de la República platónica, que –puede inferirse– no trascendió el plano especulativo en Occidente. Y esta *República* consumada tiene por referente principal a la elite conformada por los letrados o *filósofos* confucianos.

Nos encontramos ahora frente a la comparación entre China y el mundo occidental en materia de guerra, de la que se desprende una crítica del jesuita al afán de conquista en Occidente. Ya mencionamos más arriba cómo la primacía de los letrados confucianos en el gobierno imperial llevó a Ricci a calificar al imperio como *mixto*. Pero Ricci va aún más lejos, dado que finalmente considera que todo el imperio está subordinado a esta elite letrada, incluidos los hombres de armas. Ricci no se detiene demasiado en el origen de los hombres de armas, que en su mayoría integraban tropas mercenarias bajo el Imperio Ming, convocando a sectores marginales de la población en busca de soldada. Como fuese, es certero el hecho de que la casta guerrera nunca opacó la preponderancia de la elite letrada, así como su prestigio. Hay otro aspecto que Ricci menciona con el objetivo de dar cuenta de los rasgos principales del orden político en China orientados al buen gobierno, que no se alimenta de la guerra: "El poder y estado de la China más se funda en la multitud de gentes é ciudades y buena governación, que en los muros y fortalezas y brío de los naturales para la guerra".[48]

Según Ricci, el imperio contaba con todos los medios necesarios para dominar a los reinos vecinos, y sin embargo esto no era observable en el Imperio Ming. Por eso, más allá de las condiciones materiales, Ricci señala que

> [...] siendo este reino tan grande y lleno de gente, y lleno de provisiones y materia para fabricar leños, artillería y otros instrumentos de guerra, con los que podrían someter fácilmente a su dominio a todos esos reinos vecinos, con todo esto ni el Rey ni los súbditos se encargan ni tratan esto, y están contentos con lo suyo, sin desear lo de los demás.[49]

---

48 [OS] (1911-1913, II: 47).
49 "*[...] essendo questo regno sì grande e ripieno di gente, e fornito di vettovaglia e materia per fare legni, artigliaria et altri instrumenti di guerra, con che potrebbono facilmente soggettar al loro dominio almanco tutti questi regni vicini, con tutto questo nè gli Re nè gli sudditi si curano nè trattano di questo, e stanno contenti con il suo, senza volere quello degli altri*" ([FR] 1942-1949, I: 66, mi traducción).

Y todo remite, nuevamente, a que en el Imperio Ming las letras son mejor vistas que las armas, así como los letrados son quienes apuntalan al Rey:

> Lo que maravilla es que son realmente los letrados de ánimo mucho más noble y fiel al Estado, y los que más fácilmente en el peligro mueren por la patria y por su Rey, que aquellos que se dedican a la guerra; ya sea porque las letras ennoblecen más su alma, o porque como uno de los primeros principios de este reino siempre tienen mayor reputación las letras que las armas, por no ser dados a conquistar otros reinos, como sí fueron nuestros pueblos en occidente.[50]

El capítulo sexto del primer libro de la *Storia dell' Introduzione del Cristianesimo in Cina* dedicado al gobierno de la China tal vez constituya la única referencia por parte de Ricci a los aspectos políticos del imperio Ming. Tal como hemos desarrollado más arriba, Ricci tomó el diálogo socrático *República* como principal fuente para fundamentar su descripción y observaciones sobre el gobierno imperial chino. Las referencias a Platón en la obra de Ricci se encuentran exclusivamente en estas observaciones sobre el sistema político en China.[51] Recordemos que en el diálogo *República* se describe y desarrolla el sistema y organización del Estado ideal, aquél que promueve el bienestar y perfección de los ciudadanos en un sentido ético. Y, en este aspecto, es fundamental la función que ejerce el filósofo como gobernante del Estado perfecto.[52]

Sin embargo, la necesidad de admirar por parte de Ricci lo condujo a una lectura parcial de la *República*, en el sentido que hizo a un lado

---

[50] "*E, quello che più ci fa maravigliare, è che nel vero sono i letterati di molto più nobile animo e fedeli allo Stato, e che più fácilmente nei pericoli morrono per la patria e per il loro Re, che quei che attendono alla guerra; o sia perchè le lettere innobiliscono più l'animo loro, o sia che dai loro primi principij questo regno sempre avesse in più riputatione le lettere che le armi, per non esser dati a conquistare altri regni, come furno sempre i nostri popoli più all'occidente*" ([FR] 1942-1949, I: 67).

[51] Los paralelismos entre Confucio y Platón han despertado el interés de muchos estudiosos, generalmente en torno a temas como los sistemas de educación propugnados, el lugar de la poesía en ambos y de la virtud. Entre otros, cfr. Zong-qi Cai (1999).

[52] La figura del filósofo-gobernante y su lugar en el Estado ideal se define y desarrolla ampliamente en el Libro V de *República*. Dice Sócrates a Glaucón: "*En tanto que los filósofos no reinen en las ciudades, o en tanto que los que ahora se llaman reyes y soberanos no sean verdadera y seriamente filósofos, en tanto que la autoridad política y la filosofía no coincidan en el mismo sujeto...no habrán de cesar, Glaucón, los males de la ciudad...*" (Platón 1984: 473d).

un requisito que debía reunir la figura del filósofo gobernante, esto es, el de ser un atleta guerrero. Es un aspecto que va de la mano de las argumentaciones en torno a cuál es la mejor educación para los guardianes de la ciudad desarrolladas en el libro VII de *República*.[53] Podemos conjeturar, entonces, que lo que tuvo más influencia sobre Ricci en este diálogo socrático es la definición de filósofo que ofrece, como aquél a quien se le confiaría el gobierno de la ciudad ideal, que tiene afición por toda clase de ciencias y se entrega insaciablemente a aprender.[54]

III

Este apartado está dedicado a unas últimas reflexiones en torno a lo que denominamos un uso *selectivo* de los clásicos occidentales por parte de Ricci respecto de sus observaciones en materia política en el Imperio Ming tardío, a partir de las referencias al diálogo socrático *República*. ¿Por qué no preguntarnos sobre la ausencia de la *Política* de Aristóteles? Es de algún modo inevitable la asociación de la Compañía de Jesús y el aristotelismo. Recordemos a Charles Schmitt, cuando señala que el aristotelismo del Renacimiento no fue una continuación del de la Edad Media, sino que logró un desarrollo interno propio manifestado en una diversidad de actitudes, métodos y vínculos con respecto al *Corpus Aristotelicum*, que derivó en lo que el autor denomina *aristotelismos renacentistas*, al que contribuyeron los jesuitas.[55] Se trata del aristotelismo cristiano que sirvió a la causa de la teología católica, a la vez que propusieron otras lecturas además de Tomás de Aquino, como Averroes, y las entonces recientes traducciones latinas de Aristóteles.[56] En este sentido, Matteo Ricci fue el primero en recurrir a la metafísica aristotélica para componer su catecismo, la *Verdadera Doctrina del Señor del Cielo* o *Tianzhu Shiyi* (1603), así como fue el primero en traducir algunas categorías aris-

---

[53] En efecto, a lo largo del Libro VII de *República*, el guardián – gobernante – se define como filósofo y guerrero al mismo tiempo.
[54] Platón (1984: 475c).
[55] Cfr. Schmitt (2004: 27).
[56] Cfr. Lohr 1995.

totélicas al chino, tarea que seguirían sus sucesores.[57] A la vez, en ese mismo catecismo introdujo en China la argumentación escolástica propia del tomismo aristotélico, desplegada a través de un diálogo entre un letrado occidental (*xi shi*) –el mismo Ricci, y un letrado chino (*zhong shi*).

Ricci compuso prácticamente toda su obra en el idioma chino, pues estaba destinada a sus interlocutores confucianos. El interés compartido por el conocimiento científico –especialmente la geometría, así como la cartografía y astronomía– contribuyó a fortalecer este vínculo, que algunas veces se tradujo en composiciones conjuntas. A la vez, muchos de los *letterati* prologaron algunos tratados humanísticos del jesuita, como el Tratado de la Amistad (*Jiaoyou lun*) (1595) o las Veinticinco Sentencias (*Ershiwu yan*) (1608). No obstante, ellos no establecieron distinciones entre la variedad de temas –doctrinales, científicos, filosóficos y morales– de sus obras, sino que los englobaron en una categoría: los *estudios celestes* (*Tian xue*).

Ricci afianzó el vínculo con los *letterati* en Pekín, la capital imperial, donde residió desde 1601 hasta su muerte, el 11 de mayo de 1610. En esos años, los jesuitas que se incorporaron a la misión en China se dispersaron para llegar a sectores populares en las afueras de Pekín o en otras provincias, mientras Ricci velaba por la seguridad de los misioneros garantizada por ese entramado de relaciones que había sabido tejer de modo certero. Como dijimos, no caben dudas de sus habilidades *qua homo politicus*.

Ricci no se dedicó a escribir sobre política, como sí lo harían algunos de sus sucesores en la misión en China pero, aún así, no privó a sus interlocutores europeos de sus observaciones sobre el sistema político imperial chino.[58] Procuró describirlo con referencias familiares, por momentos maravillosamente acertadas, que encontró en el diálogo socrático *República*. Como dijimos, no se trataba de escribir o teorizar sobre

---

57 Charles H. Lohr señala que para los teólogos, la metafísica tenía una función apologética en el establecimiento de principios que muestran el acuerdo fundamental entre la doctrina cristiana y la filosofía de Aristóteles (Lohr 1995: 89).

58 Dos jesuitas posteriores, Giulio Aleni (1582- 1649) y Alfonso Vagnone (1566- 1640) introdujeron la política aristotélica en China. Si Aleni se refirió a la política como una rama de la filosofía, Vagnone compuso tratados exclusivamente sobre el tema. Cfr. Michael Mi (1997: 249-252).

política. En una vena especulativa, recordemos el libro VI de la *Política*, dedicado a analizar cuál es el mejor régimen político para una ciudad, donde Aristóteles señala que no se trata sólo de considerar el mejor régimen, sino también el posible, el que es relativamente fácil de alcanzar y adecuado para todas las ciudades.[59] Podemos conjeturar que estos aspectos y problemas no eran prioritarios para Ricci.

En el juego de contrastes entre las dos culturas, a partir del ideal –en la tradición occidental– de la *República* y su consumación en el cuerpo de letrados– y filósofos –confucianos–, Ricci procuró impactar a su audiencia europea, sin ánimos de profundizar sobre temas y problemas políticos. Los *letterati* conformaban la *secta* que Ricci definió como una *Academia para el buen gobierno de la República*, como vimos a lo largo de este trabajo, destinataria de su política de conversión, y proveedora de vínculos que garantizaron una protección oficial para la misión en China. Fue el ámbito que Ricci conoció más de cerca, como un letrado occidental más. En este sentido, podemos interpretar la única referencia a Platón en toda la obra ricciana como recurso para sumar un atributo más a la secta de los *letterati*: el de la consumación de la República que –como señala Ricci–, en Occidente no pasó de la especulación.

---

[59] Aristóteles (1983: 1288b).

INTERACCIÓN DOGMÁTICA: LIBROS ESPIRITUALES TRADUCIDOS DEL ESPAÑOL AL JAPONÉS EN EL SIGLO IBÉRICO DE JAPÓN[1]

Yoshimi Orii

Desde los inicios de la misión jesuítica en Japón en 1549, establecida por Francisco Xavier (1506-1552), los misioneros de la Compañía de Jesús informaban que, al predicar en las calles, percibían la capacidad racional de los pueblos autóctonos. Pero pronto llegaron a la conclusión de que los japoneses carecían de algunos conceptos fundamentales para recibir la fe católica, por ejemplo, que existía un único Dios creador del mundo o un alma racional que diferenciaba al ser humano de otros seres vivos animales o vegetales. Ante estas circunstancias, los jesuitas empezaron a buscar una manera eficaz para la conversión a través del razonamiento. La intelectualidad jesuita sobresalía en la Europa de entonces en cuanto a reinterpretar y acomodar la teoría de Aristóteles a la fe católica (como lo demostraba el *Collegium Conibricensis* de la Universidad de Coimbra), pero sin duda era un gran desafío adaptar el razonamiento de esta última al contexto cultural del Japón del siglo XVI.

---

[1] Este artículo se basa parcialmente en la ponencia titulada "Análisis de los libros espirituales traducidos del español al japonés en el Siglo Ibérico de Japón" presentada en las *XII Jornadas Internacionales sobre las misiones jesuíticas*, mesa redonda "Misiones jesuíticas en otros hemisferios" (Buenos Aires, 24 al 26 de septiembre de 2008). La ponencia también fue utilizada en una parte de la monografía en japonés de la autora Orii (2010).

Para entender mejor ese fenómeno afortunadamente se conservan unos pocos libros catequéticos, espirituales, o lingüísticos que fueron editados y publicados desde la imprenta Europea, los cuales fueron llevados a Japón por los jesuitas en 1590. A pesar de la expulsión de los misioneros y el fin de su imprenta en 1614 por el decreto del Shogunato Tokugawa, que ordenaba fueran destruidas las cosas que representaban a la fe cristiana (incluidas las copias de libros), algunos ejemplares fueron llevados al extranjero en aquella época convulsionada o poco tiempo después. Hasta hoy se han encontrado 32 títulos en distintos archivos y bibliotecas del mundo, especialmente en Europa.[2]

Esos pocos libros conservados nos muestran el característico alto nivel académico de los jesuitas interaccionando con los agentes culturales locales. Ellos son fruto de los interesantes diálogos que llevaron a cabo entre misioneros europeos y autóctonos japoneses durante unos cuarenta años de labor evangélica, interviniendo tanto personas llanas como destacados intelectuales budistas. Además, esos libros incorporaron nuevas reglas lexicográficas coherentemente establecidas para no confundir a los lectores. La regla más destacada de los misioneros fue la traducción fonética de algunos conceptos claves al silabario japonés como (anjo) あんじょ (ángel), a ni; あに (ma); ま (alma), o na; な tu u; つう ra; ら (naturaleza). Sin embargo, conceptos más importantes como Dios o Cristo, fueron representados con símbolos gráficos como 𝄞 (Dios) o 𝄡 (Jesucristo), pronunciados *Deusu* y *Kirishito* respectivamente. Esas traducciones fonéticas contribuyeron no solamente a evitar la confusión con nociones ya existentes, sino también a dar un tono exótico a la lectura, y a mostrar que esos nuevos conceptos no eran compatibles con el pensamiento panteísta japonés, que mezclaba el budismo, el shintoísmo, y el incipiente neoconfucianismo. En cuanto a las costumbres o prácticas rituales, los jesuitas intentaron acomodarse lo mejor posible al Japón, aunque en lo relacionado con el dogma, se enfocaran más en las diferencias que en la similitud de pensamientos, intentando refutar intelectualmente las tradiciones intelectuales locales.

---

2 La bibliografía y comentario más completos de los libros aparecen en Laures (2004). Ver también Üçerler (2003 y 2008) para comprender la historia de la labor evangélica de la Compañía de Jesús en Japón. Los estudios sobre el tema en japonés son innumerables.

Por otro lado, en esos libros traducidos a la lengua y escrituras del Japón de entonces había algunas frases con connotaciones implícitas del budismo. Como técnica argumental para explicar mejor el cristianismo los misioneros aprovecharon los símiles o analogías dogmáticas que encontraron en las escrituras de una secta budista. Este artículo argumenta que existe una interacción entre algunas doctrinas fundamentales del catolicismo en el contexto de la Contrarreforma y el pensamiento del Budismo Verdadera Tierra Pura, que se denominaba *Jōdo-Shinshū* desde su origen en el siglo XII,[3] también conocido popularmente como *Ikkō-shū* desde el siglo XV.[4] En el siglo XVI, esta secta budista era la más practicada, especialmente por el pueblo llano japonés. Sus doctrinas fundamentales eran la conciencia de las limitaciones humanas y la dependencia total del *tariki*, o fuerza del Otro, es decir, la fuerza del voto primario de *Amida* (Buda) para alcanzar la liberación. Los misioneros prefirieron enfocar su ofensiva intelectual en la secta Verdadera Tierra Pura por su carácter marcadamente monoteísta, antes que en otras sectas budistas como el *Zen*, que no lo eran.

Método y estado actual de la cuestión

Para avanzar en mi argumento utilizo el método de la intertextualidad. No es muy difícil mostrar aspectos similares en los pensamientos de tradiciones culturales o religiosas distintas. Sin embargo, eso siempre conlleva el peligro de reducir las diferencias. De la misma manera, el especificar sólo factores distintos, es decir, interpretar la diferencia desde uno y otro lado, no aporta casi nada para comprender el conjunto. Lo que me interesa en este artículo es la interacción o la comunicación bi-direccional, teniendo en cuenta la coherencia interna de ambas tradiciones culturales. Es a partir de un profundo estudio de las interacciones que llegamos a entender mejor la compleja evolución de la relación.

---

3 En Dobbins (1989) es una buena monografía reciente que trata detalladamente la evolución e historia de la Secta Verdadera Tierra Pura.
4 El lector no debe de confundir la existencia de dos ramas con el mismo nombre. Aunque había una rama budista que se llamaba *Ikkō-shū* creada por Ikkō Shunjo (1239-1287), es el *Ikkō-shū* (literalmente "consagrarse" o "pueblo consagrado") al que nos referimos en este artículo, una secta cuyo nombre viene de la *Daimuryōju-kyō* (Sutra de la Vida Infinita) que

El sub-método de intertextualidad que uso en este artículo es un análisis bilingüe de los libros espirituales católicos europeos redactados y traducidos al japonés. Hay abundantes estudios filológicos y bibliográficos sobre las variables más simples del impulso editorial de los jesuitas en Nagasaki desde que en 1590, implantaran la imprenta tipográfica europea. El tema es bastante actual, por estar vinculado a un análisis global del proceso de la adaptación de la imprenta y producción de tipos movibles en lenguajes no europeos en Asia y América, y la consecuente transmisión de la información a gran escala.[5]

Aun son escasos los estudios sobre las obras de la historia intelectual que tengan en cuenta los contextos de ambas tradiciones. Aunque es cierto que el método de comparación de los textos originales y los traducidos ya fue empleado por Farge, la consideración histórica es limitada; como nos recuerda dos Santos: "siendo más bien un ejercicio de los estudios de traducción, la insuficiencia de tratamiento histórico haría inadecuado el análisis del tema. Como un estudio de un aspecto de la interacción cultural entre uno de los más complejos sistemas de creencias y una de las civilizaciones más dueñas de sí mismas, esta deficiencia resulta fatal".[6] Parece ser que tal situación es tributaria de la falta de cooperación académica interdisciplinaria entre Japón y Occidente, aunque ello se ha empezado a subsanar recientemente gracias a los esfuerzos de varios académicos.[7]

Con este artículo intento ofrecer una aportación histórica adicional al tema desde la perspectiva del pensamiento japonés. Primero realizo un análisis bilingüe sobre la interacción intelectual a partir de los textos originales y los traducidos y publicados por la imprenta jesuita. Luego sigo la huella de esa interacción analizando las obras de carácter ético-moral neo-confucianas que se publicaron a principios de la época Tokugawa. Así, sostengo que los

---

fue un texto budista *Mahayana*, en el cual se enseñaba a consagrarse en la invocación del Buddha. En la época en la que nos centramos, el nombre *Ikkō-shū* era sinónimo de la Secta Veradera Tierra Pura o *Jōdo-Shinshū*. De allí que en los informes de los misioneros europeos aparezca el nombre *Ikkō- shū (Iccocio)* para referirse a ella.

5 Sobre el tema el encuentro más reciente es la Conferencia Internacional *Legacies of the Book: Early missionary printings in Asia and the Americas* celebrada entre el 24 y 26 de septiembre de 2010 en el Ricci Institute de la Universidad de San Francisco, organizada por los profesores Xiaoxin Wu (Universidad de San Francisco) y Antoni Üçerler (Universidad de Oxford).

6 Pinto dos Santos 2004: 126.

7 Kawamura y Veliath 2006.

intelectuales del shogun Tokugawa pudieron haber formado un pensamiento político tras haber aceptado primero, y negado después, algunos conceptos claves del cristianismo que intentaron inculcar los jesuitas en Japón.

El nicho social del cristianismo en el Japón del siglo XVI

Por "nicho social" entiendo la posición relativa de una ideología o pensamiento dentro de un sistema social. El cristianismo procuró precisamente ese nicho en Japón desenvolviéndose en cuatro dimensiones que trasparentaban deseos y aspiraciones: la religiosa, la socio-moral, la intelectual y la económico-educacional.

Dimensión religiosa. La llegada a Japón de Francisco Xavier coincide con el final de la época de la guerra *Sengoku*, que estalló a comienzos del siglo XV, es decir, con una época de gran agitación socio-política. Debido a ello, muchos japoneses aspiraban a encontrar algún poder carismático sobrenatural que sintetizara el mundo y les ayudara a controlarlo. Es decir, reinaba un deseo bastante generalizado de consumar lo bueno y lo supremo, lo que llamaremos "deseo monoteísta". Varias sublevaciones de campesinos de la época que estallaron en diversas ciudades y pueblos, fueron inspiradas por ese deseo. Tal es el caso de la que promovían la secta budista Verdadera Tierra Pura (*Ikkō-Ikki*) en los años 1466 a 1574, o la secta Nichiren (*Hokke-Ikki*) en los años 1532 a 1536. El cristianismo aparece en Japón como nicho religioso que ayuda a llenar esa aspiración en un clima convulsionado.

Dimensión socio-moral. El deseo de sintetizar el mundo se reflejaba también en una ambición de control político-militar sobre la sociedad y el intento de una síntesis más profunda, esto es, una aspiración de perfección moral y de fidelidad. Así lo aprecia el informe de Francisco Xavier cuando dice de los japoneses: "Es gente de muy buena conversación, y generalmente buena y no maliciosa, gente de honra mucho a maravilla, estiman más la honra que ninguna otra cosa, es gente pobre en general, y la pobreza entre hidalgos y los que no lo son, no la tienen por afrenta".[8] El cristianismo se presenta como una respuesta a esa necesidad y deseo.

---

8 Zubillaga 1996: 354 (carta nro.90).

Dimensión intelectual. El cristianismo también pretendía responder al deseo de racionalizar el mundo. Francisco Xavier escribe que los padres que hayan de ir a Japón.

> necesitan tener letras para responder a las muchas preguntas que hacen los gipones. Sería bueno que fuesen buenos artistas; y no perderían nada que fuesen sofistas para en las diputas tomar los gipones en contradicción; que supiesen alguna cosa de la esfera, porque huelgan en grande manera los gipones en saber los movimientos del cielo, los eclipses del sol, menguar y crecer la luna; cómo se engendra el agua de la lluvia, la nieve y piedra, truenos, relámpagos, cometas y otras cosas ansí naturales.[9]

Dimensión económica y educacional. En aquella época, no solamente los señores feudales obtenían una gran ganancia por el comercio con los barcos europeos. También los misioneros aprovechaban dicho comercio para conseguir los recursos necesarios para su misión, escuelas, imprenta, etc. En el colegio fundado en Bungo (actual Oita) en 1580, una década antes de la llegada de la imprenta, los jesuitas enseñaban materias cristianas y europeas, pero también se preparaban clases de clásicos japoneses y *cataguis* (cortesías o costumbres) por los *dogicos* (asistentes catequistas no pertenecientes a la Compañía). Este sistema de educación llamó la atención de los señores feudales japoneses, del mismo modo que los colegios establecidos por la Compañía causaron impacto a los laicos en ciudades de Europa como Gandía o Messina.

El impulso editorial de los jesuitas en Japón y la resultante divulgación de la enseñanza tanto religiosa como intelectual, responde a casi todas las dimensiones consideradas.

Impulso editorial de los jesuitas en Japón

Los jesuitas llevaron la imprenta a Japón y la instalaron en el Colegio de Kazusa (actual Nagasaki). Para hacerla llegar hasta allí los jesuitas aprovecharon el regreso vía Macao de una embajada con cuatro jóvenes japoneses que habían visitado Europa entre 1582 y 1590, con el fin de mostrar los frutos del esfuerzo misionero en ese lejano país oriental, con-

---

[9] Carta a Ignacio de Loyola de Roma, año 1552, en Zubillaga 1996: 449 (carta nro.109).

siguiendo ayuda financiera y religiosa de la Iglesia y de los principales países católicos. Unas cien obras salieron de esa imprenta, pero todas fueron llevadas urgentemente a Macao tras la promulgación de un Decreto del Shogunato Tokugawa en 1614 por el cual se expulsaba a todos los misioneros del Japón.

Sólo con echar un vistazo a la lista de las obras impresas, unas traducciones completas y otras abreviadas de textos europeos, podemos apreciar que ellas plasman el espíritu religioso, moral e intelectual de la Europa de la época. Entre ellas podemos citar el *Compendium Spiritualis Doctrinae* de Bartolomé de los Mártires (1596) y el *Compendium Manualis* de Martín de Azpilcueta, llamado Doctor Navarro (1596), ambas publicadas en lengua y letra latina para el aprendizaje de la lengua latina en el colegio, o simplemente para servir a los sacerdotes. También se encuentran obras ascéticas o apologéticas traducidas al japonés de Fray Luis de Granada como *Guía de Pecadores* (1599) y *La Primera y Quinta parte de la Introducción del Símbolo de la fe* (1592 y 1611 respectivamente). La traducción del *Guía de Pecadores* y *La Primera parte de la Introducción* fueron publicadas en lengua y caracteres japoneses, lo que significa que esas obras estaban destinadas a los lectores de ese origen. Eso requería la mayor sutileza retórica, y un correcto exámen de las connotaciones que llevaba cada vocablo japonés. También se editaron y enseñaron, como ya he mencionado, unas obras clásicas japonesas, como el *Heike Monogatari* o Cantar de Heike (1592) en japonés alfabetizado para que los misioneros aprendieran no solamente el idioma sino también la cultura y costumbres autóctonas. Tampoco se puede olvidar mencionar unos importantes textos que se habrían impreso si no hubiera estallado la persecución, como el *Compendium Catolicae Veritatis* del vicerrector de Japón Pedro Goméz (1590-93), el tratado en tres tomos que lleva en su contenido la astronomía y física (tomo I), el comentario de *De Anima* de Aristóteles (tomo II), y el catequismo del Concilio Tridentino (tomo III). Este valioso tratado fue preparado en latín y luego traducido al japonés, alrededor de 1595.[10] Cabe mencionar también la obra apologética *El Diálogo de dos damas* (*Myōtei Mondou*, 1605) del jesuita japonés Fukan Fabián, quien luego se alejó de la fe católica y escribió su famoso tratado condenatorio Anti-Deus (*Ha-Deusu*).

---

10 Gómez y Daigaku (1997) han publicado una versión facsimilar acompañada de comentarios.

En general, la traducción de las obras mencionadas fue fruto de la colaboración entre misioneros europeos y religiosos japoneses que pertenecían a la Compañía de Jesús. Excepto las primeras, publicadas hasta 1592, tanto editadas como traducidas, son anónimas, lo cual nos hace suponer que los superiores decidieron que las traducciones pertenecían a todos los miembros de la Orden y no a individuos concretos.

No es posible detallar los contenidos de todos estos libros. Aquí me centraré en la obra de Fray Luis de Granada O.P. (1504-1588) *Guía de Pecadores* (1567) traducida al japonés como *Giyadopekadoru* (1599). Granada fue uno de los autores y predicadores más importantes de la época en Europa y, como dice el erudito Álvaro Huerga, "la historia de la vida y de los libros de Fray Luis de Granada es, en cierto sentido, la historia del siglo XVI".[11] De allí que la comparación léxica de las dos versiones parece un método adecuado para la investigación de la profunda interacción entre los textos, comunidades y mentalidades coincidentes en el tiempo.

Interacción entre el catolicismo y la doctrina de la Secta Budista Verdadera Tierra Pura

El cotejo léxico de los textos antes mencionados nos indica una interacción entre el catolicismo y el budismo Verdadera Tierra Pura. Kawamura menciona la interacción de ambas religiones desde el punto de vista de la historia social. Refiere a una organización católica que aparece en los documentos históricos con el nombre *Confurariya*, traducción fonética de cofradía (español) o confraria (portugués), en un pueblo de Bungo-Takada (actual Oita) que había sido un área ocupada por la secta Budista Verdadera Tierra Pura antes de la cristianización. Kawamura también demuestra que la forma administrativa del *Sōdōjyō* – lugar construido en cada pueblo de esa secta donde se desarrollaba la vida o costumbre religiosa (prédica, prácticas rituales, etc.) –luego pasó a ser el lugar de mantenimiento de la organización cristiana.[12]

11 Huerga 1988: 14.
12 Kawamura 2002.

En términos generales, la estructura dogmática del Budismo Verdadera Tierra Pura se parece al luteranismo: los hombres nacen malos y pueden salvarse no por sus buenas obras sino por la sola fe en Buda. Este pensamiento, al que denominan *Zettai-Tariki* (Poder del Otro absoluto), se constata en los estudios de las religiones con el dogma protestante, a propósito de la indispensabilidad de la gracia o gracia precedente.[13] Resulta altamente ilustrativo el testimonio del padre Visitador Alessandro Valignano (1539-1606), quien investigó detalladamente las religiones autóctonas, intuyendo la semejanza dogmática de la Secta Verdadera Tierra Pura y el Luteranismo:

> Y para ganar mejor la gracia de los japoneses y hacer que mas fácilmente fuesen recibidas sus sectas, les facilitaron tanto su salvación que, encareciendo la misericordia y el grande amor que les tienen Amida (Buda) y Shaka (Shakamuni), vinieron a decir que aunque hagan cuantos pecados quisieren, con invocar sus nombres, esperando firmemente en ellos en sus merecimientos, quedan purgados y limpios de todos sus pecados, sin tener necesidad de hacer otra penitencia ni de otras obras, porque con ellas se hace injuria a las penitencias y obras que ellos hicieron para salvar a los hombres. De manera que dieron propiamente la doctrina de Lutero.[14]

Sin embargo, cuando las obras católicas fueron traducidas al japonés, se utilizó la semejanza estructural que tenía esa secta budista en cuanto a la relación entre la existencia suprema (Dios en el contexto cristiano y Buda en el budista) y el ser humano. Así lo revela el siguiente párrafo de la obra de Luis de Granada en el cual se trata de la gracia de la justificación empleando unas palabras que tenían connotación exclusiva del Budismo Verdadera Tierra Pura:

> Ni el libre albedrío del hombre, ni todo el caudal de la naturaleza humana basta por sí solo (*jiriki*) para levantar a un hombre del pecado a la gracia, si no entreveniere aquí el brazo de la potencia divina. Sobre las cuales palabras dice santo Tomás que así como la piedra de su propia naturaleza se mueve a lo bajo, y no puede por sí subir a lo alto, si no hay alguna cosa de fuera (*tariki*) que la levante: así también el hombre por la corrupción del pecado, cuanto es de su cosecha (*jiriki*), siempre tira para bajo, que es el amor y deseo de las cosas terrenas [...].[15]

---

13 Barth, Hans 2004.
14 Valignano 1954: 66-67.
15 Granada 1996: 63-64.

Jiriki y *tariki* son palabras claves del dogma fundamental de la secta Verdadera Tierra Pura que tiene como base la segregación entre la fuerza del otro absoluto (*tariki*) y la de sí mismo (*jiriki*). O sea, esta pareja de palabras budistas fue usada en el contexto jesuita con el fin de dar a entender la idea de "lo absoluto" del cristianismo, sin utilizar el concepto de Dios cristiano. Sin embargo, aquí surge una paradoja que intento resolver en el resto del trabajo: ¿Cómo es posible que el catolicismo utilizara la estructura y el léxico de una secta que, sabían, se parecía al luteranismo?

Como afirma Masao Arimoto, el fundador de la secta Verdadera Tierra Pura, el monje Shinran (1173-1262) entiende que los seres humanos son malos ante la gracia absoluta de Mida o Amida (Buda), por lo que no tiene lógica el atrevimiento de tomar posición activa para construir una ética o moral en este mundo. Por ello, tras su muerte quedaba una contradicción entre lo dogmático y la moral secular. Su tataranieto, Kakunyo (1270-1351), el tercer jefe de la secta, escribió el libro titulado *Memorial del Pago de Gratitud (Hō-On Ki)*, intentando añadir aspectos morales y sociales al dogma tradicional, especialmente el agradecimiento de los jóvenes a sus padres, maestros y mayores.

Por otro lado, ante la necesidad de consolidar un nuevo régimen ético-moral en la época de la guerra civil *Sengoku*, el concepto de la recompensa *post mortem* de los actos buenos gradualmente se fue aceptando en el budismo Verdadera Tierra Pura, lo cual debió ser un factor teóricamente incompatible con el dogma original del fundador Shinran. El octavo jefe Rennyo (1415-1499), que es un restaurador de la secta y también predicador ante el pueblo, escribió varias cartas (*Gobunsho* o *Ofumi*) en el fácil silabario *kana* (simplificación de los ideogramas de origen chino) a los grupos seculares. La carta más popular *Hakkotsu no sho* (Carta de ceniza blanca) describe el ambiente transitorio de la vida de aquella época fluctuante, y enseña la importancia de confiar en la promesa de Mida (Buda). Las cartas de Rennyo eran utilizadas y recitadas por los creyentes de la secta como un libro catequético dentro de las señaladas *Sōdōjyō*. En una de ellas dice:

> Ahora bien, reflexionando profundamente lo flotante que es la vida humana, [...] ¿Quién debía de tener el cuerpo de cien años hasta hoy? Primero seré yo y luego tú, no sabemos si es hoy o mañana. Son innumerables los que se van, sea primero, sea después, como gotas de tallo y rocío de hoja. Uno tiene rostro sonrosado por la mañana y ceniza blanca por la tarde. [....] Lo efímero de los seres humanos no se cambia, sea viejo, sea joven, así que debemos tener en

cuenta lo importante de la vida posterior e invocar oraciones en la confianza profunda en Amida (Buda).[16]

Como se muestra aquí, durante el siglo Ibérico en Japón el dogma de Shinran (la salvación existencial en este mundo sólo por parte de lo Absoluto) queda relegado, y el tono de su mensaje se debilita, admitiéndose el concepto del paraíso como una recompensa por las obras buenas. El referido Masao Arimoto afirma: "sobre la relación complementaria entre *jiriki* (fuerza de sí mismo) y *tariki* (fuerza de otro), el dogma de la Verdadera Tierra Pura de la época premoderna se fue constituyendo".[17]

Mientras tanto, la *Giyadopekadoru*, antes señalada como la traducción al japonés de una obra clave del católico ascético Fray Luis de Granada, ofrece al pueblo japonés un pensamiento análogo al de *Rennyo* como lo demuestra la frase siguiente:

> Como hombre, no hay manera de fugarse de la muerte. Como eres cristiano, es inevitable que te expongas delante del juicio del bien y del mal. Viene el momento en que no puedes esperar el atardecer en la mañana y el amanecer en la noche. [...], viene el momento final. Piénsalo bien desde ahora. [En la hora de la muerte] el color del rostro llega a ser como una flor del campo que crece en la sombra, la belleza del rostro fértil se convierte en una pinta de mugre y así expone su cadáver mientras todavía tiene respiración.[18]

La versión original castellana de esta parte por Fray Luis es la siguiente:

> Puesto que eres un hombre, sabes ciertamente que has de morir, y puesto que eres cristiano, sabes también que has de dar cuenta de tu vida tras morir. En esta parte no nos deja dudar la fe que profesamos, ni en la otra experiencia de lo que

---

16 Traducción de la autora. Texto Original:
人間の浮生なる相をつらつら観ずるに、おほよそはなかきものはこの世の始中終、まぼろしの如くなる一期なり、さればいまだ万歳の人身をうけたりといふことを聞かず。一生過ぎやすし。今に至りて誰か百年の形体を保つべきや。我や先、人や先、今日とも知ず明日とも知らず、後に、先立つ人は、もとの雫、すゑの露よりもしげしと言へり、されば朝には紅顔ありて夕には白骨となれる身なり。されば人間のはかなきことは老少不定の境なれば、誰の人もはやく後生の一大事を心にかけて、阿弥陀仏を深く頼み参らせて、念仏申すべきものなり。Jyōdo Shinshū Seiten Hensan Iinkai 1992.

17 Arimoto 1995: 130.

18 Traducción de la autora. Texto Original:
人としては死するを遁るゝ事なし。又キリシタンなれば、一期の間の善悪の御糾明をも預ずといふ事なし。朝には暮を待たず、夕には朝を期する事あるまじき時刻味来すべし。今は六根も盛にして、明し暮すと云ふとも、忽ち病の床に臥して、今を限りとする時来るべし。是を今よりよくよく思案せよ。…面の色は薩埵の草の緑に等しく、豊頬の美艶は、垢のあかつける靴となり、いまだ息の通ふちより、はや屍を曝すことにならず。(Obara 2001: 66-67).

vemos. Así que no puede nadie excusar este trago, que sea rey, que sea papa. Día vendrá, y no sabes cuándo, si hoy, si mañana, en el cual tú mismo que estás ahora leyendo esta escritura, sano y bueno de todos tus miembros y sentidos, midiendo los días de tu vida conforme a tus negocios y deseos, te has de ver en una cama con una vela en mano, esperando el golpe de la muerte y la sentencia dada contra todo el linaje humano, de la cual no hay apelación ni suplicación.[19]

Esta similitud estructural y analógica del nuevo pensamiento Verdadera Tierra Pura con el Catolicismo podría ser un factor que facilitó su comprensión y expansión en Japón, especialmente entre el pueblo llano. Sería aún más interesante si se probara la hipótesis de que esa transformación doctrinal de la secta se debió a, o fue estimula por, el contacto con el contenido ascético-moral católico sobre la muerte. Está más allá de este trabajo determinar el origen y sentido de dicho estímulo, es decir, el diferenciar entre el sujeto y el objeto de la influencia. Lo importante es, como he señalado al principio del trabajo, mostrar el estado híbrido de ambas religiones, surgido de una interacción mental y social no dogmatizada. La búsqueda de, digamos, *betweeness*[20] abre camino hacia la investigación de la transformación de la mentalidad, espiritualidad o religiosidad, tradicionalmente postergada por el estudio centrado en los dogmas.

Ahora bien, la teoría de *betweeness* también nos permite interpretar aquella cruel expulsión y luego prohibición del cristianismo por el centralizador shogunato Tokugawa desde un punto de vista cronológico. Quiero sugerir que el cristianismo no fue expulsado definitivamente sin dejar ninguna huella en la historia del pensamiento japonés, sino que Japón creó, formó y afirmó su propia identidad a través de la intersección y la posterior negación del cristianismo.

El cristianismo como catalizador del pensamiento japonés premoderno: el cuento de Kiyomizu (Kiyomizu monogatari)

El *Edo Bakufu* o Gobierno *Edo* (actual Tokyo) feudal, fundado en 1603 por el generalísimo Tokugawa Ieyasu (1542-1616), llegó a clausurar

---

19 Granada 1996: 83.
20 Este término no es original mío. Lo he sacado de una ponencia de Nicolas Standaert titulada "Mission History in China and some Methodological issues", pronunciada en el Coloquio Internacional de la Universidad de Sofía en 2006 (Kawamura y Veliath 2006).

el país a los extranjeros en 1639, tras varias etapas de expulsión y prohibición, exceptuando a los comerciantes holandeses, chinos y coreanos no proselitistas. Por lo tanto, los diálogos a través de los libros o los sistemas educativos no duraron más que tres o cuatro décadas, y el cristianismo pasó a ser considerado una creencia fanática e irracional. Los misioneros tuvieron que huir, y los japoneses cristianos fueron martirizados, u ocultaron su fe bajo un budismo aparente.

No obstante, aunque el pensamiento religioso fue relegado o perseguido, los diálogos entre el budismo y el cristianismo dejaron en Japón una inquietud intelectual casi teológica que llevó a los intelectuales del gobierno a una búsqueda razonada de su propia ideología *Tokugawana* con el objeto de ayudar a consolidar el nuevo orden social, sintetizando la pluralidad del pensamiento religioso. Es decir que el cristianismo funcionó como un catalizador en la formación del nuevo pensamiento Tokugawano, en el que primó la búsqueda de un valor trascendental en el trabajo y vida cotidianos relegando el ascetismo inactivo.

Así lo refleja la imagen del cristianismo plasmada en el *Kiyomizu monogatari* (1638) o cuento de *Kiyomizu*, una de las obras más vendidas durante la época *Kan'ei* (1624-43). El cuento pertenece al género literario *kana-zōshi*, es decir, escrito en el silabario simple japonés kana. De él se llegaron a publicar unas dos o tres mil copias. Esta obra que ilustra y apela a la conciencia humana basada en la enseñanza neoconfuciana e invita a los lectores a seguir el camino de la virtud, tendría la misma función y acogida que las obras ascéticas de Fray Luis de Granada en la Europa de aquella época. El autor es aún desconocido, aunque muy probablemente se trató de Asayama Irin'an (1589-1664), uno de los intelectuales neoconfucianos destacados de aquella época. Fue nieto de Asayama Nichijo (?-1577), monje budista famoso por los debates que mantuvo con el jesuita Luis Frois (1532-1597) delante de Oda Nobunaga (1534-1582), destacado caudillo que murió en la guerra sin conseguir su sueño de unificar el país. La obra presenta un diálogo entre un protagonista sin nombre que tiene dudas sobre su creencia en *Kannon*, una de las deidades budistas populares en Asia Oriental, y un viejo sabio del neoconfucianismo. Al inicio de la obra el sabio argumenta la racionalidad de la enseñanza contrastándola con lo irracional del cristianismo:

> La mentalidad de la gente de nuestro país es más cambiante que la de China. Porque no es racional en su contenido. Por ejemplo, los cristianos (*kirishitan*) aun-

que no actúan de manera racional, los que aceptan la enseñanza la guardan aun sacrificando su vida. [...] Si fuera así, ¿Quién podría refutar la razón del cielo y tierra (*Tenchi no dōri*), la cual es la más obvia de las cosas delante de sus ojos?[21]

Su tesis es que si los conversos a una religión tan irracional como el cristianismo acaban siendo martirizados, no hay nadie que pueda refutar la razón del cielo y la tierra, que es obviamente racional. Es decir, endosando el carácter irracional a la fe cristiana, busca el camino para racionalizarlo bajo la razón (*dōri*) del cielo (*ten*) y tierra (*chi*). Aquí el cristianismo no solamente funciona, en la práctica, como un recipiente o catalizador de los factores irracionales del pensamiento popular japonés, sino también como un dispositivo para buscar la racionalidad que lo iguale o supere al cristianismo, que es la razón del cielo y tierra.

Con esta razón (*dōri*) del cielo (*ten*) y la tierra (*chi*) el autor defiende el principio de que el criterio humano depende de que el corazón y el comportamiento de cada uno estén conformes con la razón del cielo y la tierra. Esta "razón" (*dōri*) es, según el cuento, "el camino de los humanos como humanos" (*hito no hito taru michi*).[22] Ese camino es obvio para todos los humanos en cuanto sean humanos, lo cual equivale a decir que la razón del cielo y la tierra está abierta o pertenece también a todos los seres existentes, lo que es imposible de refutar. Esa identificación o conformidad entre la razón (de la naturaleza) y el camino (humano) se encuentra reflejada en varias reglas sociales como por ejemplo, la jerarquía que existe entre padre e hijo, señor y súbditos, edades o rangos sociales. Así resulta que la razón tiene carácter público y universal, pero al mismo tiempo un carácter particular e individual. Esto podría interpretarse en términos de un monismo de la relación entre el mundo y el individuo, o entre el macrocosmos y el microcosmos.

Este *Tenchi no dōri* o la razón del cielo y tierra se va abreviando como *Tentō* o *Tendō* (literalmente "el camino del cielo") en los textos del género *kana-zōshi* arriba mencionado. *Tentō* o *Tendō* es una entidad híbrida cuyo origen se remonta al mito solar de la edad antigua, y se va desarro-

---

21 Traducción de la autora. Texto Original:
翁日、我が朝の人の心は唐土の人よりも直し易く 慣はんと 覚え候。其子細は世に分もなき事は、吉利支丹といふもの程、分けの聞こえぬものはなきに、其勧めを聞き入れたる人は命にもかへ候。[....]いはんや天地の道理、目の前の事にて私なき理には、誰人か背き慣はんや。(Watanabe 1991: 147_148).

22 Watanabe 1991: 148.

llando dentro del budismo, sintoísmo y confucianismo a lo largo de la historia. Durante la era de los estados guerreros que estalló a mediados del siglo XV y duró hasta el inicio del siglo XVII, los señores feudales racionalizaban su poder como gobernadores *Tenka* (debajo del cielo) porque a ellos les otorgó nominalmente el poder el emperador o *Tenno*. A lo largo de la historia del pensamiento en Japón, el concepto *Ten* y sus derivados han venido funcionando como un principio clave del razonamiento ideológico. Es interesante que el viejo sabio del cuento que tratamos ahora explica este principio *Tentō* como si explicara la idea del Dios cristiano: "*Tentō* no se ve como una persona concreta, sino fragmentada, que llena el mundo en diversos aspectos. Por tanto, es difícil especificar dónde está."[23]

Aunque esto no significa que los japoneses hayan aceptado implícitamente el concepto de Dios cristiano con el nombre de *Tentō*, nos muestra que el cristianismo funcionó como un catalizador capaz de disolver todos los elementos religiosos existentes bajo el nombre *Tentō*, interpretados y aceptados ambiguamente en cada pensamiento o religión autóctonos, con el fin de consolidar una entidad ideológica hacía la nueva época Tokugawa.

Conclusión

En este artículo he señalado la simultaneidad del enfoque dogmático del catolicismo de la Contrarreforma y el Budismo Verdadera Tierra Pura, tomando como ejemplo la traducción del libro *Guía de Pecadores* de Fray Luis de Granada. La religión católica, con su carácter monoteísta, y la idea de una recompensa *post mortem* de cada acto bueno, reforzada por un comportamiento moral ascético, fácilmente encajó en la necesidad del pueblo japonés de dicha época. Con posterioridad, la noción de *Tentō* en el pensamiento japonés se consolidó a través de la superación del cristianismo, que sutilmente operó como catalizador de diversos factores del pensamiento japonés en busca de una ideología religiosa-moral para la nueva época política.

---

23 Traducción de la autora. Texto Original:
實天道といふは一人定まりてあるとは見えず、世界に満ち満ちて、めんめんの天道有とみえたり。さしていずくにあるとは定めがたし。
…まして天道といひて、一人定まりたる人有にあらず、ただ道理を指して天道と云。 (Watanabe 1991: 189).

Este artículo constituye un primer paso en la demostración de que el catolicismo de los siglos XVI y XVII contribuyó a la formación del pensamiento naturalista Tokugawa. Todavía se necesitan más elementos para detallar fehacientemente las características de dicha contribución, aunque ésta fuera pasiva.[24]

---

[24] Paramore (2009) también enfoca el paralelismo entre el neoconfucianismo y el cristianismo en Japón. Su tesis es coherente con mi argumento en cuanto interpreta el fenómeno no como un *"clash of cultures"* sino como un proceso estratégico para la consolidación de la propia ideológica. Es digno de atención su hipótesis acerca de la continuidad de ese proceso como una característica japonesa hasta la época de restauración Meiji.

EL REPLIEGUE DE LO RELIGIOSO: MISIONEROS JESUITAS EN LA INDIA DEL SIGLO XVII, ENTRE LA TEOLOGÍA CRISTIANA Y LA ÉTICA PAGANA*

Ines G. Županov

El espacio de una controversia

El 7 de mayo de 1610 un misionero jesuita indignado, Gonçalo Fernandes, escribía desde la misión de Madurai, en el corazón del país Tamoul a Nicolau Pimenta, padre vistador de la provincia india, para denunciar a su joven compañero, Roberto Nobili, acusado de haber franqueado peligrosamente el umbral del "paganismo" hindú:

> Su manera [era] la de dejar creer que hay entre nosotros una cierta o gran diferencia de religión. Pareció convenir en que los neófitos y convertidos se pusieran el sándalo en la frente [...]. El mismo padre [Nobili] acababa de utilizar el sándalo de la misma manera– [...] El padre bendijo el sándalo el domingo antes de comenzar la misa y en seguida éste fue distribuido ya que el Padre no dice la misa y los fieles no asisten de ninguna manera sin ser previamente lavados y adornados con el sándalo. Sin embargo, esta es una costumbre usual para los paganos durante la ceremonia de *Pugia* [...]. Solo el padre es llamado *Ayer* y todos los otros se llaman discípulos de *Ayer* [...]. La vestimenta del pa-

---

* Este artículo fue publicado originalmente en francés en la *Revista Annales, HSS* (nro 6, 1996) con el título « Le repli du religieux. Les missionaires jésuites du 17e siècle entre la théologie chrétienne et une éthique païenne ». Agradecemos al Sr. Antoine Lilti y al comité de la revista el haber autorizado su publicación en versión castellana. El artículo se inscribe en un proyecto de investigación sobre las misiones religiosas del mundo ibérico (siglos XVI a XVIII), École des Hautes Études en Sciences Sociales - École française de Rome. El texto original se ha beneficiado de los comentarios de Pierre Antoine Fabre, Luce Giard, Catherine Clémentin-Ojha y la asistencia editorial de Krsto Z. Guilmoto. Traducción: Ana Couchonnal.

dre es la misma que aquella utilizada por los *Saneazes* paganos [...] El servicio y la alimentación son las mismas que con los brahmanes, es decir todo lo que no sea carne, pescado o huevo [...] Ni yo ni mis sirvientes, ni los portugueses ni los cristianos *[Parava]* van a su iglesia ni a su misión.[1]

Este fragmento epistolar, puntuado por términos no europeos provenientes de otra religión, de otro lenguaje y de otro continente, términos que son verdaderos *peregrinos* –en el doble sentido de peregrinos y de extranjeros– en el texto escrito en portugués, testimonian una fuga, un retroceso, un exilio decisivo de lo "religioso", tal como los europeos lo conocieron y practicaron desde la Edad Media.[2] Fernandes formula aquí una grave acusación contra otro jesuita por crímenes de religión: cisma, acusación de superstición *(indebiti cultus, superstitio superfluitatis)* y apostasía. La acción se desarrolla en plena tierra pagana, lejos del frente colonial establecido sobre las costas indias, en lo más profundo de la soledad misionera. Habiendo sido esta vacancia de poderes eclesiales y seculares europeos, propensa a tales fugas conceptuales, el episodio que aquí será relatado, no tiene valor de excepción, ya que anuncia por el contrario, la desagregación histórica de un orden antiguo.

Luego de las primeras miradas europeas de tipo "analógico", la ausencia de una historia, de una psicología o de una ontología propia de las culturas y de las sociedades no europeas, abrió un campo virgen a los misioneros, un campo a ser recorrido para poner en evidencia sus coherencias internas y sus correspondencias con lo que en ese entonces se pensaba que debía ser el universalismo cristiano.[3] La diversidad indígena que amenazaba constantemente con sumergir la capacidad cognitiva de los europeos, debía entonces sufrir sendas reconstrucciones tipológicas, a menudo al precio de una dialéctica compleja entre el cuestionamiento occidental y las respuestas indígenas.

---

1 Gonçalo Fernandes à Nicolau Pimenta, Madurai, 7 de mayo de 1610 (ARSI, Goa 51, ff. 29-31, [III via], ff. 34-36 [II via], ff. 32-33,37-38). Los *Parava* son pescadores de perlas del golfo de Manaar, situado entre Sri Lanka y la India del Sur. Convertidos por los portugueses en los años 1530, fueron luego los cristianos más conocidos de la India en razón del apostolado que Francisco Javier realizó entre ellos (1542-1543, 1544, 1548); Ver Roche 19 1984; Schurhammer y Wicki 1944, vol. 1.
2 Febvre 1968: 307-325. Ver también Le Goff y Rémond 1988, 1.1; Lobrichon 1994; Vauchez 1987; Rubin 1991; Brown 1988; Bynum 1982.
3 Bitterli 1989; Clendinnen 1987; Greenblatt 1991; Pagden 1993.

Fundados sobre el doble imperativo de conocer el mundo del Otro y luego de transformarlo, los métodos misionales de los jesuitas estaban por lo tanto estrechamente ligados a una formidable producción de información y de saber "etnológico" que iba a seguir diferentes etapas, tales como la descripción, la prescripción y la especulación filosófico –teológica. Las estrategias de proselitismo y de conversión y las operaciones hermenéuticas y epistémicas se reforzaban mutuamente construyendo una cuadrícula coherente para comprender el paganismo.[4]

El detonante de la disputa entre Nobili y Fernandes, posterior a la carta de la que citamos un fragmento, y cuyos argumentos y contra argumentos informarían de más de un siglo de discusión en el medio jesuita y eclesiástico europeo bajo el nombre de la querella de los ritos malabares, designa claramente, al producirlo, el momento mismo de la fisión entre lo religioso y lo social. Los principales instrumentos de esta controversia son los textos en forma de cartas y tratados *savantes*, cuyos manuscritos se conservan en el *Archivum Romanum Societatis Iesu* en Roma, habiendo sido algunos de ellos editados.[5] A través de la disputa sobre un método misional, llamado posteriormente *accommodation* o *adaptation* y aplicado desde los últimos decenios del siglo XVI en algunas misiones asiáticas, principalmente en India, China y Japón, quisiéramos en este texto, iluminar el pasaje, principalmente textual, de una concepción del mundo enmarcada por lo religioso a una concepción del mundo definida por lo social.

El "descubrimiento" del campo social hindú por parte de Nobili resultó a la vez su defensa contra las acusaciones de desvío hacia el paga-

---

[4] Pagden 1990; MacCormack 1991; Bernand y Gruzinski 1988.

[5] Los textos en portugués y latín utilizados en este artículo, con excepción de las cartas individuales, están publicados. Los tratados de Nobili han sido editados por Rajamanickam (1972), que contiene el texto en latín y la traducción en inglés de « *Ad Patrem nostrum Generalem Informatio de quibusdam Moribus Nationis Indicae* », Madurai, 1613 (de aquí en más citado como *Informatio*) y Rajamanickam (1971), que contiene el texto en latín y la traducción al inglés de « *Narratio Fundamentorum quibus Madurensis Missionis Institutum [...]* » (de aquí en adelante citado como *Narratio*). El tercer tratado de Nobili *l'apôtre des Brahmes. Apologie. 1610*, fue editado por Dahmen (1931). Este contiene el texto en latín y la traducción al francés de « *Responsio ad ea quae contra modum quo nova Missio Madurensis utitur ad ethnicos Christo convertendos obiecta sunt*» (de aquí en adelante *Responsio*). El tratado de Fernandes fue editado por Joseph Wicki como *Tratado do P. e Gonçalo Fernandes Trancoso sobre o Hinduísmo*, Maduré 1616 (Wicki 1973). El tratado de Jacobo Fenicio fue publicado por Jarl Charpentier en *The Livro da seita dos Indios Orientais* (Charpentier 1933).

nismo y un despliegue de la teología escolástica sobre los textos indios "savantes" o "poéticos". Con el fin de alegar frente a las acusaciones de Fernandes, a favor de un método de conversión que implicara un "disfraz" estratégico y una vigilancia particular de las ideas, creencias y prácticas indígenas, Nobili se vio obligado a presentar al hinduismo como un orden social, como una *respublica,* es decir casi como un *corpus reipublicae mysticum* para retomar a Kantorowicz.[6] En su análisis Nobili presenta a las costumbres indias como cuerpos, o corporación política. Las ha despojado de sus formas accidentales, simples envoltorios contingentes, para acceder a su esencia, que parecía a la vez natural y social aunque privada de connotación religiosa. Este *strip-tease* teológico se monta sobre el concepto de *Adiaphora;* esta noción antigua, retrabajada al hilo de los siglos cristianos para separar, distinguir o incorporar y contener los hechos sociales en su heterogeneidad, es notablemente bien conocida por los protestantes, que habían "desnudado" a la iglesia católica. Pero Nobili lo utiliza como una interfase entre los dos campos de lo religioso y lo social, situados en el doble registro de la India y de Europa.[7]

Según la formulación de Nobili, el brahmanismo, a saber, el orden social prescrito y administrado por los brahmanes, se limita a un tejido de objetos y conductas "indiferentes" de carácter casual y, por consecuencia, accesorios en términos de salud o de religión cristiana. Para llegar a esta conclusión, Nobili atraviesa los textos indios que regían el cuerpo de la sociedad local, descubriendo allí formas ordenadas de civilidad a las cuales él buscaba en tanto misionero agregar una intención cristiana, condición

---

6 Kantorowicz (1957: 207-232).
7 Ver Verkamp 1977; Meyland 1937; Fish 1983. Agradezco a Stephen Greenblatt el haberme iniciado en el concepto de *Adiaphora. Adiaphora* ("las cosas indiferentes") es un concepto heredado de los Cínicos y los Estoicos que buscaba posicionar moralmente al sujeto individual (interior) con respecto a la sociedad (el exterior). Esta noción encuentra sendas utilizaciones en el pensamiento cristiano. Desde Clemente de Alejandría a San Agustín, Pierre Abélard o Santo Tomás de Aquino, *Adiaphora* sirve antes que nada para definir los principios de la moralidad cristiana: las acciones humanas pueden ser buenas, malas o indiferentes (o "intermediarias") según principios muy variados. Entre los protestantes, *Adiaphora* se convirtió en un arma contra la institución de la Iglesia romana o contra otras sectas rivales. Así, Melanchthon declaró, por ejemplo, que las prácticas católicas de piedad como la veneración de los santos, al igual que ciertos sacramentos (la confirmación, la extremaunción, la misa sin transubstanciación), no aportaban nada a la salud del alma y eran en consecuencia, de naturaleza indiferente.

indispensable para una verdadera moralidad. En el contexto misionero en el que se halla Nobili, la "verdadera" religión, el cristianismo, desde entonces se concibe menos como factor principal de integración social –remitiéndose esta función a la civilidad brahmánica– que como un anclaje interior y universal. Naturalmente Nobili no va tan lejos en esa tesis, cuya afinidad con las ideas heréticas parece manifiesta, pero el movimiento que lo anima presagia el repliegue gradual de lo religioso hacia lo social.

El descubrimiento de la "civilidad" de los brahmanes

Antes de la llegada de Nobili a la misión de Madurai, los brahmanes tenían ya en Europa la reputación de sabios indios. Los viajeros de la época medieval, así como los de los primeros decenios del siglo XVI, al hacer eco de las descripciones a menudo fantásticas de los geógrafos y historiadores griegos, presentaban a los brahmanes como los celosos guardianes de la "sabiduría" oriental, tal como, por ejemplo, el conocimiento del concepto de Trinidad (Barbossa, Barros), y de la santidad similarmente cultivada por las órdenes religiosas europeas (Nunes).[8] Francisco Xavier, posando la primera mirada jesuita en la India, anuncia la rivalidad inmediatamente reconocida entre los especialistas de los rituales indígenas y los misioneros, en la carta enviada a los compañeros en Roma el 15 de enero de 1544: "En este país, hay entre los gentiles una calaña a quienes se llama los brahmanes. Son ellos los que animan toda la gentilidad. Están a cargo de las casas donde se encuentran los ídolos; es la gente más perversa del mundo".[9]

La perversidad de los brahmanes era para Francisco Xavier más condenable y peligrosa en la medida que explotaban la ignorancia de los otros en su provecho personal, disimulando su conocimiento del verdadero Dios cristiano detrás de sus ídolos "negros" a quienes "embadurnaban a menudo de aceite" y que "huelen tan mal que es espantoso".[10] Esta descripción de los brahmanes por parte de Xavier abre una doble vía de interpretación y de práctica para sus herederos misionales. Nobili (1577-1656), hijo de

---

8 Dames 1918-1921; Barros 1974. El texto de Fernâo Nunes figura en Lopes 1897.
9 [Espistolae Xavier] (1944, 1: 170); Xavier (1987: 108).
10 [Espistolae Xavier] (1944, 1: 172); Xavier (1987: 110).

una familia aristocrática italiana, educado en el Colegio Romano, y Fernandes (1541-1621), un ex-soldado portugués convertido en jesuita en la India, emprenden así caminos divergentes. El primero insistió sobre la "luz natural" que anima a estos sabios paganos, mientras que el portugués insistió en su obstinación con las prácticas cultuales y sociales particulares.

Estas últimas, puras supersticiones para Fernandes, en la pluma de Nobili se convirtieron en formas culturales que enmarcaban una sociabilidad ideal, una verdadera civilidad india –en el sentido clásico de conjunto de modos y costumbres– [11] de una sociedad "arcaica" comparable en todo sentido con la de los antiguos judíos, griegos y romanos. De hecho, el nuevo método de conversión (adaptación-acomodación) que aplica Nobili desde su llegada se inspira en formas sociales y culturales de los brahmanes.[12] La existencia de estas formas era la condición *sine qua non* de su proyecto de injertar la religión cristiana en la sociedad india, un proyecto a la imagen de la conversión de los pueblos mediterráneos clásicos que, en virtud de sus instituciones sociales avanzadas, estaban preparados para aceptar el cristianismo libremente, por la sola persuasión. Durante cerca de 15 años, hasta enero de 1623, fecha del juicio del papa Gregorio XV *(Romanae Sedis Antistes)* provisoriamente favorable a su método de evangelización, Nobili presentó los principios y el funcionamiento de esta civilidad brahmana empleando una batería de argumentos, silogismos, ejemplos y *simili* en todos sus aspectos teológicos, analógicos, prácticos y etnográficos.[13]

Su esfuerzo principal consistió en poner de relieve la delimitación entre los aspectos civiles o políticos y los aspectos religiosos en las instituciones y el comportamiento social de los brahmanes. Allí donde anteriormente no se veía más que superstición y paganismo, Nobili descubría el universo de lo "social", ahondando así más profundamente todavía, la fisura que separaría lo religioso de lo social, precipitando la transferencia de prácticas y creencias consideradas de antaño como religiosas hacia el dominio de lo social.

---

11 Esta definición de la civilidad tal como la encontramos en la traducción de Aristóteles por Nicolas Oresme es anterior al concepto de civilidad como buenos modales. Ver Chartier (1987: 71-110).
12 Este método, de hecho, seguía muy de cerca las prescripciones misioneras de Loyola y había sido ya puesto en marcha en las misiones de China y Japón. Ver Standaert 1993; Valignano 1944; Spence 1985; [FR] 1942-1949; Dehergne 1957; Boxer 1948, 1953.
13 [DTC] 1924-1971, IX: 1714.

Como se demostró luego, Nobili se apoyaba sobre un modelo aristocrático de la cultura según el cual la difusión es un movimiento de lo alto hacia lo bajo, por imitación de los comportamientos nobles, virtuosos y excelentes.[14] Esta toma de partido elistista, que se desprendía de su bagaje cultural y social, lo había incitado a dirigir su atención hacia las eventuales aristocracias locales. Según Nobili, todos los indios y los brahmanes en particular, por el hecho de su preeminencia social, eran paganos por la ignorancia del evangelio y no por falta del *lumen naturale* que los guiara en su elección espiritual. A la inversa, Fernandes, proveniente de un medio modesto y desprovisto de refinamiento teológico, no buscaba distinguir las divisiones entre capas sociales en Madurai, ya que todos los no cristianos eran ante sus ojos iguales en su irreligión. Mientras que para Fernandes la conversión debía borrar todo signo exterior de paganismo, Nobili plantea un *caveat* teológico. Refiriéndose a al teólogo jesuita Thomas Sanches (1550-1610), el misionero italiano sostiene que los brahmanes no están obligados a creer y que no cometen ningún pecado en tanto que el misterio cristiano no les ha aparecido claramente a través de la "refutación de sus propios errores", "la buena razón", o "la vida santa [del misionero]".[15] La interpretación de la "vida santa" está sujeta a cuestionamiento, ya que, tal como Nobili lo indica, la vida santa en Madurai no puede ser la misma que en Roma o sus alrededores.

La denuncia de Fernandes nos informa de los elementos principales de este nuevo comportamiento misionero. El régimen dietético, la puesta en escena corporal, la distinción lingüística y el mantenimiento de las distancias socio espaciales vienen a sancionar la ruptura entre la figura del misionero modelada por Nobili y el comportamiento "normal" de Fernandes, y sus cristianos *Parava*, originarios de la Costa de la Pêcherie, de los cuales un cierto número había migrado a Madurai a finales del siglo XVI.[16] Sin identificarse con los intocables, Nobili eligió "volverse todo para todos" *(omnibus omnia fieri)* a la manera de los primeros apóstoles, y de hacerse brahmán (o más exactamente penitente brahmán), ya que los brahmanes ignoraban a aquellos que tenían costumbres diferentes a las suyas *(a suis moribus discrepantemvirum)*.[17] Siendo estos últimos a los ojos

---

14 Županov 1993.
15 *Narratio* (Rajamanickam 1971: 8-9).
16 Ver Bayly 1992; Županov 1994.
17 *Narratio* (Rajamanickam 1971: 10).

de Nobili, los maestros de todos los indios, había que ganar su consideración para que la puerta *(ostium)* de la conversión se abriera.[18]

Con el fin de convertirse en apóstol entre los brahmanes, Nobili aceptó todos sus signos *(insignia)*, interpretados desde entonces como marcas civiles, apoyándose en los *auctores* brahmanes y europeos clásicos, patrísticos y escolásticos, así como en su experiencia visual de las prácticas locales. Por ejemplo, permitía a sus conversos brahmanes portar el cordón tradicional y el *cudumi* (el mechón de cabello), continuar practicando sus abluciones y hacer uso del polvo de sándalo. Es precisamente a propósito de estos signos exteriores que se desprende la disputa que opuso Nobili a Fernandes, así como a otros eclesiásticos en India para los cuales todos estos atributos no eran más que superstición. A la cuestión de las fronteras entre lo religioso y lo social, entre la piedad y la superstición en una sociedad que no conocía el evangelio, Nobili dará una respuesta heterogénea que, siempre como perfecto ejercicio de escolástica, se sitúa en el límite extremo del relativismo cultural y religioso.

Las abluciones de los brahmanes: el cuerpo limpio

En su único tratado de 1616, Gonçalo Fernandes describe en detalle todos los baños *(lavatorios)* de los indios, presentándolos como formas de purificación a la vez supersticiosas, ridículas y monstruosas, realizadas al compás del recitado de rezos paganos. Así, el brahmán se lava y murmura su *mantra* con un pedazo de madera entre los dientes. "El mantra *(o mandirão)* o la oración es la siguiente: ʹtengo un trozo de madera para que me des la vida, el honor, hijos, vacas, dinero, la razón, el saberʹ. Todo esto es pedido a un trozo de madera. Podréis encontrarlo en la cuarta ley, capítulo dos".[19]

La superstición emplea siempre, los teólogos cristianos y los autores clásicos lo atestiguan, medios profanos tales como el pedazo de madera para llegar a fines también profanos como el acceso a nuevos bienes. Según Fernandes, lavarse es un indicio de superstición y aquellos más

18 *Ídem:* 14.
19. Wicki (1973: 100).

apegados a las abluciones, a saber, los brahmanes, son necesariamente los más supersticiosos. Esta obsesión por los objetos materiales, ya sean utilizados como ídolos (de madera, de piedra, etc.) o como agentes purificantes (como el agua, el fuego, etc.), era imputada a todas las religiones extranjeras. Las cuatro etapas *(ashrama)*, que puntúan el ciclo de vida indio en la literatura clásica en sánscrito –*brahmacharya, grhasthya, vanaprasthya* et *sannyasa*–, son retomadas por Fernandes en su descripción de los ritos purificadores de los "archipaganos" brahmanes.[20]

Aprendemos de esta manera que el brahmán casado *(cazado)*, después de haberse puesto sus vestidos, debía lavarse la boca treinta y dos veces, el estudiante brahmán, *(bramaxari)* sesenta y cuatro veces, el ermita *(do deserto)* cien veces, y el penitente *(saniaxis)* ciento veinte. Fernandes no releva el hecho de que aquellos que se lavan más, como el ermita o el penitente, no son precisamente los que tienen la mayor cantidad de bienes materiales, a menos que el deseo de saber entre en esta categoría.[21] De la misma forma, Fernandes no se pregunta si los brahmanes son los elementos más puros de la sociedad porque se lavan más, o *viceversa*.[22] Tampoco se preocupa por la coherencia interna de sus propios argumentos, ya que compone su tratado en el mayor apuro, con la ayuda de un informante renegado de Nobili, y porque las supersticiones son para él todas ilógicas; el mismo hecho de hablar de ellas es ya peligroso ("este asunto mata", dice).

Otro jesuita italiano se revela más vigilante frente a las contradicciones internas que acarreaban los relatos de estos informantes, y menos presionado por la urgencia que dictan las polémicas. Jacopo Fenicio (1558-1632), misionero en el sudoeste de la India, presentó una opinión

---

20 Los cuatro *ashrama* son los siguientes: 1. *brahmacharya* –los estudios brahmánicos; 2. *grhasthya* –el estado de jefe de hogar productor de riquezas (hijos y bienes materiales) ; 3. *vanaprasthya* –la estadía en el bosque como primera fase del renunciamiento; 4. *sannyasa*– la fase final del renunciamiento. Ver Klostermaier 1989: 320; Biardeau 1981.
21 Wicki (1973: 99). Fernandes toca aquí dos conceptos que se conjugan y se oponen de manera compleja en el hinduismo: el *dharma*, la ley socio-cósmica que organiza el mundo social, y el renunciamiento *(sannyasa)* que lleva a la salud *(moksha)* pasando por la adquisición del saber. Aunque Fernandes no sea un ignorante, tropieza con varias confusiones. Para un análisis en profundidad ver Malamoud 1989: 137-161.
22 Mary Douglas da una respuesta indirecta a esta cuestión: "Cuando los rituales expresan la ansiedad ligada a los orificios del cuerpo, el contrapunto sociológico de esta ansiedad es el cuidado de proteger la unidad política y cultural de un grupo minoritario" (1979: 124).

más informada sobre las purificaciones de los Gentiles *(gentíos)*, término que se convierte en su texto en casi un sinónimo de brahmanes: "Los baños que estos paganos utilizan cotidianamente no son tanto para refrescarse el cuerpo del calor o limpiarse la piel que está casi siempre sucia porque se pasean desvestidos, como para purificar los pecados cometidos contra sus supersticiones y para hacerse santificar".[23]

Siguiendo a Fenicio, las ceremonias supersticiosas no eran en ningún caso ilógicas. Tenían un origen del todo tangible y bien conocido por los misioneros, a saber, la acción del diablo. De manera similar, el trabajo apostólico entre los "indios" de América Latina, algunos decenios antes, había persuadido al jesuita José de Acosta (1540-1600) de que "la fuerza y los celos del demonio eran la causa de la idolatría".[24] Para Fenicio, es el demonio el que imitando a Dios, está en el origen de esta secta tan irracional *(seita tão fora da rezão)*. En esta empresa, es ayudado por los brahmanes, que son los filósofos y geólogos de la India, tan obsesionados por la ganancia material que, a pesar de su conocimiento de las ciencias naturales, introdujeron con su inteligencia tan diabólica *(ingenho tão diabólico)* esta secta a los otros indios.[25] En la fuente sobre la "secta de los Malabares", se reconoce por tanto el trazo de una potencia sobrenatural, a la vez paralela y opuesta al dios "verdadero", mientras que la conducción de la sociedad había sido delegada en los más sabios, que eran también los más deshonestos.[26] Que el diablo haya elegido a los más deshonestos y a los sabios como cómplices, refiere, no sin ironía a una exhortación de Ignacio de Loyola, destinada precisamente a los misioneros, de alcanzar a los nobles y sabios del país. Loyola había dejado entender claramente que los jesuitas debían andar tras las huellas del diablo: "En todas nuestras empresas cuyo objetivo es el de ganar a alguien para conducirlo por nuestras vías para el mayor servicio de Dios nuestro Señor, observemos exactamente con el otro el orden que el enemigo observa con un alma buena".[27]

23 Charpentier (1933: 162).
24 Bernard y Gruzinski (1988: 50); Acosta ([1590] 1979: 235).
25 Charpentier (1933: 1).
26 La designación de Malabar era en esta época atribuida a toda la región del sur de la India, a los pueblos que la habitaban y a sus lenguajes. La distinción entre les Tamouls y los Malayalis no aparecerá claramente hasta más tarde.
27 « A Paschase Broët et Alphonse Salmerón, Rome, début septembre 1541 » (Loyola 1991: 666).

Fenicio, luego de una larga experiencia misional no disimulaba para nada su falta de entusiasmo y de esperanza sobre el progreso del cristianismo en las tierras sometidas a reyes indígenas y dudaba a veces de las posibilidades de aplicación de todas las sutilezas ignacianas. Describe la "secta de los Malabares" como una institución puramente "supersticiosa" y se cuida bien de distinguir la religión (el cristianismo) de la superstición (el paganismo), a diferencia de Nobili, que utiliza sin distinción un vocabulario variado –entre la religión, la superstición y la secta– para designar al conjunto de cultos indios provenientes de raíces "diabólicas" y que se ramifican en el universo de las diferencias sociales, codificado por los brahmanes:

> Esta secta [...] proclama "no me toques, estoy sucio, no me toques, estoy limpio" *[immundus sum noli me tangere* (Juan, 20:17), *estou limpo não me tocqueis]*, todos sus preceptos se dirigen a este fin. De su gran arrogancia nacen todas las divisiones de las castas que hacen que los inferiores *(os baixos)* no puedan jamás elevarse en nobleza por sobre aquello que la naturaleza les ha concedido, ni por las armas, ni por las cartas, ni por el dinero, ni por ningún medio humano.[28]

Que la institución de las castas *(as castas)* sea asociada tan claramente a la oposición entre puro e impuro es una observación etnológica remarcable, incluso si los orígenes de esta práctica no pueden ser más que obra del diablo.[29] Fenicio, así como Fernandes, reconocía que el carácter hereditario de la polución debía ser puesto en relación con las circunstancias materiales de las acciones cotidianas y la impureza inherente a todo contacto con los cadáveres, la sangre o la saliva. Es esta última consideración la que introduce una diferencia esencial con las reglas de la pureza (o santidad) observadas por los cristianos europeos en el siglo XVII. La moralidad fundada sobre la intencionalidad individual entonces había suplantado el interés de las circunstancias materiales, incluso si el cristianismo primitivo, tal como lo subraya Nobili, contenía normas relativas a la polución similares a aquellas de los brahmanes.[30] El efecto del principio hereditario de polución establecido sobre las circunstancias materia-

---

[28] Charpentier (1933: 162).
[29] Para una teoría de las castas fundada sobre la oposición de puros e impuros ver Dumont (1966).
[30] Bossy 1985. Para la cultura y la sociedad cristiana de la Antigüedad tardía ver los libros de Peter Brown (1971 y 1982).

les conduce a una sociedad segmentada que es, según Fenicio, impermeable a las ideas "religiosas" nuevas. El sistema de castas –estructura particular de las divisiones sociales– es, desde el punto de vista misionero, el principal obstáculo para la dinámica del proselitismo, ya que impide las conversiones individuales en cascada y exige que éstas se realicen casta por casta. El descubrimiento que Nobili intenta explotar, trata precisamente de la articulación vertical de las castas entre sí, de donde parte el circuito de difusión de las ideas y prácticas innovadoras, religiosas o no. Para él, las innovaciones no se transmiten al interior de la sociedad india en cualquier sentido, sino únicamente desde las castas superiores hacia las inferiores.[31] Y lógicamente, los esfuerzos apostólicos deben obrar prioritariamente sobre las élites sociales (letrados, guerreros, etc.).

En lo que concierne a la cuestión de las abluciones brahmanas, Nobili había volcado el argumento, no contra Fenicio, cuyo texto ignoraba, sino contra Fernandes. El cuerpo indio, como todos los cuerpos, era para Nobili, portador de signos. Pero convenía distinguir los signos *(signa)* religiosos de los signos propiamente civiles, apoyándose en criterios específicos de demarcación. Nobili, tomó prestado, para realizar esto, la tradición y la autoridad eclesial, el testimonio escrito y ocular de la realidad india y la razón teológica. Cuando describe los baños de los brahmanes, no se abandona a los detalles curiosos y pintorescos, como parecen hacerlo sus contemporáneos Fernandes y Fenicio. Para evitar precisamente poner en relieve la extranjería cultural india, Nobili funda principalmente sus argumentos en los ejemplos de *lavacra* o *corporis lotiones* tal como los practicaban los cristianos primitivos y que habían sido sancionados por los apóstoles, los mártires y los padres de la iglesia. Moviéndose desde San Pedro hasta Santa Cecilia y San Gregorio, Nobili "prueba" que la práctica de la purificación con agua era de antaño autorizada e incluso animada entre los religiosos y el clero: *Religiosis et clericis lotiones corporis esse licitas causa necessitatis.*[32] Pero este carácter necesario del baño excluía de entrada todo placer derivado.

---

[31] Este modo de difusión de lo alto hacia lo bajo de la sociedad india es hoy en día a menudo designado por los indianistas como fenómeno de "sanscritización".
[32] *Narratio* (Rajamanickam 1971:162).

De todas maneras, la analogía entre los brahmanes y los primeros cristianos es riesgosa, y no sirve necesariamente al objetivo que Nobili se había fijado, a saber, separar toda significación "religiosa" o "supersticiosa" de las abluciones practicadas por los brahmanes. Notemos aquí que otro misionero, el dominico Las Casas (1474-1566), siguió un camino opuesto para llegar a una conclusión parecida. Deseoso de rehabilitar a los amerindios en tanto que seres humanos vivientes en sociedad organizada, más o menos civilizada, y de demostrar la existencia de una revelación "natural" acordada a todas las "naciones" del mundo, Las Casas busca los trazos de lo "religioso" en todas las "idolatrías" antiguas y contemporáneas.[33] A la inversa, Nobili intenta abolir lo religioso en beneficio de lo civil. Pero si los diversos usos profanos del baño que Nobili recuenta, parecen conducir al dominio de lo religioso, se trata allí de formas religiosas "naturales" que se deslizan fácilmente en lo social.

Para establecer que está prohibido, entre los indios como entre ciertos cristianos, el estar sucio luego del acto conyugal *(post licitam conjugalem copulam)* o antes de ingresar a un templo, Nobili moviliza a San Jerónimo, San Gregorio, Tertuliano y San Cirilo de Jerusalén. La transgresión era tal, que, según San Gregorio, una mujer que hubiera desafiado esta regla era, desde que salía del umbral de la iglesia, llevada por el diablo. Otro ejemplo sacado de San Cirilo, que confirma la regla acercando la suciedad corporal a la herejía, es el de los Maniqueos, que "no se lavan luego de la unión ilícita, ni antes de la entrada a una iglesia".[34] La demostración extrema respecto a la copulación es empleada para indicar que las abluciones de agua provienen, para Nobili citando a Baronius, de un "instinto natural" presente en todos los hombres y mujeres que se acercan a Dios. Agrega que incluso los restos arqueológicos muestran que en el exterior de las iglesias antiguas, se encuentra un rincón para lavarse. Ahora bien, esta pureza corporal practicada por los cristianos descendía del paganismo romano, en particular, según San Clemente, de los paganos que vivían en tiempos de Constantino.[35] En definitiva, Nobili indaga los mundos descritos por Heródoto, concernientes a los egipcios, griegos, persas o romanos para afirmar la universalidad de la purifi-

---

33 Ver Bataillon 1965; Las Casas 1942.
34 *Narratio* (Rajamanickam 1971: 167).
35 *Ídem*: 162.

cación corporal observada antes de penetrar a lugares santos. Si todos los paganos mediterráneos y sus herederos, los cristianos primitivos, practicaban tales abluciones, no hay motivo, se indigna Nobili, para condenar esta costumbre *(mos)* entre los indios.[36]

A los argumentos sabios que Nobili saca de la literatura teológica e histórica europea, se agregan las razones "políticas" dictadas por la experiencia inmediata. Así, los antiguos cristianos indios, o cristianos de Santo Tomás, siguieron las mismas prescripciones en materia de abluciones con el fin de preservar su rango social elevado entre los Gentiles, y su sostén *(ad vitam necessaria negotia)*.[37] Fenicio confirma este comentario, subrayando así el aspecto relacional de la polución que es siempre apreciada en relación al otro. Si se pierde "la casta y se continúa siendo sujeto del rey de la tierra, [el rey] puede matar o vender [a aquellos que han perdido la casta]".[38] Los motivos que originan estos principios no son políticos sino "supersticiosos", insiste Fenicio, ya que los indios reconocen igualmente dos tipos de pecado: el pecado que "se puede llamar venial, ya que es necesaria un poco de agua sobre la cabeza para hacerlo partir" y el pecado "mortal, irremisible". Al reemplazar por analogía las "doctrinas del pecado" indias en la economía moral cristiana, Fenicio sostiene la idea de "la superstición pagana" como sistema paralelo y opuesto al cristianismo. Los reyes son al final, sumisos a estas mismas "supersticiones".

Un poco más adelante en su texto, Fenicio relata la historia del rey de Travancore, que había organizado la ceremonia de su "segundo nacimiento" para devenir brahman.[39] Esta argucia fracasó y todos los brahmanes que participaron de esta ceremonia comiendo con el rey fueron apartados de sus castas. Los potentes símbolos de pureza relativos al oro o a la vaca no fueron aparentemente suficientes para borrar el código biológico. El determinismo de la "superstición" es siempre presentado como tocando principalmente al cuerpo y no al alma (o la razón) como las "leyes" cristianas. Según Fenicio, los indios son más justos *(yustiziosos)*, más

---

36 Ídem: 168.
37 Ídem: 170. Sobre la historia de los cristianos de Santo Tomás ver L. Brown [1956] 1982.
38 Charpentier (1933: 162).
39 Para la descripción de la ceremonia de *hiranyagarbha* (nacimiento de la vaca de oro) hecha por otro jesuita en Madurai medio siglo más tarde ver Narayana Rao, Shulman y Subrahmanyam (1992: 79, 184).

rigurosos, en sus ceremonias "supersticiosas" que los antiguos egipcios o judíos. Incluso la traducción analógica que opera constantemente entre paganismo y cristianismo se revela inadecuada, porque lo que llamamos pecado mortal figura entre los indios en el domino carnal; "ellos [los pecados] matan el cuerpo al hacer perder la casta".[40]

Las abluciones de los brahmanes: el cuerpo honorable

Es la noción de honor lo que se halla en la base de la pureza corporal y de la estratificación social, honor que funda –a veces oscurece– la moralidad indígena. Según Fenicio, esta estructura social es nefasta no solo en razón de su origen pagano, sino igualmente porque los brahmanes más honorables, habiendo escuchado y comprendido el mensaje cristiano, se rehúsan a someterse: "En lo que concierne a los pecados, aunque todos comprenden naturalmente que es injusto ir contra los mandamientos de nuestra santa ley porque provienen de los primeros principios de la ley natural [los mandamientos] que Dios les había dado a todos, no los respetan".[41]

La experiencia de Nobili era muy distinta de la de Fenicio. Nobili se había instalado en un lugar donde el mensaje cristiano no había aún sido proclamado, mientras que Fernandes no tenía permiso del soberano local, el Nayak de Madurai, para hacer proselitismo.[42] En otras palabras, la estricta jerarquía que Nobili había descubierto entre los indios era una fuente de admiración para el aristócrata italiano. El hecho de que prácticamente todos los gestos sociales se refirieran a la organización vertical de la sociedad local constituía una prueba suplementaria de la existencia de una civilidad indígena. Así, cuando los indios cristianos, y principalmente los brahmanes, se lavaban después del contacto, incluso puramente ocular, con personas de bajo status (*ignobiles*), se trataba de una *politicus cultus* fundada en las costumbres civiles (*consuetudines civiles*), antes que en la higiene. Estos usos, juzgados supersticiosos y diabólicos por Fernandes y Fenicio, se articulan según Nobili en el domino social hecho por

---

40 Charpentier (1933: 162).
41 Charpentier (1933: 162). Para comparar ver *Narratio* (Rajamanickam 1971: 6-10).
42 El contexto histórico del reino de los Nayak del siglo XVI a XVIII es descrito en Sathianathaier [1924] 1980 y Narayana Rao, Shulman y Subrahmanyam 1992.

y para los hombres. Al tratarse de instituciones humanas, afirma Nobili, en India o entre los primeros cristianos de Europa, su origen y su razón de ser permanecen en la oscuridad. Pero, al descartar el rol del diablo en su génesis, Nobili contradice la autoridad teológica de la jerarquía eclesial de Goa en el dominio misionero y "etnográfico" tamoul.

Sin declararlo explícitamente, Nobili sugiere que la civilidad india es tan arbitraria en la elección de sus reglas sociales como la europea. Por lo tanto, ¿por qué en Europa deben lavarse las manos antes de una comida, aunque también las protejamos de la suciedad con el uso de guantes? Al juzgar las costumbres indias como comparables a las europeas, son relativizadas no solamente para mostrar que el mundo indio es diferente, sino también para subrayar que las mismas no se desprenden de una moralidad fija, ni siquiera religiosa. "*Traditio [...] autrix, consuetudo confirmatrix, animorum propensio observatrix*", así define Nobili lacónicamente la puesta en escena de las costumbres civiles.[43]

Si la civilidad no es más que una institución natural de comunicar o de "hacer comercio" con el otro, devenida en tradición confirmada por el uso, las formas que ésta privilegia están sometidas a las contingencias históricas y culturales. Nobili indica por ejemplo que "entre nosotros" *(apud nos)*, presentarse delante del rey con un sombrero es considerado como despreciable, mientras que en la India, la cabeza desnuda es el signo de una falta de respeto hacia el superior. La comparación contrastada de las costumbres era uno de los *topoi* centrales en la literatura misional jesuita. Así Alessandro Valignano, al describir la civilidad japonesa, nota en su *Summario*: "Nosotros nos sacamos la toca o el sombrero y todos nos levantamos para hacer honor a nuestros visitantes: ellos por el contrario, se sacan los zapatos y se sientan, ya que para ellos es una falta de cortesía recibir a alguien de pie".[44] Las variaciones en los usos prosigue Nobili, no deben enmascarar el objetivo *(finis)* fundamental de los baños, que es la pureza *(munditia)*, en tanto y en cuanto que el clima del país obliga a llevar pocos vestidos, los cuales se ven rápidamente manchados de sudor. El cuerpo indio que lleva la inscripción del sudor se inscribe en las relaciones sociales, en la equivalencia entre *munditia* y *nobilitas*. Al conjugar la India y el anti-

---

[43] « La tradición los crea, el hábito los confirma, la inclinación del alma los observa » (*Narratio*, Rajamanickam 1971: 170).
[44] Valignano (1990: 76).

guo mundo mediterráneo, Nobili introduce a sus lectores europeos al extraño panorama social del cual es testigo con una precisión y una persuasión anacrónica, siempre vigilante para neutralizar toda diferencia incontrolable, y para "naturalizar" tanto los efectos como las causas. En definitiva, la civilidad india comienza y termina por esta náusea natural *(naturalem nauseam)* respecto a lo innoble *(plebs* et *imunditià).*

El cordón de los brahmanes: el cuerpo vestido

El cordón brahmánico *(linea brachmanum)*, sin que constituya una vestimenta realmente sustancial, recubre al menos el cuerpo indio de una manera considerable. De la misma forma, el mechón *(corumbinum* en latín, *kudumi* en tamoul), que no parece ser más que una sinécdoque del peinado, tiene en realidad mucho más sentido que el resto de la cabellera. Estos signos minimalistas, que son exclusividad de los brahmanes, se hallan también en el corazón de la disputa entre Nobili y Fernandes.

La decisión tomada por Nobili de llevar él mismo el cordón escandalizó profundamente a Fernandes, como se ve en su carta de denuncia. Según su *Summario da ceremonias e modo de proceder [...]*, en el que cita varias obras en tamoul o en sánscrito, el cordón se revela como un instrumento supersticioso, incluso de magia. Su incompatibilidad con el cristianismo, evidente para Fernandes, tiene que ver con su significación de "segundo nacimiento":

> [Vaxiten] dice que el *brahmane* nace dos veces, una primera vez del vientre de su madre, y una segunda vez cuando posee el cordón. [Manu] dice que el cordón significa para el *brahmane* el segundo nacimiento y puede decirse que la esposa de Brama llamada Xabitri es su madre, y que su padre es aquel que enseña el *oubadesão* de Xabitri.[45]

Al adoptar el cordón, Nobili franquea el umbral del paganismo y renace en la familia "divina" de los hindúes, familia que no es más que una imitación diabólica de la familia cristiana. El horror a todos estos fal-

---

45 Wicki (1973: 37).

sos dioses (Brahma, Savitri), que Fernandes hace aparecer en su relato, lleva a creer que los seres diabólicos venerados por los hindúes no eran más que una simple ilusión, pero que manejaban algunas formas de magia. Su tratado, incluso encumbrado por las citas de textos indios, parece un libro sobre la cábala o la magia negra practicada en Europa.

Desde la forma prescrita por distintos autores para preparar el cordón de los *dvija* (nacidos dos veces), *bramanes*, *rajos* (reyes) y *comutins* (mercaderes) hasta las diversas ceremonias que marcan la utilización del cordón en las prácticas cotidianas de los Hindúes, Fernandes construye en sus descripciones sucesivas un efecto de presente perpetuo.[46] Como si la superstición confundiera a los hombres en un trabajo agobiante de repetición ritual que incluye la manipulación de los objetos y el recitado de fórmulas sagradas. Fernandes nos ofrece una "etnografía" basada en la sincronía textual y la objetividad taxinómica en la cual las causas y efectos se confunden. De la misma manera, los autores hindúes son tomados por los títulos de obras, la ortografía portuguesa inventa sus propias distinciones o similitudes allí donde éstas no existen, y los vocablos técnicos, en lengua tamoul o en sánscrito, son adoptados sin esfuerzo de explicación. La palabra *oubadesão* aparece así en el texto previamente citado, pero Fernandes no provee ninguna traducción. El lector sabrá solamente que se trata de un objeto de enseñanza pagano, aparentemente muy diferenciado de la enseñanza cristiana dispensada en portugués. Por una parte, la lengua de Fernandes en su *Summario*, mezcla de portugués hablado y de palabras vernáculas, refleja su falta de educación y su larga inmersión en el país tamoul. Pero el empleo del término *oubadesão* indica, por otra parte, que el sentido del fragmento se sitúa en el registro de la superstición hindú y que debe ser en consecuencia tajantemente separado de la enseñanza cristiana. Por cierto, Nobili retomará la noción de *upadesam* en sus propias obras evangélicas escritas en tamoul: *ñanopadesam*, producto de la combinación con *ñanam* (saber), significará la enseñanza de la doctrina cristiana.[47]

---

46 O «*ethnographic present*», según los antropólogos americanos reagrupados alrededor del proyecto de « la etnografía experimental » (Cllifford y Marcus 1986).
47 *Upadesam* – 1. La instrucción espiritual, la enseñanza de la doctrina; 2. Iniciación a los misterios de la religión mediante mantras, *Tamil Lexicon,* Madras, 1982, vol. I, p. 424.

Según Nobili, el cordón brahmánico está estrechamente ligado al saber reunido y transmitido de una manera extremadamente selectiva y parsimoniosa por los brahamanes: "Podemos decir solamente que [el cordón] es claramente el signo de un linaje brahmán y que no es de ninguna manera supersticioso *(superstitiosum)*, sino político *(sed mere politicum)*".[48]

El cordón marca el rango *(gradus)*, por el cual los brahamanes se distinguen de los otros indios y el oficio *(officium)*, que no tiene nada en común con el oficio de sacerdote indígena, sino con la preservación del saber *(sapientia)*. Para responder a Fernandes, Nobili explica el ritual del segundo nacimiento no como el nacimiento en la superstición de los brahmanes, sino como el nacimiento de su oficio, es decir en su profesión. Para probarlo Nobili cita un poema sánscrito *(Janmana ¡ayate sudrah, karmanajay ate dvijah)* y lo traduce al latín de la siguiente forma: *generatione nascitur plebeius, collatione lineae nascitur braman* (el plebeyo viene al mundo por nacimiento, el brahmán por la investidura del cordón). Ya en 1610, Nobili declaró públicamente en Madurai, al colgar una *olai* (hoja de palma) sobre el árbol frente a su iglesia, que él venía de una familia de *rajas*, pero que era brahman por profesión.[49]

El examen meticuloso de las "leyes civiles" locales (el *Smruti* escrito por Manu) aporta a Nobili cada vez más pruebas para su demostración, y Nobili cubre su propio texto *(Informatio)* de citas en sánscrito, lengua en ese entonces desconocida tanto para los sabios europeos como para los otros misioneros de la India. En la época de esta redacción, entre 1613 y 1615, Nobili se hallaba "colmado" de sánscrito y de entusiasmo hacia el saber brahmánico que él define como *sciencias* y *leges civiles*. Al citar los fragmentos sánscritos como si citara a *auctores* europeos, Nobili busca acentuar su autoridad frente a sus lectores y jueces potenciales, desautorizando a Fernandes que no manejaba esta lengua reputada como el "latín de los indios". Al mismo tiempo, las citas originales a menudo largas, al extenderse sobre varias frases, tienen un efecto innegable de legitimación del pensamiento hindú que se ve así ubicado en el medio de una profusión de analogías, en el mismo rango que el saber profano europeo. El sánscrito, así como el tamoul, que surgen directamente de las páginas de Nobili, ofrece una prueba extra-

---

48 *Informatio* (Rajamanickam (1972: 64).
49 Carta de A. Laerzio a Aquaviva. Cochin, 8 de diciembre de 1610 (ARSI, Goa 54a, ff. 76-79).

ordinaria de la existencia del Otro. Pero no se trata ya de un Otro cuyo mundo estaría lleno de cosas extrañas y de acciones irracionales, como en la pluma de Fernandes, sino de una figura noble (el brahmán de Nobili), que será espiritual o racional cada vez que la demostración lo exija.

El cordón de los brahmanes: el cuerpo sabio

Nobili insiste en que el derecho hereditario de los brahmanes en India es aprender las "ciencias", y el cordón sirve para marcar este trazo social que es comprobado etimológicamente por la raíz *brum* que significa *intellectio etsciencia*, así como por el término *brahma* que significa *sapientia*.[50] Porque habían hecho del cordón un atributo del saber, Nobili está obligado a seguir otra vía para explicar el hecho de que otros grupos sociales reivindicaran igualmente su uso. La "república india" que él pinta se parece a veces a la ciudad ideal de Aristóteles. En este sentido, la adquisición del saber es la más perfecta de las ocupaciones. Detrás de ella se perfilan las profesiones útiles tales como la carga real y el comercio.

Del saber brahmán nos deslizamos un grado más abajo en la escala de la perfección, pero el mismo esquema se reproduce. El cordón de los reyes y el de los artesanos y mercaderes *(vaisieres)*, hecho de hilos de naturaleza distinta, indican así sus respectivos oficios,[51] pero también indican su competencia o su excelencia en el trabajo. Algunos que no forman parte del grupo de los "nacidos dos veces", pueden también llevar el cordón únicamente como signo de honor. Nobili menciona el ejemplo de poetas tamouls honrados por la investidura del cordón, tal como el intocable poeta Valluvar de la época clásica, o la totalidad de un linaje en el Estado contemporáneo de Manamadurai.[52] La posesión del cordón señala entonces el grado de saber y de honorabilidad, el estatus y la excelencia profesional, y define a aquellos que lo enarbolan como miembros de un grupo genético o un linaje *(stirps)*. La inalterabilidad de los linajes y los rangos –que Nobili

---

[50] *Narratio* (Rajamanickam 1971: 125).
[51] *Informatio* (Rajamanickam 1972: 88).
[52] *Narratio* (Rajamanickam 1971: 104). En *Informatio* (Rajamanickam 1972: 70), el caso de Valluvar es utilizado para probar que el cordón sirve como signo de saber general *(insigne sapientiae in communi)*.

a la vez admira como indicación de un orden natural y critica indirectamente, subrayando que impide al individuo el ejercicio de su libre arbitrio y lo conduce principalmente a una cierta "obstinación" con respecto a la conversión– se combina con un modelo más leve de movilidad estatutaria (promoción por la excelencia, decadencia por la trasgresión), para interpretar los usos sociales del cordón en el lenguaje del orden civil.

Pero, ¿no hay entonces ninguna religión o superstición entre los hindúes? ¿Es posible que todos los ritos y ceremonias relatados con repugnancia por tantos otros europeos no demuestren al final de cuentas otra cosa que la civilidad india? Nobili no parece, en efecto, luego de largas disecciones de manifestaciones de fuerte apariencia "supersticiosa", reconocer más que sus usos sociales. Sin embargo, acepta la existencia de sectas en la región de Madurai, muy diversas las unas de las otras en cuanto a sus divinidades, ritos, sus espacios y objetos rituales, sus sacerdotes, sus libros sagrados o sus fundamentos teológicos. Este conjunto no está muy alejado de las ideas deístas o de la religión natural que Las Casas creyó identificar entre los amerindios. Así, la secta de los *gnanorum* o espirituales rechaza todos los sacrificios e ídolos, adora a un solo dios *(qui cum spiritus sit et non corporeus)*, profesa la ciencia llamada *vedanta* (considerada como *finem totium scienciaé*) y predica la virtud *(bona opera, morales virtutes,* etc.). A diferencia de Fenicio, que encuentra una secta indiferenciada que encierra todas las prácticas y creencias hindúes, Nobili considera que "este pueblo tiene un modo de vida civil *[civilem cultum]* y, de hecho, numerosas religiones".[53] Como en Europa, estas diferentes sectas se oponen en todos los frentes, incluso en cuestiones tan anodinas como el vocabulario *(voces)*. Las sectas de los ateos *(buddher, ciarvacha)*, de los espirituales *(gnani)* y de los ídolos *(malvada, xaiver, vaisnuva, tadvavada, logaides, sciandravadi, vamer, schiacti,* etc.) portan los "signos de la protesta" *(signa protestativa)*, pero Nobili afirma que el cordón no debe identificarse con esto, ya que todos lo conservan como una marca de honor. Los brahmanes ateos, así como los brahmanes idólatras llevan el cordón, y los únicos desprovistos del mismo son los renunciantes *(saniasses)* que dejan el mundo para llevar una vida de castidad *(san=perfecte; nhassi=abnegans seu relinquens)* a la manera de los religiosos europeos.

---

53 *Narratio* (Rajamanickam 1971: 112).

Mientras escribe estas líneas, Nobili mismo era ya un *sannyasi brahmane* (desde enero de 1610) y había abandonado el cordón. Esta nueva encarnación de Nobili siguió a otras experiencias de indigenización, según la carta desfavorable del jesuita Pero Francisco, quien había visitado la misión de Madurai en 1612. Así, después de haber insistido sobre su origen noble de *raja*, se convirtió en *raja* renunciante, para decidir más tarde que él era de hecho *brahmane* de profesión (portando el cordón) antes de devenir finalmente un *brahmane sannyasi*.[54] Este pasaje por los diferentes "roles" del repertorio hindú, relevando todos los de la nobleza local, suscitó numerosas sospechas por parte de Francisco y otros religiosos. En Goa y en Roma, los teólogos comenzaban a enfrentarse sobre el tema. El contenido de las costumbres y ritos, tales como habían sido descritos por Nobili o Fernandes, no era polemizado, sino que se trataba de comprender su naturaleza, su origen, su finalidad y estatus moral para elegir incorporarlos, rechazarlos o modificarlos en el seno de la religión cristiana.

Tal como lo señala Francisco en su carta, no sin ironía, Nobili utilizó las distinciones especulativas y metafísicas como *formaliter, materialiter, primaria et secunda intentio* así como similitudes equívocas y extrañas, para probar que todas las ceremonias de los brahmanes pertenecían al registro civil.

Adiaphora: entre la teología y la etnografía

"Yo me creí obligado a mostrar [mi] defensa en la Santa Doctrina", concluye Nobili en el último capítulo de su *Responsio*, que se parece a un ejercicio escolástico por excelencia, recortado en *questiones, responsiones* y *obiectiones*. Pero Francisco admite tener alguna dificultad en comprenderlo, así como a las etimologías oscuras que acercan los brahmanes a Abraham, o los *pappu* (otro término para designar a los brahmanes) a los

---

54 Carta de Pero Francisco a Aquaviva. Cochin, 4 de noviembre de 1612 (ARSI, Goa 51, ff. 181-182). La "modelización" misionera no se detiene aquí, ya que hacia 1620, Nobili va a crear otro tipo de modelo misionero, el *pandaram*, para las castas no brahmanas.

papas de Roma.[55] El *bricolage* teológico al que se libra Nobili y que no convence para nada a sus adversarios, trata de las cuestiones de ética y de teología moral. A semejanza de los teólogos filósofos del Renacimiento, que habían efectuado un trabajo de síntesis entre la ética clásica y el sistema cristiano de moralidad, Nobili emprende solo y sin vacilación, la tentativa de una reconstitución análoga para el sistema brahmánico.

No obstante, fueron numerosos los problemas que tuvo que sortear de entrada. El primero consistía en identificar las fuentes textuales de la autoridad brahmana, proyecto que se hizo difícil por la naturaleza secreta de sus leyes *(leges Brachmanium)*, tanto más considerando que la identificación de los brahmanes no resultaba fácil según Nobili. Así, los brahmanes de Goa, los únicos convertidos en India fuera de Madurai, pertenecían a linajes que ignoraban las leyes brahmánicas, a excepción de algunos libros de oraciones o de instrucciones prácticas.[56] En cuanto a los brahmanes sabios, no respondían jamás "de manera fiel" a las preguntas de los extranjeros, de modo que develar su saber sería considerado como *maximum peccatum.*[57] Para persuadir a un brahmán de "pecar", es decir de enseñar sus leyes a un no brahmán, Nobili debió atravesar el antiguo sistema de reglas y valores, penetrarlo y reorganizarlo desde el interior en función de las nuevas exigencias cristianas. El sólo acceso a este sistema de saber pagano demostraba la gracia divina. Así pues, Alberto Laerzio (1557-1630), el provincial jesuita de Malabar y Francesco Ros (1557-1624), el obispo de Cranganore (también jesuita), no dejaban de subrayar el carácter sobrenatural de esta proeza, y sobre todo, la facilidad milagrosa con la cual Nobili había aprendido lenguas tan difíciles como el tamoul, el sánscrito y el télougou. Sin embargo, la empresa no tenía garantía de éxito y jesuitas como Fernandes y Buccerio (fallecido en 1617), el arzobispo de Goa Cristovâo de Sá (fallecido en 1622) y otros prelados estaban precisamente persuadidos de que Nobili había perdido la cabeza estudiando textos brahmánicos desprovistos de toda relación con la ética clásica o la moralidad cristiana. Su pericia teológica sería en

---

55 Carta de Pero Francisco a Aquaviva. Cochin, 4 de noviembre de 1612 (ARSI, Goa 51, ff. 181-182). Francisco conviene que la anfibología está permitida a los misioneros entre los paganos, pero subraya también que los teólogos de Roma no serán tan fácilmente convencidos.
56 *Responsio* (Dahmen 1931: 92).
57 *Ídem:* 93).

consecuencia utilizada para establecer dos proposiciones: 1) que hay una fuerte compatibilidad entre los sistemas morales de los cristianos y de los brahmanes, 2) que incluso en ausencia de correspondencia el brahmanismo puede ser transfigurado, "convertido" en cristianismo.

Para demostrar la primera tesis, como ya hemos visto, alcanza con definir la "religión" de los brahmanes como un sistema de costumbres civiles. Para resolver el segundo problema, Nobili introduce en su argumentación la noción de las cosas y los actos (costumbres) "indiferentes" cuyo nombre clásico es *adiaphora*. En la *Responsio* de Nobili, algunas acciones tales como las abluciones o el uso del cordón serían progresivamente interpretadas como *adiaphora*.

¿Cómo adivinar la significación de estas prácticas, se pregunta Nobili, cuando uno ignora los textos? Aunque Nobili insiste en el testimonio ocular directo, los signos exteriores pueden ser engañosos, ya que "toda acción o acto exterior o signo no tiene, en sí, ninguna virtud o malicia si no es por una denominación extrínseca, proveniente de la voluntad *(ab actu voluntatis)*".[58] En la gramática teológica de la salud, la voluntad está estrechamente ligada a la intencionalidad *(intendo)* y a la finalidad *(finis)*, y es a través de estas categorías, sostiene Nobili, que hay que juzgar estas religiones paganas. Una "ética de la intención", que privilegie el acto individual con respecto a las prerrogativas eclesiales, ocupa ahora el revés de la superficie sobre otros aspectos, más institucionales, de la moralidad cristiana.[59] En otras palabras, como Tomás de Aquino y los escolásticos no fueron capaces de precisar, por desconocimiento de los textos sánscritos, en qué consistían las finalidades "teológicas" de los hindúes, todo juicio ético quedaba indeterminado, al menos hasta la entrada en escena de Nobili.[60]

A la convicción de Fernandes según la cual el mundo brahmánico e hindú en general –puro paganismo– no tenía nada de ético, Nobili oponía su evaluación teológica señalando que una cierta indeterminación en los asuntos sociales, sobre todo paganos, no impedía la constitución y la imposición de la ética cristiana.

---

58 Ibídem.
59 Ver «La formalité des pratiques. Du système religieux à l'éthique des Lumières (XVIIe-XVIII1) », en *L'écriture de l'histoire* (Certeau 1975: 171). El término « ethics of intention » fue tomado de Fish (1983). Ver también, Kahn (1993).
60 *Responsio* (Dahmen 1931: 91).

De entrada, las acciones paganas son, según la *Responsio,* de dos tipos: las que por su naturaleza y uso común están destinadas al culto y a la religión; y las que son indiferentes pero al mismo tiempo "acomodadas y determinadas" por el uso de los "infieles".[61] El ejemplo de la primera categoría, presentado de manera casi furtiva en el texto, es el hábito de quemar el incienso. Pero algunos párrafos más abajo la distinción parece atenuarse. San Jerónimo es invocado en primer lugar para anular el sentido prohibitivo de una caracterización tal, "ellas son malas y mentirosas en materia grave". Jerónimo, en su carta a San Agustín sobre la urgencia de la cristianización, alega a favor de la tolerancia de ciertos vestigios paganos. Los obsequios del Cristo ¿no fueron acaso observados según la ley mosaica? El papa Adriano VI es invocado en seguida como opinión teológica reciente, es únicamente el espíritu infiel *(animus infidelis)* quien determina una acción como buena o mala, cosa que es confirmada por el jesuita Valencia como no siendo improbable, en la medida que las prácticas paganas sean constantemente vaciadas de su sustancia religiosa o supersticiosa, y el dispositivo interpretativo teológico facilite este fenómeno.

Entre las acciones indiferentes teñidas de paganismo, Nobili distingue tres categorías: 1) aquellas que son materialmente *(materialiter)* paganas porque la noción que las realiza es pagana; 2) las acciones tendientes a distinguir en un sentido puramente civil a los paganos de los cristianos (por ejemplo, el sombrero utilizado por los judíos en Roma); 3) las acciones tendientes a distinguir a los paganos en un sentido propiamente religioso o supersticioso, que está dividida en dos subcategorías: a) las acciones (o los objetos) dotados de dos finalidades, una civil y otra religiosa (como los hábitos para protegerse del frío utilizados en algunas ceremonias paganas); b) las acciones (o los objetos) cuya finalidad hubiera sido siempre exclusivamente religiosa, como los objetos de culto sacrificial (las vestimentas de los sacerdotes hindúes).

Lo religioso es evidentemente postergado gradualmente en los márgenes de la tipología de Nobili. La segunda subcategoría es, a su vez, redefinida por una nueva operación analítica que busca establecer que los emblemas y las vestimentas indígenas encubren, del mismo modo, detrás de una apariencia de superstición dos significados o usos: las simples telas para

---

61 *Ídem:* 96.

cubrir el cuerpo y protegerlo del frío son también, para aquel que las usa, una marca de honor. La analogía con los antiguos cristianos mediterráneos vuelve a sellar el razonamiento teológico: "Nosotros sabemos, en efecto, que hasta los tiempos de Graciano, los emperadores romanos usaban la estola pontifical empleada por los pontífices paganos en sus sacrificios".[62]

En consecuencia, la conversión religiosa será facilitada por la existencia de una acepción civil (política o social), ya que esta última reposa sobre una significación fija, inmutable, que parece desprenderse de las leyes naturales.[63] "Entre los paganos, una cosa que tenga un fin supersticioso y a la vez un uso político por su naturaleza, tiene en sí la mitad, y es indiferente, incluso si, según los usos del país, ha sido destinada en el uso a designar una secta o una religión".[64] Es por lo tanto suficiente con cambiar la finalidad de las acciones o cosas con carácter religioso para que éstas se transformen, como por transubstanciación, en acciones y cosas cristianas.

Si Nobili tenía necesidad de la doctrina de *Adiaphora* para comprometer una discusión teológica con miras a promover los argumentos de su método evangélico de adaptación, la iglesia católica tenía en el fondo una solución más simple que ofrecer: la autoridad suprema para reemplazar no importa cuál finalidad "supersticiosa" por una finalidad moral *(honestum finem)*.[65] Nobili no pudo apoyarse sobre la autoridad eclesial a causa de la oposición violenta a sus métodos misioneros por parte de la jerarquía religiosa de Goa y en particular del arzobispo Cristovâo de Sá. Pero logró, mediante el despliegue de la doctrina de *Adiaphora,* retardar una condena inmediata de Goa reenviando la discusión a la curia romana y al papa, dada la complejidad del debate teológico.[66]

---

62 *Responsio* (Dahmen 1931: 99).
63 «La morale l'emporte sur la foi [...] parce que presque toute la morale [...] est d'une nature immuable et qu'elle durera dans toute l'éternité, lorsque la foi ne subsistera plus et qu'elle sera changée en conviction » (*Encyclopédie ou dictionnaire raisonné des sciences, des arts et des métiers*, Genève, t. XVII, 1778, artículo «Foi», p. 1019, citado por Michel de Certeau 1975: 156).
64 « Res quae apud ethnicos habet superstitiosum finem et suapte natura usum habet politicum, est per se media, et indifferens, etiam postquam est adhibita ex more gentis et instituta ad sectam vel religionem profitendam » (*Responsio*, Dahmen 1931: 101).
65 *Narratio* (Rajamanickam 1971: 64).
66 La controversia que seguirá durante un siglo a esta primera « querella » sobre los ritos indígenas será llamada en el siglo XVII "la querella de los ritos malabares", asociada a "la

Lo religioso postergado

Con la introducción de la doctrina de *Adiaphora* en la controversia con Fernandes sobre el estatus de las costumbres, ceremonias, creencias y prácticas brahmanes, Nobili desplazó el debate del campo teológico hacia el campo sociológico, incluso etnográfico. Al redefinir la problemática propia de la disputa, anulaba el paganismo brahmánico presentándolo como un uso ciertamente erróneo pero cuya fundación era puramente histórica, humana y circunstancial. No había ya nada propiamente religioso en la interpretación de Nobili, sino únicamente material social al cual debían desde entonces atenerse los misioneros, eligiendo preservar algunas de sus formas, adaptar otras o suprimir gradualmente las que se considerasen inaceptables, con el fin de reconciliar el cristianismo y el hinduismo "secular". Nobili retoma, aunque involuntariamente, una gama de preguntas más grandes, entonces debatidas en la Europa protestante y estrechamente ligadas a la doctrina de *adiaphora*: la separación entre el poder civil y el poder espiritual, entre la Iglesia y el Estado, y la soberanía real sobre la gestión de las cosas indiferentes (las leyes humanas, la ética, las costumbres). Nobili, perdido en la India del Sur, no era seguramente consciente que al constreñir la esfera de lo religioso, contribuía a la erosión de la jurisdicción eclesial como lugar de autoridad sobre los pueblos no europeos, y que sus descripciones e interpretaciones etnológicas del brahmanismo, alimentaban diferentes campos europeos, opuestos no solamente a los jesuitas sino también a la Iglesia Católica o a la misma institución de la religión cristiana.

Como bien lo muestra Michel de Certeau, desde el siglo XVII en Europa, incluso si el contenido de las prácticas (religiosas) era el mismo, sus "formalidades" conocieron cambios lo suficientemente importantes como para inducir fuertes movilidades, movimientos imperceptibles destinados a revertir el antiguo régimen religioso englobante, en beneficio de la ética social.[67] De ahí en adelante, el campo político y "civil", sin que el

---

querella de los ritos chinos". La misma será finalmente resuelta una treintena de años antes de la abolición de la Compañia de Jesús por la Bula pontifical de Benito XIV, *Omnium sollicitudinum*, de 1744, que suspenderá el método de acomodación concebido por Ricci, Valignano y Nobili. Ver [DTC] (1924-1971: 1704-1745).
67 Certeau (1975: 153-212).

término social haya sido empleado en la época, será el único lugar fundador privilegiado de todo lo que concierne al comportamiento humano (la moralidad) y a la vida social (la civilidad). Con posterioridad a la disgregación de lo religioso, manifiesto en Europa en todos los dominios desde el inicio del siglo XVII, la disgregación calificada como "plaga" o "falla" por los místicos estudiados por De Certeau, la inflación galopante de lo social, condujo a una gran secularización, a un "desencanto" por el cual la religión vino a ser tratada como un objeto entre otros, a menudo relegada a la categoría de "costumbre".[68]

La ironía de la historia quiso que el trabajo misional que se fijó la orden jesuita creada por Loyola y sus primeros compañeros para curar esta plaga en el cuerpo de la Iglesia y de la religión cristiana, en definitiva engendrara los efectos contarios. Al proveer los materiales susceptibles de apuntalar tesis disidentes –la moral cartesiana como provisión del ateísmo de los libertinos–, los jesuitas y en particular los misioneros establecidos fuera de Europa fueron presos de sus propias contradicciones y ambiciones a la vez espirituales y temporales.[69]

La época de las Luces, un siglo más tarde, será fatal no solamente para las ideas y prácticas jesuitas, sino igualmente para la supervivencia de la institución. La audaz síntesis emprendida por Nobili entre el saber brahmánico y la religión católica, alimentó también un desliz hacia los cuadros interpretativos del hinduismo, traduciendo un desplazamiento de la articulación teológica hacia una articulación sociológica. Convertido antes en un objeto de análisis que de conversión, el estatuto "pagano", "supersticioso" y "diabólico" del hinduismo se resquebrajó para renacer en los siglos que siguieron en otros registros, coloniales y post coloniales como modos y costumbres, tradición, cultura o ideología, y finalmente como religión, esta vez definitivamente disociada del cristianismo.

---

68 Certeau 1987.
69 Delumeau [1971] 1985; Pintard 1943; Warwick 1985.

ABREVIATURAS

Archivos y Bibliotecas

AGI: Archivo General de Indias, Sevilla.
AGN/BA: Archivo General de la Nación, Buenos Aires.
AGN/Mtv: Archivo General de la Nación, Montevideo.
AGN/Mx: Archivo General de la Nación, México.
AGNP: Archivo General de la Nación del Perú, Lima.
AGS: Archivo General de Simancas, Valladolid.
AHCJ: Archivo Histórico de la Compañía de Jesús. Sant Cugat del Valles, Barcelona.
AHU: Arquivo Historico Ultramarino, Lisboa.
ANH.Jch: Archivo Nacional Histórico (Chile), Fondo "Jesuitas de Chile", Santiago de Chile.
ANA: Archivo Nacional de Asunción, Paraguay.
AHN: Archivo Histórico Nacional, Madrid.
ARSI: Archivum Romanum Societatis Iesu, Roma.
ATT: Arquivo da Torre do Tombo, Lisboa.
BNA: Biblioteca Nacional Argentina, Buenos Aires.
BNC: Biblioteca Nazionale Centrale, Roma.
BNCh-BTM: Biblioteca Nacional de Chile - Biblioteca José Toribio Medina.
BNL: Biblioteca Nacional de Lisboa.
BNM: Biblioteca Nacional, Madrid.
BNF: Biblioteca Nacional de Francia.
BNP: Biblioteca Nacional de Perú.
BNRJ: Biblioteca Nacional de Rio de Janeiro.
BPADE: Biblioteca Pública e Arquivo Distrital de Évora (Portugal).

BPP: Biblioteca Pública do Porto (Portugal).
IHGB: Instituto Histórico e Geográfico Brasileiro.
MM: Biblioteca y Archivo del Museo Mitre, Buenos Aires.
Ms: Manuscrito.
NB: Nationalbibliothek, Viena.
NA: Nationaal Archief. La Haya, Holanda.
RAH: Real Academia de la Historia, Madrid.

Obras y Colecciones

[CA] [1632-1634] 1990 *Cartas Anuas de la Provincia jesuítica del Paraguay 1632 a 1634*, Buenos Aires: Academia Nacional de la Historia.

[CA] [1641-1643] 1996 *Cartas Anuas de la provincia jesuítica del Paraguay 1641-1643*. Resistencia (Chaco): Instituto de Investigaciones Geohistóricas.

[DHA] 1924 *Documentos para la historia argentina*, Buenos Aires: Universidad Nacional de Buenos Aires. Instituto de Investigaciones Históricas.

[DHCJ] 2001 *Diccionario histórico de la Compañía de Jesús*. O'Neill, Charles y Joaquín Maria Domínguez (eds.). Roma-Madrid: Institutum Historicum Societatis Iesu - Universidad Pontificia Comillas.

[DI] 1948-1988 *Documenta Indica. Monumenta Historica Societatis Iesu* (vols. 70-133). Wicki, Joseph (org). Roma: (18 vols.).

[DTC] 1924-1971 *Dictionnaire de théologie catholique contenant l'exposé des doctrines de la théologie catholique, leurs preuves et leur histoire*. Vacant, Alfred; Mangenot, Eugène y E Amann Emile (eds.). Paris: Letouzey et Ané.

[FR] 1942-1949 *Fonti ricciane documenti originali concernenti Matteo Ricci e la storia delle prime relazioni tra l'Europa e la Cina (1579-1615)* ed. e commentati de Pasquale M. D' Elia sotto il patrocinio della Reale accademi a d'Italia [ed. nazionale delle opere edite e inedite]. Roma: Librería dello Stato.

[HCP] 1927 "Historia de la Fundación del Collegio de la capitania de Pernambuco". *Annaes da Bibliotheca Nacional do Rio de Janeiro*, vol.49. Rio de Janeiro: Fundação Biblioteca Nacional.

[JPH] 2000 Junta Provincial de Historia (Ed). *Jesuitas 400 años en Córdoba.* Córdoba: Universidad Nacional de Córdoba y Universidad Católica de Córdoba (2 vols).

[MCDA] 1951-1970 *Manuscritos da Coleção De Angelis.* CORTESÃO, Jaime/VIANNA, Hélio (orgs.). Rio de Janeiro: Biblioteca Nacional (7 vols.).

[MB] 1956-1968 *Monumenta Brasiliae. Monumenta Historica Societatis Iesu.* Serafim Leite (ed.). Roma: Institutum Historicum Societatis Iesu (5 vols).

[MI] 1945-1963 *Monumenta Ignatiana. Fontes Narrativi de S. Ignatio de Loyola, IV.* Roma: Institutum Historicum Societatis Iesu.

[MI] 1964-1968 *Monumenta Ignatiana. Epistolae et Instructiones, II.* Roma: Institutum Historicum Societatis Iesu.

[MXav] 1899-1900 *Monumenta Xaveriana ex autographis vel ex antiquioribus exemplis collecta.* Matriti: Typis Augustini Avrial.

[MMx] 1956-1991 *Monumenta Mexicana. Monumenta Historica Societatis Iesu.* Felix Zubillaga y Miguel Angel Rodríguez (eds.). Roma: Institutum Historicum Societatis Iesu (8 vols.).

[MP] 1954-1986 *Monumenta Peruana. Monumenta Historica Societatis Iesu.* Antonius de Egaña y Enrique Fernández (eds.). Roma: Institutum Historicum Societati Iesu (8 vols.).

[NCE] 2003 *New Catholic Encyclopedia.* Washington: The Catholic University of America.

[OS] 1911-1913 *Opere Storiche del P. Matteo Ricci S.I.* Edite a cura del Comitato per le onoranze nazionali con prolegomeni note e tavole dal P. Pietro Tacchi Ventura S.I. Macerata: Stab. Tip. Giorgetti (2 vols.).

BIBLIOGRAFÍA Y FUENTES

Abbatista, Guido 2001 *L'espansione europea in Asia (secc. XV-XVIII)*. Roma: Carocci.

Abercrombie, Thomas A. 1998 *Pathways of Memory and Power: Ethnology and History among an Andean People*. Madison: University of Wisconsin Press.

Acosta, José de [1588] 1952 *De procuranda indorum salute*. Introducción, traducción y notas por Francisco Mateos. Madrid: Colección España Misionera.

Acosta, José de [1588] 1984 *De procuranda indorum salute. Pacificación y colonización*. Madrid: CSIC.

Acosta, Joseph de [1588] 1999 *De Procuranda Indorum Salute o Predicación del Evangelio en las Indias*. Alicante: Biblioteca Virtual Miguel de Cervantes. [www.cervantesvirtual.com]

Acosta, Joseph de [1589] 1596 *De natura Novi Orbis libri duo et de Promulgatione Evangeli apud Barbaros, sive de Procuranda Indorum salute libri sex*, *Proemium* du *Procuranda*, Coloniae Agrippinae.

Acosta, José de 1590 *Historia natural de las Indias*. http://www.cervantesvirtual.com/servlet/SirveObras/09252730874681169643379/index.htm

Acosta, Joseph de [1590] 1979 *Historia Natural y Moral de las Indias Occidentales*. México: Fondo de Cultura Económica.

Acosta, José de [1590] 2006 *Historia natural y moral de las Indias*. Edición de Edmundo O'Gorman. México: Fondo de Cultura Económica (también 2008).

Acosta, José de 1591 *Historia Natural y Moral de las Indias. En la que se tratan las cosas notables del cielo, y los elementos, metales, plantas, y animales y los ritos y ceremonias*. Barcelona: Marini-Lelio.

Acosta, José de [1792] 1987 *Historia natural y moral de las Indias*. Madrid: Imprenta Pantaleon Aznar.

Alberigo, Giuseppe (éd.) 1994 *Les conciles œucuméniques*. Paris: les Éd. du Cerf (3 vols.).

Albónico, Aldo 1990 *Il mondo americano di Giovanni Botero. Con una selezione dalle Epistolae e dalle Relationi Universali*. Roma: Bulzoni.

Alden, Dauril 1996 *The Making of an Enterprise. The Society of Jesus in Portugal, Its Empire, and Beyond 1540-1750*. Stanford: Stanford University Press.

Alderete, Bernardo de 1606 *Del origen de la lengua castellana o romance que hoy se usa en España*. Roma: Carlo Vulliet.

Alfonso X 1844 *Las Siete Partidas del muy noble rey Don Alfonso el Sabio*. Madrid: Impresores y libreros del Reino.

Alegre, Francisco Javier [1743] 1956-60. *Historia de la Compañía de Jesús en Nueva España*, en Burrus, Ernest y Zubillaga, Félix Zubillaga (Eds.) Roma: Biblioteca Apostólico Romano.

Almeida, Maria R. Celestino de 2003 *Metamorfoses Indígenas- identidade e culturas nas aldeias coloniais do Rio de Janeiro*. Rio de Janeiro: Arquivo Nacional.

Almeida, Maria R. Celestino de 2007 "Política Indigenista e Etnicidade: estratégias indígenas no processo de extinção das aldeias do Rio de Janeiro -século XIX". *Sociedades en Movimiento - Los Pueblos Indígenas de América Latina en el siglo XIX*. Raúl J. Mandrini, Antonio Escobar Ohmstede y Sara Ortelli (eds.). Suplemento del Anuario del IEHS 1: 219-233.

Álvarez, Salvador 2003 "El pueblo de indios en la frontera septentrional novohispana". *Relaciones* 24 (95): 115-164.

Amelang, James 2003 *El vuelo de Ícaro: la autobiografia popular en la Europa moderna*. Madrid: Siglo XXI.

Anagnostou, Sabine 2000 "Jesuiten in Spanisch-Amerika als Übermittler von heilkundlichem Wissen". Stuttgart: Wissenschaftliche Verlagsgesellschaft (Quellen und Studien zur Geschichte der Pharmazie 78).

Anagnostou, Sabine 2005a "Jesuits in Spanish America: Contributions to the exploration of the American Materia medica". *Pharmacy in History* 47 (1): 3-17.

Anagnostou, Sabine 2005b "Maracujá, Granadilla, Flor de la Pasión. The historical tradition of the Passionflower in medicine and pharmacy in America and Europe". *Analecta historico medica* 3 (1): 143-162.

Anagnostou, Sabine 2005c "Missionsarzneien vom 16. bis 18. Jahrhundert – ein Forschungsansatz für die Entwicklung von Phytotherapeutika". *Zeitschrift für Phytotherapie* 26 (2): 66-71.

Anchieta, José de 1977 *Teatro*. Introducción de Armando Cardoso. São Paulo: Loyola.

Anchieta, José de 1984 *Cartas*. São Paulo: Loyola.

Anchieta, José de [1595] 1990 *Arte de grammatica da lingua mais usada na costa do Brasil.* Fac-similar de la primera edición. Carlos Drumond. Adit. do P. Armando Cardoso. São Paulo: Loyola.

Andrés, Juan de [1515] 2003 *Confusión de la secta mahomética y del Alcorán.* García Monge, M. I. (ed.). Mérida: Editora Regional de Extremadura.

Antony, John; Rice, Louise y Clare Woods (eds.) 2004 *Domenico Allegri, Music for an Academic Defense (Rome, 1617). Recent Reseearches in the Music of the Baroque Era* 134. Wisconsin: A-R Editions, Inc.

Arata, Pedro N. 1898 "Botánica Médica Americana. Los herbarios de las Misiones del Paraguay". *Revista de La Biblioteca,* año II, tomo VII: 419-448..

Araya Espinoza, Alejandro y Jaime Valenzuela Márquez 2010 *América colonial. Denominaciones, clasificaciones e identidades.* Santiago de Chile: RIL editores.

Araujo, Antônio 1952 *Catecismo na lingoa brasilica.* Rio de Janeiro: Pontifícia Universidade Católica.

Argenti, Philip H. 1935 *The occupation of Chios by the Venetians (1694) described in contemporary diplomatic reports and official dispatches.* London: John Lane.

Arimoto, Masao 1995 *Shinshū no shūkyō shakai shi.* Tokio: Yoshikawa kōbunkan.

Aristóteles 1983 *Política.* Madrid: Centro de Estudios Constitucionales.

Ascensio, Eugenio 1960 "La lengua compañera del Império. Historia de una idea de Nebrija en España y Portugal". *Revista de Filologia Española* XLIII: 399-413.

Astrain, Antonio 1913 *Historia de la Compañía de Jesús en la Asistencia de España.* Madrid: Razón y fe (6 vols.).

Asúa, Miguel de 2003 "Los jesuitas y el conocimiento de la naturaleza americana". *Stromata* 59: 1-20.

Ayestarán, Lauro 1962 *Domenico Zipoli: Vida y obra.* Buenos Aires: Pontificia Universidad Católica Argentina, Facultad de Artes y Ciencias Musicales.

Bacigalupo, Ana Mariella 1995-1996 "*Ngünechen,* el concepto de dios mapuche". *Historia* 29: 43-68.

Bailey, Gauvin A. 1999 *Art on the Jesuit Missions in Asia and Latin America, 1542-1773.* Toronto: University of Toronto Press.

Bailey, Gauvin A. 2008 "Incarnate Images and Miraculous Pictures: The Jesuits' Artistic Program in Portuguese Asia and Beyond, en Levenson". *Encompassing the Globe: Portugal and the World in the 16th &17th Centurie II.* Jay A. (ed.). Washington, DC: Smithsonian Institution.

Bailey, Gauvin A. 2010 *The Andean Hybrid Baroque: Convergent Cultures in the Churches of Colonial Peru.* Notre Dame: University of Notre Dame Press.

Baldini, Ugo 1992 *Legem impone subactis. Studi su filosofia e scienza dei Gesuiti in Italia, 1540-1630.* Roma: Bulzoni.

Baldini, Ugo (ed.) 1995 *Chritoph Clavius e l'attività scientifica dei Gesuiti nell'età di Gallileo. Atti del Convegno Internazionale (28-29 aprile 1993).* Roma: Bulzoni.

Baldini, Ugo 2000 *Saggio sulla cultura della Compágnia di Gesù* (secoli XVI-XVIII). Padua: Cleup.

Balsamo, Luigi 2001 "How to doctor a bibliography: Antonio Possevino's practice". *Church, censorship and culture in early modern Italy*: 50-78. Fragnito, G. (ed.). Cambridge: Cambridge University Press.

Barcelos, Artur H. F. 2006 *O Mergulho no Seculum. Exploração, conquista e organização espacial jesuítica na América espanhola colonial.* Tese de Doutorado, Programa de Postgrado en Historia, Pontificia Universidad Catolica de Rio Grande do Sul.

Barros, Joào de 1974 *Àsia: Década I-V.* Lisboa: Imprensa Nacional.

Barros, Joào de [1540] 1971 *Gramática da língua portuguesa*; Cartinha, Gramática, Diálogo em louvor da nossa linguagem e Diálogo da Viciosa Vergonha. Reprod. facsim., leit., introd. e anot. por Maria Leonor Carvalhão Buescu. Lisboa, Faculdade de Letras.

Barth, Hans-Martin 2004 "Luther und Shinran - Wegbereiter von 'Säkularisation'?". *Buddhismus und Christentum vor der Herausforderung der Säkularisierung*: 50-65. Barth, H.-M.; Kadowaki, K.; Minoura, E. Y Pye, (eds.). Hamburg: EB-Verlag.

Barthes, Roland 1997 *Sade, Fourier, Loyola.* Madrid: Cátedra.

Bartoli, Daniello 1977 *Scritti.* Edición a cargo de E. Raimondi. Torino: Einaudi.

Bataillon, Marcel 1932 *Erasme au Mexique. Actes du 2e Congrès national des Sciences historiques.* Alger: S/ED.

Bataillon, Marcel 1965 *Études sur Bartolomé de Las Casas.* Paris: Institut d'*Etudes* Hispaniques.

Bataillon, Marcel 1987 Erasme en Nouvelle Espágne (1950). Erasme et l'Espágne. De Voto, D. (Ed.). Genève: Droz.

Batistini, Andrea 2000 *Galileo e i Gesuiti: miti letterari retorica della scienza.* Milán: Vita e pensiero.

Batllori, Miguel 1966 *La cultura hispano-italiana de los jesuitas expulsos. Españoles-hispanoamericanos –filipinos (1767-1814).* Madrid: Gredos.

Bayly, Susan 1992 *Saints, Goddesses and Kings. Muslims and Christians in South Indian Society, 1700-1900.* Cambridge: Cambridge University Press.

Beltrán, Antonio 2006 *Talento y poder. Historia de las relaciones entre Galileo y la Iglesia católica.* Pamplona: Laetoli.

Benavente, Fray Toribio de « Motolinía » 1994 *Historia de los indios de la Nueva España.* México: UNAM.

Bennassar, Bartolomé y Robert Sauzet 1998 *Chrétiens et musulmans à la Renaissance* (Actes du 37e colloque international du CESR, 1994). Paris: Honoré Champion.

Bermeo, José Luís (org.) 2005 *Los Jesuitas y las ciencias. Los límites de la razón.* México: Artes de México, n.82.

Bernand, Carmen y Serge Gruzinski 1988 *De l'idolâtrie.* Paris: Seuil.

Bernand, Carmen 1989 "Le chamanisme bien tempéré. Les Jésuites et l'évangélisation de la Nouvelle Grenada". *Mélanges de l'École Française de Rome* 101 (2): 789-815.

Besse, Jean-Marc 2008 "Quelle géographie pour le prince chrétien ? Premières remarques sur Antonio Possevino". *Laboratoire italien* 8: 123-143.

Bettray, Johannes 1955 *Die Akkomodationsmethode des P. Matteo Ricci SJ in China.* Roma: Gregoriana.

Biagoli, Mario 2008 *Galileo cortesano. La práctica de la ciencia en la cultura del absolutismo.* Buenos Aires: Katz.

Biardeau, Madeleine 1981 *L'hindouisme. Anthropologie d'une civilisation.* Paris: Flammarion.

Binotti, Lucia 2000 "La lengua compañera del imperio. Observaciones sobre el desarrollo de un discurso de colonialismo lingüístico en el Renacimiento español". *Las gramáticas missioneras de tradición hispánica (siglos XVI-XVII).* Zwartjes, Otto (Ed.). Amsterdan: Rodopi.

Biondi, Albano 1981 "La Bibliotheca selecta di Antonio Possevino, un progetto di egemonia culturale". *La "Ratio Studiorum". Modelli culturali e pratiche Educative dei Gesuiti in Italia tra Cinque e Seicento*: 43-75. Brizzi, G. P. (ed.). Roma: Bulzoni.

Bitterli, Urs 1989 *Cultures in Conflict: Encounters between European and Non European Cultures (1492-1800).* Stanford: Stanford University Press.

Block, David 1994 *Mission Culture on the Upper Amazon. Native Tradition, Jesuit Enterprise, & Secular Policy in Moxos, 1660-1880.* Lincoln: University of Nebraska Press.

Boccara, Guillaume 1999a "El poder creador: tipos de poder y estrategias de sujeción en la frontera sur de Chile en la época colonial". *Anuario de estudios americanos* LVI (1): 65-94.

Boccara, Guillaume 1999b "Etnogénesis Mapuche: resistencia y restructuración entre los indígenas del centro-sur de Chile en la época colonial". *Hispanic American Historical Review* 79 (3): 425-461.

Boccara, Guillaume 2000 "Mundos Nuevos en las fronteras del Nuevo Mundo: Relectura de los procesos coloniales de etnogénesis, etnificacón y mestizaje en tiempos de globalización". *Mundo Nuevo - Nuevos Mundos, revista elecrtónica.* www.ehess.fr/cerma/revue/debates.htm pp.1-56

Boccara, Guillaume 2003 "Rethinking the margins / thinking from the margins: Culture, power, and place on the frontiers of the New World". *Identities: Global Studies in Culture and Power* 10 (1): 59-81.

Boccara, Guillaume 2005a "Génesis y estructura de los complejos fronterizos euro-indígenas. Repensando los márgenes americanos a partir (y más allá) de la obra de Nathan Wachtel". *Memoria Americana, Cuadernos de Etnohistoria* 13: 21-52..

Boccara, Guillaume 2005b "Antropologia diacrónica. Dinámicas culturales, procesos históricos y poder político". *Nuevo Mundo - Mundos Nuevos* 5. http://nuevomundo.revues.org/document589.html.

Boccara, Guillaume 2007 *Los vencedores. Historia del pueblo mapuche en la época colonial.* Antofagasta: Universidad Católica del Norte / Instituto de Investigaciones Arqueológicas y Museo R.P. Gustavo Le Paige.

Bono, Salvatore 1998 « Conversioni di musulmani al cristianesimo ». *Chrétiens et musulmans à la Renaissance:* 429-445. Bennassar, B y R. Sauzet (eds.). Paris: Honoré Champion.

Borja Medina, Francisco de 1988 "La Compañía de Jesús y la minoría morisca". *Archivum Historicum Societatis Iesu* 113: 3-136.

Bosbach, Franz [1988] 1998 *Monarchia Universalis. Storia di un concetto cardine della politica europea (secoli XVI-XVIII).* Milán: Vita e Pensiero.

Bossy, John 1985 *Christianity in the West, 1400-1700.* Oxford: Oxford University Press.

Bourdon, Léon 1960 "Un projet d'invasion de la Chine par Canton à la fin du XVIe siècle". *Actas do III Colóquio Internacional de Estudos Luso-Brasileiros*: 97-121. Lisboa: [Imprensa de Coimbra].

Boutry, Philippe; Pierre Antoine Fabre y Dominique Julia 2009 *Reliques modernes. Cultes et usages chrétiens des corps saints des Réformes aux révolutions.* París: Éditions EHESS (2 vols.).

Bouza, Fernando 1992 *Del escribano a la biblioteca. La civilización escrita en la Alta Edad Média (siglos XV-XVII).* Madrid: Síntesis.

Bouza Álvarez, Fernando 2001 *Corre manuscrito. Una historia cultural del Siglo de Oro.* Madrid: Marcial Pons.

Boxer, Charles R. 1948 *Fidalgos in the Far East 1550-1770. Fact and Fancy in the History of Macao.* La Haye: M. Nijhoff.

Boxer, Charles R. 1953 *South China in the Sixteenth Century.* Londres: Hakluyt Society.

Boxer, Charles R. 1961 *Os Holandeses no Brasil, 1624-1654.* São Paulo: Companhia Editora Nacional.

Brabo, Francisco Xavier 1872 *Colección de documentos relativos a la expulsión de los jesuítas de la República Argentina y del Paraguay en el reinado de Carlos III*. Madrid: Estudio Tipográfico José María Pérez.

Brabo, Francisco Xavier 1872b *Inventario de los bienes hallados a la expulsión de los Jesuitas y ocupación de las Temporalidades por Decreto de Carlos III, en los Pueblos de Misiones fundados en las márgenes del Uruguay y Paraná, en el Gran Chaco, en el país de los Chiquitos y en el de los Mojos, cuyos territorios pertenecieron al Virreinato de Buenos Aires*. Madrid: Imprenta y Estereotipia de M. Rivadeneyra.

Brading, David 1991 *The first America: the Spanish monarchy, Creole patriots and the liberal state*. Cambridge: Cambridge University Press.

Brizzi, Gian Paolo 1976 *La Formazione della classe dirigente nel Sei-Settecento, I "seminaria nobilium" nell'Italia centro-settentrionale*. Bologna: Il Mulino.

Brizzi, Gian Paolo (ed.) 1981 *La "Ratio studiorum". Modelli culturali e practiche Educative dei Gesuiti in Italia tra Cinque e Seicento*. Roma: Bulzoni.

Brockey, Liam 2000 "A Vinha do Senhor: The Portoguese Jesuits in China in the Seventeenth Century". *Portuguese Studies* 16: 125-147.

Brockey, Liam 2007 *Journey to the East. The Jesuit Mission to China, 1579-1724*. Cambridge: The Belknap Press of Harvard University Press.

Broggio, Paolo 2004 *Evangelizzare il mondo. Le missioni della Compágnia di Gesù tra Europa e America (secoli XVI-XVII)*. Roma: Carocci Editore.

Broggio, Paolo 2007 "Evangelizzazione e missione tra Europa e Nuovi Mondi: la realtà e l'immagine dell'apostolato dagli ordini mendicanti alla Compágnia di Gesù". *Identità del Nuovo Mondo*: 159-203. Cantù, F. (ed.). Roma: Viella.

Broggio, Paolo; Cantú, Francesca; Fabre, Pierre-Antoine y Romano, Antonella (eds.) 2007 *I gesuiti ai tempi di Claudio Acquaviva. Strategie politiche, religiose e culturali tra Cinque e Seicento*. Brescia: Morcelliana.

Brogini, Anne 2006 *Malte, frontière de chrétienté (1530-1670)*. Roma: École française de Rome.

Brook, Timothy 2005 "The Early Jesuits and the Late Ming Border: the Chinese Search for Accommodation". *Encounters and Dialogues Changing Perspectives on Chinese-Western exchanges from the Sixteenth to Eighteenth centurias*: 19-38. Wu, X. (ed.). Sankt Augustin-San Francisco: Monumenta Serica Institute-The Ricci Institute for Chinese-Western Cultural History.

Brown, Leslie [1956] 1982 *The Indian Christians of St Thomas. An Account of the Ancient Syrian Church of Malabar*. Cambridge: Cambridge University Press.

Brown, Peter 1971 *The World of Late Antiquity*. Londres: Thames and Hudson.

Brown, Peter 1982 *Society and the Holy in Late Antiquity*. Berkeley: University of California Press.

Brown, Peter 1988 *The Body and Society: Men, Women and Sexual Renunciation in Early Christianity*. New York: Columbia University Press.

Bruno, Cayetano 1968 *Historia de la Iglesia en Argentina*. Buenos Aires: Editorial Don Bosco.

Buescu, Maria L. Carvalhão 1983 *O estudo das linguas exóticas no século XVI*. Lisboa: Instituto de Cultura Portuguesa.

Buescu, Maria L. Carvalhão 1995 "Quantas línguas sabe um homem, tantos homens é". *Revista da Biblioteca Nacional de Lisboa* 2 (10): 1-2.

Burgaleta, Claudio M. 1999 *José de Acosta, S.J. (1540-1600). His life and thought*. Chicago: Loyola Press.

Burrus, Ernest 1964 *J. Kino escribe a la duquesa*. Madrid: Ediciones José Porrúa Turanzas (Colección Chimalistac, vol.18).

Bynum, Caroline W. 1982 *Jesus as Mother. Studies in the Spirituality of the High Middle Ages*. Berkeley: University of California Press.

Cabral de Mello, Evaldo 1998 *Olinda restaurada: guerra e açúcar no nordeste, 1630-1654*. Rio de Janeiro: Topbooks.

Caccamo, Domenico 1973 "Conversione dell'Islam e conquista della Moscovia nell'attività diplomatica e letteraria di Antonio Possevino". *Venezia e Ungheria nel Rinascimento* Atti del convegno (11-14 giugno 1970): 167-191. Branca, V. (ed.). Firenze: Leo S. Olschki Editore.

Cadena, Marisol de la 2005 "Are Mestizos Hybrids? The Conceptual Politics of Andean Identities". *Journal of Latin American Studies* 37: 259-284..

Caeiro, José [1777] 1936 *Primeira publicação após 160 anos do manuscrito inédito de José Caeiro sobre os jesuitas do Brasil e da Índia*. Edição bilíngüe (latina-português), tradução de Manuel Narciso Martins e introdução de Luiz Gonzaga Cabral. Salvador: Escola Tipográfica Salesiana.

Cai, Zong-qi 1999 "In Quest of Harmony: Plato and Confucius on Poetry", *Philosophy East and West*, Vol. 49, No. 3, Human "Nature" in Chinese Philosophy: A Panel of the 1995 Annual Meeting of the Association for Asian Studies (Jul. 1999), pp. 317-345.

Cañizares Esguerra, Jorge 2001 *How to write the history of the New World: History, epistemologies, and identities in the eighteenth-century Atlantic World*. Stanford: Stanford University Press.

Capoccia, Anna Rita 2000 "Per una lettura delle Indipetae italiane del Settecento: "indifferenza" e desiderio di martirio". *Nouvelles de la Republique des lettres* 1: 7-43.

Cardiel, Joseph 1747 *Difficultades que ay en la conversion de los Infieles de esta Provincia del Paraguay, y medios para vencerlas*, Joseph Cardiel, SJ., De las Sierras del Volcan, 20 de agosto de 1747. A. G. N. Sala VII; Biblioteca Nacional; MS 4390. Cuerpo 2.

Cardiel, José [1780] 1984 *Compendio de la historia del Paraguay sacada de todos los escritos que de ella tratan y de la experiencia del autor en cuarenta años que habitó en aquellas partes*. (Faenza, 1780). Edición a cargo de José M. Mariluz Urquijo. Buenos Aires. FECIC.

Cardiel, José [1758] 1900 *Declaración de la verdad*. Buenos Aires: Imprenta de J. A. Alsina

Cardim, Fernão [1583] 1980 *Tratados da Terra e Gente do Brasil*. São Paulo-Belo Horizonte: Itatiaia-Edusp.

Cardim, Fernão [1584] 1925 *Tratados da terra e gente do Brasil*. Introduções e notas de Rodolfo Garcia, Batista Caetano e Capistrano de Abreu. Rio de Janeiro: J. Leite & Cia.

Cardoso de Oliveira, Roberto 1976 *Identidade, Etnia e Estrutura Social*. São Paulo: Pioneira.

Carneiro da Cunha, Manuela 1996 "Da guerra das relíquias ao quinto império, importação e exportação da história no Brasil". *Novos Estudos do Cebrap* 44: 73-87.

Carpentier, Alejo 1984 *Ensayos.* La Habana: Letras Cubanas.

[Carta] [1579] 2000 *Carta del Padre Pedro de Morales de la Compañía de Jesús para el muy reverendo padre Everardo Mercuriano, general de la misma Compañía...* Edición, introducción y notas de Beatriz Mariscal Hay. México: Colegio de México.

Cassi, Aldo Andrea 2007 *Ultramar. L'invenzione europea del Nuovo Mondo*. Roma-Bari: Laterza.

Castagna, Paulo A. 1991 *Fontes bibliográficas para a pesquisa da prática musical no Brasil nos séculos XVI e XVII*. Dissertação de mestrado, Escola de Comunicação e Artes, Universidade de São Paulo (2 vols.).

Castagna, Paulo A. 1997 "A música como instrumento de catequese no Brasil dos sécs. XVI e XVII". *Confronto de culturas: conquista, resistência, transformação: 275-290*. Azevedo, F. L. Nogueira de y J. M. Monteiro. Rio de Janeiro: Expressão e Cultura/ São Paulo: Editora da Universidade de São Paulo (EDUSP).

Castagna, Paulo 1999 "The Use of Music by the Jesuits in the Conversion of the Indigenous Peoples of Brazil". *The Jesuits, Cultures, Sciences and the Arts: 1540-1773*: 641-658. O'Malley et al. (eds.). Toronto: University of Toronto Press.

Castelnau-L'Estoile, Charlotte de 2000a *Les ouvriers d'une vigne stérile. Les jésuites et la conversion des Indiens au Brésil 1580-1620*. Lisbonne-Paris: Centre Culturel Calouste Gulbenkian & Commission Nationale pour les Commémorations des Découvertes Portugaises.

Castelnau-L'Estoile, Charlotte de 2000b « Un maître de la parole indienne Francisco Pinto (1552-1602) missionnaire au Brésil ». *Arquivos do Centro Cultural Calouste Gulbenkian Biographies*, volume XXXIX: 45-60.

Castelnau-L'Estoile, Charlotte de 2002 "Un maestro della parola indiana Francisco Pinto (1552-1608) ». *Etnosistemi Processi e dinamiche culturali, Numero Missioni Percorsi tra antropologia e storia* (Anno IX, n°9, Gennaio): 26-36. Mattalucci-Yilmaz, C. (ed.). Roma: CISU.

Castelnau-L'Estoile, Charlotte de 2006 "The Uses of Shamanism: Evangelizing Strategies and Missionary Models in Seventeenth-Century Brazil". *The Jesuits II. Cultures, Sciences, and the Arts, 1540-1773*: 616-637. O'Malley, J. et al. (eds.). Toronto: University of Toronto Press.

Castelnau-L'Estoile, Charlotte de 2008 "The Jesuits and the Political Language of the City: Riot and Procession in Early Seventeenth Century Salvador da Bahia ". *Portuguese Colonial Cities in the Early Modern World*: 41-61. Brockey, L. (ed.). United Kingdom: Ashgate Publishing Ltd.

Castelnau-L´Estoile, Charlotte de 2009 "Le partage des reliques. Autour du culte d'un missionnaire jésuite au Brésil au début du XVIIe siècle". *Reliques modernes. Corps saints et lieux sacrés des Réformes aux révolutions*. Boutry, P et al. (eds.). Paris: Editions de l' EHESS.

Castelnau, Charlotte de; Copete, Marie L.; Maldavsky, Aliocha y Županov, Ines (eds.) 2011 *Missions d'évangelisation et circulation des savoirs. XVIe – XVIIIe siècle*. Madrid-Paris: Casa de Velasquez-EHESS.

Castillo Gómez, Antonio 1998 "La fortuna de lo escrito: funciones y espacios de la razón gráfica (siglos XV-XVII)". *Bulletin Hispanique* 100 (2): 343-381.

Castillo Gómez, Antonio (org.). 1999 *Escribir y leer en el siglo de Cervantes*. Barcelona: Gedisa.

Castillo Gómez, Antonio (coord.) 2002 *Historia de la cultura escrita. Del Próximo Oriente Antiguo a la sociedad informatizada*. Gijón: TREA.

Castillo Gómez, Antonio 2006 *Entre la pluma y la pared. Una historia social de la escritura en los Siglos de Oro*. Madrid: Akal.

Catto, Michela 2005 "Dagli Esercizi spirituali alle Costituzioni della Compágnia di Gesù. Il discernimento spirituale e il governare: La struttura di ´un modo di procedere`". *Strutture e forme del "discorso" storico*: 209-231. Olivieri, A. (ed.), Milán: Unicopli.

Catto, Michela 2009 *La Compágnia divisa. Il dissenso interno nell'ordine gesuitico tra '500 e '600*. Brescia: Morcelliana.

Catto, Michela; Mongini, Guido y Silvia Mostaccio (eds.) 2010 *Evangelizzazione e globalizzazione: le missioni gesuitice nell´ela moderna tra storia e storiografia*. Italia: Società Editrice Dante Alighieri.

Caxa, Quirício 1988 "Breve Relação da vida e morte do Padre José de Anchieta". *Primeiras biografias de José de Anchieta.* São Paulo: Loyola.

Certeau, Michel de 1975 *L'écriture de l'histoire.* Paris: Gallimard.

Certeau, Michel de. 1987 *La fable mystique, XVI'-XVII' siècle.* Paris: Gallimard.

Certeau, Michel de 1994 *A invenção do cotidiano:* 1. *Artes de Fazer.* Petrópolis: Vozes.

Certeau, Michel de 1997 *Historia y psicoanálisis.* México: Universidad Iberoamericana.

Certeau, Michel de 2007 *El lugar del otro.* Buenos Aires: Katz.

Cignoli, Francisco 1953 *Historia de la farmacia argentina.* Córdoba: Librería y Editorial Ruiz.

Cignoli, Francisco 1967 "Evolución de la farmacopea y de la argentina en particular. La sugestion de la Academia de Medicina de 1823". *Boletín de la Academia nacional de Medicina de Buenos Aires* 45 (2): 541-556.

Clanchy, Michael T. 1979 *From memory to written record: England, 1066-1307.* London: Edward Arnold.

Clanchy, Michael T. 1999 "La cultura escrita, la ley y el poder del estado". *Seminario Internacional d'Estudis sobre la Cultura Escrita.* Universitat de Valencia, Departament d'Història de l'Antiguitat i de la Cultura Escrita.

Clastres, Hélène 1975 *La Terre sans mal. Le prophétisme tupi-guarani.* Paris: Seuil.

Clastres, Pierre 1996 *Investigaciones en Antropología Política.* Barcelona: Gedisa.

Clavijero, Francisco Xavier [1780-1781] 1997 *Historia Antigua de México.* Edición facsímilar del manuscrito original. México: Sociedad Mexicana de Bibliófilos.

Clendinnen, Inga 1987 *Ambivalent conquests: Maya and Spaniard in Yucatan, 1517-1570.* Cambridge: Cambridge University Press.

Clifford, James y George E. Marcus (eds.) 1986 *Writing Culture: The Poetics and Politics of Ethnography.* Berkeley: University of California Press.

Clossey, Luke.2006 "Merchants, migrants, missionaries, and globalization in the early-modern Pacific". *Journal of Global History* 1: 41-58.

Clossey, Luke 2008 *Salvation and globalization in the early Jesuit missions.* Cambridge: Cambridge University Press.

Cobo, Bernabé 1964 *Obras del Padre Bernabé Cobo de la Compañía de Jesús.* Estudio preliminar y Edición del Padre Francisco Mateos de la misma Compañía. Madrid: Ediciones Atlas. Biblioteca de autores españoles desde la formación del lenguaje hasta nuestros días. Continuación de la Colección Rivadeneira publicada con autorización de la Real Academia Español.

Coello de la Rosa, Alexandre 2010 El pregonero de Dios. Diego Martínez, SJ, misionero jesuita del Perú Colonial (1543-1626). Valladolid: Universidad de Valladolid.

Cohen, Abner 1978 *O Homem Bidimensional. A Antropologia do poder e o simbolismo em sociedades Complexas*. Rio de Janeiro: Zahar.

Colin, Francisco 1903 *Labor evangélica, ministerios apostólicos de los obreros de la Compañía de Jesús, fundación y progressos de su Provincia en las Islas Filipinas*. Nueva Edición por el padre P. Pastells. Barcelona: Impr. Lit de Henrich.

Colombo, Emanuele 2007 *Convertire i musulmani. L'esperienza di un gesuita spágnolo del Seicento*. Milán: Bruno Mondadori.

Colombo, Emanuele 2008 "La predicazione gesuitica verso i maomettani nella Spagna del Seicento: Tirso González de Santalla". *La comunicazione del sacro (secoli IX-XVIII)*: 289-307. Paravicini Bagliani, Agostino y Antonio Rigon (eds.). Roma: Herder.

Colombo, Emanuele 2009 "La Compagnia di Gesù e l'evangelizzazione dei musulmani nella Spagna del Seicento: il caso González". *Revue Mabillon* 81: 219-243.

Colombo, Emanuele 2010 "Jesuits, Jews and Muslims". *Archivum Historicum Societatis Iesu* 79: 419-426.

Colombo, Emanuele (en prensa) "Tirso González de Santalla e la predicazione gesuitica ai maomettani nella Spágna del Seicento". *Italia Sacra*.

Combès, Isabelle 1987 "'Dicen que por ser ligero': cannibales, guerriers et prophètes chez les anciens Tupi Guarani". *Journal de la Société des Américanistes* 73: 93-106.

[Constitutiones] [1558] 1583 *CONSTITUTIONES Societatis IESU cum earum Declarationibus..* Roma: [s.n.].

[Constituciones] 1993 *Constituciones de la Compañía de Jesús*. Introducción y notas para su lectura de Santiago Arzubialde; Jesús Corella y José María García Lomas (eds.). Santander: Editorial Sal Terrae.

[Constitutions] 1996 *The Constitutions of the Society of Jesus and Their Complementary Norms*, Saint Louis:The Institute of Jesuit Sources.

Cook, Harold 2007 *Matters of Exchange. Commerce, Medicine, and Science in the Dutch Golden Age*. New Haven: Yale University Press.

Corsi, Elisabeta (ed.) 2008 *Órdenes religiosas entre América y Asia. Ideas para una historia misionera de los espacios coloniales*. México: Colegio de México.

Alonso Cortés, Angel 2002 *Lingüística*. Madrid: Cátedra.

Cortesão, Jaime 2001 *O Tratado de Madrid*. Edição fac-similar. Brasília: Senado Federal, Coleção Memória Brasilera. (2 vols).

Cramaussel, Chantal 2006 *Poblar la frontera*. Zamora: El Colegio de Michoacán.

Crisóstomo, San Juan 1955 *Homilías sobre el Evangelio de San Mateo*. Madrid: Biblioteca de Autores Cristianos.

[Crónicas] [1945] 1995 *Crónicas de la Compañía de Jesús en la Nueva España*. México: UNAM

Cummins, Thomas 2004 "Silver Threads and Golden Needles: The Inca, the Spanish, and the Sacred World of Humanity". *The Colonial Andes: Tapestries and Silverwork, 1530-1830*: 2-15. Phipps, E. (eds.). New York: Metropolitan Museum of Art / New Haven: Yale University Press.

Chakrabarty, Dipesh 2007 *Provincializing Europe: Postcolonial Thought and Historical Difference*. Princeton: Princeton University Press.

Chamorro, Graciela 1988 *A espiritualidade guarani: Uma teología amerindia da palabra*. São Leopoldo: Sinodal.

Chamorro, Graciela 1995 *Kurusu ñe'ëngatu: Palabras que la historia no podría olvidar*. Asunción: CEADUC.

Charpentier, Jarl 1933 The Livro da seita dos Indios Orientais (Brit. Mus. MS.Sloane 1820) of Father Jacobo Fenicio, S. J. Uppsala: Almqvist & Wiksells.

Chartier, Roger 1987 *The Cultural Uses of Print in Early Modern France*. Princeton: Princeton University Press.

Chartier, Roger 1991 "As práticas da escrita". *História da vida privada 3: Renascença ao Século das Luzes*. Ariès, Ph. y R. Chartier (orgs.). São Paulo: Companhia das Letras.

Chartier, Roger 1993 *Libros, lecturas y lectores en la Edad Moderna*. Madrid: Alianza Editorial.

Chaumeil, Jean-Pierre 1997 « Les os, les flûtes, les morts. Mémoire et traitement funéraire en Amazonie ». *Journal de la Société des Américanistes* 83: 83-110.

Chinchilla, Perla y Antonella Romano (coord.). *Escrituras de la modernidad. Los jesuitas entre cultura retórica y cultura científica*. México: Universidad Iberoamericana/Ecole des Hautes Etudes en Sciences Sociales.

Ching, Julia 1977 *Confucianism and Christianity. A Comparative Study*. Tokio, Kodhansa International- The Institute of Oriental Religions, Sophia University.

Christian, William 1989 *Local Religion in Sixteenth Century Spain*. Princeton: Princeton University Press.

Daher, Andrea 1999 "Écrire la langue indigène: la grammaire Tupi et les catéchismes bilingues au Brésil (XVI siècle)". *Mélanges de l'École Française de Rome. Italie et Méditerranée* 111 (1): 231-250.

Dahmen, Pierre 1931 *Robert de Nobili, l'apôtre des Brahmes. Apologie. 1610,* Paris, 1931

Dainville, François de 1991 *L'éducation des jésuites (XVI-XVIII siècle).* París: Minuit.

Dames, Mansel L. 1918-1921 *The Book of Duarte Barbosa. An account of the countries bordering on the Indian Ocean and their inhabitants.* London,: Printed for the Hakluyt Society (2 vols).

Daniel, Norman 1960 *Islam and the West. The Making of an Image.* Edinburgh: Edinburgh University Press.

Daniel, Norman 1979 *The Arabs and Medieval Europe.* London: Longman.

Dantas Silva, Leonardo 2005 *Holandeses em Pernambuco 1630-1654.* Recife: Instituto Ricardo Brennand.

D'Aragona, Alonso 1979 "Breve introducción para aprender la lengua guaraní". Edición de Bartomeu Melià. *Amerindia* 4: 23-61.

Dean, Carolyn 1999 *Inka Bodies and the Body of Christ: Corpus Christi in Colonial Cuzco, Peru.* Durham and London: Duke University Press.

De Jong, Ingrid 2005 "Dossier Mestizaje, Etnogénesis y Frontera, introducción". *Memoria Americana, Cuardernos de Etnohistoria* 13: 9-19.

Dehergne, Joseph 1957 "La chrétienté de la Chine de la période Ming (1581-1650)". *Monumenta Serica* XVI (1): 1-136.

De la Costa, Horacio 1961 *The Jesuits in the Philippines, 1581-1768.* Cambridge-Massachusetts: Harvard University Press.

Del Pino Díaz, Fermín 1978 "Contribución del P. Acosta a la constitución de la etnología: su evolucionismo". *Revista de Indias* 38: 507-46.

Del Pino Díaz, Fermín 1992 "Humanismo renacentista y orígenes de la etnología: a propósito del P. Acosta, paradigma del humanismo antropológico jesuita". *Humanismo y visión del otro en la España moderna: cuatro estudios.* Ares, B. (ed.). Madrid: Consejo Superior de Investigaciones Científicas.

D'Elia, Pasquale M. 1941 "Alessandro Valignano e l'introduzione definitiva del cristianesimo in Cina". *La Civiltà Cattolica* 1: 124-135.

Delumeau, Jean [1971] 1985 *Le catholicisme entre Luther et Voltaire.* Paris: Presses universitaires de France.

Demel, Walter 1997 *Come i cinesi divennero gialli. Alle origini delle teorie razziali.* Milán: Vita e Pensiero.

De Pauw, Corneille 1768 *Recherches philosophiques sur les Américains, ou Mémoires intéressants pour servir a l'histoire de l'especie humaine.* Decker: Imprimeur du Roi (2 vols).

Derrida, Jacques 1972 *La Dissémination.* Paris: Seuil.

Derrida, Jacques 1999 *Feu la cendre.* Paris: Éditions des Femmes - Antoinette Fouque.

Derrida, Jacques 1988 *Márgenes de la filosofía.* Madrid: Ediciones Cátedra.

Derrida, Jacques 1997 *Cómo no hablar y otros textos*. Barcelona: Proyecto "A" Ediciones.

De Vitoria, Francisco 1996 *Relectio de Indis. La questione degli Indios*. Edición a cargo de A. Lamacchia. Bari: Levante Editori.

De Vitoria, Francisco 2005 *De iure belli*. Edición a cargo de C. Galli. Roma-Bari: Laterza.

Di Rienzo, Eugenio 2005 *Il diritto delle armi. Guerra e politica nell'Europa moderna*. Milán: Franco Angeli.

Dobbins, James C. 1989 *Jodo Shinshu: Shin Buddhism in Medieval Japan*. Bloomington, Illinois: Indiana University Press.

Dobrizhoffer, Martin 1783 *Geschichte der Abiponer, einer berittenen und kriegerischen Nation in Paraguay. Bereichert mit einer Menge Beobachtungen über die wilden Völkerschaften, Städte, Flüße, vierfüßigen Thiere, Amphibien, Insekten, merkwürdigsten Schlangen, Fische, Vögel, Bäume, Pflanzen, und andere Eigenschaften dieser Provinz*. Aus dem Lateinischen übersetzt von A. Kreil. 3 ts., Wien: Joseph Edlen von Kurzbek [primera Edición en latín: *Historia de Abiponibus, equestri, bellicosaque paraquariae natione: locupletata copiosis barbararum gentium, urbium, fluminum, ferarum...* Viennae: typis Josephi Nob. de Kurzbek, 1784].

Dobrizhoffer, Martín [1784] 1968 *Historia de los Abipones*. Resistencia. Universidad Nacional del Nordeste, Facultad de Humanidades. Instituto de Historia (3 vols.).

Domenichini, Daniele 1981 "Sulla fortuna italiana di José de Acosta. Episodi di storia religiosa del Cinquecento". *Studi ispanici* s/nr: 23-46.

Domingues, Angela 2000 *Quando os índios eram vassalos. Colonização e relações de poder no Norte do Brasil, na segunda metade do século XVIII*. Lisboa: Comissão Nacional para a Comemoração dos Descobrimentos.

Dominguez, Beatriz H. 2007 "A participação do jesuíta Clavijero na ´disputa do novo mundo`: uma combinação ecléctica de humanismo, tomismo, história natural e iluminismo". *Los jesuitas y la modernidad en Iberoamérica 1549-1773*: 72-97. Marzal, M. y L. Bacigalupo (eds.). Lima: Fondo Editorial de la Pontificia Universidad Católica del Perú - Universidad del Pacífico - Instituto Francés de Estudios Andinos.

Donnelly, John P. 2004 "Antonio Possevino from Secretary to Papal Legate in Sweden". *The Mercurian Project: Forming Jesuit Culture, 1573-1580*: 323-349. McCoog, T. (Ed.). St. Louis: Institute of Jesuit Sources.

D'Ors, Eugenio [1942] 2002 *Lo barroco*. Madrid: Tecnos.

Douglas, Mary 1979 *Purity and Danger*. Londres: Routledge.

Doyle, John. P. 2005 "Two Sixteenth-Century Jesuits and a plan to conquer China: Alonso Sánchez and José de Acosta. An outrageous proposal and its rejection". *Rechtsdenken: Schnittpunkte West and Ost. Recht in den Gesellschafts- und Staatstragenden Institutionen Europas und Chinas*: 253-273. Wegmann, K y H. Holz (eds). Münster: LIT Verlag.

Duchet, Michèle 1971 *Anthropologie et histoire au siècle des Lumières. Diderot*. Paris: Albin Michel.

Dumont, Louis 1966 *Homo hierarchicus. Le système des castes et ses implications*. Paris: Gallimard.

Dumoulin, Heinrich 1990 "Inkulturation in der Jesuitenmission Japans". *Ignatianisch. Eigenart und Methode der Gesellschaft Jesu:* 254 - 271. Sievernich, M. y G. Switek (eds.). Freiburg - Basel – Wien: Herder.

Dunne, George 1962 *Generation of Giants. The Story of the Jesuits in the Last Decades of the Ming Dynasty*. London: Burns & Oates.

Dupeyron, Guy Rozat 1995 *América, imperio del demonio*. México: Universidad Iberoamericana.

Duviols, Jean-Paul 1993 "Langue et evangélisation dans les missions jésuites du Paraguay". *Langues et cultures en Amérique espágnole coloniale*. Benassy-Berling, M.-C.; Clement, J.-P. y A. Milhou, A. (Ed.). Paris: Presses Sorbonne Nouvelle,.

Duviols, Pierre 2003 *Procesos y Visitas de Idolatrías, Cajatambo, siglo XVII*. Lima: Instituto Francés de Estudios Andinos/Pontificia Universidad Católica del Perú.

Echevarria, Ana E. 1999 *The Fortress of Faith. The Attitude towards Muslims in Fifteenth Century Spain*. Leiden-Boston-Köln: Brill.

Echeverría, Bolívar 2005 *La modernidad de lo barroco*. México: Ediciones Era.

Egginton, William 2005 "Of Baroque Holes and Baroque Folds". *Hispanic Baroques: Reading Cultures in Context:* 55–71. Spadaccini, N. y L. Martin-Estudillo (Eds.). Nashville: Vanderbilt University Press (*Hispanic Issues* 31).

Eguillor, José R.; Revuelta, Manuel y Rafael M. Saenz de Diego, (eds.) 1988 *Memorias del P. Luis Martín General de la Compañía de Jesús (1846-1906)*. Roma: Editorial Mensajero (2 vols.).

El Alaoui, Youssef 2006 *Jésuites, Morisques et Indiens. Étude comparative des méthodes d'évangélisation de la Compágnie de Jésus d'après les traités de José de Acosta (1588) et d'Ignacio de Las Casas (1605 - 1607)*. Paris: Honoré Champion.

Elkolli, Jane 1983 *La polémique islamo-chrétienne en Espágne (1492-1640) à travers les réfutations de l'Islam de Juan de Andées et Lope Obregón*. Tesis de doctorado. Université Paul Valery – Montpellier.

Elman, Benjamin A. 1989 "Imperial Politics and Confucian Societies in Late Imperial China: The Hanlin and Donglin Academies". *Modern China* 15 (4): 379-418.

Elman, Benjamin A. 2000 *A Cultural History of Civil Examinations in Late Imperial China*. California: University of California Press.

Emmer, Pieter 2007 "Los holandeses y el reto atlántico en el siglo XVII". *El desafío holandés al dominio ibérico en Brasil en el siglo XVI:* 18-31. Santos Pérez, José M. y George Cabral de Souza (eds). Salamanca: Ediciones Universidad de Salamanca.

Enrich, Francisco 1891 *Historia de la Compañía de Jesús en Chile*. Barcelona: Imprenta de Francisco Rosal (2 vols.).

[*Epistolae Praepositorum*] 1909 *Epistolae Praepositorum Generalium ad patres et fratres societatis Iesu,* I, 148. Rollarii: Typis Iulii. De Meester.

[*Epistolae mixtae*] [1537-1556] 1990 *Epistolæ mixtæ ex variis europæ locis ab anno 1537 ad 1556 scriptæ nunc primum a patribus Societatis Jesu in lucen Editæ,* vol. 3 (1553). (Monumenta Historica Societatis IESU. Vol 17.) Madrid (5 vols.).

[*Epistolae Nadal*] [1546-1577] 1905 *Epistolae P. Hieronymi Nadal Societatis Jesu ab anno 1546 ad 1577 nunc primum Editae et illustratae a patribus ejusden Societatis,* vol. 4: Selecta Natalis monumenta in ejus epistolis commenorata. (Monumenta Historica Societatis IESU, vol. 90) Madrid.

[*Epistolae Xavier*] 1944 *Epistolae S. Francisa Xaverii aliaque eius scripta.* Schurhammer, Georg y Joseph Wicki (eds.). Rome: Institutum Historicum Societatis Iesu.

Etiemble, René 1966 *Les Jesuites en Chine. Le querelle des rites (1552-1773)*. Paris: Jullilard.

Fabre, Pierre Antoine 1995 "Dépouilles d' Egypte. L'expurgation des auteurs latins dans les collèges". *Les jésuites à la Renaissance. Production du savoir et système d'éducation:* 55-76. Giard, L. (Ed.). Paris: Presses Universitaires de France.

Fabre, Pierre Antoine 2007a "Ensayo de geopolítica de las corrientes espirituales: Alonso Sánchez entre Madrid, Nueva España, Filipinas, las costas de China y Roma, 1589-1593". *Órdenes religiosos entre América y Asia. Ideas para una historia misionera de los espacios coloniales*: 85-104. Corsi, E. (ed.). México: El Colegio de México.

Fabre, Pierre Antoine 2007b "Saggio di geopolitica delle correnti spirituali. Alonso Sánchez tra Madrid, il Messico, le Filippine, le coste della Cina e Roma (1579-1593)". Broggio, P. et al. (eds.). *I gesuiti ai tempi di Claudio Acquaviva. Strategie politiche, religiose e culturali tra Cinque e Seicento.* Brescia: Morcelliana.

Fabre, Pierre Antoine 2007c "Un désir antérieur les premiers jésuites des Philippines et leurs indipetae (1580-1605)". *Missions religieuses modernes. "Notre Lieu est le monde"*: 71-88. Fabre, P.A. y B. Vincent (comps.). Roma: École Française de Rome.

Fabre, Pierre-Antoine 2009 "Le grand reliquaire de la chapelle du Crucifix. Recherches sur le culte des reliques dans l'église San Ignazio de Rome (xvie-xixe siècles)". *Reliques modernes. Corps saints et lieux sacrés des Réformes aux révolutions.* Boutry, Ph. et al. (eds.). Paris: Editions de l' EHESS.

Fabre, Pierre-Antoine (en prensa) *La création du Collège de Cordoue (1554) selon la Correspondance de Jérôme Nadal: récit de fondation et pouvoirs de l'écrit. De la fondation. Recherches sur la première Compágnie de Jésus.*

Falkner, Thomas 1774 *Description of Patagonia and the adjoining parts of South America: containing an account of the soil, produce, animals, vales... the religion, government, policy, customs... and some particulars relating to Falkland's Islands.* Hereford: C. Pugh

Falkner, Thomas [1774] 1914 *Descripción de la Patagonia y lugares adyacentes de Sur América.* Buenos Aires: Hachete.

Falkner, Thomas [1774] 1935 *A description of Patagonia and the Adjoining parts of South America.* Chicago: Arman & Arman.

Falkner, Thomas [1774] 1957 *Descripción de la Patagonia y lugares adyacentes de Sur América, publicada en Inglaterra en 1774.* Buenos Aires: Hachette.

Farge, William J. 2002 *The Japanese Translations of the Jesuit Mission Press, 1590-1614: De Imitatione Christi and Guia de Pecadores.* Lewiston, New York: Edwin Mellen Press.

Fausto, Carlos 1992 "Fragmentos de historia e cultura tupinamba. Da etnologia como instrumento critico de conhecimento etno-historico". *Historia dos Indios no Brasil:* 381-396. Carneiro da Cunha, M. (org.): São Paulo: Companhia das Letras.

Fausto, Carlos 2002 « The bones affair: Indigenous knowledge practices in contact situations seen from an Amazonian Case". *Journal of the Royal Anthropological Institute* 8 (4): 669-690.

Fausto, Carlos 2005 "Se Deus fosse jaguar: canibalismo e cristianismo entre os guarani (séculos XVI-XX)". *Mana* 11 (2): 385-418.

Febvre, Lucien 1968 *Le problème de l'incroyance au XVI' siècle.* Paris: A. Michel.

Feldhay, Rivka 1995 *Galileo and the church: political inquisition or critical dialogue.* Cambridge: Cambridge University Press.

Ferreira, Mário O. Cl. 2001 *O Tratado de Madrid e o Brasil meridional: os trabalhos demarcadores das Partidas do Sul e sua produção cartográfica (1749-1761).* Lisboa: Comissão Nacional para Comemorações dos Descobrimentos Portugueses.

Ferro, Donatella 1994 "Sospetti e censure nella prima traduzione italiana della Historia natural y moral de las Indias di José de Acosta". *Il letterato tra miti e realtà del nuovo mondo: Venezia, il mondo iberico e l'Italia. Atti del convegno di Venezia, 21-23 ottobre 1992:* 273-282. Caracciolò Aricò, A. (ed.). Roma: Bulzoni.

Fish, Stanley 1983 "Things and Actions Indifferent: The Temptation of Plot in Paradise Regained". *Milton Studies* 17: 163-185.

Fiume, Giovanna 2009 *Schiavitù mediterranee. Corsari, rinnegati e santi di età moderna.* Milán: Bruno Mondadori.

Foerster, Rolf 1990 "La conquista bautismal de los mapuches de la Araucanía". *Nütram* VI (3): 17-35.

Foerster, Rolf 1996 *Jesuitas y mapuches, 1593-1767*. Santiago: Universitaria.

[Formula] [1580]. *Formula scribendi*. S/l, s/d [Roma, 1580]. Publicado en *Institutum* Societatis IESU, vol. 3. Florença: ex Typographia a Ss. Conceptione, 1893.

Forti, Carla 1992 "La «guerra giusta» nel Nuovo Mondo: ricezione italiana del dibattito spágnolo". *Il Nuovo Mondo nella coscienza italiana e tedesca del Cinquecento:* 257-285. Prosperi, A. y W. Reinhard (eds.). Bologna: Il Mulino.

Fox, George 1688 *An answer to the speech or declaration of the Great Turk*. London: A. Sowle.

Fraschini, Alfredo 2005 *Index Librorum Collegii Maximi Cordubensis Societatis Iesu, 1757*. Edición crítica, filológica y bibliográfica. Córdoba: Publicaciones Universidad Nacional de Córdoba.

Fraser, Valerie 1990 *The Architecture of Conquest: Building in the Viceroyalty of Peru 1535–1635:* Cambridge and New York: Cambridge University Press.

Frenk, Margit 1997 *Entre la voz y el silencio: la lectura en tiempos de Cervantes*. Alcalá de Henares: Centro de estudios Cervantinos.

Freyre, Ricardo Jaimes 1915 *El Tucumán colonial*. Buenos Aires: Coni hermanos.

Fumaroli, Mark 1999 "The Fertility and the Shortcomings of Renaissance Rhetoric: The Jesuit Case". *The Jesuits, Cultures, Sciences, and the Arts: 1540-1773:* 90-106. O' Malley, J. et al. (ed.). Toronto: University of Toronto Press.

Furlong, Guillermo 1936a *Cartografía jesuítica del Río de la Plata*. Buenos Aires, Facultad de Filosofía y Letras.

Furlong, Guillermo 1936b "Un médico colonial: Segismundo Aperger". *Estudios* 54: 117-148.

Furlong, Guillermo 1947 *Médicos argentinos durante la dominación hispánica*. Buenos Aires: Editorial Huarpes.

Furlong, Guillermo 1948 *Naturalistas argentinos durante la dominación hispánica*. Buenos Aires: Editorial Huarpes.

Furlong, Guillermo 1952 *José Manuel Peramás y su Diario del destierro (1768)*. Buenos Aires: Librería del Plata.

Furlong, Guillermo 1953 *José Cardiel SJ y su carta relación (1747)*. Buenos Aires: Librería del Plata.

Furlong, Guillermo 1962 *Misiones y sus pueblos de Guaraníes*. Buenos Aires: Imprenta Balmes.

Furlong, Guillermo 1964 *Antonio Ruiz de Montoya y su carta a Comental (1645)*. Buenos Aires: Ediciones Theoria.

Furlong, Guillermo 1965 *Antonio Ruiz de Montoya y su Carta a Comental (1645)*. Buenos Aires: Theoria.

Gadelha, Regina (ed.) 1999 *Missões Guarani: impacto na sociedade contemporânea*. São Paulo: EDUC

Galison, Peter y David Stump (eds.) 1996 *The Disunity of Science. Boundaries, Contexts, and Power*. Stanford: Stanford University Press.

Ganson, Barbara 2003 *The Guarani under Spanish Rule in the Rio de la Plata*. Stanford: Stanford University Press.

Garcia-Arenal, Mercedes 2009 « Religious Dissent and Minorities: The Morisco Age ». *The Journal of Modern History* 81: 888-920.

Garin, Eugenio 1975 *Alla scoperta del "diverso": i selvaggi americani e i saggi cinesi, en Rinascita e rivoluzioni. Movimenti culturali dal XIV al XVIII secolo*. Roma-Bari: Laterza.

Gascón, Margarita 2007 *Naturaleza e imperio. Araucanía, Patagonia, Pampas, 1598-1740*. Buenos Aires: Dunken.

Gatto, Romano 1994 *Tra scienza e immaginazione. Le matematiche presso il collegio gesuitico napoletano (1552-1670)*. Florencia: L.S. Olschki.

Geary, Patrick J. 1978 *Furta Sacra thefts of relics in the Central Middle Ages*. Princeton: Princeton University Press.

Geary, Patrick J. 1993 *Les vols de reliques au Moyen Age*. Paris: Aubier.

Gerbi, Antonello 1955 *La disputa del Nuevo Mundo. Historia de una polémica 1750-1955*. México: Fondo de Cultura Económica.

Gerbi, Antonello 2000 *La disputa del Nuovo Mondo*. Milan: ADELPHA.

Gernet, Jacques 1982 "Gli ambienti intelettuali cinese all'epoca del Ricci". *Atti del Convengo internazionale di Studi ricciani* (22-25 Ottobre): 101-116. Roma: Macerata.

Gernet, Jacques 1984 *Cina e cristianesimo. Azione e reazione*. Marietti: Casale Monferrato.

Gernet, Jacques 1985 *China and the Christian Impact. A Conflict of Cultures*. Cambridge: Cambridge University Press.

Gernet, Jacques 1993 "Espace-temps, science et religion dans la rencontre de la Chine avec l'Europe". *L'Europe en Chine. Interactions scientifiques, religieuses et culturelles aux XVIIe et XVIIIe siècle. Actes du colloque de la Fondation Hugot (14-17 octubre 1991)*: 231-240. Jami, C. y H. Delahe (eds.). Paris: College de France-Institut des hautes études Chinoises.

Gernet, Jacques 1999a *A History of Chinese Civilization*. Cambridge: Cambridge University Press.

Gernet, Jacques 1999b "La politica di conversione di Matteo Ricci e il suo impatto con la vita politica e intellettuale nella Cina del Seicento". *Lettere dalla Cina (1584-1608)*: 5-22. Matteo Ricci. Ancona: Transeuropa.

Giacon, Carlo [1944-50] 2001 *La Seconda Scolastica*. Torino: Aragno (3 vols.).

Giard, Luce (ed.) 1995 *Les Jésuites à la Renaissance. Systeme éducatif et production du savoir*. Paris: Presses Universitaires de France.

Giard, Luce y Louis de Vaucelles (ed.) 1996 *Les jésuites à l'âge baroque (1540-1640)*. Grenoble: Jérôme Million

Gil, Eusebio 1992 *El Sistema Educativo de la Compañía de Jesús*. Madrid: Universidad Pontificia de Comillas.

Girard, Pascal; Laborie, Jean-Claude; Pennec, Hervé y Zuñiga, Jean Paul 2007 "Frailes mozos y de pocas letras. Quatre ordres religieux (Augustins, Dominicains, Franciscains, Jésuites) aux Philippines entre 1572 et 1605". *Missions religieuses modernes. "Notre Lieu est le monde"*: 113-172. Fabre, P.A. y B. Vincent (comp). Roma: École Française de Rome.

Gisbert, Teresa 1999 *El paraíso de los pájaros parlantes: la imagen del otro en la cultura Andina*. La Paz: Plural Ediciones.

Giudicelli, Christophe 2003 *Pour une géopolitique de la guerre des Tepehuán (1616-1619)*. Paris: CRAEC-Université de la Sorbonne Nouvelle.

Giudicelli, Christophe 2005 "Pacificación y construcción discursiva de la frontera. El poder instituyente de la guerra en los confines del Imperio (siglos XVI-XVII)". *Máscaras, tretas y rodeos del discurso colonial en los Andes*: 157-176. Lavallé, B. (ed.). Lima: IFEA / Pontificia Universidad Católica del Perú, Instituto Riva-Agüero.

Giudicelli, Christophe 2006 "Un cierre de fronteras...taxonómico. Tepehuanes y tarahumara después de la guerra de los tepehuanes. (1616-1631)". *Anuario IEHS* 21: 59-78.

Giudicelli, Christophe 2007 *Encasillar la frontera. Clasificaciones coloniales y disciplinamiento del espacio en el área diaguito-calchaquí (S. XVI-XVII)*. *Anuario IEHS* 22: 161-212.

Giudicelli, Christophe 2009 "Indios amigos y normalización colonial en las fronteras americanas de la Monarquía Católica (Tucumán, Nueva Vizcaya, Siglos XVI-XVII)". *Las milicias del rey de España. Sociedad, política e identidad en las Monarquías ibéricas*. Ruiz Ibáñez, J.J. (Coord.). Madrid: Fondo de Cultura Económica.

Giudicelli, Christophe (ed.) 2010 *Fronteras movedizas. Clasificaciones coloniales y dinámicas socioculturales en las fornteras americanas*. México: Centro de Estudios Mexicanos y Centroamericanos (CEMCA)-Colegio de Michoacán.

Giudicelli, Christophe (en prensa) "Una milicia de vencidos: los calchaquíes frente a las primeras "invasiones mocovíes". (final del S. XVII-principios del XVIII)". *El primer siglo XVIII hispanoamericano, problemas y perspectivas (1700-1750)*. Lavallé, B. y J. Marchena (eds.). Madrid: Casa de Velásquez.

Gliozzi, Giuliano 1977 *Adamo e il Nuovo Mondo. La nascita dell'antropologia come ideologia coloniale: dalle genealogie bibliche alle teorie razziali (1500-1700)*. Firenze: La Nuova Italia Editrice.

Goicovich, Francis 2007 *Entre la conquista y la consolidación fronteriza: dispositivos de poder hispánico en los bosques meridionales del reino de Chile durante la etapa de transición (1598-1683)*. Historia 40 (II): 311-332..

Golim, Tau 1998 *A Guerra Guaranítica: como os exércitos de Portugal e Espanha destruíram os Sete Povos dos jesuítas e índios guaranis no Rio Grande do Sul (1750/1761)*. Passo Fundo: EDIUPF/Porto Alegre: EDUFRGS.

Golinski, Jan 1998 *Making Natural Knowledge. Constructivism and the History of Science*. Cambridge: Cambridge University Press.

Gómez, Pedro 1997 *Compendium Catholicae Veritatis*. Tokyo: Ozorasha (3 vols.).

González de Santalla, Tirso 1687 *Manuductio ad conversionem Mahumetanorum in duas partes divisa. In prima veritas religionis catholicae-romanae manifestis notis demonstratur. In secunda falsitas mahumetanae sectae convincitur*. Matriti: Villa-Diego.

González Rodríguez, Luís 1987 *Crónicas de la Sierra Tarahumara*. México: Secretaría de Educación Pública.

González Rodríguez 1993 *El noroeste novohispano en la época colonial*. México: UNAM-Instituto de Investigaciones Antropológicas.

Goody, Jack 1987a *A lógica da escrita e a organização da sociedade*. Lisboa: Edições 70.

Goody, Jack 1987b *The interface between the written and the oral*. Cambridge: Cambridge University Press.

Goody, Jack 1988 *A domesticação do pensamento selvagem*. Lisboa: Editorial Presença.

Gotor, Miguel 2002 *I beati del Papa. Inquisizione, santita y obEdiencia in età moderna*. Florencia: Leo Olschi.

Granada, Luís de 1996 *Guía de Pecadores*. Huerga, A. (Ed.). Madrid: Fundación Universitaria Española.

Greenblatt, Stephen 1991 *Marvelous Possessions: The Wonder of the New World*. Chicago: University of Chicago Press.

Gruzinski, Serge 1989 "Christianisation ou occidentalisation? Les sources romaines d'une anthropologie Historique". *Mélanges de l'École Française de Rome* 101 (2): 733-750.

Gruzinski, Serge 1991 *La colonización del imaginario. Sociedades indígenas y occidentalización en el México español. Siglos XVI-XVIII*. México: Fondo de Cultura Económica.

Gruzinski, Serge 1994 *La guerra de las imágenes. De Cristóbal Colón a Blade Runner*. México: Fondo de Cultura Económica.

Gruzinski, Serge 2001 *O Pensamento Mestiço*. São Paulo: Companhia das Letras.

Gruzinski, Serge 2004 *Les quatre parties du monde: histoire d'une mondialisation*. Paris: Martinière.

Guarnieri Calò Carducci, Luigi 1997 *Nuovo Mondo e ordine politico. La Compágnia di Gesù in Perù e l'attività di José de Acosta*. Rimini: Il Cerchio.

Guerra, Francisco 1973 *Historia de la materia médica hispano-americana y filipina en la época colonial. Inventario crítico y bibliográfico de manuscritos*. Madrid: Afrodisio Aguado.

Guerreiro, Fernão 1605 *Relaçam annal das cousas que fezeram os Padres da Compañía de Iesvs nas Partes da India Oriental, & no Brasil, Angola, Cabo Verde, Guine, nos annos de seiscentos & dous & seiscentos & tres, & do processo da conuersam & christandade daquellas partes, tirada das cartas dos mesmos padres que de lá vieram*. Pelo padre Fernam Guerreiro da mesma Compañía, natural de Almodouar de Portugal. Vay diuidido en quatro liuros. O primeiro de Iapã e II. da China & Maluco. O III. da India. O IIII. do Brasil, Angola, & Guiné, volumen 2, pág. 248-249. Lisboa: per Iorge Rodrigues impressor de livros.

Guevara, José 1882 *Historia de la Conquista del Paraguay Ríos de la Plata y Tucumán hasta fines del siglo XVI*. Buenos Aires: AR.

Guevara, Antonio de 2006 *Epistolas familiares, Obras Completas*, III. Edición y prólogo de Emilio Blanco. Madrid: Biblioteca Castro, José Antonio de Castro.

Gurevic, Aron 1996 *La nascita dell'individuo nell'Europa medievale*. Bari: Laterza.

Gutiérrez, Ramón 1978 *Arquitectura del altiplano peruano*. Resistencia: Universidad Nacional del Nordeste.

Gutiérrez, Ramón 2004 *Historiografía iberoamericana, arte y arquitectura (XVI-XVIII)*. Buenos Aires: Cedodal.

Hackett, Charles William 1926 *Historical documents relating to New Mexico, Nueva Vizcaya, and approaches thereto, to 1773*. Washington: Carnegie Institution.

Hansen, João A. 1993 "Sem F, sem L, sem R. Cronistas, jesuítas & índio no século XVI". *A conquista da América*: 45-55. Kossovitch, E. A. (org.). Campinas: CEDES/Papirus (Cadernos CEDES n° 30).

Hansen, João A. y Marta M. C. Carvalho 1996 "Modelos culturais e representação: uma leitura de Roger Chartier". *Varia História* 16: 7-24.

Harley, Brian 1995 *Le pouvoir des cartes. Brian Herley et la cartographie*. Paris: Anthropos.

Harris, Steven J. 1999 "Mapping Jesuit Science: The Role of Travel in the Geography of Knowledge". *The Jesuits: Cultures, Sciences, and the*

Arts, 1540-1773: 212-240. O' Malley et al. (eds.). Toronto: Toronto University Press.

Hartog, François 1999 *Memoria de Úlises: relatos sobre la frontera en la antigua Grecia*. Buenos Aires: Fondo de Cultura Económica.

Hartog, François 2005 *Anciens, modernes, sauvages*. Paris: Galaade Éditions.

Haubert, Maxime 1990 *Índios e jesuítas no tempo das missões*. São Paulo: Companhia das Letras.

Hauser, Arnold 1998 *Historia social de la literatura y el arte*. Madrid: Debate (2 vols.).

Havelock, Eric 1996 *A musa aprende a escrever: reflexões sobre a oralidade e a literacia da Antiguidade ao presente*. Lisboa: Gradiva.

Headley, John M 1995 "Spain's Asian Presence, 1565-1590: Structures and Aspirations". *Hispanic American Historical Review* 75: 623-645.

Heffner, Robert (ed.) 1993 *Conversion to Christianity. Historical and anthropological perspectives on a great transformation*. Berkeley: University of California Press.

Henis, Tadeo [1754] 1970 *Diário histórico de la rebelión y guerra de los pueblos guaraníes, situados en la costa oriental del río Uruguay, del año de 1754*, en *Colección de Angelis:* IV, 447-563. Buenos Aires: Ed. Plus Ultra.

Herczog, Johann 2001 *Orfeo nelle Indie: I gesuiti e la musica in Paraguay (1609-1767)*. Lecce: Mario Congedo Editore.

Heredia Correa, Roberto 1994 "El neolatín en los orígenes de nuestra identidad nacional". *Nova Tellus* 12: 197- 213.

Hernández Martín, Ramón 1999 *La lezione sugli indios di Francisco de Vitoria*. Milán: Jaca Book.

Hernández, Pablo 1912 "Un misionero jesuita del Paraguay en la corte de Felipe IV". *Razón y Fe* XI (33): 71-79; 215-222.

Hernández, Pablo 1913 *Organización social de las doctrinas guaraníes de la Compañía de Jesús*. Barcelona: Gustavo Gilli editor (2 vols.).

Hespanha, Antonio (Org.) 1993 *História de Portugal. O Antigo Regime (1620-1807)*, vol. IV. Lisboa: Editorial Estampa.

Heyberger, Bernard 2008 « Nau Michel ». *Dictionnaire des orientalistes de langue française:* 717-718. Pouillon, F. (ed.). Paris: Karthala.

Heyberger, Bernard (en prensa) *Polemic dialogues between Christians and Muslims (17th Century)*.

Heyberger, Bernard; Mercedes Garcia-Arenal; Emanuele Colombo; Paola Vismara (eds.) 2009 L'Islam visto da Occidente. Cultura e religione del Seicento europeo di fronte all'Islam. Atti del Convegno (Milano, 17-18 ottobre 2007). Milán: Marietti.

Heyberger, Bernard y Albrecht Fuess (eds.) (en prensa) *La frontière méditerranéenne du XVe au XVIIe siècle. Conflits, circulations, échanges.* Tournai: Brepols.

Hicken, Cristobal M. 1923 *Evolución de las Ciencias en la Republica Argentina.* Coni: Buenos Aires.

Higgins, Anthony 2000 *Constructing the Criollo Archive Subjets of Knowlwdge in the Biblioteca Mexicana and the Rusticatio Mexicana.* Indiana: Purdue University Press.

Hill, Jonathan (ed.) 1996 *History, Power and Identity, Ethnogenesis in the Americas, 1492-1992.* Iowa City: University of Iowa Press.

Hodgen, Margaret T. 1971 *Early Anthropology in the Sixteenth and Seventeenth Centuries*, Philadelphia: University of Pennsylvania Press.

Hoffmann, Werner 1981 *Vida y obra del P. Martín Schmid S.J. (1694-1772). Misionero suizo entre los chiquitanos. Músico, artesano, arquitecto y escultor.* Buenos Aires: FECIC.

Holler, Marcos 2010 *Os jesuítas e a música no Brasil colonial.* Campinas: Editora da UNICAMP.

Huerga, Álvaro 1988 *Fray Luis de Granada: Una vida al servicio de la Iglesia*, Madrid: Biblioteca de Autores Cristianos.

Huffine, Kristin 2005 "Raising Paraguay from Decline. Memory, Ethnography, and Natural History in the Eighteenth-Century Accounts of the Jesuit Fathers". *El saber de los jesuitas, historias naturales y el Nuevo Mundo*: 279-302. Millones Figueroa, L. y D. Ledezma (eds.). Frankfurt/Madrid: Vervuert/Iberoamericana.

Illari, Bernardo 1992 *Chiquitos: una pequeña historia de las actividades europeas en la región.* Inédito.

Imbruglia, Girolamo 1987 *L'invenzione del Paraguay: studio sull'idea di comunità tra Seicento e Settecento.* Napoli: Bibliopolis.

Imbruglia, Girolamo 1989 "L'«História do futuro» del gesuita Vieira e il processo di secolarizzazione della storia universale". *Archivio di storia della cultura* II: 185-198.

Imbruglia, Girolamo 1992 Ideali di civilizzazione: la Compágnia di Gesù e le missioni (1550-1600). *Il Nuovo Mondo nella coscienza italiana e tedesca del Cinquecento.* Prosperi, A. y W. Reinhard (eds.). Bologna: Il Mulino.

Imbruglia, Girolamo 2004 "Il missionario gesuita nel Cinquecento e i ´selvaggi` americani". *In nome di Dio. L'impresa missionaria di fronte all'alterita:* 61-73. Cuturi, F. (ed.). Roma: Meltemi.

Imbruglia, Girolamo 2006 "Un impero d'età moderna: la Compágnia di Gesù". *Le problème de l'alterité dans la culture européenne. Anthropologie, politique et religion aux XVIII et XIX siècle* (Actas del congreso internacional. Trieste 23-25 settembre 2004): 158-178. Abbatista, G y Minuti R. (eds.). Napoli: Bibliopolis.

Jara, Álvaro 1981 *Guerra y sociedad en Chile. La transformación de la guerra de Arauco y la esclavitud de los indios.* Santiago: Universitaria.

Jarque, Francisco 1687 *Insignes misioneros de la Compañia de Jesús en la Provincia del Paraguay.* Pamplona: Joan Micoan.

Javellana, René B. 1999 "The Jesuits and the Indigenous Peoples of the Philippines". *The Jesuits: Cultures, Sciences and the Arts, 1540-1773:* 418-438. O'Malley, J. et al. (eds.). Toronto: Toronto University Press.

Jensen, Lionel 1997 *Manufacturing Confucianism. Chinese Tradition and Universal Civilization.* Durham: Duke University Press.

Johnson, James Turner 1975 *Ideology, Reason and the Limitation of War. Religious and Secular Concepts 1200-1740.* Princeton: Princeton University Press.

Johnson, James Turner 1981 *Just War Tradition and the Restraint of War. A Moral and Historical Inquiry.* Princeton: Princeton University Press.

Jolis, José [1789] 1977 *Ensayo sobre la Historia Natural del gran Chaco.* Resistencia-Chaco: Universidad Nacional del Nordeste: Facultad de Humanidades.

Jyodo Shinshu Seiten Hensan Iinkai (ed.) 1992 *J_do Shinsh_ Seiten.* Kioto: Honganji Shuppansha.

Kahn, Victoria 1993 "Revising the History of Machiavellism: English Machiavellism and the Doctrine of Things Indifferent". *Renaissance Quarterly* XLVI (3): 526-561.

Kambartel, Friedrich 1984 "Naturgeschichte". *Historisches Wörterbuch der Philosophie,* t. 6: 526-528. Ritter, J. y Gründer, K. (eds.). Basel/Stuttgart: Verlag Schwabe & Co. AG.

Kantorowicz, Ernst 1957 *The King's Two Bodies: A Study in MEdieval Political Theology.* Princeton. Princeton University Press.

Kawamura, Shinzo 2002 *Kirisitan Shinto Soshiki no Tanjy_ to Hen'y_.* Tokyo: Ky_bunkan.

Kawamura, Shinzo y Cyril Veliath 2006 *Integration and Division between Universalism and Localism in Jesuit Mission Reports and Histories*: Sophia University International Colloquium 2005, The Sophia University Research Group for Jesuit Mission Reports and Histories. Tokyo: Universidad de Sofia.

Kawamura, Shinzo y Cyril Veliath 2009 *Beyond Borders. A Global Perspective of Jesuit Mission History.* Tokyo: Sophia University Press.

Kennedy, T. Frank 2001a "Some Unusual Genres of Sacred Music in the Early Modern Perio: The Catechism as a Musical Event in the Late Renaissance". *Early Modern Cathholicism:* 266-279. Comerford, Kathleen M. y M. Pabel Hilmar (eds.). Toronto: University of Toronto Press.

Kennedy, T. Frank 2001b "Latin American Colonial Music: The Case for Mission Music as a New Genre". *Sonus, A Journal of Investigations into Global Musical Possibilities* 21 (2): 27-38.

Kennedy, T. Frank 2002 "Jesuits (Society of Jesus)". *The New Grove Dictionary of Music and Musicians*. Sadie, Stanley (ed.), second Edition: 13, 19-21. London: MacMillan.

Klostermaier, Klaus K. 1989 A survey of Hinduism. Albany: State University of New York Press.

Koch, Ludwig 1934 Jesuiten-Lexikon, die Gesellschaft Jesu einst und jetzt. Paderborn: Bonifacius-Druckerei.

Kohut, Karl y María Cristina Torales 2008 *Desde los confines de los imperios ibéricos. Los jesuitas de habla alemana en las misiones americanas*. Monterrey (México): Instituto Tecnológico y de Estudios Superiores de Monterrey.

Konetzke, Richard 1953 *Colección de documentos para la historia de la formación social de Hispanoamerica (1493-1810)*. Madrid: Consejo Superior de Investigaciones Científicas.

Koninck, Ralph de y Myram Watthée-Delmotte (eds.) 2005 *L'idole dans l'imaginaire occidental*. Paris: L'Harmattan.

Körndle, Franz. 2006 "Between Stage and Divine Service: Jesuits and Theatrical Music". *The Jesuits II: Cultures, Sciences and the Arts, 1540-1773: 479*-497. O'Malley, J. et al. (eds.). Toronto: Toronto University Press.

Korth, Eugene H. 1968 *Spanish Policy in Colonial Chile. The Struggle for Social Justice, 1535-1700*. Stanford: Stanford University Press.

Koselleck, Reinhart 1989 Historia Magistra Vitae. Über die Auflösung des Topos im Horizont neuzeitlich bewegter Geschichte. *Vergangene Zukunft. Zur Semantik geschichtlicher Zeiten*: 38-66. Frankfurt: Suhrkamp.

Kramer, Waltraute 1961 *Die Musik im Wiener Jesuitendrama von 1677 – 1711*. Disertación doctoral, Universidad de Viena.

Kuhn, Thomas S. 1962 *The Structure of Scientific Revolutions*. Chicago: University of Chicago Press.

Kuklick, Henrika y Robert E. Kohler (eds.) 1996 *Science in the Field. Osiris, 2nd series, 11*. Chicago: University of Chicago Press.

Labrot, Gérard 1987 *Image de Rome*. Seyssens: Champ Vallon.

Lafone Quevedo, Samuel 1893 "Arte de la lengua Toba por el padre Alonso Barcena (SJ)". *Revista del Museo de La Plata* V: 129-184.

Laguna, Andrés de 1955 *La 'Materia Médica' de Dioscórides traducida y comentada por D. Andrés de Laguna*. Texto crítico por César E. Dubler. Barcelona: Tipografía Emporium.

Lange, Francisco Curt 1991 "El Extrañamiento de la Compañía de Jesús del Río de la Plata (1767): los bienes musicales y la constancia de su existencia a través de los inventarios practicados". *Revista Musical Chilena* 45 (176): 57-96.

Larrouy, Antonio 1923 *Documentos del Archivo de Indias para la historia del Tucumán.* Buenos Aires: L.J. Rosso.

Larquié, Claude 1998 « Captifs chrétiens et esclaves musulmans au XVI siècle: une lecture comparative ». *Chrétiens et musulmans à la Renaissance:* 391-404. Bennassar, B y R. Sauzet (eds.). Paris: Honoré Champion.

Las Casas, Bartolomé de 1942 *Del único modo de atraer a todos los pueblos a la verdadera religión.* México: Fondo de Cultura Económica.

Lator, Stefano 1943 "Il padre Antonio Possevino e l'Islam". *Studia Missionalia* 1, pág. 215-225.

Laures, Johannes 2004 *Kirishitan Bunko: Laures Rare Book Data Base and Virtual Library.* Tokio: Universidad de Sofía. [En Línea], URL: http://laures.cc.sophia.ac.jp/laures/html/index.html Consultado el 26 de febrero 2011.

Le Goff, Jacques y René Rémond (eds.) 1988 *Histoire de la France religieuse.* Paris. Seuil (4 vols.).

Le Fur, Yves (dir.) 1999 *La mort n'en saura rien. Reliques d'Europe et d'Océanie* (Catálogo de Exposición). Paris: Musée National des Arts Africains et Océaniens.

Leite, Serafim 1938-1950 *Historia da Companhia de Jesus no Brasil.* Lisboa-Rio de Janeiro: Civilização Brasileira e Livraria Portugália (10 vols.).

Leite, Serafim 1940 *Luiz Figueira; a sua vida heroica e a sua obra literaria.* Lisboa: Agencia general das colonias.

Leite, Serafim 1965 *Suma Histórica da Companhia de Jesus no Brasil (1549 - 1760).* Lisboa: Junta de Investigações Ultramar.

Lema, Nicolás (inédito) *Posibilidades y modalidades del Barroco en el Chile fronterizo: el caso de la rebelión mapuche de 1655 y su iconoclasia.*

Levillier, Roberto 1920 *Gobernación del Tucumán, Papeles de gobernadores en el siglo XVI.* Madrid: Juan Pueyo (2 vols.).

Levillier, Roberto 1926 *Papeles eclesiásticos del Tucumán.* Madrid: Juan Pueyo (2 vols.).

Levillier, Roberto 1928 *Nueva crónica de la conquista del Tucumán.* Buenos Aires: Varsovia (3 vols.).

Lévi-Strauss, Claude 1974 *Anthropologie structurale II.* Paris: Plon.

Lezama Lima, José 1993 *La expresión americana.* México: Fondo de Cultura Económica.

Lima, Ivana Stolze 2003 *Cores, marcas e fala. Sentidos da Mestiçagem no Império do Brasil.* Rio de Janeiro: Arquivo Nacional.

Lindberg, David C. y Robert Westman (Eds.) 1990 *Reappraisals of the Scientific Revolution.* Cambridge: Cambridge University Press.

Lippiello, Tiziana y Malek Roman (eds.) 1997 *"Scholar from the West". Giulio Aleni s.j. (1582-1649) and the Dialogue between Christianity and China.* Brescia-Sankt Augustin: Fondazione Civiltà Bresciana-Monumenta Serica Institute.

Lisi, Francesco L. 1990 *El tercer concilio limense y la aculturación de los indígenas sudamericanos: estudio crítico con Edición, traducción y comentario de las actas del Concilio provincial celebrado en Lima entre 1582 y 1583.* Salamanca: Universidad de Salamanca.

Lobrichon, Guy 1994 *La religion des laïcs en Occident XI'-XV' siècle.* Paris: Hachette livres.

Lohr, Charles 1995 "Les jésuites et l'aristotélisme". *Les Jésuites à la Renaissance. Systeme éducatif et production du savoir:* 79-91. Luce Giard (ed.). Paris: Presses Universitaires de France.

Lopes, David (ed.) 1897 *Chrónica dos reis de Bisnaga.* Lisboa: Imprensa Nacional.

Lopetegui, León 1940 *Padre José de Acosta (1540-1600). Datos cronológicos. Archivum historicum Societatis Iesu* 9: 121-131.

Lopetegui, León 1942 *El padre José de Acosta S.J. y las misiones.* Madrid: S. Aguirre-Alvarez de Castro.

Lopetegui, León 1949 *Tres memoriales inéditos presentados al papa Clemente VIII por el P. José de Acosta sobre temas americanos.* Studia Missionalia 5, pág. 75-91.

Lorandi, Ana María 1997 *De quimeras, rebeliones y utopías, la gesta del inca Bohórquez.* Lima: PUCP.

Loyola, Ignacio de 1977 *Obras Completas.* Iparragulrre, Ignacio y Cándido de Dalmases (ed.). Madrid: La Editorial Católica.

Loyola, Ignacio de 1977 *Gli scritti.* Gioia, M (ed.). Torino: UTET

Loyola, Ignacio de 1991 *Ecrits.* Paris: Desclée de Brouwer-Bellarmin.

Lozano, Pedro 1733 *Descripción Chorographica [...] del Gran Chaco Gualamba.* Córdoba: Colegio de Asunción.

Lozano, Pedro 1755 *Historia de la Compañía de Jesús de la Provincia del Paraguay.* Madrid: Imprenta de la viuda de Manuel Fernández (2 vols.)

Lustig, Wolf 2006 "La lengua del Cacique Lambaré (1867); primer modelo de un guaraní literario, en Guaraní y "Mawetí-Tupí-Guaraní"". *Estudios históricos y descriptivos sobre una familia lingüística de América del Sur:* 241-258. Dietrich, Wolf y Haralambos Symeonidis (eds.). Berlín: LIT.

Maccormack, Sabine 1991 *Religion in the Andes: Vision and Imagination in Early Colonial Peru.* Princeton: Princeton University Press.

MacDonnell, Joseph F 1995 *Companion of Jesuits: a tradition of colaboration.* Fairfield: Fairfield University. Disponible en <http://www-faculty.fairfield.Edu/jmac/sj/cj/cj1se.html>.

Maeder, Ernesto J. A. 1992 *Misiones del Paraguay: conflicto y disolución de la sociedad guaraní*. Madrid: Editorial MAPFRE.

Malamoud, Charles 1989 *Cuire le monde*. Paris: La Découverte.

Maravall, José Antonio 1980 *La cultura del barroco: análisis de una estructura histórica*. Barcelona: Ariel.

Marracci, Ludovico 1691 *Prodromus ad refutationem Alcorani*. Romae: Typis Sacrae Congregationis de Propáganda FIDE.

Martín Martín, Carmen y José Luis Valverde 1995 *La farmacia en la América colonial: el arte de preparar medicamentos*. Granada: Universidad de Granada y Hermandad Farmacéutica Granadina.

Martínez Millán, José 2007 "La trasformazione della monarchia Hispana alla fine del XVI secolo. Dal modello cattolico castigliano al paradigma universale cattolico-romano". *I gesuiti ai tempi di Claudio Acquaviva. Strategie politiche, religiose e culturali tra Cinque e Seicento*: 19-53. Broggio, P. et al. (eds.). Brescia: Morcelliana.

Marzal, Manuel y Luis Bacilgalupo (eds.) 2007 *Los jesuitas y la modernidad en Iberoamérica 1549-1773*. Perú: Fondo Editorial de la Universidad Católica del Perú, Instituto Francés de Estudios Andinos (IFEA), Universidad del Pacífico.

Masera, Mariana (Coord.) 2001 *La otra Nueva España*: la palabra marginada en la Colonia. Coedición: Universidad Nacional Autónoma de México/ Azul Editora: Barcelona.

Mateos, Francisco 1949 "Cartas de Indios Cristianos del Paraguay". *Missionalia Hispánica* VI (18): 547-583.

Mateos, Francisco 1954 *Obras del P. José de Acosta*. Madrid: Atlas.

Mattos, Hebe 2000 *Escravidão e Cidadania no Brasil Monárquico*. Rio de Janeiro: Zahar.

Mazzolini, Renato G. 2006 "L'interpretazione simbolica della pigmentazione umana nell'antropologia fisica del primo Ottocento". *Le problème de l'alterité dans la culture européenne. Anthropologie, politique et religion aux XVIII et XIX siècle (Actas del congreso internacional. Trieste, 23-25 settembre 2004):*179-198. Abbatista, G. y R. Minutti (eds.). Napoli: Bibliopolis.

Mc Naspy, Clement J. 2001 "Teatro Jesuita". [DHCJ] 2001: 3708-3714.

Mc Naspy, Clement J y Hugo Storni 2001 "Montenegro, Pedro". [DHCJ] 2001, III: 2730.

Melià, Bartomeu 1969 *La création d'un langage chrétien dans les réductions des Guarani au Paraguay*. Tesis de doctorado. Faculté de Théologie, Université de Strasbourg (2 vols.).

Melià, Bartomeu 1975 "Hacia una ´tercera lengua` en el Paraguay". *Bilingüismo y tercera lengua en el Paraguay*. Plá, Josefina y Melià, Bartomeu. Separata de *Estudios Paraguayos*, II, 2: 5-82. Asunción: Universidad Católica.

Melià, Bartomeu 1984 "La obra lingüística de Montoya como fuente etnográfica guaraní". *Folia Histórica del Nordeste* 6: 266-67.

Melià, Bartomeu 1989 "La tierra sin mal de los guaraní: economía y profecía". *América Indígena* 49 (3): 491-508.

Melià, Bartomeu 1999 "La reducción según los Guaraníes: dichos y escritos". *Missões Guarani: impacto na sociedade contemporânea*: 55-56. Gadelha, Regina (ed.) São Paulo: EDUC.

Melià, Bartomeu 1993 "Pa'i, mburuvicha ha karai". *Acción*. 133: 33-36.

Melià, Bartomeu 1982 "Assembleia guarani de 1630 denuncia exploração através do plantio da erva infernal". *Porantim* 39 (6).

Melià, Bartomeu1988 *El Guaraní conquistado y reducido. Ensayos de etnohistoria*. Asunción: CEADUC.

Melià, Bartomeu 1992 *La lengua guaraní del Paraguay*. Madrid: Mapfre.

Melià, Bartomeu 1994a "Poriahu: pobres y empobrecidos en el Paraguay". *Acción* 142: 26-29.

Melià, Bartomeu 1994b "La muerte que vivimos". *Acción* 143: 29-32.

Melià, Bartomeu 1994c "¿Son los guaraníes potencialmente suicidas?" *Acción* 144: 30-33.

Melià, Bartomeu 1994d "Familia guaraní" *Acción*: 8-10.

Melià, Bartomeu 1994e "Observando el eclipse de sol con los guaraníes, acompañado de dos jesuitas"*Acción* 149: 30-34.

Melià, Bartomeu 1995a "¿Por qué se suicidan los guaraníes?". *Acción* 154: 30-33.

Melià, Bartomeu 1995b "Etimología y semántica en un manuscrito inédito de Antonio Ruiz de Montoya (1651)". *Amerindia* 19-20: 331-340.

Melià, Bartomeu 1995c "La lengua guaraní entre canibalismo y desnudez. Con Montaigne contesto al doctor Hugo Rodríguez Alcalá". *Elogio de la lengua guaraní*: 55-61. Melià, B. Asunción: CEPÁG.

Melià, Bartomeu 1996 "*Potirô*: las formas del trabajo entre los guaraní antiguos reducidos y modernos". *Revista Complutense de Historia de América* 22: 183-208.

Melià, Bartomeu 1997 "Entre mesías, magos y farsantes". *Acción* 180: 17-20.

Melià, Bartomeu 1999 "Fútbol guaraní; de la prehistoria a la historia". *Acción* 194: 20-22.

Melià, Bartomeu 2000a "Tiempo y tradición en la cultura guaraní". *Acción* 205: 31-34.

Melià, Bartomeu 2000b "Un Guaraní reportero de guerra". *Acción* 208: 20-23.

Melià, Bartomeu 2003 *La lengua guaraní en el Paraguay colonial*. Asunción: CEPAG.

Melià, Bartomeu 2004a "Escritos guaraníes como fuentes documentales de la historia paraguaya". *Historia Paraguaya, Anuario de la Academia Paraguaya de la Historia* 44: 249-284.

Melià, Bartomeu 2004b "La novedad guaraní (viejas cuestiones y nuevas preguntas); revisita bibliográfica (1987-2002)". *Revista de Indias* 64 (230): 175-226.

Melià, Bartomeu 2005 "Escritos guaraníes como fuentes documentales de la historia Paraguaya", *História Unisinos* 9 (1): 5-18.

Melià, Bartomeu; Grünberg Georg y Friedl Grünberg 1976 "Etnografía guaraní del Paraguay contemporáneo: los Pãi-Tavyterã". *Suplemento antropológico* XI (1-2): 151-295.

Melià, Bartomeu, Saúl, Marcos Vinicius de Almeida y Muraro, Valmir Francisco 1987 *O Guarani: uma bibliografia etnológica*. Santo Angelo: Fundames-Fundação Nacional pró Memória.

Melià, Bartomeu y Dominique Temple 2004 *El don, la venganza y otras formas de economía guaraní*. Asunción: CEPAG.

Navia Méndez-Bonito, Silvia 2005 "Las historias naturales de Javier Clavijero, Juan Ignacio de Molina y Juan de Velazco". *El saber de los jesuitas, historias naturales y el Nuevo Mundo*: 225-251. Millones Figueroa, L. y D. Ledesma (eds). Frankfurt/Madrid: Vervuert/Iberoamericana.

Menozzi, Daniele 2008 *Chiesa, pace e guerra nel Novecento. Verso una delegittimazione religiosa dei conflitti*. Bologna: Il Mulino.

Métraux, Alfred 1928 *La Religion des anciens Tupinamba et ses rapports avec celle des autres tribus tupi-guarani*. Paris: E. Lerou.

Meyland, Edward F. 1937 "The Stoic Doctrine of Indifferent Things and Conception of Christian Liberty in Calvin's Institutio Religionis Christianae". *Romantic Review* 28:135-145.

Mi, Michael C. 1997 "Political theory in China". *Political theory* 5 (2): 249-257.

Michel, Thomas 1989 "Jesuit writings on Islam in the seventeenth century". *Islamochristiana* 15: 57-85

Michel, Thomas 2001 "Misionología. Islamismo". [DHCJ] 2001: 2709.

Milhou, Alain 1993 "Les politiques de la langue à l'époque moderne". *Langues et cultures en Amérique Espágnole coloniale*: 15-45. Benassy-Berling, M.C., Clement, J.P. y Milhou, A. (org.). Paris: Presses de la Sorbonne Nouvelle.

Millones Figueroa, Luis y Domingo Lezama (eds.) 2005 *El saber de los Jesuitas, historias naturales y el Nuevo Mundo*. Frankfurt/ Madrid: Vervuert/Iberoamericana.

Mires, Fernando 2007 *La colonización de las almas: misión y conquista en Hispanoamérica*. Buenos Aires: Libros de la Araucaria.

Molina, Juan Ignacio [1776] 1987 *Ensayo sobre la historia natural de Chile*. Ed. y trad. Rodolfo Jaramillo. Santiago de Chile: Ediciones Maule.

Monteiro, John M. 2001 *Tupis, tapuias e historiadores*. Tese de livre docência, Instituto de Filosofía y Ciencias Humanas, Universidad de Campinas.

Montenegro, Pedro 1945 *Materia Médica Misionera*, con estudio preliminar de Raúl Quintana. Buenos Aires: Biblioteca Nacional.

Montero, Paula 2006 *Deus na aldeia. Missionários, índios e mediação cultural*. São Paulo: Globo.

Montes, Aníbal 1961 "El gran alzamiento diaguita". *Revista del Instituto de Antropología* 1: 81-159 (Rosario: Universidad del Litoral).

Morais, José de 1987 *Historia da Companhia de Jesus na extinta província do Maranhão e Para pelo Pe José de Morais da mesma Companhia (1759)*. Rio de Janeiro: Alhambra.

Morales, Martín M. (ed.) 2005 *A mis manos han llegado. Cartas de los PP. Generales a la antigua provincia del Paraguay (1608-1639)*. Madrid/Roma: Universidad Pontificia Comillas/Institutum Historicum Societatis Iesu.

Morales, Martín M. 2007 "El arte se me ha perdido. Aproximaciones a la historiografía jesuítica en la prueba del tiempo: la Compañía de Jesús". *Historia y Grafía* 29: 17-56.

Moran, Joseph F. 1993 *The Japanese and the Jesuits. Alessandro Valignano in Sixteenth century Japan*. London-New York: Routledge.

Moraña, Mabel 2005 "Baroque/Neobaroque/Ultrabaroque: Disruptive Readings of Modernity". *Hispanic Baroques: Reading Cultures in Context*: 241–82. Spadaccini, N. y L. Martin-Estudillo (Eds.). Nashville: Vanderbilt University Press (*Hispanic Issues* 31).

Moravia, Sergio. *La scienza dell'uomo nel Settecento*. Bari: Universale Laterza.

Moreno Jeria, Rodrigo 2008 *Misiones en Chile austral. Los jesuitas en Chiloé, 1608-1768*. Sevilla: C.S.I.C.

Morinigo, Marcos 1946 "Sobre cabildos indígenas de las Misiones". *Revista de la Academia de Entre Ríos* 1 (1): 29-37.

Moyano Aliaga, Alejandro 1991 *La Rioja. Revelaciones documentales acerca de su fundación*. Córdoba: Junta Provincial de Historia de Córdoba.

Müller-Wille, Staffan. 2008 « Naturgeschichte ». *Enzyklopädie der Neuzeit*, t. 8: 1175-1196. Jaeger, F. (ed.). Stuttgart/Weimar: Verlag J. B. Metzler.

Mujica Pinilla, Ramón 1996 *Ángeles apócrifos en la América virreinal*. Lima: Fondo de Cultura Económica.

Mujica Pinilla, Ramón 2002 *Barroco peruano*. Lima: Banco del Crédito (2 vols.).

Mungello, David E. (ed.) 1994 *The Chinese Rites Controversy. Its History and Meaning*. Sankt Augustin-San Francisco: Monumenta Serica Institute-The Ricci Institute for Chinese-Western Cultural History.

Mungello, David E. 1985 *Curius Land, Jesuit Accommodation and the Origin of Sinology*. Honolulu: University of Hawai Press.

Muriel, Francisco 1918 *Historia del Paraguay desde 1747 a 1767*. Madrid: Victoriano Suárez.

[*Naciones del Chaco*] [1768] Misiones del Chaco argentino. Misiones de los Padres Camaño, Andreu, Castro, Borrego, Jolís y Arto. Barcelona: Archivo Histórico de la Compañía de Jesús.

Nadal, Jerónimo [1554] 1905 "Apologia pro Exercitiis S. P. Ignatii (1554)". *Epistolae et Monumenta P. Hieronymi Nadal* 4. Cervós, F. y M. Nicolau (eds.). Madrid-Roma: Monumenta Historica Societatis Iesu.

Nanni, Stefania 2009 *"Figure dell'impero turco nella Roma del Seicento". L'Islam visto da Occidente. Cutlura e religione del Seicento europeo di fronte all'Islam:* 187-213. Heyberger, B. et al. (eds.). Milán: Marietti.

Narayana Rao, Velceru, David Dean Shulman, and Sanjay Subrahmanyam 1992 *Symbols of substance, court and state in Nayaka Period Tamil Nadu*. Delhi: Oxford University Press.

Nau, Michel 1680 *Religio Christiana contra Alcoranum per Alcoranum pacifice defensa ac provata*. Martinum, Lutetiae Parisiorum.

Nau, Michel 1684 *L'état présent de la religion mahométane, contenant le choses, les plus curieuses qui regardent Mahomet et l'établissement de la secte*. Paris: Boüillerot.

Navarro Brotons, Víctor 1996a "La ciencia en la España del siglo XVII: el cultivo de las disciplinas de la físico matemática". *Arbor* CLIII (604-605): 197-252.

Navarro Brotons, Víctor 1996b "Los jesuitas y la renovación científica en España en el siglo XVII". *Studia Histórica, Historia Moderna* 14. Universidad de Salamanca.

Nebrija, Antonio de [1492] 1946 Gramática castellana. Madrid: P. Galindo Romeo y L. Ortiz Muñoz.

Necker, Louis 1990 *Indios guaraníes y chamanes franciscanos: las primeras reducciones del Paraguay*. Asunción: CEADUC.

Neumann, Eduardo 2005 *Práticas letradas guaranis: produção e usos da escrita indígena (séculos XVII e XVIII)*. Tese de Doutorado, Universidad Federal de Rio de Janeiro.

Neumann, Eduardo 2008 "Escribiendo en la frontera del Paraguay: prácticas de la escritura guaraní durante a demarcación de límites (siglo XVIII)". *Cultura escrita & Sociedad* 7: 159-190.

Neumann, Joseph [1730] 1994 *Historia de las sublevaciones indias en la Tarahumara*. Binkova, Simona (trad.) y Roedl, Bohumir (ed.). Praga: Universidad Carolina.

Nóbrega, Manoel da 1954 "Diálogo sobre a conversão do gentio". *Cartas dos primeiros Jesuítas do Brasil*, vol. II. Leite, Serafim. São Paulo: Comissão do IV Centanário da Cidade.

Nóbrega, Manuel de 1988 *Cartas do Brasil do Padre Manoel da Nóbrega (1549-1560)*. Belo Horizonte: Itatiaia.

Noelli, Francisco S. 1993 *Sem tekohá não ha tekó; Em busca de um Modelo Etnoarqueológico da aldeia e da subsistencia Guarani e sua aplicação a uma area de dominio no Delta do Rio Jacuí/RS.* Porto Alegre: Pontificia Universidade Católica do Rio Grande do Sul.

Noelli, Francisco Silva 1994 "El guaraní agricultor". *Acción* 144: 17-20.

Nördenskiold, Erland 1917 "The guarani invasión of the Inca Empire in the sixteenth century: An historical indian migration". *Geographical Review* 4 (2): 103-121.

Núñez de Pineda y Bascuñán, Francisco [ca. 1673] 2001 *Cautiverio feliz y razón de las guerras dilatadas de Chile.* Ferreccio, Mario y Kordi_, Raïssa. Santiago: Universidad de Chile / RIL Editores.

O'Brien, William V. 1981 *The Conduct of Just and Limited War.* New York: Praeger.

O'Gorman, Edmundo 1977 *La invención de América. Investigación acerca de la estructura histórica del Nuevo Mundo y del sentido de su devenir.* México: Fondo de cultura económica.

Obara, Satoru (Ed.) 2001 *Giyadopekadoru*, Tokyo: Ky_bunkan.

Obregón Iturra, Jimena 2007 "Aproximación crítica al pensamiento dicotómico: 'Indios amigos' versus 'indios enemigos' bajo el gobierno del Marqués de Baides, Chile, 1639-1946". *Actas del VI Congreso Chileno de Antropología.* Valdivia.

Obregón, Lope 1555 *Confutación del Alcoran y secta mahometana sacada de sus propios libros y de la vida del mesmo Mahoma.* Granada: Sancho de Nebrija.

Olivares, Miguel de [1736] 1874 *Historia de la Compañía de Jesús en Chile (1593-1736).* Santiago: Imprenta Andrés Bello (Colección de historiadores de Chile y de documentos relativos a la historia nacional).

Oliveira, Fernão de 1536 *Grammatica da lingoagem portuguesa [...]* Lisboa: Germão Galhardo.

Ollé, Manel 2002 *La empresa de China. De la Armada Invencible al Galeón de Manila.* Barcelona: Acantilado.

O'Malley, John W. 1993 *The first Jesuits.* Cambridge: Harvard University Press.

O'Malley, John W.; Bailey, Gauvin A.; Harris, Steven J. y T. Frank Kennedy (eds.) 1999 *The Jesuits: Cultures, Sciences and the Arts, 1540-1773.* Toronto: Toronto University Press.

O'Malley, John W.; Bailey, Gauvin A.; Harris, Steven J. Y Kennedy, T. Frank (eds.) 2006 *The Jesuits II: Cultures, Sciences and the Arts, 1540-1773.* Toronto: Toronto University Press.

Ong, Walter 1988 *Oralidade e cultura escrita: a tecnologização da palavra.* Campinas: Papirus.

Orii, Yoshimi 2010 *Kirishitan Bungaku ni okeru Nichi-_ Bunka no Hikaku Kenky_.* Tokyo: Ky_bunkan.

Orué Pozzo, Aníbal 2002 *Oralidad y escritura en Paraguay: comunicación, antropología e historia.* Asunción: Arandurã: Universidad Autónoma de Asunción.

Osler, Margaret J. (Ed.) 2000 *Rethinking the Scientific Revolution.* Cambridge: Cambridge University Press.

Osorio Romero, Ignacio 1981 "Jano o la Literatura Neolatina de México (Visión retrospectiva)". *Humanistica Lovaniensia* S/Nr: 124- 155.

Otazú Melgarejo, Angélica 2006 *Práctica y semántica en la evangelización de los Guaraníes del Paraguay (S. XVI- XVIII).* Asunción: CEPÁG.

Ovalle, Alonso de [1646] 1969 *Histórica relación del reino de Chile.* Santiago: Universidad de Chile, Instituto de Literatura Chilena.

Pacheco de Oliveira, João 1998 "Uma etnologia dos 'índios Misturados`? Situação colonial, territorialização e fluxos culturais". *Mana* 4 (1): 47-77.

Pacheco de Oliveira, João 1999 *A Viagem da Volta – Etnicidade, política e reelaboração cultural no nordeste indígena.* Rio de Janeiro: Contra Capa.

Padberg, John W; Martin D. O`Keefe y John L. McCarthy 1994 *For matters of greater moment. The first thirty Jesuit general congregations. A brief history and a translation of the decrees.* St. Louis, Miss.: Institute of Jesuit Sources,

Padberg, John 1988 "How we live where we live". *Studies in the Spirituality of Jesuits* 20 (2): 29.

Pagden, Anthony 1990 *The Fall of Natural Man: The American Indian and the Origins of Comparative Ethnology.* Cambridge. Cambridge University Press.

Pagden, Anthony 1993 *European Encounters with the New* World: *From Renaissance to Romanticism.* New Haven. Yale University Press.

Page, Carlos (ed.) 2005 *La experiencia de un Mundo Mejor.* X Jornadas Internacionales sobre Misiones Jesuíticas. Córdoba: Universidad Católica de Córdoba/Agencia Nacional de Promoción Científica y Tecnológica.

Palisca, Claude 2001 "Baroque". *The New Grove Dictionary of Music Online.* Macy, L. (Ed). Oxford University Press. [http://www.grovemusic.com]

Pallavicino, Nicolò Maria 1688 *Le moderne prosperità della Chiesa Cattolicacontro il Maccomettismo, in cui si dimostra la cura usata da Dio col Cristianesimo contro i Turchi, e si commendano que' potentati, e Duci, che hanno formata la Sagra Lega, o sono concorsi ad essa: mostrando ai primi la necessità di continuarla, e ad altri di intraprenderla, con dare a vedere l'obbligo, che hanno i cristiani di concorrere a distruggere l'Imperio Otomano.* Roma, Pezzana,Venecia: Komarek.

Pallavicino, Nicolò Maria 1689 *L'evidente merito della fede cattolica ad essere creduta per vera. In cui si dimostra la verità di quelli articoli, che sono fondamento non solo della vera Religione, ma di qualunque Religione*. Roma: Komarek.

Pallavicino, Nicolò Maria 1690 *La grandezza della Madre di Dio contro le moderne eresie, in cui si rifiutano le antiche e moderne eresie contro la Divina Maternità, e le altre Doti della Vergine*, Komarek. Roma.

Paramore, Kiri 2009 *Ideology and Christianity in Japan.* London and New York: Routledge.

Parker, John 1978 *Windows into China: The Jesuits and their books, 1580-1730.* Boston: Trustees of the Public Library of the City of Boston.

Parodi, Domingo 1886 *Notas sobre algunas plantas usuales del Paraguay, de Corrientes y de Misiones.* Buenos Aires: Coni.

Pass, Walter 2002 "Staudt, Johann Bernhard". *The New Grove Dictionary of Music and Musicians*, second edition, 24: 301-302. Stanley Sadie (ed.). London: MacMillan.

Pastells, Pablo 1912-1949 *Historia de la Compañía de Jesús en la Provincia del Paraguay (Argentina, Paraguay, Uruguay, Perù, Bolivia y Brasil), según los documentos originales del Archivo General de Indias.* Madrid. Librería General de Victoriano Suárez (8 volúmenes).

Pastine, Dino 1978 "Il problema teologico delle culture non cristiane". *L'Europa cristiana nel rapporto con le altre culture nel secolo XVII. Atti del Convegno di studio di Santa Margherita Ligure (19-21 maggio 1977)*: 3-23. Firenze: La Nuova Italia Editrice.

Pastor, Ludwig Von 1928 *Storia dei papi.* Vol. X. Roma: Desclée & C.

Paucke, Florián 1943 *Hacia allá y para acá o una estada entre los indios Mocovíes 1749-1767.* Edición de Edmundo Wernicke. Buenos Aires: Universidad de Tucumán (4 vols.).

Pavone, Sabina 2007 *Los jesuitas. Desde los orígennes hasta la supresión.* Buenos Aires: Libros de la Araucaria.

Paz, Carlos D. 2009 *"La Nación de los Abipones ¿Un experimento político exitoso?"* Tesis Doctoral en Historia. Universidad Nacional del Centro de la Provincia de Buenos Aires (Tandil).

Peramás, José Manuel [1793] 1946 *La República de Platón y los Guaraníes.* Buenos Aires: Emecé Editores.

Peramàs, José Manuel [1793] 2004 *Platón y los Guaraníes.* Asunción: CEPAG.

Pérez de Ribas, Andrés [1645] 1992 *Historia de los triunfos de Nuestra Santa Fe entre las gentes más bárbaras y fieras del Nuevo Orbe. Conseguidos por los soldados de la milicia de la Compañía de Jesús en las misiones de la Nueva España.* México: Siglo XXI.

Pérez Fontana, Velarde 1967 *Historia de la medicina en el Uruguay con especial referencia a las comarcas del Río de la Plata.* Montevideo: Ministerio de Salud Pública (2 vols.).

Petrucci, Armando 1999 *Alfabetismo, escritura, sociedad.* Barcelona: Gedisa.

Petrucci, Armando 2003 *La ciencia de la escritura: primera lección de paleografía*. Buenos Aires: Fondo de Cultura Económica.

Phipps, Elena 2004 "Garments and Identity in the Colonial Andes". *The Colonial Andes: Tapestries and Silverwork, 1530-1830*. Phipps, E. Et al. (eds.). New York: Metropolitan Museum of Art / New Haven: Yale University Press.

Pieris, Aloysius 1986 "El Asia no semítica frente a los modelos occidentales de inculturación". *Selecciones de Teología* 25 (100).

Pimentel, Juan 2003 *Testigos del Mundo: Ciencia, literatura, y viajes en la Ilustración*, Madrid: Marcial Pons.

Pinamonti, Giovanni P. 1694 *La sinagoga disingannata, ovvero via facile a mostrare a qualunque ebreo la falsità della sua setta, e la verità della legge cristiana*. Roma: Ercole.

Pintard, René 1943 *Le libertinage érudit dans la première moitié du XVII' siècle*. 2 volumenes. París. Boivin et cie.

Pinto dos Santos, José M. 2004 Reseña de *The Japanese Translations of the Jesuit Mission Press, 1590-1614: De Imitatione Christi and Guía de Pecadores*, de William J. Farge, *Bulletin of Portuguese/Japanese Studies* 8: 122-130.

Pinto, Jorge 1988 "Frontera, misiones y misioneros en Chile y Araucanía (1600-1900)". *Misioneros en la Araucanía, 1600-1900*: 17-119. Pinto, J. et al. Temuco: Universidad de la Frontera.

Piossek Prebisch, Teresa [1976] 1999 *Pedro Bohórquez, el inca del Tucumán*. Tucumán: Magna publicaciones.

Pizzorusso, Giovanni 2008 "Il papato e le missioni extra-europee nell'epoca di Paolo V. Una prospettiva di sintesi". *Die Aussenbeziehungen der römischen Kurie unter Paul V. Borghese (1605-1621)*:367-390. Koller, A. (ed.). Tübingen.

Pizzorusso, Giovanni 2009 "La preparazione linguistica e controversisitca dei missionari per l'Oriente islamico: scuole, testi e insegnanti a Roma e in Italia". *L'Islam visto da Occidente. Cutlura e religione del Seicento europeo di fronte all'Islam:* 253-288. Heyberger, B. et al. (eds.). Milán: Marietti.

Platón 1984 *República*. Buenos Aires: EUDEBA.

Poloni-Simard, Jacques 2000 "Redes y Mestizaje Propuestas para el análisis de la sociedad colonial". *Lógica Mestiza en América:* 112-137. Boccara, G. y S. Galindo (comp.), Temuco: Ed. Universidad de La Frontera-Instituto de Estudios Indígenas.

Pompa, Cristina 2003 *Religião como tradução Missionários, Tupi e Tapuia no Brasil colonial*. São Paulo: EDUSC.

Porto, Aurélio 1954 *História das Missões Orientais do Uruguay*. Porto Alegre: Selbach.

Portuondo, Maria 2009 *Secret Science. Spanish Cosmography and the New World.* Chicago: The University of Chicago Press.

Possevino, Antonio 1593 *Bibliotheca Selecta qua agitur de ratione studiorum in Historia, in Di - sciplinis, in salute omnium procuranda, IX, Ratio agendi cum Iudaeis, Saracenis, et Agarenis, sive Mahomethanis, et Sinensibus.* Romae: *Ex Typogr.* Apostolica Vaticana,

Possevino, Antonio [1598] 1990 *Coltura degl'ingegni (Vicenza 1598).* Postfazione a cura di Alessandro Arcangeli. Bologna: Arnaldo Forni Editore.

Possevino, Antonio 1603 *Antonii Possevini Societatis Iesu Bibliotheca Selecta / De Ratione Studiorum / ad Disciplinas & ad Salutem Omnium Gentium Procurandam... in duos Tomos distributa.* Venetiis: Apud Altobellum Salicatius.

Possevino, Antonio 1619 *Il soldato cristiano con l'istruttione dei capi dello esercito catolico. Libro necessario a chi desidera sapere i mezzi per acquistar vittoria contra heretici, turchi, et altri infedeli.* Roma: Eredi di Valerio e Luigi Dorici.

Poumarède, Géraud 2004 *Pour en finir avec la croisade: mythes et réalités de la lutte contre les Turcs aux XVIe et XVIIe siècles.* Paris: Presses universitaires de France.

Pratt, Mary Louise 1997 *Ojos Imperiales. Literatura de viajes y transculturación.* Bernal: Universidad Nacional de Quilmes.

Prosperi, Adriano 1992 "El misionero". *El hombre barroco:* 201-239. Villari, R. (ed.), Madrid: Alianza.

Prosperi, Adriano 1998 "Il missionario". *L'uomo barocco*: 179-218. Villari, R. (ed.). Roma-Bari: Laterza.

Prosperi, Adriano 1999 *America e apocalisse e altri saggi.* Pisa: Istituti editoriali e poligrafici internazionali.

Quarleri, Lia 2005 "La rebelión anunciada de las Misiones Guaraníes del antiguo Paraguay". *Suplemento Antropológico* XL (2): 41-73.

Quarleri, Lía 2009 *Rebelión y guerra en las fronteras del Plata. Guaraníes, jesuítas e imperios coloniales.* Buenos Aires: Fondo de Cultura Económica.

Ragon, Pierre 2003 *Les saints et les images du Mexique.* Paris: L' Harmattan.

Rajamanickam, Svarimuthu 1972 *Roberto de Nobili on Indian Customs.* Palayamkottai: De Nobili Research Institute.

Rajamanickam, Svarimuthu 1971 *Roberto de Nobili on Adaptation.* Palayamkottai De N. Research Institute.

Ramirez, Susan E. 1996 *The World Upside Down: Cross-Cultural Contact and Conflict in Sixteenth-Century Peru.* Stanford: Stanford University Press.

Raynal, Guillaume 1781 *Histoire philosophique et politique des établissements et du comerce des Européens dans les deux Indes*. Genève: chez Jean-Leonard Pellet (5 vol.).

Redondi, Pietro 1999 *Galileo Herético*. Madrid: Alianza Universidad.

Reites, James W. 1977 *St. Ignatius and the People of the Book: An Historical-Theological Study of St. Ignatius of Loyola's Spiritual Motivation in His Dealings with the Jews and Muslims*. Roma: Pontificia Università Gregoriana.

[Reglas] 1735 *Reglas de la Compañía de Jesús, y la Carta de la Obediencia de Nuestro Glorioso Padre San Ignacio, Fórmulas de los Votos, y documentos del mismo Santo Padre*. Sevilla.

Restivo, Paulo [1724] 1892 *Arte de la lengua guaraní* por el P. Antonio Ruiz de Montoya... con los escolios, anotaciones y apéndices del P. Paulo Restivo. En el pueblo de S. María la Mayor. Edición Facsimilar. Nueva Ed. Stuttgart.

Revel, Jacques (ed.) 1996 *Jeux d'échelles. La microanalyse à l'expérience*. Paris: Gallimard et Le Senil.

Rey Fajardo, Jose del 2007 "Misiones jesuíticas de la Orinoquia: entre la Ilustración y la Modernidad". *Los jesuitas y la modernidad en Iberoamérica 1549-1773*: 105-127. Marzal, M. y L. Bacigalupo (eds.). Lima: Fondo Editorial de la Pontificia Universidad Católica del Perú - Universidad del Pacífico - Instituto Francés de Estudios Andinos.

Reyero Elías 1913 *Misiones del P. Tirso González de Santalla, XIII prepósito general de la Compañía de Jesús*. Santiago de Compostela: Editorial Compostelana.

Ricard, Robert 1960 « Le problème de l'enseignement du castillan aux Indiens d'Amérique durant l'époque coloniale ». *Travaux de l'Institut Latino Américain de Strasbourg* 1: 281-296.

Ricci, Giovanni 2002 *Ossessione turca. Una retrovia cristiana dell'Europa moderna*. Bologna: Soc. Editrice Il Mulino

Ricci, Giovanni 2008 *I Turchi alle porte*. Bologna: Soc. Editrice Il Mulino.

Ricci, Matteo 1942-49 *Storia dell'introduzione del Cristianesimo in Cina, nuovamente edita ed ampiamente commentata col sussidio di molti fonti inedite e delle fonti cinesi da Pasquale* M. D'Elia S.I. Roma: La Libreria dello Stato (3 Vol.)

Ricci, Matteo 1999 *Lettere dalla Cina (1584-1608)*. Ancona: Transeuropa.

Ricciardolo, Gaetano 2001 "L'aspetto reale e la componente mitologica nell'immagine della Cina trasmessa dai gesuiti". *Cina: miti e realtà. Atti del convengo* (Venezia, 21-23 maggio 1998): 411-419. Cadonna, A. y F. Gatti (eds). Venezia: Cafoscherina.

Rico Callado, Francisco L. 2006 *Misiones populares en España entre el Barroco y la Ilustración*. Valencia: Institució Alfons el Magnànim.

Robertson, William 1777 *The History of America*. London: Strahan & Gadell.

Roche, Patrick 1984 Fishermen *of the Coromandel: a social study of the Paravas of the Coromandel*. New Delhi: Manohar.

Roersch, Carolus Maria Franciscus Bernardus 1994 *Plantas medicinales en el Sur Andino del Perú;* vol 2. Königstein: Koeltz Scientific Books (PhD Nijmegen).

Rojas Acosta, Nicolás 1915 *Historia natural de Corrientes y del Chaco*. Resistencia: Estanislao Dupuis.

Romano, Antonella 1999 *La contre-réforme mathématique. Constitution et diffusion d'une culture mathématique jésuite à la Renaissance*. Roma: École Française de Rome.

Romano, Antonella 2005 "Les jésuites entre apostolat missionnaire et activité scientifique (XVIe-XVIIIe siècles)". *Archivum Historicum Societatis Iesu* LXXIV: 213-236, (special issue *The Jesuits and Cultural Intermediacy in Early Modern World*, Diogo Ramada Curto, ed.).

Romano, Antonella 2006 "Reflexiones sobre la construcción de un campo disciplinario. La matemática en la institución jesuita durante el Renacimiento". *La construccion retorica de la realidad*. Chinchilla Pawling, P. (ed.). México: Universidad Iberoamericana.

Romano, Antonella 2007 "Actividad Científica y Nuevo Mundo: el papel de los jesuitas en el desarrollo de la modernidad en Iberoamérica". *Los jesuitas y la modernidad en Iberoamérica, 1549-1773*: 56-71. Marzal, M. y L. Bacigalupo (eds.). Lima: Fondo Editorial de la Universidad del Pacifico.

Romano, Antonella 2008a "Un espacio tripolar de las misiones: Europa, Asia y América". *Órdenes religiosas entre América y Asia. Ideas para una historia misionera de los espacios coloniales:* 253-277. Corsi, E. (Ed.). México: Colegio de México.

Romano, Antonella 2008b "Los libros en México en las últimas décadas del siglo XVI. Enseñanza e imprenta en los colegios jesuitas del Nuevo Mundo". *Escrituras de la modernidad. Los jesuitas entre cultura retorica y cultura científica*: 241-271. Chinchilla, P. y A. Romano (coord.). México: Universidad Iberoamericana/Ecole des Hautes Etudes en Sciences Sociales.

Romano, Antonella (en prensa) "Pensare le circolazioni. Appunti sulla storiografia della scienza". *Quaderni Storici*.

Romano, Ruggiero 1989 *Os Mecanismos da Conquista Colonial*. São Paulo: Ed. Perspectiva.

Romero, Roberto A. 1992 *Protagonismo histórico del idioma guaraní*. Asunción: Rotterdam S.R.L. Editora.

Ronan, Charles E. 1977 *Francisco Javier Clavijero, S.J. (1731-1787): figure of the Mexican enlightenment, his life and works*. Roma- Chicago (Illinois): Institutum Historicum S.I. - Loyola University Press.

Ronan, Charles E. y Oh Bonnie (eds.) 1988 *East meets West: the Jesuits in China, 1582-1773*. Chicago: Loyola University Press.

Rosales, Diego de. [ca. 1670] 1989 *Historia General del Reino de Chile, Flandes Indiano*. Santiago: Andrés Bello.

Rosales, Diego de. [ca. 1670] 1991 *Seis misioneros en la frontera mapuche. (Del Libro IV de la Conquista Espiritual del Reino de Chile. Volumen I)* (Ed. de Gustavo Valdés Bunster). Temuco: Centro Ecuménico Diego de Medellín / Universidad de La Frontera.

Ross, Andrew C. 1994 *A Vision Betrayed. The Jesuits in Japan and China (1542-1742)*. Edinburgh: Edinbourgh University Press.

Ross, Andrew C. 1999 "Alessandro Valignano: The Jesuits and Culture in the Far East". *The Jesuits: Cultures, Sciences and the Arts, 1540-1773*: 336-351. O'Malley, J. et al. (eds.). Toronto: Toronto University Press.

Rostworowski de Diez Canseco, María 1983 *Estructuras andinas del poder: ideología religiosa y política*. Lima: Instituto de Estudios Peruanos.

Rousseau, Jean-Jacques 1775 *Dialogues*. Paris.

Roy Aramayo, Carlos. 2000 "*In Finibus terrae*: Alonso Sánchez and the Limits of Intellectual Autonomy". *Portuguese Studies* 16: 106-124.

Rubial García, Antonio 1999 *La santidad controvertida*. México: Fondo de Cultura Económica.

Rubiès, Joan Pau 2000 *Travel and Ethnology in the Renaissance. South India through European eyes, 1250-1625*. Cambridge: Cambridge University Press.

Rubiés, Joan Pau 2005 "The Concept of Cultural Dialogue and the Jesuit Method of Accomodation: Between Idolatry and Civilization". *Archivum Historicum Societatis Iesu* LXXIV (147): 237-280.

Rubiés, Joan Pau 2011 "The concept of gentile civilization in missionary discourse and its European reception: México, Perú and China, en the Repúblicas del Mundo by Jerónimo Román (1575-1595)". *Circulation des savoirs et missions d'évangélisations (XVIe-XVIIIe siècles)*. Castelnau, Charlotte de et al. (eds.). Madrid-Paris: Casa de Velasquez-EHESS.

Rubin, Miri 1991 *Corpus Christi: the Eucharist in late medieval culture*. Cambridge: New York: Cambridge University Press.

Ruiz de Montoya, Antonio [1639] 1892 *Conquista Espiritual*. Madrid-Bilbao: Imprenta del Corazón de Jesús.

Ruiz de Montoya, Antonio [1639] 1989 *Conquista espiritual hecha por los religiosos de la Compañía de Jesús en las Provincias del Paraguay, Paraná, Uruguay y Tape*. Con un prólogo de Ernesto Maeder. Rosario: Equipo Difusor de Estudios de Historia Iberoamericana.

Ruiz de Montoya, Antonio [1639-1640] 1876 *Arte, Bocabulario, Tesoro y Catecismo de la Lengua Guarani*. Leipzig: Julio Platzmann (4 vols).

Ruiz de Montoya, Antonio [1640] 1993 *Arte de la lengua guaraní*. Transcripción y transliteración por Antonio Caballo. Asunción: CEPAG.

Ruiz de Montoya, Antonio [1640] 2002 *Vocabulario de la lengua guaraní*. Transcripción y transliteración por Antonio Caballo, introducción por Bartomeu Melià. Asunción: CEPAG.

Ruiz de Montoya, Antonio [1640] 2008 *Catecismo de la lengua guaraní*. Asunción: CEPAG.

Ruiz de Montoya, Antonio [1651] 1996 *Apología en defensa de la Doctrina cristiana escrita en lengua guaraní*. Asunción: Centro Amazónico de Antropología y Aplicación Práctica, Centro de Estudios Paraguayos "Antonio Guasch", Escuela Superior de Pedagogía, Filosofía y Letras "Antonio Ruiz de Montoya".

Ruiz-Esquide, Andrea 1993 *Los indios amigos en la frontera araucana*. Santiago: Dirección de Bibliotecas, Archivos y Museos, Centro de Investigaciones Diego Barros Arana.

Rule, Paul 1986 *K'ung-tzu or Confucius? The Jesuit Interpretation of Confucianism*. Australia: Allen and Unwin.

Sahlins, Marshal 1990 *Ilhas de História*. Rio de Janeiro: Zahar.

Sainz Ollero, Héctor 1989 *José Sánchez Labrador y los naturalistas jesuitas del Río de la Plata. La aportación de los misioneros jesuitas del siglo XVIII a los estudios medioambientales en el Virreinato del Río de la Plata, a través de la obra de José Sánchez Labrador*. Madrid: Ministerio de Obras Públicas y Urbanismo.

Sánchez Labrador, José 1771-1776 *Paraguay Natural Ilustrado. Noticias de la Naturaleza del País con la explicación de Phenomenos Physicos Generales y Particulares: Usos Utiles, que de sus Producciones pueden hacer varias Artes*. Ravenna, manuscrito inédito. Partes: I, 1771; II, 1772; III, 1771; IV,1776. ARSI, Paraq. 16, 17, 18 y 19.

Sánchez Labrador, José 1910 *El Paraguay Católico*. Con un prólogo e introducción de Samuel Lafone Quevedo Buenos Aires: Imprenta de Coni Hermanos (3 vol.).

Sánchez Labrador, José 1936 *Los indios pampas, puelches, patagones. Monografía inédita prologada y anotada por Guillermo Furlong*. Buenos Aires: Viau y Zona.

Sánchez Labrador, José 1948 *Paraguay Natural*. Edición a cargo de Aníbal Ruiz Moreno. Tucumán: Universidad Nacional de Tucumán.

Sánchez Labrador, José 1968 *Peces y Aves del Paraguay Natural Ilustrado 1767*, manuscrito preparado bajo la dirección de Mariano Castex. Buenos Aires: Compañía General Fabril Editora S. A.

Sánchez Labrador, José 1972a *El Paraguay Natural: Diversidad de tierras y cuerpos terrestres*. Buenos Aires: Fundación Mariano Castex (Serie América Colonial, vol. 1, fasc. 3).

Sánchez Labrador, José 1972b *Vocabulario de la lengua Eyiguayegi llamada vulgarmente Mbaya*. Edición del manuscrito del siglo XVIII a cargo de Unger Elke. Asunción: Museo Etnográfico "Andrés Barbero".

Quevedo, Julio R. S. 2000 *Guerreiros e jesuítas na utopia do Prata*. Bauru: Edusc.

Saito, Akira 2005 Las misiones y la administración del documento: el caso de Mojos, siglos XVIII-XX. *Senri Ethnological Studies* 68:27-72.

Saito, Akira 2009 "Creation of indian Republics in Spanish South America". *Beyond borders. A global perspective of Jesuit Mission History*: 107-142.. Kawamura, S. y C. Veliath (eds.). Tokyo: Sophia University Press.

Sanz, Manuel 1691 *Breve trattato nel quale con ragioni dimostrative si convincono manifestamente i Turchi, senza che in guisa veruna possano negarlo, esser falsa la legge di Maometto, e vera solamente quella di Cristo*. Catania: Bisagni.

Saracco, Lisa 2008 "Marracci Ludovico". *Dizionario biografico degli italiani* LXX. Roma: Istituto della Enciclopedia italiana.

Sathianathaier, R. [1924] 1980 *History of the Nayaks of Madura*. Madras: University of Madras.

Schiaffino, Rafael 1927 *Historia de la Medicina en el Uruguay*, Montevideo: Imprenta Nacional.

Schiebinger, Londa y Swan, Claudia (Eds.) 2003 *Colonial Botany: Science, Commerce, and Politics*. Philadelphia: University of Pennsylvania Press.

Schmitt, Carl [1974] 1991 *Il nomos della terra. Nel diritto internazionale dello «jus publicum europaeum»*. Milán: Adelphi.

Schmitt, Carl 2001 *Glossario*. Dal Santo, P. (ed.). Milán: Giuffré.

Schmitt, Charles B. 2004 *Aristóteles y el Renacimiento*. León: Universidad de León.

Schröer, Christian 1998 Neugierde. *Lexikon für Theologie und Kirche*, tomo 7, Kasper, W. (Ed.). Freiburg/Basel/Rom/Wien: Herder.

Schwartz, Stuart B. 2008 *All can be saved. Religious Tolerance and Salvation in the Iberian Atlantic World*. New Haven: Yale University Press.

Sebes, Joseph 1988 "The Precursors of Ricci". *East meets West. The Jesuits in China, 1582-1773:* 19-61. Ronan, Ch. y Oh, Bonnie (eds.). Chicago: Loyola University Press.

Segneri, Paolo 1690 *L'incredulo senza scusa, dove si dimostra che non può non conoscere quale sia la vera Religione, chi vuol conoscerla*. Milán: Agnelli.

Sepp, Antonio [1709] 1973 *Continuación de las labores apostólicas*. Buenos Aires: EUDEBA.

Sepp, Antonio [1714] 1974 *Jardín de flores paracuario*. Buenos Aires: EUDEBA.

Shalkwijk, Frans Leonard 1986 *Igreja e Estado no Brasil Holandês*. Recife: FUNDARPE.

Shapin, Steven y Simon Schaffer 2005 *El Leviatán y la bomba de vacio, Hobbes, Boyle y la vida experimental*. Bernal: Universidad de Quilmes.

Shapin, Steven 1996 *The Scientific Revolution*. Chicago: The University of Chicago Press.

Sievernich, Michael 1990 "Vision und Mission der Neuen Welt Amerika bei José de Acosta". *Ignatianisch. Eigenart und Methode der Gesellschaft Jesu:* 293-313. Sievernich, M. y Switek, G. (eds.). Freiburg/Basel/Wien: Herder.

Sievernich, Michael 2009 *Die christliche Mission. Geschichte und Gegenwart*. Darmstadt: Wissenschaftliche Buchgesellschaft.

Sievernich, Michael y Günte Switek (eds.) 1990 *Ignatianisch. Eigenart und Methode der Gesellschaft Jesu*. Freiburg/Basel/Wien: Herder.

Solórzano y Pereira, Juan [1639] 1972 *Política Indiana*. Madrid: Ediciones Atlas.

Solodkow, David 2010 "Una etnografía en tensión: "Barbarie" y Evangelización en la Obra de José de Acosta". *Nuevo Mundo Mundos Nuevos*, Debates. [en línea: http://nuevomundo.revues.org/59113].

Sommervogel, Carlos *1890-1932 Bibliothèque de la Compágnie de Jésus*. Paris: Picard (12 vols.).

Sorge, Bartolomeo 1981 "El Padre Ricci en China". *Criterio* LIII (1851-1852).

Southern, Richard W. 1962 *Western view of Islam in the Middle Ages*. Cambridge: Cambridge University Press.

Spaans, Jokee 2002 "Religious policies in the seventeenth-century Dutch Republic". *Calvinism and Social Toleration in the Dutch Golden Age:* 72-86. Po-Chia Hsia, R. y H.F.K. Van Nierop (eds.). Cambridge. Cambridge University Press.

Spence, Jonathan D. 1985 *The Memory Palace of Matteo Ricci*. New York: Penguin Books.

Standaert, Nicolas 1993 « La manière ignatienne. S'adapter aux autres: une méthode ambiguë ». *Cahiers de spiritualité ignatienne* 68: 273-280.

Standaert, Nicolas 1999 "Jesuit Corporate Culture as shaped by the Chinese". *The Jesuits: Cultures, Sciences and the Arts, 1540-1773:* 352-363. O'Malley, J. et al. (eds.). Toronto: Toronto University Press.

Standaert, Nicolas 2001"Christianity in Late Ming and Early Qing China as a Case of Cultural Transmission". *China and Christianity. Burdened Past, Hopeful Future:* 81-116. Uhalley, Stephen Jr. y Xiaoxin Wu (eds.). USA: M.E.Sharpe.

Standaert, Nicolas (ed.) 2001 *Handbook of Christianity in China*, Vol. 1: 635-1800. Leiden, Boston, Köln: Brill.

Standaert, Nicolas 2001 "Christianity in Late Ming and Early Qing China as a Case of Cultural Transmisión". *China and Christianity. Bur-*

dened Past, Hopeful Future: 81-116. Uhalley Jr. Stephen y Wu, Xiaoxin (Eds.). USA: M.E.Sharpe.

Standaert, Nicolas 2002a *Methodology in View of Contact Between Cultures: The China Case in the 17th Century.* Hong Kong, Centre for the Study of Religión and Chinese Society Cheng Chi Collage, The Chinese University of Hong Kong.

Standaert, Nicolas 2002b « Le role de l'autre dans l'expérience missionnaire à partir de la Chine: l'identité jésuite façonnée par les chinois ». *Tradition jésuite. Enseignement, spiritualité, mission:* 115-137. Ganty, E.; Hermans M. y Pierre Sauvage (eds.). Namur: Lessius-Presses Universitaires de Namur.

Standaert, Nicolas 2003 *L´ "autre" dans la mission. Leçons à partir de la Chine.* Bruxelles: Lessius.

Stattler, Benedicto 1770 *Demonstratio evangelica sive religionis Iesu Christo revelatae certitudo accurata methodo demonstrata adversus theistas et omnes antiqui et nostri aevi philosophos antichristianos, quin et contra iudaeos et mahumetanos.* Matthei Rieger et filiorum, Augustae Vindelicorum: Matthæi Rieger.

Stern, Steve 1987 *Resistance Rebellion and Consciounes in the Andean Peasant World, 18th to 20th Centuries.* Madison: The University of Wisconsin Press.

Storni, Hugo 1984 "Antonio Ruiz de Montoya (1585-1652)". *Archivum Historicum Societatis Iesu* 53: 425-442.

Storni, Hugo 1980 *Catálogo de los jesuítas de la provincia del Paraguay (Cuenca del Plata) 1585 hasta 1768.* Roma: Institutum Historicum Societatis Iesu.

Stoye, John 2002 *The siege of Vienna.* Edinburgh: Birlinn.

Suárez, Juan Luis 2007 "Hispanic Baroque: A Model for the Study of Cultural Complexity in the Atlantic World". *South Atlantic Review* 72 (1): 31-47.

Suárez, Marcela A. 2006 *Landívar y Virgilio. La hipertextualidad de la Rusticatio Mexican.* Tesis doctoral, Facultad de Filosofía y Letras, Universidad de Buenos Aires.

Subrahmanyam, Sanjay 1997 "Connected Histories: notes towards a reconfiguration of Early Modern Eurasia". *Modern Asian Studies* 31 (3): 735-762.

Sulzer, Johann Georg [1771-74] 1792-94 *Allgemeine Theorie der schönen Künste.* 2ª Edición ampliada. Leipzig: Weidmann.

[Summa] [1539] 1903 "Prima Societatis IESU Instituti summa". *Constitutiones et Regulae Societatis Iesu,* vol. 1: 14-21. Madrid: Monumenta Constitutionum Praevia. (Monumenta Historica Societatis IESU, vol. 63.).

Sutcliffe, Matthew 1599, 1604 *De Turcopapismo, hoc est, de Turcarum et papistarum adversus Christi ecclesiam et fidem conjuratione.* London: G. Bishop, R. Newberie & R. Barker.

Tacchi Venturi, Pietro *1911-1913 Opere Storiche del P. Matteo Ricci S.I., Edite a cura del Comitato per le onoranze nazionali con prolegomeni note e tavole dal P. Pietro Tacchi Ventura S.I.*, Macerata: Stab. Tip. Giorgetti (2 vol.).

Tanner, Mathias 1675 *Societatis Iesu usque ad sanguinis et vitae profusionem militans, in Europa, Africa, Asia et America, contra Gentiles, Mahometanos, Judaeos Haereticos, impios, pro Deo, Fide, Ecclesia, Pietate. Sivevita, et mors eorum qui ex Societate Jesu in causa Fidei, et Virtutis propugnatae.* Pragae: Typis Universitatis Carolo-Ferdinandeae

Taylor, Charles 1989 *Sources of the self: the making of the modern identity*. Cambridge. Harvard University Press.

Tejón, José I. 2001 "Música y danza". [DHCJ] 2001 vol. 3: 2776-2789. Roma: Institutum Historicum Societatis Iesu.

Thomson, Sinclair 2002 *We Alone Will Rule: Native Andean Politics in the Age of Insurgency*. Madison: The University of Wisconsin Press.

Thun, Harald 2003 "Evolución de la escriptualidade entre los indígenas Guaraníes". *Simpósio Antonio Tovar sobre lenguas Amerindias (2000)*. Valladolid: Universidad de Valladolid.

Tinhorao, José Ramos 1972 "A deculturação da música indígena brasileira". *Revista Brasileira de Cultura* 4 (13): 9-26.

Todorov, Tzvetlan 1992 *La conquista dell'America. Il problema dell'«altro»*. Torino: Einaudi.

Todorov, Tzvetan 1995 *La Conquista de América. El Problema del Otro*. México: Siglo XIX.

Tomichá Charupá, Roberto 2002 *La primera evangelización en las reducciones de Chiquitos, Bolivia (1691-1767)*. Cochabamba: Editorial Verbo Divino.

Torales Pacheco, Maria C. 2005 "Los jesuitas novohispanos y la naturaleza en el siglo XVIII". *El saber de los jesuitas, historias naturales y el Nuevo Mundo*: 195-224. Millones Figueroa, L. y D. Ledesma (eds). Frankfurt/Madrid: Vervuert/Iberoamericana.

Torales Pacheco, Maria C. 2007 "Los jesuitas novohispanos, la modernidad y el espacio público ilustrado". *Los jesuitas y la modernidad en Iberoamérica 1549-1773*: 158-171. Marzal, M. y L. Bacigalupo (eds.). Lima: Fondo Editorial de la Pontificia Universidad Católica del Perú - Universidad del Pacífico - Instituto Francés de Estudios Andinos.

Torreblanca, Hernando de [1696] 1999 *Relación histórica de Calchaquí*. Edición paleográfica, notas y mapas de T. Piossek Prebisch. Salta: Artes Gráficas Crivelli.

Torres Lanzas, Pedro 1988 *Archivo General de Indias. Catálogo Mapas y Planos. Buenos Aires*. Tomo I. Madrid: Ministerio de Cultura.

Üçerler, M. Antoni (coord) 2003a *Gutenberg Comes to Japan: The Jesuits & the First IT Revolution of the Sixteenth Century*. Revised transcript from his presentation in Ricci Institute, 2003. [En Línea], URL: http://www.usfca.Edu/ricci/events/Ucerler.pdf). Consultado el 26 de febrero 2011.

Üçerler, M. Antoni J. 2003b "Alessandro Valignano: man, missionary, and writer". *Renaissance Studies* XVII (3): 337-366.

Üçerler, M. Antoni 2008 *The Jesuit Enterprise in Japan. The Cambridge Companion to Ignatius of Loyola and the Jesuits.* Cambridge: Cambridge University Press.

Vainfas, Ronaldo 1986 *Ideologia e escravidão: os letrados e a sociedade escravista no Brasil Colonial.* Petrópolis: Vozes.

Vainfas, Ronaldo 2008 *Traição: um jesuíta a serviço do Brasil holandês processado pela Inquisição.* São Paulo: Companhia das Letras.

Valentin, Jean Marie 1990 *Theatrum catholicum. Les jésuites et la scène en Allemagne au XVI et au XVII siècles.* Nancy: Presses Universitaires de Nancy.

Valenzuela Márquez, Jaime 2001 *Las liturgias del poder. Celebraciones públicas y estrategias persuasivas en Chile colonial (1609-1709).* Santiago: Dirección de Bibliotecas, Archivos y Museos, Centro de Investigaciones Diego Barros Arana.

Valenzuela Márquez, Jaime 2005 "Cruces contra huacas en la cristianización antiidolátrica del Perú". *Boletín del Instituto Riva-Agüero* 32: 13-33.

Valenzuela Márquez, Jaime 2009 "Esclavos mapuches. Para una historia del secuestro y deportación de indígenas en la Colonia". *Historias de racismo y discriminación en Chile. Una mirada interdisciplinaria.* Rafael Gaune y Martín Lara (coords.). Santiago: Uqbar.

Valera, Cipriano 2004 *Tratado para confirmar los pobres cautivos de Berbería en la católica y antigua fe y religión cristiana, y para consolar, con la palabra de Dios, en las aflicciones que padecen por el evangelio de Jesucristo.* Bunes Ibarra, M.A. de y B. Alonso Acero (eds.). Sevilla.

Valignano, Alessandro 1944 *Historia del principio y progreso de la Compañía de Jesús en las Indias Orientales (1542-1564).* Wicki, J. (Ed.). Roma: Insitutum Historicum Societatis Iesu.

Valignano, Alessandro 1946 *Il cerimoniale per i missionari del Giappone.* Schütte, G. Fr. (Ed.). Roma: Edizioni di Storia e Letteratura.

Valignano, Alessandro 1954 *Sumario de las cosas de Japón (1583);Adiciones del Sumario de Japón (1592).* J.L. Alvarez-Taladriz (ed.). Monumenta Nipponica monographs, no. 9. Tokyo: Sophia University.

Valignano, Alessandro 1990 *Les jésuites au Japon. Relation missionnaire (1583).* Edición a cargo de de J. Bésineau. Paris: Desclée de Brouwer-Bellarmin.

Vargas Alquicira, Silvia 1986 *La singularidad novohispana.* México: UNAM.

Vargas Ugarte, Rúben 1951 *Los concilios limenses (1551-1772).* Lima: Imprimatur.

Vauchez, André 1987 *Les laïcs au Moyen Age: pratiques et expériences religieuses*. Paris: Cerf.

Velazco, Juan de [1789] 1998 *Historia del Reino de Quito en la América meridional*. Carrión, Benjamín (ed.). Quito: Casa de la Cultura Ecuatoriana.

Verkamp, Bernard J. 1977 *The indifferent mean: adiaphorism in the English Reformation to 1554*. Athens: Ohio University Press.

Vieira, Antônio 2001 *Sermões*. São Paulo: HEdra.

Viforcos Marinas, María I. 1998 "China, una prolongación de la polémica sobre el Nuevo Mundo". *Estudios Humanísticos. Geografía, Historia, Arte* 20: 57-78.

Vilaça, Aparecida y Robin Wright 2009 *Native Christians: modes and effects of Christianity among indigenous peoples of the Americas*. Aldershot, Hants, England; Burlington, VT: Ashgate.

Villagra-Batoux, Delicia 2002 *El Guaraní Paraguayo: de la oralidad a la lengua literaria*. Asunción: Expolibro.

Villalobos, Sergio 1982 *Tres siglos y medio de vida fronteriza. Relaciones fronterizas en la Araucanía*: 9-64. Villalobos, S. et al. Santiago: Universidad Católica de Chile.

Villalobos, Sergio 1986 *Historia del pueblo chileno*. Santiago: Zig-Zag.

Villalobos, Sergio 1995 *Vida fronteriza en la Araucanía. El mito de la guerra de Arauco*. Santiago: Andrés Bello.

Villar, Daniel y Juan F. Jiménez 2001 "Para servirse de ellos: Cautiverio, ventas a la usanza del pays y rescate de indios en las Pampas y Araucanía (siglos XVII-XIX)". *Relaciones de la Sociedad Argentina de Antropología* XXVI: 31-55.

Villena, Isabel de. *Vita Christi de la Reverent Abbadessa de la Trinitat*, f. 91v. Edición electrónica de la Biblioteca Virtual Joan Luis Vives (http://www.cervantesvirtual.com/servlet/SirveObras/12698301924585940210435/index.htm [26.01.2008]) que reproduce la Edición de Lope de Roca de 1497, secretario de Felipe II.

Vincent, Bernard 1998 « Les jésuites et l'islam méditerranéen ». *Chrétiens et musulmans à la Renaissance:* 518-531. Bennassar, B y R. Sauzet (eds.). Paris: Honoré Champion.

Vincent, Bernard 2001 « Musulmans et conversion en Espágne au XVIIe siècle ». *Conversions islamiques: identités religieuses en Islam méditerranéen*: 193-203. García-Arenal, M. (Ed.). Paris: Maisonneuve et Larose.

Vincent, Bernard y Pierre Antoine Fabre (eds.) 2007 *Missions religieuses modernes. "Notre lieu est le monde"*. Roma: École Française de Rome.

Viveiros de Castro, Eduardo 1993 "Le marbre et le myrte: de l'inconstance de l'âme sauvage". *Mémoires de la tradition*. Molinié, A. y A. Becquelin (eds.). Nanterre: Société d'ethnologie.

Viveiros de Castro, Eduardo 2002a "O nativo relativo". *Mana* 8 (1): 113-148.

Viveiros de Castro, Eduardo 2002b *A inconstancia da alma selvagem*. São Paulo: Cosac & Naify.

Wachtel, Nathan 1977 *The Vision of the Vanquished: The Spanish Conquest of Peru through Indian Eyes*. Sussex: Hassocks.

Wade, Peter 2005 "Rethinking Mestizaje: Ideology and Lived Experience". *Journal of Latin American Studies* 37: 239-257.

Waisman, Leonardo 1992 "Música misional y estructura ideológica en Chiquitos (Bolivia)". *Revista Musical Chilena* 45: 43-56.

Waisman, Leonardo 2004a "Corelli entre los indios, o Utopia deconstruye Arcadia". *Concierto barroco. Estudios sobre música, dramaturgia e historia cultural*: 227-254. Carreras, Juan José y Miguel Ángel Marín (eds.). Logroño: Universidad de La Rioja.

Waisman, Leonardo 2004b La contribución indígena a la música misional en Mojos (Bolivia). Memoria Americana, Cuadernos de Etnohistoria 12: 11-38.

Walzer, Michael 1990 *Guerre giuste e ingiuste. Un discorso morale con esemplificazioni storiche*. Napoli: Liguori.

Warwick, Jack 1985 "La vertu des payens selon les missionnaires". *Les jésuites parmi les hommes aux XVI' et XVII' siècles* (Actas del coloquio de Clermont-Ferrand). Demerson, G. & G.; Dompnier, B. & Regond, A. (eds.). Faculté des lettres et sciences humaines de l'Université de Clermont-Ferrand II (nouvelle série, fascicule 25).

Watanabe, Kenji (coord.) 1991 *Kiyomizu monogatari*, Shin *Nihon Koten Bungaku Taikei*. Tokyo: Iwanami Shoten.

Weber, Max 1994 *Economia e Sociedade*. Brasilia: Editora da Universidade de Brasilia.

Weisbach, Werner 1948 *El barroco, arte de la contrarreforma*. Madrid: Espasa-Calpe, 1948.

Wernz, F. J. 1911 "Instructio ad praeparandam et enarrandam historiam Societatis Iesu per Assistentias vel Provincias". *Acta Romana* 1: 81-95.

White, Richard 1991 *The Middle Ground: Indians, empires and republics in the Great Lakes Region, 1650-1815*. Cambridge: Cambridge University Press.

Wicki, Joseph 1973 *Tratado do P. e Gonçalo Fernandes Trancoso sobre o Hinduísmo (Maduré 1616)*. Lisboa: Centro de Estudos Históricos Ultramarinos.

Wicki, Joseph 1986 "Das Schulwesen der Jesuiten in portugiesischen Indien. 1599 bis 1759". *Archivum Historicum Societatis IESU* 55 (109): 33-85.

Wightman, Ann M. 1990 *Indigenous migration and social change: the forasteros of Cuzco, 1570-1720*. Durham: Duke University Press.

Wilde, Guillermo 2001 "Los guaraníes después de la expulsión de los jesuítas: dinámicas políticas y transacciones simbólicas". *Revista Complutense de História de América* 27: 69-106.

Wilde, Guillermo 2006 "Prestigio indígena y nobleza peninsular: la invención de linajes guaraníes en las misiones del Paraguay". *Jahrbuch Fur Geschichte Lateinamerikas* 43: 119-145.

Wilde, Guillermo 2009 *Religión y poder en las misiones de guaraníes*. Buenos Aires: Editorial SB.

Wilde, Guillermo 2010a "Global Patterns and Local Adaptations: A Tipology of Jesuit Books of the Guarani Missions and their Circulation in South-America". *International Symposium "Legacies of the Book: Early Missionary Printing in Asia and the Americas"*. Ricci Institute, University of San Francisco, September 24-26, 2010.

Wilde, Guillermo 2010b "El indio misional y las figuras de la duplicidad en las Tierras Bajas de América del Sur (siglos XVIII y XIX)". Coloquio Internacional *La indianización en los confines de las Américas, siglos XVIe-XIXe: cautivos, renegados y « coureurs de bois »*. Organizadores: Christophe Giudicelli y Gilles Havard (orgs.). Escuela de Estudios Hispano-Americanos (EEHA). Sevilla, 28 al 30 de septiembre de 2010.

Witek, John 1988 "Understanding the Chinese: A comparison of Matteo Ricci and the French Jesuit Mathematicians sent by Louis XIV". *East meets West: The Jesuits in China, 1582-1773*. Charles E. Ronan y Bonnie Oh (Eds.). Chicago: Loyola University Press.

Wölfflin, Heinrich 1979 *Renacimiento y barroco*. Madrid: Alberto Corazón.

Wright, Robin (org.) 1999 *Transformando os Deuses. I: Os múltiplos sentidos da conversão entre os povos indígenas no Brasil*. Campinas: Editora da Unicamp.

Wu, Xiaoxin (Ed.) 2005 *Encounters and Dialogues. Changing Perspectives on Chinese-Western Exchanges from the Sixteenth to Eighteenth Centuries*. Sankt Augustin, Monumenta Serica Monograph Series, LI.

Xavier, François 1987 *Correspondance (1535-1552). Lettres et documents*. Paris: Desclée de Brouwer.

Yates, Francis A. 1991 *Ensayos reunidos II. Renacimiento y Reforma: la contribución italiana*. México. Fondo de Cultura Económica.

Zanlonghi, Giovanna 2002 *Teatri di formazione: actio, parola e immagine nella scena gesuitica del Sei-Settecento a Milano*. Milán: V&P università.

Zapater, Horacio 1978 *Aborigenes chilenos a través de cronistas y viajeros*. Santiago: Andrés Bello.

Zarratea, Tadeo 2007 "El mapa lingüístico del Paraguay". *ABC color, Suplemento cultural*, 13 de mayo: 2-3.

Zavala, Silvio 1979 *El servicio personal de los indios en el Perú II (extractos del siglo XVII)*. México: El Colegio de México.

Zedler, Johann Heinrich 1995 *Natur-Geschichte, Grosses Universallexikon aller Wissenschaften und Künste* [...], tomo 23, Zedler, J. H. (Ed.)., pág 1063-1086. Graz: Akad, Druck- u. Verlagsanstalt. Primera Edición: Leipzig/Halle 1740.

Zubillaga, Félix (ed.) 1996 *Carta y Escritos de San Francisco Javier*. Madrid: Biblioteca de Autores Cristianos.

Zuidema, Tom 1989 *Reyes y guerreros: ensayos de cultura Andina*. Lima: Fomciencias.

Zumthor, Paul 1993 *A letra e a voz*: a *"literatura" medieval*. São Paulo: Companhia das Letras.

Županov, Ines 1993 "Aristocratie Analogies and Demotic Descriptions in the 17th Century Madurai Mission". *Representations* 41: 123-148

Županov, Ines 1994 « Prosélytisme et pluralisme religieux: deux expériences missionnaires en Inde aux XVIe et XVII' siècles ». *Archives de Sciences sociales des Religions* 87: 35-56.

Županov, Ines 2001 *Disputed Missions. Jesuit Experiments and Brahmanical Knowledge in Seventeenth Century India*. India: Oxford University Press.

Županov, Ines 2007 "Correnti e controcorrenti. La geopolitica gesuita in Asia". *I gesuiti ai tempi di Claudio Acquaviva. Strategie politiche, religiose e culturali tra Cinque e Seicento:* 205-218. Broggio, P. et al. (eds.). Brescia: Morcelliana.

Županov, Ines 2009 « São Tomé de Meliapor. La politique et le sacré dans l'Inde portugaise ». *Reliques modernes. Corps saints et lieux sacrés des Réformes aux Révolutions*. Boutry, P et al. (eds.). Paris: Editions de l' EHESS.

Županov, Ines 2010 "Accommodation". *Dictionnaire des faits religieux*: 1-4. Azria, R y D. Hervieu-Léger (dir.). Paris: Presses Universitaires de France.

Zürcher, Eric 1994 "A Jesuit Accommodation and the Chinese Cultural Imperative". *The Chinese Rites Controversy: Its History and Meaning*: 31-64. Mungello, D. (ed.). Monumenta Serica Monograph Series XXXIII. Nettetal: Verlag.

INFORMACIÓN SOBRE LOS AUTORES

Sabine Anagnostou. Farmacéutica por la Universidad de Würzburg y Doctora de Historia de la Farmacia por la Universidad de Marburg (Alemania). Actualmente es docente e investigadora de la Universidad de Marburg.

Alexander Gauvin Bailey. Doctor en Historia del Arte por la Universidad de Harvard. Entre 2007 y 2011 fue profesor de Arte del Renacimiento y Barroco en la Universidad de Aberdeen (Escocia, Reino Unido). Desde 2011, profesor de Historia del Arte en Queen´s University (Canadá).

Artur H. F. Barcelos. Historiador y arqueólogo con maestría y doctorado por la Pontifícia Universidad Católica do Rio Grande do Sul. Profesor de arqueología de la Universidad Federal do Rio Grande y del Programa de Posgrado en Historia de la Universidad Federal de Pelotas (Brasil).

Charlotte de Castelnau-L'Estoile. Doctora por la Ecole des Hautes Études en Sciences Sociales. Maître de conférences de la Universidad de Paris Ouest Nanterre la Défense. Profesora visitante de la Universidad Federal Fluminense en el período 2010-2011.

Michela Catto. Doctora por la Scuola Normale Superiore de Pisa. Actualmente es Marie Curie Fellow en la Ecole des Hautes Etudes Sociales de Paris y asociada del Istituto per il Lessico Intellettuale Europeo e Storia delle Idee (Consiglio Nazionale delle Ricerche de Roma).

Maria Regina Celestino de Almeida. Doctora en Ciencias Sociales por la Universidad Estadual de Campinas (UNICAMP). Profesora del Departamento de historia de la Universidad Federal Fluminense (Rio de Janeiro).

INFORMACIÓN SOBRE LOS AUTORES

Emanuele Colombo. Doctor por la Universidad de Milan-Padua (Italia). Actualmente es profesor asistente en DePaul University de Chicago. Ha sido becario de la universidad de Paris-Sorbonne, la universidad de Notre Dame y el Boston College.

Andrea Daher. Doctora en "Histoire et Civilisations" por la Ecole des Hautes Etudes en Sciences Sociales (EHESS). Es profesora da Universidade Federal do Rio de Janeiro (UFRJ). De 2010 a 2014 ocupa la Cátedra de Ciencias Sociales "Sérgio Buarque de Hollanda" de la Maison des Sciences de l'Homme y la Universidad Paris IV-Sorbonne.

Pierre Antoine Fabre. Doctor por la l'Ecole des Hautes Etudes en Sciences Sociales. Director de estudios en la misma institución desde 2001. Actualmente dirige el Centro de antropología religiosa europea (CARE-EHESS).

Fabian Fechner. Magíster en Historia Moderna, Letras Hispánicas y Geografía por la Universidad de Tübingen (Alemania). Doctorando en Historia de la misma universidad.

Christophe Giudicelli. Egresado de la École Normale Supérieure. Doctor en Historia por la École des Hautes Études en Sciences Sociales (EHESS). Profesor de la Universdidad de Paris III (Sorbonne Nouvelle) e investigador del CERMA-MASCIPO-EHESS.

Marcos Holler. Magister en Artes y Doctor en Musicología por la Universidad Estadual de Campinas (UNICAMP). Profesor asociado del Departamento de Música de la Universidad del Estado de Santa Catarina (UDESC) y coordinador del Programa de Posgrado de la misma institución.

Ana Carolina Hosne. Doctora en Historia por la Universidad de Buenos Aires. Becaria postdoctoral del Consejo de Investigaciones Científicas y Técnicas (CONICET) en la Universidad Nacional de La Plata y en el Instituto Universitario Europeo de Florencia (Italia).

María de la Soledad Justo. Licenciada en Historia por la Facultad de Filosofía y Letras de la Universidad de Buenos Aires. Doctoranda de la misma institución y profesora adjunta de Historia Moderna en la Universidad Nacional de la Pampa.

Frank Kennedy. Doctor en Musicología por la Universidad de California en Santa Barbara. Profesor de Musicología en el Boston College. Rector de la Comunidad Jesuita en Boston College y director del Jesuit Institute en la misma institución.

Bartomeu Melià. Doctor en Ciencias Religiosas por la Universidad de Estrasburgo. Profesor de la Universidad Católica de Asunción e Investigador del Centro de Estudios Paraguayos "Antonio Guasch" (Paraguay).

Martín María Morales. Profesor extraordinario en la Facultad de Historia Eclesiástica de la Pontificia Universidad Gregoriana. Director del Instituto Histórico de la Compañía de Jesús (Roma) entre 2003 y 2006. Profesor visitante de la Universidad Iberoamericana (México).

Eduardo Neumann. Magíster en Historia por la Universidad Federal de Rio Grande do Sul (UFRGS) y Doctor en Historia Social por la Universidad Federal de Rio de Janeiro. Profesor del Departamento y el Programa de Posgrado en Historia de la misma institución.

Yoshimi Orii. Doctora en Artes y Ciencias por la Universidad de Tokyo. Profesora Asistente de la Universidad de Nihon. Ha sido Investigadora Visitante del Instituto Oriental de la Universidad de Oxford en 2009 y de la Universidad Pompeu Fabra (Barcelona) en 2010. Actualmente es profesora asistente en la Universidad de Keio (Japón).

Carlos Paz. Doctor en Historia por la Universidad Nacional de la Provincia de Buenos Aires (Tandil). Becario Postdoctoral del CONICET en el Instituto de Altos Estudios Sociales de la Universidad Nacional de San Martín.

Antonella Romano. Doctora en Historia por la Universidad de Paris I. Investigadora del Centre Nacional de la Recherche Scientific (Francia). Profesora del Departamento de Historia de la Civilización del Instituto Universitario Europeo (Florencia, Italia).

Ronaldo Vainfas. Doctor en Historia Social por la Universidad de São Paulo. Profesor Titular de História Moderna de la Universidade Federal Fluminense. Miembro del Núcleo de Pesquisa "*Companhia das Indias* – Estudos ibéricos e coloniais na Época Moderna" (Conselho Nacional de Pesquisas Científicas, CNPq).

Jaime Valenzuela Márquez. Doctor en "Histoire et Civilisations" por la École des Hautes Études en Sciences Sociales. Profesor Asociado del Instituto de Historia de la Pontificia Universidad Católica de Chile.

Leonardo Waisman. Doctor en Musicología por la Universidad de Chicago. Investigador principal del Consejo Nacional de Investigaciones Científicas y Técnicas (CONICET).

Guillermo Wilde. Doctor en Antropología por la Universidad de Buenos Aires. Investigador del CONICET y Profesor asociado del Instituto de Altos Estudios Sociales, Universidad Nacional de San Martín. Ha sido profesor visitante de la Universidad de Paris III (Sorbonnne Nouvelle) y la École des Hautes Études en Sciences Sociales (EHESS).

Ines Županov. Doctora en Historia por la Universidad de Berkeley. Directora de investigaciones del Centre Nacional de la Recherche Scientific (CNRS). Coordinadora del grupo de investigación sobre historia global de la Misión (EHESS).